Speditions-
betriebslehre

von

Anton Dischinger
Hermann Daigl
Wolfgang Dreykorn
Wolfgang Hiedl
Udo Rebhan

Vorwort

Mit der Neubearbeitung der 5. Auflage erfolgte vor allem die Aktualisierung der Grundlagen, die zum 1. Januar 2003 verändert worden sind. Verschiedene Punkte wurden zwar schon in der 4. Auflage angesprochen, aber etliche Ergänzungen, Erläuterungen oder Änderungen im Bereich Spedition und Güterverkehr waren zum Redaktionsschluss dieser Auflage noch nicht bekannt bzw. haben sich erst nach deren Druck ergeben.

Einen weiteren wichtigen Teil in der neuen Auflage stellt die Behandlung der Folgen dar, die sich im Güterverkehrsbereich durch die EU-Erweiterung um 10 Länder zum 1. Mai 2004 bereits ergeben haben bzw. zum gegenwärtigen Zeitpunkt geplant sind.

Am 01.08.2004 ist ein neuer Rahmenlehrplan für den Ausbildungsberuf Kaufmann/Kauffrau für Spedition und Logistikdienstleistungen in Kraft getreten. Die vorliegende 5. Auflage kann weiterhin in vollem Umfang für alle Bereiche der Spedition, des Gütertransportes mit jedem gebräuchlichen Verkehrsmittel sowie der Logistik einschließlich der Lagerung verwendet werden. Aus diesem Grund wurde der Titel des Buches durch den Untertitel „Leistungserstellung in Spedition und Logistik" ergänzt.

München und Nürnberg,
Herbst 2004   Die Verfasser

5., überarbeitete Auflage, 2005
© Bildungshaus Schulbuchverlage
Westermann Schroedel Diesterweg
Schöningh Winklers GmbH
Postfach 11 15 52, 64230 Darmstadt
Telefon 06151 8768-0   Fax 06151 8768-61
http://www.winklers.de
Lektorat: Marion Grunert
Druck: westermann druck GmbH, Braunschweig
ISBN 3-8045-**3844**-4

Inhaltsverzeichnis

I Bedeutung des Verkehrs in der Wirtschaft

1 Aufgaben, Bedeutung und Arten des Verkehrs in der arbeitsteiligen Wirtschaft 13
1.1 Arten des Verkehrs und Bedeutung der Verkehrsarten 13
1.2 Aufgaben des Güterverkehrs 14
1.3 Die Entwicklung der Verkehrsleistungen des Güterverkehrs in Deutschland 14

2 Betriebswirtschaftliche Besonderheiten des Güterverkehrs 16

3 Verkehrsmittel und ihr Einsatz . . . 19
3.1 Drei Grundbegriffe des Verkehrswesens: Verkehrswege, Verkehrsmittel, Verkehrsträger 19
3.2 Gesichtspunkte bei der Auswahl des Verkehrsmittels 19

4 Rahmenbedingungen des Verkehrs 20
4.1 Standort der Verkehrsbetriebe 20
4.2 Abhängigkeit der Verkehrsentwicklung von den Rahmenbedingungen 20

II Der Spediteur und seine Arbeitsbereiche

1 Arbeitsbereiche und Strukturen . . 23
1.1 Der Spediteur und seine vielfältigen Dienstleistungen 23
1.2 Aufgaben des Spediteurs 24
1.3 Spezialisierung der Speditionsbetriebe 25
1.4 Organisatorischer Aufbau der Speditionsunternehmung 25

2 Rechtliche Stellung des Spediteurs und die für ihn typischen Rechtsgeschäfte 27
2.1 Der Spediteur als Kaufmann 27
2.2 Abgrenzung der Spediteurtätigkeit 28
2.3 Speditionsvertrag und Frachtvertrag 29
2.4 Qualitätsmanagement 30

3 Berufsständische Organisationen des Spediteurgewerbes und ihre Aufgaben 33

3.1 Berufsständische Organisationen . . . 33
3.2 Aufgaben des DSLV 34

III Abwicklung von Speditionsverträgen

1 Speditionsverträge nach HGB abschließen und abwickeln 37
1.1 Pflichten des Spediteurs aus dem Speditionsvertrag 37
1.1.1 Besorgung – Interessenvertretung . . 37
1.1.2 Organisation und Kontrolle 37
1.1.3 Zusatzleistungen bei Vereinbarung 37
1.2 Pflichten des Versenders aus dem Speditionsvertrag 38
1.2.1 Pflichten vor Transportbeginn 38
1.2.2 Ersatz von Aufwendungen und Schäden 38
1.2.3 Zahlung der Vergütung 38
1.3 Spezielle Tätigkeitsformen des Spediteurs 38
1.3.1 Selbsteintritt (HGB § 458) 39
1.3.2 Fixkostenspedition (HGB § 459) . . . 39
1.3.3 Sammelladung (HGB § 460) 39
1.4 Haftungsregelung im Schadensfall 39
1.4.1 Haftungsprinzip 39
1.4.2 Haftungshöhe 40
1.4.3 Abweichungen von der Haftungshöhe 40

2 Speditionsverträge nach ADSp abschließen und abwickeln 41
2.1 ADSp 2003 41
2.1.1 Entstehungsgründe 41
2.1.2 Rechtscharakter 41
2.1.3 Anwendungsbereich 42
2.2 Abschluss von Speditionsverträgen 42
2.3 Abwicklung von Speditionsverträgen 43
2.3.1 Pflichten des Auftraggebers 43
2.3.2 Pflichten des Spediteurs 44
2.4 Spediteurentgelte abrechnen 46
2.4.1 Vergütung und Aufwendungen des Spediteurs 46
2.4.2 Auftragsentzug und Annahmeverweigerung 46
2.4.3 Fälligkeit und Zahlungsverzug bei Rechnungen 47
2.4.4 Pfandrecht 47
2.5 Haftung im Schadensfall 48
2.5.1 Haftungsgrundsatz 48
2.5.2 Haftungsbegrenzungen 48

3	**Speditionsversicherung abschließen**	50
3.1	Doppelfunktion der Versicherung . . .	50
3.2	Haftungsversicherung des Spediteurs	51
3.2.1	Basisdeckung einer Haftungsversicherung nach dem SLVS-Plus	51
3.2.2	Pflichten des Spediteurs	52
3.2.3	Deckungssummen	52
3.2.4	Prämien	53
3.3	Waren-Transportversicherung	53
3.3.1	Versicherung des Gutes	53
3.3.2	Spediteur und Waren-Transportversicherung	54

IV **Rechtliche Rahmenbedingungen für die Abwicklung von Frachtverträgen nach HGB**

1	**Rechtsgrundlagen ermitteln**	57
1.1	Das HGB als Rechtsgrundlage heranziehen	57
1.2	Abänderungen des HGB durch Allgemeine Geschäftsbedingungen anwenden	57

2	**Frachtverträge im innerdeutschen Verkehr abschließen**	59
2.1	Frachtbriefe und Begleitpapiere ausfertigen	60
2.2	Gefährliches Gut befördern	62
2.3	Sendungen verpacken, verladen und entladen	62
2.4	Ladezeiten beachten	62
2.5	Unvollständige Ladungen transportieren	63
2.6	Frachtverträge kündigen	63
2.7	Haftungsansprüche gegenüber dem Absender prüfen	63

3	**Frachtverträge abwickeln**	64
3.1	Nachträgliche Weisungen ausführen	64
3.2	Auf Beförderungs- und Ablieferungshindernisse reagieren	64
3.3	Frachten berechnen und bezahlen	65
3.4	Pfandrecht ausüben	66
3.5	Rechte und Pflichten des Empfängers beachten	67
3.6	Nachnahmen einlösen	67
3.7	Sendungen als verloren betrachten	67

4	**Haftungsansprüche prüfen**	68
4.1	Für Güter- und Vermögensschäden haften	68
4.2	Die Höhe des ersatzpflichtigen Wertes ermitteln	69
4.3	Haftungshöchstbetrag feststellen . . .	70
4.4	Haftungsausschlussgründe prüfen	70

4.5	Wegfall der Haftungsbeschränkungen	71
4.6	Schäden fristgerecht reklamieren . . .	71
4.7	Verjährungsfristen und Gerichtsstand beachten	72

V **Abwicklung von Frachtverträgen im Lkw-Verkehr**

1	**Güterkraftverkehr als Verkehrsträger aussuchen**	77
1.1	Bedeutung des Güterkraftverkehrs	77
1.1.1	Leistungsmerkmale und Leistungszahlen	78
1.1.2	Vor- und Nachteile des Güterkraftverkehrs	79
1.2	Beförderungsmittel auswählen	80
1.2.1	Lastfahrzeuge	80
1.2.2	Aufbauten	82
1.2.3	Fahrzeugabmessungen und -gewichte beachten	84
1.2.4	Ladegeräte und Lademittel verwenden	87
1.3	Beförderungswege bestimmen	89
1.3.1	Deutsches Straßennetz benutzen . . .	89
1.3.2	Europäisches Straßennetz	92
1.3.3	Grenzübergänge zu den EU-Beitrittsländern Polen und Tschechische Republik sowie zum EFTA-Land Schweiz	93

2	**Frachtführer als Vertragspartner auswählen**	95
2.1	Marktordnung und Marktzugang, Gesetze und Verordnungen	95
2.1.1	Zugangsvoraussetzungen für nationalen Verkehr beachten	95
2.1.2	Zugangsvoraussetzungen für internationalen Verkehr beachten . . .	96
2.2	Rechtsvorschriften für den Straßengüterverkehr	99
2.2.1	Güterkraftverkehrsgesetz (GüKG) . . .	99
2.2.2	Straßenverkehrsrechtsvorschriften	102
2.2.3	Sozialvorschriften/Fahrpersonalvorschriften beachten	104
2.3	Gefährliche Güter auf der Straße befördern	109
2.3.1	Gefahrgut klassifizieren und kennzeichnen	111
2.3.2	Fahrzeuge und Fahrzeugbesatzungen gemäß ADR ausstatten	113
2.3.3	Gefahrgutbeauftragten bestellen und einsetzen	117
2.4	Leicht verderbliche Lebensmittel befördern	118

3	**Beförderungspreise ermitteln**	121
3.1	Kalkulationshilfen verwenden	122
3.1.1	Mit dem Kosteninformationssystem (KIS) arbeiten	122

3.1.2	Kostensätze Gütertransport Straße anwenden	126
3.2	Betriebliche Fahrzeugkostenrechnung einsetzen	128
3.3	Make-or-buy-Entscheidung treffen	130
3.4	Angebote über Beförderungsleistungen erstellen	132

4	**Frachtverträge abschließen**	**135**
4.1	Rechtsgrundlagen für den nationalen Güterkraftverkehr beachten	135
4.1.1	Vertragsbedingungen für den Güterkraftverkehrs- und Logistikunternehmer (VBGL) verwenden	135
4.1.2	Frachtvertrag im nationalen Güterkraftverkehr abschließen	137
4.2	Rechtsgrundlagen für internationale Straßengütertransporte beachten	140
4.3	Transportvorbereitungen treffen	143
4.3.1	Fahrzeuge disponieren	143
4.3.2	Begleitpapiere beim Transport mitführen	145

5	**Frachtvertrag ausführen**	**147**
5.1	Gut durch Absender übergeben	147
5.2	Gut verladen und entladen	148
5.3	Gut beim Empfänger abliefern	150
5.4	VBGL ab 2003 mit ADSp 2003 vergleichen	150
5.5	Frachtvertrag im internationalen Lkw-Verkehr abwickeln	151

6	**Schadensfälle bearbeiten**	**153**
6.1	Haftungsfragen klären	153
6.2	Haftungsregeln für das Frachtgeschäft feststellen	154
6.3	Versicherungsdeckung prüfen	156
6.4	Schadensregulierung veranlassen	157

7	**Möbelspeditionsgeschäfte abwickeln**	**160**
7.1	Leistungsbereiche der Möbelspedition	160
7.1.1	Umzugsspedition	160
7.1.2	Handelsmöbelspedition	160
7.1.3	Möbelspedition für die Beförderung von EDV-Anlagen, medizintechnischen Geräten u. ähnlichen transportempfindlichen Gütern	160
7.1.4	Kunstspedition	161
7.2	Umzugsvertrag abschließen	161
7.3	Umzugsvertrag abwickeln	163
7.4	Beförderung von Umzugsgut berechnen	163
7.5	Schadensfälle bearbeiten	166
7.5.1	Schadenart feststellen	167
7.5.2	Haftungsregeln in der Möbelspedition beachten	167
7.5.3	Versicherungspflicht beachten	169
7.6	Handelsmöbel befördern	169

VI Abwicklung von Frachtverträgen im Bahnverkehr

1	**Eisenbahn als Verkehrsträger auswählen**	**177**
1.1	Vor- und Nachteile des Schienenverkehrs	177
1.2	Deutsche Bahn AG	177
1.2.1	Unternehmenspolitische Zielsetzungen	177
1.2.2	Struktur und Aufbau	179
1.2.3	Verkehrsleistung und Marktanteil	180
1.3	Technische Mittel zur Transportabwicklung	180
1.3.1	Schienennetz der Bahn	180
1.3.2	Güterwagen	181
1.3.3	Paletten	185
1.4	Leistungsangebote des Geschäftsbereiches Transport und Logistik der DB AG = Stinnes AG	188

2	**Frachtverträge abschließen und abwickeln**	**190**
2.1	Gesetzliche Vorschriften	190
2.2	Leistungsbedingungen	191
2.3	Frachtvertrag	191
2.3.1	Abschluss	191
2.3.2	Nachträgliche Weisungen	192
2.3.3	Beförderungs-/Ablieferungshindernisse	192
2.4	Frachtbrief als Beförderungsdokument	192
2.5	Verpackung – Verladung – Entladung	194
2.6	Behandlung von Gefahrgut	194

3	**Frachtverträge abrechnen**	**195**
3.1	Frachtberechnung	195
3.1.1	Preissystem	195
3.1.2	Frachtberechnung	197
3.2	Frachtzahlung	197

4	**Schadensfälle bearbeiten**	**198**
4.1	Haftungsgrundlagen	198
4.2	Haftungsprinzip und Haftungsumfang	198
4.3	Höhe der Entschädigung	199
4.4	Schadensanzeige	199

5	**Besonderheiten des internationalen Eisenbahngüterverkehrs beachten**	**200**
5.1	ER/CIM als Rechtsgrundlage	200
5.2	Abwicklung des Frachtvertrages	201
5.2.1	Abschluss	201
5.2.2	Waggonaustauschabkommen	201
5.2.3	Spezialwaggons	202
5.2.4	Frachtbrief	204
5.2.5	Frankaturen – Lieferfristen	204
5.2.6	Gefahrgut	204
5.3	Haftung/Schadenersatz	205

| 5.4 | Preisermittlung | 205 |
| 5.5 | Internationale Bahnunternehmen | 206 |

VII Abwicklung von Frachtverträgen im Binnenschiffsverkehr

1	**Bedeutung der Binnenschiff-fahrt erfassen und einordnen**	209
2	**Einrichtungen und Betriebs-formen der Binnenschifffahrt auswählen und nutzen**	211
2.1	Binnenwasserstraßen	211
2.2	Binnenhäfen	213
2.3	Binnenschiffe	214
2.4	Organisation der Binnenschifffahrt	217
2.4.1	Marktordnung	217
2.4.2	Betriebsformen	217
3	**Frachtverträge in der Binnen-schifffahrt abschließen und durchführen**	218
3.1	Rechtliche Bestimmungen für die Binnenschifffahrt	218
3.1.1	Nationale Rechtsgrundlagen	218
3.1.2	Internationale Rechtsgrundlagen	218
3.2	Abschluss und Durchführung des Frachtvertrages	219
3.2.1	Abschluss	219
3.2.2	Frachtpapiere	219
3.2.3	Abwicklung des Frachtvertrages	221
4	**Transportpreise ermitteln**	222
5	**Schadensfälle bearbeiten**	224
5.1	Gesetzliche Haftung	224
5.2	Vertragliche Haftung	224
5.3	Schadenregulierung bei Schiffsunfällen	224

VIII Abwicklung von Frachtverträgen im Seeverkehr

1	**Die gesamtwirtschaftliche Bedeutung des Güterversandes mit dem Seeschiff erfassen und einordnen**	227
2	**Probleme der Seeschifffahrt erkennen**	228
3	**Einrichtungen und Betriebs-formen der Seeschifffahrt auswählen und nutzen**	231
3.1	Häfen	231
3.2	Deutsche Häfen und ihre Bedeutung	232
3.3	Wichtige Welthäfen	233
3.4	Schiffstypen	236
3.5	Entwicklungstendenzen	237
3.6	Betriebsformen der Seeschifffahrt	237

4	**Container für den Seetransport einsetzen**	240
4.1	Vorteile des Containereinsatzes	240
4.2	Arten der Container	241
4.3	Die Einsatzmöglichkeiten der Container	243
5	**Seefrachtverträge abschließen**	246
5.1	Die Vertragspartner: Befrachter und Verfrachter (als unmittelbar Beteiligte)	246
5.2	Mittelbar am Frachtvertrag Beteiligte	246
5.3	Rechtliche Grundlagen	248
5.4	Die Verpflichtungen der Vertragspartner	249
5.5	Vertragsarten	250
5.6	Stückgutfrachtverträge abwickeln	251
5.7	Konnossemente	252
6	**Schadensfälle bearbeiten**	260
6.1	Haftung des Verfrachters	260
6.1.1	Allgemeines	260
6.1.2	Zwingendes Recht	260
6.1.3	Kommerzielles und nautisches Verschulden	261
6.1.4	Haftungsausschlüsse	261
6.1.5	Schadensanzeige	262
6.1.6	Ersatzwert	262
6.1.7	Obergrenze der Haftung	262
6.1.8	Ende der Haftung des Verfrachters	263
6.2	Haftung des Befrachters	263
6.3	Rücktrittsrecht des Befrachters	263
6.4	Die Gefahren der See	264
6.5	Die Aufteilung eines Schadens auf Schiff, Ladung und Fracht	265
6.6	Die Verklarung	266
6.7	Die Verteilung der Havarie-grosse-Kosten	266
6.8	Die kleine Haverei	267
7	**Die Leistungsangebote von See-hafenspediteuren, Schiffsmaklern und Reedereivertretungen in Anspruch nehmen**	268
7.1	Der Seehafenspediteur	268
7.2	Der Schiffsmakler als Handels-makler	269
7.3	Der Schiffsmakler als Handels-vertreter (Reedereiagent)	270

IX Abwicklung von Frachtver-trägen im Luftfrachtverkehr

1	**Luftfrachtverkehr als Verkehrsträger auswählen**	275
1.1	Die technischen Möglichkeiten	275
1.1.1	Flugzeuge	275
1.1.2	Lademittel und Verladetechnik	279
1.2	Flughäfen	280

1.3	Die Kosten	282
1.4	Umweltbelastungen	283

2	**Frachtvertragspartner auswählen**	**284**
2.1	Marktstrukturen	284
2.2	Wichtige Fluggesellschaften und ihr 2-Letter-Code	284
2.3	International Air Transport Association (IATA)	285
2.4	Andere Kooperationen der Carrier	285
2.5	Der Spediteur als IATA-Agent	285
2.6	Auswahl des richtigen Carriers	286

3	**Beförderungspreise ermitteln**	**289**
3.1	Tarifstrukturen	289
3.2	Frachtberechnung nach dem TACT	289
3.3	Spediteurentgelte	290
3.4	Rabatte	291

4	**Frachtverträge abschließen**	**292**
4.1	Rechtsgrundlagen	292
4.1.1	Nationale Rechtsgrundlagen	292
4.1.2	Internationale Gesetze	292
4.1.3	IATA-Beförderungsbedingungen	293
4.2	Buchung des Frachtraums	293
4.3	Frachtpapiere erstellen – Air Waybill	294
4.4	Transportrisiken abdecken	298
4.4.1	Haftung der Luftfrachtgesellschaft erhöhen (Lieferwertangabe)	298
4.4.2	Versicherungen abschließen	298

5	**Frachtverträge für ausgehende Sendungen abwickeln**	**300**
5.1	Vorlauf und Umschlag organisieren	300
5.2	Lieferfristen beachten	301
5.3	Nachträglich Frachtverträge ändern	301
5.4	Ablieferung überwachen	301

6	**Beförderung gefährlicher Güter**	**304**
6.1	Rechtsgrundlagen beachten	304
6.2	Gefährliche Güter klassifizieren	304
6.3	Absendererklärung	306
6.4	Speditionelle Abfertigung	306

7	**Eingehende Sendungen übernehmen**	**307**
7.1	Einzelsendungen übernehmen	307
7.2	Sammelsendungen übernehmen	308
7.3	Nachlauf und Ablieferung organisieren	308

8	**Schadensfälle bearbeiten**	**309**
8.1	Schadenmeldefristen beachten	309
8.2	Haftungsregelungen beachten	309
8.2.1	Haftungsprinzip	309
8.2.2	Haftungsumfang	309
8.2.3	Haftungshöchstgrenzen	310
8.2.4	Haftungsausschlüsse	310

X Verschiedene Verkehrsträger verknüpfen

1	**Bedeutung des kombinierten Verkehrs Straße/Schiene**	**313**
2	**Frachtverträge im Containerverkehr Straße/Schiene abwickeln**	**314**
2.1	Angebote und Entgelte für den Schienentransport prüfen	314
2.1.1	Anbieter auswählen	314
2.1.2	Containerarten – Tragwagen	315
2.1.3	Auflieferung – Transportsysteme – Verbindungen	315
2.1.4	Preisgestaltung	317
2.2	Haftung im Schadensfall	317

3	**Huckepackverkehr als Alternative zum Straßentransport prüfen**	**318**
3.1	Definition – Vorteile – Entwicklungsmöglichkeiten	318
3.2	Huckepackverkehre abwickeln	319
3.2.1	Anbieter auswählen	319
3.2.2	Verladetechniken – Tragwagen	322
3.2.3	Vertragsgrundlagen	325
3.2.4	Auflieferung – Beförderung	325
3.3	Preisgestaltung und Abrechnung	327
3.4	Haftung im Schadensfall	327

4	**Multimodale Verkehre**	**329**

XI Abwicklung von Aufträgen im Spediteursammelgutverkehr

1	**Prinzip, Zweck und Arten des Spediteursammelgutverkehrs**	**331**
1.1	Prinzip des Spediteursammelgutverkehrs	331
1.2	Zweck des Spediteursammelgutverkehrs	332
1.3	Arten des Spediteursammelgutverkehrs	334

2	**Spediteursammelgutverkehr abwickeln**	**335**
2.1	Sendung abholen und Vorlauf durchführen	335
2.2	Hallenumschlag beim Versandspediteur durchführen	335
2.3	Hauptlauf durchführen	336
2.4	Hallenumschlag beim Empfangsspediteur vornehmen	336
2.5	Nachlauf durchführen und Sendung zustellen	336
2.6	Papiere im Spediteursammelgutverkehr erstellen	337
2.6.1	Abholauftrag beim Versender vorlegen	337
2.6.2	Speditionsauftrag erstellen	338

2.6.3	Entladeliste aufstellen	339
2.6.4	Ladeliste für den Hauptlauf erstellen	339
2.6.5	Bordero	340
2.6.6	Ladungspapiere beim Hauptlauf mitführen	340
2.6.7	Entladeliste des Empfangs- spediteurs verwenden	340
2.6.8	Rollkarte für die Zustellung anfertigen	340
3	**Beteiligte am Spediteursammel- gutverkehr und ihre Aufgaben**	**341**
3.1	Urversender	341
3.2	Frachtführer für die Abholung bzw. für den Vorlauf	342
3.3	Aufgaben des Versandspediteurs durchführen	342
3.4	Frachtführer für den Hauptlauf einsetzen	342
3.5	Mit dem Empfangsspediteur zusammenarbeiten	342
3.6	Frachtführer für den Nachlauf bzw. für die Zustellung	343
3.7	Endempfänger	343
3.8	Beilader beteiligen	343
3.9	Briefspediteur einschalten	344
4	**Abrechnung im Spediteur- sammelgutverkehr durchführen** . .	**345**
4.1	Hauptlauf zwischen Versand- spediteur und Frachtführer abrechnen	345
4.2	Zwischen Spediteuren abrechnen, die am Sammelladungsverkehr beteiligt sind	346
4.2.1	Zwischen Versandspediteur und Beilader abrechnen	346
4.2.2	Zwischen Versandspediteur und Empfangsspediteur abrechnen	346
4.3	Zwischen Sammelladungsspedi- teur und Kunden abrechnen	347
4.4	Nach Abrechnung mit den Beteiligten Speditionsnutzen ermitteln	348
5	**Haftungsregeln im Spediteur- sammelgutverkehr beachten**	**351**
6	**Mit KEP-Diensten zusammenarbeiten**	**353**
6.1	Formen des KEP-Marktes	353
6.1.1	Kurierdienste beschäftigen	353
6.1.2	Expressdienste als besondere Form des Sammelgutverkehrs	354
6.1.3	Express-Frachtsysteme	354
6.1.4	Paketdienste einsetzen	355
6.2	Paketverkehre abwickeln	357
6.2.1	Depots betreiben	357
6.2.2	Beförderungsstrecken bedienen . . .	359
6.2.3	Paketverkehre vom Absender bis zum Empfänger abwickeln	359
6.3	Preisgestaltung und Haftung bei Paketdiensten vergleichen	362
6.3.1	Preisgestaltung gegenüberstellen . .	362

6.3.2	Haftungsregeln aus den Allge- meinen Geschäftsbedingungen entnehmen	362
7	**Netzwerke für den Kleingut- verkehr organisieren**	**365**
7.1	Verkehre im Rastersystem abwickeln	365
7.2	Verkehre im Hub-and-Spoke- System abwickeln	365
7.3	Informations- und Kommunika- tionssysteme benutzen	367
7.4	Informationen zur Sendungs- verfolgung verarbeiten	367

XII Abwicklung von Lagerverträgen

1	**Lagerei als logistische Teilfunktion erkennen**	**375**
1.1	Aufgaben des gewerblichen Lagerhalters beschreiben	375
1.2	Lagerarten unterscheiden	376
1.2.1	Umschlaglager	376
1.2.2	Auslieferungslager (Verteiler-, Konsignationslager)	376
1.2.3	Dauerlager	377
1.2.4	Unterscheidung der Läger nach ihrer Bauart	377
1.3	Lagereinrichtungen unterscheiden . .	379
1.3.1	Regale	379
1.3.2	Förderzeuge	379
1.3.3	Hilfsmittel im Lagereibetrieb	382
2	**Lagervertrag abschließen**	**383**
2.1	Rechtsgrundlagen für Lager- verträge beachten	383
2.1.1	Individuellen Lagervertrag abschließen	383
2.1.2	Lagervertrag nach HGB abschließen	384
2.1.3	ADSp-Regelungen beim Lagervertrag beachten	386
3	**Lagervertrag abwickeln**	**387**
3.1	Güter einlagern	387
3.2	Güter lagern	387
3.3	Güter auslagern	389
3.4	Weitere Aufgaben des Lager- halters erledigen	389
3.5	Entgelte im Lagereigeschäft berechnen	389
3.6	Pfandrechte des Spediteurs/ Lagerhalters ausüben	390
3.7	Verjährungsfristen beachten	391
4	**Lagerscheine verwenden**	**391**
5	**Schadensfälle im Lagergeschäft bearbeiten**	**393**
5.1	Haftung nach ADSp beachten	394
5.2	Versicherung bei verfügter Lagerung prüfen	394

6	Gefährliche Güter lagern	396
6.1	Inhalt der Rechtsvorschriften	396
6.2	Besondere Bestimmungen für Gefahrstofflagerung und Begasungen in Lagergebäuden beachten	396
6.3	Verpackung gefährlicher Güter kennzeichnen	397

XIII Logistikleistungen erstellen

1	Bedeutung, Begriff und Ziele der Logistik	401
1.1	Bedeutung der Logistik	401
1.2	Logistikbegriff	401
1.3	Ziele der Logistik	402

2	Logistikarten unterscheiden	402
2.1	Beschaffungslogistik	403
2.2	Produktionslogistik	404
2.3	Distributionslogistik	404
2.4	Entsorgungslogistik	407

3	Logistische Dienstleistungen anbieten	409
3.1	Leistungsangebot der Spediteure im Bereich Logistik	409
3.2	Outsourcing	411

4	Logistikkonzepte erarbeiten	413
4.1	Inhalt eines Logistikkonzepts festlegen	413
4.2	Logistikkonzept einem Kunden vorlegen	414
4.3	Logistikkonzepte in die Praxis umsetzen	414
4.3.1	Beschaffungslogistik an einem Beispiel darstellen	415
4.3.2	Distributionslogistik – Lager- und Auslieferungssystem	417
4.3.3	Weitere Logistikkonzepte	420

| 5 | Rechtsgrundlagen für Logistikverträge beachten | 422 |

XIV Abdecken von Risiken und Schadensfälle bearbeiten

| 1 | Die Risiken des Transports und die Verpflichtungen aus Haftung durch Versicherung abdecken | 427 |

| 2 | Risikoabdeckung durch Güterschaden-Haftpflichtversicherung im Güterkraftverkehr | 427 |

3	Risikoabdeckung durch Transportversicherung	429
3.1	Gründe für den Abschluss einer Transportversicherung	429
3.2	Rechtsgrundlagen	429

3.3	Beteiligte	429
3.4	Zustandekommen des Vertrages	430
3.5	Rechte und Pflichten der Beteiligten	430
3.6	Police	431
3.7	Arten der Transportversicherung	432
3.8	Die Bedingungen der Transportversicherung	433
3.8.1	Die Bedeutung der verschiedenen Bedingungen	433
3.8.2	Umfang und Dauer der Versicherung	433
3.8.3	Deckungsformen der ADS	434
3.8.4	Prämie	435
3.8.5	Versicherungswert	435
3.9	Transportversicherung und Spediteur	436

4	Risikoabdeckung des Spediteurs durch Haftungsversicherung	436
4.1	Grundlagen und Versicherer	436
4.2	Betriebsbeschreibung als Risikoanalyse und -begrenzung	437
4.3	Ausgeschlossene Leistungen und Güterarten	443
4.4	Pflichten des Versicherungsnehmers	443
4.5	Grenzen der Versicherungsleistung	443
4.6	Prämien	443
4.7	Selbstbeteiligung	444

5	Aufgetretene Schäden bearbeiten	444
5.1	Schadensbearbeitung durch den Spediteur	444
5.2	Schadensregulierung durch die Versicherung	447

XV Abwicklung von Außenhandelsgeschäften

1	Die gesamtwirtschaftliche Bedeutung des Außenhandels für die Bundesrepublik Deutschland erfassen und einordnen	451
1.1	Einbindung der Bundesrepublik Deutschland in die Europäische Union (EU)	451
1.2	Internationale Stellung der Bundesrepublik Deutschland im Welthandel	452
1.3	Formen des Außenhandels	453
1.4	Gesetzliche Grundlagen	454
1.4.1	Nationales Recht	455
1.4.2	Gemeinschaftsrecht (Außenwirtschafts- und Zollrecht der EU)	457
1.4.3	Internationales Recht und regionale Organisationen	458

| 2 | Kunden über Lieferungs- und Zahlungsbedingungen im Außenhandel beraten | 461 |
| 2.1 | Incoterms 2000 | 462 |

2.1.1	Vorteile der Incoterms erkennen	462
2.1.2	Geeignete Vertragsklauseln auswählen	463
2.2	Möglichkeiten der Zahlungssicherung erläutern	472
2.2.1	Bei der Abwicklung von Akkreditiven mitwirken	472
2.2.2	Kasse gegen Dokumente	476
2.2.3	Kasse gegen Ware	476

3	**Begleitpapiere in der Exportspedition erstellen**	**477**
3.1	Spediteurdokumente ausfertigen	477
3.1.1	FCR – Forwarding Agents Certificate of Receipt	478
3.1.2	FCT – Forwarding Agents Certificate of Transport	478
3.1.3	FBL – Negotiable FIATA Multimodal Transport Bill of Lading	479
3.1.4	Ausfuhrbescheinigungen für Umsatzsteuerzwecke ausstellen	480
3.2.	Sonstige Dokumente beifügen	482
3.2.1	Ursprungszeugnisse	482
3.2.2	Konsulatsfakturen und Zollfakturen	482

4	**Besonderheiten des innergemeinschaftlichen Warenverkehrs beachten**	**483**
4.1	Warenverkehr zwischen den Mitgliedsstaaten der EU statistisch erfassen – INTRASTAT	483
4.1.1	Befreiungen	484
4.1.2	Statistische Anmeldung auf dem Vordruck N vornehmen	485
4.2	Verbrauchsteuerpflichtige Waren behandeln	491
4.2.1	Innergemeinschaftlicher Versand verbrauchsteuerpflichtiger Waren	491
4.2.2	Steuerlager	493
4.3	Grundzüge der steuerlichen Behandlung für mehrwertsteuerpflichtige Warenversendungen in der Gemeinschaft	493
4.3.1	Umsatzsteuer-Identifikationsnummer	494
4.3.2	Zusammenfassende Meldung über steuerbefreite innergemeinschaftliche Lieferungen	494
4.4	Innergemeinschaftliche speditionelle Dienstleistungen umsatzsteuerrechtlich richtig abrechnen	495
4.5	Steuerschuldnerschaft des inländischen Auftraggebers	496

5	**Außenhandel mit Drittländern unter Beachtung nationaler und internationaler Rechtsvorschriften abwickeln**	**499**
5.1	Rechtliche Grundlagen	499
5.2	Zollgebiet der Gemeinschaft	499
5.3	Zollverwaltung	500
5.4	Einheitspapier	501

5.5	Zollrechtliche Bestimmung und Zollverfahren anwenden	503
5.6	Allgemeine Vorschriften über zollrechtliche Bestimmungen und Überführung von Waren in ein Zollverfahren beachten	504
5.6.1	Gestellung	504
5.6.2	Summarische Anmeldung	505
5.6.3	Nämlichkeitssicherung	505
5.6.4	Stellvertretung	506
5.6.5	Zollanmeldung	507
5.7	Warenverkehrsbescheinigungen beifügen	507

6	**Ausfuhrverfahren abwickeln**	**509**
6.1	Ausfuhranmeldung erstellen	510
6.2	Vereinfachungen bei der Ausfuhranmeldung verwenden	511
6.2.1	Unvollständige Ausfuhranmeldung	511
6.2.2	Vereinfachte Ausfuhranmeldung	511
6.2.3	Anschreibeverfahren	511
6.2.4	Ausfuhrkontrollmeldung (AKM)	512

7	**Waren in den zollrechtlich freien Verkehr überführen**	**515**
7.1	Zollantrag am Zollamt einreichen	519
7.2	Zollwert ermitteln	520
7.3	Zolltarif anwenden	526
7.3.1	Aufbau der Code-Nummer im Elektronischen Zolltarif (EZT)	526
7.3.2	Elektronischer Zolltarif (EZT)	527
7.4	Einfuhrabgaben berechnen	529
7.4.1	Einfuhrabgaben nach EU-Recht	529
7.4.2	Nationale Einfuhrabgaben	530
7.5	Erhebungsverfahren beachten	531
7.6	Waren überlassen	532
7.7	Waren in den freien Verkehr mit Zweckbindung überführen	533
7.8	Zollbescheide abändern	533
7.9	Vereinfachte Verfahren anwenden	534
7.9.1	Vereinfachtes Anmeldeverfahren	535
7.9.2	Anschreibeverfahren (ASV)	536

8	**Waren als Zollgut versenden**	**538**
8.1	Gemeinschaftliches/gemeinsames Versandverfahren – NCTS (New Computerised Transit System)	539
8.1.1	Gemeinschaftliches/gemeinsames Vesandverfahren	540
8.1.2	Elektronisches Versandverfahren – NCTS	544
8.2	Carnet-TIR-Verfahren	545
8.3	Carnet-ATA-Verfahren	547

9	**Waren in weitere Zollverfahren überführen**	**548**
9.1	Zollagerverfahren	548
9.2	Veredelungsverkehr	550
9.2.1	Aktive Veredelung	550
9.2.2	Passive Veredelung	551
9.3	Zollgutumwandlung	551
9.4	Vorübergehende Verwendung	551

10	**Umstellung auf das IT-Verfahren ATLAS** 552
10.1	Ziele 552
10.2	Systemaufbau 553
10.2.1	Subsystem Elektronischer Zolltarif (EZT) 553
10.2.2	Subsystem Ausfuhr 554
10.2.3	Subsystem Summarische Anmeldung 554
10.2.4	Subsystem freier Verkehr 554
10.2.5	Subsystem Versand 555
10.2.6	Subsystem Zolllagerverfahren 555
10.2.7	Subsysteme auf Basis weiterer Zollverfahren, zollrechtlicher Bestimmungen oder Verfahren 555
10.2.8	Subsysteme mit horizontaler Funktion 555
10.3	Auswirkungen von ATLAS auf die Zollabwicklung 555

XVI	**Kunden gewinnen und betreuen (Marketing)**
1	**Informationen über den Markt beschaffen** 561
1.1	Marktforschung 561
1.2	Erhebungsarten 562
2	**Logistische Dienstleistungen marktgerecht gestalten (Produktpolitik)** 563
2.1	Standardleistungen 563
2.2	Spezielle logistische Dienstleistungen 563
2.3	Flächendeckende Allround-angebote durch Niederlassungs-system oder Kooperationen 564
2.4	Logistikkonzepte 564
2.5	Qualitätsmanagement 565

3	**Preise richtig gestalten (Preispolitik)** 566
3.1	Freie Preisbildung 566
3.2	Kalkulieren 566
4	**Werbung zur Verkaufsförderung einsetzen** 567
4.1	Kunden direkt anschreiben 567
4.2	Anzeigen in Printmedien 568
4.3	Werbung in audiovisuellen Medien 569
5	**Akquisition** 569
5.1	Kunden nach Bedeutung einteilen . . 569
5.2	Kundenkontakte vorbereiten 570
5.3	Verkaufsgespräche führen (Personal Selling) 571
5.3.1	Kontaktphase 571
5.3.2	Kundenwünsche ermitteln (Informationsphase) 571
5.3.3	Eigene Leistung präsentieren (Argumentationsphase) 572
5.3.4	Verträge abschließen (Abschlussphase) 572
5.3.5	Nachfassen 572
6	**Firmenimage verbessern (Image- und Präferenzpolitik)** 573
7	**Mehrere marketingpolitische Instrumente (Marketingmix) anwenden** 574
8	**Rechtliche Rahmenbedingungen** . 574
	Abkürzungen und Fachausdrücke 576
	Sachwortverzeichnis 587

Bildquellenverzeichnis

Eckhard-Herbert Arndt, Winsen   323

Barth + Co. Spedition GmbH & Co. KG, Kirchheim-Heimstetten   423 (3)

Bundesministerium für Verkehr, Bonn   212

Dachser GmbH & Co., München   369

DaimlerChrysler, Stuttgart   86

Deutsche Lufthansa AG, Frankfurt   275, 278, 280

DPD Deutscher Paket Dienst GmbH & Co., Aschaffenburg   368 (2)

Duisburg-Ruhrorter Häfen AG, Duisburg   215

GLOBUS Infografik GmbH, Hamburg   452

Gütergemeinschaft Paletten e.V., Münster   184, 186

Hapag-Lloyd AG, Hamburg   241 (2), 242 (4), 243 (2)

Jungheinrich AG, Hamburg   381

Lufthansa Cargo AG, Frankfurt   276 (2), 277 (4), 278 (2), 279

Schenker-BTL (Deutschland) AG, Coburg   377

Späth, Remseck   382

Stinnes AG, Berlin   182 (2), 183 (2)

Verkehrs-Verlag J. Fischer, Düsseldorf   113

Westermann Schulbuchverlag GmbH, Braunschweig   91

Infografiken: Claudia Hild

384412

KAPITEL 1

Bedeutung des Verkehrs in der Wirtschaft

1 Aufgaben, Bedeutung und Arten des Verkehrs in der arbeitsteiligen Wirtschaft

1.1 Arten des Verkehrs und Bedeutung der Verkehrsarten

Nachrichtenverkehr

Die moderne Technik macht es möglich, dass die Menschen unserer Welt immer mehr zueinander in Beziehung treten: Die Nachrichtentechnik gestattet uns im Selbstwähl-verkehr, Menschen in anderen Erdteilen anzurufen, und innerhalb von Sekunden ist die Verbindung hergestellt. Das Fernsehen übermittelt uns Bilder aus entfernten Teilen der Welt. In beiden Fällen kommt der Kontakt über Medien zustande.

Personenverkehr

Menschen verschiedener Länder und Erdteile kommen aber auch in einem weit stärke-ren Maß als bisher unmittelbar miteinander in Berührung, sei es durch Geschäfts- oder Urlaubsreisen oder durch Studienaufenthalte, Truppenstationierung oder Gastarbeit in anderen Ländern. Gebiete, die noch im vorigen Jahrhundert Ziele abenteuerlicher, wochenlanger und beschwerlicher Reiseunternehmungen waren, erreicht man heute in wenigen Stunden mit dem Flugzeug. So ist es nicht verwunderlich, dass auch die Men-schen viel mehr voneinander wissen und dass sie sich auch persönlich kennen lernen, sei es bei Begegnungen kultureller, wissenschaftlicher, politischer oder touristischer Zielsetzung oder sei es, um Geschäfte anzubahnen und abzuwickeln oder um Messen zu besuchen.

Güterverkehr

Die Folge ist, dass auch die Güter und Produkte dieser Erde in einem nie gekannten Ausmaß von den Orten der Gewinnung bzw. Produktion zu weit entfernten Orten der Verarbeitung und des Verbrauchs geschafft werden. Aufgrund fortgeschrittener Trans-porttechniken (z. B. Container, Kühlkette, Großraumflugzeug, Riesentanker) werden von Verkehrsträgern enorme Verkehrsleistungen erbracht, um die stark angewachsene Weltbevölkerung optimal mit Gütern zu versorgen. Die Warenströme verlaufen vom Urproduzenten über Verarbeitungs- und Handelsbetriebe bis zum Verbraucher.

Zahlungsverkehr

Die Lieferungen müssen aber auch bezahlt werden. Zu diesem Zweck haben die Ban-ken in internationaler Zusammenarbeit ein Netz von Zahlungswegen geknüpft, inner-halb dessen sich die Geldströme bewegen. Ziel dieser Geldströme ist die Bezahlung der Lieferungen und Leistungen, die die Produktions-, Handels- und Dienstleistungs-betriebe erbracht haben.

Das folgende Schaubild soll nur ein Beispiel sein, wie die Betriebe durch Güterströme und Geldströme miteinander verknüpft sein können. Zwischen den einzelnen Stationen des Schaubildes wickelt sich dann in der Regel Güterverkehr, aber auch Zahlungs- und Nachrichtenverkehr ab.

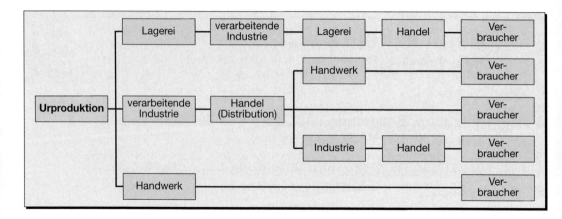

1.2   Aufgaben des Güterverkehrs

Der Güterverkehr hat die Aufgabe, die erzeugten Rohstoffe und Betriebsstoffe, die Halberzeugnisse und Fertigwaren von einer Station zur anderen zu bringen, damit keine Engpässe in der Produktion oder beim Verbrauch entstehen. Der Güterverkehr hat also eine verbindende Funktion.

Der Güterverkehr verbindet
● Erdteile, Länder und Wirtschaftsgemeinschaften,
● Stadt und Land,
● Produktionsbetriebe mit Handels- und Dienstleistungsbetrieben,
● die Betriebe mit dem Verbraucher (Konsumenten).

Er sorgt dafür, dass Güter von Orten des Überflusses zu den Orten des Bedarfs geschafft werden.

1.3   Die Entwicklung der Verkehrsleistungen des Güterverkehrs in Deutschland

Wie sich die Verkehrsleistung (in Mio. t) der einzelnen Verkehrsträger in den letzten Jahren entwickelt hat, zeigt die folgende Tabelle.

Tatsächlich beförderte Güter				
Gegenstand der Nachweisung	Einheit	2001	2002	2003
Deutschland				
Beförderte Güter / Beförderungsmenge				
Eisenbahnverkehr[1]	Mio. t	288,2	285,4	296,9
Binnenschifffahrt	Mio. t	236,1	231,7	...
Seeverkehr[2]	Mio. t	242,2	242,5	...
Luftverkehr	Mio. t	2,1	2,2	2,3
Rohöl-Rohrleitungen[3]	Mio. t	90,2	90,9	92,3
Straßengüterverkehr[4, 5]	Mio. t	2 884,5	2 720,2	...

1 Wagenladungsverkehr
2 Inkl. Binnen – Seeverkehr
3 BAFA, Eschborn
4 BAG, KBA; nur inländische Kfz
5 Beförderung im In- und Ausland

Quelle: Statistisches Bundesamt Deutschland
Aktualisiert am 8. April 2004

Der Tabelle ist zu entnehmen, dass die Bahn ihren Anteil an der Gesamtmenge der beförderten Güter in den letzten Jahren im Wesentlichen bei ca. 290 Mio. t halten konnte, nachdem Sie noch im letzten Jahrzehnt beträchtliche Einbußen hinnehmen musste. Die Binnenschifffahrt hielt ebenfalls ihren Anteil bei ca. 232 Mio. t konstant. Der Straßengüterverkehr musste in den letzten Jahren, infolge der schlechten konjunkturellen Entwicklung insbesondere auf dem Bausektor, Verluste hinnehmen.

Dagegen zeigt ein Blick auf die prognostizierte Entwicklung zwischen 2001 und 2004, dass mit einer Zunahme des gesamtmodalen Güterverkehrsaufkommens der Landverkehrszweige um knapp 7 % (bzw. 2,2 % pro Jahr) gerechnet wurde, das auf der Straße vergleichsweise hoch und auf den übrigen Verkehrsträgern entsprechend geringer ausfallen sollte. Ein endgültiges Urteil über die Entwicklung des Güterverkehrs lässt sich erst dann fällen, wenn die Zahlen tatsächlich vorliegen.

Die folgenden Zahlen wurden aus der Frühjahrsprognose 2001 „Gleitende Mittelfristprognose für den Güter- und Personenverkehr" der Prognose AG, Basel, entnommen.

Prognostiziertes Güterverkehrsaufkommen in Millionen Tonnen p. a. bis zum Jahr 2004

Landverkehrszweige	1998	1999	in % zum Vorjahr	2000	in % zum Vorjahr	2001	in % zum Vorjahr	2004	in % 01–04
Straßengüterverkehr[1]	3 197	3 425	7,13	3 272	−4,47	3 380	3,30	3 630	2,40
Eisenbahnverkehr[2]	306	287	−6,21	294	2,44	292	−0,68	300	0,90
Binnenschifffahrt[3]	236	229	−2,97	242	5,68	243	0,41	255	1,50
Rohrleitungen[4]	91	89	−2,20	89	0,00	90	1,12	92	0,60
Alle Landverkehrszweige	3 830	4 030	5,22	3 897	−3,30	4 005	2,77	4 277	2,20

Quellen und Anmerkungen:
Kraftfahrtbundesamt, Statistisches Bundesamt, Prognos (Prognosen: kursiv)

1 Nicht enthalten ist das Aufkommen im Kabotageverkehr ausländischer Lkw. Ab 1999 entfiel die Freistellung nach § 1 GüKG, sodass sich das Aufkommen vor allem im Werkverkehr erhöht hat.

2 Wagenladungsverkehr (ohne Dienstgutverkehr)

3 einschließlich Seeverkehr der Binnenhäfen mit Häfen außerhalb des Bundesgebietes

4 Nur Rohöl.

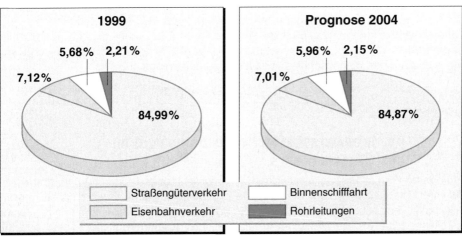

Bei der Entwicklung der einzelnen Verkehrszweige spielt aber nicht nur das absolute Güteraufkommen, sondern auch die Beförderungsleistung in Tonnenkilometern eine wichtige Rolle. Ein Lkw, der 20 t über eine Entfernung von 500 km befördert, erbringt eine Leistung von 10 000 tkm. Ein Binnenschiff, das 1 500 t über eine Entfernung von 500 km befördert, erbringt eine Verkehrsleistung von 750 000 tkm.

Prognostizierte Güterverkehrsleistung in Milliarden Tonnen-Kilometer p. a. bis zum Jahr 2004

Landverkehrszweige	1998	1999	in % zum Vorjahr	2000	in % zum Vorjahr	2001	in % zum Vorjahr	2004	in % 01–04
Straßengüterverkehr[1]	315,9	341,7	8,17	348,5	1,99	371,2	6,51	432,9	5,3
Eisenbahnverkehr[2]	73,6	71,4	−2,99	76,1	6,58	77,6	1,97	84,7	2,9
Binnenschifffahrt	64,3	62,7	−2,49	66,5	6,06	66,7	0,30	70,7	2
Rohrleitungen[3]	14,8	15	1,35	15	0,00	15,2	1,33	15,5	0,6
Alle Landverkehrszweige	468,6	490,8	4,74	506,1	3,12	530,7	4,86	603,8	4,4

Quellen und Anmerkungen:
Kraftfahrtbundesamt, Statistisches Bundesamt, Prognos (Prognosen: kursiv)

1 Nicht enthalten sind Kabotageverkehrsleistungen ausländischer Lkw. Sie betrugen in 1998 rd. 2,3 Mrd. tkm und in 1999 rd. 3,3 Mrd. tkm (Quelle: BAG). Ab 1999 entfiel die Freistellung nach § 1 GüKG, sodass sich die Leistung vor allem im Werkverkehr erhöht hat.

2 Wagenladungsverkehr (ohne Dienstgutverkehr)

3 Nur Rohöl.

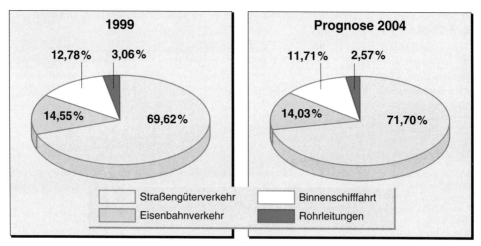

Die vorliegenden Prognoseergebnisse bedeuten, dass der Anteil der Lkw an allen Güterverkehrsleistungen von 69,9 % in 1999 über 68,9 % in 2000 bis 2001 auf 69,9 % und bis 2004 sogar auf 71,7 % zunehmen wird. Der Marktanteil der Schiene würde auf 14 % und der des Binnenschiffes auf 11,7 % zurückgehen.

2 Betriebswirtschaftliche Besonderheiten des Güterverkehrs

In anderen Wirtschaftszweigen findet man Unternehmungen, die aufgrund ihrer Anlagen und Personalausstattung entweder als kapitalintensiv oder als lohnintensiv (personalintensiv) bezeichnet werden können. So arbeiten beispielsweise in einem Kraftwerk vergleichsweise wenige Menschen; umfangreiche maschinelle Anlagen sind bestimmend für die Produktion und verursachen in der Regel den größten prozentualen Anteil der Kosten. Ein Kraftwerk ist kapitalintensiv. Im Gegensatz dazu benötigt beispielsweise ein größeres Bekleidungshaus mit intensiver Kundenberatung viel Personal, während Anlagen und Maschinen eine untergeordnete Rolle spielen. Man bezeichnet das Bekleidungshaus als lohnintensiv.

Bei den meisten Verkehrsbetrieben kann man in der Regel nicht die Feststellung treffen sie seien rein kapitalintensiv oder rein lohnintensiv. Es sind meist große Investitionen für das Transportgerät (Flugzeuge, Schiffe, Lkws oder Schienenfahrzeuge) und zum Teil auch für die Verkehrswege (Schienen, Kanäle, Signalanlagen, Straßen) erforderlich. Andererseits wird aber auch viel Personal benötigt (z. B. fliegendes Personal und Bodenpersonal bei Fluggesellschaften oder die Beschäftigten der Eisenbahnen). Verkehrsbetriebe sind also in der Regel **kapitalintensiv und lohnintensiv**. Die Kosten des Kapitals (Abschreibungen, Zinsen) und der Arbeitskräfte (Löhne, Gehälter und Lohnnebenkosten) sind hoch.

Eine andere Besonderheit der Verkehrsbetriebe besteht darin, dass die **Verkehrsleistungen** nicht in festen Produktionsstätten (Gebäuden, Industrieanlagen) erbracht werden, sondern **in der Fläche** bzw. im Raum. Weitere oder kürzere Strecken müssen auf unterschiedlichen Verkehrswegen zu Lande, zu Wasser oder in der Luft zurückgelegt werden, wobei in der Regel auch noch Umschlagsvorgänge oder Zwischenlagerungen mit den reinen Transportvorgängen Hand in Hand gehen.

Diese Verquickung von Lade-, Transport-, Umschlags- und Lagervorgängen und die damit verbundenen vielfältigen Zugriffsmöglichkeiten bringen es mit sich, dass im Güterverkehr eine Reihe von dem Transportgewerbe eigentümlichen **Transportgefahren** auftritt, z. B. das Risiko der Beschädigung, des Diebstahls, des Abhandenkommens, der Fehlleitung und des negativen Einflusses der Witterung und des Klimas.

Ein weiteres Risiko besteht darin, dass viele Verkehrsbetriebe **nicht** von einer **kontinuierlichen Nachfrage** nach ihren Leistungen ausgehen können. Da gibt es bei vielen Auftraggebern saisonale Schwankungen im Güteraufkommen, aber auch die konjunkturelle Lage kann sich auswirken. In der Industrie können Absatzschwankungen zum Teil dadurch ausgeglichen werden, dass man eine Zeit lang auf Lager produziert. Im Gegensatz dazu ist eine **Produktion von Verkehrsleistungen auf Lager nicht möglich**. Bestimmte Transportbedürfnisse (z. B. die Beförderung eines Großtransformators) treten auch unregelmäßig auf. Das führt beim Beförderungsunternehmen zu speziellen **Auslastungsproblemen**. Diese werden noch dadurch verstärkt, dass vielfach eine **Ungleichheit im Güteraufkommen in Richtung und Gegenrichtung** besteht. Unter dem Gesichtspunkt der optimalen Auslastung der Fahrzeuge sind Transportunternehmen an der „Paarigkeit der Verkehrsströme" interessiert, d. h., eine annähernd gleiche Gütermenge für die Hin- und Rückfahrt wird angestrebt. Leerfahrten sollen möglichst ganz unterbleiben. Das Streben nach gleichmäßiger Auslastung in Richtung und Gegenrichtung fördert in der Regel die **Tendenz zur Kooperation und Konzentration** oder zur Gründung weiterer Niederlassungen, die das fehlende Güteraufkommen in der Gegenrichtung akquirieren (= beibringen) sollen. Durch die Zusammenarbeit mit Partnern und Niederlassungen soll erreicht werden, dass die Transportgefäße möglichst in beiden Richtungen optimal ausgelastet sind – ein Bemühen, das nicht immer erfolgreich verläuft.

Eine weitere Besonderheit der Verkehrsbetriebe besteht darin, dass sie zwar alle im Wettbewerb miteinander stehen – viele sogar national und international –, dass der Verkehrsmarkt aber auch durch **Wettbewerbsverzerrungen** mannigfacher Art gekennzeichnet ist. In der Regel könnte ein Gütertransport durchaus von unterschiedlichen Verkehrsträgern durchgeführt werden. Häufig konkurrieren staatliche mit privaten Unternehmungen. Preis und Qualität der Leistung sollten also unter Beachtung der Güterart und des Umweltschutzes den Ausschlag geben, wenn es um die Wahl des richtigen Beförderungsmittels geht.

In weiten Bereichen des Verkehrswesens gibt es aber nach wie vor **Preisabsprachen** zwischen Beförderungsunternehmungen (z. B. in der Seeschifffahrt oder in der Luftfahrt), die sich wettbewerbsverzerrend auswirken können.

Manchmal wird auch dem einzelnen Unternehmen die eigene Preisgestaltung durch **staatlich festgesetzte Tarife** abgenommen. Wenn es sich um Festtarife (und nicht um Margentarife[1]) handelt, ist dadurch zumindest der Preiswettbewerb ausgeschaltet. Darüber hinaus können sich auch noch andere Gesichtspunkte wettbewerbsverfälschend auswirken, z. B. die Tatsache, dass die Bahn ihren Verkehrsweg selbst anlegen und unterhalten muss, während der Verkehrsweg für den Lkw – die Straße – vom Staat gebaut wird.

Andere Wettbewerbsverzerrungen ergeben sich z. B. aus **Zugangsbeschränkungen zum Markt** (z. B. Kontingentierung[2] der Genehmigungen für den Güterfernverkehr), durch die Einführung von Straßenbenutzungsgebühren und durch die unterschiedliche Höhe der Kfz-Steuer und der Mineralölsteuer in den europäischen Ländern.

Zusammenfassung

➤ Man unterscheidet: Nachrichtenverkehr, Personenverkehr, Güterverkehr, Zahlungsverkehr.

➤ Der Güterverkehr hat eine verbindende Funktion: Er verbindet die Betriebe untereinander und auch die Betriebe mit dem Endverbraucher. Ferner verbindet er Regionen, Länder, Erdteile und Wirtschaftsgemeinschaften.

➤ Der Güterverkehr bringt die Güter von Orten des Überflusses zu den Orten des Bedarfs, um eine optimale Versorgung der Bevölkerung mit Gütern zu ermöglichen.

➤ Verkehrsbetriebe sind in der Regel kapital- <u>und</u> lohnintensiv.

➤ Verkehrsleistungen werden nicht in festen Produktionsstätten erbracht, sondern von Verkehrsmitteln in der Fläche bzw. im Raum.

➤ Erbrachte Verkehrsleistungen müssen sofort abgenommen (d. h. in Anspruch genommen) werden; man kann sie nicht auf Lager produzieren.

➤ Die Nachfrage nach Verkehrsleistungen unterliegt erheblichen Schwankungen; dafür sind u. a. konjunkturelle und saisonale Einflüsse maßgebend, aber auch der Produktionsrhythmus der Industrie (Werksferien, Produktionsmenge an den einzelnen Tagen der Woche).

➤ Häufig sind die Transportmittel in Richtung und Gegenrichtung nicht gleichmäßig ausgelastet.

➤ Es existieren spezielle Transportrisiken (z. B. die Gefahr der Verzögerung, die Gefahr des Diebstahls, die Gefahr der Beschädigung, die Gefahr der Fehlleitung, die Gefahr des Abhandenkommens).

➤ Verkehrsunternehmen stehen im Wettbewerb
– mit gleichartigen Unternehmungen,
– mit anderen Verkehrsträgern (privat oder staatlich),
– national und international.

➤ Der Wettbewerb im Verkehrsmarkt ist oft verzerrt
– durch ungleiche Behandlung der Verkehrsträger durch den Staat (z. B. steuerlich),
– durch staatliche Einflussnahme auf die Preisgestaltung,
– durch Preisabsprachen oder starke Marktstellung einzelner Unternehmungen.

---

1 Margentarife sind Tarife, die es dem Beförderungsunternehmen gestatten, die Beförderungspreise innerhalb einer gewissen Spanne je nach Marktsituation höher oder niedriger festzusetzen.

2 Kontingentierung = zahlenmäßige Beschränkung

3 Verkehrsmittel und ihr Einsatz

3.1 Drei Grundbegriffe des Verkehrswesens: Verkehrswege, Verkehrsmittel, Verkehrsträger

Die verschiedenen Arten von Verkehrswegen und ihre Knotenpunkte (Flughäfen, Häfen, Wirtschaftszentren) sind Bestandteil der wirtschaftlichen Infrastruktur eines Landes. Ein gut ausgebautes Verkehrsnetz, mithilfe dessen man alle Landesteile schnell erreichen kann und das auch Gütertransporte in alle Regionen ermöglicht, ist eine entscheidende Voraussetzung für die günstige Entwicklung einer Volkswirtschaft.

Auf den Verkehrswegen verkehren die für den jeweiligen Verkehrsweg typischen Verkehrsmittel. Jedes Verkehrsmittel hat spezifische Vorzüge, die es für bestimmte Transporte besonders geeignet erscheinen lassen, aber auch spezifische Nachteile.

Die Unternehmungen, die den Güterverkehr auf den unterschiedlichen Verkehrswegen abwickeln, bezeichnet man als Verkehrsträger. Es kann sich um mittelständische Unternehmungen handeln (z. B. Lkw-Unternehmer) oder um Großunternehmen (z. B. Deutsche Bahn AG, Lufthansa). Sie können dem privaten Sektor angehören (z. B. private Binnenschiffer) oder dem staatlichen Bereich (z. B. die Deutsche Bahn AG).

Verkehrsweg	Verkehrsmittel des Güterverkehrs	Verkehrsträger
		Öffentliche und private Unternehmungen
Straße	Lkw	– des Güterkraftverkehrs
Schiene	Eisenbahn	– des Bahnverkehrs
Binnenwasserstraße	Binnenschiff	– des Binnenschiffsverkehrs
Meere und für Seeschiffe geeignete Wasserstraßen	Seeschiff	– der Seeschifffahrt
Luft(straßen)	Flugzeug	– der Luftfahrt
Rohrleitung (Pipeline)	Rohrleitung	– des Rohrleitungsverkehrs

3.2 Gesichtspunkte bei der Auswahl des Verkehrsmittels

Wer im Güterverkehr Transporte zu organisieren hat, muss die Auswahl des Verkehrsmittels (und damit in der Regel auch des Verkehrsweges) nach Zweckmäßigkeitsgesichtspunkten treffen. Hierbei können folgende Auswahlgesichtspunkte eine Rolle spielen:

- der Preis der Beförderung
- die Höhe der Nebenkosten (z. B. Versicherungskosten)
- die Schnelligkeit der Transportabwicklung
- die Sicherheit der Transportabwicklung bzw. der Grad der Schadensanfälligkeit
- die Regelmäßigkeit und Pünktlichkeit der Verkehre
- die Kapazität der Transportmittel bzw. Transportgefäße
- die technische Ausrüstung des Verkehrsmittels und evtl. auch der vorhandenen Umschlagseinrichtungen (z. B. Kühlmöglichkeit, Hebebühne usw.)

- die Beweglichkeit des Verkehrsmittels (z. B. in der Innenstadt)
- die Erreichbarkeit von Abgangs- und Empfangsort durch das Verkehrsmittel
- das Bestehen gesetzlicher Vorschriften z. B. für Gefahrgut
- die Eignung des Verkehrsmittels bzw. des Verkehrsweges im Hinblick auf den Umweltschutz

Die Entscheidung ist immer im Hinblick auf den konkreten beabsichtigten Fall des Gütertransports zu treffen. Bei manchen Transporten steht z. B. die Schnelligkeit der Güterbeförderung als absolute Notwendigkeit im Vordergrund, bei anderen kommt es auf einen möglichst niedrigen Transportpreis an.

Hochwertige Güter vertragen im Allgemeinen eine höhere Belastung mit Frachtkosten, da der prozentuale Anteil der Frachtkosten am Gesamtpreis doch relativ niedrig bleibt. Bei geringwertigen Gütern kann dagegen eine hohe Belastung mit Frachtkosten zu einer erheblichen prozentualen Verteuerung der Ware führen.

4 Rahmenbedingungen des Verkehrs

4.1 Standort der Verkehrsbetriebe

Betriebswirtschaftlich unterscheidet man zwischen verschiedenen Standortfaktoren, die den Standort eines Unternehmens beeinflussen bzw. bestimmen können. Es sind dies: Rohstoffe, Arbeitskräfte, Absatz, Verkehrslage, evtl. auch die Tradition. Es liegt in der Natur der Sache, dass Verkehrsbetriebe und Speditionen in der Regel einen **verkehrsorientierten Standort** wählen. In der ersten Hälfte des 20. Jahrhunderts siedelten sich viele Speditionen in den Häfen und in der Nachbarschaft der Güterbahnhöfe an. Diese Standorte werden vielfach heute noch genutzt. Gegenwärtig finden wir Niederlassungen von Frachtführern und Speditionen vermehrt in der Umgebung von Flugplätzen und in neuen Gewerbegebieten. Es kommt auf gute Zufahrts-, Umschlags- und Abstellmöglichkeiten für Lkws, Container und Wechselbrücken an und man denkt auch an Erweiterungsmöglichkeiten. Die Nähe zur Autobahn wird in der Regel angestrebt. Heutzutage spielen die begrenzte Verfügbarkeit von Gewerbeflächen und die Höhe der Grundstückspreise neben den genannten Gesichtspunkten eine entscheidende Rolle bei der Standortwahl der Verkehrsbetriebe und Speditionen.

4.2 Abhängigkeit der Verkehrsentwicklung von den Rahmenbedingungen

Eine gute verkehrsmäßige Erschließung eines Gebietes ist ein entscheidender Faktor auch für seine wirtschaftliche Entwicklung. Hierbei zeigen sich starke Abhängigkeiten von geografischen Gegebenheiten. Hohe Gebirge waren lange Zeit natürliche und fast unüberwindliche Hindernisse für die Anlage von leistungsfähigen Verkehrswegen. Seehäfen wurden dagegen dort angelegt, wo geografische Bedingungen ihre Anlage begünstigten, d. h., wo Flussmündungen und natürliche Buchten einen gewissen Schutz für die Seeschiffe und Uferanlagen vor den elementaren Gewalten des Meeres boten.

Sehr deutlich wird die **Abhängigkeit von geografischen Gegebenheiten** auch am Beispiel Russlands, wo es nur unter außerordentlichen Anstrengungen gelang, Eisenbahnlinien (TRANSSIB, BAM[1]) durch die unwirtlichen Gebiete Sibiriens zu führen, wo Dauerfrostböden die verkehrsmäßige Erschließung behindern. Durchgehende Straßen, die den fernen Osten Russlands mit dem europäischen Teil verbinden, fehlen auch heute noch.

Neben den geografischen Gegebenheiten geht auch von der **technischen Entwicklung** ein bestimmender Einfluss auf die Verkehrsentwicklung aus. Im 19. Jahrhundert war es vor allem der Einsatz der Dampfmaschine in Eisenbahnen und Dampfschiffen, der zu einer ungeahnten Zunahme des Schiffs- und Eisenbahnverkehrs führte. Der Schiffsbau und der Bau der Schienenwege und Bahnanlagen waren in Europa und Amerika, zum Teil auch in Asien starke Impulse für die Gesamtwirtschaft und führten zu einem internationalen Warenaustausch in vorher nie gekanntem Umfang. Im 20. Jahrhundert verstärkten der Einsatz des Lastkraftwagens und später des Flugzeugs diese rasante Entwicklung.

Aber selbst die Überwindung natürlicher Barrieren mithilfe des technischen Fortschritts nützt wenig, wenn der Mensch selbst Schranken aufbaut, die sich dem internationalen Handel und Warenaustausch in den Weg stellen. **Einfuhr- und Ausfuhrbeschränkungen** sowie **hohe Zollschranken** können sich lähmend auswirken. So ist es nötig, dass die **nationale und internationale Politik** dem Handel zwischen den Nationen möglichst wenig Hindernisse in den Weg stellt. Kriegerische Auseinandersetzungen und internationale Spannungen sind für den internationalen Verkehr und Handel schädlich, ja können ihn völlig zum Erliegen bringen. Auch wenn Staaten sich abschotten und versuchen wirtschaftlich autark zu werden, ist das ein Hemmnis für die wirtschaftliche Arbeitsteilung.

Die nationale und internationale Politik hat hier ein hohes Maß an Verantwortung. Die Staaten der Erde wachsen immer mehr zur „einen Welt" zusammen. Deshalb wird es nötig, die Entwicklungsländer in ihrer wirtschaftlichen und verkehrsmäßigen Entwicklung zu fördern, damit sie als gleichberechtigte Partner am internationalen Waren- und Dienstleistungsverkehr teilhaben können. Dadurch könnten das Bruttoinlandsprodukt und das Pro-Kopf-Einkommen in den Entwicklungsländern steigen und der Lebensstandard könnte sich dem der Industriestaaten angleichen. Beim Ausbau des Verkehrsnetzes und auch beim Aufbau der Wirtschaft eines Landes sind jedoch heute in zunehmendem Maß auch **ökologische Gesichtspunkte** zu berücksichtigen.

Die Rahmenbedingungen des Verkehrs

technischer Fortschritt
und ökologische Verantwortung

staatliche
Reglementierung
oder
Freiheit

Verkehr

geografische
Gegebenheiten

nationale und internationale Politik

---

1 Transsibirische Eisenbahn, Baikal-Amur-Magistrale

Zusammenfassung

➤ Verkehrswege sind Straßen, Schienen, Flüsse, Kanäle, Rohrleitungen, Luftstraßen, Meere. Auf ihnen bewegen sich die Verkehrsmittel.

➤ Verkehrsträger sind öffentliche und private Unternehmen des Güterkraftverkehrs, der Luftfahrt, der Binnen- und Seeschifffahrt, der Eisenbahn und des Rohrleitungsverkehrs.

➤ Gesichtspunkte zur Auswahl von Verkehrsmitteln sind: Beförderungspreis und Nebenkosten, Schnelligkeit, Umweltverträglichkeit, Regelmäßigkeit, Pünktlichkeit, Beweglichkeit, Sicherheit, Kapazität, Erreichbarkeit der Ausgangs- und Zielpunkte der Beförderung mit dem jeweiligen Verkehrsmittel. Ferner spielen gesetzliche Vorschriften eine Rolle, die für bestimmte Güter eine bestimmte Beförderungsart vorschreiben.

➤ Hochwertige Güter sind eher mit Transportkosten belastbar als geringwertige.

➤ Der Standort der Verkehrsbetriebe ist „verkehrsorientiert" und von Grundstückspreisen beeinflusst.

➤ Verkehr und Verkehrsentwicklung spielen sich innerhalb von bestimmten Rahmenbedingungen ab: geografische Gegebenheiten, nationale und internationale Politik, Grad der staatlichen Reglementierung, technische Entwicklung und ökologische Verantwortung.

➤ Ein leistungsfähiges Verkehrsnetz ist ein wesentlicher Faktor für eine gute Infrastruktur[1]. Dieses wiederum ist eine der Voraussetzungen für Prosperität[2].

Fragen und Aufgaben zur Lernkontrolle:

1. Was heißt: Der Verkehr hat eine verbindende Funktion?

2. Was versteht man unter Verkehrsträgern?

3. Warum vertragen hochwertige Güter eine stärkere Belastung mit Frachtkosten als geringwertige?

4. Inwiefern ist beim Ausbau des Verkehrsnetzes auf ökologische Gesichtspunkte zu achten?

5. Welche Kriterien[3] spielen bei der Auswahl von Verkehrsmitteln im Güterverkehr eine Rolle?

6. Welche Wettbewerbsverzerrungen sind im Verkehrssektor feststellbar?

7. Welche Bedeutung hat die Aussage: Verkehrsleistungen können nicht auf Lager produziert werden?

8. Nennen Sie Beispiele für Transportrisiken.

9. Was versteht man unter der „Paarigkeit der Verkehrsströme"?

10. Inwiefern sind Verkehrsbetriebe kapitalintensiv?

11. Das Wievielfache an Verkehrsleistungen in Tonnenkilometern erbrachte der Straßengüterfernverkehr im Jahr 2000 im Vergleich zur Eisenbahn?

12. Welcher Verkehrsträger entspricht dem Verkehrsweg „Binnenwasserstraße"?

13. Wodurch können Staaten den internationalen Verkehr behindern?

14. Durch welche Maßnahmen können Staaten den zwischenstaatlichen Verkehr fördern?

---

1 Infrastruktur = wirtschaftlich-organisatorischer Unterbau einer Volkswirtschaft
2 Prosperität = wirtschaftlicher Wohlstand
3 Kriterium = Prüfstein, Auswahlgesichtspunkt

Der KAPITEL II

Spediteur und seine Arbeitsbereiche

1 Arbeitsbereiche und Strukturen

1.1 Der Spediteur und seine vielfältigen Dienstleistungen

Der Spediteur wird oft als Organisator des Güterverkehrs bezeichnet, gelegentlich auch als **„Architekt" des Güterverkehrs**. Der Vergleich mit dem Architekten ist in vieler Hinsicht treffend. Der Architekt plant im Auftrag des Bauherrn ein Gebäude, achtet dabei auf öffentlich-rechtliche Vorschriften und Auflagen, wählt geeignete Baustoffe und Handwerker aus und holt Kostenvoranschläge ein. Er bemüht sich um den Abschluss der einschlägigen Verträge und überwacht die Bauausführung im Hinblick auf Qualität und Termineinhaltung.

Beim Spediteur ist es fast ähnlich: Wenn er von einem Versender den Auftrag erhält, ein Exportgut in ein überseeisches Land transportieren zu lassen, so muss dieser Transport hinsichtlich der Art der Verknüpfung mehrerer Verkehrsträger und in der zeitlichen Abfolge geplant werden und in der Regel wird auch eine Transportkostenkalkulation erstellt. Auf die Einhaltung von Einfuhr-, Ausfuhr- und Zollbestimmungen ist zu achten; ferner müssen die erforderlichen Papiere erstellt sowie die Beförderungsverträge angebahnt und abgeschlossen werden. Bei der Transportdurchführung achtet der Spediteur auf einwandfreie und termingerechte Abwicklung und befasst sich bei eventuellen Schäden oder Unregelmäßigkeiten mit deren Bearbeitung.

Für den Spediteur, der mehrstufige Transporte unter Einschaltung mehrerer Verkehrsträger organisiert und dafür die Gesamtverantwortung trägt, hat sich international die Bezeichnung **MTO (= Multimodal Transport Operator)** eingebürgert. Für einen derartigen multimodalen Transport stellt der Spediteur (MTO) in der Regel ein Spediteurdokument (z. B. das FIATA Multimodal Transport Bill of Lading = FBL) als Spediteur-Durchkonnossement (s. S. 479) aus.

Speditionen gibt es in der modernen Wirtschaft in unterschiedlicher Größe und mit vielfältigen Tätigkeitsbereichen. Was die Größenordnung angeht, finden wir vom kleinen Spediteur mit geringer Personalausstattung über das mittelständische Unternehmen bis zur Großunternehmung mit vielen Filialen zahlreiche Varianten. Noch mehr Unterschiede gibt es im Hinblick auf die Tätigkeitsfelder. Manche Speditionen beschränken sich auf wenige Bereiche, z. B. die Kraftwagenspedition oder die Luftfrachtspedition. Dabei ist eine **starke Spezialisierung** möglich. Andere versuchen alle denkbaren Aufgabenfelder der nationalen und internationalen Spedition abzudecken, damit sie sich ihren Kunden als **„Hausspediteur"** präsentieren können, der in der Lage ist, alle Beförderungsaufgaben zu lösen, angefangen vom nationalen Dokumentenversand über Sammelverkehre und Komplettladungen bis hin zum Exportauftrag nach Übersee. Eine solche Spedition könnte man als **„Allroundspediteur"** bezeichnen.

Hinzu kommt, dass viele Spediteure einen umfangreichen Fuhrpark unterhalten und vielleicht sogar Schiffe und Flugzeuge besitzen. Diese Spediteure betätigen sich nicht nur als Spediteure im eigentlichen Sinne, sondern **auch als Frachtführer**, während andere auf eigene Transportmittel völlig verzichten. Sie konzentrieren sich auf die eigentliche Spediteurtätigkeit. So kann man also, wenn von Spedition die Rede ist, nicht nur einen Typ im Auge haben, sondern man muss an eine Vielfalt unterschiedlicher Ausprägungen der Speditionsunternehmung denken.

1.2 Aufgaben des Spediteurs

Grundsätzlich besteht die Dienstleistung des Spediteurs für seinen Auftraggeber in einer planend-organisatorischen Tätigkeit. Die Güterversendungen müssen in ihrem zeitlichen und transporttechnischen Ablauf, in der sinnvollen Koordination der beteiligten Beförderungsunternehmen sowie in ihrer Kostengestaltung geplant und überwacht werden. Moderne Kommunikationstechniken wie Telefon, Telefax und Datenfernübertragung sind hierbei unentbehrliche Hilfsmittel.

Man kann die Rolle, die Speditionen heute in der Volkswirtschaft spielen, aber auch anhand von Funktionen umschreiben, die gegenwärtig von Speditionen für die verladende Wirtschaft übernommen werden.

Aufgaben des Spediteurs	Beispiele für Tätigkeiten, die in Ausführung der Funktion anfallen
Beratungsfunktion	– z. B. Beratung in Außenhandelsfragen
Organisationsfunktion	– Planung der Transportwege – Disposition der Fahrzeuge
Auswahl- und Besorgungsfunktion	– Auswahl der Frachtführer – papiermäßige Abwicklung – Lademittel-Bereitstellung – Schadensbearbeitung
Sammelverkehrsfunktion	– Zusammenfassen von Einzelsendungen zu größeren Gesamtsendungen
Umschlagsfunktion	– Umladung des Gutes von einem Verkehrsmittel auf ein anderes
Lagerfunktion	– Vor-, Zwischen- und Nachlagerung – Einlagerung von Gütern in Dauerlagern
Beförderungsfunktion	– Übernahme des Transports auf der ganzen Wegstrecke oder auf einem Teil durch den Spediteur selbst
Inkassofunktion	– Einziehen von Geldbeträgen beim Empfänger
Manipulationsfunktion[1]	– Bemustern – Neutralisieren[3] – Verpacken – Auszeichnen – Kommissionieren[2]
Zollbehandlungsfunktion	– Zollantrag einreichen – Ware gestellen[4] – Zoll und Einfuhrumsatzsteuer auslegen
Treuhänderfunktion	– Herausgabe von Dokumenten nur gegen Zahlung des Kaufpreises
Versicherungsbesorgungsfunktion	– Abschluss bzw. Vermittlung von Transportversicherungen
Logistikfunktion[5]	– Just-in-time-Lieferung von Roh- und Hilfsstoffen an einen Industriebetrieb – Übernahme der gesamten Lagerhaltung für einen Industriebetrieb – Übernahme des Einsortierens der Artikel in die Regale und der Preisauszeichnung für einen Supermarkt

1 Manipulationsfunktion bedeutet „Behandlungsaufgabe"; es müssen am Gut bestimmte Handlungen vorgenommen werden.
2 Kommissionieren = Kommissionen, Aufträge, Sendungen zusammenstellen
3 Neutralisieren = Entfernen der Herkunftszeichen
4 s. dazu Kap. XV 5.6.1
5 Logistik ist ursprünglich ein Begriff aus dem militärischen Bereich. Er umfasst dort alles, was mit Nachschub zu tun hat. Generell dient „Logistik als Oberbegriff für die Planung und Entwicklung raum- und zeitüberwindender Gütertransaktionen, insbesondere Lagerung und Transport im Beschaffungs-, Produktions- und Absatzbereich der Unternehmung". (Riebel)

Manche Speditionen nehmen alle diese Funktionen für ihre Auftraggeber wahr, viele nur einen Teil. Sieht man den Spediteur als den Unternehmer an, der diesen vielfältigen Aufgaben gerecht wird, so bezeichnet man das auch als den **„wirtschaftlichen"** (= funktionalen) Spediteurbegriff. Er steht im Gegensatz zum rein juristischen Spediteurbegriff.

1.3   Spezialisierung der Speditionsbetriebe

Manche Speditionen spezialisieren sich auf ein bestimmtes Transportgut. Man spricht dann von einer Spezialisierung nach Fachsparten. Im Hinblick auf die Zusammenarbeit mit unterschiedlichen Verkehrsträgern gibt es eine Differenzierung nach Speditionszweigen.

Fachsparten	Speditionszweige
Möbel-Spedition	Bahn-Spedition
Kleider-Spedition	Lkw-Spedition
Hopfen-Spedition	Luftfracht-Spedition
Holz-Spedition	Seehafen-Spedition
Tankwagen-Spedition	Binnenschifffahrts- und Umschlagsspedition
Kühlgut-Spedition	Internationale Spedition
Spedition für Kfz-Transporte	Nationale Spedition
	Projektspedition[1]

1.4   Organisatorischer Aufbau der Speditionsunternehmung

Bei größeren Unternehmungen stellt sich zunächst die Frage, wo Niederlassungen errichtet werden sollen. Bei der Beantwortung dieser Frage können viele Gesichtspunkte eine Rolle spielen; es ist vor allem zu klären, ob am fraglichen Ort gute Aussichten für eine gewinnträchtige Geschäftätigkeit bestehen. Dabei ist die Konkurrenzsituation zu berücksichtigen. Ferner ist zu klären, ob das bestehende Netz der Niederlassungen an dem in Aussicht genommenen Ort eine sinnvolle Ergänzung erfährt, sodass eine effektive Kooperation mit der bestehenden Organisation zu erwarten ist.

Ob die wesentlichen Entscheidungsbefugnisse bei der Zentrale liegen oder ob man den Niederlassungen weitgehende Selbstständigkeit lässt, wird von den Unternehmensleitungen der Speditionen nicht einheitlich gehandhabt. Man findet in der Praxis Musterbeispiele für beide Modelle.

Die **innerbetriebliche Organisation** eines Speditionsbetriebes hängt in hohem Maß von der Betriebsgröße und den vorhandenen Aufgabenbereichen ab. Im Allgemeinen wird eine funktionale Abteilungsgliederung nach Aufgabenbereichen bevorzugt, wobei die Weisungsbefugnis nach dem Stab-Linien-System geregelt ist. Der Geschäftsleitung ist eine Reihe von Stabsstellen zugeordnet, die der Geschäftsleitung zuarbeiten, aber gegenüber anderen Abteilungen nicht weisungsbefugt sind. Bei den übrigen Abteilungen kann man eine Grobgliederung in reine Verwaltungsabteilungen und in Leistungsabteilungen (Speditionsabteilungen) treffen.

---

1   Die Projektspedition übernimmt die gesamte Logistik für ein bestimmtes Projekt (Industrieanlage, Bauvorhaben). Dabei handelt es sich vorwiegend um Projekte im Ausland.

Ein Beispiel für den abteilungsmäßigen Aufbau einer größeren Spedition finden Sie auf dieser Seite. Zu diesem Organisationsschema wären selbstverständlich viele Varianten denkbar. So ist es z. B. fragwürdig, ob es richtig ist, die Versicherungsabteilung unter die Leistungsabteilungen einzureihen. Die Bearbeitung von Versicherungs- und Schadensfragen ist häufig in einer Abteilung zusammengefasst oder wird von den jeweiligen Leistungsabteilungen mitübernommen.

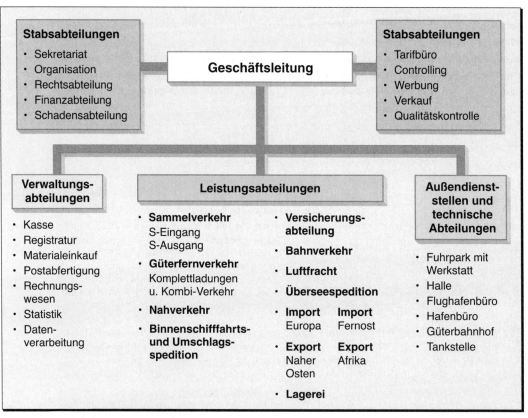

Zusammenfassung

➤ Die Dienstleistungsaufgabe des Spediteurs lässt sich in viele Teilfunktionen zerlegen: Beratungsfunktion, Organisationsfunktion, Auswahlfunktion, Besorgungsfunktion, Zusammenfassen von Einzelsendungen zu größeren Gesamtsendungen (Sammelladungsfunktion), Umschlagsfunktion, Lagerfunktion, Beförderungsfunktion, Inkassofunktion, Manipulationsfunktion, Zollbehandlungsfunktion, Treuhänderfunktion, Versicherungsbesorgungsfunktion, Logistikfunktion.

➤ Wenn man von Logistikfunktion spricht, so meint man damit in der Regel keine völlig neue Funktion, sondern ein Bündel anderer Funktionen (z. B. Lagerhaltung, Organisation, Besorgung der Just-in-time-Anlieferung des Materials, Versicherungsbesorgung und evtl. die Beförderungsfunktion für die Erzeugnisse bzw. Artikel des Auftraggebers), das als Leistungspaket für einen Auftraggeber zu erbringen ist.

➤ Spezialisierung ist in der Spedition nach Fachsparten oder Speditionszweigen möglich.

➤ Beim organisatorischen Aufbau einer Spedition kann man zwischen Stabsabteilungen, Verwaltungsabteilungen, Leistungsabteilungen (Speditionsabteilungen) und Außenstellen unterscheiden.

2 Rechtliche Stellung des Spediteurs und die für ihn typischen Rechtsgeschäfte

2.1 Der Spediteur als Kaufmann

Der Spediteur ist nach § 1 des Handelsgesetzbuches (HGB) Kaufmann. Er wird deshalb auch im Handelsregister, dem Verzeichnis der Kaufleute, eingetragen. Lediglich wenn das Unternehmen sehr klein ist und einen in kaufmännischer Weise eingerichteten Geschäftsbetrieb nicht erfordert, ist die Eintragung als Kaufmann im Handelsregister aufgrund von § 2 HGB freigestellt.

Erfolgt die Eintragung nach § 2 in einem derartigen Fall nicht, so sind trotzdem im Hinblick auf das Speditionsgeschäft die allgemeinen Vorschriften des ersten Abschnitts des 4. Buches des HGB (§§ 343 bis 372 HGB) ergänzend anzuwenden, nicht jedoch die §§ 348 bis 350.

Ein Speditionsunternehmen, das als Handelsgesellschaft (z. B. GmbH) geführt wird, ist auf jeden Fall Kaufmann (Formkaufmann nach § 6 HGB).

Es folgen die einschlägigen Bestimmungen im Wortlaut:

Handelsgesetzbuch
Erstes Buch: Handelsstand

Erster Abschnitt: Kaufleute

§ 1   [Istkaufmann] (1) Kaufmann im Sinne dieses Gesetzbuches ist, wer ein Handelsgewerbe betreibt.

(2) Handelsgewerbe ist jeder Gewerbebetrieb, es sei denn, dass das Unternehmen nach Art und Umfang einen in kaufmännischer Weise eingerichteten Geschäftsbetrieb nicht erfordert.

§ 2   [Kannkaufmann] Ein gewerbliches Unternehmen, dessen Gewerbebetrieb nicht schon nach § 1 Abs. 2 Handelsgewerbe ist, gilt als Handelsgewerbe im Sinne dieses Gesetzbuchs, wenn die Firma des Unternehmens in das Handelsregister eingetragen ist. Der Unternehmer ist berechtigt, aber nicht verpflichtet, die Eintragung nach den für die Eintragung kaufmännischer Firmen geltenden Vorschriften herbeizuführen.
Ist die Eintragung erfolgt, so findet eine Löschung der Firma auch auf Antrag des Unternehmers statt, sofern nicht die Voraussetzung des § 1 Abs. 2 eingetreten ist.

Kaufmann im Sinne des HGB ist also, wer ein Handelsgewerbe betreibt. Aus der Tatsache, dass der Spediteur Kaufmann ist, folgt, dass für ihn und seine Geschäfte das HGB anzuwenden ist. Dieses Gesetzbuch enthält nämlich die gesetzlichen Vorschriften, die speziell für Kaufleute gelten.

Spezielle Vorschriften für den Spediteur finden wir im Handelsgesetzbuch in den §§ 453 bis 466. Dieser Teil des HGB trägt die Überschrift „Fünfter Abschnitt. Speditionsgeschäft".

§ 453   Speditionsvertrag (1) Durch den Speditionsvertrag wird der Spediteur verpflichtet die Versendung des Gutes zu besorgen.

(2) Der Versender wird verpflichtet die vereinbarte Vergütung zu bezahlen.

(3) Die Vorschriften dieses Abschnitts gelten nur, wenn die Besorgung der Versendung zum Betrieb eines gewerblichen Unternehmens gehört. Erfordert das Unternehmen nach Art und Umfang einen in kaufmännischer Weise eingerichteten Geschäftsbetrieb nicht und ist die Firma des Unternehmens auch nicht nach § 2 in das Handelsregister eingetragen, so sind in Ansehung des Speditionsgeschäfts auch insoweit die Vorschriften des Ersten Abschnitts des Vierten Buches ergänzend anzuwenden; dies gilt jedoch nicht für die §§ 348 – 350.

§ 453 kennzeichnet die Tätigkeit des Spediteurs, nämlich das „Besorgen von Güterversendungen für Rechnung des Versenders", während § 454 näher umschreibt, was man unter „Besorgen von Güterversendungen" zu verstehen hat. Partner des Speditionsvertrages sind „der Spediteur" und „der Versender".

§ 454 Besorgung der Versendung (1) Die Pflicht, die Versendung zu besorgen, umfasst die Organisation der Beförderung, insbesondere

1. die Bestimmung des Beförderungsmittels und des Beförderungsweges,

2. die Auswahl ausführender Unternehmer, den Abschluss der für die Versendung erforderlichen Fracht-, Lager- und Speditionsverträge sowie die Erteilung von Informationen und Weisungen an die ausführenden Unternehmer und

3. die Sicherung von Schadenersatzansprüchen des Versenders.

(2) Zu den Pflichten des Spediteurs zählt ferner die Ausführung sonstiger vereinbarter auf die Beförderung bezogener Leistungen wie die Versicherung und Verpackung des Gutes, seine Kennzeichnung und die Zollbehandlung. Der Spediteur schuldet jedoch nur den Abschluss der zur Erbringung dieser Leistungen erforderlichen Verträge, wenn sich dies aus der Vereinbarung ergibt.

(3) Der Spediteur schließt die erforderlichen Verträge im eigenen Namen oder, sofern er hierzu bevollmächtigt ist, im Namen des Versenders ab.

(4) Der Spediteur hat bei der Erfüllung seiner Pflichten das Interesse des Versenders wahrzunehmen und dessen Weisungen zu befolgen.

Nach diesen Bestimmungen trägt der Spediteur gewerbsmäßig Sorge für die Güterversendungen des Versenders, die aber

- durch Frachtführer oder

- durch Verfrachter von Seeschiffen

ausgeführt werden. Nach den Vorstellungen des Gesetzgebers ist der Spediteur also zunächst nicht derjenige, der den Transport selbst ausführt. Dafür ist der Frachtführer oder (bei Seeschiffen) der Verfrachter zuständig.

Durch § 458 HGB wird allerdings rechtlich die Möglichkeit geschaffen, dass der Spediteur die Beförderung des Gutes (oder der Ladung) ganz oder teilweise selbst übernimmt.

§ 458 Selbsteintritt
Der Spediteur ist befugt die Beförderung des Gutes durch Selbsteintritt auszuführen. Macht er von dieser Befugnis Gebrauch, so hat er hinsichtlich der Beförderung die Rechte und Pflichten eines Frachtführers oder Verfrachters. In diesem Fall kann er neben der Vergütung für seine Tätigkeit als Spediteur die gewöhnliche Fracht verlangen.

2.2 Abgrenzung der Spediteurtätigkeit

Die Tätigkeit des Spediteurs muss von der Tätigkeit des Frachtführers und von der des Lagerhalters abgegrenzt werden. Die Tätigkeit des Frachtführers ist in § 407 umschrieben:

§ 407 Frachtvertrag

(1) Durch den Frachtvertrag wird der Frachtführer verpflichtet das Gut zum Bestimmungsort zu befördern und dort an den Empfänger abzuliefern.

(2) Der Absender wird verpflichtet die vereinbarte Fracht zu zahlen.

(3) Die Vorschriften dieses Unterabschnitts gelten, wenn

1. das Gut zu Lande, auf Binnengewässern oder mit Luftfahrzeugen befördert werden soll und

2. die Beförderung zum Betrieb eines gewerblichen Unternehmens gehört.

Lagerhalter sind gewerbliche Unternehmungen, die für Einlagerer Güter für einen kürzeren oder längeren Zeitraum einlagern.

Das Lagergeschäft ist im sechsten Abschnitt des Vierten Buches des HGB rechtlich geregelt. Dieser Abschnitt beginnt mit § 467.

§ 467   Lagervertrag

(1) Durch den Lagervertrag wird der Lagerhalter verpflichtet das Gut zu lagern und aufzubewahren.

(2) Der Einlagerer wird verpflichtet die vereinbarte Vergütung zu zahlen.

(3) . . .

Der Spediteur steht demnach zwischen Versender und Frachtführer. Als Frachtführer kommen Beförderungsunternehmen wie Lkw-Unternehmer, die Bahn, Unternehmungen der Binnenschifffahrt oder Luftfrachtführer infrage.

2.3   Speditionsvertrag und Frachtvertrag

Der Spediteur schließt somit zwei unterschiedliche Verträge ab:

- mit dem Versender den **Speditionsvertrag**
- mit dem Frachtführer den **Frachtvertrag**.

Den **Frachtvertrag** schließt der Spediteur

a) im eigenen Namen (d. h., der Spediteur übernimmt die Rolle des Absenders) oder auch im Namen des Versenders (dann ist dieser Absender, der Spediteur lediglich Bevollmächtigter)

b) für Rechnung des Versenders (dieser soll zahlen)

c) zugunsten eines Dritten (des Empfängers), der aber selbst in der Regel nicht Vertragspartner ist.

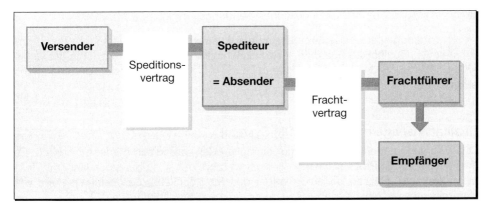

2.4   Qualitätsmanagement

In den letzten Jahren hat sich der Wettbewerb im Güterverkehr erheblich verstärkt. Dies ist auf die zunehmende Liberalisierung der Märkte (z. B. schrittweise Aufhebung von Hemmnissen für den Marktzugang) und die damit verbundene Aufhebung staatlich festgesetzter Transportpreise zurückzuführen. Inländische Frachtführer und Spediteure konkurrieren untereinander, aber auch mit ausländischen Transportunternehmen und Speditionen. Billiganbieter treten auf und versuchen durch niedrige Preise dem Konkurrenten Aufträge abzujagen. Der Wettbewerb findet aber nicht nur über den Preis, sondern auch über die Qualität der Leistung statt. Nur wer rundum Qualität bietet, muss sich nicht in jedem Fall und unbedingt dem Preisdruck der Billiganbieter beugen.

Mehr denn je muss heute eine Spedition bzw. ein Transportunternehmen darauf achten, dass nach den Wünschen des Kunden maßgeschneiderte Produkte (= Leistungen in Beratung, Disposition, Planung, Beförderung und Logistik) angeboten werden, die einem hohen Qualitätsstandard entsprechen. Die Spedition muss in der Lage sein den Kunden gut zu beraten und seine Versendungen sachgerecht, schnell und möglichst fehlerfrei vorzunehmen bzw. zu organisieren.

Der Qualitätsstandard einer Spedition zeigt sich z. B.

- in freundlicher und kompetenter Beratung,
- in der pfleglichen Behandlung des Transportgutes,
- in korrektem und hilfsbereitem Auftreten des Fahrpersonals,
- in sachgerechter Auswahl der Verkehrsverbindungen und Fahrzeuge,
- in sachgerechter Auswahl zuverlässiger Transportunternehmer,
- in zweckmäßiger Gestaltung der Vordrucke,
- in der höflichen und kompetenten Abwicklung des Telefon- und Schriftverkehrs,
- im äußeren Erscheinungsbild, im Zustand und in der Wartung der Fahrzeuge,
- im Ausbildungsstand der Fahrer,
- in der Beachtung der Vorschriften über Lenk- und Ruhezeiten,
- in der zweckmäßigen Lagerausstattung,
- in geringer Schadensquote,
- in der Schnelligkeit und Zuverlässigkeit bei der Abwicklung von Transporten,
- in der kompetenten Abwicklung von Reklamationen und Schadensfällen,
- in der sachgerechten Behandlung von Gefahrgut,
- in der Möglichkeit der kontinuierlichen Sendungsverfolgung.

Qualitätsmanagement bedeutet, dass man auf all diesen Feldern versucht einen möglichst hohen Qualitätsstandard zu verwirklichen. Um dies zu erreichen, ist in der Regel eine Überprüfung der gesamten Aufbau- und Ablauforganisation des Unternehmens erforderlich.

Qualitätsmanagementsystem (QM-System)

Qualitätsmanagement kann nicht nur einmalig oder sporadisch betrieben werden. Es muss vielmehr ein Prozess in Gang gesetzt werden, der sich über einen längeren Zeitraum erstreckt. Phasen der Information, des Nachdenkens, der Steuerung und der Kontrolle müssen einander ablösen und sich gegenseitig überlagern.

Zum Qualitätsmanagement gehört, dass

- **die Geschäftsleitung** die Ziele des Qualitätsmanagement zu ihren eigenen macht und nachhaltig verfolgt sowie die Belegschaft motiviert.

- **ein Qualitätsbeauftragter** ernannt wird, der das Qualitätsmanagement dauerhaft vorantreibt, die Ergebnisse der Überlegungen zur Qualitätsverbesserung schriftlich festhält und entsprechende Arbeitsanweisungen für die Mitarbeiterinnen und Mitarbeiter ausarbeitet. Ihm obliegt auch die Pflege, Verwaltung und Verteilung des Qualitätsmanagement-Handbuchs. Seine Aufgaben im Einzelnen sind[1]:
  - Planung und Koordination der Einführung des QM-Systems
  - Verwaltung und Pflege der Dokumente und Unterlagen
  - Durchführung der internen Audits (= Prüfungen, Kontrollen)
  - Unterstützung und Beratung der Unternehmensbereiche in allen Angelegenheiten des QM-Systems
  - Feststellen von Schwachstellen und Erarbeitung von Lösungsvorschlägen zu ihrer Beseitigung

- **die Mitarbeiterinnen und Mitarbeiter** in den Prozess der Qualitätsoptimierung **einbezogen** werden (z. B. durch Information, Einbringen von Verbesserungsvorschlägen, Diskussion, Schulung)

- **ein QM-Handbuch** erarbeitet wird. Es enthält eine Übersicht der Verfahrens- und Arbeitsanweisungen, ein Firmenporträt (Corporate Identity[2]), eine Charakterisierung der Qualitätspolitik, der QM-Grundsätze (z. B. Selbstverantwortung soll realisiert werden; Zahl der Schäden soll innerhalb von zwei Jahren halbiert werden) sowie eine Darstellung des QM-Systems. Die Zuständigkeiten und Verantwortungsbereiche müssen klar abgegrenzt werden.

- **die Realisation** des QM-Systems **kontrolliert** wird und die nötigen Konsequenzen aus den Kontrollergebnissen gezogen werden (z. B. neue Ziele, neue Arbeitsanweisungen). Man unterscheidet interne und externe Prüfungen (= Audits).

Bei der Einführung eines QM-Systems geht man zweckmäßigerweise in folgenden Schritten vor:

a) Bestandsaufnahme der bisherigen Organisation

b) Analysieren des Ist-Zustandes (Abläufe, Zuständigkeiten, Schwachstellen)

c) Dokumentation der Analyse mit Maßnahmen-Katalog und Vorgabe von Terminen

d) Zusammenstellen des unternehmensspezifischen Handbuchs

e) Erstellen der abteilungsspezifischen und abteilungsübergreifenden Verfahrensanweisungen

f) Erstellen der arbeitsplatzbezogenen Prüf- und Arbeitsanweisungen

g) Umsetzen des firmenbezogenen QM-Systems: Mitarbeiterschulungen, Freigabe des Handbuchs einschl. Verfahrens- und Arbeitsanweisungen, Impulse zur Umsetzung im Unternehmen

h) Vorbereitung zur Zertifizierung: Dieser Punkt ist nur relevant, wenn sich das Unternehmen einer externen Überprüfung durch ein einschlägiges Institut unterziehen will, um eine Bestätigung (Zertifikat) der Unternehmensqualität zu erhalten.

---

1 vgl. Lang, Franz: ISO 9000, Schritt für Schritt zum Vertrauen zwischen Marktparteien, Düsseldorf-München, S. 30

2 Corporate Identity = unverwechselbares äußeres Erscheinungsbild eines Unternehmens, gepaart mit einer charakteristischen Unternehmensphilosophie

Zertifizierung

Für die Anwendung eines QM-Systems und die Zertifizierung wurden bestimmte Normen entwickelt, zunächst nur für den industriellen Bereich:

Norm ISO 9000 Leitfaden für die Auswahl der Normen 9001 bis 9004 zum Qualitätsmanagement; die Norm gibt Anleitung zur Anpassung der Forderungen im Hinblick auf Darlegungsumfang und Darlegungsgrad.

Norm ISO 9001 Dieser Normenteil beschreibt die Kriterien für ein QM-System in Unternehmungen, die Produkte entwickeln, produzieren, vertreiben und Service-Leistungen erbringen.

Norm ISO 9002 Dieser Normenteil beschreibt die Anforderungen an ein QM-System in Unternehmen, die überwiegend Produkte herstellen und vertreiben bzw. Dienstleistungen anbieten.

Norm ISO 9003 Dieser Normenteil umschreibt die Anforderungen an das QM-System in Prüfbetrieben.

Norm ISO 9004 Diese Norm beschreibt die Grundzüge des Qualitätsmanagements. Die einzelnen Normteile dienen als Anleitung, wie die Norm richtig angewandt und eingesetzt werden soll.

Diese Normen hat man in das deutsche und das europäische Normungssystem übernommen als:

- DIN 9000 bzw. EN 29000
- DIN 9001 bzw. EN 29001
- DIN 9002 bzw. EN 29002
- DIN 9003 bzw. EN 29003
- DIN 9004 bzw. EN 29004

Die Normen erheben nicht den Anspruch der Allgemeingültigkeit. Es gibt kein genormtes Qualitätsmanagementsystem. Jedes Unternehmen muss sein eigenes System entwickeln. Insofern müssen auch die Normen ISO DIN 9000 bis 9004, die für den Industriebetrieb entwickelt wurden, bei ihrer Anwendung auf Speditions- und Transportunternehmungen sehr stark modifiziert und ergänzt werden.

Die Zertifizierungsgesellschaften stützen sich allerdings bei ihren Audits auf die genormten Kriterien für die externe Darlegung von Qualitätsmanagementsystemen, wie sie in den DIN ISO Normen 9001 bis 9004 niedergelegt sind.

Die Zertifizierung wird durch unabhängige Institute vorgenommen, z. B.:

Dr. Adams und Partner, Zertifizierungsgesellschaft, Duisburg	Dekra AG Certification Services – DCS
Ascert Deutschland GmbH, Düsseldorf	DQS Frankfurt/Main
Bureau Veritas Quality International Ltd., Essen	Det Norske Veritas Zertifizierung GmbH, Essen
GlobalCert GmbH, Gosheim	EQZert, Ulm
CZQ Saarbrücken	Germanischer Lloyd, Hamburg
i.f.t Rosenheim	ÖHMI EuroCert e. V., Magdeburg
Landesgewerbeanstalt (LGA) Nürnberg	Q-Zert GmbH, Pforzheim
LRQA LLoyd's Register Quality Assurance Ltd., Köln	SGS-ICS-Gesellschaft für Zertifizierungen mbH, Hamburg
NIS Ingenieurgesellschaft mbH, Zertifizierungsstelle, Hanau	SVG Zertifizierungsdienst GmbH, Koblenz
Daimler-Benz-Aerospace AG, DASA-Zert, Ottobrunn	Unternehmensgruppe TÜV Bayern – TÜV QM GmbH, München
	VSB-Zert, Zertifizierungsstelle für Schienenfahrzeuge und QM-Systeme, Berlin

Strebt ein Unternehmen die Zertifizierung an, so wird im Unternehmen durch das so genannte Zertifizierungsaudit überprüft, ob die Kriterien der Normen für ein QM-System erfüllt sind. Liegen keine gravierenden Mängel vor, so erhält das Unternehmen eine Zertifizierungsurkunde. Durch diese Urkunde ist der Nachweis erbracht, dass das Unternehmen die Kriterien erfüllt. Wenn beim Zertifizierungsaudit erhebliche Mängel zutage treten, ist nach Beseitigung der Mängel ein Nachaudit erforderlich. Auch nach Erteilung des Zertifikats werden in regelmäßigen Abständen Überwachungsaudits durchgeführt.

Vorteile des Qualitätsmanagements und der Zertifizierung

Durch ein kontinuierliches Qualitätsmanagement und die Zertifizierung ergeben sich für das Unternehmen in der Regel erhebliche Vorteile, denen allerdings die nicht geringen Kosten der Zertifizierung gegenüberstehen.

● Es wird im Unternehmen ein nachhaltiges Qualitätsbewusstsein begründet.

● Innerbetriebliche Kontrollsysteme sorgen für eine permanente Qualitätssicherung und liefern Informationen über die Effizienz der betrieblichen Abläufe und die Zweckmäßigkeit der betrieblichen Strukturen.

● Aufgrund dieser Informationen ist eine Optimierung der Betriebsstruktur und der betrieblichen Abläufe im Hinblick auf Kundenanforderungen und Kostenminimierung möglich.

● Fehler- und Schadenquellen werden erkennbar, ebenso Kostensenkungsmöglichkeiten.

● Ein Qualitätsmanagementsystem trägt zur Vertrauensbildung in die Qualitätsfähigkeit des Unternehmens bei den Geschäftspartnern bei.

● Qualitätsmanagementsystem und Zertifizierung können die Wettbewerbssituation eines Unternehmens verbessern und als Marketing-Instrument dienen.

3 Berufsständische Organisationen des Spediteurgewerbes und ihre Aufgaben

3.1 Berufsständische Organisationen

Internationale Ebene	Bundesebene	Landesebene
FIATA	**DSLV**[1]	**17 Landesverbände**
– Fédération Internationale des Association des Transitaires et Assimilés – International Federation of Freight Forwarders Association – Internationale Föderation der Spediteurorganisationen Hauptsitz: Zürich etwa 50 Mitgliedsorganisationen mit mehr als 40 000 Speditionsunternehmen in der ganzen Welt	Deutscher Speditions- und Logistikverband, Bonn Organe: Mitgliederversammlung, Gesamtvorstand, Präsidium **7 Fachausschüsse:** Binnenschifffahrtspedition und Hafenwirtschaft, Internationale Spedition, Lagerei und Distributionslogistik, Landverkehr, Luftfrachtspedition, Seehafen- und Seeschifffahrtsspedition – Komitee deutscher Seehafenspediteure, Gemeinschaft der Getreidelagereibetriebe **4 Kommissionen:** Berufliche Bildung, Gefahrgutlogistik und Umweltmanagement, Logistik und Informatik, Recht und Versicherung	(Einzelheiten: siehe nächste Seite)

1 Der Deutsche Speditions- und Logistik-Verband (DSLV), der am 11. April 2003 in Bonn gegründet wurde, entstand aus einer Fusion des Bundesverbandes Spedition und Logistik (BSL) und der Vereinigung Deutscher Kraftwagenspediteure (VKS). Da die Umorganisation noch nicht komplett vollzogen ist, wird auch alternativ der Begriff **BSL** (für Bundesverband Spedition und Logistik) verwendet.

Mitgliedsverbände des DSLV

Verband Spedition und Logistik Baden-Württemberg e.V.

Landesverband Bayerischer Spediteure e.V.

Verband Spedition und Logistik Berlin und Brandenburg e.V.

Landesverband des Berliner und Brandenburger Verkehrsgewerbes e.V.

Verein Bremer Spediteure e.V.

Verein Hamburger Spediteure e.V.

Speditions- und Logistikverband Hessen/Rheinland-Pfalz e.V..

Verein Lübecker Spediteure e.V., Geschäftsstelle Lübeck

Fachvereinigung Spedition und Logistik im Gesamtverband Verkehrsgewerbe Niedersachsen e.V.

Verband Spedition und Logistik Nordrhein e.V.

Verband Spedition und Logistik Mecklenburg-Vorpommern e.V.

Landesverband Verkehrsgewerbe Saarland e.V., Fachvereinigung Spedition und Logistik

Fachvereinigung Spedition und Logistik im Landesverband des Sächsischen Verkehrsgewerbes e.V.

Landesverband des Verkehrsgewerbes Sachsen-Anhalt e.V., Fachvereinigung Spedition, Möbelspedition und Lagerei

Fachvereinigung Spedition und Logistik Schleswig-Holstein e.V.

Fachvereinigung Güter-, Möbelverkehr und Logistik im Landesverband Thüringen des Verkehrsgewerbes e.V.

Fachvereinigung Spedition und Logistik im Verband für das Verkehrsgewerbe Westfalen-Lippe e.V.

3.2   Aufgaben des DSLV

Der DSLV versteht sich neben der tradionellen Rolle als Sprachrohr der Branche auch als Berater und Dienstleister. Als Organisation aus dem Gewerbe für das Gewerbe ist er zugleich Serviceeinrichtung für die Mitgliedsunternehmen und sorgt für Wissenstransfer aus der Praxis für die Praxis. Daneben sieht der Verband seine Aufgaben darin, die Branche auf ihrem Weg ins elektronische Zeitalter mit Rat und Tat zu „begleiten", die berufliche Aus- und Weiterbildung zu fördern und der Öffentlichkeit die Bedeutung der Logistik als Wachstumsmotor näher zu bringen.

Insbesondere werden folgende Leistungen erbracht:

- **Der DSLV beteiligt sich an der verkehrspolitischen Diskussion.**

- **Er nimmt im Sinne seiner Mitgliedsunternehmen Stellung zu Gesetzesvorhaben, geplanten Verordnungen und Richtlinien.**

  Dies geschieht durch Kontaktpflege mit Abgeordneten und Ministerien; in zunehmendem Maß ist auch die Interessenvertretung gegenüber internationalen Organisationen, z. B. gegenüber der Europäischen Union, von großer Bedeutung.

- **Er vertritt die Interessen des Gewerbes auch gegenüber der verladenden Wirtschaft und den Verkehrsträgern.**

- **Praxisorientierte Fachausschüsse, Kommissionen und Arbeitskreise beschäftigen sich intensiv mit der Analyse logistischer, rechtlicher, organisatorischer und betriebswirtschaftlicher Fragen und erarbeiten innovative Lösungen.**

- **Der Verband hält seine Mitgliedsunternehmen auf dem Laufenden, informiert aktuell und ausführlich über alles, was ihnen die Arbeit erleichtert.**

  Dies geschieht in Einzelberatungen, bei Informationsveranstaltungen sowie über die Mitteilungsblätter bzw. Internetseiten des Verbandes und der angeschlossenen Landesverbände.

- **Nach außen bezieht er Stellung, platziert Gewerbepositionen in der Öffentlichkeit.**

  Dies geschieht z. B. über Presseverlautbarungen oder größere Veranstaltungen sowie über die Beteiligung von Verbandsvertretern an Funk- und Fernsehdiskussionen.

- **Sowohl auf Bundes- als auch auf regionaler Ebene bietet die Verbandsorganisation fachspezifische Foren, Seminare und Workshops an.**

  Diese ermöglichen einen Erfahrungsaustausch zwischen den Mitgliedern und Mitgliedsverbänden und dienen der Aus- und Weiterbildung der Führungskräfte sowie des gesamten Personals der Speditionen.

- **Vertretung der Mitgliederinteressen gegenüber den Gewerkschaften bei Tarifverhandlungen**

  Diese Aufgabe wird in der Regel von den Landesverbänden wahrgenommen. Hier sind sie dann nicht nur Wirtschaftsverbände, sondern auch Arbeitgeberverbände.

- **Vereinheitlichung von Vordrucken**

  z. B. einheitliche Gestaltung von Speditionsaufträgen, bzw. Einheitsvordruck für die Speditionsübernahmebescheinigung, entworfen und herausgegeben von der FIATA.

Zusammenfassung

➤ Spediteure sind Kaufleute; für sie gilt das HGB.

➤ Die Einzelbestimmungen des HGB für Spediteure stehen in den §§ 453 – 466.

➤ Das Speditionsgeschäft (= Besorgung von Güterversendungen) ist vom Frachtgeschäft (§§ 407 – 452 HGB) und vom Lagergeschäft (§§ 467 – 475 HGB) zu unterscheiden.

➤ Der Speditionsvertrag wird zwischen Versender und Spediteur abgeschlossen, der Frachtvertrag zwischen Absender und Frachtführer. Die Partner des Lagervertrages heißen Einlagerer und Lagerhalter.

➤ Der Speditionsvertrag verpflichtet den Spediteur die Versendung des Gutes zu besorgen. Das bedeutet, dass er die Beförderung organisieren muss. Dazu gehört die Auswahl der Beförderungsmittel, des Beförderungsweges und der zu beteiligenden Transportunternehmen sowie der Abschluss der einschlägigen Verträge mit ihnen. Hinzu kommen der Abschluss von Versicherungen, die Zollbehandlung, die Kennzeichnung und die Verpackung des Gutes.

➤ Den Versender verpflichtet der Speditionsvertrag zur Zahlung der vereinbarten Vergütung.

➤ Das Selbsteintrittsrecht (§ 458 HGB) ermöglich es dem Spediteur, die Transporte selbst mit eigenen Fahrzeugen durchzuführen.

> Spediteure haben sich zu Verbänden zusammengeschlossen. Diese sollen ihre Inte-
ressen gegenüber dem Gesetzgeber, der Öffentlichkeit, anderen Verbänden und
gegenüber dem Sozialpartner vertreten. Ferner sollen sie ihre Mitglieder unterstützen,
beraten und informieren.

> Der Spitzenverband auf Bundesebene ist der DSLV.

> Der Dachverband der Spediteurorganisationen auf internationaler Ebene ist die FIATA.

> Qualitätsmanagement ist ein Instrument zur dauerhaften Qualitätssicherung in der
kundenorientierten Leistungs- und Produktpalette der Speditions- und Transportunternehmungen. Es dient gleichzeitig der Durchleuchtung des Betriebes, dem innerbetrieblichen Controlling und der Optimierung betrieblicher Abläufe.

> Die Zertifizierung durch ein unabhängiges Institut bestätigt dem Unternehmen hohe
Qualitätsstandards in Übereinstimmung mit vorgegebenen Normen und verbessert die
Stellung des Unternehmens im Wettbewerb.

Fragen und Aufgaben zur Lernkontrolle:

1. Sie erhalten als Spediteur von einem Auftraggeber den Auftrag über die Versendung von 100 Kartons zu je 5 kg (Inhalt: Marmelade in Gläsern) von Regensburg
nach Flensburg. Sie nehmen den Auftrag an.

   Welche konkreten Entscheidungen müssen Sie treffen und welche Aktivitäten
müssen Sie im Rahmen Ihrer Organisations-, Besorgungs-, Auswahl- und Sam-
melfunktion im Hinblick auf die Ausführung dieses Auftrags entfalten?

2. Welcher Unterschied besteht zwischen Frachtführer und Spediteur?

3. Ist beim Frachtvertrag der Empfänger Vertragspartner?

4. Wer ist in dem oben genannten Fall (siehe Ziffer 1) der Versender und wer der
Absender?

5. Was versteht man unter „Neutralisieren"?

6. Welche Speditionszweige kann man unterscheiden?

7. Welche Speditionssparten kann man unterscheiden?

8. Unterscheiden Sie Stabs- und Leistungsabteilungen in einer Spedition.

9. Als Nebenaufgabe hat Ihre Spedition für einen Supermarkt das Verbringen der
angelieferten Ware in die Regale übernommen. Welcher Funktion würden Sie
diese Tätigkeit zuordnen?

10. Welche Organisationen übernehmen im Speditionsbereich die Rolle der Sozialpartner (also das Abschließen der Tarifverträge für die Arbeiter und Angestellten)?

11. Welche Aufgaben sollen Spediteur-Verbände wahrnehmen?

12. Wie heißt der Spitzenverband der Spediteure
a) auf Bundesebene?
b) auf internationaler Ebene?

13. Was versteht man unter Zertifizierung und welche Vorteile sind damit für einen
Speditionsbetrieb verbunden?

von **Speditionsverträgen**

1 Speditionsverträge nach HGB abschließen und abwickeln

Im HGB vor der Transportrechtsreform waren die wenigen den Spediteur betreffenden Vorschriften gekennzeichnet von der Gleichstellung des Spediteurs mit einem Kommissionär.

Seit dem 1. Juli 1998 wird die speditionelle Tätigkeit als **eigenständige Dienstleistung** und der Speditionsvertrag als spezieller Geschäftsbesorgungsvertrag betrachtet.

1.1 Pflichten des Spediteurs aus dem Speditionsvertrag

Spediteur im Sinne des Gesetzes ist, wer als Auftragnehmer einen **Versendungsbesorgungsvertrag** abschließt.

1.1.1 Besorgung – Interessenvertretung

Laut HGB § 453 (1) wird der Spediteur durch den Speditionsvertrag verpflichtet die Versendung des Gutes zu **besorgen**. Während nach dem alten HGB der Spediteur immer in eigenem Namen tätig wurde, schließt er jetzt die erforderlichen Verträge im eigenen Namen oder, wenn er hierzu bevollmächtigt ist, im Namen des Versenders ab (HGB § 454 [3]).

Bei der Erfüllung seiner Pflichten hat der Spediteur das **Interesse des Versenders** wahrzunehmen und dessen Weisungen zu befolgen (HGB § 454 [4]).

1.1.2 Organisation und Kontrolle

Innerhalb der Pflicht, die Versendung zu besorgen, ist es typisch speditionell, die Beförderung zu organisieren, also eine **Organisationsleistung** zu erbringen.

Dazu gehört nach HGB § 454 (1),
- die Bestimmung des Beförderungsmittels und des Beförderungsweges,
- die Frachtführerauswahl,
- der Abschluss der erforderlichen Fracht- und Lagerverträge,
- die Erteilung von Informationen und Weisungen an die ausführenden Unternehmer,
- die Sicherung von Schadenersatzansprüchen des Versenders,

Die in jedem Fall bestehenden „Hauptpflichten" des Spediteurs sind damit gesetzlich festgelegt.

1.1.3 Zusatzleistungen bei Vereinbarung

Zu diesen zu vereinbarenden Leistungen gehören lt. HGB § 454 (2) die Versicherung und Verpackung des Gutes, seine Kennzeichnung und die Zollbehandlung. Weitere, z. B. logistische Dienstleistungen sind nicht geregelt.

1.2 Pflichten des Versenders aus dem Speditionsvertrag

Bisher waren im HGB Pflichten des Versenders nicht beschrieben. Sie waren „nur" in den ADSp festgelegt.

1.2.1 Pflichten vor Transportbeginn

Durch HGB § 455 (1) wird der Versender zur **Verpackung** und **Kennzeichnung** des Gutes verpflichtet, ebenso zur Bereitstellung erforderlicher **Begleitpapiere** und Urkunden. Er hat auch alle **Auskünfte** zu erteilen, die der Spediteur zur Erfüllung seiner Pflichten aus dem Speditionsvertrag benötigt.

Bei **Gefahrgutsendungen** müssen dem Spediteur rechtzeitig schriftlich die Art der Gefahr und zu ergreifende Vorsichtsmaßnahmen mitgeteilt werden.

1.2.2 Ersatz von Aufwendungen und Schäden

Entstehen dem Spediteur Aufwendungen und Schäden, weil der Versender den Pflichten aus HGB § 455 (1), z. B. durch ungenügende Verpackung, durch unvollständige Auskünfte oder Mitteilungen, nicht nachgekommen ist, so haftet er, auch wenn ihn kein Verschulden trifft, dem Spediteur.

1.2.3 Zahlung der Vergütung

Die vereinbarte **Vergütung** ist vom Versender zu zahlen, wenn das Gut dem **Frachtführer übergeben** worden ist (HGB § 456). Auch diese Regelung fügt sich ein in das in sich schlüssige Speditionsrecht des HGB: Der Speditionsvertrag verpflichtet zur Besorgung, zur Organisation der Beförderung. Wenn das geschehen ist, wird die Vergütung zur Zahlung fällig, wobei das neue HGB von Vergütung und nicht mehr von Provision spricht.

1.3 Spezielle Tätigkeitsformen des Spediteurs

Auch im **alten Recht** waren der **Selbsteintritt** des Spediteurs, die **Fixkostenspedition** und die **Sammelladung** speziell definiert und mit besonderen Vorschriften ausgestattet:

- Dass beim Selbsteintritt eine Haftungsverpflichtung nach Frachtrecht für den Frachtführerbereich, also die reine Beförderung, zusätzlich bestand, war für jeden einsichtig.
- Weniger verständlich war im alten HGB § 413 die Regelung für die Fixkosten- und Sammelladungsspedition. In diesen Fällen hatte der Spediteur ausschließlich Rechte und Pflichten eines Frachtführers. Der Speditionsvertrag wurde dabei wie ein Frachtvertrag gewertet und somit ergab sich für den Spediteur die Frachtführerhaftung von der Übernahme bis zur Ablieferung des Gutes, unabhängig davon, ob der Spediteur selbst Frachtführer war oder einen fremden Frachtführer eingesetzt hatte.

Auch wenn Urteile des Bundesgerichtshofes für innerdeutsche Güterversendungen mit Kraftfahrzeugen den speditionellen Bereich unter die ADSp-Haftung stellten, blieb der frühere Paragraf 413 ein „ständiger Dorn im Auge der Spedition". Diese Rechtsunsicherheit wurde durch das neue Speditionsrecht beseitigt.

1.3.1 Selbsteintritt (HGB § 458)

Der Spediteur ist berechtigt die Beförderung selbst auszuführen, zusätzlich zu seiner Besorgungs- und Organisationstätigkeit. Folgerichtig hat er dann hinsichtlich der **Beförderung** die **Rechte** und **Pflichten** eines **Frachtführers**. Es steht ihm dann auch neben seiner Vergütung für die speditionelle Tätigkeit die gewöhnliche Fracht zu.

1.3.2 Fixkostenspedition (HGB § 459)

Auch wenn als Vergütung ein bestimmter Betrag einschließlich der Beförderungskosten (Fracht) vereinbart ist, findet das **Frachtrecht** nur auf die reine **Beförderungsleistung** Anwendung.

Ferner ist noch bestimmt, dass der Spediteur über die vereinbarte Vergütung hinaus Ersatz von Aufwendungen nur beanspruchen kann, soweit dies allgemein üblich ist.

1.3.3 Sammelladung (HGB § 460)

In dieser Bestimmung ist das Recht des Spediteurs festgelegt die Versendung des Gutes über eine Sammelladung zu bewirken, mit einem für seine Rechnung für den Hauptlauf abgeschlossenen Frachtvertrag. Die vom Spediteur dadurch zu übernehmenden **Rechte** und **Pflichten** des **Frachtführers** beziehen sich, in konsequenter Anwendung des Grundgedankens des neuen Rechts, nur auf den **Hauptlauf** der Sammelladung.

Die HGB-Paragrafen 458, 459, 460 sind resistent gegen Allgemeine Geschäftsbedingungen (AGB), d. h., sie können dadurch **nicht geändert** werden, sie sind **„AGB-fest"**. Auf den Begriff der „AGB-Festigkeit" wird bei der folgenden Erläuterung der Haftung des Spediteurs nochmals eingegangen.

1.4 Haftungsregelung im Schadensfall

Durch die **Gleichstellung** der **Haftung** des **Spediteurs** mit der für den **Verkehrsträger** (Frachtführer) ergeben sich kostenmäßige Belastungen für die Spediteure, die sie durch effektive Kontrollen, konsequente Beseitigung von Schadensursachen, sorgfältigste Auswahl von Frachtführern und Subunternehmern und genaue Risikoabwägung bei der Übernahme von Aufträgen zu kompensieren versuchen müssen.

1.4.1 Haftungsprinzip

Die Haftung für Güterschäden (Verlust oder Beschädigung) der in der **Obhut des Spediteurs** befindlichen Güter ist dem Prinzip der **Gefährdungshaftung** unterworfen. Das bedeutet die Haftung des Spediteurs auch ohne Verschulden (HGB § 461 [1]. Siehe dazu auch S. 48, 2.5.1 Haftungsgrundsatz.

Für Schäden, die **nicht** durch Verlust oder Beschädigung der in der Obhut des Spediteurs befindlichen Güter entstanden sind (**Vermögensschäden**), **haftet der Spediteur** nur **bei Verschulden**, d. h. nur dann, wenn er Pflichten verletzt, die er gemäß Speditionsvertrag übernommen hat. Das können z. B. Schäden sein, die auf einen Fehler bei der Besorgung und Organisation der Güterversendung, auf Lieferfristüberschreitung oder auf Nachnahmefehler zurückzuführen sind.

Neu im HGB ist auch die **Haftung** des Spediteurs für das Verhalten von Subunternehmern (Frachtführer, Spediteure) und **anderen Personen**, deren er sich bei der Erfüllung des Auftrages bedient. Der Spediteur hat für diesen Personenkreis einzustehen wie für eigene Handlungen bzw. wie für eigenes Personal (HGB § 462). Die bisherige Haftung des Spediteurs nur für Auswahlverschulden ist somit aufgehoben.

1.4.2 Haftungshöhe

Die Gefährdungshaftung für Güterschäden ist auf einen Betrag von

8,33 Rechnungseinheiten (RE)

pro kg Rohgewicht des entwerteten Teiles der Sendung begrenzt. Als Rechnungseinheit gilt das **Sonderziehungsrecht** (SZR) des Internationalen Währungsfonds, der auch die Methode für die Berechnung in Euro vorgibt (vgl. dazu Fußnote auf S. 58). Für das Überschreiten **vereinbarter Lieferfristen** besteht eine maximale Haftung in Höhe des **dreifachen Betrages** der **Frachtkosten**.

Diese Haftungshöchstgrenzen werden außer Kraft gesetzt, wenn der Schaden vorsätzlich oder fahrlässig (Verschulden) herbeigeführt wurde.

1.4.3 Abweichungen von der Haftungshöhe

Durch vorformulierte Vertragsbedingungen (Allgemeine Geschäftsbedingungen) kann bei „Nicht-Verbrauchern" (HGB § 414 [4]) die Haftungshöchstgrenze für Güterschäden betragsmäßig **zwischen 2 SZR** (ca. 2,44 €)* **und 40 SZR** (ca. 48,80 €)* festgelegt werden (HGB § 466). Von diesem Haftungskorridor wurde in den „Allgemeine Deutsche Spediteurbedingungen (ADSp)" Gebrauch gemacht (Siehe III 2.).

Andere vom HGB abweichende Vereinbarungen über die Haftung, z. B. über den Haftungsgrundsatz, die Schadenarten, die Haftungsausschlüsse, die Haftungshöhe außerhalb des Korridors, können nur einzeln, individuell mit dem Vertragspartner ausgehandelt werden. Hier kommt wieder die AGB-Festigkeit des Frachtrechts und des Speditionsrechts dort, wo Frachtrecht für den Spediteur gilt, zum Ausdruck. Damit ist der Grundsatz der Vertragsfreiheit im HGB nicht aufgehoben. Nur bestimmte Vorschriften können nicht durch Allgemeine Geschäftsbedingungen (AGB) geändert werden, gleichgültig ob sie von einem Verkehrsträger erstellt wurden, von einem Verlader oder einem Verband.

* Stand: 14.04.2004

Zusammenfassung

➤ **Der Speditionsvertrag verpflichtet den Spediteur, die Versendung zu besorgen, im eigenen oder im Namen des Versenders. Er hat dabei die Interessen des Versenders wahrzunehmen.**

➤ **Hauptpflichten des Spediteurs:**
Auswahl von Beförderungsmitteln, Beförderungsweg und Frachtführer; Abschluss des Frachtvertrages; Weisungen an ausführende Unternehmen; Sicherung von Schadenersatzansprüchen des Versenders.

➤ **Pflichten des Versenders:**
Verpackung; Kennzeichnung; Begleitpapiere; Informationen über Gefahrgut; Zahlung der Vergütung.

➤ **Der Spediteur ist zum Selbsteintritt berechtigt. Er hat dann hinsichtlich der Beförderung die Rechte und Pflichten eines Frachtführers.**

➤ Im Falle der Fixkostenspedition findet auf die reine Beförderungsleistung ebenfalls das Frachtrecht Anwendung wie beim Selbsteintritt. Gleiches gilt für den Hauptlauf bei Beförderung in Sammelladung durch den Spediteur.

➤ Haftung des Spediteurs:
  – Gefährdungshaftung für Güterschäden an den sich in der Obhut des Spediteurs befindlichen Gütern.
  – Für Schäden außerhalb des Obhutszeitraumes besteht Haftung nach dem Verschuldensprinzip.
  – Der Spediteur hat auch Handlungen anderer zu vertreten, deren er sich bei der Besorgung der Versendung bedient.
  – Höchsthaftung für Güterschäden:
    8,33 Sonderziehungsrechte (SZR) pro kg Rohgewicht des entwerteten Sendungsteils. Unbegrenzt bei Vorsatz und Fahrlässigkeit.
  – Allgemeine Geschäftsbedingungen können eine andere Höchsthaftung festlegen, innerhalb des Korridors 2–40 SZR.

2 Speditionsverträge nach ADSp abschließen und abwickeln

2.1 ADSp 2003

Mit der Einführung des neuen Transportrechts konnten die „Allgemeinen Deutschen Spediteurbedingungen (ADSp)" nicht unverändert bleiben. Ebenso musste die mit den ADSp verbundene Speditionsversicherung neu geregelt werden.

2.1.1 Entstehungsgründe

Auch wenn das Speditionsrecht im HGB nun wesentlich ausführlicher beschrieben ist, als das im bisherigen HGB der Fall war, besteht weiterhin die **Notwendigkeit**, die vielschichtigen Tätigkeitsbereiche eines speditionellen Dienstleistungsbetriebes und die **genaue Klärung der Beziehung zwischen Spediteur und Versender** durch branchentypische Geschäftsbedingungen zu regeln.

Die Haftungsgrundsätze des HGB sind zwar zwingend, AGB-fest, also durch Allgemeine Geschäftsbedingungen nicht zu ändern, aber es ist durchaus legitim, andere **Haftungsregelungen** dort zu **vereinbaren**, wo es das **Gesetz zulässt**. Derartige „Schutzbestimmungen" in den ADSp sind für das Speditionsgewerbe von existenzieller Bedeutung.

2.1.2 Rechtscharakter

Die ADSp 2003 wurden ab dem 1. Januar 2003 zur unverbindlichen Anwendung durch die vereinbarenden Organisationen empfohlen: Bundesverband der Deutschen Industrie, Bundesverband des Deutschen Groß- und Außenhandels, Deutscher Speditions- und Logistikverband, Deutscher Industrie- und Handelskammertag und Hauptverband des Deutschen Einzelhandels.

Die ADSp gelten auch heute noch als „fertig bereitliegende Rechtsordnung", die kraft stillschweigender Unterwerfung Anwendung findet; sie gelten gewissermaßen automatisch. Allerdings gibt es seit Januar 2003 ein BGH-Urteil, das diese Rechtsauffassung zwar grundsätzlich teilt, aber speziell im Hinblick auf die Ziffer 23 ADSp (Haftungsbegrenzungen) infrage stellt. Danach sollte jeder Spediteur, der sich auf die ADSp berufen möchte, neben dem „üblichen ADSp-Vermerk" seinem Auftraggeber in drucktechnisch hervorgehobener Form den Inhalt von Ziffer 23 ADSp mit den Haftungsbegrenzungen zur Kenntnis bringen. Dann befindet er sich auf der sicheren Seite.

2.1.3   Anwendungsbereich

ADSp Ziff. 2.1:
„Die ADSp gelten für **Verkehrsverträge über alle Arten von Tätigkeiten**, gleichgültig ob sie Speditions-, Fracht-, Lager- oder sonstige üblicherweise zum Speditionsgewerbe gehörende Geschäfte betreffen."

Erläuterung: Nach dem Leitbild des **HGB** hat der Spediteur zu **besorgen**, zu **organisieren**, eigentlich vom Schreibtisch aus. Der Spediteur nach **ADSp** bietet und erledigt **alle Tätigkeiten** und Aufgaben, die mit dem **Speditionsgewerbe zusammenhängen** können. Also nicht nur die Verrichtungen eines „Schreibtischspediteurs", sondern auch die im Gesetz geregelten Tätigkeitsbilder Fracht, Lager, Dienstleistungen.

ADSp Ziff. 2.3, 2.4:
„Die ADSp gelten **nicht** für **Geschäfte**, die **ausschließlich** zum Gegenstand haben Verpackungsarbeiten, die Beförderung von Umzugsgut oder dessen Lagerung, Kran- oder Montagearbeiten sowie Schwer- oder Großraumtransporte ..."

„Die ADSp finden keine Anwendung auf Verkehrsverträge mit **Verbrauchern**."

Erläuterung: Das Wort „ausschließlich" besagt, dass diese Tätigkeiten in „Reinform" nicht automatisch unter die ADSp fallen. Sollten diese Geschäfte jedoch in einen **Speditionsvertrag eingebettet** sein, so gelten für das **Gesamtgeschäft** gegenüber dem Auftraggeber wieder die ADSp.

Mit Verbrauchern können Teile der ADSp nur individuell vereinbart werden. Ausgenommen sind die Bestimmungen, die eine Schlechterstellung der Verbraucher gegenüber dem HGB bedeuten würden (z. B. Haftungshöchstgrenze oder Haftungsprinzip).

2.2   Abschluss von Speditionsverträgen

ADSp Ziff. 16.1:
„**Angebote** des Spediteurs und Vereinbarungen ... **über Preise und Leistungen** beziehen sich stets nur auf die **namentlich** aufgeführten eigenen Leistungen oder Leistungen Dritter ..., sie setzen normale unver- änderte Beförderungsverhältnisse, ungehinderte Verbindungswege ... voraus ..."

ADSp Ziff. 16.2:
„Alle **Angebote** des Spediteurs gelten nur bei **unverzüglicher Annahme** zur sofortigen Ausführung des Auftrages ..."

Erläuterung: Diese klare Regelung in Ziff. 16.1 über vereinbarte Preise und Leistungen gab es nicht vor dem 1. Juli 1998. Sie stellt darauf ab, dass der **Spediteur** eben nur zu dem **verpflichtet** wird, **was festgelegt** ist, und das unter normalen, **vorhersehbaren** Umständen.

„**Unverzügliche Annahme**" bedeutet ohne schuldhaftes Zögern. Generell kann man sagen, dass ein Angebot des Spediteurs in derselben schnellen Weise angenommen werden muss, wie es gegeben wurde, z. B. telefonisch noch während des Telefonates. Der Spediteur kann spätere Annahmen sehr wohl akzeptieren, er muss jedoch nicht.

Genauso verhält es sich mit der „**sofortigen Ausführung**". Es kann vereinbart werden, dass die Ausführung zu einem späteren Zeitpunkt vorgesehen ist, aber eben nur, wenn der Spediteur damit einverstanden ist.

ADSp Ziff. 3.1:
„**Aufträge, Weisungen**, Erklärungen und Mitteilungen sind **formlos** gültig ... . Die **Beweislast** für den Inhalt ... trägt, **wer sich darauf beruft.**"

Erläuterung: Wer sich auf seine Weisungen, Erklärungen usw. beruft, muss sie beweisen, wenn sie vom anderen bestritten werden. Diese **Pflicht** trifft den **Auftraggeber und** den **Spediteur**. Dass mündliche Absprachen nur schwer beweisbar sind, braucht eigentlich nicht erwähnt zu werden.

ADSp Ziff. 3.4:
„Der **Auftraggeber** hat im Auftrag Adressen, Zeichen, Nummern, Anzahl, Art und Inhalt der Packstücke ... und alle ... für die ordnungsgemäße Ausführung erheblichen Umstände anzugeben."

Erläuterung: Die **Folgen** unrichtiger oder unvollständiger Angaben fallen dem **Auftraggeber** zur Last, auch wenn ihn kein Verschulden trifft. Der Spediteur ist nicht verpflichtet gemachte Angaben nachzuprüfen oder zu ergänzen.

Eine besondere Mitteilungspflicht besteht bei speziellen Eigenschaften des Gutes nach **ADSp Ziff. 3.3**:

- Gefährliche Güter
- Verderbliche Güter
- Lebende Tiere
- Wertvolle Güter

Bei **gefährlichem** Gut muss der Auftraggeber schriftlich die **Art der Gefahr**, zu ergreifende **Vorsichtsmaßnahmen** und die **Klassifizierung** nach den Gefahrgutvorschriften mitteilen (**ADSp Ziff. 3.5**).

2.3 Abwicklung von Speditionsverträgen

2.3.1 Pflichten des Auftraggebers

ADSp Ziff. 4.1:
„Der dem Spediteur erteilte Auftrag umfasst mangels Vereinbarung **nicht** die **Verpackung** des Gutes, die **Verwiegung** ..., die **Gestellung und den Tausch von Paletten** ..."

Erläuterung: Diese Leistungen müssen speziell vereinbart und damit auch **gesondert vergütet** werden. Sie sind grundsätzlich Sache des Auftraggebers.

Allerdings wird von einem sorgfältig arbeitenden, die Interessen seines Auftraggebers wahrnehmenden Spediteur erwartet, dass er bei einer äußerlich erkennbaren mangelhaften Verpackung den Kunden benachrichtigt und weitere Weisungen einholt.

ADSp Ziff. 6.1, 6.2:
„Die **Packstücke** sind vom Auftraggeber ... mit den ... erforderlichen **Kennzeichen** zu versehen ... und zu einer Sendung gehörende Packstücke sind als **zusammengehörig** ... zu kennzeichnen."

Erläuterung: Als Packstücke gelten z. B. Kisten, Paletten, Gitterboxen, geschlossene Ladegefäße, Container, Wechselbrücken.

Alle auf eine **mangelhafte** oder **fehlende** Kennzeichnung zurückzuführenden Schäden, z. B. Fehlverladung, Falschauslieferung, sind vom **Auftraggeber** zu vertreten. **Aber: Sorgfaltpflicht** eines „**ordentlichen Spediteurs**" beachten.

Auch die Sorge für den Schutz der Packstücke gegen Zugriff obliegt dem Auftraggeber (Klebeband, Umreifungen o. Ä.).

2.3.2   Pflichten des Spediteurs

ADSp Ziff. 1:

„Der Spediteur hat das **Interesse** des Auftraggebers wahrzunehmen und seine Tätigkeit mit der **Sorgfalt** eines **ordentlichen Kaufmanns** auszuführen."

Erläuterung: Dieser Einführungssatz der ADSp soll als allgemeiner **Grundsatz** die Arbeitsweise des Spediteurs bestimmen.

Unter „Sorgfaltspflicht" ist die Verpflichtung zu der im **Verkehr üblichen Sorgfalt** zu verstehen. Im Einzelfall wird das zu beurteilen sein.

So wäre es z. B. vorstellbar, dass sogar eine falsche Behördenauskunft nachzuprüfen ist, wenn auch nur der geringste Verdacht besteht, dass die Auskunft nicht richtig sein könnte.

Von einem „ordentlichen Kaufmann", oder besser: von einem „ordentlichen Spediteur", werden Fachwissen und Erfahrung erwartet, besonders auf Spezialgebieten. Ein Spediteur, der sich als „Internationaler Spediteur" bezeichnet, muss eben das nötige Rüstzeug dazu besitzen.

Das „Interesse des Auftraggebers" geht dem Interesse sonstiger Dritter vor. Die **treuhänderische** Stellung des Spediteurs wird somit bereits in Ziffer 1 der ADSp festgelegt.

ADSp Ziff. 7.1:

„Der Spediteur ist verpflichtet an **Schnittstellen** die Packstücke auf **Vollzähligkeit** ... sowie äußerlich **erkennbare** Schäden ... zu überprüfen und **Unregelmäßigkeiten** zu dokumentieren ..."

Erläuterung: Bei einer verschlossenen Palette mit 30 Kartons quittiert der Spediteur nur für **ein** Packstück.

Der Begriff der **Schnittstelle** ist in **Ziff. 7.2** definiert. Danach ist unter Schnittstelle jede **Übernahme** durch den in einer Transportkette **Nachfolgenden zu verstehen**, d. h., ein **Wechsel der Rechtsperson** ist erforderlich am Ende jeder Beförderungsstrecke.

Beispiele für Schnittstellen:

● Abholung durch Frachtführer/Umschlag beim Versandspediteur

● Versandspediteur/Frachtführer des Hauptlaufes

● Frachtführer/Umschlag beim Empfangsspediteur

Besondere Bedeutung erlangt die Schnittstellendokumentation bei unbekanntem Schadensort. Sie dient dann zur Darlegung des Ablaufs der Beförderung (ADSp Ziff. 25.2).

Wichtig für den Spediteur: Bei Schnittstellen ist die Schaffung einer Organisation erforderlich, die eine Kontrolle ermöglicht und Abweichungen festhalten kann.

Fehlende Schnittstellenkontrollen führen zum sog. **Organisationsverschulden** des Spediteurs. Für die Behauptung eines grob fahrlässigen Organisationsverschuldens trägt der Auftraggeber die Darlegungs- und Beweislast.

ADSp Ziff. 8.1:
In einer vom Spediteur auf Verlangen erteilten **Empfangsbescheinigung** wird nur die **Anzahl** der Packstücke, nicht jedoch deren Inhalt und Gewicht bestätigt.

ADSp Ziff. 9.1:
„Eine über das Gut erteilte **Weisung** bleibt für den Spediteur **bis zu einem Widerruf** des Auftraggebers maßgebend".

Erläuterung: Der Auftraggeber ist Herr des Geschäftes. Weisungen Dritter (z. B. des Empfängers) sind unbeachtlich. Ebenso ist eigenes Handeln des Spediteurs entgegen den Weisungen des Auftraggebers unzulässig. Nach eigenem Ermessen darf der Spediteur dann handeln, wenn ausreichende Weisungen des Auftraggebers fehlen.

ADSp Ziff. 9.3:

„Ein **Auftrag**, das Gut zur **Verfügung eines Dritten** zu halten, kann nicht mehr widerrufen werden, sobald die Verfügung des Dritten beim Spediteur eingegangen ist."

Erläuterung: Diese Fälle sind denkbar im Eingangsverkehr, wenn der Spediteur die Sendung zur Verfügung des Empfängers, eines Frachtführers oder eines anderen Spediteurs halten soll.

ADSp Ziff. 11.1:

„Mangels Vereinbarung werden Verlade- und **Lieferfristen nicht gewährleistet** ..."

Erläuterung: Die Tatsache, dass in den ADSp keine Lieferfristen enthalten sind, bedeutet jedoch nicht, dass der Spediteur die Versendung schuldhaft verzögern darf.

Bei abgegebenen **Lieferfristgarantien** muss der **Spediteur** beachten, dass er für einen evtl. **Schaden selbst aufkommen** muss, da ihn die Haftungsversicherung des Speditions-, Logistik- und Lager-Versicherungs-Scheines nicht deckt.

ADSp Ziff. 13 und 8.2:

„Die **Ablieferung** erfolgt mit befreiender Wirkung an jede im Geschäft oder Haushalt des Empfängers anwesende Person ..." „Als Ablieferungsnachweis hat der Spediteur vom Empfänger eine **Empfangsbescheinigung** ... zu verlangen ..."

Erläuterung: Der Ausdruck „mit **befreiender Wirkung**" besagt, dass damit die Leistungspflicht des Spediteurs beendet ist. Er bedeutet **nicht**, dass der Empfänger einen Schaden nicht mehr fristgerecht melden kann.

Die anwesende Person muss zumindest den Anschein erwecken zum Empfang berechtigt zu sein. Eine Ablieferung an Personen, die offensichtlich „nur" Besucher oder Gäste sind, ist nicht zulässig.

ADSp Ziff. 14.1:

„Der Spediteur ist verpflichtet **dem Auftraggeber** die erforderlichen **Nachrichten zu geben,** auf Verlangen über den Stand des Geschäftes Auskunft zu geben und nach dessen Ausführung Rechenschaft abzulegen ..."

ADSp Ziff. 21.1:

„Der Spediteur besorgt die Versicherung des Gutes (z. B. Transport- oder Lagerversicherung) bei einem Versicherer seiner Wahl, wenn der Auftraggeber ihn vor Übergabe der Güter beauftragt."

ADSp Ziff. 21.2:

„Der Spediteur ist berechtigt, aber nicht verpflichtet die Versicherung des Gutes zu besorgen, wenn dies im Interesse des Auftraggebers liegt."

Erläuterung: Der Spediteur darf vermuten, dass die Eindeckung einer Versicherung im Interesse des Auftraggebers liegt, insbesondere wenn der Spediteur bei einem früheren Verkehrsvertrag eine Versicherung besorgt hat oder der Auftraggeber einen Warenwert angegeben hat. Die Vermutung des Auftraggeberinteresses besteht nicht, wenn der Auftraggeber die Eindeckung schriftlich untersagt bzw. der Auftraggeber ein Spediteur, Frachtführer oder Lagerhalter ist.

Liegen keine anderen Weisungen des Auftraggebers vor, hat der Spediteur nach pflichtgemäßem Ermessen über Art und Umfang der Versicherung zu entscheiden und sie zu marktüblichen Bedingungen abzuschließen.

ADSp Ziff. 29.1, 29.3, 29.4:

„Der Spediteur ist verpflichtet bei einem Versicherer seiner Wahl eine **Haftungsversicherung** zu marktüblichen Bedingungen abzuschließen und aufrecht zu erhalten, die seine **verkehrsvertragliche Haftung nach den ADSp und nach dem Gesetz im Umfang der Regelhaftungssummen** abdeckt."

„Der Spediteur darf sich gegenüber dem Auftraggeber auf die ADSp nur berufen, wenn er bei der Auftragserteilung einen ausreichenden Haftungsversicherungsschutz vorhält."

„Auf Verlangen des Auftraggebers hat der Spediteur diesen Haftungsversicherungsschutz durch eine Bestätigung des Versicherers nachzuweisen."

Erläuterung: Die Versicherungsprodukte der einzelnen Anbieter sind unterschiedlich ausgestaltet. Der Versicherungsschutz erfolgt auf Grundlage einer **Betriebsbeschreibung**, die Bestandteil des Versicherungsvertrages ist. Fehler beim Erstellen dieser Betriebsbeschreibung gehen zulasten des Spediteurs. Vergisst er eine bestimmte Tätigkeit aufzulisten, besteht kein Versicherungsschutz, wenn bei dieser Tätigkeit ein Schaden entsteht.

2.4   Spediteurentgelte abrechnen

2.4.1   Vergütung und Aufwendungen des Spediteurs

ADSp Ziff. 4.2, 21.5 und 16.1

Erläuterung: Für vereinbarte Verpackung des Gutes, Verwiegung, Erhaltung oder Besserung, Gestellung und den Tausch von Paletten ist eine **gesonderte Vergütung** an den Spediteur zu bezahlen (**Ziff. 4.2**).

Ebenso für die **Besorgung** von **Transport-** und **Lagerversicherungen** und die Abwicklung von derartigen Versicherungsfällen (**Ziff. 21.5**).

Ziff. 16.1 ADSp befasst sich mit Vergütungen des Spediteurs bei der sog. **"Fixkostenspedition"** (vgl. HGB § 459). Darunter versteht man einen festen Preis für die gesamten Versandkosten, ohne dass diese in Einzelpositionen aufgeschlüsselt sind. Diese Angebotsabgabe ist in der Praxis sehr häufig, vor allem im internationalen Verkehr.

In Anlehnung an das HGB bestimmt Ziff. **16.1**, dass der Spediteur über den „festen Satz" hinaus nur **unvorhersehbare Kosten** berechnen darf. Übliche Sondergebühren und Sonderauslagen, z. B. Schleusengebühren, Gestellung von Hilfspersonal usw., kann der Spediteur dem Auftraggeber zwar extra berechnen, aber nur dann, wenn er den Auftraggeber auf diese Kosten vor Ausführung des Auftrages hingewiesen hat.

Weitere Bestimmungen über die Vergütung des Spediteurs finden sich in den ADSp nicht. Natürlich hat der Spediteur für seine „normale" **Tätigkeit der Besorgung** und Organisation der Beförderung den Anspruch auf eine **vereinbarte Vergütung** (vgl. HGB § 456).

Es ist selbstverständlich, dass der Spediteur Anspruch auf Ersatz von Aufwendungen hat, „die er den Umständen nach für erforderlich halten durfte" (**Ziff. 17.1**).

2.4.2   Auftragsentzug und Annahmeverweigerung

Wird dem Spediteur ein Auftrag **entzogen**, so stehen ihm nach **Ziff. 16.3** dieselben Rechte zu wie einem Frachtführer in dieser Situation (HGB §§ 415, 417): Vereinbarte Fracht abzüglich ersparter Aufwendungen, Fehlfracht unter bestimmten Voraussetzungen, Standgeld. In der Praxis könnte diese Bestimmung zu Meinungsverschiedenheiten und Streitigkeiten zwischen Spediteur und Auftraggeber führen. Das entscheidende Wort sprechen dann die Sachverständigen oder das Gericht.

Wenn der Spediteur eine **zugerollte Sendung** aus einem von ihm nicht zu vertretenden Grund **nicht** abliefern kann, weil z. B. der Empfänger nicht annimmt oder nicht zu ermitteln ist, „so steht dem Spediteur für die **Rückbeförderung Rollgeld** in gleicher Höhe wie für die Hinbeförderung zu" (**Ziff. 16.5**). Es ist auch eindeutig, dass die Rückbeförderung zulasten des Auftraggebers geht.

2.4.3 Fälligkeit und Zahlungsverzug bei Rechnungen

ADSp Ziff. 18.1, 18.2:
„Rechnungen des Spediteurs sind **sofort** zu begleichen."

„Der Spediteur ist berechtigt von ausländischen Auftraggebern oder Empfängern nach seiner Wahl Zahlung in ihrer Landeswährung oder in deutscher Währung (= Euro) zu verlangen."

Erläuterung: Bei Dienstleistungen sind keine Zahlungsziele oder Skontoabzüge vorgesehen. Im Fall des Speditionsgeschäftes ist besonders zu bedenken, dass der Spediteur in aller Regel die Kosten der Transporte vorfinanziert (Frachten, Eingangsabgaben, Dokumentengebühren u. a.).

Für den **Zahlungsverzug** gelten die gesetzlichen Regelungen, die u. a. den Zahlungsverzug 30 Tage nach Fälligkeit bzw. Zugang der Rechnung auch ohne Mahnung festlegen.

2.4.4 Pfandrecht

Zum Verständnis des Inhaltes der **Ziff. 20 der ADSp** ist eine Textwiedergabe nicht sehr hilfreich. Die Regelungen des Pfandrechts werden nur **sinngemäß** erklärt: Ein Pfandrecht ist das Recht eines Kaufmanns, zur Absicherung seiner Forderung eine Ware des Schuldners in Besitz zu nehmen und sie notfalls auch versteigern zu lassen. **Nach Ziff. 20.1** hat der Spediteur ein Pfandrecht an den in seiner Verfügungsgewalt befindlichen Gütern. Allerdings müssen diese **Güter die Forderung des Spediteurs** auch **verursacht haben**. Man nennt dieses Pfandrecht, das auch gesetzlich im HGB verankert ist, **ein konnexes Pfandrecht**, d. h., Forderung und zu pfändendes Gut sind miteinander verbunden.

Dieses Pfandrecht nützt dem Spediteur wenig, weil er in der Regel erst nach Rechnungsstellung, also nach Beendigung des Auftrages, erfährt, dass seine Forderung nicht beglichen wird. Er kann dann die Güter, die seine Forderung verursacht haben, wohl kaum mehr in seinen Besitz bringen.

Deshalb steht ihm nach **Ziff. 20.2** auch ein Pfandrecht zu wegen Forderungen aus anderen mit dem Auftraggeber abgeschlossenen Verkehrsverträgen, d. h., er darf auch **Güter pfänden**, die mit der **Forderung nicht in Zusammenhang** stehen. Dieses Pfandrecht wird als **inkonnexes Pfandrecht** bezeichnet.

Aber auch das inkonnexe Pfandrecht ist für den Spediteur nicht unproblematisch: Er kann es nur ausüben, wenn die Forderung unbestritten ist oder die Vermögenslage des Schuldners die Forderung des Spediteurs gefährdet.

2.5 Haftung im Schadensfall

2.5.1 Haftungsgrundsatz

Wie bei der gesetzlichen Haftung des Spediteurs nach HGB bereits erwähnt wurde, ist es nach HGB § 466 (2) möglich, die **Haftung in der Höhe durch Allgemeine Geschäftsbedingungen** innerhalb des Korridors zu **begrenzen**.

Nicht zulässig ist jedoch die Änderung der Haftung dem Grunde nach, denn das Haftungsprinzip des HGB § 461 (1) ist „AGB-fest".

ADSp Ziff. 22.1:
„Der Spediteur **haftet** bei all seinen Tätigkeiten ... nach den **gesetzlichen** Vorschriften."

Erläuterung: Somit haftet der Spediteur für **Verlust oder Beschädigung** des in seiner Obhut befindlichen Gutes (**Güterschäden**) nach dem Grundsatz der **Gefährdungshaftung**, d. h., auf Verschulden kommt es nicht an (HGB § 461 [1]).

Bei Selbsteintritt, Spedition zu festen Kosten und Sammelladung haftet er hinsichtlich der **Beförderung** ebenfalls nach dem Gefährdungshaftungsprinzip.

Für Schäden **außerhalb** des Obhutszeitraumes gilt für ihn das **Verschuldensprinzip** (HGB § 461 [2]).

Unter Verschulden ist **vorsätzliches** und **fahrlässiges** Handeln zu verstehen. Vorsätzliche Schadensverursachung scheidet aus, von Ausnahmefällen abgesehen, auch grob fahrlässiges Handeln dürfte sehr selten sein. In der Regel wird das Verschulden des Spediteurs aus **leichter Fahrlässigkeit** bestehen.

Die entscheidende Frage bei einem Verschuldenshaftungsprinzip ist die **Beweislast. ADSp Ziff. 25** überträgt sie insofern dem **Spediteur**, als dieser im Streitfall zu beweisen hat, dass er das Gut, wie er es erhalten, abgeliefert hat, wenn er nicht haften will. Der Beweis dafür, dass ein Güterschaden während des Transports eingetreten ist, obliegt demjenigen, der dies behauptet.

Bestehen bleibt auch die **Haftung** für **andere Personen**, deren sich der Spediteur bei Erfüllung seiner Pflicht, die Güterversendung zu besorgen, bedient (HGB § 462).

2.5.2 Haftungsbegrenzungen

Folgende Haftungsbegrenzungen sind in den ADSp festgelegt:

● Wenn der Spediteur nur den Abschluss der zur Erbringung der Leistung erforderlichen Verträge schuldet, haftet er nur für die sorgfältige Auswahl der von ihm beauftragten Dritten (**ADSp Ziff. 22.2**).

● Für **Güterschäden** haftet der Spediteur **maximal** mit
5,00 € je kg des Rohgewichts der Sendung (ADSp Ziff. 23.1.1).
Dies gilt nicht bei Schäden am Gut während des **Transports**. In diesem Fall ist die Höchstgrenze
8,33 SZR je kg Rohgewicht der Sendung (ADSp Ziff. 23.1.2).

● Die Haftungshöchstgrenze berechnet sich nach dem **Rohgewicht der gesamten** Sendung, wenn diese **total** entwertet ist, nach dem Rohgewicht des **entwerteten** Teils der Sendung, wenn nur der **Teil** beschädigt ist **(ADSp Ziff. 23.2)**.

● Bei einem Verkehrsvertrag über einen multimodalen Transport einschließlich einer Seebeförderung besteht Haftung höchstens bis
2 SZR je kg (ADSp Ziff. 23.1.3).

● Für jeden **Schadensfall** ist die Haftung insgesamt beschränkt auf höchstens
1 Million € oder 2 SZR je kg
je nachdem, welcher Betrag höher ist **(ADSp Ziff. 23.1.4)**

● Für **andere als Güterschäden** (Ausnahme: Personenschäden und Sachschäden an Drittgut) ist die Haftung des Spediteurs auf das **Dreifache des Betrages** begrenzt, der bei **Verlust des Gutes zu zahlen** wäre, **höchstens** aber auf **100.000,00 € je Schadensfall** (ADSp Ziff. 23.3).

Die Haftung des Spediteurs je Schadensereignis ist auf 2 Mio. € oder 2 SZR für jedes Kilogramm der verlorenen oder beschädigten Güter begrenzt; je nachdem, welcher Betrag höher ist.

Alle diese Haftungsbegrenzungen gelten nicht, wenn der Schaden vorsätzlich oder grob fahrlässig vom Spediteur oder seinen leitenden Angestellten verursacht worden ist **(ADSp Ziff. 27.1).**

Zusammenfassung

➤ **Die ADSp gelten für alle Tätigkeiten des Spediteurs, auch bei stillschweigender Zustimmung. Ausdrückliche Vereinbarung ist nicht erforderlich. Keine Anwendung bei Verbrauchern und bei Umzugsgut. Ebenfalls nicht, wenn es sich ausschließlich handelt um Verpackungs-, Kran-, Montagearbeiten, Schwer- und Großraumtransporte.**

➤ **Angebote des Spediteurs gelten nur bei unverzüglicher Annahme.**

➤ **Auftraggeber und Spediteur haben die Pflicht, Aufträge, Weisungen usw. zu beweisen, wenn sie vom anderen bestritten werden.**

➤ **Sind die für die Auftragsausführung notwendigen Angaben des Auftraggebers unvollständig oder falsch, so hat das der Auftraggeber zu vertreten. Er hat auch die Pflicht, Packstücke zu kennzeichnen und gegen Zugriff zu sichern.**

➤ **In ADSp Ziff. 1 ist der allgemeine Grundsatz für die Arbeitsweise des Spediteurs festgelegt: Er hat das Interesse des Auftraggebers wahrzunehmen und mit der Sorgfalt eines ordentlichen Kaufmanns zu arbeiten.**

➤ **An sog. Schnittstellen ist der Spediteur verpflichtet die Packstücke auf Vollzähligkeit und äußerlich erkennbare Schäden zu überprüfen und Unregelmäßigkeiten zu dokumentieren.**

➤ **Die ADSp enthalten keine Lieferfristen. Das bedeutet nicht, dass die Versendung schuldhaft verzögert werden darf.**

➤ **Der Spediteur ist zum Abschluss der Haftungsversicherung verpflichtet.**

➤ **Rechnungen des Spediteurs sind sofort zu begleichen.**

➤ **Zur Sicherung seiner Forderung darf der Spediteur auch Güter des Auftraggebers pfänden, die die Forderung nicht verursacht haben. Dieses inkonnexe Pfandrecht kann er jedoch nur ausüben, wenn die Forderung unbestritten ist oder die Vermögenslage des Schuldners seine Forderung gefährdet.**

➤ **Haftung des Spediteurs:**

– **Gefährdungs-/Obhutshaftung für Güterschäden, wie nach HGB.**

– **Verschuldenshaftung für Schäden außerhalb des Obhutszeitraumes, wie nach HGB. Entlastungspflicht trifft den Spediteur.**

– **Haftung für andere Personen, wie nach HGB.**

– **Höchsthaftung für Güterschäden:**
  5,00 € pro kg Rohgewicht des entwerteten Sendungsteils. Bei Schäden während des Transports 8,33 SZR je kg Rohgewicht.

– **Höchsthaftung je Schadensfall 1 Mio. € oder 2 SZR je kg (höherer Betrag gilt).**

– **Höchsthaftung für andere als Güterschäden: Dreifacher Betrag, der bei Verlust des Gutes zu zahlen wäre, höchstens 100.000,00 € je Schadensfall.**

Haftung im Schadensfall **49**

3 Speditionsversicherung abschließen

Die Allgemeinen Deutschen Spediteurbedingungen unterlagen in ihrer Geschichte seit 1927 schon häufig einem Wandel, jedoch kaum einem so einschneidenden, wie er im Jahr 2002 geplant und in den ADSp 2003 vollzogen wurde. Die wichtigste Änderung in den ADSp 2003 betrifft den Wegfall des Versicherungsautomatismus, wie er bis dahin in Ziffer 29 ADSp verankert war, und den Wegfall der Schadensversicherung nach den früheren Bedingungen für die Speditionsversicherung.

3.1 Doppelfunktion der Versicherung

Bis zum Inkrafttreten der ADSp 2003 bedeutete die Speditionsversicherung ein Partnerschaftskonzept, das gleichermaßen die Interessen von Auftraggeber und Spedition berücksichtigte, auch die Prämie wurde von beiden Vertragspartnern selbst getragen.

Seit dem 1. Januar 2003 haben die Versicherungsgesellschaften auf der Grundlage der neuen ADSp eigene Konzepte entwickelt, die den geänderten Verhältnissen bei der Abwicklung von Verkehrsverträgen mit Spediteuren Rechnung tragen. An dem nachstehend behandelten Beispielsfall für die Speditionsversicherung eines großen Assekuranz-Maklers sind die wichtigsten Punkte zu erkennen.

Die seit 01.01.2003 unter der Bezeichnung SLVS-Plus (Speditions-, Logistik- und Lager-Versicherungs-Schein-Plus) angebotene Speditionsversicherung gliedert sich in **zwei getrennte** Versicherungsverträge, zum einen die **Haftungsversicherung des Spediteurs** und zum anderen die **Waren-Transportversicherung.** In der Regel bieten die Versicherer zunächst eine Basis für den Versicherungsvertrag mit Standardbedingungen (Deckungssummen und Mindestsummen) an, die dann entsprechend einer Risikoanalyse individuell auf betriebliche Erfordernisse abgestimmt und vereinbart werden können.

3.2 Haftungsversicherung des Spediteurs

3.2.1 Basisdeckung einer Haftungsversicherung nach dem SLVS-Plus

1.1 Versicherungsgegenstand	● Verkehrsverträge des Spediteurs als Auftragnehmer, ● Speditions-, Fracht- und Lagerverträge, ● speditionsübliche logistische Leistungen.
1.2 Vorsorgeversicherung	für neu aufgenommene Tätigkeiten nach Versicherungsbeginn 250.000,00 €
1.3 Nicht versicherte Tätigkeit	● Ausschluss von Gütern gem. Ausschlusskatalog, sofern nichts anderes vereinbart ● Ausnahme: Versicherungsschutz bis 5.000,00 € je Sendung bei Sammelladungsspedition bei Unkenntnis des Spediteurs über den Wareninhalt
1.4 Versicherte Haftung	ADSp; sonstige AGB des Spediteurs (mit Zustimmung der Versicherer); CMR, gesetzliche Bestimmungen innerhalb des räumlichen Geltungsbereiches (z. B. HGB); CIM; WA, Hague-Visby-Rules.
1.5 Räumlicher Geltungsbereich	● Speditionsverträge und sonstige speditionsübliche Geschäfte weltweit, ● Frachtverträge gemäß Länderliste, ● Lagerverträge in der Bundesrepublik Deutschland und in ● Abhängigkeit von der Betriebsbeschreibung.
Deckungssummen	● Güter- und Güterfolgeschäden 250.000,00 € ● Inventurdifferenzen 250.000,00 € ● reine Vermögensschäden 250.000,00 € **Je Schadensfall bei sonstigen Verkehrsverträgen** ● Güter- und Güterfolgeschäden 1,0 Mio. € oder 2 SZR, je nachdem, welcher Betrag höher ist ● reine Vermögensschäden 250.000,00 € ● unerlaubte Handlung 250.000,00 € ● je Schadensereignis höchstens 2,0 Mio. € maximiert auf 6,0 Mio. € je Versicherungsjahr ● Vorsorgeversicherung: 250.000,00 € ● qualifiziertes Verschulden: 100.000,00 € pro Versicherungsjahr
Selbstbehalte	● 15 %, mindestens 125,00 €, höchstens 2.500,00 € ● für Manko- und Fehlmengenschäden höchstens 25.000,00 € je Schadensereignis
Betriebsbeschreibung	● integrierender Bestandteil des Versicherungsvertrages, gleichzeitig auch Basis für die Vorsorgeversicherung
Prämien	● individuell auf Grundlage der Betriebsbeschreibung

Seit 1. Januar 2003 kann der Verlader nicht mehr darauf vertrauen, dass die Haftung des Spediteurs nach den ADSp lückenlos versichert ist. Mit dem Wegfall des Direktanspruchs des Verladers gegenüber dem Speditionsversicherer wird auch bewirkt, dass Verlader bei Insolvenz des Spediteurs nicht abgesichert sind; das gilt ebenso bei einem gestörten Versicherungsverhältnis, wenn z. B. der Spediteur die Prämie nicht gezahlt hat.

Der Spediteur muss nach den ADSp 2003 seine nach den ADSp oder nach dem Gesetz bestehende Regelhaftung zu **marktüblichen Bedingungen** versichern. Er ist verpflichtet auf Verlangen des Auftraggebers das Bestehen des Versicherungsschutzes nachzuweisen.

3.2.2 Pflichten des Spediteurs

Der Spediteur muss vor der Auftragserteilung prüfen,

● ob alle seine im Rahmen der Auftragsabwicklung notwendigen Tätigkeiten nach der dem Versicherungsvertrag zugrunde liegenden Betriebsbeschreibung versichert sind,

● ob eine ausreichende Versicherung für die Regelhaftung nach ADSp oder Gesetz vorhanden ist, insbesondere ob die Deckungssummen ausreichend sind.

Der Spediteur hat in diesem Zusammenhang neben einem gegenüber der früheren Regelung erweiterten Katalog von Versicherungsausschlüssen die vertraglich festgelegten Obliegenheiten zu beachten. In der seit 01.01.2003 geltenden Regelung sind deutlich höhere Anforderungen an die Ausstattung und Organisation eines Speditionsbetriebes gestellt. Insbesondere hat der Spediteur dabei zu prüfen, ob er die in den Versicherungsverträgen genannten Obliegenheiten erfüllen kann, die sich auf folgende Gebiete beziehen:

● die Beschaffenheit, das Equipment und die Sicherungseinrichtungen der Fahrzeuge

● die Funktionsfähigkeit von elektronischen und elektrischen Geräten

● die Ausstattung und das Equipment im Lagerbereich

● die Kontrollen an Schnittstellen

● die Auswahl des eigenen Personals und von Subunternehmern.

Diese Prüfung ist besonders kritisch vorzunehmen bzw. das Ergebnis dann mit dem Versicherer zu besprechen, wenn die Vertragsbedingungen bereits bei einer fahrlässigen Verletzung der Obliegenheiten ein Leistungsverweigerungsrecht des Versicherers nach sich ziehen.

Der Spediteur sollte, wenn möglich, darauf achten, dass nur eine grob fahrlässige Obliegenheitsverletzung die Leistungsfreiheit der Versicherung begründet.

3.2.3 Deckungssummen

Bei den Deckungssummen hat der Spediteur vor allem auf die besonderen Grenzen zu achten, die für folgende Bereiche bestehen:

● Jahresaggregat (Gesamtsumme) für qualifiziertes Verschulden,

● verfügte Lagerung,

● Vorsorgeversicherung.

Besonders problematisch ist das so genannte **Jahresaggregat** bei qualifiziertem Verschulden (ADSp Ziff. 27), vor allem bei grobem Organisationsverschulden. Die jährlich zur Verfügung stehende Versicherungssumme wird dabei aufgeteilt und für die Regulierung von Schäden verwendet, einmal soweit sie der ADSp-Haftung oder der gesetzlichen Regelhaftung (z. B. 5,00 € je kg brutto bzw. 8,33 SZR je kg brutto) entsprechen, zum anderen Teil soweit sie über diese Grenzen hinausgehen.

Für den Teil, der die Regelhaftung übersteigt, besteht nur in geringem Umfang Versicherungsschutz.

Die **Vorsorgeversicherung** dehnt den Versicherungsschutz bei Aufnahme neuer Risiken auf diese aus.

Der Versicherungsschutz entfällt wieder, wenn

● das neue Risiko nicht innerhalb einer bestimmten Frist (meistens ein Monat) dem Versicherer zur Ergänzung der vorhandenen Betriebsbeschreibung gemeldet wird,

● sich Versicherer und Spediteur (Versicherungsnehmer) nicht über die Prämie einigen, die für das neue Risiko zu entrichten ist.

3.2.4 Prämien

Die Prämien für die Haftungsversicherung des Spediteurs werden zwischen dem Versicherer und dem Versicherungsnehmer der Höhe nach vereinbart und durch den Spediteur abgeführt. Sie sind also in seiner Kalkulation zu berücksichtigen.

Fachleute sind der Ansicht, dass durch intelligentes Versicherungsmanagement Prämien in hohem Maße gespart werden können. Dazu gehören Präventions- und Schadenmanagement sowie eine erheblich höhere Selbstbeteiligung. In manchen Fällen sei es auch zweckmäßig, die Schadenbearbeitung an spezialisierte Firmen zu vergeben. Selbst aufgrund der dadurch entstehenden Kosten (höhere Selbstbeteiligung, externe Schadenbearbeitung und Zahlung der kleinen Schäden) sollen sich enorme Einsparungen bei der Prämienzahlung ergeben.

3.3 Waren-Transportversicherung

Nach dem Wegfall der Schadenversicherung als Teil der Speditionsversicherung seit 01.01.2003 kommt der Waren-Transportversicherung (oder der Lagerversicherung) bei Speditionsgeschäften eine erhöhte Bedeutung zu. Die Regelungen dazu ergeben sich aus ADSp Ziff. 21.

3.3.1 Versicherung des Gutes

Der Spediteur muss im Rahmen der Auftragsabwicklung prüfen, ob ein Auftrag zur Eindeckung der Versicherung vorliegt.

Ist das nicht der Fall, muss er prüfen, ob er aufgrund der Vermutungsregelung (ADSp Ziff. 21.2) berechtigt ist den Versicherungsschutz zu besorgen.

Weiterhin hat der Spediteur zu prüfen,

● ob Versicherungsschutz für die Güter eingedeckt werden kann; ggf. ist der Auftraggeber zu informieren

● ob Versicherungsschutz ohne Rücksprache mit dem Versicherer gewährt werden kann, zu welcher Prämie er das Gut versichern kann.

Sensible Güter

Jeder Spediteur hat zu prüfen, ob ihm besonders wertvolle oder diebstahlgefährdete Güter zur Versendung (oder zur Einlagerung) übergeben werden, damit er feststellen kann, ob für diese Güter Versicherungsschutz im Rahmen seiner Haftungsversicherung besteht bzw. im Rahmen seiner Transport-, Lager- oder einer anderen Sachversicherung für seinen Auftraggeber besorgt werden kann. Die Kenntnis, dass es sich um sensible Güter handelt, benötigt der Spediteur auch, wenn er Maßnahmen für eine sichere und schadenfreie Beförderung und Einlagerung ergreifen will.

Als Beispiele für diebstahlgefährdete Güterarten sind in den ADSp u. a. genannt: Geld, Edelmetalle, Schmuck, Uhren, Edelsteine, Kunstgegenstände, Scheck-, Kredit-, gültige Telefonkarten und andere Zahlungsmittel, Wertpapiere, Tabakwaren, Spirituosen, Unterhaltungstechnik, EDV-Geräte.

Güter ab einem Wert von 50,00 € je kg gelten als besonders wertvolle Güter.

Soweit der Verlader kein „Verzichtskunde" („Verbotskunde") ist, sollte er den Spediteur beauftragen für eine Versicherung des Gutes (Transport- oder Lagerversicherung) zu sorgen. Zudem sollte jeder Verlader wissen, dass der Spediteur berechtigt ist Versicherungsschutz zu besorgen, wenn das bei einem früheren Transport der Fall war oder der Warenwert für eine Versicherung des Gutes im Speditionsauftrag angegeben wird.

3.3.2 Spediteur und Waren-Transportversicherung

Die Transportversicherungspolicen der einzelnen Versicherungen sind nicht einheitlich gestaltet. Manche Versicherer haben die Waren-Transportversicherung nach dem Wegfall der „automatischen Schadenversicherung im Zuge der Speditionsversicherung" völlig neu konzipiert, andere nur durch Änderungen der neuen Rechtslage Rechnung getragen. Fast alle sehen aber keinen Regress mehr gegen die Haftungspolice des Spediteurs vor.

Der Spediteur muss demnach daran interessiert sein, dass er seinen Kunden auch eine Transport- oder Lagerversicherung „verkaufen" kann. Durch den Abschluss der Waren-Transportversicherung über den Spediteur kann die Haftungsversicherung des Spediteurs entlastet werden.

Basisdeckung einer Waren-Transportversicherung nach dem SLVS-Plus

Grundlagen	Die Waren-Transportversicherung basiert auf einer früher sehr bekannten WORLD-COVER-Police bzw. Speditions-General-Police. Nun wurde für diese eine Ergänzung entwickelt, die die Besonderheiten im Massengutgeschäft berücksichtigt.
Struktur der Police	● eigener Versicherungsvertrag ● Spediteur-General-Police mit wenigen Güterausschlüssen ● Prämienabführung entsprechend den Aufträgen ● kurze Anmeldefristen durch IT-Lösung ● Lagerversicherung, verkehrsbedingt maximal 60 Tage
Anmeldeverfahren	Individualvereinbarung **1. Versicherbare Güter** Speditionsgüter aller Art Ausschlusskatalog. Differenzierung in → Güterklasse I = Allgemeines Speditionsgut → Güterklasse II = Sensibles Speditionsgut **2. Versicherungsumfang** ● All-Risk-Deckung ● Deckung von Güterfolge- und Vermögensschäden **3. Deklaration** Einzeln innerhalb einer Woche mit Angabe von Versicherungswert, Frachtbrief-/Sendungsnummer, Transportbeginn.

Zusammenfassung

➤ Der Spediteur ist verpflichtet eine Haftungsversicherung zu marktüblichen Bedingungen abzuschließen, die seine Haftung nach den ADSp und nach dem Gesetz für die Regelhaftungssummen abdeckt; tut er das nicht, darf er sich dem Kunden gegenüber nicht auf die ADSp berufen.

➤ Die Haftung des Spediteurs bei Güterschäden ist (mit Ausnahme der verfügten Lagerung) auf 5,00 € für jedes Kilogramm des Rohgewichts der Sendung begrenzt.

Tritt der Schaden am Gut während des Transports mit einem Beförderungsmittel ein, dann gilt der für diese Beförderung gesetzlich festgelegte Haftungshöchstbetrag.

➤ In jedem Schadensfall beträgt die Höchsthaftung höchstens 1 Mio. € oder 2 SZR für jedes Kilogramm, je nachdem, welcher Betrag höher ist.

➤ Die Haftung für andere als Güterschäden mit Ausnahme von Personenschäden und Sachschäden an Drittgut ist der Höhe nach begrenzt auf das Dreifache des Betrages, der bei Verlust des Gutes zu zahlen wäre, höchstens auf einen Betrag von 100.000 € je Schadensfall.

➤ Je Schadensereignis ist die Haftung des Spediteurs begrenzt auf 2 Mio. € oder 2 SZR für jedes Kilogramm der verlorenen und beschädigten Güter, je nachdem, welcher Betrag höher ist.

➤ Unter sensiblen Gütern, die in Bezug auf Haftung und Versicherung extra zu behandeln sind, werden besonders wertvolle oder diebstahlgefährdete Güter verstanden.

➤ Die bekannten Versicherer für Gütertransport- und Speditionsversicherungen halten spezielle Policen bereit, mit denen zum einen die Haftungsversicherung der Spediteure gedeckt wird und zum anderen auch eine Waren-Transportversicherung für Speditionsgüter möglich ist.

Fragen und Aufgaben zur Lernkontrolle:

1. Die Definition des HGB für den Spediteur ist auf den Abschluss eines entsprechenden Vertrages abgestellt. Erläutern Sie diese Definition auch im Unterschied zu der des Frachtführers.

2. Sie haben bei einer dem Spediteur übergebenen Sendung festgestellt, dass die Verpackung nicht transportsicher ist. Wie verhalten Sie sich rechtlich korrekt?

3. Wozu ist der Spediteur lt. HGB bei der Erbringung seiner Organisationsleistung verpflichtet?

4. Ein Kunde möchte über seine Pflichten als Versender nach HGB aufgeklärt werden. Notieren Sie die Stichworte für das Telefonat mit dem Kunden.

5. Welche wichtigen gesetzlichen Bestimmungen bestehen für den Spediteur im Falle des Selbsteintritts und der Fixkostenspedition? Welche praktische Auswirkung haben diese Regelungen?

6. Aus den für den Spediteur im HGB verbindlich festgelegten Haftungsbestimmungen ergeben sich kostenmäßige Belastungen für das Speditionsgewerbe. Welche Möglichkeiten hat der Spediteur, dieses Problem zu lösen?

7. Erläutern Sie das Prinzip der Gefährdungs-/Obhutshaftung des Spediteurs.

8. Der Spediteur hat als Absender den Lkw fehlerhaft beladen. Wie ist die Haftung für diesen Fall geregelt?

9. Was ist unter dem Ausdruck „AGB-Festigkeit" des HGB zu verstehen? Welche Abweichungen von diesem Prinzip sind möglich?

2

10. Nachdem ein Speditionsauftrag erteilt ist, behauptet der Kunde, die ADSp würden für das Geschäft nicht gelten, da sie nicht ausdrücklich vereinbart wurden. Wie antworten Sie dem Kunden? Erläutern Sie ihm auch den Rechtscharakter der ADSp.

11. Welche Regelungen treffen die ADSp für Angebote des Spediteurs?

12. Unrichtige Angaben im Auftrag können unangenehme Folgen nach sich ziehen. Ein Kunde verlangt vom Spediteur, er hätte die Angaben überprüfen müssen. Wie ist die Rechtslage nach ADSp?

13. Welche Pflicht hat der Spediteur bei Übernahme des Gutes bzgl. der Überprüfung von dessen Verpackung und Kennzeichnung?

14. Die ADSp sehen Schnittstellenkontrollen vor. Nennen Sie Beispiele für Schnittstellen nach Ziff. 7.2 und die Pflichten des Spediteurs nach Ziff. 7.1.

15. Der Speditionsauftrag eines Kunden enthält eine exakte Terminvorgabe. Gehen Sie auf die damit zusammenhängende Problematik ein.

16. Welche Bestimmungen enthalten die ADSp 2003 für den Abschluss der Haftungsversicherung des Spediteurs und für den Abschluss einer Transport- oder Lagerversicherung für den Kunden?

17. Ein Kunde hat eine Speditionsrechnung, die er am 15. September erhalten hat, am 31. Oktober noch nicht bezahlt. Wie ist die Rechtslage nach ADSp 2003? Welche Maßnahmen schlagen Sie vor, wenn Sie von dem Kunden am 29. Oktober eine weitere Sendung übernommen haben, die sich am 2. November noch im Lager befindet?

18. Wie haftet der Spediteur für Schäden außerhalb des Obhutszeitraumes? Wie ist dafür die Beweislast nach ADSp Ziff. 25 geregelt?

19. Bei einer vom Spediteur besorgten Versendung von 20 Kisten je 45 kg Rohgewicht und je 2.000 € Warenwert ist eine Kiste am Lager abhanden gekommen und eine Kiste während des Transports total beschädigt worden. Welchen Schadenersatz erhält der Kunde von der Haftungsversicherung? Mit dem Abschluss einer Waren-Transportversicherung für den Kunden war der Spediteur nicht beauftragt worden.

3

20. Weshalb wird die Haftungsversicherung des Spediteurs als wesentlicher Bestandteil der ADSp bezeichnet?

21. Ein Kunde überlegt, ob er Ihre Spedition mit dem Abschluss einer Transportversicherung beauftragen soll oder ob das nicht nötig ist. Wie beraten Sie ihn?

22. Nennen Sie die Haftungshöchstgrenzen des Spediteurs nach ADSp 2003.

23. Wie sind die Haftungshöchstgrenzen des Spediteurs festgelegt, wenn er wie ein Frachtführer haftet?

Rahmenbedingungen für die Abwicklung von Frachtverträgen nach HGB §

1 Rechtsgrundlagen ermitteln

1.1 Das HGB als Rechtsgrundlage heranziehen

Durch das Transportrechtsreformgesetz (TRG) wurde das nationale Frachtrecht im HGB vereinheitlicht, d. h., die Vorschriften des 4. Abschnittes HGB (§§ 407 – 452) gelten für alle Beförderungen auf der Straße, Schiene, Binnengewässern und im nationalen Luftverkehr.

Das nationale Frachtrecht orientiert sich weitgehend an den Bestimmungen, die für den internationalen Straßengüterverkehr gelten, den CMR (**C**onvention relative au Contrat de transport international de **M**archandises par **R**oute = Übereinkommen über den Beförderungsvertrag im internationalen Straßengüterverkehr). Einbezogen wurden der Umzugsverkehr und multimodale Transporte. Wie aus der folgenden Übersicht (S. 59) zu entnehmen ist, unterliegt auch ein großer Teil der Spediteuraktivitäten dem nationalen Frachtrecht, und zwar immer dann, wenn der Spediteur im Selbsteintritt tätig wird, im Sammelladungsverkehr und bei der Spedition zu festen Sätzen. In diesen Fällen haftet der Spediteur wie ein Frachtführer.

Wie aus der Übersicht weiter zu ersehen ist, werden die **internationalen Vereinbarungen** im

- Eisenbahnverkehr (Rechtsgrundlage COTIF – ER-CIM),
- Straßenverkehr (Rechtsgrundlage CMR),
- Luftfrachtverkehr (Rechtsgrundlage Montrealer Übereinkommen)[1] und
- Seefrachtverkehr (Rechtsgrundlage HGB § 478 ff.)

von den **Neuregelungen des Frachtverkehrs nicht berührt.**

1.2 Abänderungen des HGB durch Allgemeine Geschäftsbedingungen anwenden

Grundsätzlich handelt es sich bei den Rechtsvorschriften des HGB um dispositives Recht. Dies bedeutet, dass von den Bestimmungen des HGB durch vertragliche Regelungen abgewichen werden kann. Gegenüber einem Verbraucher (Privatperson) darf nicht zu dessen Nachteil von der „Regelhaftung" abgewichen werden. Die in den AGBs oder in Individualvereinbarungen geltende Haftung bezieht sich in gleichem Maße auf die Absenderhaftung (vgl. S. 63).

---

1 Das Montrealer Übereinkommen trat am 15.04.2004 für die Bundesrepublik Deutschland in Kraft.

Die **Haftungsgrundsätze** können nur durch **Individualabsprachen** (§ 1 Abs. 2 AGBG) nicht aber durch Allgemeine Geschäftsbedingungen (AGB) geändert werden. Dies bedeutet:

● Die Regelungen müssen ernsthaft zur Disposition stehen;

● beide Vertragspartner müssen gleichberechtigten Gestaltungsspielraum zur Wahrung eigener Interessen haben;

● das Aushandeln muss beweisbar sein (z. B. Verhandlungsprotokoll, kaufmännische Bestätigungsschreiben).

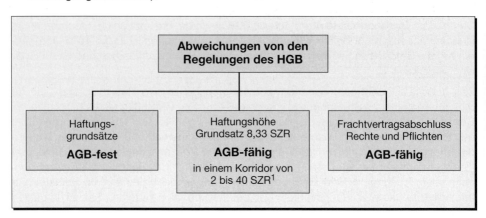

Von der Haftungshöhe kann im Rahmen der „Korridorlösung" durch vorformulierte allgemeine Geschäftsbedingungen (AGBs) nur bei Güterschäden und der Höhe nach innerhalb einer Bandbreite von 2 – 40 SZR abgewichen werden. Die Abweichung muss in drucktechnisch deutlicher Gestaltung besonders hervorgehoben werden.

Sollte von diesem Haftungskorridor abgewichen werden, ist dies ebenfalls nur durch Individualabsprachen möglich.

Abänderungen und Besonderheiten des Vertragsabschlusses sowie die Haftungshöhe im Rahmen der Korridorlösung werden durch **AGBs** im Einzelnen geregelt. Als Beispiel seien hier genannt die

● „Vertragsbedingungen für den Güterkraftverkehrs- und Logistikunternehmer" (VBGL), herausgegeben vom Bundesverband Güterkraftverkehr, Logistik und Entsorgung (BGL) e.V.

● die ADSp – „Allgemeine Deutsche Spediteurbedingungen", herausgegeben vom Bundesverband Spedition und Logistik e.V. (BSL)

● Allgemeine Leistungsbedingungen (ALB) der Railion Deutschland AG

● Allgemeine Geschäftsbedingungen für den Umzugsverkehr

---

1 Bei den Sonderziehungsrechten des IWF handelt es sich um eine Kunstwährung, die aus jeweils einem festen Betrag von 0,60 USD (US-Dollar), 0,35 €, 27,00 JPY (japanische Yen) und 0,10 GBP (englische Pfund) besteht. Der Wert eines SZR wird wie folgt ermittelt: 1 SZR = 0,60 USD + 0,35 € + 27,00 JPY + 0,10 GBP. Die Summe der US-Gegenwerte der Währungsbeträge ergibt den Wert eines SZR, ausgedrückt in USD. Der SZR-Wert in € wird dadurch ermittelt, dass der SZR-Wert in USD unter Zugrundelegung des amtlichen Mittelkurses für den USD in € umgerechnet wird (1 SZR = ca. 1,20 -1,30 €).

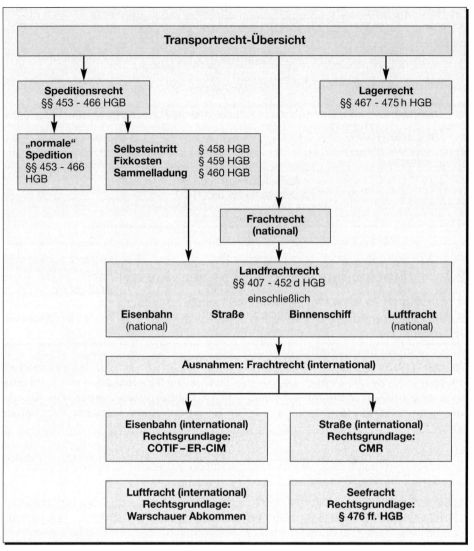

2 Frachtverträge im innerdeutschen Verkehr abschließen

Frachtverträge kommen gemäß § 407 HGB durch **zwei übereinstimmende Willenserklärungen** (Angebot und Annahme) zustande (**Konsensualvertrag**). Ein Frachtbrief ist nicht zwingend vorgeschrieben. Die Vorschriften gelten für alle Frachtverträge für die Beförderung von Gütern zu Lande, auf Binnengewässern oder mit Luftfahrzeugen, wenn die Beförderung zum Betrieb eines gewerblichen Unternehmens gehört.

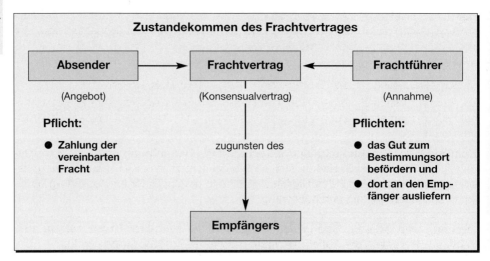

In the figure:

Zustandekommen des Frachtvertrages

| Absender | → | Frachtvertrag | ← | Frachtführer |

(Angebot)   (Konsensualvertrag)   (Annahme)

Pflicht:

● Zahlung der vereinbarten Fracht

zugunsten des

Pflichten:

● das Gut zum Bestimmungsort befördern und

● dort an den Empfänger ausliefern

Empfängers

2.1 Frachtbriefe und Begleitpapiere ausfertigen

Ein **Frachtbrief ist nicht zwingend** vorgeschrieben.

Der **Frachtführer kann** die Ausstellung eines **Frachtbriefes** mit folgenden **Angaben verlangen:**

1. Ort und Tag der Ausstellung;
2. Name und Anschrift des Absenders;
3. Name und Anschrift des Frachtführers;
4. Stelle und Tag der Übernahme des Gutes sowie die für die Ablieferung vorgesehene Stelle;
5. Name und Anschrift des Empfängers und etwaige Meldeadresse;
6. die übliche Bezeichnung der Art des Gutes und die Art der Verpackung, bei gefährlichen Gütern ihre nach den Gefahrgutschriften vorgesehene, sonst ihre allgemein anerkannte Bezeichnung;
7. Anzahl, Zeichen und Nummern der Packstücke;
8. das Rohgewicht oder die anders angegebene Menge des Gutes;
9. die vereinbarte Fracht und die bis zur Ablieferung anfallenden Kosten sowie einen Vermerk über die Frachtzahlung;
10. den Betrag einer bei der Ablieferung des Gutes einzuziehenden Nachnahme;
11. Weisung für die Zoll- und sonstige amtliche Behandlung des Gutes;
12. eine Vereinbarung über die Beförderung in offenem, nicht mit Planen gedecktem Fahrzeug oder auf Deck.

In den Frachtbrief können **weitere Angaben** eingetragen werden, die die Parteien für **zweckmäßig** halten.

Der Frachtbrief wird in **drei Originalausfertigungen** ausgestellt, die vom **Absender unterzeichnet** werden.

Die **Ausfertigungen** werden wie folgt verwendet:

● eine ist für den **Absender** bestimmt,
● eine **begleitet das Gut**,
● eine behält der **Frachtführer**.

Der Frachtbrief ist ein Absenderpapier, da der Frachtführer vom Absender die Ausstellung eines Frachtbriefes verlangen kann. Wird ein Frachtbrief ausgestellt und vom **Absender unterschrieben**, ist er

- **Beweisurkunde** mit
- **Beweiswirkung für die Richtigkeit der Angaben des Absenders.**

Der Absender kann verlangen, dass auch der Frachtführer den Frachtbrief unterzeichnet. Für die Unterzeichnung genügen Nachbildungen der Unterschrift durch Druck oder Stempel.

Kontrollen der Frachtstücke und entsprechende Dokumentationen der vorgefundenen Tatbestände (z. B. Karton ist seitlich aufgeschlitzt, das Klebeband ist aufgerissen) **an Schnittstellen** sind bezüglich der Haftung der am Beförderungsvertrag Beteiligten besonders wichtig und notwendig.

> **Schnittstelle ist jeder Übergang der Packstücke von einer Rechtsperson auf eine andere sowie die Ablieferung am Ende jeder Beförderungsstrecke.**

Wird ein **Frachtbrief** ausgestellt und vom **Absender** und **Frachtführer unterschrieben**, dann hat er **erhöhte Beweiswirkung:**

- **allgemein** über den
  - **Abschluss** und
  - **Inhalt des Vertrages** und die
  - **Übernahme des Gutes** sowie über den
- **äußerlich guten Zustand des Gutes** und den
- **äußerlich guten Zustand der Verpackung**, d. h.:

Übereinstimmung mit den Frachtbriefangaben hinsichtlich

- **Zahl der Frachtstücke** (Packstücke sind Einzelstücke oder vom Auftraggeber zur Abwicklung des Auftrages gebildete Einheiten, z. B. Kisten, Gitterboxpaletten, Flachpaletten, Container)
- **Art, Zeichen und Nummern der Packstücke (Identität)**
- **Unversehrtheit von Plomben und Verschlüssen**

Diese **Beweiswirkung gilt <u>nicht</u> gegen den Frachtführer**, wenn er einen **begründeten Vorbehalt** eingetragen hat. **Begründung** kann lauten: **„Keine angemessenen Mittel zur Prüfung vorhanden"**!

Keine Beweiswirkung hat die Unterschrift des Frachtführers hinsichtlich Inhalt, Wert oder Gewicht der Frachtstücke.

Ist das **Rohgewicht, die angegebene Menge des Gutes oder der Inhalt der Frachtstücke vom Frachtführer überprüft** und das Ergebnis der Überprüfung in den von beiden Parteien unterzeichneten Frachtbrief eingetragen worden, so begründet dieser auch die **Vermutung**, dass **Gewicht, Menge oder Inhalt mit den Angaben im Frachtbrief übereinstimmen.**

Ein Gegenbeweis ist immer zugelassen!

Der Frachtführer hat Anspruch auf Ersatz seiner Aufwendungen für die Überprüfung.

Der Absender hat dem Frachtführer ferner alle Urkunden zur Verfügung zu stellen und Auskünfte zu erteilen, die für eine amtliche Behandlung, insbesondere eine Zollabfertigung vor der Ablieferung des Gutes, erforderlich sind.

2.2 Gefährliches Gut befördern

Soll gefährliches Gut befördert werden, muss der **Absender dem Frachtführer recht-zeitig schriftlich** oder in sonst lesbarer Form die **genaue Art der Gefahr** und, soweit erforderlich, zu ergreifende Vorsichtsmaßnahmen mitteilen.

War dem **Frachtführer bei Übernahme des Gutes die Gefahr nicht bekannt** bzw. war sie ihm nicht rechtzeitig mitgeteilt worden, dann kann dieser das **gefährliche Gut ausladen, einlagern, zurückbefördern oder, soweit erforderlich, vernichten oder unschädlich machen.** Der Frachtführer kann wegen dieser Maßnahmen Ersatz der erforderlichen Aufwendungen verlangen. Der Absender kann keinen Schadenersatz für die vernichteten bzw. unschädlich gemachten Güter geltend machen.

2.3 Sendungen verpacken, verladen und entladen

Der **Absender** hat das Gut

- **beförderungssicher zu verpacken,** d. h. so zu verpacken, dass es vor Verlust oder Beschädigung geschützt ist und dass auch dem Frachtführer keine Schäden entstehen.
- **zu kennzeichnen,** soweit dessen vertragsgemäße Behandlung dies erfordert.
- **beförderungssicher zu laden,** zu stauen und zu befestigen (verladen). Das Verladen des Absenders umfasst auch die Sicherung des Gutes gegen Verrutschen bei normalem Beförderungsablauf.
- **zu entladen.** Der **Empfänger ist** in diesem Fall **Erfüllungsgehilfe des Absenders.**

Der **Frachtführer** ist für die **betriebssichere Verladung** verantwortlich (Einhaltung der Achslast, gleichmäßige Belastung des Fahrzeuges, Einhaltung der Nutzlast und der vorgeschriebenen Abmessungen).

2.4 Ladezeiten beachten

Lade- und Entladezeiten können **vereinbart** werden. Wurde eine **Vereinbarung nicht getroffen**, wird eine nach den **Umständen des Falles angemessene Frist** zugrunde gelegt. Für die Lade- und Entladezeit kann keine besondere Vergütung verlangt werden. Muss der **Frachtführer** aufgrund vertraglicher Vereinbarungen oder aus anderen Gründen, die er nicht zu vertreten hat, **über die Lade- oder Entladezeit hinaus warten**, hat er Anspruch auf eine **angemessene Vergütung (Standgeld).** Für die Binnenschifffahrt kann durch eine staatliche Verordnung Beginn der Lade- und Entladezeit, deren Dauer sowie die Höhe des Standgeldes bestimmt werden.

Verlädt der Absender das Gut nicht innerhalb der Ladezeit oder stellt er, wenn er zur Verladung nicht verpflichtet ist, das Gut nicht innerhalb der Ladezeit zur Verfügung, so kann ihm der Frachtführer eine angemessene Frist mit der Erklärung setzen, dass er nicht länger warten werde, wenn das Gut nicht bis zum Ablauf dieser Frist verladen oder zur Verfügung gestellt werde. Wird diese Frist nicht eingehalten, kann der Frachtführer den Vertrag kündigen und Schadenersatzansprüche geltend machen.

Wird bis zum Ablauf der gesetzten Frist nur ein Teil der vereinbarten Ladung verladen oder zur Verfügung gestellt, so kann der Frachtführer mit der Beförderung der unvollständigen Ladung beginnen.

2.5 Unvollständige Ladungen transportieren

Wird nur ein Teil der vereinbarten Ladung verladen, so kann der **Absender jederzeit verlangen**, dass der **Frachtführer mit der Beförderung der unvollständigen Ladung beginnt**. Der **Frachtführer** hat in diesem Fall **Anspruch auf die volle Fracht**, das etwaige Standgeld sowie auf Ersatz von Aufwendungen infolge der Unvollständigkeit der Ladung. Diese Fälle können z. B. bei Binnenschiffstransporten vorkommen, wenn zur Stabilität des Schiffes zusätzlicher Ballast aufgenommen werden muss. Eine Kürzung der Fracht wird vorgenommen, wenn der Frachtführer mit demselben Beförderungsmittel anstelle des nicht verladenen Gutes Ersatzgut befördert.

2.6 Frachtverträge kündigen

Der Absender kann den Frachtvertrag jederzeit kündigen. In diesem Fall kann **der Frachtführer** entweder

- eine **spezifizierte Rechnung** über die vereinbarte Fracht, das etwaige Standgeld sowie zu ersetzende Aufwendungen vorlegen oder
- eine **pauschalierte Fracht** in Höhe von einem **Drittel der vereinbarten Fracht** (Fautfracht) verlangen.

Beruht die Kündigung auf Gründen, die dem Risikobereich des Frachtführers zuzurechnen sind, so entfällt der Anspruch auf Fautfracht.

Wurde Gut bereits vor der Kündigung verladen, so kann der Frachtführer vom Absender verlangen, dass dieser das Gut unverzüglich entlädt.

2.7 Haftungsansprüche gegenüber dem Absender prüfen

Unabhängig vom Verschulden hat der Absender dem Frachtführer Schäden und Aufwendungen zu ersetzen, die verursacht werden durch

- ungenügende Verpackung oder Kennzeichnung,
- Unrichtigkeit und Unvollständigkeit der in den Frachtbrief aufgenommenen Angaben,
- Unterlassen der Mitteilung über die Gefährlichkeit des Gutes oder
- Fehlen, Unvollständigkeit oder Unrichtigkeit der dem Frachtführer übergebenen Urkunden und erteilten Auskünfte.

Für Schäden hat der Absender jedoch nur bis zu einem Betrag von 8,33 Rechnungseinheiten für jedes Kilogramm des Rohgewichts der Sendung Ersatz zu leisten.

Ist der Absender ein **Verbraucher** (dies ist eine natürliche Person, die den Vertrag zu einem Zweck abschließt, der weder ihrer gewerblichen noch ihrer selbstständigen beruflichen Tätigkeit zugerechnet werden kann), so hat er dem Frachtführer **Schäden und Aufwendungen nur zu ersetzen, soweit ihn ein Verschulden trifft.**

3 Frachtverträge abwickeln

Grundsätzlich ist der Transport innerhalb der vereinbarten Lieferfristen beim Empfänger abzuliefern. Fehlt es an einer entsprechenden Vereinbarung, ist das Gut innerhalb der Frist abzuliefern, die einem sorgfältigen Frachtführer unter Berücksichtigung der Umstände vernünftigerweise zuzubilligen ist (Lieferfrist).

3.1 Nachträgliche Weisungen ausführen

Der **Absender** ist berechtigt über das Gut zu verfügen. Er **kann** insbesondere **verlangen**, dass der Frachtführer das Gut

- nicht weiterbefördert,
- an einem anderen Bestimmungsort oder
- an einer anderen Ablieferungsstelle oder
- an einen anderen Empfänger

abliefert.

Ist ein **Frachtbrief ausgestellt und von beiden Parteien unterzeichnet worden, so kann der Absender sein Verfügungsrecht nur gegen Vorlage der Absenderausführung des Frachtbriefs ausüben, sofern dies im Frachtbrief vorgeschrieben ist.** Die Absenderausführung des Frachtbriefs hat in diesem Fall die Funktion eines **Sperrpapiers**. Dies bedeutet, dass der Absender keine nachträglichen Weisungen erteilen kann, wenn er nicht im Besitz der Absenderausfertigung des Frachtbriefes ist, z. B. weil er diese im Rahmen der Zahlungsabwicklung an eine Bank bzw. an den Empfänger weitergeleitet hat. Ist die Ausübung des Verfügungsrechts von der Vorlage des Frachtbriefs abhängig gemacht worden und führt der Frachtführer eine Weisung aus, ohne sich die Absenderausfertigung des Frachtbriefes vorlegen zu lassen, so haftet er dem Berechtigten für den daraus entstehenden Schaden.

Das Verfügungsrecht des Absenders erlischt nach Ankunft des Gutes an der Ablieferungsstelle. Von diesem Zeitpunkt an steht das Verfügungsrecht dem Empfänger zu.

Das **Weisungsrecht findet seine Grenzen** jedoch dann, wenn **die Ausführung Schäden für den Betrieb des Unternehmers oder für Absender oder Empfänger anderer Sendungen mit sich zu bringen droht**. Der Frachtführer kann vom Absender bzw. Empfänger Ersatz seiner durch die Ausführung der Weisung entstehenden Aufwendungen sowie eine angemessene Vergütung verlangen. Beabsichtigt der Frachtführer eine ihm erteilte **Weisung nicht zu befolgen**, so hat er denjenigen, der die Weisung gegeben hat, **unverzüglich zu benachrichtigen**.

3.2 Auf Beförderungs- und Ablieferungshindernisse reagieren

Wird vor Ankunft des Gutes an der für die Ablieferung vorgesehenen Stelle erkennbar, dass die **Beförderung nicht vertragsgemäß durchgeführt werden kann, oder bestehen** nach Ankunft des Gutes an der Ablieferungsstelle **Ablieferungshindernisse, so hat der Frachtführer Weisungen des Verfügungsberechtigten einzuholen.**

Ablieferungshindernisse liegen vor, wenn der Empfänger

- nicht zu ermitteln ist,
- die Annahme des Gutes verweigert,
- den Frachtbrief nicht annimmt (eine auf dem Gut liegende Fracht- bzw. Absendernachnahme nicht einlöst, Zahlung sonstiger Kosten verweigert).

Beförderungshindernisse können je nach Verkehrsträger folgende Tatbestände umfassen:

- **Naturereignisse** (z. B. Unterspülung oder Überschwemmung von Straßen und Schienen, Hoch- und Niedrigwasser in der Binnenschifffahrt, wegen Eisbildung gesperrte Binnenwasserstraßen, Schneeverwehungen auf Flugplätzen, Straßen- und Eisenbahnverbindungen, wegen Sturm gesperrte Brücken oder Fährverbindungen usw.),
- **Streiks,**
- **Beschädigungen an der transportierten Ware** (z. B. Fässer mit Gefahrgut laufen aus),
- **Beschädigungen am Transportmittel** (z. B. Achsenbruch beim Lkw, Beschädigung eines Radlagers beim Eisenbahnwaggon, Motorschaden beim Binnenschiff).

Kann der Frachtführer Weisungen nicht innerhalb angemessener Zeit erlangen, so hat er die Maßnahmen zu ergreifen, die im Interesse des Verfügungsberechtigten die besten zu sein scheinen.

Er kann insbesondere das Gut

- entladen und verwahren,
- für Rechnung des Verfügungsberechtigten einem Dritten zur Verwahrung anvertrauen oder
- zurückbefördern.

Der Frachtführer kann das Gut auch **verkaufen lassen**, wenn es sich um **verderbliche Ware** handelt oder der Zustand des Gutes eine solche Maßnahme rechtfertigt oder wenn die andernfalls entstehenden Kosten in keinem angemessenen Verhältnis zum Wert des Gutes stehen.

Unverwertbares Gut darf der Frachtführer vernichten.

Nach dem Entladen des Gutes gilt die Beförderung als beendet.

Der Frachtführer hat wegen aller ergriffenen Maßnahmen Anspruch auf Ersatz der erforderlichen Aufwendungen und auf eine angemessene Vergütung.

3.3   Frachten berechnen und bezahlen

Da es keine verbindlichen Tarife gibt, wird die **Fracht in der Regel zwischen Absender und Frachtführer vereinbart.**

Ist die Fracht nach Zahl, Gewicht oder anders angegebener Menge des Gutes (m^3, Lademeter) vereinbart, so wird für die Berechnung der Fracht vermutet, dass die Angaben hierzu im Frachtbrief oder Ladeschein zutreffen; dies gilt auch dann, wenn zu diesen Angaben ein Vorbehalt eingetragen ist, der damit begründet wird, dass keine angemessenen Mittel zur Verfügung standen die Richtigkeit der Angaben zu überprüfen.

Die Fracht ist bei Ablieferung des Gutes zu zahlen. Der Frachtführer hat über die Fracht hinaus Anspruch auf Ersatz von zusätzlichen Aufwendungen, soweit diese für das Gut gemacht wurden und er sie den Umständen nach für erforderlich halten durfte.

Wird die **Beförderung** infolge eines Beförderungs- oder Ablieferungshindernisses **vorzeitig beendet**, so **gebührt dem Frachtführer die anteilige Fracht für den zurückgelegten Teil der Beförderung (Distanzfracht).** Ist das Hindernis dem Risikobereich des Frachtführers zuzurechnen, steht ihm der Anspruch nur insoweit zu, als die Beförderung für den Absender von Interesse ist.

Tritt nach Beginn der Beförderung und vor Ankunft an der Ablieferungsstelle eine Verzögerung ein und beruht die Verzögerung auf Gründen, die dem Risikobereich des Absenders zuzurechnen sind, gebührt dem Frachtführer neben der Fracht eine angemessene Vergütung.

3.4 Pfandrecht ausüben

Der Frachtführer hat wegen aller durch den Frachtvertrag begründeten Forderungen (= **konnexes** Pfandrecht) sowie wegen unbestrittener Forderungen aus anderen mit dem Absender abgeschlossenen Fracht-, Speditions- oder Lagerverträgen ein Pfandrecht (= **inkonnexes** Pfandrecht) an dem Gut. Das Pfandrecht erstreckt sich auf die Begleitpapiere. Das inkonnexe Pfandrecht greift aber nur, wenn der Frachtführer im guten Glauben ist, dass das Gut Eigentum des Absenders ist. Dies ist bei allen Verkehren, bei denen eine Spedition als Absender fungiert, nicht der Fall.

Das **Pfandrecht besteht,** solange der **Frachtführer das Gut in seinem Besitz hat**, insbesondere solange er mittels Konnossements (vgl. S. 252 f.), Ladeschein (vgl. S. 220 f.) oder Lagerschein (vgl. S. 391 f.) darüber verfügen kann. Das **Pfandrecht besteht auch nach der Ablieferung fort, wenn der Frachtführer es innerhalb von drei Tagen nach der Ablieferung gerichtlich geltend macht** und das Gut noch im Besitz des Empfängers ist.

Hat im Falle der Beförderung durch mehrere Frachtführer der letzte bei der Ablieferung die Forderungen der vorhergehenden Frachtführer einzuziehen, so hat er die Rechte der vorhergehenden Frachtführer, insbesondere auch das Pfandrecht, auszuüben. Das Pfandrecht jedes vorhergehenden Frachtführers bleibt so lange bestehen wie das Pfandrecht des letzten Frachtführers.

Wird ein vorhergehender Frachtführer von einem nachgehenden befriedigt, so gehen Forderungen und Pfandrecht des ersteren auf den letzteren über. Dies gilt auch für die Forderungen und Rechte eines Spediteurs, der an der Beförderung mitgewirkt hat.

Bestehen mehrere begründete Pfandrechte an dem Gut, so geht unter denjenigen Pfandrechten, die durch die Versendung oder durch die Beförderung des Gutes entstanden sind, das später entstandene dem früher entstandenen vor.

Diese Pfandrechte haben Vorrang vor dem nicht aus der Versendung entstandenen Pfandrecht des Kommissionärs und des Lagerhalters sowie vor dem Pfandrecht des Spediteurs, des Frachtführers und des Verfrachters für Vorschüsse.

3.5 Rechte und Pflichten des Empfängers beachten

Nach Ankunft des Gutes an der Ablieferungsstelle ist der Empfänger berechtigt vom Frachtführer zu verlangen ihm das Gut gegen Erfüllung der sich aus dem Frachtvertrag ergebenen Verpflichtungen abzuliefern. Ist das Gut beschädigt oder verspätet abgeliefert worden oder verloren gegangen, so kann der Empfänger die Ansprüche aus dem Frachtvertrag im eigenen Namen gegen den Frachtführer geltend machen; der Absender bleibt zur Geltendmachung dieser Ansprüche berechtigt.

Der Empfänger hat die noch geschuldete Fracht bis zu dem Betrag zu zahlen, der aus dem Frachtbrief hervorgeht. Ist ein **Frachtbrief nicht ausgestellt** oder dem Empfänger nicht vorgelegt worden oder ergibt sich aus dem Frachtbrief nicht die Höhe der zu zahlenden Fracht, so **hat der Empfänger** die mit dem Absender **vereinbarte Fracht zu zahlen**, soweit diese nicht unangemessen ist.

Grundsätzlich bleibt der **Absender** (insbesondere wenn der Empfänger sich weigert) **zur Zahlung der nach dem Vertrag geschuldeten Beträge verpflichtet.**

3.6 Nachnahmen einlösen

Haben die Parteien vereinbart, dass das Gut nur gegen Einziehung einer **Nachnahme** an den Empfänger abgeliefert werden darf, so ist anzunehmen, dass der **Betrag in bar** oder in Form eines **gleichwertigen Zahlungsmittels** einzuziehen ist.

Wird das Gut beim Empfänger ohne Einziehung der vereinbarten Nachnahme abgeliefert, so haftet der Frachtführer, auch wenn ihn kein Verschulden trifft, dem Absender für den daraus entstehenden Schaden, jedoch nur **bis zur Höhe des Betrages der Nachnahme.**

3.7 Sendungen als verloren betrachten

Der Anspruchsberechtigte kann das **Gut als verloren** betrachten, wenn es <u>nicht</u> **innerhalb der Lieferfrist** bzw. mangels Vereinbarung **innerhalb der Frist, die einem sorgfältigen Frachtführer vernünftigerweise zuzubilligen ist, abgeliefert wird.** Diese dem Frachtführer zugebilligte Frist beträgt mindestens

- **zwanzig Tage,**
- **bei einer grenzüberschreitenden Beförderung dreißig Tage** (gilt nur für die Fälle, in denen internationale Regelungen nicht greifen, z. B. für den Umzugsverkehr).

Erhält der Anspruchsberechtigte eine Entschädigung für den Verlust des Gutes, so kann er bei deren Empfang verlangen, dass er unverzüglich benachrichtigt wird, wenn das Gut wieder aufgefunden wird.

Der Anspruchsberechtigte kann innerhalb einer Frist von einem Monat nach Empfang der Benachrichtigung von dem Wiederauffinden des Gutes verlangen, dass ihm das Gut Zug um Zug gegen Erstattung der Entschädigung, gegebenenfalls abzüglich der in der Entschädigung enthaltenen Kosten, abgeliefert wird. Eine etwaige Pflicht zur Zahlung der Fracht sowie Ansprüche auf Schadenersatz bleiben unberührt.

Wird das Gut nach Zahlung einer Entschädigung wieder aufgefunden und hat der Anspruchberechtigte eine Benachrichtigung nicht verlangt oder macht er nach Benachrichtigung seinen Anspruch auf Ablieferung nicht geltend, so kann der Frachtführer über das Gut verfügen.

4 Haftungsansprüche prüfen

Der **Frachtführer haftet unabhängig von seinem Verschulden** (Vorsatz oder Fahrlässigkeit) für alle Schäden in seiner Obhut.

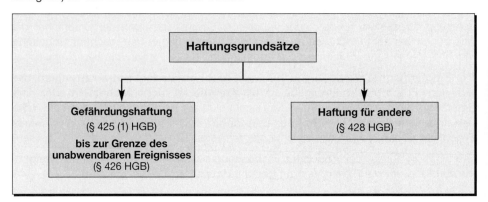

Der Frachtführer haftet für die dem **jeweiligen Verkehrsträger eigentümlichen Gefahren** (Gefährdungshaftung), solange sich das **Gut**

- in **seiner Obhut** oder
- in der **Obhut seiner Leute** oder
- in der **Obhut anderer Personen**, deren er sich bei **Ausführung der Beförderung bedient,**

befindet.

Hat bei der Entstehung des Schadens ein Verhalten des Absenders oder des Empfängers oder ein besonderer Mangel des Gutes mitgewirkt, so hängen die Verpflichtung zum Ersatz sowie der Umfang des zu leistenden Ersatzes davon ab, inwieweit diese Umstände zu dem Schaden beigetragen haben.

Der Frachtführer hat Handlungen und Unterlassungen seiner Leute in gleichem Umfange **zu vertreten** wie eigene Handlungen und Unterlassungen, wenn die Leute in Ausübung ihrer Verrichtungen handeln. Gleiches gilt für Handlungen und Unterlassungen anderer Personen, deren er sich bei Ausführung der Beförderung bedient.

Wird die Beförderung ganz oder teilweise durch einen Dritten ausgeführt (**ausführender Frachtführer**), so **haftet** dieser **in gleicher Weise wie der Frachtführer**. Vertragliche Vereinbarungen mit dem Absender oder Empfänger, durch die der Frachtführer seine Haftung erweitert, wirken gegen den ausführenden Frachtführer nur, soweit er ihnen schriftlich zugestimmt hat. Der ausführende Frachtführer kann alle Einwendungen geltend machen, die dem Frachtführer aus dem Frachtvertrag zustehen.

Frachtführer und ausführender Frachtführer haften als Gesamtschuldner!

Der **Geschädigte hat einen Direktanspruch wahlweise gegen den Vertragspartner oder den tatsächlichen Schädiger** (verursachender Frachtführer) auch ohne Abtretung der vertraglichen Ansprüche.

4.1 Für Güter- und Vermögensschäden haften

Der Frachtführer haftet für den Schaden, der durch Verlust oder Beschädigung des Gutes in der Zeit von der Annahme zur Beförderung bis zur Ablieferung oder durch Überschreitung der Lieferfrist entsteht.

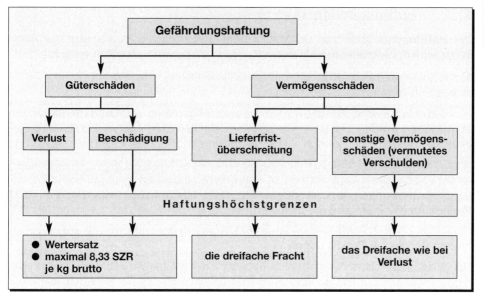

Sonstige Vermögensschäden können entstehen durch:

- nicht fristgerechte Gestellung des Fahrzeuges (unechte Lieferfristüberschreitung)
- weisungswidrige Wahl des Beförderungsmittels (Missachtung des Verbots, am Huckepackverkehr teilzunehmen)
- Verletzung der Übernahmekontrollpflichten (z. B. keine Temperaturfeststellung bei Übernahme von Kühlgut)

Beachte: | **Keine Haftung bei Güterfolgeschäden!**

4.2   Die Höhe des ersatzpflichtigen Wertes ermitteln

Hat der Frachtführer für gänzlichen oder teilweisen Verlust des Gutes **Schadenersatz** zu leisten, so ist der **Wert am Ort und zur Zeit der Übernahme** zur Beförderung zu ersetzen.

Bei **Beschädigung des Gutes** ist der **Unterschied zwischen dem ursprünglichen Wert und dem Wert des beschädigten Gutes am Ort und zur Zeit der Übernahme** zu ersetzen.

Der **Wert des Gutes** bestimmt sich nach dem **Marktpreis**, sonst nach dem gemeinen Wert von Gütern gleicher Art und Beschaffenheit. Ist das Gut unmittelbar vor der Übernahme zur Beförderung verkauft worden, so wird vermutet, dass der in der **Rechnung des Verkäufers ausgewiesene Kaufpreis abzüglich der darin enthaltenen Beförderungskosten der Marktpreis ist**. Bei Verlust wird die Lieferantenrechnung (Handelsrechnung) und bei Beschädigung die Reparaturrechnung zur Regulierung des Schadens herangezogen.

Die Kosten für die Schadenfeststellung sind vom Frachtführer innerhalb der Höchstgrenzen zu ersetzen. Im Schadensfall sind **zusätzlich** die **Fracht, öffentliche Abgaben und sonstige Kosten** aus Anlass der Beförderung des Gutes zu erstatten. Im Fall der Beschädigung jedoch nur entsprechend dem Wertverhältnis. Weiteren Schaden (z. B. Güterfolgeschäden) hat der Frachtführer nicht zu ersetzen.

4.3 Haftungshöchstbetrag feststellen

Der **Haftungshöchstbetrag** bei Verlust oder Beschädigung ist begrenzt auf einen Betrag **von 8,33 Rechnungseinheiten für jedes Kilogramm des Rohgewichts**

- **der gesamten Sendung**, wenn die gesamte Sendung entwertet ist;
- **des entwerteten Teils der Sendung**, wenn nur ein Teil entwertet ist.

Von dem **Haftungshöchstbetrag kann durch Allgemeine Geschäftsbedingungen abgewichen werden**. Der Betrag muss aber **zwischen zwei und vierzig Rechnungseinheiten** liegen und in den AGB durch drucktechnische deutliche Gestaltung besonders hervorgehoben werden.

Ist der Absender ein **Verbraucher**, so **kann nicht zu dessen Nachteil von den Haftungsbestimmungen, insbesondere von dem Haftungshöchstbetrag von 8,33 Rechnungseinheiten abgewichen werden.**

Die Haftung des Frachtführers wegen **Überschreitung der Lieferfrist ist auf den dreifachen Betrag der Fracht begrenzt.**

Haftet der Frachtführer wegen der Verletzung einer mit der Ausführung der Beförderung des Gutes zusammenhängenden vertraglichen Pflicht für Schäden, die nicht durch Verlust oder Beschädigung des Gutes oder durch Überschreiten der Lieferfrist entstehen (**sonstige Vermögensschäden**) und handelt es sich um andere Schäden als Sach- oder Personenschäden, so ist auch in diesem Falle die Haftung begrenzt, und zwar auf das **Dreifache des Betrages, der bei Verlust des Gutes zu zahlen wäre.**

Als **Rechnungseinheit gilt das Sonderziehungsrecht des Internationalen Währungsfonds (IWF).**

4.4 Haftungsausschlussgründe prüfen

Der **Frachtführer ist von der Haftung befreit**, soweit der Verlust, die Beschädigung oder die Überschreitung der Lieferfrist auf Umständen beruhen, die der Frachtführer auch **bei größter Sorgfalt nicht vermeiden und deren Folgen er nicht abwenden konnte (unabwendbares Ereignis)**. Er kann sich jedoch nicht auf Mängel des für die Beförderung verwendeten Fahrzeuges berufen, es sei denn, dass der Absender ihm das Fahrzeug gestellt hat.

Hat bei der Entstehung des Schadens ein Verhalten des Absenders oder des Empfängers oder ein besonderer Mangel des Gutes mitgewirkt, so hängen die Verpflichtung zum Ersatz sowie der Umfang des zu leistenden Ersatzes davon ab, inwieweit diese Umstände zu dem Schaden beigetragen haben.

Insbesondere ist der **Frachtführer von seiner Haftung befreit**, soweit der Verlust, die Beschädigung oder die Überschreitung der Lieferfrist auf eine der **folgenden Gefahren** zurückzuführen ist:

1. vereinbarte oder der Übung entsprechende Verwendung von offenen, nicht mit Planen gedeckten Fahrzeugen oder Verladung auf Deck;

2. ungenügende Verpackung durch den Absender; (Packstücke sind so herzurichten, dass ein Zugriff ohne Hinterlassen sichtbarer Spuren nicht möglich ist, z. B. Klebeband mit Firmenaufdruck, Folie muss verschweißt sein).

3. Behandeln, Verladen oder Entladen des Gutes durch den Absender oder den Empfänger;

4. natürliche Beschaffenheit des Gutes, die besonders leicht zu Schäden insbesondere durch Bruch, Rost, inneren Verderb, Austrocknen, Auslaufen, normalen Schwund führt;

5. ungenügende Kennzeichnung der Frachtstücke durch den Absender; (alle zu einer Sendung gehörenden Packstücke sind als solche zu kennzeichnen!);

6. Beförderung lebender Tiere.

Ist ein Schaden eingetreten, der nach den Umständen des Falles aus einer der oben bezeichneten Gefahren entstehen konnte, so wird vermutet, dass der Schaden aus dieser Gefahr entstanden ist.

Ist der Frachtführer nach dem Frachtvertrag verpflichtet das Gut gegen die Einwirkung von Hitze, Kälte, Temperaturschwankungen, Luftfeuchtigkeit, Erschütterungen oder ähnlichen Einflüssen besonders zu schützen, so kann er sich auf Punkt 4 nur dann berufen, wenn er alle ihm nach den Umständen obliegenden Maßnahmen insbesondere hinsichtlich der Auswahl, Instandhaltung und Verwendung besonderer Einrichtungen, getroffen und besondere Weisungen beachtet hat. Auch im Fall der Beförderung lebender Tiere darf sich der Frachtführer nur auf Punkt 6 berufen, wenn er alle ihm nach den Umständen obliegenden Maßnahmen getroffen oder besondere Weisungen beachtet hat.

4.5 Wegfall der Haftungsbeschränkungen

Die **Haftungsbefreiungen und Haftungsbeschränkungen gelten <u>nicht</u>**, wenn der Schaden auf eine Handlung oder Unterlassung zurückzuführen ist, die der **Frachtführer oder seine Leute**

● **vorsätzlich oder**

● **leichtfertig und in dem Bewusstsein, dass ein Schaden mit Wahrscheinlichkeit eintreten wird** (grobe Fahrlässigkeit)

begangen haben. In diesem Falle **haftet der Frachtführer unbegrenzt**, und zwar **auch für Güterfolgeschäden**.

Schwierig dürfte es sein, dem Schädiger auch bei einem besonders gravierenden Pflichtverstoß das subjektive Schädigungsbewusstsein nachzuweisen. Hier werden im Zweifelsfall die Gerichte entscheiden müssen.

4.6 Schäden fristgerecht reklamieren

Äußerlich erkennbare Schäden sind durch den Empfänger oder Absender dem Frachtführer **spätestens bei Ablieferung des Gutes anzuzeigen.** Wird dies versäumt, so wird vermutet, dass das Gut im vertragsgemäßen Zustand abgeliefert worden ist. Die **Anzeige muss den Schaden hinreichend deutlich kennzeichnen.**

Äußerlich nicht erkennbare Schäden (verdeckte Schäden) sind **innerhalb von sieben Tagen nach Ablieferung** anzuzeigen. Bei Versäumung der Reklamationsfrist wird die Beweislast zugunsten des Frachtführers auf den Geschädigten verlagert. Der Ersatzanspruch des Geschädigten bleibt aber bestehen.

Ansprüche wegen **Überschreitung der Lieferfrist erlöschen**, wenn der Empfänger dem Frachtführer die **Überschreitung der Lieferfrist nicht innerhalb von einundzwanzig Tagen** nach Ablieferung anzeigt.

Eine Schadensanzeige nach Ablieferung **ist schriftlich zu erstatten**; die Übermittlung der Schadensanzeige kann mithilfe einer telekommunikativen Einrichtung erfolgen. **Einer Unterschrift bedarf es nicht**, wenn aus der Anzeige der Aussteller in anderer Weise erkennbar ist. Zur Wahrung der Frist gehört die rechtzeitige Absendung.

Werden Verlust, Beschädigung oder Überschreitung der Lieferfrist bei Ablieferung angezeigt, so genügt die Anzeige gegenüber demjenigen, der das Gut abliefert.

4.7 Verjährungsfristen und Gerichtsstand beachten

Ansprüche aus einem Beförderungsvertrag verjähren in einem Jahr.

Ansprüche des Auftraggebers	Beginn ——— 1 Jahr ——→ Ende

Tag nach der Ablieferung oder geplanter Ablieferung

Bei Vorsatz oder bei grobem Verschulden beträgt die Verjährungsfrist drei Jahre.

Die Verjährung beginnt mit Ablauf des Tages, an dem das Gut abgeliefert wurde. Ist das Gut nicht abgeliefert worden, beginnt die Verjährung mit Ablauf des Tages, an dem das Gut hätte abgeliefert werden müssen.

Regressansprüche	Beginn ——— 1 Jahr ——→ Ende

Befriedigung des Anspruchs oder rechtskräftiges Urteil

Die Verjährung von Rückgriffsansprüchen beginnt mit dem Tag des Eintritts der Rechtskraft des Urteils gegen den Rückgriffsgläubiger oder, wenn kein rechtskräftiges Urteil vorliegt, mit dem Tag, an dem der Rückgriffsgläubiger den Anspruch befriedigt hat, es sei denn, der Rückgriffsschuldner wurde nicht innerhalb von drei Monaten, nachdem der Rückgriffsgläubiger Kenntnis von dem Schaden und der Person des Rückgriffsschuldners erlangt hat, über diesen Schaden unterrichtet.

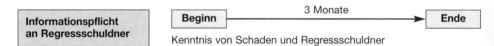

Informationspflicht an Regressschuldner	Beginn ——— 3 Monate ——→ Ende

Kenntnis von Schaden und Regressschuldner

Die **Verjährung** eines Anspruchs gegen den Frachtführer wird durch eine **schriftliche Erklärung des Absenders oder Empfängers, durch die dieser Ersatzansprüche erhebt, bis zu dem Zeitpunkt gehemmt,** in dem der Frachtführer die Erfüllung des Anspruchs schriftlich ablehnt. Eine weitere Erklärung, die denselben Ersatzanspruch zum Gegenstand hat, hemmt die Verjährung nicht erneut.

Die Verjährung kann nur durch Vereinbarung, die im Einzelnen ausgehandelt ist, auch wenn sie für eine Mehrzahl von gleichartigen Verträgen zwischen denselben Vertragspartnern getroffen ist, **erleichtert oder erschwert werden.**

Für Rechtsstreitigkeiten aus einer Beförderung kann das **Gericht zuständig sein, in dessen Bezirk der Ort der Übernahme des Gutes oder der für die Ablieferung des Gutes vorgesehene Ort liegt.**

Eine Klage gegen den ausführenden Frachtführer kann auch am Gerichtsstand des Frachtführers, eine Klage gegen den Frachtführer auch am Gerichtsstand des ausführenden Frachtführers erhoben werden.

Zusammenfassung

➤ Die §§ 407 – 452 HGB gelten für alle Beförderungen im nationalen Verkehr auf der Straße, der Schiene, auf Binnengewässern und im Luftverkehr sowie für den Spediteur beim Selbsteintritt, im Sammelladungsverkehr und bei der Spedition zu festen Kosten.

➤ Von den rechtlichen Regelungen im HGB kann nur bedingt durch Allgemeine Geschäftsbedingungen (AGB) abgewichen werden.

➤ Der Frachtvertrag kommt durch zwei übereinstimmende Willenserklärungen (Angebot und Annahme) zustande (Konsensualvertrag).

➤ Im Frachtvertrag verpflichtet sich der Frachtführer, das Gut zum Bestimmungsort zu befördern und dort an den Empfänger auszuliefern; der Absender ist zur Zahlung der vereinbarten Fracht verpflichtet.

➤ Die Ausstellung eines Frachtbriefes ist nicht zwingend vorgeschrieben.

➤ Wird ein Frachtbrief ausgestellt und vom Absender und Frachtführer unterschrieben, dann hat er erhöhte Beweiswirkung über
  – den äußerlich guten Zustand des Gutes,
  – den äußerlich guten Zustand der Verpackung,
  – die Anzahl der Frachtstücke (nicht jedoch deren Inhalt, Wert oder Gewicht),
  – die Art der Packstücke, ihre Zeichen und Nummern (Identität),
  – Unversehrtheit von Plomben und Verschlüssen.

➤ Schnittstelle ist jeder Übergang der Packstücke von einer Rechtsperson auf eine andere sowie die Ablieferung am Ende jeder Beförderungsstrecke.

➤ Bei Beförderung von Gefahrgut muss der Absender dem Frachtführer die genaue Art der Gefahr rechtzeitig schriftlich oder in sonst lesbarer Form mitteilen.

➤ Der Absender hat das Gut beförderungssicher zu verpacken, zu kennzeichnen und beförderungssicher zu laden, zu stauen und zu befestigen (verladen) sowie zu entladen.

➤ Der Frachtführer ist für die betriebssichere Verladung verantwortlich.

➤ Lade- und Entladezeiten können vereinbart werden. Wurde keine Vereinbarung getroffen, wird eine den Umständen des Falles nach angemessene Frist zugrunde gelegt.

➤ Der Absender kann jederzeit die Beförderung einer unvollständigen Ladung verlangen. Der Frachtführer hat in diesem Fall Anspruch auf die gesamte Fracht.

➤ Der Absender kann den Frachtvertrag jederzeit kündigen. Der Frachtführer hat in diesem Fall mindestens Anspruch auf ein Drittel der Fracht.

➤ Der Absender ist berechtigt nachträglich über das Gut zu verfügen. Er kann vom Frachtführer verlangen, dass das Gut nicht weiterbefördert, an einem anderen Bestimmungsort oder an einer anderen Ablieferungsstelle oder an einen anderen Empfänger abgeliefert wird.

➤ Im Frachtbrief, der von beiden Parteien unterzeichnet wurde, kann vorgeschrieben werden, dass der Absender sein Verfügungsrecht nur gegen Vorlage der Absenderausführung des Frachtbriefes ausüben darf (Frachtbrief als Sperrpapier).

➤ Bei Ablieferungs- bzw. Beförderungshindernissen hat der Frachtführer Weisungen des Verfügungsberechtigten einzuholen.

➤ Die Fracht wird in der Regel zwischen Absender und Frachtführer vereinbart. Sie ist bei Ablieferung des Gutes zu zahlen. Weigert sich der Empfänger, bei unfrei Sendungen die Fracht zu bezahlen, bleibt der Absender grundsätzlich zur Zahlung verpflichtet.

➤ Nach Ankunft des Gutes an der Ablieferungsstelle ist der Empfänger berechtigt vom Frachtführer die Auslieferung des Gutes zu verlangen. Der Empfänger hat die noch geschuldete Fracht zu zahlen.

➤ Warenwertnachnahmen sind in der Regel bar einzuziehen.

➤ Sendungen sind innerhalb der vereinbarten Lieferfrist abzuliefern. Wurde keine Vereinbarung getroffen, innerhalb der Frist, die einem sorgfältigen Frachtführer vernünftigerweise zuzubilligen ist.

➤ Verlustvermutung nach Ablauf der doppelten Lieferfrist bzw. nach Lieferfrist plus
20 Tage (30 Tage bei grenzüberschreitenden Transporten).

➤ Einheitliche Obhutshaftung (auch als Gefährdungs- oder Gewährshaftung bezeichnet)
für Güter- und Verspätungsschäden bis zur Grenze des unabwendbaren Ereignisses.

➤ Verschuldensunabhängige Haftung für sonstige Vermögensschäden.

➤ Besondere Haftungsausschlussgründe, z. B. ungenügende Verpackung und Kennzeichnung der Frachtstücke durch den Absender, natürliche Beschaffenheit des Gutes,
Verladen oder Entladen des Gutes durch den Absender oder Empfänger.

➤ Haftungsberechnung:
  – Güterschäden (Wertersatz plus Schadensfeststellungskosten, aber nicht mehr als
  8,33 SZR per kg des vom Schaden betroffenen Frachtstücks)
  – Lieferfristüberschreitung (nachgewiesene Kosten bis maximal die dreifache Fracht)
  – Sonstige Vermögensschäden (Verschuldensabhängige Haftung bis zum Dreifachen
  des Betrages, der bei Verlust des Gutes zu zahlen wäre)

➤ Bei Vorsatz oder wenn der Frachtführer „leichtfertig in dem Bewusstsein, dass ein
Schaden mit Wahrscheinlichkeit eintreten werde" handelt, ist keine Berufung auf
Haftungsbefreiung und Haftungsbegrenzung möglich.

➤ Frachtführer und ausführender Frachtführer haften gemeinsam (Gesamtschuldner).

➤ Der Absender haftet dem Frachtführer verschuldensunabhängig mit 8,33 SZR. Bei Verschulden haftet der Absender unbeschränkt. Verbraucher (Privatpersonen) haften nur
bei Verschulden und begrenzt wie ein Frachtführer mit 8,33 SZR, außer bei Vorsatz
oder Leichtfertigkeit.

➤ Schäden müssen
  – bei äußerlich erkennbaren Güterschäden spätestens bei der Ablieferung
  – bei nicht erkennbaren Schäden innerhalb von sieben Tagen nach der Ablieferung und
  – bei Lieferfristüberschreitung innerhalb von 21 Tagen nach Ablieferung
  angezeigt werden.

➤ Die Verjährungsfrist beträgt:
  – Ein Jahr ab Ablieferung bzw. planmäßiger Ablieferung
  – Drei Jahre ab Ablieferung bei Vorsatz oder Leichtfertigkeit.

Fragen und Aufgaben zur Lernkontrolle:

1 1. An welcher internationalen Vereinbarung orientiert sich das geltende nationale
Frachtrecht?

2. Können die Bestimmungen über das Fracht-, Speditions- und Lagerrecht im
HGB durch allgemeine Geschäftsbedingungen abgewandelt werden?

3. Was ist unter der Aussage „Die Haftungsgrundsätze des HGB sind AGB-fest"
zu verstehen?

4. Was verstehen Sie unter Korridorlösung im HGB?

2 5. Wie kommt der Frachtvertrag nach HGB zustande?

6. Welche Pflichten ergeben sich aus dem Frachtvertrag
a) für den Absender?   b) für den Frachtführer?

7. Ist die Ausstellung eines Frachtbriefes durch das HGB zwingend vorgeschrieben?

8. Es wird ein Frachtbrief ausgestellt. Welche Angaben sollte er enthalten?

9. Der Frachtbrief wird in der Regel in drei Ausfertigungen erstellt. Für wen sind die einzelnen Ausfertigungen bestimmt?

10. Welchen Vorteil hat es, wenn ein Frachtbrief vom Absender und vom Frachtführer unterschrieben wird?

11. Welche Pflicht hat der Absender, wenn er einem Frachtführer gefährliches Gut übergibt?

12. Welche Rechte hat der Frachtführer, wenn ihm bei Übernahme des Gutes die Gefahr nicht bekannt war?

13. Wie hat der Absender das Gut zu verpacken und zu kennzeichnen?

14. Wer ist für die beförderungssichere (transportsichere) Verladung des Gutes verantwortlich?

15. Wer ist für die betriebssichere Verladung des Gutes verantwortlich?

16. Welche Regelungen sind hinsichtlich Lade- bzw. Entladezeit getroffen worden?

17. Welche Rechte hat der Frachtführer, wenn die Lade- bzw. Entladezeit überschritten wird?

18. Welche rechtliche Stellung hat der Empfänger bei der Entladung des Gutes?

19. Welche Pflichten hat der Absender hinsichtlich der notwendigen Begleitpapiere und Informationen?

20. In welchen Fällen haftet der Absender, auch wenn ihn kein Verschulden trifft?

21. Wie ist die Haftungshöchstgrenze geregelt?

22. Was versteht man unter einem Verbraucher?

23. Kann der Absender einen geschlossenen Frachtvertrag kündigen?

24. Welche Rechte hat der Frachtführer, wenn ein Frachtvertrag durch den Absender gekündigt wird?

25. Welche Verpflichtung ergibt sich für den Absender, wenn vor der Kündigung das Gut bereits verladen wurde?

26. Hat der Absender einen Anspruch auf Teilbeförderung?

27. Welches Entgelt erhält der Frachtführer bei Teilbeförderung?

28. Was versteht man unter einer Schnittstelle und warum erfolgen an Schnittstellen besondere Kontrollen?

3 29. Kann der Absender nachträglich über das Gut verfügen?

30. Welche nachträglichen Verfügungen kann der Absender treffen?

31. Muss der Frachtführer die nachträglichen Weisungen des Absenders in jedem Falle befolgen?

32. Wann erlischt das Verfügungsrecht des Absenders?

33. Kann der Empfänger dem Frachtführer Weisungen erteilen und ab welchem Zeitpunkt steht ihm dieses Recht zu?

34. Welche Funktion hat der Frachtbrief, der von beiden Parteien unterzeichnet wurde und in dem festgehalten wurde, dass der Absender sein Verfügungsrecht nur ausüben kann, wenn die Absenderausfertigung des Frachtbriefes vorgelegt wird?

35. Welche Konsequenzen ergeben sich für den Frachtführer, wenn er Weisungen ausführt, ohne sich die Absenderausfertigung des Frachtbriefes vorlegen zu lassen, wenn dies vereinbart wurde?

36. Was verstehen Sie unter Beförderungshindernissen?
37. Was verstehen Sie unter Ablieferungshindernissen?
38. Welche Pflichten ergeben sich bei Vorliegen eines Ablieferungshindernisses für den Frachtführer?
39. Welches Recht hat der Frachtführer, wenn ihm im Falle eines Ablieferungshindernisses keine Weisungen erteilt werden?
40. Wann muss die vereinbarte Fracht bezahlt werden?
41. Was versteht man unter Distanzfracht?
42. Welches Recht hat der Empfänger, wenn das Gut an der Ablieferungsstelle angekommen ist?
43. Muss der Empfänger bei unfrei Sendungen die Fracht bezahlen?
44. Wer muss die Fracht bezahlen, wenn der Empfänger sich weigert diese zu übernehmen?
45. Wie werden Nachnahmebeträge eingezogen?
46. Wie haftet der Frachtführer, wenn er dem Empfänger das Gut ohne Einziehung der Nachnahme abliefert?
47. Wie sind die Lieferfristen geregelt?
48. Innerhalb welcher Frist gilt ein Gut nach § 424 HGB als verloren?
49. Kann der Anspruchsberechtigte die Herausgabe des wieder aufgefundenen Gutes verlangen?
50. Welches Recht hat der Frachtführer, wenn der Anspruchsberechtigte wieder aufgefundenes Gut nicht ausgeliefert haben will?
51. Hat der Frachtführer ein Pfandrecht aus dem Beförderungsvertrag?
52. Wie wird dieses Pfandrecht bezeichnet?
53. Wie lange besteht das Pfandrecht nach der Ablieferung noch fort?

4 54. Welcher Haftungsgrundsatz gilt für den Frachtführer?
55. Haftet der Frachtführer auch für seine Leute?
56. Hat der Geschädigte auch einen Anspruch gegenüber dem ausführenden Frachtführer?
57. Welcher Wert wird für die Schadenersatzleistung zugrunde gelegt?
58. Welche Höchstbeträge werden
    a) bei Verlust oder Beschädigung
    b) bei Lieferfristüberschreitung
    c) bei sonstigen Vermögensschäden
    zugrunde gelegt?
59. Wie ist die Haftung bei Güterfolgeschäden geregelt?
60. Wann haftet der Frachtführer unbeschränkt?
61. Was verstehen Sie unter einer Rechnungseinheit (bzw. einem Sonderziehungsrecht)?
62. Welche Haftungsausschlussgründe kann der Frachtführer geltend machen?
63. Welche Fristen für die Schadensreklamation beim Frachtführer sind zu beachten?
64. Wie ist die Verjährung beim Beförderungsvertrag geregelt?
65. Welches Gericht ist für Rechtsstreitigkeiten zuständig?

KAPITEL V

Abwicklung von **Frachtverträgen** im **Lkw-Verkehr**

1 Güterkraftverkehr als Verkehrsträger aussuchen

Durch den Speditionsvertrag wird der Spediteur verpflichtet die Versendung des Gutes für Rechnung des Versenders zu besorgen. Die Spediteure haben für die Auftraggeber die Probleme optimal zu lösen, die im Zusammenhang mit Güterversendungen auftreten, besonders auch mit dem Transport der Güter selbst.

§ 454 (1) HGB
Die Pflicht, die Versendung zu besorgen, umfasst die Organisation der Beförderung, insbesondere
1. die **Bestimmung des Beförderungsmittels und des Beförderungsweges,**
2. die **Auswahl ausführender Unterneh-** **mer,** den Abschluss der für die Versendung erforderlichen Fracht-, Lager- und Speditionsverträge sowie die Erteilung von Informationen und Weisungen an die ausführenden Unternehmer und
3. die Sicherung von Schadenersatzansprüchen des Versenders.

§

Anzumerken ist, dass gemäß § 458 HGB der Spediteur befugt ist die Beförderung des Gutes durch **Selbsteintritt** auszuführen. Macht er von dieser Befugnis Gebrauch, so hat er hinsichtlich der Beförderung die Rechte und Pflichten eines Frachtführers.

Zugunsten des Selbsteintritts spricht, dass häufig Leistungen von Frachtführern am Markt nicht günstiger zu bekommen sind als eigene Frachtführerleistungen des Spediteurs. Ein weiterer Grund kann sein, dass der Auftraggeber eine spezielle Termineinhaltung oder ganz allgemein eine besondere Zuverlässigkeit bei der Transportabwicklung fordert. Im neuen Sprachgebrauch wird hier von einer „**Make-or-buy-Entscheidung**" gesprochen, d. h., der Spediteur muss entscheiden, ob er den Selbsteintritt wählt oder die Beförderungsleistung von einem Frachtführer einkauft.

Um die Entscheidung zu treffen, ein Straßenfahrzeug für eine bestimmte Transportaufgabe einzusetzen, sind die Leistungsmerkmale des Güterkraftverkehrs von ausschlaggebender Bedeutung.

1.1 Bedeutung des Güterkraftverkehrs

Der Güterkraftverkehr ist der erfolgreichste Landverkehrsträger, dessen Entwicklung um die Wende zum 20. Jahrhundert begann. Nach dem Ende des letzten Weltkrieges nahm diese Entwicklung einen stürmischen Verlauf. Heute bewältigt der Straßengüterverkehr in Deutschland neben dem gesamten Nahverkehr auch im Fernverkehr eine größere Gütermenge (gemessen in Tonnen) als die Eisenbahn.

Hoch entwickelte Volkswirtschaften sind ohne den Einsatz von Lastfahrzeugen auf der Straße nicht denkbar. Der Lastkraftwagen ist für die Güterzirkulation und für die Versorgung der Bevölkerung unentbehrlich.

1.1.1 Leistungsmerkmale und Leistungszahlen

Im Straßengüterverkehr werden Güter mit Kraftfahrzeugen sowohl für eigene Zwecke eines Unternehmens (Werkverkehr) als auch für Dritte (gewerblicher Güterkraftverkehr) befördert. Für den Einsatz von Fahrzeugen des Straßengüterverkehrs sprechen insbesondere die kurze Transportdauer, eine günstige Disponierbarkeit der Transporte und eine sehr hohe Leistungsfähigkeit im Flächenverkehr. Daneben ist der Güterkraftverkehr ein sehr sicherer Verkehrsträger. Weil direkte Haus-Haus-Verkehre ohne Umladung der Güter möglich sind, wird das Schadensrisiko für die beförderten Güter verringert.

Ein weiterer wichtiger Punkt für eine Entscheidung über die Wahl des Verkehrsträgers und damit des Verkehrsmittels ist der Preis für die Transportleistung. Dabei darf nicht allein der Transportpreis zugrunde gelegt werden, sondern auch die bei anderen Verkehrsträgern zusätzlich anfallenden Umschlagsvorgänge, ebenso wie Vor- und Nachläufe. Mag der Lkw-Transportpreis zunächst höher liegen als bei der Bahn oder beim Binnenschiff, bietet die Abwicklung mit dem Lkw in aller Regel durch das große Leistungsspektrum zumindest eine Kompensation, wenn nicht gar einen Kostenvorteil.

Das Bundesamt für Güterverkehr (BAG) hat in seinen statistischen Mitteilungen für das Jahr 2003 Leistungsdaten veröffentlicht, die als Grundlage für die folgende Übersicht dienen.

Gewerblicher Güterkraftverkehr deutscher Lastkraftwagen von Januar bis Dezember 2003

Verkehrsart	beförderte Gütermenge[1]		Beförderungsleistung[1]	
	in 1 000 t	in %[2]	in Mio. tkm	in %[2]
Nahbereich (bis 50 km)	767 107,8	49,8	12 567,2	5,6
Binnenverkehr	762 633,3	49,5	12 432,2	5,5
grenzüberschreitender Verkehr	4 474,5	0,3	—,—	—,—
Regionalbereich (51 – 150 km)	309 286,4	20,1	28 743,3	12,7
Binnenverkehr	300 206,9	19,5	27 799,2	12,3
grenzüberschreitender Verkehr	9 079,5	0,6	944,0	0,4
Fernbereich (151 km und mehr)	456 483,7	29,6	183 077,9	81,1
Binnenverkehr	367 949,6	23,8	125 718,1	55,7
grenzüberschreitender Verkehr	88 534,2	5,8	57 359,8	25,4
Kabotage	7 914,7	0,5	1 462,0	0,6
Gesamt				
Binnenverkehr	1 430 789,7	92,9	165 949,5	73,5
grenzüberschreitender Verkehr	102 088,1	6,6	58 438,8	25,9
Kabotage	7 914,7	0,5	1 462,0	0,6
zusammen	**1 540 792,6**	**100,0**	**225 850,3**	**100,0**

1 Rundungsdifferenzen sind möglich
2 Basis: Gesamtverkehr (Binnen- und grenzüberschreitender Verkehr, Kabotageverkehr)

Zum Vergleich der Verkehrsleistungen des gewerblichen Güterkraftverkehrs mit anderen Verkehrsträgern können die Aufstellungen auf den Seiten 14 ff. dieses Buches herangezogen werden.

Der Messwert („Maßstab") für die Erfassung der Beförderungs- oder Verkehrsleistungen ist der **Tonnenkilometer (tkm)**. Die Tonnenkilometer ergeben sich durch Multiplikation des Ladungsgewichtes (in t) mit den zurückgelegten Lastkilometern. Werden z. B. mit einem Lastzug 18 t Ladung über eine Entfernung von 200 km befördert, ergibt das eine Beförderungs- oder Verkehrsleistung von 3 600 tkm.

Für die Kostenrechnung ist der tkm jedoch nicht die geeignete Größe. Eine gleiche Verkehrsleistung von 3 600 tkm könnte auch mit einer Ladung von 7,2 t erreicht werden, die auf 500 Kilometer zu transportieren ist. Selbst bei einer „Daumenpeilung" lässt sich erkennen, dass die Gesamtkosten der Beförderung im zweiten Fall viel höher liegen.

1.1.2 Vor- und Nachteile des Güterkraftverkehrs

Gegenüber anderen Verkehrsträgern (Bahn, Binnenschifffahrt) weist der Güterkraftverkehr Vor- und Nachteile auf.

Vorteile

- Haus-Haus-Verkehr möglich wegen des dichten Straßennetzes.
- Ersparnis an Verpackungs-, Umlade- und Transportkosten.
- Kurze Lieferfristen möglich; schnelle Abfertigungen und leistungsfähige Fahrzeuge verbunden mit steter Einsatzbereitschaft bieten dafür die Voraussetzungen.
- Verkehrsbedürfnisse lassen sich individuell befriedigen; eine Vielfalt von Fahrzeugtypen und unterschiedlichen Aufbauten kommt den Wünschen der Auftraggeber entgegen.
- Persönliche Verantwortung des Fahrers erhöht die Sicherheit beim Beförderungsvorgang. Gefahr für Schäden und Diebstahl wird geringer.
- Durch zweckmäßige Disposition können mit dem Lkw gute Auslastungen erreicht werden, jedenfalls leichter als bei anderen Verkehrsmitteln.
- Die Anbindung an ein den Transport begleitendes Informations- und Kommunikationssystem ist verhältnismäßig einfach zu bewerkstelligen (Telefon, Bordcomputer).

Nachteile

- Begrenzte Ladefähigkeit – für Massengüter (zumindest auf größere Strecken) nicht geeignet – ungünstiges Verhältnis Lkw-Eigengewicht zu Nutzlast.
- Starke Abhängigkeit von Straßenverhältnissen und Verkehrslage.
- Fahrverbote: Sonn- und Feiertagsfahrverbot; Ferienreiseverordnung; Nachtfahrverbote.
- Wegen der Dichte des Straßenverkehrs relativ hohe Unfallgefahr.
- Umweltbelastung: Lärm, Abgase.

1.2 Beförderungsmittel auswählen

Die Güter, die auf der Straße befördert werden, sind hinsichtlich ihres Zustandes (fest, flüssig, gasförmig), ihrer Abmessungen und Gewichte, in Bezug auf die Transportempfindlichkeit und andere Unterscheidungsmerkmale äußerst vielgestaltig.

Um den Anforderungen an die Transportmittel möglichst weitgehend zu entsprechen, wurden im Laufe der technischen Entwicklung die Fahrzeuge des Straßengüterverkehrs immer mehr spezialisiert. So findet man heute vom „Universalfahrzeug", das für die Beförderung aller „normalen" Güter geeignet ist, bis hin zum Lastzug, der lediglich für ein ganz bestimmtes Gut eines einzigen Unternehmens geeignet ist, die verschiedensten Ausführungen.

Neben den Anforderungen der Verlader bestimmen in erster Linie die Vorschriften der Straßenverkehrs-Zulassungs-Ordnung (StVZO) in Deutschland und vergleichbare Vorschriften beim grenzüberschreitenden Verkehr den Zustand von Kraftfahrzeugen, insbesondere auch deren zulässige Abmessungen und Gewichte.

1.2.1 Lastfahrzeuge

Die Verkehrsmittel des Straßengüterverkehrs werden unter dem Sammelbegriff Lastfahrzeuge zusammengefasst. Sie unterscheiden sich nach Art, Größe und Aufbau.

Ein **Kraftfahrzeug** ist maschinell angetrieben und mit eigener Lenkvorrichtung ausgestattet (Lastkraftwagen und Zugmaschinen). **Anhänger** dienen nur der Lastenbeförderung, ohne mit eigenem Antrieb oder eigenständiger Lenkvorrichtung ausgestattet zu sein.

Fahrzeugarten	Beschreibung
Lastkraftwagen	Kraftwagen, die nach Einrichtung und Bauart zur Beförderung von Gütern bestimmt sind.
Sattelzugmaschinen	Zugmaschinen, die selbst nicht zur Güterbeförderung geeignet sind, die aber eine Aufsattelvorrichtung zum Mitführen von Sattelanhängern (Aufliegern) haben.
Anhänger	Sie werden von Kraftfahrzeugen gezogen. Kein wesentlicher Teil ihres Gewichtes und ihrer Last darf dabei auf dem ziehenden Fahrzeug liegen.
Sattelanhänger	Die Sattelanhänger sind zum Aufsatteln auf eine Sattelzugmaschine bestimmt, wobei ein wesentlicher Teil ihres Gewichtes von der Sattelzugmaschine getragen wird. Die Sattelanhänger werden auch als Auflieger bezeichnet.
Kombinationen aus Kraftfahrzeugen und Anhängern	
Lastzüge	Lastkraftwagen und Anhänger. Diese Kombination bezeichnet man auch als Lastzüge herkömmlicher Art oder konventionelle Züge, zuweilen auch als Gliederzüge.
Zugmaschinenzüge	Sie bestehen aus einer Zugmaschine, die selbst nicht zur Güterbeförderung geeignet ist, die aber einen oder zwei Anhänger zieht.
Sattelkraftfahrzeuge	Sie bestehen aus einer Sattelzugmaschine und einem Sattelanhänger. Diese Kombination wird auch als Sattelzug bezeichnet.
Brückenzüge	Lastzüge, die eine Ladebrücke besitzen, die sowohl auf dem ziehenden als auch auf dem gezogenen Fahrzeug liegt. Die Last (z. B. Langeisen, Betonträger) ist auf der Ladebrücke verteilt.
Tieflader	Sie werden zum Transport von Schwergut oder Sonderanfertigungen mit großen Abmessungen verwendet. Gewöhnlich verfügen sie über eine größere Anzahl von Achsen, die Ladefläche ist verhältnismäßig niedrig angeordnet.

Fahrzeuge und Fahrzeugkombinationen des Güterkraftverkehrs

Lkw-Fahrgestell mit Pritsche

Langholzfahrzeug mit Ladekran

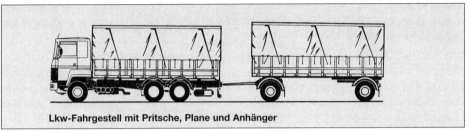

Lkw-Fahrgestell mit Pritsche, Plane und Anhänger

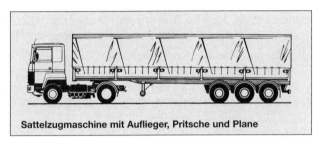

Sattelzugmaschine mit Auflieger, Pritsche und Plane

Sattelzugmaschine

Sattelzugmaschine mit Containerchassis und Container

Sattelzugmaschine

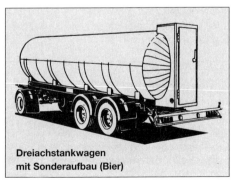

Dreiachstankwagen
mit Sonderaufbau (Bier)

Kippzug mit Dreiachsmotorenwagen
und Zweiachsanhänger

V

1.2.2 Aufbauten

Der Aufbau eines Lastfahrzeuges muss sich für das regelmäßig zu befördernde Gut eignen. Gleichzeitig soll er so gestaltet sein, dass eine günstige Lademethode angewendet werden kann.

Kraftfahrzeuge und Anhänger haben entweder Normal- oder Spezialaufbauten.

Unter **Normalaufbau** versteht man den üblichen Aufbau für Lastkraftwagen und Anhänger. Manchmal wird er auch noch als „klassischer Aufbau" bezeichnet. Es handelt sich dabei um einen Aufbau mit Pritsche und regelmäßig unterteilten Seitenbordwänden. Diese Unterteilung lässt das seitliche Be- und Entladen von Teilen der Ladefläche zu. Überwiegend werden diese Aufbauten mit Eckrungen, Mittelrungen, Spriegelgestell und Spriegeln ausgestattet. Dazu kommen noch Einsteckbretter, welche die Ladung über der Bordwandhöhe gegen seitliches oder rückwärtiges Herausfallen schützen sollen.

Von großer Bedeutung für einen rationellen Ladevorgang ist die Breite des Aufbaus. Schwere Lastfahrzeuge sind so ausgelegt, dass die Aufbauten eine Innenbreite von mindestens 2,42 m – besser noch 2,44 m – erreichen. Damit ist gewährleistet, dass zwei Europaletten (Abmessungen 80 x 120 cm) quer nebeneinander oder ggf. drei Europaletten nebeneinander in Längsrichtung auf der Ladefläche abgestellt werden können.

Als **Spezialaufbau** wird ein Sonderaufbau für die Beförderung bestimmter Güter bezeichnet, z. B. ein Kessel für den Transport von Dieselkraftstoff oder Benzin.

Nicht alle Aufbauten eignen sich gleichermaßen für den Transport auf kurzen und langen Beförderungsstrecken. So werden Kipperfahrzeuge nur in Ausnahmefällen auf große Entfernungen eingesetzt, weil das Eigengewicht des Fahrzeuges relativ hoch ist und andererseits dabei nur selten solche Güter befördert werden, die durch Abkippen zu entladen sind.

Ohne Anspruch auf Vollzähligkeit zu erheben, können für den Einsatz im Straßengüterverkehr folgende Aufbauten bzw. Fahrzeugarten genannt werden:

- offener Kasten ohne Plane und Spriegel
- offener Kasten mit Plane und Spriegel (Normalaufbau oder „klassischer Aufbau")
- geschlossener Kasten
- Kasten mit Isolierwänden
- Kasten mit Isolierwänden und Nass- bzw. Trockeneiskühlung
- Kasten mit Isolierwänden und maschineller Kühlung
- Kasten mit Isolierwänden und Heizausrüstung
- geschlossener Kasten mit Belüftungseinrichtung
- Fahrzeuge für Möbelbeförderung (gepolsterte Innenwände)
- Plattformwagen (meist für höhere Gewichte und mit größeren Abmessungen, die in der Regel nur mit einer Ausnahmegenehmigung eingesetzt werden können)
- Tankwagen für brennbare Flüssigkeiten
- Tankwagen für Milch
- Tankwagen für andere Nahrungs- und Genussmittel (z. B. Wein)
- Tankwagen für sonstige Flüssigkeiten (z. B. Säuren, Laugen)
- Silofahrzeuge für Nahrungs- und Genussmittel (z. B. Mehl, Zucker)
- Silofahrzeuge für andere Staub- und Rieselgüter (z. B. Zement, Kunststoffgranulat)
- sonstige Spezialaufbauten: Viehtransporter, Kabeltransporter, Glastransporter, Pkw-Transporter, Langmaterialfahrzeuge ggf. mit Selbstladekran, Betontransportmischer, Kipper, Abschlepp- und Kranfahrzeuge u. a. m.

384482

Bei der Produktion von Gütern wird – soweit möglich – auf Verminderung des (Transport-) Gewichtes geachtet. Gleichzeitig werden viele Güter auch sperriger (z. B. Schaumstoff), d. h., für eine Gewichtseinheit (z. B. eine Tonne) wird ein relativ hohes Ladevolumen benötigt. Deswegen wurden Großraumfahrzeuge entwickelt, die bei einer verhältnismäßig geringen Nutzlast große Laderäume aufweisen. Diese Fahrzeuge werden als **Jumbo-Fahrzeuge** oder vereinfacht als **„Jumbos"** bezeichnet. Das Ladevolumen eines Jumbos kann unter Beachtung der Vorschriften der StVZO bis zu 120 m^3 erreichen. Sie werden auch als Volumenzüge oder Megafahrzeuge bezeichnet.

Wechselaufbauten

Alle oben genannten Fahrzeuge verfügen entweder über fest mit dem Fahrgestell verbundene Aufbauten oder die Ladegefäße werden als **Wechselaufbauten (WAB)** verwendet.

Wechselaufbauten (auch Wechselbrücken bzw. Wechselpritschen genannt) sind so gebaut, dass sie mit Schienen- und Straßenfahrzeugen befördert werden können. Sie können von Straßenfahrzeugen mit bordeigenen Hilfsmitteln auf Stützfüße abgesetzt und wieder aufgenommen werden. Der direkte Umsetzvorgang vom Schienenfahrzeug auf das Straßenfahrzeug oder umgekehrt kann sowohl mit Greifzangen als auch mit Seilgeschirr vorgenommen werden.

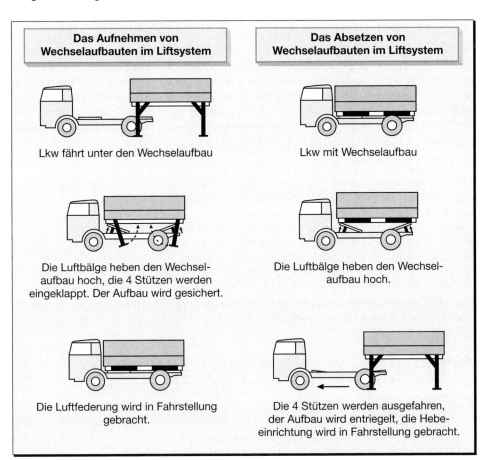

Das Aufnehmen von Wechselaufbauten im Liftsystem	Das Absetzen von Wechselaufbauten im Liftsystem
Lkw fährt unter den Wechselaufbau	Lkw mit Wechselaufbau
Die Luftbälge heben den Wechselaufbau hoch, die 4 Stützen werden eingeklappt. Der Aufbau wird gesichert.	Die Luftbälge heben den Wechselaufbau hoch.
Die Luftfederung wird in Fahrstellung gebracht.	Die 4 Stützen werden ausgefahren, der Aufbau wird entriegelt, die Hebeeinrichtung wird in Fahrstellung gebracht.

Bei der technischen Entwicklung der Wechselbehälter stand im Vordergrund, die zulässigen Maße und Gewichte des Straßenverkehrs bestmöglich zu nutzen. Insbesondere spielte dabei die Belademöglichkeit mit palettierter Ware (Normmaße der Europalette: 80 cm x 120 cm) eine hervorragende Rolle.

Für die Wechselbehälter besteht keine Stapelmöglichkeit, weil die statische Festigkeit nicht so hoch ist wie bei den Containern, die sich – man kann es in jedem Containerhafen sehen – bis zu sechsfach übereinander stapeln lassen.

Meistens befinden sich die Wechselbehälter im Eigentum der Unternehmen, die mit diesen Ladegefäßen Beförderungen durchführen.

Je nach Art der verwendeten Fahrzeuge kommen überwiegend Kastenaufbauten oder Aufbauten mit Plane und Spriegel in **Längen von 7,15 m und 7,45 m** zum Einsatz. Der „klassische" Zug mit 3-Achs-Motorwagen und 2-Achs-Anhänger, versehen mit **zwei 7,15 m** Wechselaufbauten, **kann je Ladegefäß 17 Paletten** (7 Reihen x 2 Paletten quer und 1 Reihe mit 3 Paletten in Längsrichtung), also **insgesamt 34 Paletten aufnehmen.**

Mit dem sog. **7,45er-WAB-Anhängerzug (2 Wechselbehälter mit je 7,45 m)** lassen sich insgesamt **36 Paletten** (je WAB 9 Reihen à 2 Paletten quer) befördern.

1	3	5	7	9	11	13	15	17		1	3	5	7	9	11	13	15	17
2	4	6	8	10	12	14	16	18		2	4	6	8	10	12	14	16	18

Palettenplätze auf einem Anhängerzug mit zwei Wechselbehältern je 7,45 m

Zum Vergleich: Ein **„EG-Sattelzug"** mit einer höchstzulässigen Ladelänge von 13,6 m ist in der Lage, **33 Europaletten** aufzunehmen, und zwar 15 Reihen à 2 Paletten quer und eine Reihe mit 3 Paletten in Längsrichtung. In der Praxis kann die rechnerische Möglichkeit, 34 Paletten zu laden, nicht ausgenutzt werden, weil sich zwischen den einzelnen Reihen stets kleinere Zwischenräume befinden. Das gilt selbst für den Fall, dass keine auf den Paletten gestapelte Ware über die Normabmessungen hinausragt.

31	29	27	25	23	21	19	17	15	13	11	9	7	5	3	1
32															
33	30	28	26	24	22	20	18	16	14	12	10	8	6	4	2

Palettenplätze auf einem Sattelzug mit maximaler Ladelänge von 13,60 m

1.2.3 Fahrzeugabmessungen und -gewichte beachten

Die Vorschriften der Straßenverkehrs-Zulassungs-Ordnung (StVZO) beschränken die Außenmaße auf folgende Höchstwerte:

- **Höhe** . . . . 4,00 m
- **Breite** . . . . 2,55 m
  - – Isothermfahrzeuge bis . . . . 2,60 m
- **Länge**
  - – Einzelfahrzeug . . . . 12,00 m
  - – Sattelkraftfahrzeug (-zug) . . . . 16,50 m
  - – Lastzug (Lkw und Anhänger) . . . . 18,75 m

Bei der Kombination von Lastfahrzeugen sind außerdem noch folgende Längenmaße zu beachten:

- Maximale **Gesamt-Ladelänge eines Gliederzuges:**   15,65 m
- Maximaler Abstand zwischen dem vordersten äußeren Punkt der Ladefläche hinter dem Führerhaus und dem hinteren äußeren Punkt der Ladefläche des Anhängers **(Systemlänge):**   16,40 m
- Maximale Länge der **Ladefläche eines Sattelzuges:**   13,60 m

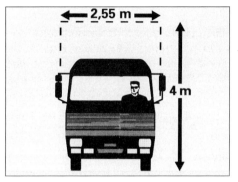

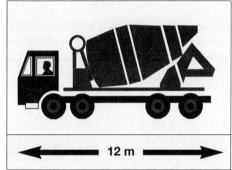

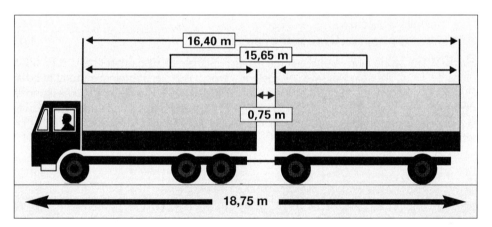

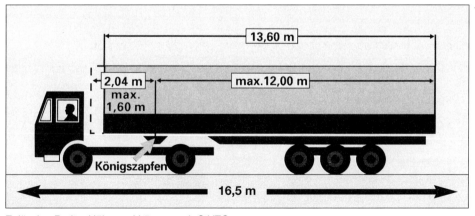

Zulässige Breite, Höhe und Länge nach StVZO

Bei Kraftfahrzeugen und Anhängern dürfen folgende **zulässige Achslasten und Gesamtgewichte nicht überschritten** werden:

- **Achslast der Einzelachse** . . . . 10,0 t
  - – angetriebene Achse . . . . 11,5 t
- **Achslast der Doppelachse je nach Abstand** . . . . 11,5–20,0 t
- **Gesamtgewicht von Einzelfahrzeugen**
  (ausgenommen Sattelanhänger) unter Beachtung der
  Vorschriften für Achslasten
- **Fahrzeuge mit nicht mehr als zwei Achsen**
  - – Kraftfahrzeuge und Anhänger jeweils . . . . 18,0 t
- **Fahrzeuge mit mehr als zwei Achsen**
  - – Kraftfahrzeuge . . . . 25,0 t
  - – Anhänger . . . . 24,0 t
  - – Kraftfahrzeuge mit zwei Doppelachsen, deren Mitten
    mindestens 4 m voneinander entfernt sind . . . . 32,0 t
- **Gesamtgewicht von Fahrzeugkombinationen**
  - – mit drei Achsen . . . . 28,0 t
  - – mit vier Achsen . . . . 36,0 t
  - – mehr als vier Achsen . . . . 40,0 t
  - – im kombinierten Verkehr mit 40-Fuß-Container . . . . 44,0 t

Für Kraftfahrzeuge und Anhänger mit einem zulässigen Gesamtgewicht über 3,5 t muss bei Kontrollen ein Nachweis vorgelegt werden, der die Übereinstimmung mit den EU-Richtlinien bzw. der StVZO hinsichtlich der Massen (Gewichte) und Abmessungen bestätigt. Der Nachweis kann durch ein mitzuführendes Dokument oder auf einem separaten Abmessungsschild, das in der Nähe des Fabrikschildes angebracht ist, erbracht werden.

Fahrzeugkombination mit mehr als vier Achsen und 40 t zulässigem Gesamtgewicht

Für die Auswahl eines Lastfahrzeugs zur Abwicklung eines bestimmten Beförderungsvertrages ist natürlich die Ladefähigkeit in t – der Fachausdruck dafür lautet Nutzlast – von besonderer Bedeutung. Der nach der StVZO „größte Lastzug" mit 40 t zulässigem Gesamtgewicht verfügt über eine Nutzlast von etwa 27 t. Je nach Art des Aufbaus kann sich das Eigengewicht des Lastzuges ändern, sodass sich bei gleich bleibendem zulässigen Gesamtgewicht (hier: 40 t) auch Abweichungen hinsichtlich der Nutzlast ergeben. Die Formel für die Berechnung der Nutzlast lautet:

Beispiel:	*Zulässiges Gesamtgewicht*	*–*	*Eigengewicht*	*=*	*Nutzlast*
	40 t	**–**	**12,8 t**	**=**	**27,2 t**

1.2.4 Ladegeräte und Lademittel verwenden

Ladegeräte sind **Befestigungsmittel** und **Behelfsvorrichtungen, die der sicheren Verladung** von Gütern in bzw. auf Lastfahrzeugen **dienen**. Die Ladegeräte sollen verhindern, dass die Güter vom Fahrzeug herabfallen, umfallen, durchbrechen oder sich verschieben. Zu den Ladegeräten zählen auch Bretter, Balken, Stützen, behelfsmäßige Vorrichtungen zum Aufhängen von Gütern, Wände zum Abteilen von Laderäumen bzw. zum Schutz des Ladegutes gegen Umfallen usw. In diesem Zusammenhang sind auch die Transportgestelle zu nennen, die bei der Beförderung von Glas oder Betonfertigteilen verwendet werden.

Viele Lastfahrzeuge fahren mit ungesicherter oder nicht ausreichend gesicherter Ladung. Schäden, die deswegen entstehen, gehen in die Millionen. Unzureichende Ladungssicherung ist die dritthäufigste Unfallursache. Grundsätzlich ist jeder, der mit dem Transport befasst ist, auch für die Ladungssicherung verantwortlich, also Absender und Verlader, Fahrzeughalter, Fahrer und Frachtführer. Eine Reihe von Rechtsvorschriften (z. B. StVO, StVZO, HGB, Unfallverhütungsvorschriften, ADR u. a.) regeln die Pflichten der Verantwortlichen. Die Kontrollen werden verstärkt. Fahrerschulungen müssen intensiviert werden, um den Problemen aus unzureichender Ladungssicherung begegnen zu können.

Die Einrichtung von Qualitätssicherungssystemen in Transport- und Speditionsunternehmungen können die richtige Ladungssicherung unterstützen.

Als **Lademittel** werden **Hilfsmittel** für das **Ladegeschäft** im Transportwesen bezeichnet. Am bekanntesten dürfte wohl der **Gabelstapler** sein; aber auch **Gabelhubwagen** und Stechkarren zählen dazu. Voraussetzung für den Einsatz von Gabelhubwagen bei der Ver- oder Entladung von Lastfahrzeugen ist, dass die Güter geeignet verpackt sind und sowohl die Laderampe als auch der Fahrzeugboden die gleiche Höhe ausweisen.

Zum wichtigsten Lademittel im Güterkraftverkehr hat sich die **Palette** entwickelt. Neben Einwegpaletten, die in der Regel nur für einen Transportweg benutzt werden, gibt es auch wiederverwendbare Paletten. Die bekanntesten – wiederverwendbaren – Paletten sind die Poolpaletten, auch Europaletten genannt, die in Form von Flachpaletten oder von Gitterboxpaletten eingesetzt werden.

Paletten werden nicht nur im Straßengüterverkehr verwendet, sondern verkehrsträgerübergreifend, insbesondere auch im Eisenbahnverkehr (vgl. dazu auch „Paletten" im Kapitel Eisenbahnverkehr).

Paletten gehören im Allgemeinen Spediteuren, Frachtführern und Betrieben der verladenden Wirtschaft. Daneben gibt es auch spezielle Gesellschaften, die sich mit der Vermietung von Paletten befassen. Mit deren Hilfe ist es möglich, kurzfristig Palettenschulden auszugleichen, die beim Tausch von Paletten entstehen können.

Als **Vorteile** für den Paletteneinsatz – allerdings nicht allein auf den Transport bezogen – lassen sich anführen:

Vorteile

- Die Güter fließen schneller durch den Betrieb; dadurch kann die Produktivität erhöht werden. Paletten können in der Regel von allen Seiten mit mechanischen Geräten aufgenommen und abgesetzt werden. Deshalb werden sie auch als Vierwegpaletten bezeichnet.

- Verpackung kann eingespart werden.

- Lagerräume können mit palettierter Ware – insbesondere in Höhe, aber auch in Fläche – besser ausgenutzt werden. Paletten lassen sich in vielen Fällen auch ohne Regale übereinander stapeln.

- Weniger Verpackungs- und Transportkosten.

- Verringerung des Diebstahlrisikos. Palettierte Güter können durch entsprechende Verpackung (Umschrumpfen) zu geschlossenen Einheiten zusammengefasst werden, bei denen der Diebstahl von Teilen sofort sichtbar wird.

- Die europaweite Tauschfähigkeit bzw. Normung ermöglicht eine ununterbrochene Transportkette von der Produktion bis zum Verbraucher.

Zusammenfassung

➤ Gemäß HGB hat der Spediteur für seinen Auftraggeber – Versender, Kunde – die Versendung des Gutes zu besorgen. Dabei kauft der Spediteur entweder günstig Frachtführerleistungen ein oder er erstellt solche Leistungen mit eigenen Fahrzeugen („Selbsteintritt"). Macht der Spediteur vom Selbsteintrittsrecht Gebrauch, hat er hinsichtlich der Beförderung die Rechte und Pflichten eines Frachtführers.

➤ Die Pflicht, die Versendung zu besorgen, umfasst insbesondere die Bestimmung des Beförderungsmittels und des Beförderungsweges, die Auswahl von Frachtführern und den Abschluss der erforderlichen Fracht-, Lager- und Speditionsverträge.

➤ Der deutsche Güterkraftverkehr ist ein sehr leistungsfähiger Verkehrsträger. Im Jahr 2003 hat er – einschließlich grenzüberschreitender Transporte – allein 1.540,8 Mio. t Güter befördert und dabei eine Verkehrsleistung von 225.850,3 Mio. tkm erbracht.

➤ Verkehrsleistungen werden in Tonnenkilometern (tkm) ausgedrückt und dadurch vergleichbar gemacht.

➤ Gegenüber anderen Verkehrsträgern weist der Güterkraftverkehr Vor- und Nachteile auf:

Wesentliche Vorteile sind:

– Haus-Haus-Verkehr ohne Umladung

– Ersparnis an Verpackungs-, Umlade- und Transportkosten

– individuelle Befriedigung der Verkehrsbedürfnisse

– kurze Abfertigungs- und Transportzeiten

Erhebliche Nachteile sind:

– begrenzte Ladefähigkeit

– witterungsbedingte Beeinträchtigungen und Umweltbelastung

– Fahrverbote

– relativ hohe Unfallgefahr wegen der Dichte des Straßenverkehrs

➤ Im Straßengüterverkehr werden Güter mit Kraftfahrzeugen sowohl für eigene Zwecke eines Unternehmens (Werkverkehr) als auch für Dritte (gewerblicher Güterkraftverkehr) befördert.

➤ Unterschiedliche Fahrzeugarten und -aufbauten ermöglichen die Anpassung an die individuellen Verkehrsbedürfnisse. Von großer Bedeutung ist hier der Einsatz von Wechselaufbauten.

➤ Die StVZO schreibt für Lastfahrzeuge maximale Grenzwerte vor: Höhe, Breite, Länge, Achslasten und Gesamtgewicht. Von besonderer Bedeutung für die Auswahl eines Fahrzeuges sind die Nutzlast, d. h. das Gewicht, das ein Fahrzeug an Ladung aufnehmen kann, und die Größe der Ladefläche bzw. des Laderaums.

➤ Ladegeräte dienen der sicheren Verladung von Gütern in bzw. auf Lastfahrzeugen. Lademittel ermöglichen ein rationelles Be- und Entladen der Straßenfahrzeuge. Auf die Ladungssicherung muss besonders geachtet werden, weil von schlecht gesicherten Ladungen erhebliche Gefahren für Menschen und Güter ausgehen können.

1.3 Beförderungswege bestimmen

Die Pflicht des Spediteurs, die Versendung zu besorgen, umfasst auch die Bestimmung des Beförderungsweges. Die Beförderungswege für die Fahrzeuge des Güterkraftverkehrs sind die Straßen.

1.3.1 Deutsches Straßennetz benutzen

Deutschland verfügt über ein sehr engmaschiges Straßennetz. Die deutschen Straßen gehören dabei zu den am stärksten belasteten Strecken in Europa, insbesondere die Autobahnen. Grund dafür ist die zentrale Lage Deutschlands in Mitteleuropa. Nach der Wiedervereinigung Deutschlands bzw. nach dem Ende des „Kalten Krieges" hat der Güterverkehr zwischen der EU und den Ländern an der Ost- und Südostgrenze der EU stetig zugenommen. Durch den EU-Beitritt von 10 Ländern am 01.05.2004, die mit Ausnahme der Inseln Malta und Zypern alle in diesem Bereich liegen, werden sich der Güteraustausch und damit der Güterverkehr über die „Drehscheibe Deutschland" noch erheblich verstärken.

Parallel dazu ist mit einer zunehmenden Belastung der Landverkehrswege zu rechnen, die in unterschiedlichem Maße noch den Anforderungen entsprechend gebaut oder verbessert werden müssen.

Die Qualität der Straßen ist in Deutschland nicht einheitlich. Zwar sind in den alten Bundesländern alle Kategorien von Straßen gut ausgebaut, doch besteht in den neuen Bundesländern noch ein erheblicher Nachholbedarf. Es wird noch Jahre dauern, bis ein einheitliches Niveau erreicht sein wird.

Am 1. Jan. 2000 betrug das Straßennetz des überörtlichen Verkehrs in Deutschland **230 740 km**[1], davon

- 11 520 km Bundesautobahnen,
- 41 320 km Bundesstraßen,
- 86 820 km Landes- bzw. Staatsstraßen,
- 91 080 km Kreisstraßen.

Die Bundesautobahnen stellen ein bundesweit zusammenhängendes Verkehrswegenetz dar. Sie sind die Hauptträger des Fernverkehrs. Lastkraftwagen dürfen auf deutschen Autobahnen mit einer Höchstgeschwindigkeit von 80 km/Std. fahren. Vielfach sind Bundesautobahnen Bestandteil eines europäischen Verkehrswegenetzes.

---

1 Quelle: Verkehrswirtschaftliche Zahlen (VWZ) 2000

Wichtige Autobahnen in Deutschland

A 1	Oldenburg/Holstein – Lübeck – Hamburg – Bremen – Osnabrück – Münster – Dortmund – Köln – Saarbrücken
A 2	AK Oberhausen (A 3/A 516) – Dortmund – Hannover – Braunschweig – Magdeburg – Berlin (A 10/AD Werder)
A 3	(Arnheim) – Oberhausen – Köln – Frankfurt a. Main – Aschaffenburg – Würzburg – Nürnberg – Regensburg – Passau – (Linz)
A 4	(Genk) – Aachen – Köln – Olpe und Bad Hersfeld – Eisenach – Gotha – Erfurt – Weimar – Jena – Gera – Zwickau – Chemnitz – Dresden – Bautzen – Görlitz
A 5	Hattenbacher Dreieck (A 7) – Gießen – Frankfurt am Main – Darmstadt – Heidelberg – Karlsruhe – Freiburg – (Basel)
A 6	(Metz) – Saarbrücken – Kaiserslautern – Mannheim – Heilbronn – Nürnberg – Amberg – Waidhaus – Grenze Tschechien (Prag)
A 7	(Apenrade) – Flensburg – Hamburg – Hannover – Kassel – Fulda – Würzburg – Ulm – Memmingen – Füssen
A 8	(Luxemburg) – Saarlouis – Pirmasens und AD Karlsruhe (A 5) – Stuttgart – Ulm – Augsburg – München – Rosenheim – (Salzburg)
A 9	Berlin (A 10/AD Potsdam) – Dessau – Schkeuditz – Hof – Bayreuth – Nürnberg – München
A 12	Berlin (A 10/AD Spreeau) – Frankfurt a. d. Oder – Grenze Polen
A 13	Berlin (A 10/A 113) – Lübbenau – Dresden (A 4)
A 24	Hamburg – Schwerin – Wittstock – Berlin (A 10/AD Havelland)
A 27	Cuxhaven – Bremerhaven – Bremen – Walsrode
A 30	(Hengelo) – Rheine – Osnabrück – AK Bad Oeynhausen (A 2)
A 40	(Venlo) – Duisburg – Essen – Bochum – AK Dortmund-West
A 45	Dortmund (A 2) – Hagen – Gießen – Seligenstädter Dreieck (A 3) – Aschaffenburg
A 60	(Belgien) – Bitburg – AD Nahetal (A 61) – Bingen – Mainz – Rüsselsheimer Dreieck (A 67)
A 61	(Venlo) – Mönchengladbach – Koblenz – Ludwigshafen – Speyer – AD Hockenheim (A 6)
A 72	AD Bayer. Vogtland (A 9) – Hof – Plauen – Zwickau – Chemnitz – Leipzig
A 93	Hof – Mitterteich – Weiden – Regensburg – AD Holledau (A 9) – Rosenheim – Kiefersfelden (Kufstein)

Quelle: ARAL-Verkehrstaschenbuch 2001/2002
Erläuterungen: AD = Anschlussdreieck; AK = Autobahnkreuz; AS = Autobahnanschlussstelle

Auch die **Bundesstraßen** stellen ein zusammenhängendes Netz dar. Sie dienen – ebenso wie die Autobahnen – dem überregionalen Verkehr. Die Bedeutung der Bundesstraßen für den Fernverkehr ging allerdings in dem Maße zurück, wie die Netzdichte der Bundesautobahnen zunahm. Eine zügige Transportabwicklung auf Bundesstraßen wird durch Ortsdurchfahrten und Kreuzungen behindert. Daneben bestehen Geschwindigkeitsgrenzen von 50 km/Std. in Orten und von 60 km/Std. außerhalb von Ortschaften.

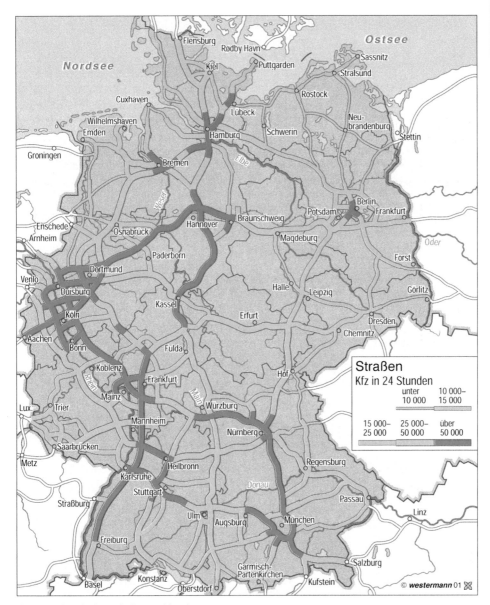

Wichtige Autobahnen in Deutschland   © Westermann Schulbuchverlag GmbH, Braunschweig

Landes- und Kreisstraßen dienen in erster Linie dem regionalen Verkehr. In Verbindung mit den Autobahnen und den Bundesstraßen bilden sie das flächendeckende Verkehrsnetz. Auf den Landes- und Kreisstraßen spielt sich überwiegend der Verkehr zwischen Lade- und Entladeorten ab, die nicht allzu weit auseinander liegen, also im Nahverkehr. Eine exakte Abgrenzung zwischen Nah- und Fernverkehr – wie früher im GüKG – gibt es nicht mehr. In den Statistiken werden häufig folgende Einteilungen vorgenommen:

Einteilung 1 (vgl. S. 78)		Einteilung 2	
Bis 50 km	Nahverkehr	Bis 150 km	Nahverkehr
Mehr als 50 - 150 km	Regionalverkehr		
Mehr als 150 km	Fernverkehr	Mehr als 150 km	Fernverkehr

Manche der Landes- und Kreisstraßen weisen Beschränkungen in der Befahrbarkeit auf, einzelne sind für den Lkw-Verkehr gesperrt. Die Beschränkungen können auf mangelnder Stabilität des Straßenunterbaus beruhen, auf zu geringer Tragfähigkeit von Brücken oder auf zu geringer Durchfahrtshöhe von Unterführungen. Außerdem bestehen Verbote für die Beförderung von gefährlichen Gütern, z. B. durch Wasserschutzgebiete.

1.3.2   Europäisches Straßennetz

Am 1. Jan. 1998 wurden für das deutsche Autobahnnetz 11 338 km gemessen. Zum Vergleich sind in der folgenden Tabelle die Autobahnlängen und das gesamte Streckennetz anderer europäischer Länder angegeben.

Land	Autobahn in km	Streckennetz in km
Deutschland	11 246	644 076
Frankreich	9 140	812 700
Italien	8 860	314 360
Spanien	7 747	343 197
Großbritannien	3 200	367 000
Niederlande	2 300	120 800
Belgien	1 692	142 563
Österreich	1 596	200 000
Schweiz	1 540	71 055
Dänemark	830	71 420
Polen	257	362 479
Luxemburg	123	5 137
Norwegen	105	90 261
Irland	70	92 430

Quelle: Süddeutscher Verkehrskurier, München, Heft 3/98

Die **Nummerierung der Europastraßen** erfolgt nach einem bestimmten System.

1. Die Straßen des Haupt- und Zwischenrasters – A-Straßen – werden mit zwei Ziffern, die Abzweigungen, die Zubringer und die Verbindungsstraßen – B-Straßen – mit drei Ziffern nummeriert.

2. Die in Richtung Nord-Süd verlaufenden Straßen des Hauptrasters haben von Westen nach Osten ansteigende, zweistellige, auf 5 endende Nummern. Die in Richtung West-Ost verlaufenden Straßen des Hauptrasters haben von Norden nach Süden ansteigende, zweistellige, auf 0 endende Nummern. Die Straßen des Zwischenrasters haben zweistellige, ungerade oder gerade Nummern, entsprechend jenen der Straßen des Hauptrasters, zwischen denen sie liegen.

Europastraßen, die Deutschland berühren

E 30	Cork – Waterford – Wexford – Rosslare – Fishguard – Swansea – Cardiff – Newport – Bristol – London – Colchester – Ipswich – Felixstowe – … Hoek van Holland – Den Haag – Gouda – Utrecht – Amersfoort – Oldenzaal – **Osnabrück – Bad Oeynhausen – Hannover – Braunschweig – Magdeburg – Berlin** – Swiebodzin – Poznan – Lowicz – Warszawa – Brest – Minsk – Smolensk – Moskva
E 40	Calais – Oostende – Gent – Bruxelles – Liège – **Aachen – Köln – Olpe – Gießen – Bad Hersfeld – Herleshausen – Eisenach – Erfurt – Gera – Chemnitz – Dresden – Görlitz** – Legnica – Wroclaw – Opole – Gliewice – Kraków – Przemyśl – Lvov – Rovno – Zhitomir – Kiev – Kharkov – Rostov na Donu
E 50	Brest – Rennes – Le Mans – Paris – Reims – Metz – **Saarbrücken – Mannheim – Heilbronn – Nürnberg** – Rozvadov – Plzeň – Praha – Jihlava – Brno – Trencin – Prešov – Košice – Vyšne Německé – Uzhgorod – Mukačevo
E 35	Amsterdam – Utrecht – Arnheim – **Emmerich – Oberhausen – Köln – Frankfurt am Main – Heidelberg – Karlsruhe – Offenburg** – Basel – Olten – Luzern – Altdorf – S. Gottardo – Bellinzona – Lugano – Chiasso – Como – Milano – Piacenza – Parma – Modena – Firenze – Arezzo – Roma
E 45	Göteborg … Frederikshavn – Aalborg – Arhus – Vejle – Kolding – Frøslev – **Flensburg – Hamburg – Hannover – Göttingen – Kassel – Fulda – Würzburg – Nürnberg – München – Rosenheim** – Wörgl – Innsbruck – Brenner-Pass – Fortezza – Bolzano – Trento – Verona – Modena – Bologna – Cesena – Perugia – Fiano (Roma) – Napoli – Salerno – Cosenca – Villa S. Giovanni … Messina – Catánia – Siracus – Gela

1.3.3 Grenzübergänge zu den EU-Beitrittsländern Polen und Tschechische Republik sowie zum EFTA-Land Schweiz

Mit ihrem Beitritt zur EU am 1. Mai 2004 wurden die Länder Polen und Tschechische Republik Teil des gemeinsamen europäischen Binnenmarktes. Seit diesem Zeitpunkt sind die warenbezogenen Zollkontrollen zwischen den alten und den neuen Mitgliedstaaten entfallen und damit an etwa 1 500 Kilometern deutscher Drittlandsgrenze gegenüber Polen und der Tschechischen Republik.

Allerdings bleiben die Personenkontrollen an den „neuen" Binnengrenzen vorerst bestehen. Erst wenn die Beitrittsländer zu einem späteren Zeitpunkt die Sicherung ihrer Grenzen zu Drittstaaten – der neuen Außengrenze der EU – nach dem Schengener Standard nachweisen können, werden auch die Personenkontrollen an den EU-Binnengrenzen verzichtbar.

Mit dem EU-Beitritt sind nicht alle Bestimmungen für den Warenverkehr innerhalb der EU vollständig angeglichen worden. Bezüglich der Verbrauchsteuern, der Umsatzsteuer und bei Verboten und Beschränkungen gelten teilweise weiterhin nationale Bestimmungen. Diese sind auch im innergemeinschaftlichen Warenverkehr und bei Reisen innerhalb der EU zu beachten.

Somit besteht weiterhin das Bedürfnis für eine – wenn auch eingeschränkte – Überwachung des Warenverkehrs innerhalb der EG durch den Zoll. Voraussichtlich werden die Grenzzollämter verringert, andere Grenzzollämter in Binnenzollämter umgewandelt und später die Kontrollen nicht mehr an den Grenzübergängen durchgeführt, sondern hauptsächlich im Binnenland durch sog. mobile Kontrollgruppen. Bis dahin behalten aber die auf der folgenden Seite aufgeführten Übergänge ihre Bedeutung für den Waren- und Personenverkehr.

Die Schweiz ist seit dem 1. Mai 2004 das einzige direkte Nachbarland Deutschlands, das nicht der EU angehört. An der Grenze zur Schweiz haben sich die Vorschriften für den grenzüberschreitenden Waren- und Personenverkehr mit der Schweiz nicht verändert; an den genannten Grenzübergängen werden nach wie vor zollamtliche Handlungen durchgeführt.

1. Polen

Deutschland	Polen
ZA Linken (HZA Neubrandenburg) ZA Pomellen (HZA Neubrandenburg) ZA Schwedt-Straße (HZA Schwedt)	Lubieszyn Kolbaskowo Krajnik Dolny
ZA Frankfurt/Oder-Autobahn (HZA Frankfurt/O) ZA Guben (HZA Cottbus) ZA Forst-Autobahn (HZA Cottbus)	Swiecko Gubin Olszyna
ZA Ludwigsdorf-Autobahn (HZA Löbau) ZA Zittau (HZA Löbau)	Jedrzychowice Sieniawka

2. Tschechische Republik

Deutschland	Tschechische Republik
ZA Neugersdorf (HZA Löbau) ZA Altenberg (HZA Pirna) ZA Friedrichstadt (HZA Dresden) ZA Schönberg (HZA Plauen)	Jirikov Cinovec Lovosice Vojtanov
ZA Bayerisch-Eisenstein (HZA Passau) ZA Philippsreut (HZA Passau)	Zelezná Ruda Strázny
ZA Schirnding-Landstraße (HZA Hof) ZA Waidhaus-Autobahn (HZA Weiden) ZA Furth i. Wald-Schafberg (HZA Weiden) ZA Selb (HZA Hof)	Pomezi Rozvadov Folmava As

3. Schweiz

Deutschland	Schweiz
ZA Weil am Rhein-Autobahn ZA Lörrach-Stetten ZA Grenzacherhorn ZA Bad Säckingen ZA Waldshut-Rheinbrücke ZA Lottstetten ZA Erzingen ZA Neuhaus ZA Bietingen ZA Rielasingen ZA Konstanz-Emmishofer Tor	Basel/Weil am Rhein – Autobahn Riehen Riehen-Grenzacherstraße Stein/Bad Säckingen Koblenz Rafz-Solgen Trasadingen Bargen Thayngen Ramsen Kreuzlingen-Emmishofen
ZA Friedrichshafen-Fähre	Romanshorn (Autofähre)

Quelle: VKS Handbuch des internationalen Straßengüterverkehrs, Loseblattsammlung der Vereinigung Deutscher Kraftwagenspediteure, Bonn

Zusammenfassung

➤ **Für die Bestimmung des Beförderungsweges sind die Größe des Straßennetzes und dessen Beschaffenheit von überragender Bedeutung.**

➤ **Das Straßennetz des überörtlichen Verkehrs umfasste am 1. Jan. 2000 in Deutschland 230 740 km, davon 11 520 km Bundesautobahnen und 41 320 km Bundesstraßen.**

➤ Die Landes- und Kreisstraßen dienen in erster Linie dem regionalen Verkehr.

➤ Die europäischen Nachbarländer Deutschlands verfügen ebenfalls über Autobahn-netze, die allerdings in der Größenordnung unterschiedlich sind. Deutschland besitzt das größte Netz mit 11 246 km (Längenangaben mit Stand 1. Jan. 1998), dann folgen Frankreich (9 140 km), Italien (8 860 km), Spanien (7 747 km), mit einigem Abstand Großbritannien (3 200 km), Niederlande (2 300 km), weiter mit Netzen zwischen 1 000 und 2 000 km Belgien, Österreich und die Schweiz. Autobahnnetze unter 1 000 km haben Dänemark, Polen, Luxemburg und Irland, das lediglich 70 km unterhält.

➤ Ganz Europa ist von einem Netz an „Europastraßen" durchzogen, von denen die E 30, E 40 und E 50 Deutschland von West nach Ost durchqueren, während die E 35 und die E 45 in Deutschland in Nord-Süd-Richtung verlaufen. Diese Hauptrichtungen gelten für die Europastraßen auch insgesamt. Die Nummerierung erfolgt nach folgendem System:
Die in Richtung West-Ost verlaufenden Straßen des Hauptrasters haben zweistellige, auf 0 endende Nummern. Die Europastraßen des Hauptrasters, die in Nord-Süd-Rich-tung verlaufen, sind mit zweistelligen Nummern bezeichnet, die auf 5 enden.

2 Frachtführer als Vertragspartner auswählen

Nach §§ 453, 454 HGB umfasst die Pflicht des Spediteurs, die Versendung zu besor-gen u. a. die Auswahl eines „ausführenden Unternehmers". Dazu gehört, dass sich der Spediteur davon überzeugt, ob es sich um einen Unternehmer handelt, der für den gewerblichen Güterkraftverkehr „zugelassen" ist. Für die Durchführung von Transpor-ten besteht eine Reihe von rechtlichen Bestimmungen, deren Einhaltung gewährleistet sein muss. Diese rechtlichen Bestimmungen hat der Spediteur selbstverständlich auch dann zu beachten, wenn er Gütertransporte mit dem Lkw im Selbsteintritt durchführt.

2.1 Marktordnung und Marktzugang, Gesetze und Verordnungen

Die Marktordnung des Güterkraftverkehrs umfasst alle gesetzlichen Eingriffe, die einen geordneten Wettbewerb sowohl zwischen dem Güterkraftverkehr und den anderen Verkehrsträgern als auch zwischen den Unternehmern des Güterkraftverkehrs selbst herstellen sollen. Der Sinn dieser Eingriffe besteht ferner darin, eine volkswirtschaftlich sinnvolle Aufgabenteilung zwischen den Verkehrsträgern herzustellen.

Als Grundsatz gilt, dass innerhalb der festgelegten Rechtsregeln die freie Wahl des Verkehrsmittels durch den Nutzer gewährleistet wird. Die Marktordnung dient also dazu, dem jeweiligen Verkehrsträger die Möglichkeit zu schaffen seine Leistungs-stärken zum Wohle des Einzelnen, aber auch der gesamten Volkswirtschaft bzw. eines supranationalen Wirtschaftsraumes (EU) entfalten zu können.

Gemäß der geltenden Marktordnung auf dem Sektor Güterkraftverkehr muss ein Unternehmer, der sich in diesem Gewerbe betätigen will, **subjektive Marktzugangs-voraussetzungen**, also in seiner Person liegende Voraussetzungen, erfüllen.

2.1.1 Zugangsvoraussetzungen für nationalen Verkehr beachten

Gemäß Güterkraftverkehrsgesetz (§ 3) ist der gewerbliche Güterkraftverkehr **erlaub-nispflichtig**.

Die Erlaubnis wird einem Unternehmer, dessen Unternehmen seinen Sitz im Inland hat, für die Dauer von fünf Jahren erteilt, wenn

- der Unternehmer und die zur Führung der Güterkraftverkehrsgeschäfte bestellte Person ihre **Zuverlässigkeit nachgewiesen haben,**
- die **finanzielle Leistungsfähigkeit** des Unternehmens gewährleistet ist und
- der Unternehmer oder die zur Führung der Güterkraftverkehrsgeschäfte bestellte Person die **fachliche Eignung besitzt.**

Eine Erlaubnis, deren erste Gültigkeitsdauer (5 Jahre) abgelaufen ist, wird zeitlich unbefristet erteilt, wenn die subjektiven Berufszugangsvoraussetzungen nach wie vor erfüllt sind.

2.1.2 Zugangsvoraussetzungen für internationalen Verkehr beachten

Die Berechtigung zur Durchführung von internationalen Lkw-Beförderungen richtet sich danach, ob die Transporte in Verbindung mit einem EU-Land durchgeführt werden oder ob ein Drittland (= Nicht-EU-Land) Bestimmungsland ist bzw. auf der Durchfahrt berührt wird.

2.1.2.1 Gemeinschaftslizenz

Eine Gemeinschaftslizenz (auch „EU-Lizenz" oder „EG-Lizenz" genannt) berechtigt einen deutschen Güterkraftverkehrsunternehmer – ohne zusätzliche bilaterale Genehmigung – zum Verkehr zwischen allen Mitgliedstaaten der EU und den zusätzlichen nicht zur EU gehörenden Staaten des Europäischen Wirtschaftsraums (EWR), d. h. Norwegen, Island und Liechtenstein. Die EU-Lizenz reicht auch in der Schweiz für Lkw und Fahrzeugkombinationen bis zu einem tatsächlichen Gesamtgewicht von 34 t aus. Mit ihr ist daneben sowohl der Binnenverkehr im Heimatland als auch der sog. **Kabotageverkehr** in einem anderen EU-Land möglich. Soll ein Transport in ein Drittland durchgeführt werden, kann die Gemeinschaftslizenz für den deutschen Streckenteil verwendet werden.

Kabotagerecht bedeutet, dass ein Unternehmer mit Sitz in einem EU-Land in einem anderen EU-Land Ladung aufnehmen und im selben (fremden) EU-Land wieder absetzen kann; d. h., es wird Binnenverkehr in einem fremden Land betrieben. Beispielsweise könnte ein deutscher Güterkraftverkehrsunternehmer in Straßburg eine Ladung übernehmen und diese zum Empfangsort Paris bringen oder ein belgischer Unternehmer übernimmt eine Ladung in Aachen und befördert sie nach München. Bei Kabotagefahrten ist zu beachten, dass stets die Rechtsvorschriften des Landes zu beachten sind, in dem Kabotage betrieben wird („Aufnahmeland").

Die **Erteilung der Gemeinschaftslizenz** an einen in der Bundesrepublik niedergelassenen Güterkraftverkehrsunternehmer setzt voraus, dass der Unternehmer und die für die Führung der Geschäfte bestellte Person zur Durchführung des grenzüberschreitenden Güterkraftverkehrs berechtigt sind, d. h. die subjektiven Berufszugangsbedingungen – Zuverlässigkeit, finanzielle Leistungsfähigkeit und fachliche Eignung – erfüllen.

Örtlich zuständig für die Erteilung und ggf. Entziehung ist als „Lizenzbehörde" die von den Landesregierungen bestimmte Behörde, in deren Zuständigkeitsbereich der Antragsteller seinen Sitz hat. Teils sind die höheren Verkehrsbehörden dafür bestimmt (Baden-Württemberg, Bayern, Brandenburg, Hessen, Rheinland-Pfalz, Saarland, Sachsen, Sachsen-Anhalt, Bremen, Hamburg), in den anderen Bundesländern (Mecklenburg-Vorpommern, Niedersachsen, Nordrhein-Westfalen, Schleswig-Holstein, Thüringen) wurden die unteren Verkehrsbehörden dazu bestimmt.

Da die Gemeinschaftslizenzen nicht kontingentiert sind, erhalten Antragsteller so viele beglaubigte Abschriften, wie sie für ihre im grenzüberschreitenden Verkehr mit der EU eingesetzten Fahrzeuge benötigen. Anträge auf Erteilung einer Gemeinschaftslizenz – die für einen Zeitraum von 5 Jahren ausgestellt und danach unbefristet erneuert wird – können jederzeit gestellt werden. Die Lizenz wird auf den Namen des Transportunternehmers ausgestellt und ist **nicht übertragbar.** Eine beglaubigte Abschrift der Gemeinschaftslizenz muss im Fahrzeug mitgeführt werden.

Bei fünf Beförderungsfällen im grenzüberschreitenden Verkehr innerhalb der EU ist keine EU-Lizenz erforderlich. Der wichtigste davon ist die Beförderung von Gütern mit Kraftfahrzeugen, deren zulässiges Gesamtgewicht einschließlich des Gesamtgewichts der Anhänger 6 t nicht übersteigt oder deren zulässige Nutzlast einschließlich der Nutzlast der Anhänger 3,5 t nicht übersteigt. Für in Deutschland zugelassene und im gewerblichen Güterkraftverkehr eingesetzte Fahrzeuge über 3,5 t zulässigem Gesamtgewicht ist im grenzüberschreitenden Verkehr mit Drittstaaten (Nicht-EU-/EWR-Staaten) grundsätzlich eine Erlaubnis bzw. EU-Lizenz auf dem deutschen Streckenabschnitt erforderlich.

Mit dem Beitritt der zehn Länder Estland, Lettland, Litauen, Polen, Slowakei, Slowenien, Tschechien, Ungarn sowie Malta und Zypern zur EU am 1. Mai 2004 sind die bis dahin mit diesen Ländern allgemein vorgeschriebenen bilateralen Transportgenehmigungen entfallen. Sie wurden durch die schon bei den 15 „alten" EU-Staaten geltenden EU-Lizenzen ersetzt. Kabotageverkehre werden für die Beitrittsländer allerdings erst nach Übergangsfristen möglich.

2.1.2.2   Bilaterale Genehmigungen

Der grenzüberschreitende Straßengüterverkehr zwischen einem EU-Staat und einem Drittstaat wird durch bilaterale Verwaltungsabkommen zwischen den jeweiligen EU-Mitgliedstaaten und den Drittstaaten geregelt. Die bilateralen Verwaltungsabkommen enthalten regelmäßig die Grundsätze für den Marktzugang im Verkehr mit Drittstaaten, wie z. B. Genehmigungspflicht, Kontingentierung, Erteilung und Ausgabe der Genehmigungen, Kabotageverbot u. a.

Die bilateralen Genehmigungen sind – je nach dem Land, mit dem ein Verwaltungsabkommen geschlossen ist – nicht übertragbare Inhabergenehmigungen oder fahrzeuggebundene Genehmigungen. Die bilaterale Genehmigung gibt dem deutschen Frachtführer nur die Berechtigung, die Beförderung auf der ausländischen Strecke durchzuführen. Für die deutsche Strecke benötigt er eine Erlaubnis nach dem GüKG bzw. eine EU-Gemeinschaftslizenz. Bei Leerfahrten ist keine bilaterale Genehmigung erforderlich.

Für die deutschen Frachtführer sind Behörden bestimmt worden, bei denen bilaterale Genehmigungen ausgegeben werden.

Beispiele: *Russland und die meisten Nachfolgestaaten der ehemaligen UdSSR:*

   Bundesamt für Güterverkehr (BAG)
   10117 Berlin, Schiffbauerdamm 13

   Afghanistan, Albanien, Bosnien-Herzegowina, Bulgarien, Iran, Israel, Jugoslawien, Kroatien, Marokko, Mazedonien, Rumänien, Tunesien und Türkei:

   Regierung der Oberpfalz, 93047 Regensburg, Emmeramsplatz 8

2.1.2.3 CEMT-Genehmigung

Durch die Europäische Konferenz der Verkehrsminister (CEMT) wurde bereits 1974 die Einführung eines multilateralen Kontingents für den internationalen Straßengüterverkehr festgelegt. Die CEMT-Genehmigungen werden in Deutschland jeweils für ein Kalenderjahr ausgegeben. Voraussetzung ist, dass die Genehmigung für multilaterale Beförderungen genutzt wird und nicht nur für bilaterale Beförderungen mit einem CEMT-Mitgliedstaat. Die CEMT-Genehmigung gilt nicht für Beförderungen zwischen einem Mitgliedstaat der CEMT und einem Nicht-Mitgliedstaat.

Für die Erteilung der CEMT-Genehmigungen in der Bundesrepublik Deutschland ist das **Bundesamt für Güterverkehr (BAG)** zuständig.

Die CEMT-Genehmigungen berechtigen zur Durchführung von Beförderungen im gewerblichen Straßengüterverkehr, bei denen Be- und Entladeort in zwei der nachfolgend aufgeführten und dem Abkommen angeschlossenen europäischen Staaten liegen:

Albanien, Aserbaidschan, Belarus, Belgien, Bosnien-Herzegowina, Bulgarien, Bundesrepublik Deutschland, Dänemark, Estland, Finnland, Frankreich, Griechenland, Großbritannien, Irland, Italien, Kroatien, Lettland, Litauen, Luxemburg, Mazedonien, Moldau, Niederlande, Norwegen, Österreich, Polen, Portugal, Rumänien, Russische Föderation, Schweden, Schweiz, Slowakische Republik, Slowenien, Spanien, Tschechische Republik, Türkei, Ukraine, Ungarn.

Binnenverkehre (Kabotage) in einem CEMT-Mitgliedstaat sind mit der CEMT-Genehmigung nicht zugelassen.

CEMT-Genehmigungen, die nur mit lärm- und schadstoffarmen Lkw nach einer bestimmten Norm eingesetzt werden dürfen (Green Lorry), enthalten den Aufdruck eines grünen Sattelkraftfahrzeuges mit der Aufschrift „CEMT ECMT". CEMT-Genehmigungen für die sog. „supergrünen" Lkw werden nur erteilt, wenn die Lastkraftwagen bestimmte Höchstwerte bei Lärm- und Abgasemissionen nicht überschreiten und zusätzlich noch eine Reihe technischer und Sicherheits-Mindestanforderungen erfüllen.

Das Nachweisblatt über die Erfüllung der technischen Voraussetzungen eines lärm- und schadstoffarmen Kraftfahrzeugs sowie die Nachweisblätter über die Erfüllung der technischen und Sicherheitsnormen für verkehrssichere und weniger umweltbelastende Kraftfahrzeuge ist stets mitzuführen.

Im Jahr 2002 standen (für 40 Länder) insgesamt 26 482 CEMT-Jahresgenehmigungen zur Verfügung. Davon entfielen auf Deutschland 1 428, und zwar 50 für „Grüne Lkw" und 1 378 für „Supergrüne Lkw". Dazu kommen noch 852 „grüne" Monatsgenehmigungen.

Die Nutzung der CEMT-Genehmigungen ist zeitlich beschränkt. Sie müssen spätestens nach **sechs Wochen** wieder in das Land zurückgekehrt sein, in dem sie ausgegeben wurden.

Die Mitgliedstaaten der CEMT stellen darüber hinaus nicht kontingentierte Genehmigungen zur grenzüberschreitenden Beförderung von Umzugsgut **(CEMT-Umzugsgutgenehmigungen)** als Zeitgenehmigungen aus, die den Unternehmer berechtigen, Beförderungen von Umzugsgut zwischen den CEMT-Mitgliedstaaten durchzuführen. Dies gilt auch für Drittstaatenverkehre ohne Durchfahren des Heimatlandes. Binnenverkehre sind jedoch ausgeschlossen.

2.2　Rechtsvorschriften für den Straßengüterverkehr

Um den Güterkraftverkehr in einer der Allgemeinheit und einzelnen Wirtschaftsgruppen dienenden Form in den Wirtschaftskreislauf einzuordnen, wurde eine Reihe von rechtlichen Bestimmungen erlassen. Davon sind besonders hervorzuheben:

● Güterkraftverkehrsgesetz (GüKG)
● Straßenverkehrsvorschriften wie Straßenverkehrsgesetz (StVG), Straßenverkehrsordnung (StVO), Straßenverkehrs-Zulassungs-Ordnung (StVZO)
● Autobahnbenutzungsgebührengesetz
● Sozialvorschriften für das Fahrpersonal
● Gefahrgutvorschriften
● Vorschriften für die Beförderung leicht verderblicher Güter
● Transportrechtsreform-Gesetz (TRG) mit den Änderungen des Handelsgesetzbuches (HGB), insbesondere §§ 407 – 452
● Gesetz zur Bekämpfung der illegalen Beschäftigung im gewerblichen Güterkraftverkehr (GüKG-BillBG) mit der Änderung bzw. Ergänzung des Güterkraftverkehrsgesetzes (GüKG) durch § 7 b.

2.2.1　Güterkraftverkehrsgesetz (GüKG)

Die am 1. Juli 1998 in Kraft getretene neue Fassung des Güterkraftverkehrsgesetzes (GüKG) verzichtet auf die bis zu diesem Zeitpunkt rechtliche Unterscheidung zwischen Fern-, Nah- und Umzugsverkehr. Es gibt also juristisch nur noch einen einheitlichen Güterkraftverkehr. Möglicherweise spielt der Unterschied noch für statistische Aufzeichnungen eine Rolle.

Der Unternehmer benötigt für den gewerblichen Güterkraftverkehr eine **Erlaubnis**, deren Erteilung lediglich von der Erfüllung der subjektiven Berufszugangsbedingungen – Zuverlässigkeit, finanzielle Leistungsfähigkeit und fachliche Eignung –, nicht jedoch von objektiven Voraussetzungen, wie z. B. von Genehmigungskontingenten, abhängig ist.

Das GüKG wurde am 21. Juni 2000 durch eine Berufszugangsverordnung für den Güterkraftverkehr (GBZugV) ergänzt, in der Einzelheiten zu den Voraussetzungen und zum Erlaubnisverfahren geregelt sind.

Persönliche Berufszugangsvoraussetzungen

Bei den wesentlichen Voraussetzungen handelt es sich um: **persönliche Zuverlässigkeit, finanzielle Leistungsfähigkeit** und **fachliche Eignung**.

Persönliche Zuverlässigkeit

Das Unternehmen und die zur Führung der Güterkraftverkehrsgeschäfte bestellten Personen gelten als zuverlässig, wenn keine hinreichenden Anhaltspunkte dafür vorliegen, dass bei der Führung des Unternehmens die für den Güterkraftverkehr geltenden Vorschriften missachtet oder die Allgemeinheit bei dem Betrieb des Unternehmens geschädigt oder gefährdet werden.

Insbesondere ist die Zuverlässigkeit nicht gegeben bei
– erheblichen Vorstrafen,
– wesentlichen oder wiederholt geahndeten Verstößen gegen die Verkehrsvorschriften (z. B. Gewichte und Abmessungen der Fahrzeuge),
– wesentlichen oder wiederholt geahndeten Verstößen gegen das GüKG und Steuergesetze,

– Verstößen gegen die Verpflichtung aus der Kfz-Haftpflichtversicherung oder Güter-schadenversicherung,

– wiederholten Verstößen gegen soziale und arbeitsrechtliche Pflichten (Entlohnung und Arbeitsbedingungen, insbesondere Lenk- und Ruhezeiten der Fahrer).

Finanzielle Leistungsfähigkeit

Im Güterkraftverkehr beträgt das nachzuweisende Eigenkapital **9.000,00 € für das erste und 5.000,00 € für jedes weitere Fahrzeug**, das verwendet wird. Anhänger und Auflieger zählen dabei – wie Lkw – als ein Fahrzeug. Setzt der Unternehmer also zwei Lkw ohne Anhänger ein, muss er 14.000,00 € nachweisen. Der gleiche Betrag gilt für den ersten Lastzug, der aus Motorwagen und Anhänger besteht.

Schafft sich der Unternehmer einen weiteren Lastzug an, wird der Nachweis über zusätzliche 10.000,00 € Eigenkapital verlangt. Auf das zulässige Gesamtgewicht der Fahrzeuge kommt es nicht an. Schon kleine Lkw ab einem zulässigen Gesamtgewicht von 3,5 t unterliegen dieser Regelung.

Die finanzielle Leistungsfähigkeit ist nicht gegeben, wenn der Eigenkapitalnachweis nicht vorgelegt werden kann, wenn die Zahlungsfähigkeit nicht gewährleistet ist oder erhebliche Rückstände an Steuern und Beiträgen zur Sozialversicherung bestehen.

Der Nachweis für die finanzielle Leistungsfähigkeit ist zu erbringen durch die Beschei-nigung eines Wirtschaftsprüfers, vereidigten Buchprüfers, Steuerberaters, Steuerbe-vollmächtigten, Fachanwalts für Steuerrecht, einer Wirtschaftsprüfungs- oder Steuer-beratungsgesellschaft oder eines Kreditinstituts.

Fachliche Eignung

Fachlich geeignet im Sinne des GüKG ist, wer über die Kenntnisse verfügt, die zur ord-nungsgemäßen Führung eines Güterkraftverkehrsunternehmens erforderlich sind.

Die fachliche Eignung wird durch eine Prüfung nachgewiesen, die sich aus zwei schriftlichen und gegebenenfalls einem ergänzenden mündlichen Prüfungsteil zusammensetzt.

Als Prüfungen der fachlichen Eignung gelten auch folgende Abschlussprüfungen:

– Abschlussprüfung zum Speditionskaufmann/zur Speditionskauffrau,

– Abschlussprüfung zum Kaufmann/zur Kauffrau im Eisenbahn- und Straßenverkehr, Schwerpunkt Güterkraftverkehr,

– Abschlussprüfung zur Fortbildung zum Verkehrsfachwirt/zur Verkehrsfachwirtin,

– Abschlussprüfung als Diplom-Betriebswirt im Ausbildungsbereich Wirtschaft, Fach-richtung Spedition der Berufsakademien Lörrach und Mannheim sowie im Studien-gang Verkehrswirtschaft und Logistik, Fachrichtung Güterverkehr der Fachhoch-schule Heilbronn.

Die fachliche Eignung kann auch durch eine **mindestens fünfjährige leitende Tätig-keit** in einem Unternehmen nachgewiesen werden, das Güterkraftverkehr betreibt. Das Ende der Tätigkeit darf zum Zeitpunkt der Antragstellung nicht länger als zwei Jahre zurückliegen.

Die Erlaubnis-/Lizenzbehörde muss sich seit dem 1. Juli 2000 regelmäßig, mindestens jedoch alle 5 Jahre vergewissern, dass das Unternehmen, das im Besitz einer Erlaub-nis bzw. Gemeinschaftslizenz ist, die Berufszugangsvoraussetzungen noch erfüllt.

Die persönlichen Berufszugangsvoraussetzungen müssen von allen Güterkraftver-kehrsunternehmen erfüllt werden, wenn sie Kraftfahrzeuge mit einem zulässigen Gesamtgewicht von mehr als 3,5 t einsetzen. Das gilt auch für die Verwendung von Pkw, die ggf. mit Anhänger ein höheres zulässiges Gesamtgewicht als 3,5 t aufweisen.

Auf Antrag erhält der Inhaber der Erlaubnis so viele Erlaubnisausfertigungen, wie ihm Fahrzeuge zur Verfügung stehen, soweit er dafür auch die finanzielle Leistungsfähigkeit nachgewiesen hat.

Ein deutscher Unternehmer ist auch mit einer Gemeinschaftslizens berechtigt innerhalb Deutschlands gewerblichen Güterkraftverkehr zu betreiben.

Weitere wichtige Bestimmungen des Güterkraftverkehrsgesetzes

Im § 1 (1) des GüKG ist der Güterkraftverkehr definiert. Danach handelt es sich um die **geschäftsmäßige** oder **entgeltliche Beförderung** von Gütern mit Kraftfahrzeugen, die einschließlich Anhänger ein **höheres zulässiges Gesamtgewicht als 3,5 Tonnen** haben.

Werkverkehr ist Güterkraftverkehr für eigene Zwecke eines Unternehmens, wenn folgende Voraussetzungen erfüllt sind.

- Die beförderten Güter müssen Eigentum des Unternehmens oder von ihm verkauft, gekauft, vermietet, gemietet, hergestellt, erzeugt, gewonnen, bearbeitet oder instand gesetzt worden sein.
- Die Beförderung muss der Anlieferung der Güter zum Unternehmen, ihrem Versand vom Unternehmen, ihrer Verbringung innerhalb oder – zum Eigengebrauch – außerhalb des Unternehmens dienen.
- Die für die Beförderung verwendeten Kraftfahrzeuge müssen vom eigenen Personal des Unternehmens geführt werden. Im Krankheitsfall ist es dem Unternehmen gestattet, sich für einen Zeitraum von bis zu vier Wochen anderer Personen zu bedienen.

Der **Werkverkehr** ist **weder erlaubnispflichtig noch** besteht eine **Versicherungspflicht**.

Ausnahmen von den Vorschriften des GüKG:

- Die gelegentliche, nicht gewerbsmäßige Beförderung von Gütern durch Vereine für ihre Zwecke oder für gemeinnützige Zwecke.
- Die Beförderung von Gütern durch Körperschaften, Anstalten und Stiftungen des öffentlichen Rechts im Rahmen ihrer öffentlichen Aufgaben.
- Die Beförderung von beschädigten oder reparaturbedürftigen Fahrzeugen aus Gründen der Verkehrssicherheit oder zum Zwecke der Rückführung.
- Die Beförderung von Medikamenten, medizinischen Geräten und Ausrüstungen sowie anderen zur Hilfeleistung in dringenden Notfällen bestimmten Gütern.
- Die Beförderung von Milch und Milcherzeugnissen für andere zwischen landwirtschaftlichen Betrieben, Milchsammelstellen und Molkereien durch landwirtschaftliche Unternehmer.
- Die in land- und forstwirtschaftlichen Betrieben übliche Beförderung von land- und forstwirtschaftlichen Bedarfsgütern oder Erzeugnissen.

Eine wichtige Vorschrift **für den gewerblichen Güterkraftverkehr** enthält der **§ 7a GüKG**. Danach hat sich der Unternehmer gegen alle Schäden zu versichern, für die er bei Beförderungen mit Be- und Entladeort **im Inland** in Verbindung mit dem Frachtvertrag **haftet**. Seit September 2004 ist für diese Versicherung eine **Mindestversicherungssumme von 600.000,00 € je Schadensereignis** vorgeschrieben. Während der Beförderung muss ein gültiger Versicherungsnachweis mitgeführt und auf Verlangen den Kontrollorganen vorgelegt werden.

In den §§ 10 bis 20 des GüKG sind die Organisation, die Aufgaben und die Befugnisse des **Bundesamtes für Güterverkehr (BAG)** geregelt.

Das Bundesamt hat darüber **zu wachen**, dass

- in- und ausländische Unternehmen des gewerblichen Güterkraftverkehrs und alle anderen am Beförderungsvertrag Beteiligten die Pflichten erfüllen, die ihnen nach dem GüKG und den hierauf beruhenden Rechtsvorschriften obliegen,
- die Bestimmungen über den Werkverkehr eingehalten werden.

Zu den wichtigen Rechtsvorschriften, deren Einhaltung das BAG zu überwachen hat, gehören:

- Fahrpersonalvorschriften
- Vorschriften über Abmessungen und Gewichte von Kraftfahrzeugen
- Vorschriften über die Verwendung von Containern im internationalen Güterkraftverkehr
- Rechtsvorschriften über Abgaben, die für das Halten und Verwenden von Fahrzeugen zur Straßengüterbeförderung sowie Benutzung der Straßen anfallen
- Vorschriften über die Beförderung gefährlicher Güter auf der Straße
- Rechtsvorschriften über die Beförderung leicht verderblicher Lebensmittel (ATP)
- Vorschriften über die zulässigen Werte für Geräusche und für verunreinigende Stoffe im Abgas von Kraftfahrzeugen zur Güterbeförderung.

Um die Aufgaben durchführen zu können, erhielt das BAG die **Befugnis,** insbesondere auf **Straßen, Autohöfen** und an **Tankstellen Überwachungsmaßnahmen** im Wege von Stichproben **durchzuführen**. Zu diesem Zweck dürfen die Beauftragten des BAG **Kraftfahrzeuge anhalten**, die der Güterbeförderung dienen.

Soweit erforderlich, können Beauftragte des BAG bei allen an der Beförderung Beteiligten **Grundstücke** und **Geschäftsräume** innerhalb der üblichen Geschäftszeiten **betreten** und **Einsicht** in die **Bücher** und **Geschäftspapiere** einschließlich der Unterlagen über den Fahrzeugeinsatz nehmen.

Das Bundesamt für Güterverkehr kann die Fortsetzung einer Fahrt untersagen, wenn dies zur Wahrnehmung der ihm übertragenen Aufgaben erforderlich ist.

Beispiel: *Bei einer Straßenkontrolle stellt ein Beauftragter des BAG fest, dass wichtige Bestimmungen der Gefahrgutvorschriften oder der Fahrpersonalvorschriften nicht eingehalten sind.*

Weitere Aufgaben des BAG sind die **Marktbeobachtung**, das Führen einer Unternehmensdatei sowie das Führen einer Datei über alle im Inland zugelassenen Unternehmen, die Werkverkehr mit Lastkraftwagen, Zügen und Sattelkraftfahrzeugen durchführen, deren zulässiges Gesamtgewicht 3,5 Tonnen übersteigt. Außerdem führt das BAG eine Datei über abgeschlossene Bußgeldverfahren, um ggf. die Beurteilung der Zuverlässigkeit des Unternehmers und der zur Führung der Güterkraftverkehrsgeschäfte bestellten Person vornehmen zu können.

2.2.2 Straßenverkehrsrechtsvorschriften

Im **Straßenverkehrsgesetz (StVG)** werden die Voraussetzungen zur Benutzung von Kraftfahrzeugen auf öffentlichen Wegen und Plätzen festgelegt. Wesentliche Punkte sind:

- Zulassung
- Fahrerlaubnis/Führerschein
- Haftpflicht
- Straf- und Bußgeldvorschriften (Fahrverbot, Verkehrszentralregister).

Die **Straßenverkehrsordnung (StVO)** gliedert sich in drei Bereiche: Allgemeine Verkehrsregeln, Zeichen und Verkehrseinrichtungen, Durchführungs-, Bußgeld- und Schlussvorschriften. Die für den Güterkraftverkehr wichtigen Vorschriften betreffen die Geschwindigkeit, Maße von Fahrzeug und Ladung. Beförderungen im Güterkraftverkehr mit einer Überschreitung der zulässigen Maße und Gewichte von Lastfahrzeugen sind nur mit einer **Ausnahmegenehmigung** möglich.

Das **Sonn- und Feiertagsfahrverbot** ist ebenfalls in der StVO (§ 30) geregelt. Es besagt, dass an Sonn- und Feiertagen in der Zeit von 0:00 Uhr bis 22:00 Uhr Lastkraftwagen mit einem zulässigen Gesamtgewicht über 7,5 t sowie Anhänger hinter Lastkraftwagen nicht verkehren dürfen.

Ausnahmen davon gelten für den kombinierten Verkehr Schiene – Straße vom Versender bis zum nächstgelegenen geeigneten Versandbahnhof oder vom nächstgelegenen geeigneten Entladebahnhof bis zum Empfänger. Weitere Ausnahmen gelten für die Beförderung von frischer Milch und frischen Milcherzeugnissen, frischem Fleisch und frischen Fleischerzeugnissen, frischen Fischen, lebenden Fischen, leicht verderblichem Obst und Gemüse. Leerfahrten im Zusammenhang mit den genannten Fahrten fallen ebenfalls nicht unter das Sonn- und Feiertagsfahrverbot.

Die **Straßenverkehrs-Zulassungs-Ordnung (StVZO)** enthält Regelungen über **Fahrerlaubnisse, Kraftfahrzeugzulassung, Untersuchungsarten und Untersuchungsfristen sowie über einen Versicherungsnachweis.** Fahrzeugabmessungen und -gesamtgewichte sind ebenfalls in der StVZO festgelegt. Außerdem finden sich Bestimmungen über Fahrtschreiber und Kontrollgeräte, die in engem Zusammenhang mit den „Sozialvorschriften" stehen.

In der **Verordnung zur Erleichterung des Ferienreiseverkehrs auf der Straße (Ferienreiseverordnung)** wird vorgeschrieben, dass Lastkraftwagen mit einem zulässigen Gesamtgewicht von über 7,5 t sowie Anhänger hinter Lastkraftwagen auf bestimmten Autobahnen und einigen Bundesstraßen an allen Samstagen grundsätzlich in der Zeit vom 1. Juli bis 31. August eines jeden Jahres von 07:00 Uhr bis 20:00 Uhr nicht verkehren dürfen. Ausnahmen von diesem Verbot gelten weitgehend für die gleichen Beförderungen wie beim Sonn- und Feiertagsfahrverbot.

Vor dem Hintergrund der für den 31. August 2003 geplanten und bislang noch nicht erfolgten Einführung einer streckenbezogenen Maut für Lkw und Fahrzeugkombinationen mit einem zulässigen Gesamtgewicht von 12 t und mehr in Deutschland wurde ab diesem Zeitpunkt die bis dahin nach dem **Autobahnbenutzungsgebührengesetz** erhobene EU-Vignette für das deutsche Autobahnnetz ersatzlos gestrichen. Die Benutzung des deutschen Straßennetzes erfolgt seit dem 31. August 2003 für alle in- und ausländischen Lkw und Fahrzeugkombinationen bis zur endgültigen Einführung gebührenfrei.

Die Anbieter des Mautsystems – Toll Collect – haben im Frühjahr 2004 mit dem deutschen Verkehrsministerium vereinbart eine „abgespeckte Version" zum 1. Januar 2005 betriebsfertig zu erstellen, die dann später über die elektronische Mauterhebung hinaus auf weitere Dienste ausgebaut werden soll. Toll Collect drohen erhebliche Vertragsstrafen, wenn der vorgesehene Termin nicht eingehalten wird.

EU-Vignetten sind allerdings nach wie vor für die gebührenpflichtigen Straßen der übrigen Länder des Vignetten-Verbundes Belgien, Dänemark, Luxemburg, Niederlande und Schweden erforderlich. Die nachstehende Tabelle zeigt die aktuellen Sätze für die emissionsabhängige Gebühr; sie sind in EUR festgelegt: Gebührenpflichtig sind auch hier Lkw und Fahrzeugkombinationen mit einem zulässigen Gesamtgewicht von 12 t und mehr.

Zeitraum	ohne EURO-Einstufung		EURO I		EURO II und schadstoffärmer	
	3 Achsen	4 Achsen	3 Achsen	4 Achsen	3 Achsen	4 Achsen
1 Jahr	960,00	1.550,00	850,00	1.400,00	750,00	1.250,00
1 Monat	96,00	155,00	85,00	140,00	75,00	125,00
1 Woche	26,00	41,00	23,00	37,00	20,00	33,00
1 Tag	8,00	8,00	8,00	8,00	8,00	8,00

Die Bescheinigung über die gezahlte Gebühr, die an verschiedenen deutschen Verkaufsstellen in Grenznähe oder an ausländischen Ausgabestellen erworben werden kann, ist bei allen Fahrten auf gebührenpflichtigen Straßen mitzuführen.

2.2.3 Sozialvorschriften/Fahrpersonalvorschriften beachten

In den Sozialvorschriften sind u. a. die Beschäftigungszeiten für das Fahrpersonal im Straßenverkehr festgelegt. Sie dienen auf der einen Seite der Verkehrssicherheit, zum anderen aber auch dem Arbeitnehmerschutz. Die Regelungen der Beschäftigungszeiten sind sowohl in nationalen als auch in internationalen Vorschriften enthalten.

Hervorzuheben ist im Bereich der Bundesrepublik Deutschland die **Fahrpersonalverordnung**. Aber auch das Arbeitszeitgesetz (ArbZG) und die Tarifverträge haben Einfluss auf die nationalen Sozialvorschriften.

Die wichtigsten Sozialvorschriften/Fahrpersonalvorschriften im europäischen Bereich sind:

- Fahrpersonalgesetz bzw. Fahrpersonalverordnung
- Verordnung (EWG) 3820/85
- Verordnung (EWG) 3821/85
- AETR – Europäisches Übereinkommen über die Arbeit des im internationalen Straßenverkehr beschäftigten Fahrpersonals.

Die **Fahrpersonal-VO** regelt die Lenk- und Ruhezeiten sowie deren Nachweise für Beförderungen im deutschen Bundesgebiet, die mit Fahrzeugen durchgeführt werden, deren **zulässiges Gesamtgewicht zwischen 2,8 und 3,5 t** liegt.

Die Lenkzeiten, die Lenkzeitunterbrechungen und die Ruhezeiten sind hier genauso geregelt wie in der Verordnung (EWG) 3820/85 bzw. im AETR. Lediglich eine besondere Form des Nachweises für Lenk- und Ruhezeiten ist in der Fahrpersonalverordnung vorgeschrieben.

Die **Verordnung (EWG) 3820/85** gilt sowohl im grenzüberschreitenden Güterkraftverkehr zwischen den EU-Staaten und dem Fürstentum Liechtenstein, Island und Norwegen als auch bei allen Beförderungen innerhalb des Bundesgebietes. Sie findet somit für alle innergemeinschaftlichen Beförderungen im Straßenverkehr Anwendung, d. h. für Beförderungen, die das Gebiet der EU und das des Fürstentums Liechtenstein oder der Länder Island und Norwegen nicht verlassen bzw. nicht aus einem Drittland in das EU-Gebiet kommen. Dabei ist es gleichgültig, ob das Fahrzeug in einem EU-Staat, AETR-Vertragsstaat oder einem sonstigen Drittland zugelassen ist.

Beispiele: – *Ein deutscher Güterkraftverkehrsunternehmer befördert Güter innerhalb Deutsch-*
lands (z. B. von München nach Frankfurt) oder von Deutschland nach einem
anderen EU-Mitgliedstaat (z. B. von Stuttgart nach Paris).

– *Ein niederländischer Frachtführer übernimmt in Hamburg einen Transport nach*
Mailand; die Fahrstrecke führt über Österreich nach Italien.

Die VO (EWG) 3820/85 gilt – mit wenigen Ausnahmen – bei Beförderungen im Straßenverkehr mit **Fahrzeugen**, die der Güterbeförderung dienen und **deren zulässiges Gesamtgewicht einschließlich der Anhänger 3,5 t übersteigt**.

Abweichend von der VO (EWG) 3820/85 gilt jedoch das **Europäische Übereinkommen über die Arbeit des im internationalen Straßenverkehr beschäftigten Fahrpersonals (AETR)** für Beförderungen im grenzüberschreitenden Straßenverkehr von und/oder nach Drittländern, die Vertragsstaaten des AETR sind, oder im Transit durch diese Länder **auf der gesamten Fahrstrecke**, wenn die Beförderungen mit Fahrzeugen durchgeführt werden, die entweder in einem EU-Mitgliedstaat oder in einem der folgenden Vertragsstaaten des AETR zugelassen sind.

AETR-Vertragsstaaten sind die EU-Mitgliedstaaten und das Fürstentum Liechtenstein, Island, Norwegen sowie Albanien, Aserbaidschan, Belarus, Bosnien-Herzegowina, Bulgarien, Jugoslawien (ehemaliges), Kasachstan, Kroatien, Mazedonien, Moldau, Rumänien, die Russische Föderation, die Schweiz, die Sowjetunion (ehemalige), die Türkei, Turkmenistan, die Ukraine und Usbekistan.

Beispiele: – *Ein deutscher Frachtführer befördert Güter von Frankfurt am Main nach Moskau.*

– *Ein rumänischer Unternehmer befördert eine Lkw-Ladung von Bukarest über*
Ungarn und Österreich nach München.

Verordnung (EWG) 3821/85

Zur **Überwachung** der in der VO (EWG) 3820/85 vorgeschriebenen **Lenk- und Ruhezeiten** muss ein **EU-Kontrollgerät** im Fahrzeug eingebaut sein und benutzt werden. Die Bestimmungen dazu sind in der VO (EWG) 3821/85 zusammengefasst.

Auf Verlangen muss der Fahrer dem Kontrollbeamten das Schaublatt/die Schaubblätter für die laufende Woche sowie das Schaublatt für denjenigen Tag der Vorwoche vorlegen, an dem er in dieser Woche zuletzt gefahren ist. Wurden an bestimmten Tagen der laufenden oder der Vorwoche keine Fahrzeuge – z. B. aufgrund von arbeitsfreien Tagen oder Krankheit – oder nur solche Fahrzeuge gelenkt, die nicht unter die VO (EWG) 3820/85 oder das AETR fallen, ist anstelle eines Schaublattes für diese Tage eine entsprechende Bescheinigung mit Unterschrift des Unternehmers vorzulegen.

Das AETR enthält im Wesentlichen die gleichen Regelungen wie die EU-Sozialvorschriften, was die Lenk- und Ruhezeiten, deren Aufteilungsmöglichkeiten sowie die

Kontrollmaßnahmen angeht. Entsprechend der VO (EWG) 3821/85 sind für die Überwachung der vorgeschriebenen Lenk- und Ruhezeiten Kontrollgeräte vorgesehen. Jedoch wird von einzelnen Ländern, wie z. B. Slowenien, nach wie vor die Führung eines persönlichen Kontrollbuches verlangt.

Gemäß den Vorschriften der Europäischen Union (EU) und dem Europäischen Übereinkommen über die Arbeit des im internationalen Straßenverkehr beschäftigten Fahrpersonals (AETR), gelten die folgenden Bestimmungen, die in einer Übersicht dargestellt und erläutert sind.

Tägliche Lenkzeit	9 Stunden; kann je Woche 2 x auf 10 Stunden erhöht werden.
Ununterbrochene Lenkzeit	Höchstens 4,5 Stunden.
Lenkzeitunterbrechung	Mindestens 45 Minuten; Aufteilungsmöglichkeiten in bis zu 3 Abschnitte, wobei jeder Abschnitt mindestens 15 Minuten betragen muss.
Lenkzeit zwischen 2 wöchentlichen Ruhezeiten	Höchstens 56 Stunden.
Lenkzeit in zwei aufeinander folgenden Wochen	Höchstens 90 Stunden.
Tagesruhezeit (1 Fahrer)	Mindestens 11 Stunden bei zusammenhängender Ruhezeit; Verkürzung 3 x wöchentlich auf 9 Stunden möglich. Wird die Tagesruhezeit in zwei oder drei Abschnitte aufgeteilt, muss sie mindestens 12 Stunden und der letzte Abschnitt mindestens 8 Stunden betragen. Die vorgeschriebene Tagesruhezeit gilt innerhalb jedes Zeitraumes von 24 Stunden.
Tagesruhezeit (2 oder mehr Fahrer)	8 Stunden innerhalb jedes Zeitraumes von 30 Stunden
Wöchentliche Ruhezeit	45 Stunden einschließlich einer Tagesruhezeit. Verkürzung möglich auf - 36 Stunden am Standort oder Heimatort des Fahrers, - 24 Stunden außerhalb dieser Orte.
Kontrollmittel	Kontrollgerät und Schaublätter.

Übersicht über die Lenk- und Ruhezeitvorschriften nach VO (EWG) 3820/85 und AETR

Erläuterungen zu den Lenk- und Ruhezeitvorschriften

Die **Tageslenkzeit** ist die Gesamtlenkzeit zwischen zwei Tagesruhezeiten oder zwischen einer Tagesruhezeit und einer Wochenruhezeit. Die **Lenkzeit** ist der reine Dienst am Steuer.

Nicht zur Lenkzeit gerechnet werden die gesetzlich vorgeschriebenen Lenkzeitunterbrechungen. Verkehrsbedingtes Anhalten (z. B. vor einer Ampel) wird zur Lenkzeit gerechnet. Die Tageslenkzeit muss immer zwischen zwei großen Ruhezeitblöcken von 8 – 11 Stunden liegen. Nach maximal 6 Tageslenkzeiten muss eine wöchentliche Ruhezeit eingelegt werden.

Eine **häufige Fehlerquelle bei der Disposition** bzw. beim Fahrverlauf besteht darin, dass keine ausreichenden Tagesruhezeiten eingelegt werden. Dann werden die Lenkzeiten so lange zusammengezählt, bis wieder eine ausreichende Tages- oder Wochenzeit eingelegt wird. Dies hat zur Folge, dass sich eine weit über das zulässige Maß hinausgehende Lenkzeit summiert und hohe Bußgelder drohen.

Die **Wochenlenkzeit** wird wie die Tageslenkzeit berechnet. Sie darf innerhalb von zwei aufeinanderfolgenden Wochen maximal 90 Stunden betragen. Es gilt die Berechnung nach der Kalenderwoche von Montag 00:00 Uhr bis Sonntag 24:00 Uhr.

Während der **Lenkzeitunterbrechung** dürfen keine Arbeiten ausgeführt werden. Insbesondere darf nicht gefahren werden, aber auch sonstige Verrichtungen (Be- und Entladen, Wartung des Fahrzeugs) dürfen nicht ausgeführt werden. Ein Verbleiben im oder am Fahrzeug ist möglich. Bei 2-Mann-Besatzung gilt für den Beifahrer auch das Verbleiben im fahrenden Lkw als Lenkzeitunterbrechung.

Die **tägliche Ruhezeit** ist der ununterbrochene Zeitraum von mindestens einer Stunde, in dem der Fahrer frei über seine Zeit verfügen kann. Bei der 1-Mann-Besatzung muss in jedem Zeitraum von 24 Stunden (ab Fahrtbeginn, unabhängig vom kalendermäßigen Tag) eine Tagesruhezeit von 11 zusammenhängenden Stunden eingelegt werden. Ausnahmsweise ist bis zu dreimal pro Woche eine Ruhezeitverkürzung auf 9 zusammenhängende Stunden bei Ausgleich der Verkürzung bis zum Ende der folgenden Woche möglich. Alternativ kann in jedem Zeitraum von 24 Stunden die Ruhezeit in zwei oder drei Abschnitte aufgeteilt werden, von denen der letzte jedoch mindestens 8 zusammenhängende Stunden umfassen muss. Die Tagesruhezeit muss dann aber 12 statt sonst 11 Stunden betragen.

Bei der 2-Mann-Besatzung des Fahrzeugs gilt folgende Ruhezeitregelung: Jeder Fahrer muss in jedem Zeitraum von 30 Stunden mindestens eine tägliche Ruhezeit von 8 zusammenhängenden Stunden nachweisen.

Die Tagesruhezeit muss grundsätzlich außerhalb des Fahrzeugs verbracht werden. Bei Fahrzeugen, die mit Schlafkabine ausgestattet sind, kann die Ruhezeit auch innerhalb des **stillstehenden** Lkw verbracht werden.

Als Fehlerquellen sind zu finden: Sehr oft wird der 24-Stunden-Zeitraum falsch berechnet. Er muss ab Fahrtbeginn unabhängig vom kalendermäßigen Tagesbeginn und Tagesende berechnet werden. Auch kürzeste Fahrten innerhalb der Ruhezeit „annulieren" die Ruhezeit. Selbst eine Tagesruhezeit von 7 Stunden und 59 Minuten – bei vorgeschriebenen 8 Stunden – würde dazu führen, dass keine Tagesruhezeit anerkannt wird. Bei einer Kontrolle werden die Tageslenkzeiten bis zu einer ausreichenden Ruhezeit zusammengezählt. Für die Disposition ergibt sich daraus: Es sollen keine vermeidbaren kurzen Fahrten in Zeiträumen stattfinden, die als Ruhezeiten erforderlich sind.

Regelmäßig muss in jeder Woche (Montag 00:00 Uhr bis Sonntag 24:00 Uhr) eine **wöchentliche Ruhezeit** von mindestens 45 zusammenhängenden Stunden eingelegt werden. Ausnahme: Ruhezeitverkürzung am Heimatort des Fahrers oder am Standort des Fahrzeugs auf 36 zusammenhängende Stunden. Außerhalb der genannten Orte kann die wöchentliche Ruhezeit auf 24 zusammenhängende Stunden verkürzt werden. Voraussetzung in beiden Fällen der Verkürzung ist, dass bis zum Ende der folgenden dritten Woche ein zusammenhängender Ausgleich mit einer zusätzlich mindestens achtstündigen Ruhezeit vorgenommen wird.

Spätestens nach 6 Tageslenkzeiten muss eine wöchentliche Ruhezeit eingelegt werden; in dieser kann gleichzeitig auch eine Tagesruhezeit enthalten sein.

Die **Nichteinhaltung der Lenk- und Ruhezeiten** stellen Ordnungswidrigkeiten dar. Geldbußen in drastischer Höhe drohen dem Fahrer, dem Unternehmer und dem Disponenten. Zwar können die Fahrzeugführer von deutschen Gerichten für im Ausland begangene Zuwiderhandlungen nicht zur Verantwortung gezogen werden, sofern sich der Verstoß in Deutschland nicht auswirkt. Die Unternehmer oder Disponenten dagegen können für Auslandsverstöße des Fahrpersonals belangt werden.

Im Zusammenhang mit der Benutzung des Fahrtschreibers, wie das Kontrollgerät auch genannt wird, erwachsen sowohl dem Fahrer als auch dem Unternehmer bzw. dessen Beauftragten besondere Pflichten:

Pflichten des Fahrers:

- Für jeden einzelnen Lenktag ist ein Schaublatt zu verwenden. (Ein Überschreiben ist grundsätzlich unzulässig.)
- Vor der Benutzung ist die Uhrzeit nach der gesetzlichen Uhrzeit des Zulassungslandes einzustellen.
- Vollständige Beschriftung des Innenfeldes u. a. mit Vor- und Nachname des Fahrers.
- Das Schaublatt darf erst nach der täglichen Arbeitszeit herausgenommen werden.
- Bei Fahrzeugwechsel muss das Schaublatt mitgenommen werden (weil es ein personenbezogenes Schaublatt ist).
- Der Zeitgruppenschalter ist entsprechend der Tätigkeiten bzw. deren Unterbrechungen zu betätigen.
- Bei Störungen sind die einzelnen Zeitgruppen – Lenkzeit, sonstige Arbeits- und Bereitschaftszeit, Arbeitsunterbrechungen und Tagesruhezeiten – von Hand auf dem Schaublatt oder einem gesonderten Blatt aufzuzeichnen.
- Reparatur des Fahrtschreibers auch unterwegs nur in einer Fachfirma (außer bei Rückkehr zum Unternehmen binnen einer Woche ab Eintritt des Schadens).
- Bei 2-Mann-Besetzung: Scheibenwechsel pro Fahrer.
- Mitführen der Schaublätter des letzten Lenktages der Vorwoche sowie der laufenden Woche und Aushändigung an Kontrollbeamte.
- Mitführen von Bescheinigungen über arbeitsfreie Tage und auf Verlangen Aushändigung an Kontrollbeamte.
- Unverzügliche Übergabe der nicht mehr mitzuführenden Schaublätter an den Unternehmer.

Pflichten des Unternehmers:

- Mitgabe einer ausreichenden Anzahl der richtigen Schaublätter an die Fahrer.
- Überprüfen der Schaublätter auf Einhaltung der Sozialvorschriften im Straßenverkehr.
- Geordnete Aufbewahrung der Schaublätter für ein Jahr und Herausgabe an Kontrollbeamte auf deren Verlangen.

Für das Unternehmen lohnt es sich, das Fahrverhalten zu analysieren und ggf. das Fahrpersonal zu schulen. Denn: Mehrfache Beanstandungen bei Unterwegskontrollen führen zu Betriebskontrollen durch die Aufsichtsbehörden. Dann müssen die Fahrtenschreiberblätter eines längeren Zeitraumes vorgelegt werden. Das Ergebnis einer Betriebskontrolle können kostspielige Bußgeldverfahren sein. Zudem steht die Zuverlässigkeit des Unternehmers zur Debatte, die Voraussetzung zur Ausübung des gewerblichen Güterkraftverkehrs ist.

Durch die Auswertung der Fahrtschreiberblätter lassen sich aber auch Schlüsse auf die Wirtschaftlichkeit der Fahrweise des einzelnen Fahrers ziehen. Dabei können dann Kostensparpotenziale genutzt werden.

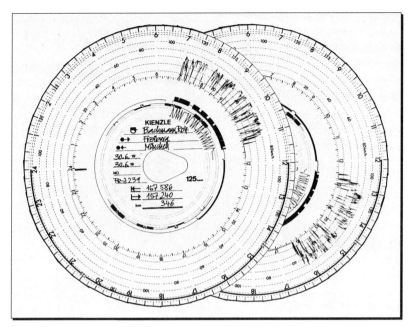

Diagrammscheiben mit Tagesaufzeichnungen

2.3 Gefährliche Güter auf der Straße befördern

Das Gesetz über die Beförderung gefährlicher Güter bildet in Deutschland die Grundlage für den Transport gefährlicher Güter. Es bezieht sich auf **alle Verkehrsträger**. In dieser Vorschrift wird die Beförderung gefährlicher Güter generell geregelt. Danach zählt zur Beförderung aber nicht nur die reine Ortsveränderung, sondern auch: „die Übernahme und die Ablieferung des Gutes sowie zeitweilige Aufenthalte im Verlauf der Beförderung, Vorbereitungs- und Abschlusshandlungen ..., auch wenn diese nicht vom Beförderer ausgeführt werden".

Es handelt sich also um eine umfassende, alle Handlungen, die in einem Zusammenhang mit der Beförderung stehen, einbeziehende Rahmenvorschrift. Auf der Basis dieses **„Gefahrgutbeförderungsgesetzes – GGBefG"** wurden für alle Verkehrsträger ergänzende Verordnungen erlassen. Für den Straßen- und Eisenbahnverkehr z. B.:

GGVS	Gefahrgutverordnung Straße (für den deutschen Straßenverkehr)
ADR	Abkürzung für European **A**greement Concerning the international Carriage of **D**angerous Goods by **R**oad. Deutsche Bezeichnung: Europäisches Übereinkommen über die internationale Beförderung gefährlicher Güter auf der Straße. Dieses Übereinkommen gilt auch für innerstaatliche Transporte in der EU.
GGVE	Gefahrgutverordnung Eisenbahn (für den deutschen Eisenbahnverkehr)
RID	Internationale Regelung für den Transport gefährlicher Güter auf der Eisenbahn
GGVSE	Verordnung über die innerstaatliche und grenzüberschreitende Beförderung gefährlicher Güter auf der Straße und mit Eisenbahnen. Mit dieser Verordnung wurden ADR und RID für die Bundesrepublik in Kraft gesetzt.

Seit dem 1. Januar 2003 ist eine Änderung des Regelwerkes für den europäischen Landtransport gefährlicher Güter (ADR/RID) zwingend in Kraft getreten. Das neue Recht konnte in einer Übergangszeit bereits seit dem 1. Juli 2001 angewendet werden.

Das **ADR** enthält danach alle Regelungen, die im Zusammenhang mit der Beförderung gefährlicher Güter sowohl im innerstaatlichen Lkw-Verkehr als auch beim grenzüberschreitenden Lkw-Verkehr zu beachten sind.

Gefährliche Güter sind Stoffe und Gegenstände, von denen aufgrund ihrer Natur, ihrer Eigenschaft oder ihres Zustandes im Zusammenhang mit der Beförderung Gefahren für die öffentliche Sicherheit oder Ordnung, insbesondere für die Allgemeinheit, für wichtige Gemeingüter, für Leben, Gesundheit von Menschen sowie für Tiere und Sachen ausgehen können.

Zum Begriff **Beförderung** gehören – neben dem reinen Transport – auch das

- Verpacken
- Beladen
- kurzfristige Zwischenlagern
- Entladen
- Auspacken

Die Beteiligten an dieser „Beförderungskette" mit ihren spezifischen Pflichten sind:

Absender	**Absender** ist das Unternehmen, das selbst oder für einen Dritten gefährliche Güter versendet. Liegt dem Gefahrguttransport ein Beförderungsvertrag zugrunde, ist der frachtvertragliche Absender (z. B. ein Spediteur) gleichzeitig Absender im gefahrgutrechtlichen Sinn. Der Absender muss den Beförderer in schriftlicher Form die genaue Art der Gefahr und, soweit erforderlich, zu ergreifende Maßnahmen mitteilen (§ 410 HGB).
Beförderer und Fahrzeugführer	**Beförderer** ist das Unternehmen, das die Beförderung mit oder ohne Beförderungsvertrag durchführt. Der Fahrzeugführer handelt im Auftrag des Unternehmens, das letztlich für die Einhaltung der Gefahrgutvorschriften verantwortlich ist. Der Beförderer darf nur einen Fahrer einsetzen, der Inhaber einer gültigen ADR-Bescheinigung ist. Ferner hat er dafür zu sorgen, dass erforderliche Begleitpapiere, Ausrüstungsgegenstände und Ausnahmezulassungen dem Fahrer übergeben werden. Bei wechselndem Einsatz von Tanks ist der Beförderer für die Reinigungsmaßnahmen verantwortlich. Der **Fahrzeugführer** ist verantwortlich für das Mitführen seiner gültigen ADR-Bescheinigung, der erforderlichen Begleitpapiere, Bescheinigungen und Ausrüstungsgegenstände. Ferner hat er die Verantwortung für die Einhaltung der Parkvorschriften, für die richtige Kennzeichnung des Fahrzeugs, für die Beleuchtung des Fahrzeugs bei Nacht und auch die Einhaltung von Beschränkungen auf bestimmten Strecken (z. B. Elbtunnel).
Empfänger	Das ADR meint hier den **frachtvertraglichen Empfänger**. Bei einer Beförderung ohne Beförderungsvertrag (z. B. im Werkverkehr) ist Empfänger das Unternehmen, das die gefährlichen Güter bei der Ankunft übernimmt. Der Empfänger hat in den gemäß ADR vorgesehenen Fällen die vorgeschriebene Reinigung und Entgiftung von Fahrzeugen und Containern vorzunehmen. Er muss auch dafür sorgen, dass bei vollständig entladenen, gereinigten und entgifteten Containern keine Gefahrenkennzeichen mehr sichtbar sind.
Verlader Befüller	**Verlader** ist das Unternehmen, das gefährliche Güter in ein Fahrzeug oder in einen Großcontainer verlädt. Der Verlader muss die Verpackung auf Beschädigungen prüfen. Er hat dafür zu sorgen, dass die schriftlichen Weisungen (Unfallmerkblätter) mitgegeben werden. Bei Tanktransporten muss der **Befüller** dafür sorgen, dass der Befüllungsgrad nicht überschritten und eine Dichtheitsprüfung durchgeführt wird. Eine vergleichbare Aufgabe hat der Befüller, wenn in ein Fahrzeug, einen Groß- oder einen Kleincontainer Güter in loser Schüttung geladen werden.
Verpacker	**Verpacker** ist das Unternehmen, das gefährliche Güter in Verpackungen einschließlich Großverpackung und Großpackmittel einfüllt und ggf. die Versandstücke zur Beförderung vorbereitet. Der Verpacker hat dafür zu sorgen, dass die Verpackungsvorschriften über die Zusammenpackung und – wenn er die Versandstücke zur Beförderung vorbereitet – die Vorschriften über die Kennzeichnung und Bezettelung von Versandstücken eingehalten werden.

Das **ADR** ist in 9 Teile gegliedert:

1. Allgemeine Vorschriften
2. Klassifizierung
3. Stoffverzeichnis nach UN-Nummern sowie Vorschriften zur Freistellung bei der Beförderung in begrenzten Mengen
4. Vorschriften für die Verwendung von Verpackungen, IBC (**I**ntermediate **B**ulk **C**ontainer = Großpackmittel) und Tanks
5. Vorschriften für den Versand
6. Bau- und Prüfvorschriften für Verpackungen, Großpackmittel, Großverpackungen und Tank
7. Vorschriften für die Beförderung, Be- und Entladung und die Handhabung
8. Vorschriften für Fahrzeugbesatzung, Ausrüstung, Betrieb und Dokumentation
9. Vorschriften für Bau und Zulassung von Fahrzeugen

Mit der 17. ADR-Änderungsverordnung gilt seit dem 01.01.2005 das ADR 2005. Der wesentliche Inhalt der Änderungen betrifft die Verantwortlichen der am Gefahrguttransport Beteiligten, Vorschriften für die Sicherung solcher Transporte, insbesondere Antiterrormaßnahmen, die Neugestaltung der Fortbildungsschulungen für Gefahrgutfahrer und Gefahrgutbeauftragte.

2.3.1 Gefahrgut klassifizieren und kennzeichnen

In der Regel sind die Hersteller für die Klassifizierung zuständig, weil sie die chemischen und physikalischen Eigenschaften ihrer Produkte am besten kennen. Der Spediteur oder der Frachtführer erhalten daher gewöhnlich klassifiziertes Gut.

Die Gefahrgutklassen sind nach den grundlegenden Eigenschaften der Güter eingeteilt. Das ADR enthält folgende Klassen für gefährliche Güter:

Klasse	Bezeichnung	Beispiele
1	Explosive Stoffe und Gegenstände mit Explosivstoff	Sprengstoff, Munition
2	Gase	Propan, Sauerstoff
3	Entzündbare flüssige Stoffe	Benzin, Äthylalkohol
4.1	Entzündbare feste Stoffe, selbstzersetzliche Stoffe	Zündhölzer, Filmzelluloid
4.2	Selbstentzündliche Stoffe	Weißer Phosphor
4.3	Stoffe, die in Berührung mit Wasser entzündliche Gase entwickeln	Calciumcarbid
5.1	Entzündend (oxidierend) wirkende Stoffe	ammoniumnitrathaltige Düngemittel
5.2	Organische Peroxide	Kunststoffkleber
6.1	Giftige Stoffe	Schädlingsbekämpfungsmittel
6.2	Ansteckungsgefährliche Stoffe	Krankenhausabfälle
7	Radioaktive Stoffe	Uran-Metall
8	Ätzende Stoffe	Schwefelsäure, Natronlauge
9	Verschiedene gefährliche Stoffe und Gegenstände	Verflüssigtes Metall, Asbest

Die Klasseneinteilung richtet sich nach der Hauptgefahr eines Stoffes oder Gegenstandes. Durch die Klassifizierungscodes wird das Gefahrenpotenzial eines Stoffes näher gekennzeichnet. Zum Beispiel können Güter der Klasse 3 wie folgt unterteilt werden:

F   Entzündbare flüssige Stoffe ohne Nebengefahr

F 1   Entzündbare flüssige Stoffe mit einem Flammpunkt von höchstens 61° C
F 2   Entzündbare flüssige Stoffe mit einem Flammpunkt über 61° C, die auf oder über ihren Flammpunkt erwärmt zur Beförderung aufgegeben oder befördert werden

FT   Entzündbare flüssige Stoffe, giftig
FT 1 Entzündbare flüssige Stoffe, giftig
FT 2 Mittel zur Schädlingsbekämpfung (Pestizide)

FC   Entzündbare flüssige Stoffe, ätzend
FTC Entzündbare flüssige Stoffe, giftig, ätzend
D   Desensibilisierte explosive flüssige Stoffe

Für alle Gefahrgutklassen bedeuten die verwendeten Buchstaben folgende Eigenschaften:

F	entzündbar	**R**	radioaktiv
S	selbstentzündlich	**C**	ätzend
W	mit Wasser reagierend	**M**	verschiedenartig
O	entzündend (oxidierend) wirkend	**D**	desensibilisierter explosiver Stoff
T	giftig	**SR**	selbstzersetzlicher Stoff
I	ansteckungsgefährlich	**P**	organisches Peroxid

Verzeichnis der gefährlichen Güter

Dieser Teil des ADR enthält eine Übersicht über alle Gefahrgüter, denen eine **UN-Nummer** zugeordnet ist. Aus diesem Verzeichnis der gefährlichen Güter ist in Form von Codes ablesbar, welche Beförderungsvorschriften für den Transport der jeweiligen Gefahrgüter gelten.

Die **UN-Nummer** ist eine vierstellige Zahl zur Kennzeichnung von Stoffen oder Gegenständen gemäß UN-Vorschriftenwerk.

Sofern im ADR nichts anderes vorgeschrieben ist, muss jedes Versandstück deutlich und dauerhaft mit der entsprechenden UN-Nummer versehen werden. Der Ziffer sind die Buchstaben „UN" voranzustellen.

Gefahrgüter sind mit den so genannten **Gefahrzetteln** zu versehen. Diese weisen die Gefahrgutklasse aus. Einheitliche Gefahrsymbole (z. B. das Totenkopfsymbol für giftige Stoffe der Klasse 6.1) weisen auf die Hauptgefahr hin, die von dem Gut ausgeht. Bestehen dazu noch Nebengefahren, werden evtl. weitere Gefahrzettel notwendig.

Für das Anbringen der Gefahrzettel gelten folgende Richtlinien:

● Sie sind so anzubringen, dass sie nicht durch Teile der Verpackung abgedeckt werden.

● Sind mehrere Gefahrzettel notwendig, müssen sie auf derselben Fläche des Versandstückes angebracht werden, sofern die Abmessungen des Versandstückes das ermöglichen.

● Bei mehreren Gefahrzetteln müssen sie sich alle nahe beieinander auf dem Packstück befinden.

● Bei kleineren Packstücken sind die Gefahrzettel in geeigneter Weise zu befestigen (z. B. durch eine Schnur).

● Großpackmittel mit mehr als 450 Liter Fassungsvermögen sind auf zwei gegenüberliegenden Seiten mit Gefahrzetteln zu versehen.

Beispiele für Gefahrzettel

Gefahr der Klasse 3
Entzündbare flüssige
Stoffe
(Farbe: schwarz oder
weiß auf
rotem
Grund)

Gefahr der Klasse 4.1
Entzündbare feste Stoffe,
selbstzersetzliche und desensi-
bilisierte explosive Stoffe
(Farbe: schwarz auf
weißem Grund
mit sieben
senkrechten
roten
Streifen)

Gefahr der Klasse 4.2
Selbstentzündliche
Stoffe
(Farbe: schwarz auf
weißem und
rotem
Grund)

2.3.2 Fahrzeuge und Fahrzeugbesatzungen gemäß ADR ausstatten

Lastkraftwagen, Sattelkraftfahrzeuge und Lastzüge müssen regelmäßig mit zwei rechteckigen, rückstrahlenden **orangefarbenen Warntafeln** von 40 cm Grundlinie und mindestens 30 cm Höhe sowie einem schwarzen Rand von höchstens 15 mm Breite versehen sein. Die Warntafeln sind am Fahrzeug bzw. an der Beförderungseinheit jeweils vorn und hinten anzubringen.

Warntafeln müssen verdeckt oder entfernt sein, wenn keine gefährlichen Güter geladen sind. Wurde die Beförderung in Tanks durchgeführt und sind diese gereinigt, müssen die Warntafeln verdeckt oder entfernt werden. Bei einem Leertransport mit ungereinigtem Tank dagegen müssen sie sichtbar bleiben, so als wäre das Fahrzeug noch mit dem Gefahrgut beladen.

Die Ausrüstungspflicht trifft den Halter des Kraftfahrzeuges, die Anbringungspflicht und die Verantwortung für das Verdecken bzw. Entfernen der Warntafeln trifft den Fahrzeugführer.

Die Warntafeln enthalten in der **oberen Hälfte** die **Gefahrnummer**, in der **unteren Hälfte** die **Stoffnummer (UN-Nummer)**. Die Verdoppelung einer Ziffer (im nebenstehenden Beispiel „3" zu „33") weist auf die Zunahme der entsprechenden Gefahr hin. Kann die Gefahr eines Stoffes ausreichend durch eine Ziffer angegeben werden, wird dieser Ziffer eine Null angefügt, z. B. „30". **Fahrzeuge, die gefährliche Abfälle** im Sinne des ADR transportieren, sind außer mit den Warntafeln **„A"** auch mit den

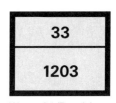

Warntafel (Benzin)

orangefarbenen Warntafeln vorn und hinten zu kennzeichnen. Warntafeln mit Gefahrnummern und Stoffnummern werden bei Gefahrguttransporten mit Tankfahrzeugen verwendet. Die Kennzeichnungsnummern sind auch erforderlich bei Beförderungen mit Containern, in denen feste Stoffe in loser Schüttung geladen sind.

Erfolgt ein Transport von Gefahrgütern in Versandstücken oder von gefährlichen **Abfällen** in loser Schüttung, werden orangefarbene Warntafeln ohne Kennzeichnungsnummern (sog. „schlichte Warntafeln" oder „neutrale Warntafeln") am Fahrzeug angebracht.

Für **Fahrer und Beifahrer** ist eine **geeignete Schutzausrüstung** im Fahrzeug mitzuführen. Sie ist vom beförderten Gut (oder Abfall) abhängig. Im Allgemeinen können die Angaben, welche Teile die Schutzausrüstung umfasst, aus den Unfallmerkblättern entnommen werden. Allerdings haben diese Angaben keinen verbindlichen Charakter. Die Schutzausrüstung soll jedoch mindestens bestehen aus:

- einer dichtschließenden Schutzbrille,
- geeigneten Schutzhandschuhen.

- einer Schaufel,

Außerdem – wie in den Unfallmerkblättern angegeben – z. B.:

- öl- und säurefeste Schürze,
- Augenspülflasche mit reinem Wasser,
- zusätzlich eine Fluchtmaske,

- öl- und säurefeste Stiefel,
- antistatisches Schuhwerk bei Benzintransporten.

Die notwendige **Fahrzeugausrüstung** für Gefahrguttransporte besteht aus:

- zwei funktionsfähigen Warnleuchten,
- zwei Feuerlöschern,
- einem Unterlegkeil je Fahrzeug in Reifenbreite,
- einer geeigneten Warnweste oder Warnkleidung für jedes Mitglied der Fahrzeugbesatzung,
- zwei selbststehenden Warnzeichen und für jedes Mitglied der Fahrzeugbesatzung eine Handlampe.

Jedem Gefahrguttransport sind die folgenden **Begleitpapiere** mitzugeben:

- ein **Beförderungspapier** (z. B. ein Frachtbrief), in dem das Gefahrgut mit folgenden Angaben beschrieben wird:
  a) UN-Nummer
  b) offizielle Benennung des Stoffes oder Gegenstandes in Großbuchstaben
  c) Gefahrgutklasse
  d) Verpackungsgruppe
  e) die Großbuchstaben ADR
  f) Anzahl und Beschreibung der Versandstücke (z. B. 3 Karton)
  g) Gesamtmenge der gefährlichen Güter (als Volumen, Brutto- oder Nettomasse)
  h) Name und Anschrift des Absenders
  i) Name und Anschrift des Empfängers

- **Schriftliche Weisungen** (Unfallmerkblätter), die folgende Informationen enthalten müssen:
  a) **Bezeichnung** des Stoffes oder Gegenstandes oder der Gruppe von Gütern, die Klasse und die UN-Nummer des Gutes;
  b) **Art der Gefahr**, die vom Gut ausgeht;
  c) die zu treffenden **allgemeinen Maßnahmen**, wie z. B. Warnung anderer Verkehrsteilnehmer, Verständigung von Polizei und/oder Feuerwehr;
  d) **Maßnahmen bei kleineren Leckagen oder Undichtheiten**;
  e) die ggf. für spezielle Güter zu treffenden **besonderen Maßnahmen**;
  f) die **erforderliche Ausrüstung** zur Anwendung der allgemeinen und ggf. der zusätzlichen und/oder besonderen Maßnahmen.

Diese schriftlichen Weisungen in Form des Unfallmerkblattes sind vom **Absender** bereitzustellen und dem **Fahrzeugführer** spätestens zum Zeitpunkt des **Verladens** zu übergeben. Sie müssen in einer **Sprache** dem Fahrer übergeben werden, die er lesen und verstehen kann, sowie in allen **Sprachen** der **Herkunfts-, Transit- und Bestimmungsländer** der Gefahrgutsendung.

Die schriftlichen Weisungen sind im **Fahrerhaus** so **aufzubewahren**, dass sie **leicht auffindbar** sind.

Schriftliche Weisung für den Straßentransport

LADUNG	**BENZIN**	Klasse	3	33
		Ziffer	VP II	1203

EIGENSCHAFTEN DES LADEGUTES

Entzündbare Flüssigkeiten

ART DER GEFAHR

Entzündbar
Erhitzen führt zu Drucksteigerung – erhöhte Berst- und Explosionsgefahr
Kann mit Luft explosionsfähige Gemische bilden, besonders in leeren ungereinigten Behältern
Kann sich im Feuer unter Bildung giftiger Gase zersetzen
Mögliche Gefahr für Gewässer und Kläranlagen
Reizung der Augen, Haut und Atemwege durch Flüssigkeit oder Dämpfe möglich

PERSÖNLICHE SCHUTZAUSRÜSTUNG

- Warnweste
- Dichtschließende Schutzbrille
- Leichter geeigneter Schutzanzug
- Augenspülflasche mit reinem Wasser
- Schutzhandschuhe

- Handlampe
- geeigneter Atemschutz
- Leichter geeigneter Schutzanzug

VOM FAHRZEUGFÜHRER ZU TREFFENDE ALLGEMEINE MASSNAHMEN

Polizei 110
Feuerwehr 112

Schutz der Öffentlichkeit
2 selbststehende Warnzeichen

Motor abstellen
Zündquellen fernhalten (z.B. kein offenes Feuer), Rauchverbot
Warnzeichen aufstellen und andere Straßenbenutzer warnen - Unbefugte fernhalten
Bevölkerung warnen
Auf windzugewandter Seite bleiben
Polizei und/oder Feuerwehr verständigen - 110 und/oder 112 anrufen

VOM FAHRZEUGFÜHRER ZU TREFFENDE ZUSÄTZLICHE UND / ODER BESONDERE MASSNAHMEN

Selbstschutz beachten

Ausrüstung*
- ☐ Kanalisationsabdeckung
- ☐ Schaufel
- ☐ Besen
- ☐ Bindemittel
- ☐ Auffangbehälter
- ☐ ....
- ☐ ....

*Sofern erforderlich bitte ankreuzen!

Selbstschutz beachten
Auslaufende Flüssigkeit mit Erde, Sand oder anderen geeigneten Mitteln eindämmen; Fachmann hinzuziehen
Eindringen der Flüssigkeit in Kanalisation, Gruben und Keller verhindern.
Dämpfe können Explosionsgefahr verursachen
Falls Ladegut in Gewässer oder Kanalisation gelangt ist oder Erdboden oder Pflanzen verunreinigt hat, Feuerwehr oder Polizei darauf hinweisen
Bevölkerung warnen - Explosionsgefahr. Evakuieren falls notwendig

FEUER

Nur Entstehungsbrände löschen
Keine Ladungsbrände löschen

ERSTE HILFE

Bei Verbrennungen betroffene Haut sofort und solange wie möglich mit kaltem Wasser kühlen
Falls Produkt in die Augen gelangt, unverzüglich mit viel Wasser mehrere Minuten spülen; Arzt aufsuchen
Ärztliche Hilfe erforderlich bei Symptomen, die offensichtlich auf Verschlucken oder Einwirkung auf Haut oder Augen zurückzuführen sind

ZUSÄTZL. HINWEISE

Tel. Rückfragen unter:

Bestell-Nr. 104

● **ADR-Bescheinigung** („Gefahrgutschein")

Jeder Fahrer, der Gefahrgut befördert, muss über eine gültige ADR-Bescheinigung verfügen. Sie wird von der Industrie- und Handelskammer erteilt, wenn der Lkw-Fahrer eine Gefahrgutschulung nach bestandener Abschlussprüfung erfolgreich abgeschlossen hat. Für eine Verlängerung ist der Nachweis einer weiteren Schulung erforderlich.

Die Bescheinigung wird mit einer **Geltungsdauer** von **5 Jahren** ausgestellt.

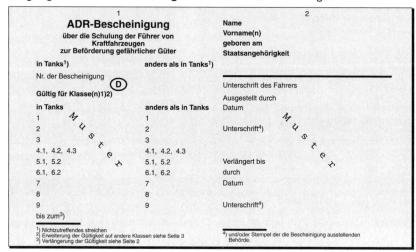

2.3.2.1 Fahrerverhalten bei Gefahrguttransporten vorschreiben

Von der Beladung bis zum Entladen nach Beendigung der Fahrt müssen eine Vielzahl von Vorschriften beachtet werden. Die wichtigsten davon sind:

● Die Besatzung des Fahrzeugs muss mit der Bedienung der Feuerlöscher vertraut sein.

● Mit offener Flamme oder mit Beleuchtungsgeräten darf das Fahrzeug nicht betreten werden.

● Das Rauchen und der Umgang mit Feuer oder offenem Licht ist bei Ladearbeiten in der Nähe von Versandstücken und haltenden Fahrzeugen sowie in den Fahrzeugen verboten.

● Der Fahrer ist für das Mitführen der notwendigen Begleitpapiere verantwortlich.

● Außer der Fahrzeugbesatzung dürfen Personen bei Gefahrguttransporten nicht mitgenommen werden.

● Der Fahrer muss vor Fahrtbeginn die Dokumente kontrollieren und eine Sichtprüfung des Fahrzeuges vornehmen.

● Gefahrgut muss getrennt von Nahrungs-, Genuss- und Futtermitteln gehalten werden.

● Eine sichere Verstauung muss vorgenommen werden.

● Beim Be- und Entladen muss der Motor abgestellt sein, es sei denn, er wird zum Betrieb von Pumpen oder anderen Einrichtungen benötigt.

● Nach der Entladung ist ein verunreinigtes Fahrzeug zu reinigen.

● Die Warntafeln sind vorschriftsmäßig anzubringen.

● Die zuständigen Behörden müssen unverzüglich benachrichtigt werden, wenn die gefährlichen Güter im haltenden oder parkenden Fahrzeug eine Gefahr für die Benutzer der Straße darstellen und die Fahrzeugbesatzung die Gefahr nicht rasch beseitigen kann.

● Bei bestimmten Gütern muss das Fahrzeug vom Fahrpersonal während des Parkens überwacht werden und das Gefahrgut darf nicht an einer der Öffentlichkeit zugänglichen Stelle be- oder entladen werden.

In der Europäischen Union wird von den Kontrollbehörden (BAG, Polizei) bei ihren Stichproben eine **einheitliche Prüfliste** verwendet. Diese Liste enthält 5 Punkte für die Prüfung der mitzuführenden Unterlagen, 11 Punkte für die Prüfung der Ladung (z. B. Zusammenladeverbot, Verstauung, richtige Kennzeichnung des Fahrzeugs) und 5 Punkte für die Prüfung der Fahrzeugausrüstung.

2.3.2.2 Zusammenladeverbote

Für bestimmte Gefahrstoffe bestehen Zusammenladeverbote, die bei der Verladung von Transporteinheiten zu beachten sind. Müssen verschiedene Gefahrgüter zu einer Ladung zusammengefasst werden, sind die Gefahrgutvorschriften daraufhin zu prüfen, ob sie eine solche Zusammenfassung überhaupt zulassen.

Insbesondere hat der Versandspediteur Zusammenladeverbote zu beachten, wenn er einzelne Sendungen von Gefahrstoffen zu einer Sammelladung zusammenfassen möchte.

Es gibt Tabellen, aus denen verhältnismäßig einfach abzulesen ist, welche Gefahrgutklassen miteinander verladen werden dürfen bzw. bei welchen Klassen das verboten ist. Generell kann gesagt werden, dass Zusammenladeverbote fast nur mit Gütern der Gefahrklasse 1 (explosive Stoffe und Gegenstände mit Explosivstoff), der Klasse 4.1 (entzündbare feste Stoffe, selbstzersetzliche Stoffe und desensibilisierte explosive feste Stoffe) sowie der Klasse 5.2 (Organische Peroxide – z. B Kunststoffkleber) bestehen.

2.3.3 Gefahrgutbeauftragten bestellen und einsetzen

Nach den Vorschriften der Gefahrgutbeauftragtenverordnung (GbV) müssen Unternehmer und Inhaber eines Betriebes, die an der Beförderung gefährlicher Güter mit Eisenbahn-, Straßen-, Wasser- oder Luftfahrzeugen beteiligt sind, **mindestens einen Gefahrgutbeauftragten schriftlich** bestellen.

Als Gefahrgutbeauftragter darf nur tätig werden, wer Inhaber eines für den oder die betreffenden Verkehrsträger **gültigen Schulungsnachweises** ist. Dieser Nachweis wird von einer Industrie- und Handelskammer erteilt, wenn der Betroffene an einem Grundlehrgang teilgenommen und die **Prüfung** mit Erfolg abgelegt hat.

Der **Schulungsnachweis** gilt **fünf Jahre**, beginnend mit dem Tag der bestandenen Prüfung. Die Geltungsdauer wird jeweils um weitere fünf Jahre verlängert, wenn der Inhaber des Schulungsnachweises in den letzten zwölf Monaten vor Ablauf der Geltungsdauer an einer Fortbildungsschulung teilgenommen und eine entsprechende Prüfung bestanden hat.

Zu den **Aufgaben** des Gefahrgutbeauftragten gehören:

● Überwachung der Einhaltung der Vorschriften für die Gefahrgutbeförderung,
● unverzügliche Anzeige von Mängeln, die die Sicherheit beim Transport gefährlicher Güter beeinträchtigen, an den Unternehmer oder Inhaber des Betriebes,
● Beratung des Unternehmens oder des Betriebes bei den Tätigkeiten im Zusammenhang mit der Gefahrgutbeförderung,
● Erstellung eines Jahresberichtes, der insbesondere die Art und Menge der beförderten Güter enthalten soll, außerdem die Zahl und Art von Unfällen mit gefährlichen Gütern.

Alle mit Gefahrgutbeförderungen befassten Transportunternehmer müssen seit dem 01. 01. 2003 bei einem **schweren Unfall oder Zwischenfall** im Zusammenhang mit einem **Gefahrguttransport** einen gemäß ADR/RID vorgeschriebenen **Unfallbericht** anfertigen. Dieser ist der zuständigen **Behörde** des Staates **vorzulegen,** in dem sich der Unfall ereignet hat. In Deutschland ist das BAG zuständig.

2.4   Leicht verderbliche Lebensmittel befördern

Werden leicht verderbliche Lebensmittel (z. B. Frischfleisch, Obst, Gemüse, Milch-waren, Eier usw.) befördert, so ist durch die natürliche Beschaffenheit dieser Güter die Gefahr des Verderbs während der Beförderung nicht auszuschließen, sofern nicht die für das jeweilige Gut notwendigen Temperaturen eingehalten werden.

In der Bundesrepublik Deutschland regeln Bestimmungen des Lebensmittelgesetzes die Produktion, die Lagerung und die Beförderung leicht verderblicher Nahrungs- und Genussmittel mit dem Ziel, Gesundheitsschädigungen der Bevölkerung zu vermeiden.

Darüber hinaus ist die Verordnung über hygienische Anforderung an Transportbehälter zur Beförderung von Lebensmitteln (kurz: Lebensmitteltransportbehälterverordnung – LMTV) zu beachten. Sie gilt generell im Güterkraftverkehr innerhalb Deutschlands und im grenzüberschreitenden Verkehr bis zur Grenze der Bundesrepublik.

Wesentlicher Inhalt dieser Verordnung ist, dass die Transportbehälter ausschließlich zur Beförderung von Lebensmitteln verwendet werden. Andere Stoffe als Lebensmittel dürfen nicht befördert werden. Die Behälter müssen deutlich sichtbar mit der Aufschrift „Nur für Lebensmittel" versehen sein.

Auf internationaler Ebene ist bereits im Jahr 1976 das Übereinkommen über internatio-nale Beförderungen leicht verderblicher Lebensmittel und über die besonderen Beför-derungsmittel, die für diese Beförderungen zu verwenden sind (**ATP**), in Kraft getreten. Es gilt nur im internationalen Verkehr zwischen zwei Staaten und wenn der Entladeort in einem Land liegt, der dem ATP beigetreten ist. Dazu gehören nahezu alle mitteleuro-päischen Staaten (Ausnahme: Schweiz).

Nach dem ATP müssen Isotherm-Fahrzeuge in der Lage sein wärmeempfindliche Güter unter Temperaturen von – 20°C oder tiefer auch dann noch zu befördern, wenn die Außentemperatur + 30°C beträgt. Für kälteempfindliche Güter müssen Fahrzeuge eingesetzt werden, die auch bei Außentemperaturen von – 20°C eine Temperatur von + 12°C garantieren.

Während der gesamten Beförderungszeit muss ein Temperaturaufzeichnungsgerät in Betrieb sein, aus dem sich für jeden Zeitpunkt der Beförderung die Innentemperatur im Laderaum – auch nachträglich – ablesen lässt.

Die den Anforderungen des ATP entsprechenden Fahrzeuge müssen einer besonderen Prüfung unterzogen werden und eine Bescheinigung über diese Prüfung mitführen.

Werden während der Beförderung Vorschriften des ATP nicht beachtet (z. B. die Tem-peratur nicht eingehalten), so darf der Empfänger nach Beendigung der Beförderung nur dann über die Lebensmittel verfügen, wenn die für die Lebensmittelüberwachung örtlich zuständige Behörde ausdrücklich festgestellt hat, dass dies mit den Erfordernis-sen der Gesundheitsfürsorge vereinbar ist, also die Güter während der Beförderung keinen Schaden genommen haben.

Zusammenfassung

➤ Ein Unternehmer, der sich im Güterkraftverkehrsgewerbe betätigen will, muss subjektive (in seiner Person liegende) Marktzugangsvoraussetzungen erfüllen, nämlich Zuverlässigkeit, finanzielle Leistungsfähigkeit und fachliche Eignung.

➤ Die Erlaubnis für den gewerblichen Güterkraftverkehr wird für die Dauer von fünf Jahren erteilt. Nach Ablauf der fünf Jahre erhält er sie unbefristet, wenn er die Berufszugangsvoraussetzungen nach wie vor erfüllt.

➤ Mit einer Gemeinschaftslizenz („EU-Lizenz" oder „EG-Lizenz") kann ein Güterkraftverkehrsunternehmer Verkehre zwischen allen Mitgliedstaaten der EU bzw. des EWR durchführen. Daneben ist sowohl Binnenverkehr im Heimatland als auch der sog. Kabotageverkehr in einem anderen EU-Land möglich.

➤ Beim grenzüberschreitenden Straßenverkehr zwischen einem EU-Staat und einem Drittstaat ist im Heimatland die Erlaubnis oder die Gemeinschaftslizenz notwendig und im Ausland eine sog. bilaterale Genehmigung. Verfügt der Unternehmer jedoch über eine CEMT-Genehmigung, wird dadurch die bilaterale Genehmigung ersetzt, sofern Be- und Entladeort in zwei Staaten liegen, die der CEMT (= Europäische Konferenz der Verkehrsminister) angehören.

➤ Die wichtigsten Rechtsvorschriften für den Straßengüterverkehr sind:
  – Güterkraftverkehrsgesetz (GüKG),
  – Straßenverkehrsgesetz,
  – Straßenverkehrsordnung,
  – Straßenverkehrs-Zulassungs-Ordnung,
  – Autobahnbenutzungsgebührengesetz,
  – Sozialvorschriften für das Fahrpersonal,
  – Gefahrgutvorschriften,
  – Vorschriften für die Beförderung leicht verderblicher Lebensmittel,
  – Transportrechtsreform-Gesetz (Änderung des HGB).

➤ Der Nachweis über die Entrichtung der Autobahnbenutzungsgebühr für alle Lastkraftwagen und Fahrzeugkombinationen mit einem zulässigen Gesamtgewicht ab 12 t muss im Fahrzeug – auch bei Leerfahrten – mitgeführt werden.

➤ Die wichtigsten Lenk- und Ruhezeitvorschriften nach der EWG-Verordnung 3820/85 sind:
  – Tägliche Lenkzeit: 9 Stunden, kann zweimal in der Woche auf 10 Stunden verlängert werden. Lenkzeit in der Doppelwoche: 90 Stunden.
  – Ununterbrochene Lenkzeit: $4^{1}/_{2}$ Stunden.
  – Lenkzeitunterbrechung: mindestens 45 Minuten; die Unterbrechung kann auch „gestückelt" werden, wobei keine Unterbrechung weniger als 15 Minuten betragen darf.
  – Tagesruhezeit: bei Besetzung mit einem Fahrer 11 Stunden; kann dreimal in der Woche auf 9 Stunden verkürzt werden.
  Bei Besetzung mit zwei Fahrern 8 Stunden während eines jeden Zeitraumes von 30 Stunden.
  – Wöchentliche Ruhezeit: 45 Stunden mit Möglichkeit der Verkürzung am Standort auf 36 Stunden oder außerhalb des Standortes auf 24 Stunden.
  – Schichtzeit: Wird durch Tarifverträge festgelegt.

➤ Am 1. Juli 1998 ist das Güterkraftverkehrsgesetz in einer neuen Fassung in Kraft getreten. Es enthält die Vorschriften über den gewerblichen Güterkraftverkehr und den Werkverkehr. Ferner die Ausnahmen von den Bestimmungen des Güterkraftverkehrsgesetzes.

Güterkraftverkehr ist die geschäftsmäßige oder entgeltliche Beförderung von Gütern mit Kraftfahrzeugen, die einschließlich Anhänger ein höheres Gesamtgewicht als 3,5 t haben. (§ 1 GüKG)

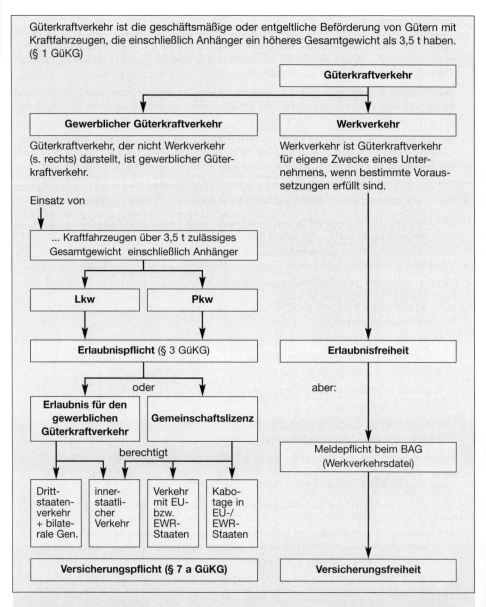

> ➤ **Über die Einhaltung der Vorschriften des GüKG hat das Bundesamt für Güterverkehr (BAG) zu wachen, ebenso wie über andere Vorschriften, die mit dem Straßengüterverkehr zusammenhängen, z. B. Gefahrgutvorschriften. Das BAG hat die Befugnis, insbesondere auf Straßen, Autohöfen und an Tankstellen Überwachungsmaßnahmen durchzuführen und – falls erforderlich – auch in Betrieben der am Beförderungsvertrag Beteiligten Einsicht in Geschäftspapiere und Bücher zu nehmen.**

> ➤ **Für die Beförderung gefährlicher Güter auf der Straße sind von besonderer Bedeutung die Vorschriften der GGVSE und des ADR.**

> ➤ **Gefährliche Güter sind Stoffe und Gegenstände, von denen im Zusammenhang mit der Beförderung Gefahren für die Allgemeinheit, insbesondere aber auch für Leben und Gesundheit von Menschen und Tieren ausgehen können.**

➤ Bei einem Gefahrguttransport mit Lastkraftwagen müssen bestimmte Begleitpapiere mitgeführt werden: Beförderungspapier, Unfallmerkblatt, ADR-Bescheinigung. In besonderen Fällen werden weitere Dokumente erforderlich, z. B. Ausnahmegenehmigungen oder Fahrwegbestimmung.

➤ Bei Gefahrguttransporten müssen die Fahrzeuge vorschriftsmäßig gekennzeichnet und ausgerüstet sein. Beispiel: Warntafeln, Feuerlöscher usw.

➤ Gefahrgutfahrer müssen an Schulungen teilnehmen, die mit einem Test erfolgreich abzuschließen sind. Darüber wird die sog. ADR-Bescheinigung erteilt. Die Bescheinigungen haben eine Laufzeit von 5 Jahren, dann muss eine Wiederholung der Schulung mit Testabschluss erfolgen.

➤ Für die ordnungsgemäße Abwicklung von Gefahrguttransporten sind verschiedene Personen verantwortlich: Absender, Verlader, Beförderer, Fahrzeugführer.

➤ Alle Unternehmen oder Betriebe, die an der Beförderung gefährlicher Güter beteiligt sind, müssen einen Gefahrgutbeauftragten schriftlich bestellen. Die Eignung für seine Aufgaben muss der Gefahrgutbeauftragte durch das Ablegen einer Prüfung nach einer vorgeschriebenen Schulung nachweisen.

➤ Für die internationale Beförderung leicht verderblicher Lebensmittel bzw. für die besonderen Beförderungsmittel, die dafür zu verwenden sind, gibt es ein Übereinkommen: ATP. In diesem Übereinkommen ist u. a. vorgeschrieben, welche Temperaturen bei Beförderungen einzuhalten sind.

3   Beförderungspreise ermitteln

Der Spediteur muss die Kosten der Beförderung des Gutes genau kennen, um sie in das Angebot einbeziehen zu können, das er seinem Auftraggeber abgibt. Von anderen Kosten abgesehen, die im Zusammenhang mit den Aufgaben des Spediteurs entstehen können (z. B. für die speditionelle Besorgertätigkeit oder für Zusatzleistungen), handelt es sich hier also ausschließlich um die „reinen Beförderungskosten".

Sofern der Spediteur die Beförderung mit eigenen Lastfahrzeugen – im Selbsteintritt – durchführt, sollte er die Kosten aus seiner Fahrzeugkostenrechnung kennen. Schließt er jedoch mit einem anderen Frachtführer den Frachtvertrag in eigenem Namen ab, muss er den Beförderungspreis erfragen, es sei denn, er hat mit einem Unternehmer vorher vereinbart, dass bestimmte Beförderungen zu einem festgelegten Preis durchgeführt werden.

Die Kenntnis der Kosten aus der Fahrzeugkostenrechnung sind natürlich für einen Unternehmer, der sich ausschließlich mit der Güterbeförderung befasst, genauso wichtig wie für einen Spediteur, der eigene Fahrzeuge einsetzt.

Etliche Spediteure und eher mehr reine Frachtführer verfügen noch über keine genügend aussagefähige Kostenrechnung. Gerade für solche Unternehmen haben Fachverbände und Fachverlage Kalkulationshilfen veröffentlicht. Auf zwei dieser Hilfen soll näher eingegangen werden.

– Kosteninformationssystem (**KIS**), erstmals 1993 durch den damaligen BDF herausgegeben und laufend der Marktentwicklung angepasst. Das System wird seit 1997 durch den BGL weitergeführt, dessen Bezeichnung jetzt Bundesverband Güterkraftverkehr Logistik und Entsorgung e. V. lautet.

– **K**ostensätze **G**ütertransport **S**traße (**KGS**). Dabei handelt es sich um unverbindliche Kostensätze für Straßentransporte, die ein bekannter deutscher Verkehrsverlag herausgegeben hat.

3.1 Kalkulationshilfen verwenden

Sowohl das Kosteninformationssystem (KIS) des BGL als auch die Kostensätze Gütertransport Straße (KGS) sind nur als Hilfe für solche Unternehmen gedacht, die über keine gut funktionierende eigene Fahrzeugkostenrechnung verfügen. In beiden Fällen wird von den Verfassern darauf hingewiesen, dass es sich keinesfalls um einen Ersatz für eine unternehmensbezogene Fahrzeugkostenrechnung handeln kann, weil beim KIS und bei den KGS nur Durchschnittswerte erarbeitet worden sind. Das einzelne Unternehmen kann natürlich davon abweichende Zahlen ermitteln.

3.1.1 Mit dem Kosteninformationssystem (KIS) arbeiten

Das Kosteninformationssystem des BGL umfasst acht Register, deren Inhalt wie folgt beschrieben werden kann:

Register 1

In diesem Register sind Kalkulationssätze für verschiedene Fahrzeugarten und das Fahrpersonal sowie Zuschlagssätze für den Verwaltungsbereich, die kalkulatorischen Einzelwagnisse und die Eigenkapitalverzinsung enthalten. Bei den angegebenen Sätzen handelt es sich um Durchschnittswerte, die die aktuelle Kostensituation im Gewerbe wiedergeben. Sie werden vom BGL in regelmäßigen Befragungen von über hundert gut geführten Transportunternehmen ermittelt.

Für neun verschiedene Fahrzeugarten liegen die Werte vor. Ein Fahrzeug mit Normalaufbau – Offener Kasten mit Plane und Spriegel, 2 + 3 Achsen, 40 t zulässiges Gesamtgewicht – ist durch den BGL im KIS mit den nachstehenden Kosten aufgeführt (s. Tabelle S. 123)[1]:

Die aufgeführten Sätze führen zur Vollkostendeckung, wenn die den Berechnungen zugrunde liegende zeit- und entfernungsabhängige Auslastung des Fahrzeugs tatsächlich erreicht wird und die prozentualen Zuschläge für Verwaltungskosten, kalkulatorische Wagnisse und kalkulatorische Eigenkapitalverzinsung berücksichtigt sind.

Register 2

Im Register 2 sind laufend aktualisierte Gebührensätze für Neben- und Zusatzleistungen verzeichnet. Insbesondere handelt es sich um Tank- und Siloreinigungsgebühren und um Straßenbenutzungsgebühren sowie Tunnel-/Brückengebühren für bestimmte europäische Länder.

---

1 Quelle: Kosteninformationssystem des BGL, 16. Ergänzungsauslieferung Nov. 2001, Register 1, Seite 6.

Aufbauart:	Normalaufbau – Offener Kasten mit Plane und Spriegel	Durchschnittswert
Anzahl Achsen:	2 + 3	
Zul. Gesamtgewicht:	40 t	
Kalkulationssätze		**€**
Fahrzeugeinsatzkosten pro Lastkilometer **– km-Satz Fahrzeug –**		0,57
Fahrzeugvorhaltekosten pro Produktivtag **– Tagessatz Fahrzeug –**		118,54
Fahrzeugvorhaltekosten pro $1/2$ Produktivtag **– $1/2$-Tagessatz Fahrzeug –**		59,27
Fahrzeugvorhaltekosten pro $1/4$ Produktivtag **– $1/4$-Tagessatz Fahrzeug –**		29,63
Fahrzeugvorhaltekosten pro Produktivstunde **– Stundensatz Fahrzeug –**		9,88
Fahrereinsatzkosten pro Produktivstunde **– Stundensatz Fahrer –**		22,88
durchschnittliche Fahrerspesen pro Produktivstunde **– durchschnittlicher Stundensatz Fahrerspesen –**		2,43
Zuschlagssätze in Prozent		**Prozent**
Verwaltungskosten		17,50
Kalkulatorische Wagnisse		1,90
Kalkulatorische Eigenkapitalverzinsung		2,30

Kalkulationssätze für einen Lastzug mit 40 t zulässigem Gesamtgewicht.

Register 3

Das Register 3 enthält einen Leitfaden zur Kalkulation; es ist in sechs Themen unter-teilt. In den ersten drei Themen „Entfernungskomponente", „Zeitkomponente" und „Neben-und Zusatzleistungen" werden die Gesamtkilometerzahl einer Tour, eines Umlaufs, die Gesamtzeit, die dafür aufgewendet werden muss sowie notwendige Neben- und Zusatzleistungen genau abgefragt. Die Beantwortung der drei Fragen bil-det die Vorbereitung jeder Kalkulation. Man erhält dadurch das sog. „Mengengerüst" des zu kalkulierenden Auftrages.

Beispiel für Neben- und Zusatzleistungen:[1] Gefragt wird, welche Neben- und Zusatz-leistungen werden für die Abwicklung der Tour, des Fahrzeugumlaufs oder des Auftragspakets verlangt?

Art der Neben- und Zusatzleistungen	Verrech-nungssatz	Einheit
Preisauszeichnung		€/Stück
Kommissionierdienst am Fahrzeug/an der Rampe		€/Stück
Regalpflege		€/Stunde
Um- und Abpalettieren		€/Stunde
Wiegeleistungen		€/Sendung oder Fahrten
Verzollung		€/Sendung
Inkassoleistungen		% v. Umsatz oder Fixbetrag
Abfallbeseitigung		€/Sendung

(Fortsetzung s. folgende Seite)

---

1 Quelle: KIS des BGL; Thema 3, Seite 1

Art der Neben- und Zusatzleistungen	Verrech-nungssatz	Einheit
Rücknahme Verpackungs- und Ladehilfsmittel		€/Sendung oder % von Fracht
Palettentausch		€/Stück
Ausblasen von Silofahrzeugen		€/t
Reinigungsgebühren		€/Sendung
Gefahrguttransport		€/Sendung (Stoffklasse)
Satelliten-/Mobilkommunikation (v. Kd. gefordert.)		€/Einsatz
Be- und Entladehilfe (Gabelstapler)		€/Stunde
Kühlleistung (vor und/oder nach dem Transport)		€/Stunde

Unvollständige Übersicht über mögliche Neben- und Zusatzleistungen beim Transport

In den Themen 4, 5 und 6 geht es um die eigentliche Kalkulation. Dort wird das gefundene Mengengerüst mit den Kostensätzen des Registers 1 – oder den eigenen Kostensätzen des Unternehmens – bewertet. In Thema 4 ist der einfache Fall einer Tourenkalkulation behandelt.

Beispiel: *Eine Fahrt von München nach Hamburg.*

Im Thema 5 wird die Rechnung für einen „Umlauf" aufgemacht. Die Umlaufkalkulation unterscheidet sich von der Tourenkalkulation dadurch, dass mehrere Aufträge nacheinander in getrennten Einzelsendungen abgewickelt werden.

Beispiel: *Eine Sendung von München nach Hamburg – Leerfahrt nach Lübeck – Ladung von Lübeck nach Landshut und Leerfahrt zum Heimatstandort München.*

Im Thema 6 sind alle notwendigen Arbeitsschritte zur Erstellung eines Angebots für ein komplettes Auftragspaket (z. B. Jahres- und Saisonverträge, Transportlose usw.) enthalten. Im Prinzip handelt es sich um eine Tabelle mit der Summe von Ergebnissen einzelner Auftragskalkulationen.

Alle Kalkulationen und die verrechneten Kostensätze führen zu einem gerade kostendeckenden Angebot. Unternehmensgewinne sind nicht eingerechnet.

Register 4

Das Register 4 ist noch nicht belegt; es wird für Ergänzungen zu Register 3 freigehalten.

Register 5

Das Register 5 enthält Erfassungsbögen, Erläuterungen dazu und Bearbeitungshinweise für die Erfassungsbögen. Die Erfassungsbögen sind in folgender Reihe geordnet:

- Fahrer
- Beifahrer
- Fahrzeug
- überzählige Anhänger/Sattelanhänger
- Fahrzeuggruppe

- Fuhrpark
- eigene Tankstelle
- eigene Werkstatt
- eigene Waschanlage
- allgemeine Verwaltung

Das Zentrum für die Ermittlung der unternehmenseigenen Kalkulations- und Zuschlagssätze ist die Fahrzeuggruppe. Sie setzt sich aus art- und einsatzgleichen Fahrzeugen und den dazugehörigen Fahrern und Beifahrern zusammen. Als art- und einsatzgleich werden Fahrzeuge bezeichnet, die

– über eine vergleichbare Nutzlast und Ausstattung verfügen,

– eine vergleichbare Fahrleistung aufweisen und

– den gleichen kunden- und produktbezogenen Anforderungen genügen.

Die Fahrzeuge einer Gruppe sind somit untereinander austauschbar. Mit jedem der Fahrzeuge kann die gleiche Leistung erbracht werden. Welches der Fahrzeuge im konkreten Fall zur Auftragsabwicklung eingesetzt wird, hängt allein davon ab, ob es zum Zeitpunkt der Disposition zur Verfügung steht.

Von größter Bedeutung beim Umgang mit den Registern 5 und 6 ist, dass auch wirklich **alle** Kosten in richtiger Höhe erfasst und, soweit es sich um direkt zuordenbare Kosten handelt, auch beim richtigen Kostenverursacher angesetzt werden.

Register 6

Das Register 6 enthält die Auswertungsrechnung und einen Kostenrechnungsleitfaden mit den notwendigen Erläuterungen.

Die Auswertungsrechnung des KIS führt zur Ermittlung firmenindividueller Kalkulations- und Zuschlagssätze. Abgeleitet werden sie aus den Daten, die in den Erfassungsbögen unter Register 5 einzutragen sind.

Das Ergebnis der Auswertungsrechnung sind zwei verschiedene Arten von Kalkulationssätzen, nämlich:

– Kalkulationssätze bezogen auf die Gesamtleistung (z. B. bezogen auf Gesamtkilometer und Gesamtstunden);

– Kalkulationssätze bezogen auf Produktiveinheiten (d. h. „an Kunden verkaufte Einheiten", z. B. bezogen auf Lastkilometer und „verkaufte Einsatzstunden").

Register 7

Aus diesem Register kann die Kostenentwicklung zwischen dem vorletzten Jahr und dem letzten Jahr – unterteilt nach Kostenblöcken – abgelesen werden, teilweise ist die Entwicklung auch aus Grafiken zu entnehmen. Für die Personalkosten, die Fahrzeugeinsatzkosten (km-abhängige Leistungskosten) und Fahrzeugvorhaltekosten (Fixkosten) umfassen die Aufzeichnungen sogar den Zeitraum von Januar 1997 bis Januar 2003 (Stand Juli 2003). Zur Aktualisierung erscheinen jährlich Ergänzungslieferungen.

Register 8

Dieses Register enthält „Wissenswertes für die Kalkulations- und Kostenrechnungspraxis", und zwar zu den Stichpunkten:

● Gesetzliche Sozialversicherungen

● Verpflegungsmehraufwendungen

● Arbeitskosten international

● Kraftstoffpreise

● Kraftfahrzeug- und Mineralölsteuer

● Versicherungssteuer

● Besteuerung von Straßentransportunternehmen in Europa

● Fristen und Gebühren für Fahrzeuguntersuchungen

● Entgelte für Telekommunikation

● Wartezeiten an Grenzübergängen

● Insolvenzentwicklung

● Überschreitung der zulässigen Maße, Gewichte oder Achslasten in Bulgarien, Litauen, Polen, Rumänien, Slowakei, Ungarn, Weißrussland.

Die angesprochenen Themen zu den Stichpunkten berühren die Kostensituation des Unternehmens unmittelbar und werden oftmals Gegenstand von Preisverhandlungen. Den Schwerpunkt bilden gegenwärtig Themen, die unter den Überschriften „der Einfluss des Staates auf die Kostensituation" und die „Kostensituation im europäischen Vergleich" zusammengefasst werden können.

3.1.2 Kostensätze Gütertransport Straße anwenden

Ein namhafter deutscher Verkehrs-Verlag hat zu Beginn des Jahres 2004 **unverbindliche Kostensätze Gütertransport Straße (KGS)** mit dem Ziel veröffentlicht Unternehmen im Straßengüterverkehr Entscheidungshilfen für eine kostenorientierte Angebotspreisbildung zu liefern.

Bei den aufgeführten Kostenwerten in den Tabellen handelt es sich um durchschnittliche Selbstkosten für den jeweiligen Transportvorgang. Weder der Unternehmerlohn, noch ein Gewinnanteil oder die Umsatzsteuer sind in diesen Kostensätzen enthalten. Stichtag für die Ermittlung der Durchschnittskosten war der 1. Januar 2004; deshalb sind auch die so genannten Mautkosten nicht enthalten.

Die einzelnen Tabellen der KGS sind für unterschiedliche Einsatzzwecke konzipiert und daher auch nur zur Anwendung für den jeweiligen Einsatzzweck gedacht.

Der Inhalt der Kostensätze Gütertransport Straße (KGS) gliedert sich wie folgt:

1. Ziel und Grundlagen der unverbindlichen Kostensätze Gütertransport Straße (KGS)

2. Tabelle I – IV
   - Tabelle I Kostensätze pro Tag und Kilometer
   - Tabelle II Kostensätze pro Einsatzstunde
   - Tabelle III Kostensätze pro Tonne / Kostensätze pro Sendung
   - Tabelle IV Kostensätze für Schüttgüter pro Tonne

3. Anwendungsempfehlungen für die KGS-Tabellen
   - Tabellen I – IV
   - Zusatzkosten
     - Neben- und Zusatzleistungen
     - Spezialfahrzeuge
     - Warte- und Standzeiten, An- und Abfahrten
     - Zusatzpersonal

4. Umrechnungstabelle für Volumengüter im Schüttgutverkehr

5. Beispiele für Frachtberechnungen (Selbstkostensätze)

6. Schema zur Fahrzeugkostenrechnung (inkl. Musterrechnung)

7. Formblatt zur Selbstkalkulation

Anwendungsempfehlungen für die einzelnen Tabellen der KGS

Die **Tabelle I** ist für die Einsätze geeignet, bei denen die Kostenverläufe der variablen und der fixen (zeitabhängigen) Kosten deutlich unterschiedlich sind.

Das ist z. B. immer dann der Fall, wenn Einsätze durch hohen Zeitverbrauch aber durch geringe Kilometerleistungen gekennzeichnet sind. Die für die Errechnung der Transportkosten nach Tabelle I zugrunde liegende Messgröße ist nicht das Gewicht der Ladung, sondern die Kapazität des Fahrzeugs, also die Nutzlast. Ferner werden die insgesamt bei dem Einsatz zurückgelegten Last- und Leerkilometer (= Gesamtkilometer) herangezogen. Sind für die Berechnung der Kilometerleistung nur die Lastkilometer bekannt, wird zur Ermittlung der Gesamtkilometer automatisch eine gleiche Strecke als Leerfahrt dazugerechnet.

Die **Tabelle II** ist genauso aufgebaut wie die Tabelle I. Allerdings sollte sie nur angewendet werden, wenn die Fahrleistung pro Einsatzstunde 10 Kilometer oder weniger beträgt. Bei Fahrleistungen von mehr als 10 km je Stunde der Einsatzzeit wird immer nach Tabelle I berechnet.

Mit der **Tabelle III** werden die Durchschnittskosten für eine große Bandbreite von Transportvorgängen – sowohl für Komplettsendungen als auch für Teilladungen – im Zusammenhang mit einer großen Transportreichweite zwischen 5 und 1 000 km aufgezeichnet. Damit ist Tabelle III vielseitig nutzbar.

Als Messgrößen für die Ermittlung der Durchschnittskosten eines Transportes nach Tabelle III dienen sowohl die Lastkilometer (die das Fahrzeug beladen zurücklegt), als auch das tatsächliche Gewicht der Sendung.

In den Durchschnittskostensätzen der Tablette III sind in erster Linie die zeitabhängigen Kosten und die kilometerabhängigen Kosten für die reine Lastfahrt enthalten, aber auch die Kosten, die durch Stillstands-, Ruhe-, Warte-, Be- und Entladezeiten entstehen sowie eine Leerfahrt (mit gleicher Kilometerzahl wie die Lastfahrt).

Die Transportkosten der **Tabelle IV** basieren auf dem Transport schüttbarer Güter, die **mechanisch be- und entladen** werden. Die Messgrößen für die Ermittlung der Durchschnittskosten sind – wie bei Tabelle III – die Lastkilometer und das Gewicht der Sendung.

Für Güter, deren Transportkosten nach anderen Einheiten als nach Gewichten berechnet werden, vorwiegend m^3 (z. B. Kies, Sand) oder Stück (z. B. 1 000 Stück Mauersteine), enthalten die KGS eine „Umrechnungstabelle Volumengüter im Schüttgutverkehr", die in erster Linie für die Tabelle IV, ggf. auch für die Tabelle III, herangezogen werden kann.

Bei den **Zusatzkosten** sind die Kosten für den Einsatz von Spezialfahrzeugen besonders zu beachten. Die Grundlagen der Durchschnittskosten in den Tabellen I – IV beruhen nämlich auf der Verwendung eines „einfachen" Fahrzeugs. Für die Anwendung der Tabellen I – III sind das Pritschenfahrzeuge mit Plane und Spriegel, für die Tabelle IV Kipperfahrzeuge.

Beim Einsatz von Spezialfahrzeugen sehen die KGS folgende prozentualen Kostenzuschläge zusätzlich zu den nach den einzelnen Tabellen ermittelten Kosten vor:

● Fahrzeuge mit mehr als einer angetriebenen Achse . . . . 5 %	● Fahrzeuge zur Beförderung von Rundholz . . . . 10 %
● Kastenwagen . . . . 5 %	● Fahrzeuge mit Ladekran . . . . 10 %
● Fahrzeuge mit Ladebordwand . . . . 5 %	● Frischbetonmischfahrzeuge . . . . 15 %
● Kipperfahrzeuge (außer bei Abrechnung nach Tabelle IV) . . . . 10 %	● Tank- und Silofahrzeuge mit Gefahrgutausstattung . . . . 20 %
● Tank-, Silo- und Isolierfahrzeuge . . . . . 10 %	● Milchsammeltankwagen . . . . 20 %
● Langmaterialfahrzeuge (z. B. Langholz-, Langeisenfahrzeuge) . . . . 10 %	

Alle anderen Zusatzkosten für Leistungen, die neben der eigentlichen Transportleistung durch den Frachtführer zu erbringen sind, werden mit ihren tatsächlichen Kosten bewertet und bilden dann einen Kostenfaktor zur Berechnung der Gesamtleistung.

3.2 Betriebliche Fahrzeugkostenrechnung einsetzen

Für den Spediteur, der im Selbsteintritt Lkw-Transporte durchführt, und für den Güterkraftverkehrsunternehmer bildet die Fahrzeugkostenrechnung die unbedingt notwendige Grundlage, um kosten- und marktgerechte Entgelte für einen bestimmten Transportauftrag bzw. einen Fahrzeugeinsatz bestimmen zu können.

Aussagefähig wird eine Fahrzeugkostenrechnung nur dann, wenn sämtliche mit der Fahrzeughaltung und dem Fahrzeugeinsatz unmittelbar und mittelbar verbundenen Kosten (= Gesamtkosten) berücksichtigt sind.

Die unmittelbar den Fahrzeugeinsatz betreffenden Kosten sind die Fahrzeugbetriebskosten und die Fahrpersonalkosten. Diese Kosten werden auch als Fahrzeugeinsatzkosten bezeichnet.

Zu den Kosten, die nur mittelbar den Fahrzeugeinsatz betreffen, gehören die allgemeinen Verwaltungskosten und kalkulatorische Kosten. Sie werden auch unter der Bezeichnung Gemeinkosten zusammengefasst. Die Übersicht zeigt die Aufteilung der Gesamtkosten in Gemeinkosten und Fahrzeugeinsatzkosten.

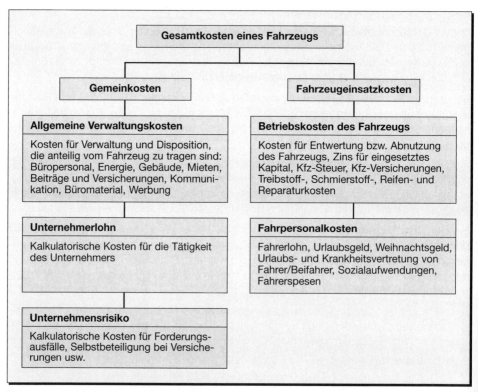

Fahrzeuggesamtkosten unterteilt nach Gemeinkosten und Fahrzeugeinsatzkosten

In Abhängigkeit vom Beschäftigungsgrad werden die Kosten in **fixe Kosten** und in **variable Kosten** unterteilt. Fixe Kosten ändern sich nicht mit der Beschäftigung (sie sind nicht beschäftigungsabhängig, sondern zeitabhängig), variable Kosten dagegen ändern sich mit der Fahrleistung.

Da die variablen Kosten nur anfallen, wenn das Fahrzeug eingesetzt wird (also „Kilometer leistet"), werden diese Kosten auch als km-abhängige Kosten bezeichnet.

Beispiel: *Treibstoffverbrauch. Hierfür fallen nur Kosten an, wenn das Fahrzeug eingesetzt wird, also eine Fahrleistung erbringt.*

Die fixen Kosten bleiben für einen bestimmen Zeitraum gleich, unabhängig vom jeweiligen Beschäftigungsgrad. Darum werden sie auch leistungsunabhängige Kosten genannt.

Beispiel: *Kraftfahrzeugsteuer. Sie muss bezahlt werden, solange der Lkw angemeldet ist. Dabei spielt es keine Rolle, ob der Lkw eine Fahrleistung erbringt oder steht.*

Die Fahrpersonalkosten werden meistens gesondert erfasst. Zwar gilt auch hier der Grundsatz, dass sie ausschließlich von der Zeit abhängig sind, die Fahrleistung dagegen diese Kosten nicht beeinflusst. Doch gilt dieser Grundsatz nicht uneingeschränkt.

Eine weitere Besonderheit ist bei den Kosten für Abnutzung bzw. Entwertung zu berücksichtigen. Jedes Fahrzeug hat nur eine begrenzte Nutzungsdauer. Am Ende der Nutzungsdauer müssen die notwendigen Mittel für die Ersatzbeschaffung erwirtschaftet sein. Das ist nur möglich, wenn entsprechende Kostensätze in Form der kalkulatorischen Abschreibung in die Fahrzeugkostenrechnung aufgenommen werden.

In der Kostenrechnung geht man in der Regel davon aus, dass die im Laufe der Nutzungsdauer erfolgende Wertminderung des Fahrzeugs zum einen durch den leistungsbedingten Verschleiß (km-abhängige Abnutzung) und zum anderen durch die zeitbedingte Entwertung verursacht ist. Der **leistungsbedingte Verschleiß** wird als kalkulatorische Abnutzung den **km-abhängigen (variablen) Kosten** zugerechnet. Die **zeitabhängige** Minderung als kalkulatorische **Entwertung** ist dagegen den **zeitabhängigen (fixen)** Kosten zuzuordnen.

Gewöhnlich teilt man die gesamte kalkulatorische Abschreibung zu je 50 % den fixen und den variablen Kosten zu. Eigentlich könnten die Fahrzeugabschreibungen allein kilometerbezogen, d. h. leistungsabhängig berechnet werden, da der durch den Fahrzeugeinsatz bedingte Verschleiß (Abnutzung) in aller Regel höher ist als der beispielsweise durch den technischen Fortschritt verursachte Wertverlust. Vor allem beim überwiegenden Einsatz von Fahrzeugen auf größeren Strecken wird deshalb die gesamte kalkulatorische Abschreibung den kilometerabhängigen (variablen) Kosten zugeordnet.

Andererseits findet man in Betrieben, die in der Regel nur Transporte auf kürzere Entfernungen (früher: Nahverkehr) durchführen, eine 100%ige zeitabhängige Abschreibung (Fixkosten). Es muss dem einzelnen Kostenrechnungssystem vorbehalten bleiben, wie die Zuordnung erfolgt. Das gilt besonders dann, wenn verhältnismäßig viele Stillstandszeiten zu verzeichnen sind.

In diesem Zusammenhang ist von großer Bedeutung, dass in der Kostenrechnung die **wirtschaftliche Nutzungsdauer** für das Fahrzeug angesetzt wird, **nicht** etwa die – in der Regel kürzere – **steuerlich zulässige Nutzungsdauer**.

Für das Güterkraftverkehrsgewerbe und für Speditionen, die im Selbsteintritt Lkw-Transporte durchführen, gibt es kein einheitliches Schema zur Fahrzeugkostenrechnung. Die Zuordnung zu den fixen und variablen Kosten dagegen wird bei allen Kostenrechnungssystemen gleich gehandhabt.

Fixe Kosten (feste, zeitabhängige, leistungsunabhängige Kosten) sind:

- Kfz-Steuer
- Kfz-Haftpflichtversicherung
- Kfz-Kaskoversicherung
- Zeitabhängige Abschreibung (i. d. R. 50 % der Gesamtabschreibung)
- Kalkulatorische Zinsen für das eingesetzte Kapital

- Unterstellung und Garage
- Fahrerlohnkosten
- Allgemeine Kosten
  – Allgemeine Verwaltungskosten
  – Kalkulatorischer Unternehmerlohn
  – Kalkulatorische Miete
  – Kalkulatorische Wagnisse

Variable Kosten (leistungsabhängige, km-abhängige Kosten) sind:

- Kraftstoffkosten
- Schmierstoffkosten
- Reifenkosten
- Reparaturkosten

- Wartungskosten
- Leistungsabhängige Abschreibung (i. d. R. 50 % der Gesamtabschreibung)

Soweit in der Kalkulation die gesamten Fahrzeugkosten berücksichtigt sind, wird diese Rechnungsart als **Vollkostenrechnung** bezeichnet.

Daneben ist heute auch die **Deckungsbeitragsrechnung** verbreitet. Mit ihr kann festgestellt werden, ob es ggf. günstiger ist, einmal einen Auftrag durchzuführen, mit dem keine Vollkostendeckung erreicht werden kann. Auf lange Sicht gesehen, ist jede Unternehmung auf Vollkostendeckung angewiesen, wenn die Existenz nicht gefährdet werden soll.

Für den Spediteur sind außer der Fahrzeugkostenrechnung noch weitere Bereiche der Kostenrechnung von Bedeutung, je nach seinen Tätigkeitsgebieten: Kalkulation im Spediteursammelgutverkehr, Kalkulation im Lagergeschäft, Kalkulation im Exportgeschäft u. a.

Weitere Einzelheiten zur Kostenrechnung werden im Lernfeld 7 „Geschäftsprozesse erfolgsorientiert steuern" des Rahmenlehrplanes für den Ausbildungsberuf Speditionskaufmann/Speditionskauffrau behandelt (Stand 24.02.2004).

Auf dem Gebiet des speditionellen Rechnungswesens und insbesondere auch der Kostenrechnung gibt es eine große Zahl von EDV-Lösungen. In vielen Fällen ist es jedoch nicht möglich, entsprechende auf dem Markt angebotene Programme ohne individuelle Anpassung an die betrieblichen Belange einzusetzen. Die Kombination von Programmen für verschiedene Aufgaben gewinnt zunehmend an Bedeutung. Zum Beispiel: Kostenrechnung kombiniert mit Entfernungsermittlung und Tourenplanung.

3.3 Make-or-buy-Entscheidung treffen

Der seit einigen Jahren immer mehr in der Fachsprache von Dienstleistern verwendete Ausdruck „Make or buy" bedeutet nichts anderes als ein Produkt oder eine Dienstleistung entweder im eigenen Betrieb „selbst zu machen" oder das Produkt bzw. die Dienstleistung von einem anderen Hersteller „zu kaufen".

Für einen Spediteur, der den Auftrag erhält, eine Güterversendung zu besorgen, bedeutet das:

- Entweder führt er die Beförderung mit eigenem Fahrzeug durch (make) oder
- er beauftragt einen anderen Frachtführer mit der Durchführung der Beförderung. Er kauft also die Transportleistung ein (buy).

Die Entscheidung wird vor allem aus Kostengründen zu treffen sein, dennoch muss das nicht der einzige Grund sein. Seine Entscheidung hängt dabei stark davon ab, ob die eigenen Fahrzeuge gerade über- oder unterbeschäftigt sind. Oft haben Spediteure im Jahresverlauf eine schwache Zeit außerhalb der Saison ihrer Kunden. Dann stehen sie vor der mittelfristigen Frage, ob sie ihre Fahrzeuge während dieser schlechten Zeit vorübergehend stilllegen und einzelne Transporte durch fremde Unternehmer durchführen lassen sollen. Langfristig ist zu entscheiden, ob durch Fuhrparkvergrößerung oder -verkleinerung der Selbsteintritt gegenüber der Fremdvergabe ausgeweitet oder vermindert werden soll.

Ein Beispiel zeigt die **kurzfristige** Entscheidung eines Spediteurs, wenn das eigene Fahrzeug unterbeschäftigt ist.

An einem bestimmten Tag besteht für den Fernzug eines Spediteurs zunächst keine Einsatzmöglichkeit, obwohl die Einsatzbereitschaft vorhanden ist. Es kommt ein Auftrag herein, der ein Fahrzeug für den ganzen Tag in Anspruch nimmt und bei dem eine Fahrleistung von 435 km (einschließlich Leerkilometer) zu erbringen ist. Für diesen Auftrag stünde auch ein Unternehmer zur Verfügung, der als Entgelt dafür 450,00 € berechnen würde.

Die Frage des Spediteurs lautet nun: Ist es zweckmäßiger, den eigenen Lkw einzusetzen oder soll der Unternehmer den Transport durchführen? Für das eigene Fahrzeug wäre anderweitig keine Einsatzmöglichkeit gegeben; das gilt ebenfalls für den Fahrer. Beim Einsatz des eigenen Fahrzeuges würden durch den Auftrag variable Kosten (Abschreibung für Abnutzung, Kraftstoff-, Schmierstoff-, Reifen- und Reparaturkosten sowie sonstige kilometerabhängige Kosten) in Höhe von 0,68 € je Kilometer entstehen, bei 435 Gesamtkilometer also 295,80 €.

Unter der Voraussetzung, dass der Fahrer einen Pauschallohn ohne Abgeltung von Überstunden bezieht, entstehen durch den Einsatz des eigenen Fahrzeuges nur noch zusätzlich die Fahrerspesen in Höhe von 14,30 €. Die übrigen Gemeinkosten bzw. fixen Kosten bleiben bei der Entscheidung außer Ansatz, weil sie unabhängig davon anfallen, ob das Fahrzeug eingesetzt wird oder nicht.

Beim Einsatz des eigenen Fahrzeugs entstehen danach Kosten von

>   295,80 € (kilometerabhängige Kosten)
> +   14,30 € (Spesen)
> _____
> **310,10 € (Grenzkosten)**

Die infolge der Auftragsdurchführung verursachten „Grenzkosten" des eigenen Fahrzeugs mit 310,10 € liegen unter den Frachtkosten, die der fremde Unternehmer mit 450,00 € in Rechnung stellen würde. Für den Spediteur ist es in diesem Falle die bessere Lösung, das eigene Fahrzeug einzusetzen.

Sind an einem Tag mehrere Aufträge verfügbar, von denen aber nur einer im Selbsteintritt erledigt werden kann, so müssen für jeden einzelnen Auftrag die Grenzkosten des eigenen Einsatzes mit den Kosten verglichen werden, die durch den Einsatz eines Unternehmens entstehen.

Die vergleichende Kostenanalyse ist in der Praxis oft vielschichtiger, da einmal Rückladungen, Kombination von Aufträgen und Leerzeiten für den gesamten eigenen Fuhrpark zu beachten sind, andererseits auch die Verpflichtungen eine Rolle spielen können, die gegenüber einem mit Beschäftigungsgarantie vertraglich gebundenen Unternehmer einzuhalten sind.

3.4 Angebote über Beförderungsleistungen erstellen

Seit dem 1. Januar 1994 können die Entgelte für Beförderungsleistungen mit Lastkraftwagen frei vereinbart werden. Es gibt keine Tarifvorschriften mehr. Die freie Preisbildung gilt vom Standpunkt des Spediteurs aus sowohl gegenüber dem Frachtführer als auch gegenüber dem Versender, für den er die Versendung besorgt.

In diesem Abschnitt geht es allein um die Entgelte, die der Frachtführer für einen Transport von seinem Auftraggeber verlangt, also für die ordnungsgemäße Erledigung eines Frachtvertrages. Der Auftraggeber kann ein Spediteur sein, muss es aber nicht. Genauso kann ein Industriebetrieb oder ein Handelsbetrieb mit einem Lkw-Unternehmer direkt einen Frachtvertrag abschließen.

Eine Grundlage für die Bildung kosten- und marktgerechter Beförderungspreise liefert die Fahrzeugkostenrechnung. Die Frachtkosten können – wie bei den früher anzuwendenden Tarifen – nach den Kriterien Gewicht und Entfernung berechnet werden. Andere Abrechnungsgrundlagen, wie z. B. Pauschalpreise für Lkw, Wechselkästen, Relationen, Einsatztage oder Einsatzstunden finden ebenfalls Verwendung. Wird die Methode der Frachtpreisbildung aufgrund von Gewicht und Entfernung gewählt, kann eine Kalkulationstabelle gute Hilfe für die schnelle Abgabe eines Angebotes leisten.

Unter der Annahme, dass die Fahrzeugkostenrechnung für den Einsatz eines Gliederzuges von 40 t zulässigem Gesamtgewicht für fixe Kosten einen Betrag von 475,00 € pro Tag und variable Kosten von 0,51 € pro Last- und Leerkilometer ergeben hat, lässt sich eine Kalkulationstabelle erstellen (s. Tab. S. 133).

Kalkulationstabellen in dieser Form unterstützen u. a. den Disponenten bei seiner Tätigkeit, weil hier oftmals Entscheidungen unter Zeitdruck zu treffen sind. Es kommt regelmäßig vor, dass der Disponent eine angebotene Ladung annehmen oder ablehnen muss. Kurzfristig werden von ihm auch Preise für die Durchführung von Beförderungen im nationalen und internationalen Verkehr verlangt.

Die Zeiteinteilung und die Entfernungsabstufung in der Kalkulationstabelle können frei gewählt werden; sie sind den betrieblichen Erfordernissen anzupassen. Bei der Angebotsabgabe muss natürlich darauf geachtet werden, dass in den ermittelten Beträgen noch kein Gewinnzuschlag einbezogen ist. Beim heutigen Stand der Kommunikations- und Informationstechnik bedarf es eigentlich keines besonderen Hinweises, dass die Kalkulationstabellen fast immer in die betriebliche Datenverarbeitung integriert sind und zu jeder Zeit den zuständigen Sachbearbeitern zur Verfügung stehen.

Die Beförderungskosten können nach Auslastung, Häufigkeit der Beauftragung, Einweg- oder Rundlaufverkehr, Anzahl der zu bedienenden Ladestellen sowie Warte- und Standzeiten bei Be- und Entladung differenziert werden.

Welche Preise sich in den einzelnen Bereichen des Verkehrsmarktes – regional, saisonal oder fahrzeugspezifisch – durchsetzen lassen, hängt von verschiedenen Kriterien ab, wie z. B. Sendungsstruktur, Aufkommensvolumen, Anbieterstruktur, Nachfragestruktur, Gutart, Verkehrsinfrastruktur, Schadenshaftpflicht. Die Preisbildung wird durch die Dynamik des Marktes bestimmt. Im Gegensatz zu den früher staatlich verordneten Tarifen bietet die Marktpreisbildung Chancen, aber auch Risiken sowohl für den Nachfrager als auch den Anbieter von Transportleistungen.

Variable Kosten:	0,51 € pro Last- und Leerkilometer	Fahrzeug:
Fixe Kosten:	475,00 € pro Tag	Pritschen-Gliederzug 40 t GG

Strecke in km	Einsatzzeitraum in Tagen											
	0,25	0,50	0,75	1,00	1,50	2,00	2,50	3,00	3,50	4,00	4,50	5,00
0	119	238	356	475	713	950	1.188	1.425	1.663	1.900	2.138	2.375
25	132	250	369	488	725	963	1.200	1.438	1.675	1.913	2.150	2.388
50	144	263	382	501	738	976	1.213	1.451	1.688	1.926	2.163	2.401
75	157	276	395	513	751	988	1.226	1.463	1.701	1.938	2.176	2.413
100	170	289	407	526	764	1.001	1.239	1.476	1.714	1.951	2.189	2.426
125	183	301	420	539	776	1.014	1.251	1.489	1.726	1.964	2.201	2.439
150	195	314	433	552	789	1.027	1.264	1.502	1.739	1.977	2.214	2.452
175	208	327	446	564	802	1.039	1.277	1.514	1.752	1.989	2.227	2.464
200	221	340	458	577	815	1.052	1.290	1.527	1.765	2.062	2.240	2.477
250	246	365	484	603	840	1.078	1.315	1.553	1.790	2.028	2.265	2.503
300		391	509	628	866	1.103	1.341	1.578	1.816	2.053	2.291	2.528
350		416	535	654	891	1.129	1.366	1.604	1.841	2.079	2.316	2.554
400		442	560	679	917	1.154	1.392	1.629	1.867	2.104	2.342	2.579
450		467	586	705	942	1.180	1.417	1.655	1.892	2.130	2.367	2.605
500		493	611	730	968	1.205	1.443	1.680	1.918	2.155	2.393	2.630
550			637	756	993	1.231	1.468	1.706	1.943	2.181	2.418	2.656
600			662	781	1.019	1.256	1.494	1.731	1.969	2.206	2.444	2.681
650			688	807	1.044	1.282	1.519	1.757	1.994	2.232	2.469	2.707
700			713	832	1.070	1.307	1.545	1.780	2.020	2.257	2.495	2.732
750				858	1.095	1.333	1.570	1.808	2.045	2.283	2.520	2.758
800				883	1.121	1.358	1.596	1.833	2.071	2.308	2.546	2.783
850				909	1.146	1.384	1.621	1.859	2.097	2.334	2.571	2.809
900				934	1.172	1.409	1.647	1.884	2.122	2.359	2.597	2.834
950				960	1.197	1.435	1.672	1.910	2.147	2.385	2.622	2.860
1 000				985	1.223	1.460	1.698	1.935	2.173	2.410	2.648	2.885
1 100					1.274	1.511	1.749	1.986	2.224	2.461	2.699	2.936
1 200					1.325	1.562	1.800	2.037	2.275	2.512	2.750	2.987
1 300					1.376	1.613	1.851	2.088	2.326	2.563	2.801	3.038
1 400					1.427	1.664	1.902	2.139	2.377	2.614	2.852	3.089
1 500					1.478	1.715	1.953	2.190	2.428	2.665	2.903	3.140
1 600						1.766	2.004	2.241	2.479	2.716	2.954	3.191
1 700						1.817	2.065	2.292	2.530	2.767	3.005	3.242
1 800						1.868	2.106	2.343	2.581	2.819	3.056	3.293
1 900						1.919	2.157	2.394	2.632	2.869	3.107	3.344
2 000						1.970	2.208	2.445	2.683	2.920	3.158	3.395
2 100							2.259	2.496	2.734	2.971	3.209	3.446
2 200							2.310	2.547	2.785	3.022	3.260	3.497
2 300							2.361	2.598	2.836	3.073	3.311	3.548
2 400							2.412	2.649	2.887	3.124	3.362	3.599
2 500							2.463	2.700	2.938	3.175	3.413	3.650
2 600								2.751	2.989	3.226	3.464	3.701
2 700								2.802	3.040	3.277	3.515	3.752
2 800								2.853	3.091	3.328	3.566	3.803
2 900								2.904	3.142	3.379	3.617	3.854
3 000								2.955	3.193	3.430	3.668	3.905

◄Kalkulationstabelle

Zusammenfassung

▶ Der Spediteur muss die Kosten für die Beförderung eines Gutes mit Lastkraftwagen kennen. Das gilt sowohl für die Beförderung im Selbsteintritt als auch dann, wenn die Beförderung durch einen Lkw-Unternehmer durchgeführt wird.

▶ Für die Beförderung im Selbsteintritt werden die Ergebnisse der Fahrzeugkostenrechnung verwendet. Das gilt für die reinen Frachtführer ebenfalls.

▶ Eine namhafte Zahl von Spediteuren und vor allem viele kleine und mittlere Unternehmer des Güterkraftverkehrs verfügen noch nicht über eine aussagefähige Kostenrechnung. Deshalb gibt es Kalkulationshilfen: Zwei wichtige davon sind:

Kosteninformationssystem (KIS) des Bundesverbandes Güterkraftverkehr Logistik und Entsorgung (BGL) e. V.

Unverbindliche Kostensätze Gütertransport Straße (KGS).

▶ Im KIS sind für neun verschiedene Fahrzeugarten Kalkulationswerte veröffentlicht. Diese Sätze führen zur Vollkostendeckung, wenn die vorgegebene zeit- und entfernungsabhängige Auslastung des Fahrzeugs erreicht wird. Ferner sind laufend aktualisierte Gebührensätze für Neben- und Zusatzleistungen aufgelistet.

▶ Zu Beginn des Jahres 2004 wurden durch einen Fachverlag unverbindliche Kostensätze Gütertransport Straße (KGS) herausgegeben, die Unternehmern des Straßengüterverkehrs Entscheidungshilfen für eine kostenorientierte Angebotspreisbildung liefern sollen.

▶ Die KGS enthalten in der Tabelle I Kostensätze pro Tag und Kilometer, in der Tabelle II Kostensätze pro Einsatzstunde, in der Tabelle III Kostensätze pro Tonne oder pro Sendung und in Tabelle IV Kostensätze für Schüttgüter pro Tonne. Dazu kommen Anwendungsempfehlungen zur Berechnung von Zusatzkosten wie z. B. für Stand- und Wartezeiten oder für den Einsatz von Spezialfahrzeugen.

▶ Die Gesamtkosten setzen sich aus den Fahrzeugeinsatzkosten (Betriebskosten des Fahrzeugs und Fahrpersonalkosten) und den Gemeinkosten (allgemeine Verwaltungskosten, Unternehmerlohn und Unternehmensrisiko) zusammen.

▶ Zu den fixen Kosten zählen: Kfz-Steuer, Kfz-Haftpflicht- und Kfz-Kaskoversicherung, meistens die zeitabhängige Abschreibung, kalkulatorische Zinsen, Unterstellung und Garage, Fahrerlohnkosten, allgemeine Kosten wie allgemeine Verwaltung, kalkulatorischer Unternehmerlohn, kalkulatorische Miete, kalkulatorische Wagnisse.

▶ Variabel sind: Kraftstoff-, Schmierstoff-, Reifen-, Reparatur- und Wartungskosten, leistungsabhängige Abschreibung

▶ Die Entscheidung darüber, ob ein Spediteur, der den Auftrag zur Besorgung einer Güterbeförderung erhält, den Transport im Selbsteintritt durchführt oder ob er mit einem Frachtführer einen Frachtvertrag abschließt, hängt zwar vor allem mit der Kostenfrage zusammen, aber nicht ausschließlich damit. Ein weiteres Kriterium könnte sein, ob die eigenen Fahrzeuge des Spediteurs über- oder unterbeschäftigt sind. Bei Unterbeschäftigung ist es vielleicht vorteilhaft, dass er im Selbsteintritt fährt, obwohl der Erlös die Kosten nicht voll deckt.

▶ Für kurzfristige Preisangebote oder für eine schnelle Entscheidung des Disponenten, ein Ladungsangebot anzunehmen oder abzulehnen, ist die Erstellung einer Kalkulationstabelle hilfreich.

▶ Eine Grundlage für die Bildung kosten- und marktgerechter Beförderungspreise liefert die Fahrzeugkostenrechnung. Als Kriterien für die Frachtkostenberechnung können das Gewicht des zu befördernden Gutes und die Entfernung herangezogen werden. Aber auch andere Abrechnungsgrundlagen wie Pauschalpreise für Lkw, Wechselkästen, Relationen oder Einsatztage bzw. Einsatzstunden werden verwendet.

4 Frachtverträge abschließen

Mit dem Inkrafttreten des Transportrechtsreformgesetzes (TRG) zum 1. Juli 1998 wurde das Fracht-, Speditions- und Lagerrecht im Handelsgesetzbuch (HGB) neu geregelt. Gleichzeitig verlor die bis dahin zwingend anzuwendende Kraftverkehrsordnung (KVO) für den gewerblichen Güterfernverkehr ihre Gültigkeit, genauso wie die Allgemeinen Beförderungsbedingungen für den gewerblichen Güternahverkehr mit Kraftfahrzeugen (AGNB), die allerdings nur nach Vereinbarung als Vertragsgrundlage angewendet worden waren.

4.1 Rechtsgrundlagen für den nationalen Güterkraftverkehr beachten

Die Vorschriften über das Frachtgeschäft in Deutschland sind seit dem 1. Juli 1998 im Wesentlichen im vierten Abschnitt des Handelsgesetzbuches (HGB) zusammengefasst. Durch etliche Verweisungen im Speditionsrecht wird auch die enge Verzahnung von Fracht- und Speditionsrecht deutlich. Das Frachtrecht gilt jetzt ohne Ausnahme für Beförderungen auf der Straße und der Schiene, auf Binnengewässern und in der Luft. Die Vorschriften sind immer dann anzuwenden, wenn es sich um eine gewerbliche Beförderungsleistung in Deutschland handelt. Einzelheiten zu den Vorschriften des HGB sind im Kapitel IV, Abwicklung von Frachtverträgen nach HGB, dieses Buches zu finden.

4.1.1 Vertragsbedingungen für den Güterkraftverkehrs- und Logistikunternehmer (VBGL) verwenden

Aufgrund des abdingbaren Charakters des neuen Rechts haben sich die Güterkraftverkehrs- und Logistikunternehmer Allgemeine Geschäftsbedingungen geschaffen.

Dabei handelt es sich einmal um die **„Vertragsbedingungen für Güterkraftverkehrs- und Logistikunternehmer (VBGL)"**, die der **Bundesverband Güterkraftverkehr und Logistik (BGL) e. V.** erarbeitet hat, zum anderen um die **„Allgemeinen Geschäftsbedingungen für den Güterkraftverkehrs- und Logistikunternehmer (AGL)"**, die der **Bundesverband Wirtschaftsverkehr und Entsorgung (BWE) e. V.** herausgegeben hat. Beide Verbandsempfehlungen sind im Wortlaut deckungsgleich, sodass die beiden Bezeichnungen und deren Abkürzungen – VBGL und AGL – für einen identischen Inhalt von Allgemeinen Geschäftsbedingungen verwendet werden können. Beide Verbände haben diese Bedingungen beim Kartellamt sowie bei der Europäischen Kommission angemeldet; sie wurden anschließend im Bundesanzeiger veröffentlicht und damit den Mitgliedern der Verbände zur Anwendung empfohlen.

Im Jahr 1999 haben sich beide Verbände – BGL und BWE – zum **Bundesverband Güterkraftverkehr Logistik und Entsorgung (BGL) e.V.** zusammengeschlossen. Dadurch sind die AGL bedeutungslos geworden. Bei neu abgeschlossenen Verträgen werden nur noch die VBGL als Geschäftsbedingungen der Güterkraftverkehrsunternehmer herangezogen.

Im Sinne des AGB-Gesetzes handelt es sich bei den VBGL um Allgemeine Geschäftsbedingungen. Sie gelten aber nur, wenn sie Vertragsbestandteil werden, also z. B. in
den Frachtvertrag einbezogen sind. Da die VBGL allein im gewerblichen Geschäftsverkehr, nicht aber im Verkehr mit Verbrauchern gelten, ist ihre Einbeziehung in den jeweiligen Vertrag in vereinfachter Form möglich. Es genügt, wenn der Frachtführer, der die
VBGL zum Gegenstand des Vertrages machen möchte – der Verwender der AGB –,
seinen Vertragspartner im Zuge der Vertragsverhandlungen auf die Geltung der VBGL
hinweist.

Gibt der Unternehmer des Güterkraftverkehrs ein schriftliches Angebot unter Hinweis
auf die VBGL ab und der Vertragspartner stimmt durch ein Bestätigungsschreiben zu,
sind die Bedingungen Gegenstand des Vertrages geworden. Für den Hinweis reicht die
Erwähnung der VBGL auf den Geschäftsbriefbogen des Unternehmers aus. Erfolgte
das Angebot mündlich, sollte der Hinweis bei der Angebotsabgabe enthalten sein. Es
ist aber auch möglich, dass Allgemeine Geschäftsbedingungen noch nachträglich in
einen telefonisch vereinbarten Vertrag einbezogen werden, z. B. im Bestätigungsschreiben des Unternehmers mit dem Hinweis auf die VBGL.

Erklärt der Auftraggeber jedoch, es gelten ausschließlich seine eigenen AGB als Ein-
kaufsbedingungen (für den Einkauf der Beförderungsleistung), so ist der Vertrag weder
zu den VBGL noch zu den Einkaufsbedingungen zustande gekommen. Nach der Regel
„Meine – Deine – Keine" gelten für diesen Vertrag nur diejenigen Klauseln, die in beiden
AGB übereinstimmen. Im Übrigen ist der Vertrag zu den Regeln der gesetzlichen
Normen zustande gekommen. Hat allerdings der Unternehmer die Bedingungen des
Auftraggebers ausdrücklich anerkannt, gelten allein diese Bedingungen.

Beispiel: *Eine Maschinenfabrik legt bei den Einkäufen grundsätzlich ihre eigenen AGB*
zugrunde, geht also davon aus, dass diese auch für die Beförderungsleistung
eines Lkw-Unternehmers gelten. Im Auftragsschreiben an den Unternehmer war
der Hinweis dazu enthalten. Der Unternehmer dagegen hatte in seinem Angebot
auf die Anwendung der VBGL hingewiesen. Keiner der Vertragspartner hat den
Hinweisen des anderen widersprochen. Kommt es jetzt zu einem Streit im
Zusammenhang mit der Beförderung, gelten die Vorschriften des HGB über das
Frachtrecht.

Alle frachtrechtlichen Bestimmungen des HGB, die in den VBGL nicht erwähnt sind,
sollen bei Vereinbarung der VBGL Vertragsgegenstand werden. Darum ist in § 1 VBGL
auf die §§ 407 bis 452 d HGB Bezug genommen. Folgende gesetzliche Bestimmungen
über den Frachtvertrag, die in den VBGL nicht erwähnt sind, gelten daher uneingeschränkt:

- Rechte des Frachtführers nach erfolgter Kündigung des Frachtvertrages durch den
  Absender;
- Pflichten und Rechte des Frachtführers nach erfolgter Erteilung nachträglicher Wei-
  sungen durch den Absender;
- Pflichten und Rechte des Frachtführers bei Beförderungs- und Ablieferungshinder-
  nissen;
- Frachtzahlung;
- Haftung, Verjährung.

Bei der Klärung von Fragen, die sich mit den genannten Punkten befassen, kann also
nur das HGB herangezogen werden.

Die **Haftungsbestimmungen** des Frachtrechts in den §§ des HGB sowie die Bestimmung über die Verjährung sind „AGB-festes Recht", d. h., sie können über Allgemeine Geschäftsbedingungen nicht geändert werden mit Ausnahme der Haftungshöhe bei Güterschäden. Wohl aber können Änderungen durch individuelle Absprachen zwischen den beiden Vertragspartnern vereinbart werden.

Die VBGL können für Frachtverträge gemäß §§ 407 – 449 und §§ 452 – 452 d HGB (multimodaler Verkehr) im gewerblichen Straßengüterverkehr sowie für den Selbsteintritt des Spediteurs gemäß § 458 HGB zur Anwendung kommen.

Sie gelten auch für logistische Dienstleistungen, die mit der Beförderung oder Lagerung von Gütern im Zusammenhang stehen, aber nicht speditionsüblich sind (z. B. Aufbügeln von Konfektion, Montage von Teilen, Veränderungen des Gutes).

Die VBGL **gelten** für Unternehmer, die
- als Frachtführer Frachtverträge im gewerblichen Straßengüterverkehr schließen, als Spediteure Speditionsverträge mit Selbsteintritt, zu festen Kosten und über Sammelladung sowie Lagerverträge schließen,
- als Logistikunternehmer Dienstleistungen erbringen, die mit der Beförderung oder Lagerung von Gütern in Zusammenhang stehen.

Die VBGL **gelten nicht** für Geschäfte, die
- ausschließlich Verpackungsarbeiten,
- die Beförderung von Umzugsgut oder dessen Lagerung betreffen.
- Sie gelten auch **nicht** für Verträge mit **Verbrauchern**.

4.1.2 Frachtvertrag im nationalen Güterkraftverkehr abschließen

Der Frachtvertrag kommt durch **zwei übereinstimmende Willenserklärungen** zustande. Es handelt sich also um einen Konsensualvertrag, der frei von jeglichen Formvorschriften ist. Einen Vorvertrag, wie früher den sog. Wagenstellungsvertrag, gibt es nach dem HGB nicht mehr. Auch ist es für den Vertragsschluss nicht mehr von Bedeutung, dass Gut und Frachtbrief übergeben werden.

Grundsätzlich verpflichtet der Frachtvertrag den Frachtführer, das Gut zum Bestimmungsort zu befördern und dort an den Empfänger abzuliefern. Demgegenüber ist der Absender verpflichtet, die vereinbarte Fracht zu zahlen (§ 407 HGB).

Aus dem abgeschlossenen Frachtvertrag ergeben sich – neben den im HGB genannten Pflichten – auch entsprechend den VBGL sowohl für den Absender als auch für den Frachtführer Pflichten. Die folgenden Ausführungen betreffen allein die VBGL.

Der Absender hat den Frachtführer rechtzeitig vor Durchführung der Beförderung über Art und Beschaffenheit, Gewicht, Menge sowie die einzuhaltenden Termine zu unterrichten, auch technische Anforderungen an das Fahrzeug und evtl. erforderliches Zubehör muss er nennen. Allgemein gesagt: Der Absender muss den Frachtführer über alle wesentlichen, die Durchführung des Vertrages beeinflussenden Faktoren informieren.

Der Frachtführer dagegen verpflichtet sich mit dem Abschluss des Frachtvertrages, entsprechend geeignete Fahrzeuge zu stellen.

Der Frachtvertrag wird in einem Frachtbrief festgehalten, der beidseitig unterzeichnet ist. Der Frachtbrief soll die Angaben des § 408 HGB enthalten:

1. Ort und Tag der Ausstellung;
2. Name und Anschrift des Absenders;
3. Name und Anschrift des Frachtführers;
4. Stelle und Tag der Übernahme des Gutes sowie die für die Ablieferung vorgesehene Stelle;
5. Name und Anschrift des Empfängers und etwaige Meldeadresse;
6. die übliche Bezeichnung der Art des Gutes und die Art der Verpackung, bei gefährlichen Gütern ihre nach den Gefahrgutvorschriften vorgesehene, sonst ihre allgemein anerkannte Bezeichnung;
7. Anzahl, Art und Nummer der Frachtstücke;
8. das Rohgewicht oder die anders angegebene Menge des Gutes;
9. die vereinbarte Fracht und die bis zur Ablieferung anfallenden Kosten sowie einen Vermerk über die Frachtzahlung;
10. den Betrag einer bei der Ablieferung des Gutes einzuziehenden Nachnahme;
11. Weisungen für die Zoll- und sonstige amtliche Behandlung des Gutes;
12. eine Vereinbarung über die Beförderung in offenem, nicht mit Planen gedecktem Fahrzeug oder auf Deck.

In den Frachtbrief können weitere Angaben eingetragen werden.

Ist aus Gründen der Transportabwicklung die Ausstellung eines Frachtbriefes nicht angezeigt, so kann ein anderes Begleitpapier (z. B. Lieferschein oder für den Verteilerverkehr eine Rollkarte usw.) verwendet werden.

In der Praxis kommt es sehr oft vor, dass der Absender es dem Frachtführer überlässt, den Frachtbrief auszufüllen. Diese Übertragung kann aber nicht dazu führen, dass die Haftung des Absenders für die ordnungsgemäße Ausstellung des Frachtbriefes entfällt.

Bei Vertragsabschluss über die **Beförderung gefährlicher Güter** muss der Absender schriftlich oder in sonst lesbarer Form (E-mail, Internet) alle Angaben über die Gefährlichkeit des Gutes und, soweit erforderlich, zu ergreifende Vorsichtsmaßnahmen übermitteln. Handelt es sich um Gefahrgut im Sinne des ADR bzw. der GGVSE, so sind die Klasse und die Nummer des Gefahrgutes nach ADR/GGVSE und die für das Beförderungsgut notwendige Schutzausrüstung anzugeben.

Die Vereinbarung über einen **Nachnahmeeinzug** muss bei Auftragserteilung oder bei Abruf des Fahrzeuges schriftlich getroffen und im Frachtbrief oder einem anderen Begleitpapier vermerkt werden. Der Nachnahmebetrag ist beim Empfänger in bar einzuziehen. Wenn das nicht möglich ist, entsteht ein Ablieferungshindernis, das den Frachtführer zwingt beim Verfügungsberechtigten eine schriftliche Weisung einzuholen. Bis zum Eingang der Weisung darf das Gut dem Empfänger nicht ausgeliefert werden.

Ein wichtiges Problem, das weder im Transportrechtsreformgesetz noch in einer anderen gesetzlichen Regelung behandelt wird, findet in den VBGL Berücksichtigung: Die **Palettengestellung** und der **Palettentausch**.

Grundsätzlich gehört die Gestellung von Paletten und Ladehilfsmitteln nicht zum Leistungsbereich des Frachtführers. Den Parteien des Frachtvertrages ist es jedoch unbenommen, die Gestellung von Paletten durch den Frachtführer zu vereinbaren.

Das bedeutet allerdings eine gesonderte Leistung, die auch extra berechnet werden oder im Gesamtpreis ihren Niederschlag finden sollte.

Sind Paletten zu tauschen, muss eine entsprechende **Vereinbarung** bei Vertragsabschluss oder bei Abruf des Fahrzeugs **schriftlich** getroffen werden oder im Frachtbrief oder in einem anderen Begleitpapier festgehalten werden. In den meisten verwendeten Frachtbriefformularen sind für den Eintrag bereits eigene Felder vorgesehen, andererseits benutzen viele Firmen auch gesonderte Palettenbegleitscheine. Der Palettentausch bedeutet ebenfalls eine neben dem Frachtvertrag stehende Sonderleistung mit eigenständigem Vergütungsanspruch. Das gilt für den Zug-um-Zug-Tausch ebenso.

Den Frachtvertrag über die Beförderung von palettiertem Gut hat der Frachtführer mit der Auslieferung beim Empfänger erfüllt. Sollen die leeren Paletten wieder zurückbefördert werden, muss dazu ein eigener Frachtvertrag gemäß § 407 ff. HGB abgeschlossen werden. Das gilt nicht, wenn von vornherein der Zug-um-Zug-Palettentausch beim Empfänger als Nebenabrede des Vertrages über die Beförderung der palettierten Ladung vereinbart war. Dieses Verfahren wird häufig praktiziert.

Eine weitere Regelung, die in den VBGL ihren Niederschlag gefunden hat, betrifft Entsorgungstransporte. Weil es sich bei den Beförderungen im Entsorgungsverkehr um ein Spezialgebiet handelt, werden hier nur die allgemein wichtigen Punkte angeführt.

Die Vertragsparteien verpflichten sich zivilrechtlich die öffentlich wirksamen Vorschriften des Abfallrechts sowohl national als auch EU-rechtlich zu beachten. Dazu gehört z. B. die Verpflichtung des Absenders, die Abfälle ordnungsgemäß nach den Bestimmungen des Kreislaufwirtschafts- und Abfallgesetzes sowie den entsprechenden Rechtsverordnungen zu deklarieren und dies dem Frachtführer – spätestens bei Abschluss des Beförderungsvertrages – mitzuteilen.

Der Frachtführer hat die erforderlichen abfallrechtlichen Genehmigungen vorzuhalten. Gemeint ist damit die Transportgenehmigung nach der Transportgenehmigungsverordnung.

Zusammenfassung

➤ **Die Rechtsgrundlagen für den nationalen Güterkraftverkehr sind im vierten Abschnitt des Handelsgesetzbuches „Frachtgeschäft" enthalten. Bei diesen Rechtsregeln handelt es sich um sog. nachgiebiges oder – wie der Jurist sagt – dispositives Recht, d. h., die Vertragspartner können auch davon abweichende Vereinbarungen treffen.**

➤ **Bis auf die Haftungsbestimmungen des Frachtrechts sowie die Bestimmungen über die Verjährungen können durch Allgemeine Geschäftsbedingungen die HGB-Vorschriften abgeändert werden. Dagegen können bei den Haftungsbestimmungen und der Verjährungsregelung nur individuelle Absprachen der Vertragsparteien eine Änderung herbeiführen.**

➤ **Der Bundesverband Güterkraftverkehr und Logistik (BGL) e. V. hat mit den „Vertragsbedingungen für Güterkraftverkehrs- und Logistikunternehmer (VBGL)" Allgemeine Geschäftsbedingungen für den nationalen Straßengüterverkehr erarbeitet. In gleicher Weise geschah dies durch den Bundesverband Wirtschaftsverkehr und Entsorgung (BWE) e. V. mit den „Allgemeinen Geschäftsbedingungen für den Güterkraftverkehrs- und Logistikunternehmer (AGL)". Beide Verbände haben sich im Jahr 1999 zum Bundesverband Güterkraftverkehr Logistik und Entsorgung (BGL) e.V. zusammengeschlossen. Seitdem werden nur noch die VBGL angewendet.**

➤ Wenn die VBGL angewendet werden sollen, müssen sie in den Frachtvertrag einbezogen werden. Da die VBGL nur im Geschäftsverkehr mit Kaufleuten – nicht aber mit Verbrauchern – gelten, genügt es, wenn der Frachtführer seinen Auftraggeber im Zuge der Vertragsverhandlungen darauf hinweist. Erklärt jedoch der Auftraggeber, dass für den „Einkauf der Beförderungsleistung" seine Geschäftsbedingungen gelten sollen, ist weder zu den VBGL noch zu den Einkaufsbedingungen des Auftraggebers der Vertrag zustande gekommen. Es gilt dann allein das Frachtrecht des HGB.

➤ Alle frachtrechtlichen Bestimmungen des HGB, die in den VBGL nicht erwähnt sind, sollen bei Vereinbarung der VBGL Vertragsgegenstand werden.

➤ Die VBGL gelten auch für logistische Dienstleistungen, die mit der Beförderung oder Lagerung von Gütern im Zusammenhang stehen, aber nicht speditionsüblich sind (z. B. Aufbügeln von Konfektion oder Montage von Teilen).

➤ Die VBGL können nicht für Geschäfte angewendet werden, die ausschließlich Verpackungsarbeiten oder die Beförderung von Umzugsgut oder dessen Lagerung betreffen.

➤ Neben den im HGB verankerten Pflichten der am Beförderungsvertrag beteiligten Parteien, Absender und Frachtführer enthalten die VBGL für die Absender die Informationspflicht über alle wesentlichen, die Durchführung des Vertrages beeinflussenden Faktoren. Der Frachtführer ist verpflichtet geeignete Fahrzeuge zu stellen.

➤ Der Frachtvertrag wird in einem Frachtbrief festgehalten, der bestimmte Angaben enthalten soll (wie im § 408 HGB angegeben).

➤ Eine besondere Informationspflicht besteht für den Absender, wenn es um den Transport gefährlicher Güter geht.

➤ Ist Nachnahmeeinzug vereinbart, muss der Nachnahmebetrag beim Empfänger in bar eingezogen werden.

➤ Palettengestellung und Palettentausch sind Leistungen des Frachtführers, die neben der Beförderungsleistung zu erbringen sind und extra honoriert werden sollen.

➤ Muss der Frachtführer nach Erfüllung des Frachtvertrages über einen palettierten „Volllauf" die Paletten wieder zurückbefördern, ist darüber ein eigener Frachtvertrag abzuschließen.

4.2 Rechtsgrundlagen für internationale Straßengütertransporte beachten

Die Bundesrepublik Deutschland ist Vertragsstaat des völkerrechtlichen **„Übereinkommen über den Beförderungsvertrag im internationalen Straßengüterverkehr – CMR"**, das seit dem 5. Febr. 1962 für die Bundesrepublik in Kraft ist. Die Bestimmungen der CMR sind für sämtliche grenzüberschreitenden Beförderungen deutscher Unternehmer rechtsverbindliche Vertragsgrundlage, „wenn der Ort der Übernahme des Gutes und der für die Ablieferung vorgesehene Ort, wie sie im Vertrag angegeben sind, in zwei verschiedenen Staaten liegen, von denen mindestens einer ein Vertragsstaat ist". Für diese Beförderungsverträge gilt nur die CMR, soweit sie den Tatbestand abschließend regelt. Trifft die CMR aber keine abschließende Regelung, dann gilt ergänzungsweise das jeweilige nationale Recht. Das ist bei uns in erster Linie das Frachtrecht des HGB, aber auch die Allgemeinen Geschäftsbedingungen der Verbände des Güterkraftverkehrs – VBGL – können zur Klärung von nicht in der CMR geregelten Sachverhalten herangezogen werden.

Zum Geltungsbereich ist zu ergänzen, dass dem Grunde nach jeder Straßengüterverkehr über deutsche Grenzen – ob von Deutschland in ein oder durch ein Nachbarland oder von einem Nachbarland nach Deutschland – der CMR unterliegt, weil entweder der Ort der Übernahme in Deutschland liegt oder der Ort der Ablieferung. Nach dem Stand von Januar 2003 gehören zu den Vertragsstaaten (in alphabetischer Reihenfolge):

Belarus, Belgien, Bosnien-Herzegowina, Bulgarien, Bundesrepublik Deutschland, Dänemark, Estland, Finnland, Frankreich, Gibraltar, Griechenland, Großbritannien, Insel Guernsey, Insel Man, Iran, Irland, Italien, Jugoslawien (Serbien, Montenegro), Kasachstan, Kirgisistan, Kroatien, Lettland, Litauen, Luxemburg, Marokko, Mazedonien, Republik Moldau, Niederlande, Norwegen, Österreich, Polen, Portugal, Rumänien, Russische Föderation, Schweden, Schweiz, Slowakei, Slowenien, Spanien, Tadschikistan, Tschechische Republik, Türkei, Turkmenistan, Tunesien, Ungarn, Usbekistan.

Die **CMR-Bestimmungen** gelten auf der gesamten Beförderungsstrecke, also beispielsweise bei einem Transport von Flensburg nach Mailand sowohl für den deutschen als auch den österreichischen und italienischen Streckenteil. Das **Übereinkommen gilt nicht** für Beförderungen, die nach den Bestimmungen internationaler Postübereinkommen durchgeführt werden, für die Beförderung von Leichen und für die Beförderung von Umzugsgut.

Frachtvertrag nach CMR abschließen

Für den Beförderungsvertrag nach CMR ist der Wille der Parteien, eine Beförderung durchzuführen, ausschlaggebend. Die reale Übernahme des Gutes ist nicht erforderlich. Demnach handelt es sich beim CMR-Frachtvertrag nicht um einen Realvertrag, sondern, weil nur zwei übereinstimmende Willenserklärungen der Parteien notwendig sind, um einen so genannten **Konsensualvertrag**. Die Willenserklärungen können mündlich oder schriftlich abgegeben werden.

CMR-Frachtbrief

Im grenzüberschreitenden Straßengüterverkehr bestätigt der Frachtbrief lediglich den Beförderungsvertrag. Für ihn ist keine besondere Form vorgeschrieben, dagegen jedoch der Inhalt (vgl. Abb. S. 142).

Der Frachtbrief kann in mehreren Originalen ausgestellt werden; die CMR schreibt 3 Originalausfertigungen vor. Durch die Unterschrift von Absender und Frachtführer werden Durchschriften zu Originalen. Wichtig ist der Vermerk am Kopf des Frachtbriefes, dass die Beförderung „trotz einer gegenteiligen Abmachung den Bestimmungen des Übereinkommens über den Beförderungsvertrag im internationalen Straßengüterverkehr (CMR)" unterliegt. Damit wird sichergestellt, dass die CMR auch in jenen Fällen gilt, in denen das andere Land kein Vertragsstaat der CMR ist.

Hervorzuheben ist nochmals, dass das Fehlen eines CMR-Frachtbriefes weder die Gültigkeit noch den Bestand des Beförderungsvertrages berührt; der Vertrag bleibt auf jeden Fall der CMR unterworfen. Liegt kein Frachtbrief vor, gilt die Vermutung, dass der Frachtführer das Gut in einwandfreiem Zustand erhalten hat. Daraus folgt die Verpflichtung des Frachtführers, das Gut in gleichem Zustand abzuliefern.

In den CMR ist nichts darüber ausgesagt, wer den Frachtbrief auszufüllen hat. In der Praxis wird dies der Absender oder der Spediteur sein. Allerdings kommt häufig vor, dass der Frachtführer die Angaben des Absenders im Frachtbrief einträgt. Ohne Rücksicht darauf, wer den Frachtbrief ausgefüllt hat, haftet der Absender für alle Kosten und Schäden, die dem Frachtführer dadurch entstehen, dass bestimmte Angaben unrichtig oder unvollständig sind.

1 Absender (Name, Anschrift, Land)	INTERNATIONALER FRACHTBRIEF
L-S Logistik und Spedition GmbH **Fuggerstraße 47** **86163 Augsburg** **Deutschland** Ust.-IdNr. DEUTSCHLAND 123466789	Diese Beförderung unterliegt trotz einer gegenteiligen Abmachung den Bestimmungen des Übereinkommens über den Beförderungsvertrag im internationalen Straßengüterverkehr (CMR).

2 Empfänger (Name, Anschrift, Land)	16 Frachtführer (Name, Anschrift, Land)
AMST ZÜBROSETTI **Via Attica 98** **I-20141 Milano** **Italien**	**Hurtig & Co. KG** **Lechstraße 39** **86155 Augsburg** **Deutschland**

3 Auslieferungsort des Gutes	17 Nachfolgende Frachtführer (Name, Anschrift, Land)
Ort **Milano** Land **Italien**	

4 Ort und Tag der Übernahme des Gutes	
Ort **Augsburg** Land **Deutschland** Datum **24. Aug. ..**	18 Vorbehalte und Bemerkungen der Frachtführer

5 Beigefügte Dokumente
Handelsrechnung 2fach

6 Kennzeichen und Nummern	7 Anzahl der Packstücke	8 Art der Verpackung	9 Bezeichnung des Gutes	10 Statistiknumer	11 Bruttogewicht in kg	12 Umfang in m
690 7531- **690 7536**	**6**	**Kisten**	**Textil-** **maschinen**		**16 700 kg**	
Klasse	Ziffer	Buchstabe	(ADR) xxxxxxxxxxxxxx			

13 Anweisungen des Absenders (Zoll- und sonstige amtliche Behandlung)	19 Zu zahlen vom:		Absender	Währung	Empfänger
Anweisung an Fahrzeugführer: **Lkw/Ladegefäße dürfen nicht** **unbeaufsichtigt abgestellt** **werden.**	Fracht				
	Ermäßigungen				
	Zwischensumme				
	Zuschläge				
	Nebengebühren				
	Sonstiges				
	Zu zahlende Gesamtsumme				

14 Rückerstattung

15 Frachtzahlungsanweisungen	20 Besondere Vereinbarungen
Frei **Frei Mailand** Unfrei	

21 Ausgefertigt in	am	xxx	24 Gut empfangen		Datum
Augsburg	24. Aug. ..		am		

22 LS-Logistik und Spedition GmbH Fuggerstraße 47 86163 Augsburg Unterschrift und Stempel des Absenders	23 Hurtig & Co. KG Lechstraße 39 86155 Augsburg Unterschrift und Stempel des Frachtführers	Unterschrift und Stempel des Empfängers

25 Angaben zur Ermittlung der Tarifentfernung mit Grenzübergängen			28 Berechnung des Beförderungsentgelts					
vom	bis	km	frachtpfl. Gewicht in kg	Tarifstelle: Sonderabmachung	Güterarten	Währung	Frachtsatz	Beförderungsentgelt

26 Vertragspartner des Frachtführers ist   – xxxxkein – Hilfsgewerbetreibender

27	amtl. Kennzeichen	Nutzlast in kg					
Kfz	A-SL 234						
Anhänger	A-KP 718	25 700 kg				Summe	

Muster eines CMR-Frachtbriefes

Zusammenfassung

➤ Für internationale Straßengütertransporte ist das „Übereinkommen über den Beförderungsvertrag im internationalen Straßengüterverkehr – CMR" maßgebend.

➤ Die CMR gilt für die gesamte Beförderungsstrecke, selbst dann, wenn auf Teilstrecken ein anderes Frachtrecht für Lkw-Transporte anzuwenden wäre. Beispiel: Beförderung von Deutschland über Österreich nach Italien. Obwohl in Deutschland (für nationale Transporte) HGB bzw. VBGL gelten, wird dem grenzüberschreitenden Transport auch schon in Deutschland die CMR zugrunde gelegt.

➤ Der Beförderungsvertrag kommt nach der CMR auch ohne Übergabe von Gut und Frachtbrief zustande – allein durch die Willenseinigung von Absender und Frachtführer.

➤ Der CMR-Frachtbrief ist lediglich eine Beweisurkunde. Für ihn ist keine bestimmte Form, lediglich ein bestimmter Inhalt vorgeschrieben.

4.3 Transportvorbereitungen treffen

Hat der Frachtführer einen Transportauftrag angenommen, müssen mehr oder minder umfangreiche Vorbereitungen getroffen werden, damit eine reibungslose Transportabwicklung folgen kann. Das gilt sowohl für nationale als auch für internationale Transporte. Zunächst muss sich der Auftragnehmer Klarheit verschaffen,

● welches Gut   ● zu welchem Zeitpunkt   ● wo geladen und   ● wohin befördert

werden soll. Verfügt der Frachtführer über die notwendigen Angaben, kann die Disposition beginnen.

4.3.1 Fahrzeuge disponieren

Für die Disposition kommt es entscheidend darauf an, das richtige Fahrzeug für das zu befördernde Gut zu finden und termingemäß zu stellen. Dabei wird stets das Fassungsvermögen nach Raum, Gewicht und Ladefläche zu beachten sein.

Es versteht sich von selbst, dass die fahrzeugtechnischen Voraussetzungen erfüllt sein müssen. Dazu gehört, dass sich das Fahrzeug bzw. die Fahrzeugkombination in einem betriebssicheren Zustand befindet, vollständig ausgerüstet ist (z. B. im Winter mit Schneeketten) und dem Auftraggeber sauber zur Verfügung gestellt wird.

Neben dem geeigneten Fahrzeug sind für die beförderungs- und betriebssichere Verladung der Güter oft auch Ladehilfsmittel bzw. Ladegeräte notwendig: Paletten, Sicherungs- und Spannketten, Keile, Draht, Nägel usw. Die Disposition muss dafür sorgen, dass solche Hilfsmittel oder Geräte in ausreichendem Maße vorhanden sind, wobei natürlich vorab zu klären ist, ob der Auftraggeber oder der Frachtführer diese Gegenstände stellt.

Der Disponent – oft auch die Disponentin – sind dafür verantwortlich, dass die bei Abschluss des Beförderungsvertrages vereinbarten Termine zur Beladung des Fahrzeugs präzise eingehalten werden, damit der Auftraggeber nicht in seinen Planungen gestört wird. Sollten Umstände eintreten, die zu einer Verspätung bei der Fahrzeuggestellung führen oder kann der Termin vielleicht überhaupt nicht eingehalten werden, ist der Auftraggeber unverzüglich zu verständigen. Die Disposition muss stets berücksichtigen, dass das Belade- und auch das Entladegeschäft meistens erheblich in die Produktionsabläufe der verladenden Wirtschaft eingreifen. Schon geringfügige Verzögerungen durch den Güterkraftverkehr können zu nachhaltigen und kostenträchtigen Folgen führen.

Die Aufgabe der Disposition ist in aller Regel damit noch nicht beendet, wenn das richtige Fahrzeug zur richtigen Zeit, richtig ausgerüstet, am richtigen Ort zur Beladung bereit steht. So muss in vielen Fällen auch die Fahrt selbst geplant werden. Möglicherweise kann am oder in der Nähe des Empfangsortes eine Rückladung übernommen werden. Dann ist hierfür wiederum der Zeitpunkt für das Fahrzeug festzulegen, an dem es zur Aufnahme der Rückladung bereitstehen muss.

Selbst einem Nichtfachmann wird klar, dass dieser Zeitpunkt für die Übernahme der Rückladung vom Ablauf der Hinladung abhängig ist. Dabei geht es nicht allein darum, wie viel Kilometer ein Fahrzeug durchschnittlich in der Stunde zurücklegen kann, sondern es müssen durch den Gesetzgeber zwingend vorgeschriebene Ruhepausen und Ruhezeiten eingehalten werden. Die gesamte Zeit für den Transport vom Belade- zum Entladeort darf nur unter Beachtung aller Rechtsvorschriften kalkuliert werden.

An dem Beispiel einer Hin- und evtl. Rückladung (Rundlauf) lässt sich erkennen, wie kompliziert sich die Disposition eines Fahrzeugeinsatzes gestalten kann. Gute Disponenten bewältigen das „mit der linken Hand". Aber gesetzt den Fall, es gäbe mehrere Ladestellen und mehrere Entladestellen schon auf der Hinfahrt und genauso bei der Rückfahrt. Oder: Ein Frachtführer verfügt über einen Fuhrpark von zehn und mehr Fahrzeugen. Dann findet die „manuelle Disposition" schnell ihre Grenzen.

Auf breiter Ebene (nicht nur in Transportbetrieben, sondern auch in werkverkehrtreibenden Produktions- oder Handelsbetrieben) wird die Disposition der Fahrzeuge mithilfe einer DV-gestützten Tourenplanung durchgeführt. Im Wesentlichen geht es dabei um die Verringerung der Fuhrparkkosten; allerdings sind zusätzliche Einflussgrößen zu berücksichtigen:

- Die Anzahl der Fahrzeuge soll hinsichtlich der Investitions- und Betriebskosten minimiert werden.
- Die Besetzung der Fahrzeuge soll optimiert werden, d. h., die Frage ist zu klären, ob das Beförderungsgut mit einem oder zwei Fahrern transportiert wird.
- Die zeitliche Auslastung unter Berücksichtigung der Sozialvorschriften soll optimiert werden.

Tourenplanung und Routenplanung

Der Softwaremarkt bietet eine Anzahl von EDV-Programmen zur Routen- und Tourenplanung. Meistens müssen vor einem Einsatz in Verkehrsbetrieben die Programme den individuellen Erfordernissen angepasst werden.

Bei der Routen- und Tourenplanung sind drei wichtige Gesichtspunkte zu beachten:

- Pünktlichkeit und Zuverlässigkeit bei der Abwicklung der Verkehrsverträge, in erster Linie, um die Kunden zufrieden zu stellen.
- Wirtschaftlicher Einsatz der Fahrzeuge und Fahrer mit dem Ziel, einen möglichst hohen Auslastungsgrad bei Verringerung – noch besser Vermeidung – von unproduktiven Fahrten zu erreichen.
- Beachtung der gesetzlichen Vorschriften, insbesondere auch der Sozialvorschriften (Lenk- und Ruhezeiten der Fahrer).

Beispiel für einen einfachen Tourenplan:

Für die Beförderung von **10 Europaletten** Weißbiergläser von **Würselen nach München – 4 t –** , **7 Europaletten** PVC-Folien von **Düren nach Nürnberg – 6 t –** und **16 Europaletten** Maschinenteile von **Kerpen nach Würzburg – 10 t –** steht ein Lastzug mit 3-Achs-Motor-wagen MAN 26-403 und ein 2-Achs-Anhänger zur Verfügung. Beide Einheiten sind mit **7,15 m Wechselbrücken** (Planenaufbau) versehen.

Der Lastzug ist am Ladetag (angenommen ein Dienstag) um 07:00 Uhr morgens am Stand-ort Köln leer und einsatzbereit. Der Fahrer hat seine Tagesruhezeit zum Arbeitsbeginn um 07:00 Uhr gerade hinter sich gebracht. Als erste Ladestelle ist Würselen vorgesehen.

Tourenplan		Lkw MAN 26-403	Disposition
Orte	km	Zeiten	Bemerkungen (Pausen/Fahrzeiten)
Köln		07:00	Abfahrt Dienstag
Köln-Würselen	57	07:00 – 07:45	45 Minuten Fahrt
Würselen		07:45 – 08:15	Laden 10 EP – 4,0 t – Weißbiergläser
Würselen – Düren	30	08:15 – 08:45	30 Minuten Fahrt
Düren		08:45 – 09:15	Laden 7 EP – 6,0 t – PVC-Folien
Düren – Kerpen	30	09:15 – 09:45	30 Minuten Fahrt
Kerpen		09:45 – 10:15	Laden 16 EP – 10,0 t – Maschinenteile
Kerpen – Würzburg	324	10:15 – 13:00 13:00 – 13:45 13:45 – 15:30	165 Minuten Fahrt **45 Minuten** Lenkzeitunterbrechung 105 Minuten Fahrt Kerpen Würzburg (= 4,5 Stunden Autobahnfahrt)
Würzburg		15:30 – 16:00	Entladen
Würzburg – Nürnberg	115	16:00 – 18:00 18:00 – 06:30	120 Minuten Fahrt Tagesruhezeit (12,5 Stunden)
Nürnberg		06:30 – 07:00 07:00 – 07:30	(Mittwoch) 30 Minuten Fahrt zur Entladestelle Entladen
Nürnberg – München	163	07:30 – 10:00	150 Minuten Fahrt
München		10:00 – 10:30	Entladen

4.3.2 Begleitpapiere beim Transport mitführen

Bei jeder Beförderung im Güterkraftverkehr, sei es im nationalen Bereich, sei es grenz-überschreitend, müssen bestimmte Papiere mitgeführt werden. Dabei handelt es sich zum einen um die persönlichen Papiere des Fahrers, dann um vorschriftsmäßige Fahr-zeugpapiere und um sog. Ladungspapiere. Für das Mitführen der persönlichen Papie-re ist der Fahrer allein verantwortlich, während für die Fahrzeugpapiere und die Ladungspapiere die Verantwortung meistens geteilt ist. So müssen diese Dokumente durch das Unternehmen zwar beschafft bzw. bereitgestellt werden, der Fahrer muss sich aber i. d. R. davon überzeugen, dass sie vollständig vorhanden sind und auf der Fahrt mitgeführt werden.

In der folgenden Aufstellung[1], die als Checkliste für Disponenten und Fahrer verwendet werden kann, sind alle Dokumente aufgeführt, die bei nationalen und internationalen Transporten in Betracht kommen.

---

1 Quelle: Süddeutscher Verkehrskurier, Heft 3/02

Fahrerdokumente

☐ Führerschein/Internationaler Führerschein

☐ Personalausweis/Reisepass

☐ Sozialversicherungsausweis

☐ Visum/Transitvisum

☐ für Fahrer aus Drittstaaten in Transportunternehmen der EU die sog. „EU-Fahrerlizenz"

Fahrzeugpapiere für den Lkw-Verkehr

☐ Fahrzeugschein/Anhängerschein

☐ Grüne Versicherungskarte

☐ Unfallbericht (europäisches Formular)

☐ Kopie der Berichte HU, AU und SP (nur empfohlen)

☐ Nachweis der Übereinstimmung von Lkw-Abmessungen und -Gewichten nach StVZO § 59 a (Schild am Fahrzeug oder entsprechender beglaubigter Eintrag im Kfz-Schein)

Nationaler Güterkraftverkehr

☐ Erlaubnisurkunde/Gemeinschaftslizenz

☐ Nachweis der Güterschaden-Haftpflichtversicherung

☐ Begleitpapier (oder Frachtbrief)

☐ Schaublätter der laufenden Woche und vom letzten Tag der Vorwoche, an dem der Fahrer gefahren ist

☐ Genügende Anzahl von Schaublättern für die zu beginnende Tour

☐ Bestätigung über vorausgegangene arbeitsfreie Arbeitstage

☐ ggf. Bescheinigung über Autobahn-benutzungsgebühren

Zusätzlich im grenzüberschreitenden Verkehr innerhalb der EU

☐ Gemeinschaftslizenz (EU-Lizenz)

☐ CMR-Frachtbrief

☐ ggf. T 2-Versandschein (Transit über Schweiz)

☐ ggf. Ökopunkte (Österreich)

☐ ggf. Document de Suivi (Frankreich) (Dispositionsblatt mit Angabe von Lade-/Wartezeiten)

☐ ggf. Attestation d'emploi (Frankreich)

☐ ggf. Checkliste „Illegale Einwanderer" (Großbritannien)

☐ ggf. weitere länderspezifische Dokumente

Zusätzlich im grenzüberschreitenden Verkehr mit Drittländern (Nicht-EU-Länder)

☐ Bilaterale Fahrtgenehmigung

☐ CEMT-Genehmigung

☐ CMR-Frachtbrief

☐ ggf. T 1 (im gVV)

☐ Ladelisten

☐ ggf. Ursprungszeugnis

☐ Versandschein Carnet-TIR

☐ Zollverschlussanerkenntnis

☐ ggf. Triptik (Carnet de Passage)

☐ ggf. andere länderspezifische Papiere

Zusätzlich bei Gefahrguttransporten

☐ Beförderungspapier mit vorgeschriebenen Angaben zum gefährlichen Gut

☐ Schriftliche Weisungen (fr. Unfallmerkblätter)

☐ Bescheinigung über die Schulung des Fahrzeugführers (ADR-Bescheinigung)

☐ Zulassungsbescheinigung für Fahrzeug bzw. Beförderungseinheit

☐ ggf. Kopie des wesentlichen Teils der ADR-Vereinbarung nach Ausnahmeverordnung zum ADR

☐ ggf. Ausnahmezulassung nach § 5 GGVSE

☐ Fahrwegbestimmung nach § 7 GGVSE

☐ Prüfungsbescheinigung (z. B. für Tanks)

☐ Container-Packzertifikat, falls der Transport über See abgewickelt wird

☐ Genehmigung zum Transport bestimmter Stoffe der Klassen 1 und 7

☐ Bescheinigung des Eisenbahnbundesamtes bzw. der Wasser- und Schifffahrtsdirektion

Zusammenfassung

➤ **Die Transportvorbereitungen beginnen mit Klärung der Frage, welches Gut soll zu welchem Zeitpunkt wo geladen und wohin befördert werden.**

➤ **Die Disposition hat die Aufgabe, das richtige Fahrzeug für das zu befördernde Gut zu suchen und die termingemäße Bereitstellung zu planen. Geeignet ist das Fahrzeug dann, wenn es von seiner Raum- und Gewichtskapazität und der Größe der Ladefläche das Ladegut aufnehmen und befördern kann. Selbstverständlich muss das Fahrzeug betriebssicher und vollständig ausgerüstet sowie „besenrein" zur Verfügung gestellt werden.**

➤ Die Disposition muss in aller Regel neben der Hinfahrt auch eine Rückfahrt mit ein-
planen; dabei ist in allen Fällen für die Berechnung der Fahrzeiten darauf zu achten,
dass die Fahrpersonalvorschriften bzw. die Sozialvorschriften eingehalten werden.

➤ Die Disposition erfolgt in sehr vielen Fällen nicht mehr manuell, sondern mithilfe der
EDV. Auf dem Markt wird entsprechende Software angeboten, die erst daraufhin zu
prüfen ist, ob sie unverändert oder nur nach individueller Anpassung im Betrieb eingesetzt werden kann.

➤ Bei jeder Beförderung – ob national oder international – müssen bestimmte Begleitpapiere mitgeführt werden. Die Begleitpapiere werden gewöhnlich unterteilt nach persönlichen Papieren des Fahrers, nach Fahrzeugpapieren und nach Papieren, die das
Ladegut betreffen. Jedem Verkehrsdienstleister, der mit Straßengütertransporten zu
tun hat, sollten diese Unterlagen geläufig sein.

5 Frachtvertrag ausführen

Die Vorschriften des HGB zum Frachtrecht sind in diesem Buch ausführlich behandelt,
und zwar im Kapitel IV: Abwicklung von Frachtverträgen nach HGB. Nachstehend geht
es also nur um vom HGB abweichende oder dort überhaupt nicht getroffene Regelungen, die aber in den VBGL enthalten sind.

5.1 Gut durch Absender übergeben

Der Frachtvertrag kann nur dann ordnungsgemäß ausgeführt werden, wenn sowohl
der Absender als auch der Frachtführer ihren jeweiligen Leistungspflichten nachkommen. Zu den **Pflichten des Absenders** gehört die **Bereitstellung** der **Güter zur Übergabe** an den Frachtführer. Die VBGL verpflichten den Absender zur **Übergabe** in
„**beförderungsfähigem Zustand**". Die zur Erreichung dieses Zustandes notwendige
Verpackung soll nicht nur das Gut selbst vor Verlust und Beschädigung schützen, sondern die Verpackung soll auch sicherstellen, dass dem Frachtführer keine Schäden
entstehen. Darunter fallen Schäden am Fahrzeug oder an sonstigen im Eigentum des
Frachtführers stehenden Gegenständen und Schäden an beigeladenem Gut, für die
der Frachtführer womöglich Schadenersatz leisten muss. Speziell bei Gefahrguttransporten sind durch den Absender die Verpackungsvorschriften nach ADR zu berücksichtigen.

Neben dem Gut muss der Absender nach den VBGL auch die erforderlichen und ordnungsgemäß ausgefüllten **Begleitpapiere übergeben**.

Soll der Frachtführer Güter befördern, die ihm in „nicht beförderungsfähigem Zustand"
übergeben worden sind, muss der Absender lt. VBGL auf Hinweis des Frachtführers
einen Vorbehalt im Frachtbrief oder einem anderen verwendeten Begleitpapier eintragen. Auch der vom Frachtführer – oder dem Fahrer als dessen Erfüllungsgehilfen – ein-
getragene Vorbehalt ist geeignet die Beweiswirkung des Frachtbriefes für den ordentlichen Zustand des Gutes und der Verpackung aufzuheben.

Die Überprüfung der Frachtstücke im Hinblick auf den äußerlichen Zustand geschieht
durch den Frachtführer. Das gilt auch für die Anzahl der Frachtstücke und ihre Zeichen
und Nummern, sofern diese Anzahl sich in einem überschaubaren Rahmen hält. Generell erfolgt diese Prüfung nur, wenn sie möglich und zumutbar ist, andernfalls bringt der
Frachtführer einen Vorbehalt im Frachtbrief oder im Begleitpapier an. Der Vorbehalt
könnte z. B. lauten: „Ungeprüft übernommen. Angemessene Mittel zur Überprüfung
waren nicht vorhanden". Der Absender sollte diesen Vorbehalt gegenzeichnen.

Überprüfung von Menge oder Gewicht des Gutes sowie Feststellung der Stückzahl, die nicht überschaubar ist und daher nur mit einem größeren Aufwand festgestellt werden kann, sind eine Zusatzleistung, für die der Frachtführer einen Anspruch auf Aufwandsentschädigung erwirbt.

Wird die Prüfung zwar verlangt, ist sie objektiv aber nicht möglich, kann sich der Frachtführer seiner Pflichten nur durch Eintragung eines Vorbehalts in den Frachtbrief entziehen. Entgelt wird in diesem Fall nicht fällig. Der Frachtführer sollte auf Gegenzeichnung des Vorbehalts durch den Absender bestehen.

Weist das Gut vor der Übernahme bereits Schäden auf, ist der Unternehmer (gemäß § 425 HGB) von der Haftung befreit. Erkennen der Frachtführer oder der Fahrer Schäden am Gut vor der Übernahme, so sind die Schäden als Vorbehalt im Frachtbrief zu bezeichnen. Damit kann der Beweis für einen Haftungsausschluss geschaffen werden.

5.2 Gut verladen und entladen

Der **Absender** hat die **beförderungssichere** Beladung vorzunehmen. Grund dafür ist, dass der Absender als „Warenfachmann", der regelmäßig auch die Verpackung des Gutes vorgenommen hat, am besten beurteilen kann, wie das Ladegut vor Beförderungseinwirkungen geschützt, gestapelt und gesichert werden kann.

Soll in bestimmten Fällen die Beladepflicht – ausnahmsweise – der Frachtführer übernehmen, kann das individuell vereinbart werden, und zwar in Abweichung von den VBGL. An diese Übernahme knüpft sich jedoch eine angemessene Vergütung. Grundsätzlich ist zu beachten, dass der Fahrer kein Ladearbeiter ist. Vor allen Dingen bei Beförderungen über längere Strecken muss der Fahrer die zulässigen Lenk- und die vorgeschriebenen Ruhezeiten gemäß den EWG-Sozialvorschriften beachten.

Zur beförderungssicheren Beladung gehört die reine Ladetätigkeit, aber auch die Befestigung der Ladung, d. h. die Sicherung der Ladung.

Die **betriebssichere Beladung** obliegt in jedem Fall dem **Frachtführer**. Mit der Betriebssicherheit hängt unmittelbar auch die Verkehrssicherheit zusammen. Damit entspricht die Pflichtenverteilung im Frachtvertrag der Verantwortlichkeit von Fahrzeughalter und -führer für die Verkehrssicherheit der Ladung und des Kraftfahrzeugs gemäß StVZO (für den Halter) und StVO (für den Fahrer).

Gemäß den VBGL hat der **Empfänger**, nachdem er die Auslieferung an sich verlangt hat, **zu entladen**. Sollte – als Ausnahme – der Frachtführer die Entladung vornehmen, entsteht ebenfalls ein Vergütungsanspruch.

Hilft der Fahrer des Frachtführers bei der Be- oder Entladung mit, obwohl dazu keine Pflicht besteht, handelt der Fahrer als Erfüllungsgehilfe des Absenders bzw. des Empfängers. Die Handlungen des Fahrers werden keinesfalls dem Frachtführer zugerechnet, sondern dem zum Ladegeschäft Verpflichteten. Bei einem Betriebsunfall im Zuge dieser Tätigkeiten des Fahrers muss nicht die Berufsgenossenschaft des Frachtführers, sondern die Berufsgenossenschaft des Absenders oder des Empfängers eintreten. Anders ist die Rechtssituation, wenn der Frachtführer vertraglich die Be- oder Entladung übernommen hat. Hilft hier der Fahrer beim Be- oder Entladen und erleidet dabei eine Unfallverletzung, dann fallen die Folgen für den Fahrer in den Bereich der „Berufsgenossenschaft für Fahrzeughaltungen".

Die VBGL legen eindeutig fest, dass die Vornahme der Be- und Entladearbeiten durch den Frachtführer eine Zusatzleistung ist, die nicht mit dem üblichen Frachtentgelt abgegolten wird, sondern die den Anspruch auf eine gesonderte Vergütung auslöst.

Zur Dauer der Ladefrist, zum Beginn der Ladefrist und zum Standgeld sehen die VBGL folgende Regelungen vor:

Die **Be- und Entladefrist für Komplettladungen**, die mit einem Lastzug von 40 t zulässigem Gesamtgewicht befördert werden können, beträgt vorbehaltlich anderweitiger vertraglicher Absprachen jeweils **zwei Stunden**. Dabei wird von einer Be- und einer Entladestelle ausgegangen. Für diese Zeiträume darf kein Standgeld berechnet werden. Beim Einsatz von Fahrzeugen mit einem niedrigeren Gesamtgewicht reduzieren sich die standgeldfreien Zeiten.

Die Beladefrist beginnt mit dem Zeitpunkt der vereinbarten Bereitstellung des Fahrzeuges.

Die Entladefrist beginnt in dem Moment, in dem der Empfänger die Verfügungsgewalt über das Gut erhält. Im Zweifel ist dies der Zeitpunkt, zu dem eine Person, die zur Verfügung über das Gut befugt ist, die für sie bestimmte Ausfertigung des Frachtbriefs oder eines anderen Begleitpapiers erhält.

Wartet der Frachtführer aufgrund vertraglicher Vereinbarungen oder aus Gründen, die nicht seinem Risikobereich zuzurechnen sind, über die Belade- oder Entladezeit hinaus, so hat er Anspruch auf eine angemessene Vergütung. Dabei bleibt es dem Frachtführer überlassen, die Angemessenheit seines Standgeldanspruchs der Höhe nach darzulegen, ggf. durch Offenlegung seiner ihm entstandenen Kosten.

Rechte des Frachtführers bei Nichteinhaltung der Beladefrist (§ 6 VBGL)

Ist mit der Beladung nicht begonnen worden, obwohl die Beladefrist bereits abgelaufen war, so stellt der Frachtführer (gemäß § 417 HGB) eine Nachfrist mit einer Erklärung, die etwa folgenden Inhalt hat:

Betrifft Frachtvertrag vom _____ (Datum)

Frachtbrief Nr. _____ Begleitpapier (Lieferschein usw.) Nr. _____

Das Fahrzeug mit dem amtlichen Kennzeichen_____stand am _____ (Datum)

vereinbarungsgemäß um _____ Uhr an der vereinbarten Ladestelle.

Die vertraglich vereinbarte Ladefrist ist um_____Uhr abgelaufen, ohne dass Arbeiten zur Beladung des Fahrzeugs vorgenommen wurden.

Gemäß § 417 Abs. 1 HGB setze ich hiermit eine Nachfrist bis_____Uhr.

Ich beabsichtige nicht länger als über den angegebenen Zeitpunkt hinaus zu warten. Sollte bis dahin die Beladung nicht abgeschlossen sein, mache ich mein gesetzliches Recht zur Kündigung des Beförderungsvertrages mit den Folgen der §§ 417 Abs. 3, 415 Abs. 2 HGB geltend.

Ist nach Ablauf der Nachfrist die Hälfte oder mehr des Ladegewichts verladen, so wird die Teilbeförderung gemäß § 416 HGB durchgeführt. Bei der Teilbeförderung hat der Frachtführer Anspruch auf die volle Fracht und auf das für die Zeit der Nachfrist angefallene Standgeld. Übernimmt der Frachtführer jedoch auf den freien Teil der Ladefläche eine Beiladung eines anderen Auftraggebers für dieselbe Beförderung, so muss er sich die dafür erhaltene Fracht anrechnen lassen.

Ist beim **Empfänger nicht** mit der **Entladung begonnen** worden, obwohl die Entladefrist bereits abgelaufen war, so kann der Frachtführer das als **Annahmeverweigerung** betrachten. In diesem Fall hat er die Weisung des Absenders einzuholen und zu befolgen.

5.3 Gut beim Empfänger abliefern

Nach Ankunft des Gutes an der Ablieferungsstelle ist der Empfänger berechtigt vom Frachtführer die Ablieferung des Gutes gegen die Erteilung einer schriftlichen Quittung sowie gegen die Erfüllung der sonstigen Verpflichtungen aus dem Frachtvertrag zu verlangen.

Mit dieser Empfangsbestätigung kann der Frachtführer seinem Auftraggeber die Erfüllung des Frachtvertrages belegen. Zudem ist eine vom Empfänger erteilte „reine Quittung", versehen mit Stempel und Unterschrift, der Beweis dafür, dass äußerlich erkennbare Schäden nicht reklamiert wurden. Äußerlich nicht erkennbare Schäden können – trotz reiner Quittung – innerhalb von 7 Tagen nach Ablieferung reklamiert werden.

Eine Empfangsbestätigung, die mit einem generellen, d. h. nicht genau bezeichneten, Vorbehalt versehen ist, wird als reine Quittung verstanden.

5.4 VBGL ab 2003 mit ADSp 2003 vergleichen

Die wesentliche Neuerung in den durch die Fassung vom 17. Dezember 2002 geänderten VBGL liegt in der Aufnahme eigenständiger Bestimmungen über das Speditionsgeschäft. Die Zielgruppe für die Neuregelung sind mittelständische Kraftwagenspeditionen mit eigenem Fuhrpark. Die VBGL unterscheiden sich in wichtigen Punkten von den ADSp.

Die VBGL enthalten – wie schon in der Erstfassung – eine eigenständige Regelung für das Frachtgeschäft. Die ADSp dagegen umfassen über ihre Definition des Verkehrsvertrages auch die Frachtverträge, sehen jedoch dafür keine spezifischen Regeln vor.

In den Regeln über das Speditionsgeschäft bestimmen die **VBGL** durchgängig als **Haftungshöchstgrenze 8,33 SZR je Kilogramm**. Die dagegen in den **ADSp** enthaltene **Abstufung einer Grundhaftung von 5,00 € je kg brutto und der Haftung von 8,33 SZR nur für Schäden auf dem Transportmittel** sehen die VBGL nicht vor. Bei Anwendung der VBGL muss ein Geschädigter nicht nachweisen, dass der Schaden beim Transport eingetreten ist, wenn er die 8,33 SZR je kg als Schadenersatz verlangt. Nach ADSp dagegen erhält er nur 5,00 € je kg, wenn er den Beweis nicht führen kann.

Die Haftungshöchstgrenzen je Schadensereignis aus Speditionsverträgen sind ebenfalls unterschiedlich geregelt: So begrenzen die **VBGL** die Haftungsgrenze je Schadensereignis auf **2,5 Mio. €** oder auf 2 SZR für jedes Kilogramm der verlorenen und beschädigten Güter, je nachdem, welcher Betrag höher ist. Die ADSp enthalten nur **2,0 Mio. €** bzw. 2 SZR für jedes Kilogramm als Haftungshöchstgrenze.

Im Bereich **verfügte Lagerung** zeigen sich weitere **Unterschiede** zwischen VBGL und den ADSp.

Höchsthaftung	VBGL	ADSp
bei Güterschäden	je Kilogramm des Rohgewichts der Sendung 8,33 SZR, maximal **25.000,00 €** je Schadensfall	je Kilogramm des Rohgewichts der Sendung 5,00 €, maximal **5.000,00 €** je Schadensfall
für andere als Güterschäden mit Ausnahme von Personenschäden und Schäden an Drittgut (Vermögensschäden)	je Schadensfall **25.000,00 €**	je Schadensfall **5.000,00 €**
bei Inventurdifferenzen	25.000,00 € (wie ADSp)	25.000,00 € (wie VBGL)

Weitere wesentliche Unterschiede zwischen VBGL und ADSp liegen in der Besorgung einer Waren-Transportversicherung und in den Regelungen für speditionsunübliche logistische Dienstleistungen.

Nach den VBGL wird eine Waren-Transportversicherung nur dann gedeckt, wenn der Spediteur vom Auftraggeber einen klaren, schriftlichen Auftrag dazu erhält. Bei Anwendung der ADSp gilt die sog. „Vermutungsregelung", d. h., der Spediteur kann die Versicherung schon dann für den Auftraggeber eindecken, wenn davon auszugehen ist, dass dies im Interesse des Auftraggebers liegt.

Die VBGL enthalten eine Regelung über so genannte **speditionsunübliche logistische Dienstleistungen,** die am Gut selbst vorgenommen werden. Hier sehen die VBGL eine Haftungsbeschränkung von 1 Mio. € je Schadensfall vor. Für dieses Geschäftsfeld findet sich in den ADSp keine Regelung.

5.5 Frachtvertrag im internationalen Lkw-Verkehr abwickeln

Der internationale Straßengüterverkehr unterliegt den Vorschriften der CMR. Es handelt sich bei diesen Regeln um zwingend anzuwendende Rechtsvorschriften. Die Vorschriften über den Abschluss des Frachtvertrages und über den Frachtbrief sind oben schon behandelt worden (vgl. 4.2.1 dieses Kapitels).

Für die Abwicklung des Frachtvertrages sind folgende Regelungen der CMR zu beachten:

Lieferfrist
Eine Lieferfrist ist nicht vorgesehen, es sei denn, die Vertragsparteien legen gemeinsam eine Frist fest. Dem Frachtführer wird aber die Frist zugebilligt, die ein sorgfältiger Frachtführer für die Ausführung der Beförderung benötigt.

Verfügungsrecht des Empfängers
Nach Ankunft beim Empfänger hat dieser das Recht auf Herausgabe des Gutes. Er kann auch verfügen, dass der Frachtführer das Gut an einen Dritten ausliefert.

Zahlungsverpflichtung
Grundsätzlich liegt die Zahlungsverpflichtung beim Absender. Die Fälligkeit und somit die Erfüllung des Vertrages ergibt sich spätestens bei der Ablieferung des Gutes beim Empfänger. Reist aber eine Sendung mit dem Frankaturvermerk „Unfrei", wird der Empfänger zur Zahlung verpflichtet. Wenn in diesem Fall der Frachtführer die Sendung an den Empfänger abgeliefert hat, ohne die Frachtkosten von ihm zu kassieren, kann sich der Anspruch nicht mehr gegen den Absender richten. Bei Zahlungsschwierigkeiten des Empfängers geht der Frachtführer dann womöglich leer aus.

Beförderungs- und Ablieferungshindernisse
Solche Hindernisse sind unverzüglich dem Absender zu melden und von ihm müssen Weisungen eingeholt werden. Unternimmt der Frachtführer nichts, haftet er für den dadurch entstehenden Schaden in voller Höhe; eine Haftungsbegrenzung gibt es für solche Fälle nicht.

Holt der Frachtführer aber – wie vorgeschrieben – Weisungen ein, hat er Anspruch auf Ersatz sämtlicher Kosten, die ihm durch das Beachten der Weisung entstehen.

Beispiel: *An der Grenze kommt es zum Streik, der die Einfahrt in ein fremdes Land unmöglich macht. Lautet nun die Weisung, das Streikende an der Grenze abzuwarten, dann wird bis zum dann wieder möglichen Grenzübertritt Standgeld fällig.*

Versicherungspflicht

Die CMR schreibt keine Güterschadenhaftpflichtversicherung für den Frachtführer vor.

Reklamationsfristen

Äußerlich erkennbare Schäden sind bei Ablieferung des Gutes **sofort** festzustellen und zu reklamieren. **Verdeckte Schäden** müssen **innerhalb von 7 Tagen** – ohne Sonn- und Feiertage – in schriftlicher Form reklamiert werden. Die **Überschreitung** der vereinbarten oder „üblichen" **Lieferfrist** ist **binnen 21 Tagen** nach Ablieferung schriftlich beim Frachtführer zu reklamieren.

Verjährungsfrist

Ansprüche aus dem Beförderungsvertrag verjähren in **einem Jahr**. Bei **Vorsatz und Verschulden** beträgt die Frist **drei Jahre**.

Zusammenfassung

➤ Nach den VBGL muss der Absender das Ladegut zur Übergabe bereitstellen, und zwar in beförderungsfähigem Zustand. Neben dem Gut sind auch die erforderlichen und ordnungsgemäß ausgefüllten Begleitpapiere zu übergeben.

➤ Ist das Gut in einem besonders schlechten Zustand oder sind zwingend vorgeschriebene Beförderungspapiere nicht vorhanden, kann von einem Beförderungshindernis ausgegangen werden.

➤ Bei Mängeln an den Frachtstücken soll unbedingt ein Vermerk in das Frachtpapier aufgenommen werden, den auch der Absender gegenzeichnet.

➤ Den äußerlichen Zustand, die Anzahl der Frachtstücke und ihre Zeichen und Nummern hat der Frachtführer zu prüfen, sofern die Zahl sich in einem überschaubaren Rahmen hält.

➤ Der Absender hat die beförderungssichere Beladung vorzunehmen, d. h. so zu laden, zu stapeln und zu sichern, dass das Ladegut vor Beförderungseinwirkungen geschützt wird.

➤ Die betriebssichere Beladung ist Sache des Frachtführers. Mit der Betriebssicherheit unmittelbar verbunden ist auch die Verkehrssicherheit, für die auch der Fahrer verantwortlich ist.

➤ Hilft der Fahrer beim Ladegeschäft, ohne dass dazu eine Pflicht besteht, handelt der Fahrer für den Absender bzw. den Empfänger als Erfüllungsgehilfe. Entstehen dabei Schäden, werden diese dem Bereich des Absenders bzw. Empfängers zugerechnet.

➤ Nach den VBGL beträgt die Be- und die Entladefrist für Komplettladungen, die mit einem Lastzug von 40 t zulässigem Gesamtgewicht befördert werden, jeweils 2 Stunden, es sei denn, eine andere Absprache liegt vor. Bei dieser Frist wird davon ausgegangen, dass es sich nur um eine Belade- und um eine Entladestelle handelt.

➤ Muss der Frachtführer über die Belade- oder Entladezeit hinaus warten, hat er Anspruch auf angemessene Vergütung. Ist mit der Beladung nicht begonnen worden, obwohl die Beladefrist bereits abgelaufen war, stellt der Frachtführer eine Nachfrist. Ist nach Ablauf der Nachfrist die Hälfte oder mehr des Ladegewichts verladen, so wird die Teilbeförderung durchgeführt.

➤ Hat der Empfänger nicht mit der Entladung begonnen, obwohl die Entladefrist abgelaufen war, bedeutet das für den Frachtführer eine Annahmeverweigerung.

➤ Die VBGL enthalten keine eigenen Regelungen über das Pfandrecht. Demnach gilt für Frachtgeschäfte das gesetzliche Pfandrecht nach § 441 HGB.

➤ Die VBGL umfassen seit 2003 auch Regelungen für speditionelle Tätigkeiten (eines Kraftwagenspediteurs). Zwischen den ADSp und den VBGL gibt es jedoch Unterschiede. So beträgt z. B. die Höchsthaftung für Güterschäden nach den VBGL durchwegs 8,33 SZR je Kilogramm des Rohgewichts. Nach den ADSp gelten die 8,33 SZR nur dann, wenn der Schaden beim Transport entstanden ist; sonst haftet der Spediteur lediglich mit 5,00 € je kg des Rohgewichts. Die absolute Höchstgrenze je Schadensfall ist wie folgt festgelegt: Nach ADSp 5.000,00 €; nach den VBGL 25.000,00 €. Die gleichen Beträge für die absolute Höchsthaftung je Schadensfall gelten auch bei Vermögensschäden: ADSp 5.000,00 €; VBGL 25.000,00 €.

➤ Regelungen der CMR befassen sich mit dem Verfügungsrecht des Empfängers, mit der Zahlungsverpflichtung, mit Beförderungs- und Ablieferungshindernissen. Ferner sind die Reklamationsfristen und die Verjährungsfristen in der CMR festgelegt. Eine Versicherungspflicht für den Frachtführer besteht gemäß CMR nicht.

6 Schadensfälle bearbeiten

Wird ein Güterschaden an einer Sendung entdeckt oder ein Vermögensschaden von jemandem beim Frachtführer gemeldet, so stellt sich die Frage, was zu veranlassen ist. Diese Frage ist wichtig wegen

● der Einhaltung der „Sorgfaltspflicht eines ordentlichen Kaufmanns",

● der Möglichkeiten der Schadensverhinderung bzw. -minderung,

● bestehender Obliegenheitspflichten gegenüber den eigenen Verkehrshaftungsversicherern,

● der Beweissicherung, vor allem für den Fall späterer Rechtsstreitigkeiten.

Die Antwort auf die Frage, wie man sich im Schadensfall zu verhalten hat, hängt entscheidend davon ab, wie die Haftung gestaltet ist.

6.1 Haftungsfragen klären

Die Klärung der Haftungsfrage erfolgt in vielen Unternehmungen des Güterkraftverkehrs oder der Spedition nach Checklisten, die entweder von den Versicherern zur Verfügung gestellt werden oder in den Schadenabteilungen selbst erarbeitet worden sind. Als Erstes wird die Art des Verkehrsvertrages und der Auftraggeber mit folgenden Fragen geprüft:

1. Wer hat wen wann beauftragt? Wie lautet der genaue Auftrag?

2. Wen hat das Auftrag nehmende Verkehrsunternehmen wann beauftragt? Wie lautet der Auftrag genau?
   - Speditionsvertrag   - Logistikvertrag
   - Frachtvertrag   - Sonstiges
   - Lagervertrag

3. Wie kann das belegt werden?
   - Auftrag in Schriftform, Verträge o. Ä.
   - Auftragsbestätigungen
   - Gesprächsnotizen
   - Welche Speditions- und/oder Frachtpapiere können die Aufträge bestätigen?
   - Gibt es sonstige Schreiben (z. B. Reklamationsschreiben), denen nicht widersprochen wurde?

Mit der Klärung dieser Fragen kann auch festgestellt werden, ob eine Haftung als Frachtführer oder als Spediteur gegeben ist.

Als Nächstes ist zu klären, um welche Art von Schaden es sich handelt: **Güterschaden, Vermögensschaden**. Unter Güterschäden fallen Verlust, Teilverlust oder Beschädigung des Gutes. Die Vermögensschäden wiederum lassen sich in reine Vermögensschäden (aus Lieferfristüberschreitung, durch Falschauslieferung oder durch Nachnahmefehler) und in Güterfolgeschäden unterteilen. Die Zuordnung zu den einzelnen Schadenkategorien ist wichtig, weil regelmäßig unterschiedliche Haftungsregeln bestehen.

Weitere Fragen, die zur Schadensregulierung geklärt sein müssen, befassen sich mit der Schadensmeldung: Wer hat den Schaden gemeldet, bei wem wurde der Schaden gemeldet, wann wurde der Schaden gemeldet, welcher Schaden wurde gemeldet und wie und wann wurde der Schaden festgehalten?

Ist der Schaden zu vertreten und wenn ja, von wem? Wen trifft ein Verschulden? Welcher Art ist das Verschulden? Es kann sich um einfache Fahrlässigkeit, grobe Fahrlässigkeit, grobe bewusste Leichtfertigkeit oder Vorsatz handeln. Wen trifft ein Mitverschulden? Ist dieses Verschulden ursächlich für den Schadensfall?

Wenn kein Verschulden vorliegt, ist höhere Gewalt oder ein unabwendbares Ereignis die Schadensursache? Liegt ein Haftungsausschluss vor?

6.2 Haftungsregeln für das Frachtgeschäft feststellen

Für die Haftung eines Frachtführers im Straßengüterverkehr kommen folgende Rechtsgrundlagen in Betracht:

- Handelsgesetzbuch
- Vertragsbedingungen für den Güterkraftverkehrs- und Logistikunternehmer (VBGL)
- das Übereinkommen über den Beförderungsvertrag im internationalen Straßengüterverkehr (CMR)

Die folgende Übersicht zeigt stichwortartig die Haftungsregeln zunächst für den nationalen Verkehr, also nach HGB und VBGL, und anschließend eine vergleichbare Aufstellung für die Regeln nach der CMR.

Die Frage, wie nach den verschiedenen Beförderungsbedingungen gehaftet wird, muss nach den folgenden Haftungsgrundsätzen – zuerst des speziellen Rechts, hier: VBGL, anschließend des HGB-Frachtrechts – geklärt werden. Unberücksichtigt bleiben individuelle Absprachen oder Allgemeine Geschäftsbedingungen der Auftraggeber, wenn diese die Vertragsgrundlage für einen Frachtvertrag bilden. Im Einzelnen geht es um:

- Haftungszeitraum
- Haftungsart
- Haftungsausschlüsse
- Haftungsumfang
- Erlöschungstatbestand
- Verjährung

Stichwort	Regeln nach HGB	Regeln nach VBGL
Rechtsgrundlagen	§§ 425 – 439	§§ 10, 11
Haftungsprinzip	Obhutshaftung (Gefährdungshaftung)	Obhutshaftung (Gefährdungshaftung).
Haftungszeitraum	Von der Übernahme zur Beförderung bis zur Ablieferung.	Von der Übernahme zur Beförderung bis zur Ablieferung.
Haftungsumfang	Sachschäden (Verlust oder Beschädigung); Schäden aus Lieferfristüberschreitung.	Hier gilt HGB, es sei denn, dass durch eine individuelle Absprache die HGB-Regelung abbedungen wurde.
Haftungs-ausschluss	Soweit der Schaden auf Umständen beruht, die der Frachtführer auch bei größter Sorgfalt nicht vermeiden und deren Folgen er nicht abwenden konnte.	Keine eigene Regelung. Es gilt das HGB.
Besondere Haftungs-ausschlüsse	Vereinbarte oder übliche Verwendung von offenen Fahrzeugen; ungenügende Verpackung durch den Absender; Behandeln, Verladen oder Entladen durch Absender oder Empfänger; natürliche Beschaffenheit des Gutes (Rost, innerer Verderb); ungenügende Kennzeichnung der Frachtstücke; Beförderung leben-der Tiere. Kein Haftungsausschluss, wenn Frachtführer Weisungen nicht beachtet hat.	Keine eigene Regelung. Es gilt das HGB.
Haftung für andere	Der Frachtführer haftet für seine Leute oder für andere Personen, deren er sich bei Ausführung der Beförderungen bedient, wie für eigene Handlungen oder Unterlassungen.	Keine eigene Regelung. Es gilt das HGB.
Wegfall der Haftungs-begrenzung und Haftungsbefreiung	Die Haftungsbeschränkungen bzw. Befreiungen gelten nicht, wenn der Schaden auf eine Handlung oder Unterlassung zurückzuführen ist, die der Frachtführer vorsätzlich oder leichtfertig und in dem Bewusstsein, dass ein Schaden mit Wahrscheinlichkeit eintreten werde, begangen hat.	Keine eigene Regelung. Es gilt das HGB.
Wertersatz	Bei Total- oder teilweisem Verlust ist der Wert am Ort und zur Zeit der Übernahme zur Beförderung zu ersetzen. Bei Beschädigung ist der Unterschied zwischen dem Wert des unbeschädigten Gutes am Ort und zur Zeit der Übernahme und dem Wert des Gutes zu ersetzen, den das beschädigte Gut am gleichen Ort und zur gleichen Zeit gehabt hätte. Bei Verlust oder Beschädigung hat der Frachtführer darüber hinaus die Kosten der Feststellung des Schadens zu tragen.	Keine eigene Regelung. Es gilt das HGB.
Haftungs-höchstbetrag	8,33 Rechnungseinheiten für jedes Kilogramm des Rohgewichts bei Verlust oder Beschädigung des Gutes. Die Haftung wegen Überschreitung der Lieferfrist ist auf den dreifachen Betrag der Fracht begrenzt. Die Haftung bei sonstigen Vermögensschäden (z. B. durch falsche Auskunft) ist auf das Dreifache dessen beschränkt, was bei Verlust des Gutes zu zahlen wäre.	Zwar wäre es im Gegensatz zu den sonstigen Regeln des Haftungsrechts nach HGB, die nur durch individuelle Vereinbarungen abbedungen werden können, in Bezug auf die Haftungshöhe möglich, diese durch vorformulierte Vertragsbedingungen in einem Korridor zwischen 2 und 40 Rechnungseinheiten (RE) bzw. Sonderziehungsrechten (SZR) festzulegen. In den VBGL wird aber davon abgesehen und die Höchstgrenze wie im HGB angegeben.
Reklamations-fristen	Äußerlich erkennbare Schäden sofort. Äußerlich nicht erkennbare Schäden innerhalb von 7 Tagen nach Ablieferung. Überschreiten der Lieferfrist innerhalb von 21 Tagen nach Ablieferung. Schadensanzeigen nach Ablieferung sind schriftlich zu erstatten.	Keine eigene Regelung. Es gilt das HGB.
Verjährung	Ansprüche aus einer Beförderung, die den Vorschriften des HGB unterliegt, verjähren in einem Jahr. Bei Vorsatz oder einem dem Vorsatz gleichstehenden Verschulden beträgt die Verjährungsfrist drei Jahre.	Keine eigene Regelung. Es gilt das HGB.

Haftungsregeln nach HGB und VBGL

Eine mit dieser Übersicht vergleichbare Aufstellung über Haftungsfragen nach der CMR – also für grenzüberschreitenden Straßengüterverkehr – hat folgenden Inhalt:

Stichwort	Regeln nach CMR
Rechtsgrundlagen	Artikel 17 – 32 CMR
Haftungsprinzip	Gefährdungshaftung
Haftungsbeginn – Haftungsende	Übernahme des Gutes – Ablieferung
Haftungsumfang	Sachschäden; Schäden aus Lieferfristüberschreitung
Haftungsausschlüsse	Unabwendbares Ereignis, Verschulden des Verfügungsberechtigten
Höhe der Entschädigung	Wert des Gutes am Ort und zur Zeit der Übernahme; Fracht, Zölle und sonstige bei der Beförderung entstandene Kosten sind im Verhältnis des Verlustes zurückzuerstatten.
Haftungs-höchstgrenze	8,33 Sonderziehungsrechte für jedes fehlende kg des Rohgewichtes Bei Lieferfristüberschreitung bis zur Höhe der Fracht. Bei Angabe eines Lieferinteresses bis zur Höhe des angegebenen Betrages.
Reklamationsfristen	Äußerlich erkennbare Schäden bei Annahme durch den Empfänger. Äußerlich nicht erkennbare Schäden: unverzüglich nach Entdeckung, spätestens innerhalb von 7 Tagen nach Annahme. Lieferfristüber-schreitung: Binnen 21 Tagen nach Ablieferung.
Verjährung	Teilweiser Verlust, Beschädigung oder Überschreitung der Lieferfrist 1 Jahr nach Ablieferung des Gutes. Totalverlust 1 Jahr und 30 Tage nach Ablauf der vereinbarten Lieferfrist. Wenn keine Lieferfrist besteht, 1 Jahr und 60 Tage nach Übernahme des Gutes durch den Fracht-führer. In allen anderen Fällen 1 Jahr und 3 Monate nach Abschluss des Frachtvertrages. Bei Vorsatzschäden: 3 Jahre.

Haftungsregeln nach CMR

6.3 Versicherungsdeckung prüfen

Nach § 7 a GüKG besteht eine Pflichtversicherung, d. h., derjenige, der gewerbliche Gütertransporte durchführt, die den Vorschriften des GüKG unterliegen (zulässiges Gesamtgewicht höher als 3,5 t), muss eine Güterschadenhaftpflichtversicherung abschließen. Mit ihr ist die **Haftung nach dem HGB und nach dem Frachtvertrag** versichert.

Die Überschrift des § 7 a GüKG spricht allerdings nur von Güterschäden. Das könnte bedeuten, dass sonstige Vermögensschäden und Verzögerungsschäden nicht der Pflichtversicherung unterliegen. Nach dem Wortlaut im GüKG müsste die Versicherung die Haftung bei Individualvereinbarungen decken, ebenso die nach allen AGB bis zur Obergrenze des „Korridors" (40 SZR je kg brutto, also etwa 54,00 €) und individuell vereinbarte Regelungen über 40 SZR je kg brutto hinaus. Stand 14.04.2004: 1 SZR = 1,22 €.

Selbst der Unternehmer weiß bei Abschluss des Frachtvertrages nicht in jedem Fall, welche Vereinbarungen geschlossen sind, wenn unklar ist, ob der Hinweis auf AGB oder ein Vertragstext mit Individualvereinbarungen dem anderen Teil zugegangen ist bzw. ob dem Inhalt widersprochen wurde. Wie soll dann ein Versicherer wissen, wel-ches Risiko er bei Abschluss des Versicherungsvertrages übernimmt, wenn er „jeden Schaden" (ohne Limit) an den Anspruchsberechtigten, also an alle geschädigten Per-sonen, erstatten muss? Das war sicher vom Gesetzgeber nicht so gewollt. Es ist damit zu rechnen, dass bei nächster Gelegenheit vom Gesetzgeber eine Klarstellung erfolgt, wie weit der Umfang der Pflichtversicherung reicht.

Zunächst handelt es sich bei der Prämiengestaltung noch um ein Experimentierfeld der Versicherungen. Erst nach Ablauf einer mehr oder minder langen Übergangszeit werden die Versicherer in der Lage sein exakte Prämienkalkulationen vorzulegen. So wird jetzt die Prämie entweder nach der Nutzlast bzw. dem zulässigen Gesamtgewicht des eingesetzten Fahrzeuges festgelegt. Auch der geografische Einsatzbereich des Fahrzeuges wird als Berechnungsgrundlage herangezogen. Daneben kann eine Kombination beider Möglichkeiten die Prämiengrundlage bilden. Versicherer und Versicherter sollten darauf achten, dass die versicherungsvertragliche Deckungssumme höher ist als die sich aus der Nutzlast ergebende Höchsthaftung. Drei gewichtige Argumente sprechen dafür:

Auch ein Frachtführer kommt in die Situation, mehrere Sendungen zwischen zwei Transporten bei sich zwischen zu lagern. Wenn nicht ausdrücklich ein Transport ohne Unterbrechung vereinbart war, kann immer die Notwendigkeit einer transportbedingten Zwischenlagerung vorliegen. Ist das bei mehreren Aufträgen der Fall, entsteht auf dem Lager eine große Ansammlung von Warenwerten, die über die Kapazität eines Fahrzeugs hinausgeht. Versicherungstechnisch wird diese Wertekonzentration an einem Ort (Lager) als „Kumul" bezeichnet. Wird jetzt der Versicherungsschutz am Fahrzeug bemessen, sind solche Risiken entweder überhaupt nicht oder oft nicht ausreichend gedeckt.

Der Frachtführer kann auch anderweitig eine Vertragsverletzung begehen, indem er z. B. eine falsche Auskunft erteilt, mit der er eine frachtvertragliche Nebenpflicht verletzt. Diese Vertragsverletzung führt zum Schadenersatz. Die Höchsthaftung für Vermögensschäden aus „positiver Vertragsverletzung" beläuft sich auf den dreifachen Betrag dessen, was bei Verlust zu zahlen wäre. Wenngleich derartige Schäden selten auftreten und wenn schon, dann meist mit kleinen Beträgen, besteht für den Frachtführer dennoch ein hohes Risiko, das er absichern sollte.

Die Haftung des Frachtführers ist unbegrenzt, wenn ein Schaden auf eine Handlung oder Unterlassung zurückzuführen ist, die der Frachtführer oder einer seiner Leute vorsätzlich oder leichtfertig und in dem Bewusstsein, dass mit Wahrscheinlichkeit ein Schaden eintreten werde, verursacht haben. Es besteht die Gefahr, dass durch Berufung auf diese Vorschrift die sonstige Haftungsbeschränkung ausgehebelt wird. Der Unternehmer kann sich dann nicht darauf verlassen, dass die Nutzlast des Fahrzeugs multipliziert mit dem Höchsthaftungsbetrag von 8,33 SZR je kg ausreicht. Er sollte sicher sein, dass über die gesetzliche Höchsthaftung hinausgehende Deckungssummen im Versicherungsvertrag festgelegt sind. Anderenfalls trägt der Transportunternehmer selbst das Restrisiko, wenn der zu ersetzende Schaden höher ist als die versicherungsvertragliche Deckungssumme.

Der Frachtführer kann durch Individualvereinbarung mit dem Auftraggeber oder der Anwendung von Allgemeinen Geschäftsbedingungen für den Frachtvertrag auch eine Haftung übernehmen, die höher liegt als die gesetzliche von 8,33 SZR je kg brutto. Dann muss er diese Abweichung – meistens nach Anfrage beim Versicherer – im Versicherungsvertrag berücksichtigen. Mit der Erhöhung des Risikos geht natürlich eine Prämienerhöhung einher.

6.4   Schadensregulierung veranlassen

Wenn eindeutig geklärt ist, dass ein Schadenersatzanspruch zurecht erhoben wurde und der Schaden durch den Versicherungsvertrag auch gedeckt wird, muss die Regulierung durch die Versicherung in die Wege geleitet werden. Dazu ist in erster Linie die Meldung an die Versicherung innerhalb der von ihr vorgeschriebenen Zeit notwendig.

Damit die Versicherung ihrer Aufgabe nachkommen kann, berechtigte Ansprüche zu befriedigen oder unberechtigte Ansprüche abzuwehren, benötigt sie noch weitere Unterlagen. In der Regel werden diese Unterlagen von der Versicherung angefordert, gleichzeitig mit einem Formular „Schadenanmeldung", das die Versicherung zur Verfügung stellt und der Anmelder des Schadens ausfüllt und unterschreibt.

Während auf der Vorderseite dieses Formulars die Anschriften der Versicherung, des Versicherten, des Auftraggebers, des Absenders und des Empfängers neben der Anschrift des Frachtführers eingetragen werden, ist auf der Rückseite Platz für Angaben zur Beschreibung des Schadens. Die Versicherung kreuzt vor Übersendung des Formulars die auf der Vorderseite verzeichneten und von ihr benötigten weiteren Unterlagen an. Als weitere Unterlagen kommen in Betracht:

- Verkehrsauftrag
- Frachtbrief, Konnossement, FBL
- Ladeliste, Bordero
- Ablieferungsquittung
- Fahrerbericht, Protokoll des Schadenstifters
- Meldung bei Polizeidienststelle
- Lieferrechnung/Preisliste
- Schadenrechnung
- Steuerhaftungsbescheid
- Gutachten des Sachverständigen
- Erklärung über Transportversicherungsschutz

Die Abbildung auf der folgenden Seite zeigt das (verkleinerte) Muster der Rückseite dieses Formulars.

Die Versicherer bestätigen dem Anmelder den Eingang der Unterlagen und der förmlichen Schadenanmeldung. Bei dieser Gelegenheit nennt die Versicherung auch die Schadennummer, unter der die Abwicklung durchgeführt wird. Erfolgt jetzt ein weiterer Schriftwechsel mit der Versicherung im konkreten Fall, ist immer diese Schadennummer anzugeben.

Unter der Voraussetzung, dass keine Gründe gegen eine Regulierung sprechen, zahlt die Versicherung den Schadenbetrag an den Geschädigten aus. Ist im Versicherungsvertrag mit dem Frachtführer eine Selbstbeteiligung vereinbart, dann wird der Betrag dafür dem Frachtführer belastet.

Zusammenfassung

> Der erste Schritt bei der Bearbeitung von Schadensfällen ist die Klärung der Haftungsfragen. Dazu gehört auch die Frage nach der Schadensart: Güterschaden oder Vermögensschaden. Bei den Vermögensschäden sind noch die reinen Vermögensschäden und die Güterfolgeschäden zu unterscheiden.

> Dann muss geklärt werden, nach welcher Rechtsgrundlage sich bei dem Frachtgeschäft die Haftung richtet: HGB, VBGL, CMR. Die Haftungsregeln könnten sich auch aus einer individuellen Absprache der beiden Frachtvertragsparteien ergeben oder aus den Allgemeinen Geschäftsbedingungen des Auftraggebers.

> Ist die Haftungsfrage geklärt, muss geprüft werden, ob für den Schadensfall eine Versicherungsdeckung vorhanden ist. Für den deutschen Güterkraftverkehrsunternehmer ist zwingend eine Versicherung vorgeschrieben, mit der die Haftung nach dem HGB und nach dem Frachtvertrag versichert werden muss.

> Wenn eindeutig geklärt ist, dass ein Schadenersatzanspruch zu Recht erhoben wurde und der Schaden durch den Versicherungsvertrag gedeckt wird, muss die Regulierung in die Wege geleitet werden. Dazu muss an die Versicherung die Schadenanmeldung und die notwendigen Schadenunterlagen der Versicherung übergeben werden. Wichtige Unterlagen sind: Verkehrsauftrag, Frachtbrief, Ladeliste, Ablieferungsquittung, Protokoll des Schadenstifters, Lieferrechnung/Preisliste, Schadenrechnung, Erklärung über Transportversicherungsschutz.

Prämienanmeldung

12 Prämie: € _____   angemeldeter Monat _____

bezahlt am _____

13 **Verkehrsauftrag**

Wie lautet der Ihnen erteilte Verkehrsauftrag? (Bitte nur dann in Stichworten vermerken, wenn der Auftrag mündlich war; andernfalls bitte Auftrag beifügen.)

Angaben zum Schaden

14 Tag der Ablieferung _____

15 Tag des Schadenereignisses _____

16 Wann wurde der Schaden festgestellt? _____

17 Wo? _____

18 Wann wurde der Schaden schriftlich reklamiert? _____

19 Durch wen? (Bitte Belege beifügen) _____

20 Hat der Fahrer beim Beladen des Kfz die
Stückzahl geprüft?
☐ ja   ☐ nein

21 Hat er quittiert?   ☐ ja   ☐ nein

22 Datum der Übernahme des Gutes _____   der Ablieferung _____

23 Wer hat entladen?   ☐ Empfänger   ☐ Fahrer   ☐ Zollbehörde

24 Wer hat Vorbehalte gemacht? _____

25 Welche Vorbehalte (bitte Unterlagen beifügen)? _____

26 Wert des verlorenen oder beschädigten Gutes
und dessen Rohgewicht?

€ _____ kg

27 **Genaue Schilderung des Schadenherganges:**
(Art des Schadens, z. B. Verlust, Beschädigung, Lieferfristüberschreitung; Ursache des Schadens: z. B. mangelhafte Verpackung/Verladung, Nässeeinwirkung, Unfall)

_____

_____

_____

_____

_____

_____

_____

_____

Ort, Datum   Unterschrift des Versicherungsnehmers

Rückseite eines Schadenanmeldeformulars

7 Möbelspeditionsgeschäfte abwickeln

Die Frachtführer, die Neumöbel- oder Umzugstransporte durchführen, werden als Möbelspediteure bezeichnet. Das bedeutet jedoch nicht, dass für Umzüge das Speditionsrecht gilt. Hier ist nach dem Transportrechtsreformgesetz eindeutig das Frachtrecht anzuwenden, und zwar die §§ 451–451 h des HGB: Beförderung von Umzugsgut.

7.1 Leistungsbereiche der Möbelspedition

Die Leistungsbereiche der Möbelspedition haben sich in Abhängigkeit von den zu befördernden Gütern und der Art der Fahrzeuge gebildet, die für den Transport bestimmter Güter eingesetzt werden. Heute unterscheidet die Interessenvertretung der Möbelspediteure, der „Bundesverband Möbelspedition (AMÖ) e. V.", vier Tätigkeitsgebiete:

- Umzugsspedition
- Handelsmöbelspedition
- Möbelspedition für die Beförderung von EDV-Anlagen, medizintechnischen Geräten und ähnlichen transportempfindlichen Gütern
- Kunstspedition

7.1.1 Umzugsspedition

Der Begriff „Umzugsgut" ist im weiten Sinne aufzufassen. Überwiegend gehören Umzüge zum privaten Bereich, also nach dem Frachtrecht des HGB zum „Verbraucher" (Privatmann). Der Verbraucher bedarf nach Meinung des Gesetzgebers eines besonderen Schutzes, den er in den Vorschriften des HGB: „Beförderung von Umzugsgut" auch findet.

Allerdings zählen zum Umzugsverkehr auch Behörden- und Geschäftsumzüge. Zum Umzugsbegriff rechnen Mobiliar, Haushaltsgegenstände, Büro- und Geschäftseinrichtungen, Einrichtungen von staatlichen, städtischen und sonstigen Anstalten, Schulen, Krankenhäusern, Kinderheimen, Kasernen, Museen, Bibliotheken und dergleichen mehr.

7.1.2 Handelsmöbelspedition

Die Leistungen des Handelsmöbelspediteurs bestehen regelmäßig in der Beförderung von (neuen) Handelsmöbeln, die etwa beim Hersteller übernommen werden und einem Möbelhändler als Empfänger auszuliefern sind. Grundsätzlich gilt für derartige Beförderungen das Frachtrecht des HGB, nämlich § 407 ff. Die AMÖ hat jedoch „Allgemeine Bedingungen der deutschen Möbelspediteure für Beförderungen von Handelsmöbeln (ABBH)" erarbeitet und dem Kartellamt vorgelegt. Von dort sind keine Einwendungen erhoben worden, sodass diese Bedingungen weitgehend bei der Beförderung von Handelsmöbeln angewendet werden können.

7.1.3 Möbelspedition für die Beförderung von EDV-Anlagen, medizintechnischen Geräten und ähnlichen transportempfindlichen Gütern

Wie die Bezeichnung für diese Sparte der Möbelspedition ausdrückt, werden in erster Linie Güter der „High-Tech-Branche" befördert, regelmäßig mit speziellen Fahrzeugen, die der Transportempfindlichkeit der Güter Rechnung tragen (z. B. Luftfederung).

Auch hier gilt – wie bei der Handelsmöbelspedition – grundsätzlich das Frachtrecht des HGB. Um jedoch die Besonderheiten zu berücksichtigen, wurden ebenfalls Geschäftsbedingungen erarbeitet, die mit den ABBH der Handelsmöbelspediteure fast deckungsgleich sind. Sie lauten: Allgemeine Bedingungen der Möbelspediteure für Beförderungen von EDV-Anlagen, medizintechnischen Geräten und ähnlich transportempfindlichen Gütern (ABB-EDV).

7.1.4 Kunstspedition

Seit jeher betätigen sich Möbelspediteure auch als Kunstspediteure. Die Gütertransporte mit Kunstgegenständen erfordern eine besondere Kenntnis über die Verpackung, die Verladeweise auf dem besonders geeigneten Fahrzeug, die Entladung bis zum Transport und Aufhängen der Kunstwerke in einer Kunsthalle.

Natürlich wird dieses Geschäft häufig von individuellen Absprachen getragen. Die Besonderheiten der „Ware" Kunst verlangen zwangsläufig – insbesondere was Art und Weise des Umganges mit den Kunstgegenständen betrifft – nach einem besonderen Vertrauensverhältnis der Marktpartner und daraus folgend entsprechende Absprachen.

Dennoch wurden auch für diese Spediteure die Allgemeinen Bedingungen der deutschen Kunstspediteure (AB-Kunst) geschaffen, die gegenüber den HGB-Vorschriften die Besonderheiten bei der Beförderung von Kunstgegenständen berücksichtigen.

Eine Möbelspedition kann auf allen vier Bereichen tätig sein, häufiger deckt sie aber nur eins oder zwei der Aufgabengebiete ab. Oft findet man die Kombination von Umzugsspedition und Handelsmöbelspedition. Je nach Auftrag sind die entsprechenden Rechtsgrundlagen anzuwenden.

Wegen der starken Spezialisierung der „High-Tech-" und der Kunstspediteure stehen sie nicht so stark im Blickpunkt der Öffentlichkeit, zumindest ist ihre Anzahl im Vergleich mit den Handelsmöbel- und Umzugsspediteuren sehr klein. Deshalb werden sie in diesem Kapitel auch nicht mehr ausführlich behandelt.

7.2 Umzugsvertrag abschließen

Der Abschluss eines Umzugsvertrages erfolgt, soweit der § 451 a – 451 h des HGB keine anderen Vorschriften enthält, nach den Grundsätzen des allgemeinen Frachtrechts, nämlich den § 407 ff. HGB. Besonderheiten im Zusammenhang mit der Beförderung von Umzugsgut gegenüber dem allgemeinen Frachtrecht zeigen sich vor allen Dingen bei den zusätzlichen Pflichten des Frachtführers, bei den Haftungsregelungen, bei Reklamationen und bei den vom Gesetz abweichenden Vereinbarungen.

Im Falle des Vertragsabschlusses mit einem Verbraucher muss der Frachtführer den Absender ausdrücklich über die Haftungsbestimmungen unterrichten und auf die Möglichkeiten hinweisen eine weitergehende Haftung zu vereinbaren oder das Gut zu versichern.

Andererseits hat der Frachtführer auch den Empfänger spätestens bei der Ablieferung des Gutes über die Form und Frist der Schadensanzeige sowie die Rechtsfolgen bei Unterlassung der Schadensanzeige zu unterrichten.

Die Unterrichtung des „Verbraucher-Absenders" muss – gemäß HGB – in **drucktechnisch deutlicher Gestaltung** besonders hervorgehoben sein.

Ist der Absender ein Verbraucher, so kann von den die Haftung des Frachtführers und des Absenders regelnden Vorschriften des HGB **nicht zum Nachteil des Verbrauchers abgewichen werden**. Bekanntlich ist der Verbraucher im HGB so definiert: „Verbraucher ist eine natürliche Person, die den Vertrag zu einem Zweck abschließt, der weder ihrer gewerblichen noch ihrer selbstständigen beruflichen Tätigkeit zugeordnet werden kann."

Mit dem Abschluss des Vertrages über die Beförderung von Umzugsgut übernimmt der Frachtführer im Vergleich zum allgemeinen Frachtvertrag noch zusätzliche Pflichten, nämlich das Ab- und Aufbauen der Möbel sowie das Verladen und Entladen des Umzugsgutes. Wird nichts anderes vereinbart, zählt außerdem zu den Pflichten des Frachtführers die Ausführung sonstiger auf den Umzug bezogener Leistungen wie die Verpackung und Kennzeichnung des Umzugsgutes.

Der Absender ist nicht verpflichtet einen Frachtbrief auszustellen. Zählt zum Umzugsgut gefährliches Gut und ist der Absender ein Verbraucher, genügt eine allgemeine Unterrichtung des Frachtführers über die vom Gut ausgehende Gefahr.

Um den gesetzlichen Vorschriften zu entsprechen, verwenden die Möbelspediteure regelmäßig einen zweiseitigen Formularsatz „Umzugsvertrag für die Ausführung des Umzugs von Wohnung zu Wohnung einschließlich Be- und Entladen an für Möbelwagen befahrbarer Straße". Auf der Rückseite der ersten Formularseite stehen die „Haftungsinformationen des Möbelspediteurs gemäß § 451 g HGB". Die zweite Seite ist auf der Rückseite mit den Allgemeinen Geschäftsbedingungen bedruckt. Der Satz ist im Durchschreibeverfahren auszufüllen und kann sowohl für das Angebot als auch für den Auftrag verwendet werden.

Im Abschnitt A werden die voraussichtlichen Be- und Entladearbeiten spezifiziert. Der Abschnitt B enthält die voraussichtliche Frachtberechnung. In C werden zusätzliche Leistungen erfasst, wie Gestellung von Faltkisten oder Kleiderboxen, Montagearbeiten u. a. Der Abschnitt D befasst sich mit dem Abschluss einer Umzugs-Transportversicherung, mit der Schäden versichert werden können, die über die Haftung des Möbelspediteurs hinausgehen. E enthält Zahlungsvereinbarungen und in F werden Termine festgehalten. In einer zusätzlichen Anlage werden Montagearbeiten und ggf. Handwerkerleistungen einzeln beschrieben (z. B. Dübelarbeiten oder Lampen montieren).

Mit der Unterschrift des Absenders erteilt er den Auftrag und bestätigt zum anderen von den Hinweisen Kenntnis genommen zu haben.

Die Preise gemäß der Kostenzusammenstellung sind aufgrund der Angaben des Abenders und/oder Feststellungen des Möbelspediteurs ermittelt. Zuschläge zu Neben-, Sonderleistungen, Fahrgelder und amtliche Gebühren, die im Leistungsumfang nicht aufgeführt sind, sind zusätzlich entsprechend den Einzelpreisen bzw. den üblichen Preisen zu vergüten. Auf der Fahrt anfallende Straßengebühren oder -steuern und Fährkosten sind zusätzlich (ggf. anteilig) nach Aufwand oder bei Vereinbarung pauschaliert zu vergüten.

Ich/wir habe(n) von der Anlage **„Haftungsinformationen des Möbelspediteurs gemäß § 451 g HGB"** und den ergänzenden **„Allgemeinen Geschäftsbedingungen"** als Bestandteil des Umzugsvertrages Kenntnis genommen.

Falls der Empfänger des Umzugsgutes ein Dritter sein wird, werde ich/werden wir diesen informieren, wie er sich bei der Entladung und im Schadensfall zu verhalten hat, um das Erlöschen von Ersatzansprüchen zu verhindern.

Ich/wir erteile(n) den Auftrag, den Umzug gemäß den Bedingungen dieses Vertrages und dem vereinbarten Leistungsumfang durchzuführen.

Absender:

_____ , den _____

_____

(ggf. im versicherten Einverständnis mit dem nicht unterschreibenden anderen Ehe-/Lebenspartner)

7.3 Umzugsvertrag abwickeln

Zur Durchführung des Umzugs kann der Möbelspediteur einen weiteren Frachtführer heranziehen. Das sehen die Allgemeinen Geschäftsbedingungen der Möbelspediteure vor. Für den Frachtführer, sei es der Möbelspediteur oder ein weiterer Frachtführer, gilt stets der Grundsatz, dass die Leistungen unter Wahrung des Interesses des Absenders mit der Sorgfalt eines ordentlichen Möbelspediteurs gegen Zahlung des vereinbarten Entgelts zu erbringen sind.

Zusätzlich zu bezahlen sind besondere, bei Vertragsabschluss nicht vorhersehbare Leistungen und Aufwendungen. War zum Beispiel lt. Vertrag vorgesehen, dass das Abtragen des Umzugsgutes in den 4. Stock mittels Aufzug erfolgen kann, und stellt sich bei Ankunft des Gutes heraus, dass der Aufzug noch gar nicht in Betrieb ist, handelt es sich beim Abtragen „von Hand" um eine zusätzliche Leistung.

Die in der Umzugsbranche üblichen Trinkgelder können nicht mit der Rechnung des Möbelspediteurs verrechnet werden.

In den Allgemeinen Geschäftsbedingungen wird die Sicherung besonders transportempfindlicher Güter festgelegt: „Der Absender ist verpflichtet bewegliche oder elektronische Teile an hochempfindlichen Geräten, wie z. B. Waschmaschinen, Plattenspielern, Fernseh-, Radio- und HiFi-Geräten, EDV-Anlagen fachgerecht für den Transport sichern zu lassen. Zur Überprüfung der fachgerechten Transportsicherung ist der Möbelspediteur nicht verpflichtet."

Die Leute des Möbelspediteurs sind, sofern nichts anderes vereinbart ist, nicht zur Vornahme von Elektro-, Gas-, Dübel- und sonstigen Installationsarbeiten berechtigt.

Bei Abholung des Umzugsgutes ist der Absender verpflichtet, nachzuprüfen, dass kein Gegenstand oder keine Einrichtung irrtümlich mitgenommen oder stehen gelassen wird.

7.4 Beförderung von Umzugsgut berechnen

Die Höhe des Entgeltes richtet sich nach den vom Kunden verlangten und vom Möbelspediteur erbrachten Dienstleistungen. Der Leistungsumfang, das darauf basierende Angebot, der erteilte Auftrag sowie verschiedene zur Auftragsabwicklung notwendige Grunddaten (Versender, Empfänger, Entfernung, benötigter Laderaum, Termine usw.) sind deshalb Bestandteile des Umzugsvertrages.

Der Bundesverband Möbelspedition (AMÖ) e. V. führt die schon durch die Vorgängerorganisation erarbeiteten sog. „AMÖ-Mittelstandsempfehlungen" weiter. Seit 1. Oktober 1998 gelten folgende Frachtsätze und Sätze für Fahrzeuggestellung.

Leistung	Beförderungen bis 50 km	Beförderungen von 51 bis 125 km	Beförderungen ab 126 km
Anfahrt + Einpacken + Demontage + Beladen + ggf. Abfahrt von Beladestelle	Berechnung nach Zeitaufwand **je Mitarbeiter** und angefangene Stunde der Arbeitszeit (Tariflohn + Zuschlag 2,44fach). Für **Kfz** je angefangene Stunde der Einsatzzeit 24,75 €. Für **Anhänger** je angefangene Stunde der Einsatzzeit 14,37 €.	Berechnung nach Zeitaufwand **je Mitarbeiter** und angefangene Stunde der Arbeitszeit (Tariflohn + Zuschlag 2,44fach). Für **Kfz** je angefangene Stunde der Einsatzzeit 24,75 €. Für **Anhänger** je angefangene Stunde der Einsatzzeit 14,37 €.	Berechnung nach Zeitaufwand **je Mitarbeiter** und angefangene Stunde der Arbeitszeit (Tariflohn + Zuschlag 2,44fach). Für **Kfz** je angefangene Stunde der Einsatzzeit 24,75 €. Für **Anhänger** je angefangene Stunde der Einsatzzeit 14,37 €.

(Fortsetzung s. folgende Seite)

Leistung	Beförderungen bis 50 km	Beförderungen von 51 bis 125 km	Beförderungen ab 126 km
Beförderung	Berechnung nach Zeitaufwand **je Mitarbeiter** und angefangene Stunde der Arbeitszeit (Tariflohn + Zuschlag 2,44fach). Ggf. zuzüglich Spesen/ Zuschlag. Für **Kfz** je angefangene Stunde der Einsatzzeit 24,75 €. Für **Anhänger** je angefangene Stunde der Einsatzzeit 14,37 €.	Berechnung nach Zeitaufwand **je Mitarbeiter** und angefangene Stunde der Arbeitszeit (Tariflohn + Zuschlag 2,44fach). Ggf. zuzüglich Spesen/ Zuschlag. Für **Kfz** je angefangene Stunde der Einsatzzeit 24,75 €. Für **Anhänger** je angefangene Stunde der Einsatzzeit 14,37 €. Entgelt laut **Frachttabelle** in den Mittelstandsempfehlungen der AMÖ für Fahrzeugkosten, die wegen der Streckenüberwindung verursacht werden.	Das Entgelt laut Frachttabelle in den Mittelstandsempfehlungen beinhaltet die Streckenkosten für das Fahrzeug sowie die Kosten des Fahrpersonals (**nur 2 Mitarbeiter!**) während der Streckenüberwindung. Für Einzelfahrten nach entsprechender Vereinbarung lt. besonderer Frachttabelle
Ggf. Anfahrt zur Entladestelle + Entladen + Auspacken + Montage + Abfahrt	Berechnung nach Zeitaufwand **je Mitarbeiter** und angefangene Stunde der Arbeitszeit (Tariflohn + Zuschlag 2,44fach). Ggf. zuzüglich Spesen/ Zuschlag. Für **Kfz** je angefangene Stunde der Einsatzzeit 24,75 €. Für **Anhänger** je angefangene Stunde der Einsatzzeit 14,37 €.	Berechnung nach Zeitaufwand **je Mitarbeiter** und angefangene Stunde der Arbeitszeit (Tariflohn + Zuschlag 2,44fach). Ggf. zuzüglich Spesen/ Zuschlag. Für **Kfz** je angefangene Stunde der Einsatzzeit 24,75 €. Für **Anhänger** je angefangene Stunde der Einsatzzeit 14,37 €.	Berechnung nach Zeitaufwand **je Mitarbeiter** und angefangene Stunde der Arbeitszeit (Tariflohn + Zuschlag 2,44fach). Ggf. zuzüglich Spesen/ Zuschlag. Für **Kfz** je angefangene Stunde der Einsatzzeit 24,75 €. Für **Anhänger** je angefangene Stunde der Einsatzzeit 14,37 €.
Zusätzliche Leistungen	Je Mitarbeiter und angefangene Stunde der Arbeitszeit für Packen, Demontieren, Montieren und Handwerkerarbeiten (soweit nicht im Rahmen der Umzugsdurchführung zu erbringen). Packmaterial nach tatsächlichem Bedarf. Sonderleistungen nach Vereinbarung und Einsatz sonstiger technischer Transporthilfsmittel je angefangene Stunde der Einsatzzeit. Ggf. zuzüglich Spesen/Zuschlag.		

Preisermittlungsschema der AMÖ-Mittelstandsempfehlungen (Stand April 2001)

Bei Beförderungen ab 126 km ist nach den Mittelstandsempfehlungen die Berechnung der Be- und Entladung getrennt von der Beförderung zwischen Be- und Entladestelle vorzunehmen. Die Be- und Entladung zuzüglich An- und Abfahrt wird nach Umfang und Dauer des Personaleinsatzes sowie nach der Dauer des Fahrzeugeinsatzes berechnet. Dafür gelten die für die Beförderung bis 50 km genannten Empfehlungspreise (wie übrigens auch bei Beförderungen zwischen 51 und 125 km).

Für die Beförderung von der Be- bis zur Entladestelle wird zusätzlich eine Fracht berechnet. Sie ist aus der Frachttabelle der Mittelstandsempfehlungen nach Kubikmeter und Entfernung abzulesen. Die Fracht ist so bemessen, dass sie sowohl die zeit- als auch die km-abhängigen Fahrzeugkosten und die Personalkosten für Fahrer und Beifahrer berücksichtigt.

Sofern der Laderaum zur Berechnungsgrundlage dient, kann dieser wie folgt angesetzt werden:

– Der nach Beladung festgestellte Laderaum,
– der sich durch Zusammenzählen der Raumeinheiten der zu befördernden Güter aus der Umzugsgutliste ergebende Laderaum (s. Muster),
– der vereinbarte Laderaum.

Unternehmer des Umzugsverkehrs: **Johann Dorfner**

Auftraggeber: **Fritz Bruhn**

Umzug von: **München**
(Bisheriger Wohnort)

nach: **Lübeck**
(Neuer Wohnort)

Die in dieser Liste aufgeführten Raumeinheiten (ER) beziehen sich auf übliche Möbelgrößen und sind verbindliche Pauschalwerte. Andere Gegenstände, die nicht auf der Liste verzeichnet sind, sind im Freiraum unter dem jeweiligen Zimmer mit den hierfür besonders zu vereinbarenden RE einzutragen. 1 RE entspricht 0,1 m³, 10 RE = 1 Kubikmeter (m³). Reicht die Liste nicht aus, sind weitere Blätter zu verwenden.

Diese Liste ist Anlage zum Umzugsvertrag und besteht aus **2** Blatt.

Umzugsgutliste

Stück	Gegenstand	RE	Ges. RE		Stück	Gegenstand	RE	Ges. RE
	WOHNZIMMER					**ÜBERTRAG**		
	Sofa, Couch, Liege, je Sitz	4				Tisch, bis 0,6 m	4	
	Sitzlandschaft (Element) je Sitz	4				Tisch, bis 1,0 m	5	
	Sessel, mit Armlehnen	8				Tisch, bis 1,2 m	6	
	Sessel, ohne Armlehnen	4				Tisch, über 1,2 m	8	
	Stuhl	2				Buffet, ohne Aufsatz	15	
	Stuhl, mit Armlehnen	3				Vitrine (Glasschrank)	10	
	Tisch, bis 0,6 m	4				Sideboard	12	
	Tisch, bis 1,0 m	5				Hausbar	5	
	Tisch, bis 1,2 m	5				Teewagen, nicht zerlegbar	4	
	Tisch, über 1,2 m	8				Teppich	3	
	Wohnz.-Schrank, zerlegb. je angef. m	8				Brücke	1	
	Anbauwand b. 38 cm Tiefe je angef. m	8				Deckenlampe	2	
	Anbauwand ü. 38 cm Tiefe je angef. m	10						
	Bücherregal, zerlegbar je angef. m	4						
	Buffet, mit Aufsatz	18						
	Standuhr	4						
	Schreibtisch, bis 1,6 m	12				Umzugskarton, bis 80 l	1	
	Schreibtisch, über 1,6 m	17				Umzugskarton, über 80 l	1,5	
	Sekretär	12				**SCHLAFZIMMER**		
	Sideboard	12				Schrank, bis 2 Türen, nicht zerlegbar	15	
	Musikschrank/Turm	4				Schrank, zerlegbar, je angef. m	8	
	Stereoanlage	4				Doppelbett, komplett	20	
	Fernseher	3				Einzelbett, komplett	10	
	Klavier	15				Franz. Bett. komplett	15	
	Flügel	20				Bettzeug, je Betteinheit	3	
	Heimorgel	10				Nachttisch	2	
	Nähmaschine (Schrank)	4				Bettumbau	3	
	Stehlampe	2				Kommode	7	
	Bilder, über 0,8 m	2				Frisierkommode, mit Spiegel	6	
	Deckenlampe	2				Wäschetruhe	3	
	Lüster	5				Stuhl, Hocker	2	
	Teppich	3				Spiegel, über 0,8 m	1	
	Brücke	1				Deckenlampe	2	
	Umzugskarton, bis 80 l	1						
	Umzugskarton, über 80 l	1,5						
	ESSZIMMER							
	Stuhl	2				Kleiderbehältnis	6	
	Stuhl, mit Armlehnen	3				Umzugskarton, bis 80 l	1	
	Eckbank, je Sitz	2				Umzugskarton, über 80 l	1,5	
	ÜBERTRAG					**GESAMT-SUMME**		

(Auftraggeber)   (Unternehmer des Umzugsverkehrs)   (Datum)

Gesamtsumme: _____ / 50 = _____ m³

zu berechnen: _____ m³

Muster einer Umzugsgutliste

Die Entfernung zwischen Be- und Entladestelle wird entweder nach den Hinweisen in den Mittelstandsempfehlungen oder nach den Entfernungszeigern für den Straßengüterverkehr vorgenommen, über die heute fast jedes EDV-Speditionsprogramm verfügt.

										Anlage 4 zur Mittelstandsempfehlung
Frachttabelle
für den Umzugsverkehr und für die Beförderung sonstiger Güter
mit umzugsgutähnlichem Leistungsprofil und Elektronik-Transporte (in €)

km \ m³	5	10	15	20	25	30	35	40	45	50
51 – 75	56,75	72,60	92,03	102,77	129,36	129,87	130,89	131,91	132,42	133,96
76 – 100	76,69	97,66	124,24	139,07	174,35	175,37	176,91	177,93	179,46	181,00
101 – 125	95,10	121,18	153,39	171,28	216,28	217,81	218,83	220,37	221,90	223,43
126 – 150	117,09	236,22	355,35	476,01	526,63	554,24	575,20	596,17	612,02	615,60
151 – 175	138,56	263,32	396,76	532,25	591,05	615,60	632,98	658,03	675,93	722,46
176 – 200	158,50	286,32	431,53	577,76	645,76	673,37	700,98	729,61	750,58	763,36
201 – 225	169,75	304,22	458,63	615,60	699,96	721,94	753,64	785,86	808.35	822,67
226 – 250	178,44	328,25	489,82	653,43	737,79	772,56	806,82	842,61	877,89	893,23
251 – 275	185,09	350,23	505,67	685,13	777,67	815,00	842,61	869,71	896,81	947,42
276 – 300	201,96	369,15	526,63	734,22	810,40	851,30	892,76	909,59	964,30	982,19
301 – 325	205,03	386,54	543,50	754,16	849,77	880,96	925,44	944,36	989,35	1.007,76
326 – 350	213,72	401,36	556,29	782,79	871,24	904,48	951,00	985,26	1.033,32	1.053,77
351 – 375	220,88	414,15	563,95	805,80	900,39	935,15	985,77	1.006,73	1.058,37	1.079,85
376 – 400	234,17	423,86	583,90	825,74	909,08	962,76	1.015,43	1.038,43	1.092,63	1.098,77
401 – 425	240,82	432,55	601,79	840,56	929,02	985,26	1.041,50	1.065,02	1.104,90	1.127,91
426 – 450	244,91	456,58	617,13	859,99	962,25	1.003,67	1.062,98	1.086,50	1.111,04	1.135,85
451 – 475	247,98	461,19	630,93	866,64	974,52	1.017,47	1.079,85	1.104,39	1.129,44	1.155,52
476 – 500	250,02	463,74	641,16	878,91	1.002,13	1.046,61	1.092,12	1.118,20	1.144,27	1.170,86
501 – 550	268,43	477,04	655,99	900,90	1.010,82	1.058,89	1.127,91	1.134,56	1.162,17	1.189,78

Frachttabelle für Laderaum zwischen 5 und 50 m³ auf Entfernungen zwischen 51 und 550 km

Lt. den Allgemeinen Geschäftsbedingungen ist der **Rechnungsbetrag** bei **Inlandstransporten vor Beendigung der Entladung**, bei **Auslandstransporten vor Beginn der Verladung fällig** und in bar oder in Form gleichwertiger Zahlungsmittel zu bezahlen.

Kommt der Absender seiner Zahlungsverpflichtung nicht nach, ist der Möbelspediteur berechtigt das Umzugsgut anzuhalten oder nach Beginn der Beförderung auf Kosten des Absenders einzulagern.

Gegen Ansprüche des Möbelspediteurs ist eine Aufrechnung nur mit fälligen Gegenansprüchen zulässig, die rechtskräftig festgestellt oder unbestritten sind.

7.5 Schadensfälle bearbeiten

Zur Bearbeitung eines Schadensfalles ist es notwendig, folgende Fragen zu klären:
- Um welche Art von Schaden handelt es sich?
- Welche Haftungsgrundlagen gelten für die Leistung, bei der ein Schaden entstanden ist?
- Ist der Schaden innerhalb der Reklamationsfrist formgerecht gemeldet worden?
- Besteht Versicherungsdeckung?

7.5.1   Schadenart feststellen

Grundsätzlich werden folgende Schadenarten unterschieden:

- **Sachschaden/Güterschaden**
- **Vermögensschaden**
  - a) reiner Vermögensschaden
  - b) Sachfolgeschaden/Güterfolgeschaden.

Unter **Sachschaden** versteht man die **Beschädigung** und den **Verlust** einer Sache, eines Gegenstandes.

Ein reiner **Vermögensschaden** dagegen ist eine wirtschaftliche Einbuße, unabhängig von einem Sachschaden. Der klassische Vermögensschaden im Verkehrsbereich ist der wirtschaftliche Nachteil infolge einer Lieferfristüberschreitung. Auch Schäden wegen unterlassener Versicherungseindeckung durch einen Spediteur oder Nachnahmefehler sind Vermögensschäden.

Ein **Sachfolgeschaden/Güterfolgeschaden** ist eine besondere Art von Vermögensschaden, und zwar ein Vermögensschaden, dessen Entstehung aus einem vorausgegangenen Sachschaden resultiert.

Beispiel: *für einen (nicht direkt auf einen Umzug bezogenen) Güterfolgeschaden:*

Eine Maschine wurde während des Transportes beschädigt. Das ist dann der Sachschaden. Diese Maschine sollte zu einem bestimmten Termin in der Produktion von Waren eingesetzt werden. Die Reparatur nahm relativ lange Zeit in Anspruch, sodass die Maschine nicht fristgemäß eingesetzt werden konnte. Dadurch entstand bei dem Käufer dieser Maschine ein Vermögensschaden durch Produktionsausfall. Dieser Vermögensschaden durch Produktionsausfall wegen Beschädigung der Maschine ist ein Sachfolgeschaden.

Da es im **Transportrecht** nur um die Haftung für Schäden an den beförderten Gütern geht, wird der Schaden in der Regel als **Güterschaden** bzw. als **Güterfolgeschaden** bezeichnet.

Die Unterscheidung zwischen (reinem) Vermögensschaden und Güterfolgeschaden ist im Transportrecht von großer Bedeutung, weil nach den Haftungsregeln aller Verkehrsträger regelmäßig zwar in gewissem Umfang für Vermögensschäden gehaftet wird, grundsätzlich aber **nicht** für **Güterfolgeschäden.**

7.5.2   Haftungsregeln in der Möbelspedition beachten

Der Möbelspediteur muss zumindest einen Verbraucher im Sinne des Transportrechts über die Haftungsregeln bei der Beförderung von Umzugsgut unterrichten. Natürlich informiert er auch einen Absender, der einen in kaufmännischer Weise eingerichteten Geschäftsbetrieb unterhält bzw. im Handelsregister eingetragen ist. Die Haftungsregeln lassen sich kurz wie folgt zusammenfassen:

Stichwort	Haftungsregeln nach HGB und Umzugsvertrag
Geltungsbereich	Haftung des Frachtführers (Möbelspediteur) nach dem Umzugsvertrag und nach dem HGB. Auch für Beförderungen von Umzugsgut von und nach Orten außerhalb Deutschlands. Gilt auch beim Einsatz verschiedenartiger Beförderungsmittel.
Haftungsgrundsatz	**Obhutshaftung.** Verlust oder Beschädigung in der Zeit von der Übernahme zur Beförderung bis zur Ablieferung oder durch Überschreiten der Lieferfrist.
Haftungshöchstbetrag	**Verlust oder Beschädigung: 620,00 € je Kubikmeter Laderaum,** der benötigt wird. **Überschreiten der Lieferfrist: Dreifacher Betrag der Fracht.** Bei Verletzung einer mit der Ausführung des Umzuges zusammenhängenden vertraglichen Pflicht des Möbelspediteurs – nicht Beschädigung oder Verlust bzw. Lieferfristüberschreitung – Haftung auf das Dreifache des Betrages, der bei Verlust zu zahlen wäre.
Wertersatz	**Bei Verlust:** Wert am Ort und zur Zeit der Übernahme zur Beförderung. Bei **Beschädigung:** Unterschied zwischen dem Wert des unbeschädigten Gutes und dem Wert des beschädigten Gutes. Wert bestimmt sich in der Regel nach dem Marktpreis. Zusätzlich sind die Kosten für die Schadensfeststellung zu ersetzen.
Haftungsausschluss	Soweit der Verlust oder die Beschädigung oder die Überschreitung der Lieferfrist auf Umständen beruht, die der Möbelspediteur auch bei größter Sorgfalt nicht vermeiden und deren Folgen er nicht abwenden konnte (**unabwendbares Ereignis**).
Besondere Haftungs-ausschlussgründe	Beförderung von Edelmetallen, Juwelen, Geld, Briefmarken, Münzen, Wertpapieren oder Urkunden. Ungenügende Verpackung oder Kennzeichnung durch den Absender. Behandeln, Verladen oder Entladen durch Absender. Beförderung von nicht vom Möbelspediteur verpacktem Gut in Behältern. Beförderung lebender Tiere oder Pflanzen. Natürliche oder mangelhafte Beschaffenheit des Umzugsgutes.
Außervertragliche Ansprüche	Auch hier gelten die Haftungsbefreiungen bzw. Haftungsbeschränkungen.
Wegfall von Haftungs-befreiungen und -beschränkungen	Haftungsbefreiungen oder -beschränkungen gelten nicht, wenn der Schaden auf eine Handlung oder Unterlassung zurückzuführen ist, die der Möbelspediteur vorsätzlich oder leichtfertig und in dem Bewusstsein, dass ein Schaden mit Wahrscheinlichkeit eintreten werde, begangen hat.
Ausführender Möbelspediteur	Wird der Umzug durch einen Dritten ausgeführt (ausführender Möbelspediteur), haftet dieser in gleicher Weise wie der Möbelspediteur.
Haftungsvereinbarung	Der Möbelspediteur weist den Absender auf die Möglichkeit hin mit ihm gegen Bezahlung eines entsprechenden Entgelts eine weitergehende Haftung als die gesetzlich vorgesehene Haftung zu vereinbaren.
Transportversicherung	Der Möbelspediteur weist den Absender auf die Möglichkeit hin das Gut gegen Bezahlung einer gesonderten Prämie zu versichern.
Reklamationsfristen	**Äußerlich erkennbare Schäden** oder Verluste müssen **bei der Ablieferung** auf dem Ablieferungsbeleg oder einem Schadensprotokoll spezifiziert **festgehalten werden** oder **spätestens am nächsten Tag** dem Möbelspediteur angezeigt werden. **Äußerlich nicht erkennbare Schäden oder Verluste** müssen dem Möbelspediteur **innerhalb von 14 Tagen** nach Ablieferung spezifiziert angezeigt werden. Pauschale Schadensanzeigen genügen nicht. **Ansprüche wegen Überschreitung der Lieferfristen** erlöschen, wenn der Empfänger dem Möbelspediteur die Überschreitung nicht **innerhalb von 21 Tagen nach Ablieferung** anzeigt. Anzeigen nach Ablieferung müssen innerhalb der Fristen **schriftlich** erfolgen, sonst droht ein Anspruchsverlust.

7.5.3 Versicherungspflicht beachten

Grundsätzlich sind auf den Frachtvertrag, der die Beförderung von Umzugsgut zum Gegenstand hat, die Vorschriften des Handelsgesetzbuches (HGB) anzuwenden. Gemäß § 7 a GüKG besteht für den Möbelspediteur die Verpflichtung, sich gegen alle Schäden zu versichern, für die er bei Beförderungen mit Be- und Entladeort im Inland nach HGB bzw. in Verbindung mit dem Frachtvertrag haftet.

In dem sog. Haftungszertifikat, das der Möbelspediteur als Bestandteil des Umzugs-vertrages dem Absender übergibt, bestätigt er, dass er seiner gesetzlich vorgeschrie-benen Pflicht zur Abdeckung seiner Haftung und der Verpflichtung zur Information des Absenders über die Haftungsbedingungen nachgekommen ist. Der Absender dagegen bestätigt mit seiner Unterschrift den Erhalt der Informationen.

Tritt nun ein Schadensfall im Zusammenhang mit der Beförderung von Umzugsgut ein, erfolgt die Regulierung über die Versicherung in vergleichbarer Weise wie bei Schadensfällen im Güterkraftverkehr. Voraussetzung ist hier wie dort, dass sich der Schadensfall im Geltungsbereich der Rechtsvorschriften und innerhalb der Haftungs-grenzen ereignet hat.

7.6 Handelsmöbel befördern

Grundsätzlich sind für die Beförderung von Handelsmöbeln die Vorschriften des HGB zum Frachtrecht anzuwenden. Zusätzlich hat der Bundesverband Möbelspedition (AMÖ) e. V. Allgemeine Bedingungen der deutschen Möbelspediteure für Beförderun-gen von Handelsmöbeln (ABBH) erarbeitet und den Möbelspediteuren zur Anwendung empfohlen.

Aus diesen Bedingungen sind folgende Punkte hervorzuheben:

● Der Möbelspediteur setzt besonders für die Möbelbeförderung geeignete Fahr-zeuge ein. Diesen Fahrzeugen stehen zum Möbeltransport geeignete Container und sonstige Behälter gleich.

● Für das Verladen und Entladen steht dem Möbelspediteur eine dem jeweiligen Vor-gang angemessene Zeit (Verladezeit, Entladezeit) zur Verfügung. Für diese Zeiten kann keine besondere Vergütung verlangt werden. Wartet der Möbelspediteur auf-grund von vertraglicher Vereinbarung oder aus Gründen, die nicht seinem Risikobe-reich zuzurechnen sind, über die Verlade- und Entladezeit hinaus, so hat er Anspruch auf eine angemessene Vergütung (Standgeld).

● Die Haftung des Möbelspediteurs für **Verlust** oder **Beschädigung** von Gütern ist beschränkt auf den Betrag von **620,00 € je m^3 Laderaum**, der zur Erfüllung des Vertrages benötigt wird.

● Der Möbelspediteur hat seine sich aus den Bedingungen und dem HGB (§ 407 ff.) ergebende Verkehrshaftung für die Dauer der Vertragsbeziehungen unter Berück-sichtigung der Belange des Auftraggebers versichert.

● Der Möbelspediteur wird alle Informationen, Unterlagen und sonstige Hilfsmittel, die er im Zusammenhang mit dem Vertrag erhält, nur zur Durchführung des Vertrages verwenden. Solange und soweit sie nicht allgemein bekannt geworden sind oder der Auftraggeber einer Bekanntgabe nicht vorher schriftlich zugestimmt hat, wird der Möbelspediteur die Informationen und Unterlagen sowie den Vertragsgegen-stand vertraulich behandeln. Diese Pflichten bleiben auch nach Beendigung des Vertrages bestehen.

Die übrigen Ausführungen in den ABBH enthalten ergänzende Bedingungen zu den Vorschriften des HGB. Sie sind z. T. direkt vergleichbar mit den Geschäfts- und Haftungsbedingungen der Möbelspediteure, die bei der Beförderung von Umzugsgut herangezogen werden.

Zusammenfassung

➤ Die Tätigkeitsbereiche der Möbelspedition sind: Umzugsspedition, Handelsmöbelspedition, Möbelspedition für die Beförderung von EDV-Anlagen, medizintechnischen Geräten und ähnlichen transportempfindlichen Gütern, Kunstspedition.

➤ Mit dem Abschluss des Vertrages über die Beförderung von Umzugsgut übernimmt der Frachtführer im Vergleich zum allgemeinen Frachtvertrag noch zusätzliche Pflichten, nämlich das Ab- und Aufbauen der Möbel sowie das Verladen und Entladen des Umzugsgutes.

➤ Die Möbelspediteure verwenden regelmäßig einen Formularsatz „Umzugsvertrag für die Ausführung des Umzugs von Wohnung zu Wohnung einschließlich Be- und Entladen an für Möbelwagen befahrbarer Straße". Auf der Rückseite sind die Haftungsinformationen aufgeführt sowie die Allgemeinen Geschäftsbedingungen der Möbelspedition. Mit der Unterschrift unter das ausgefüllte Formular erteilt der Absender den Auftrag und bestätigt, dass er über die Haftungshinweise und die Allgemeinen Geschäftsbedingungen unterrichtet worden ist.

➤ Zur Durchführung des Umzugsvertrages kann der Möbelspediteur einen weiteren Frachtführer heranziehen. Sowohl für den Möbelspediteur als auch ggf. für einen „ausführenden Frachtführer" gilt der Grundsatz, die Leistungen unter Wahrung der Interessen des Auftraggebers mit der Sorgfalt eines ordentlichen Möbelspediteurs – gegen Zahlung des vereinbarten Entgelts – zu erbringen.

➤ Das Entgelt richtet sich nach den vom Kunden verlangten und vom Möbelspediteur erbrachten Dienstleistungen. Für die Frachtsätze und die Sätze zur Fahrzeuggestellung hat der Bundesverband Möbelspedition (AMÖ) e. V. die sog. Mittelstandsempfehlungen erarbeitet, in denen die Sätze nach Beförderungen bis 50 km gegliedert sind, nach Beförderungen von 51 bis 125 km und Beförderungen ab 126 km.

➤ Für die Bearbeitung von Schadensfällen muss erst die Schadenart festgestellt werden. Handelt es sich um einen Güterschaden, einen reinen Vermögensschaden oder einen Güterfolgeschaden? In der Regel sehen die Haftungsregeln vor, dass Güterfolgeschäden nicht ersetzt werden.

➤ Der Haftungsgrundsatz in der Möbelspedition wird als Obhutshaftung bezeichnet. Das heißt, beim Umzugsvertrag haftet der Möbelspediteur in der Zeit von der Übernahme zur Beförderung bis zur Ablieferung oder durch Überschreiten der Lieferfrist.

➤ Der Haftungshöchstbetrag für Verlust oder Beschädigung ist auf 620,00 € je Kubikmeter Laderaum festgesetzt, der zur Ausführung des Auftrages benötigt wird. Der Ersatz für Schäden aus Lieferfristüberschreitung ist auf den dreifachen Betrag der Fracht begrenzt.

➤ Ein Haftungsausschluss besteht bei einem „unabwendbaren Ereignis".

➤ Für bestimmte Güter (wertvolle Güter, Tiere, Pflanzen usw.) sind besondere Haftungsausschlüsse zu berücksichtigen.

➤ Äußerlich erkennbare Schäden oder Verluste müssen bei der Ablieferung schriftlich festgehalten werden oder spätestens am nächsten Tag dem Möbelspediteur schriftlich angezeigt werden. Äußerlich nicht erkennbare Schäden oder Verluste müssen innerhalb 14 Tagen nach Ablieferung spezifiziert und schriftlich gemeldet werden.

➤ Ansprüche wegen Lieferfristüberschreitung sind innerhalb von 21 Tagen nach Ablieferung schriftlich zu melden.

➤ Der Möbelspediteur muss sich gemäß § 7 a GüKG gegen alle Schäden versichern, für die er nach dem HGB bzw. nach dem Frachtvertrag haftet.

➤ Für die Beförderung von Handelsmöbeln hat die AMÖ die „Allgemeinen Bedingungen der deutschen Möbelspediteure für Beförderungen von Handelsmöbeln (ABBH)" erarbeitet und den Möbelspediteuren zur Anwendung empfohlen. Besonderheiten dieser Bedingungen sind u. a. die Gestellung von Fahrzeugen oder Containern bzw. Behältern, die zur Möbelbeförderung geeignet sind. Ferner wird für das Verladen und Entladen ein dem jeweiligen Vorgang angemessener Zeitraum eingeräumt, ohne dass dafür eine Vergütung verlangt werden kann. Wartet der Möbelspediteur aber über die Verlade- und Entladezeit hinaus, hat er Anspruch auf angemessene Vergütung (Standgeld).

➤ Die Haftung ist – wie bei der Beförderung von Umzugsgut – auch hier auf den Betrag von 620,00 € je m³ Laderaum beschränkt, der zur Erfüllung des Vertrages benötigt wird.

➤ Der Möbelspediteur verpflichtet sich zu einer vertraulichen Behandlung aller Vertragseinzelheiten, auch über die Dauer des Vertrages hinaus.

Fragen und Aufgaben zur Lernkontrolle:

1

1. Mit einem Lastzug werden 20 Tonnen auf 600 km befördert. Geben Sie an, welche Verkehrsleistung dabei erstellt wird.

2. Nennen Sie fünf Vorteile, die der Güterkraftverkehr gegenüber anderen Verkehrsmitteln aufweist. Nennen Sie aber auch die Nachteile.

3. Beschreiben Sie den Unterschied zwischen einem Anhänger und einem Sattelanhänger (Auflieger).

4. Sie erhalten den Auftrag, die Versendung einer Ladung von München nach Hamburg zu besorgen. Das Gewicht der Ladung beträgt knapp 3,5 t. Der Auftraggeber gibt mit an, dass das Ladegut 30-mal messend ist. Nennen Sie die Größe des Laderaums, der für die komplette Partie Styropor benötigt wird. Welche Art von Fahrzeug fordern Sie für diesen Transport an?

5. Wie viel Europaletten können Sie auf einem Lastzug laden, der mit zwei Wechselbrücken zu je 7,15 m bestückt ist? Wie breit muss dazu die Ladefläche mindestens sein?

6. Lt. StVZO dürfen Lastfahrzeuge bestimmte Abmessungen und Gewichte nicht überschreiten. Ein Auszubildender möchte von Ihnen die höchstzulässige Höhe und Breite eines Lastzuges wissen, dazu auch die Länge a) eines Gliederzuges und b) eines Sattelzuges.

7. Beschreiben Sie in Stichworten, welche Gegenstände als Ladegeräte bezeichnet werden und welchem Zweck sie dienen.

8. Bringen Sie die Städte in die richtige Reihenfolge, die ein Lkw auf folgenden Fahrten passiert:

   a) Von der tschechisch-deutschen Grenze an die deutsch-französische Grenze: Amberg – Heilbronn – Kaiserslautern – Mannheim – Nürnberg – Saarbrücken – Waidhaus.

   b) Von Norden nach Süden: Fulda – Füssen – Flensburg – Hamburg – Kassel – Hannover – Würzburg – Memmingen – Ulm.

   c) Von Westen nach Osten: Aachen – Bad Hersfeld – Eisenach – Erfurt – Köln – Gera – Jena – Bautzen – Görlitz – Dresden – Chemnitz.

2 **9.** Sie überlegen, ob Sie sich vielleicht als Güterkraftverkehrsunternehmer selbstständig machen sollen. Ihnen ist bereits bekannt, dass drei Voraussetzungen erfüllt sein müssen, ehe Sie eine Erlaubnis erhalten können: Zuverlässigkeit, finanzielle Leistungsfähigkeit und fachliche Eignung.

   a) Erklären Sie, auf welche Weise die fachliche Eignung nachgewiesen werden kann.

   b) Nennen Sie die Höhe des Eigenkapitals, über das ein Güterkraftverkehrsunternehmen für das erste und jedes weitere Fahrzeug verfügen muss.

10. Dürfen Sie mit einer Gemeinschaftslizenz (EU-Lizenz) innerhalb Deutschlands Transporte durchführen oder ist das nur mit einer Erlaubnis möglich?

11. Als Angestellter in einer Speditionsfirma sollen Sie einem Auszubildenden erklären, welche Genehmigung(en) bzw. Erlaubnis ein deutscher Güterkraftverkehrsunternehmer für folgende Transporte besitzen muss.

   a) Eine Lkw-Ladung von München nach Düsseldorf

   b) Eine Lkw-Ladung von München nach Kopenhagen

   c) Eine Lkw-Ladung von Freiburg nach Paris

   d) Eine Lkw-Ladung von Paris nach Brüssel

   e) Eine Lkw-Ladung von Brüssel nach Antwerpen

   f) Eine Lkw-Ladung von München nach Prag.

12. Nennen Sie drei Beförderungsfälle, die von den Vorschriften des GüKG ausgenommen sind.

13. Gegen welche Schäden muss sich ein Güterkraftverkehrsunternehmer nach § 7 a des GüKG versichern?

14. Im GüKG sind u. a. die Aufgaben des Bundesamtes für Güterverkehr (BAG) festgelegt. Welche Befugnis erhielt das BAG, um seine Aufgaben durchführen zu können?

15. Für welche Fahrzeuge wird die Autobahnbenutzungsgebühr erhoben? Welche Berechnungsgrundlage gilt für das elektronische Mautsystem?

16. Die Einhaltung der Sozialvorschriften bzw. Fahrpersonalvorschriften im Straßenverkehr wird aus Gründen der Sicherheit des gesamten Straßenverkehrs und insbesondere auch der Fahrer streng überwacht. Als Leiter der Abteilung Lkw-Verkehr Ihres Unternehmens sollen Sie die Auszubildenden mit den EG-Sozialvorschriften vertraut machen und ihnen folgende Fragen beantworten:

   a) Wie lange darf die tägliche Lenkzeit sein?

   b) Wie lange darf die ununterbrochene Lenkzeit dauern?

   c) Welche Lenkzeitunterbrechung ist vorgeschrieben?

   d) Wie lange darf die Lenkzeit in einer Doppelwoche höchstens sein?

   e) Wie lange muss eine Tagesruhezeit mindestens sein, wenn das Fahrzeug mit einem Fahrer besetzt ist und die Ruhezeit nicht unterbrochen wird?

   f) Wie lange muss die Ruhezeit mindestens dauern, wenn ein Fahrzeug mit zwei Fahrern besetzt ist und das Fahrzeug mit einer Schlafkabine ausgestattet ist?

g) Wie muss der Nachweis über Lenk- und Ruhezeiten geführt werden, wenn ein Fahrzeug mit mehr als 3,5 t zulässigem Gesamtgewicht (mit oder ohne Anhänger) eingesetzt wird?

17. In Ihrem Güterkraftverkehrsunternehmen werden u. a. gefährliche Güter transportiert. Um die besondere Bedeutung dieser Transporte rechtzeitig kennen zu lernen, nehmen die Auszubildenden Ihrer Firma spätestens im zweiten Ausbildungsjahr an innerbetrieblichen Schulungen teil. Bei der ersten Schulung fragt der Auszubildende Klug, was denn unter gefährlichen Gütern zu verstehen sei. Beantworten Sie die Frage.

18. Für welche Verkehrsteilnehmer gelten die Bestimmungen des ADR?

19. In den ADR sind u. a. die Stoffaufzählung und die Klasseneinteilung enthalten. Insgesamt sind neun Klassen mit einigen Unterklassen vorhanden. Nennen Sie die Art des Stoffes, der in die Gefahrgutklasse 3 eingeteilt ist, und geben Sie ein Beispiel an.

20. Ein Auszubildender stellt die Frage, welche Begleitpapiere bei einem Gefahrguttransport mitgeführt werden müssen. Beantworten Sie diese Frage.

21. Anschließend stellt er die Frage, welchen wesentlichen Inhalt ein Unfallmerkblatt haben muss. Erklären Sie den Inhalt kurz.

22. Wie muss ein Fahrzeug gekennzeichnet sein, das gefährliche Güter transportiert?

23. Die Führer bestimmter Beförderungsmittel müssen eine Schulung nachweisen, über deren erfolgreichen Abschluss sie die sog. ADR-Bescheinigung erhalten. Welche Beförderungsmittel sind das?

24. Nennen Sie die verantwortlichen Personen beim Gefahrguttransport.

25. Die innerbetriebliche Schulung (s. 17.) wird durch den Gefahrgutbeauftragten durchgeführt. Wie muss ein Gefahrgutbeauftragter nachweisen, dass er für seine Aufgaben geeignet ist?

---

3 **26.** Die Beförderungspreise werden grundsätzlich frei ausgehandelt. Um einen wirtschaftlich vertretbaren Preis zu erzielen, ist der Güterkraftverkehrsunternehmer – ebenso wie der Kraftwagenspediteur – darauf angewiesen, die Fahrzeugkosten zu kennen. Allerdings verfügen noch nicht alle Unternehmen über eine aussagekräftige Kostenrechnung. Verkehrsverbände und Fachverlage haben Kalkulationshilfen für Güterkraftverkehrsunternehmer erarbeitet. Nennen Sie zwei bekannte Kalkulationshilfen, die in diesem Buch behandelt sind.

27. Die Fahrzeugkosten werden in fixe und in variable Kosten unterteilt. Nennen Sie alle

a) fixen Kosten,

b) variablen Kosten.

28. Ein Lkw-Unternehmer könnte einen Auftrag annehmen, der ihm einen Erlös von 635,00 € bringen würde. An fixen Kosten würden 500,00 € entstehen und an variablen Kosten 335,00 €, also insgesamt 835,00 € Kosten (ohne Gewinnzuschlag). Nimmt der Unternehmer den Auftrag nicht an, bleibt das Fahrzeug stehen. Ist es sinnvoll, den Transport durchzuführen, obwohl keine Vollkostendeckung zu erreichen ist? Begründen Sie Ihre Meinung.

4 29. In welchen Rechtsvorschriften sind die Grundlagen für den nationalen Güterkraftverkehr enthalten? Handelt es sich dabei um nachgiebiges oder zwingendes Recht?

30. Die Haftungsbestimmungen und die Verjährungsregeln der Rechtsvorschriften können nur unter bestimmten Voraussetzungen geändert werden. Welche Voraussetzungen sind das?

31. Die jetzt im Bundesverband Güterkraftverkehr Logistik und Entsorgung (BGL) e.V. zusammengeschlossenen Verbände BGL und BWE hatten ursprünglich inhaltlich vollkommen deckungsgleiche Geschäftsbedingungen erarbeitet, allerdings mit unterschiedlichen Bezeichnungen: die VBGL bzw. die AGL. Nach der Fusion werden fast ausschließlich nur noch die VBGL herangezogen.

Sollen die VBGL angewendet werden, muss eine Einbeziehung in den Frachtvertrag erfolgen. Da die VBGL nur im Geschäftsverkehr mit Kaufleuten – nicht aber mit Verbrauchern – gelten, genügt ein Hinweis auf die Einbeziehung bei den Vertragsverhandlungen. Wie ist aber die Rechtslage, wenn der Auftraggeber erklärt, dass seine Geschäftsbedingungen für den Transport gelten sollen?

32. Was regeln die VBGL in Bezug auf die Palettengestellung bzw. den Palettentausch?

33. Nennen Sie die Abkürzung für das Übereinkommen über den Beförderungsvertrag im internationalen Straßengüterverkehr.

34. Wie kommt der Frachtvertrag nach diesem Übereinkommen zustande und wie wird demnach die Vertragsart bezeichnet?

35. Besorgen Sie sich ein entsprechendes Frachtbriefformular und nehmen Sie die Eintragungen für folgenden Transport vor. Absender: Spedition Flink & Hurtig, Schnellstraße 28, 81829 München. Empfänger: A. Trapattoni, Via Romana 92, I-20141 Milano. Frachtführer: Angaben nach freier Wahl, aber sachgerecht. Bezeichnung der Sendung: Sammelgut laut Ladeliste. Gewicht: 13 650 kg. Frachtzahler ist der Absender. Die noch weiter notwendigen Angaben wählen Sie selbst (vgl. Muster S. 142).

36. Beschreiben Sie in Stichworten die Aufgaben des Disponenten in einer Lkw-Abteilung, wie Sie Ihnen selbst bekannt sind (nicht in allen Firmen muss die Aufgabenstellung einheitlich sein).

37. Tourenplanung und Routenplanung werden heute weitgehend mithilfe der EDV durchgeführt. In fast allen Fällen spielt die Transportentfernung die Hauptrolle. Ermitteln Sie mit einem Entfernungsprogramm (entweder im Betrieb oder in der Berufsschule mit Genehmigung der dafür zuständigen Person) folgende Entfernungen. Geben Sie bei der Lösung mit an, mit welchem Programm Sie die Entfernungsermittlung durchgeführt haben.

a) Kirchseeon – Pinneberg

b) Kirchseeon – München-Trudering (München-Ost)

c) München-Trudering (München-Ost) – Hamburg-Wilhelmsburg

d) Hamburg-Wilhelmsburg – Pinneberg.

38. Als Disponent müssen Sie ggf. auch prüfen, ob der Fahrer alle notwendigen Dokumente bei der Beförderung mitführt. Welche persönlichen Papiere und welche Fahrzeugpapiere muss der Fahrer bei einem Transport innerhalb Deutschlands dabei haben?

5 39. Erklären Sie, was unter „beförderungssicherer Beladung" und was unter „betriebssicherer Beladung" im Zusammenhang mit einem Lkw-Transport zu verstehen ist.

40. Wer ist für die betriebssichere Beladung und wer für die beförderungssichere Beladung verantwortlich?

41. Wer ist für die Entladung zuständig?
a) Nach dem HGB
b) Nach den VBGL

42. Die in den VBGL enthaltenen Be- und Entladefristen werden von der verladenden Wirtschaft als nicht sachgerecht angesehen. Wie sind dort die Be- und Entladefristen für Komplettladungen mit einem Lastzug von 40 t zulässigem Gesamtgewicht geregelt?

43. Ein Fahrer hilft – ohne dazu verpflichtet zu sein – beim Ladegeschäft mit. Dabei entsteht ein Schaden. Wem wird der Schaden zugerechnet?

44. Welche Regelungen enthält die CMR
a) über Lieferfristen,
b) über eine Güterschadenhaftpflichtversicherung?

6 45. Im Zusammenhang mit der Bearbeitung von Schäden spielen Haftungsfragen eine überragende Rolle. Im Güterkraftverkehr gelten grundsätzlich die Regeln des HGB, soweit nicht die VBGL vereinbart sind bzw. eine individuelle Absprache getroffen worden ist. Zur Beantwortung der folgenden Fragen soll in erster Linie das HGB herangezogen werden. Nur dann, wenn eine andere Regelung (VBGL) angeführt wird, ist auch diese Rechtsgrundlage zu verwenden.
a) Benennen Sie das Haftungsprinzip.
b) Für welche Art von Schäden besteht die Haftung?
c) Bezeichnen Sie den grundsätzlichen Haftungsausschluss.
d) Wann entfällt eine Haftungsbefreiung bzw. eine Haftungsbegrenzung?
e) Nennen Sie den Höchstbetrag der Haftung für Güterschäden, für Überschreitung der Lieferfrist und bei sonstigen Vermögensschäden (z. B. falsche Auskunft).
f) Wie ist die Verjährungsfrist geregelt?

46. Nennen Sie zur CMR folgende Regelungen:
a) Haftungsprinzip,
b) Höchsthaftung für Güterschäden,
c) Höchsthaftung für Lieferfristüberschreitung.

47. Zur Schadenregulierung verlangen die Versicherungen bestimmte Unterlagen: Nennen Sie fünf Unterlagen, die dafür in Betracht kommen.

7 48. Welche Pflichten übernimmt ein Frachtführer, der Umzugsgut befördert, zusätzlich zu den Pflichten der sonstigen Lkw-Unternehmer?

49. In den meisten Fällen sind „Verbraucher im Sinne des Frachtrechts" die Auftraggeber im Umzugsgeschäft. Der Möbelspediteur muss den Verbraucher
ausdrücklich auf die Haftungsregeln hinweisen. Regelmäßig macht er das
durch einen Anhang zum Auftragsformular „Haftungsinformationen des
Möbelsspediteurs gemäß § 451 HGB". Beantworten Sie im Zusammenhang
mit der Haftung des Möbelspediteurs folgende Fragen:

a) Wie lautet der Haftungsgrundsatz?

b) Nennen Sie den Haftungshöchstbetrag.

c) Zählen Sie zwei besondere Haftungsausschlüsse auf.

d) Kann eine Haftungserweiterung vorgenommen werden?

e) Welche Reklamationsfristen bestehen für äußerlich erkennbare Schäden?

50. Die Entgeltberechnung des Möbelspediteurs richtet sich gewöhnlich nach den
sog. AMÖ-Mittelstandsempfehlungen. Im Entgeltteil dieser Empfehlungen sind
unterschiedliche Sätze für Beförderungen bis 50 km, von 51 bis 125 km und
für Beförderungen ab 125 km aufgeführt.
Geben Sie die Leistungen an, die der Möbelspediteur mit diesen Sätzen
berechnet.

51. Bei bestimmten Beförderungen im Umzugsverkehr dient der Laderaum als
Berechnungsgrundlage für das Entgelt.
Wie kann der zur Berechnung kommende Laderaum festgestellt werden?

52. Lt. den Allgemeinen Geschäftsbedingungen der Möbelspediteure ist der Rechnungsbetrag vor Beendigung der Entladung fällig.
Wann ist der Rechnungsbetrag bei Auslandstransporten fällig?

53. Ein Speditionskaufmann hat den Arbeitsplatz von München nach Hamburg
gewechselt, weil er zumindest einige Jahre in einer Seehafenspedition arbeiten
möchte. Bevor er einen Möbelspediteur mit dem Umzug beauftragt, möchte er
einige Fragen geklärt haben.

a) Bei der Ankunft des Fahrzeugs in Hamburg und bei der Entladung kann er
selbst nicht anwesend sein. Der Hausmeister wird aber das Umzugsgut in
Empfang nehmen. Angenommen, bei einem Möbelstück entsteht ein
Kratzer, den der Hausmeister übersieht. Kann der Schaden auch noch
später reklamiert werden? Am Abend des Ankunftstages kann der Eigentümer des Umzugsgutes selbst kontrollieren, ob ein äußerlich erkennbarer
Schaden eingetreten ist. Erläutern Sie die Rechtslage.

b) Wie sind die Reklamationsfristen für äußerlich nicht erkennbare Schäden
und für Verluste in den Allgemeinen Geschäftsbedingungen der Möbelspediteure geregelt?

KAPITEL VI

Abwicklung

von Frachtverträgen
im Bahnverkehr

1 Eisenbahn als Verkehrsträger auswählen

1.1 Vor- und Nachteile des Schienenverkehrs

Die Anforderungen der verladenden Wirtschaft an einen Verkehrsträger sind allgemein bekannt. Die Güterbeförderung soll sein:

- schnell
- zuverlässig
- sicher
- preiswert

Wie kann die Bahn diese Kriterien erfüllen?

Schnelligkeit. Die Reisezeit eines Gutes muss von der Übernahme der Sendung durch den Verkehrsträger bis zur Übergabe an den Empfänger beurteilt werden.

Da die Bahn an das Schienennetz gebunden ist, kann sie nicht jeden Ort direkt anfahren.

Trotz des Bemühens der Bahn, durch Schnellgüterzüge und Intercargozüge die Reisezeit zu verkürzen, kann sie, besonders auf kürzeren Strecken, die Schnelligkeit des Lastkraftwagens nicht erreichen.

Sicherheit. Die Bahn ist ein sehr sicherer Verkehrsträger. Allerdings ist bei bestimmten Gütern eine aufwendigere Verpackung notwendig als z. B. für den Straßengüterverkehr.

Zuverlässigkeit. Durch ihr eigenes Wegenetz kann die Bahn die Transporte unbehindert vom übrigen Verkehr durchführen. Sie kann feste Fahrpläne aufstellen und auch einhalten. Witterungseinflüsse spielen bei der Bahn nur eine sehr geringe Rolle.

Preiswerte Beförderung. Die Bahn transportiert große Gütermengen mit relativ geringen Antriebskräften. In einem Güterzug werden mehr als 100-mal so viel Güter befördert wie in einem Lastkraftwagen.

Am gesamten Energieverbrauch des Verkehrssektors ist die Bahn nur mit 4 % beteiligt.

Allerdings steht die Bahn im Massengutbereich in einem starken Wettbewerb mit der Binnenschifffahrt.

1.2 Deutsche Bahn AG

Am 1. Jan. 1994 trat das „Gesetz zur Neuordnung des Eisenbahnwesens" in Kraft. Aus dem sog. Bundeseisenbahnvermögen wurde für den unternehmerischen Bereich die Deutsche Bahn AG (DB AG) gegründet.

1.2.1 Unternehmenspolitische Zielsetzungen

2004 hat die Deutsche Bahn AG den **Geschäftsbereich Transport und Logistik** völlig neu strukturiert. Sie hat zwei große Logistikunternehmen, die Spedition Schenker und die Stinnes AG, erworben und bereits bestehende Unternehmensbereiche und Tochterunternehmen unter dem **Dach der Stinnes AG** neu strukturiert.

Ziel ist es, ein international tätiges Logistikunternehmen mit Synergieeffekten konkurrenzfähig zu machen und Marktanteile auch für den Schienentransport zu gewinnen.

Damit wurde eines der größten Logistikunternehmen weltweit kreiert und die Umwandlung der DB AG von einem ehemaligen Staatsbetrieb in ein modernes leistungsfähiges und gewinnorientiertes Dienstleistungsunternehmen einen bedeutenden Schritt vorangetrieben.

Die Schiene soll als europäischer Transportweg der Zukunft an Bedeutung gewinnen, Marktanteile des Verkehrsträgers Lkw sollen zurückgewonnen werden. **Kostenorientiertes, unternehmerisches Handeln** sowie eine **kundennahe und marktgerechte Absatzpolitik** sind oberstes Ziel geworden.

50 % der durchgeführten Transporte sind heute schon grenzüberschreitend. 85 % des Umsatzes werden mit ca. 200 Großkunden erzielt. Die Bahn AG hat mit der Stinnes AG beim Schienengüterverkehr einen Marktanteil von ca. 90 %, beim gesamten Güterverkehrsmarkt ca. 15 %. 70 000 Mitarbeiter haben 2002 über 18 Milliarden Euro Umsatz erzielt. Dabei sind über 400 Millionen Euro Verlust entstanden.

Mit dem 2004 völlig neu organisierten Unternehmensbereich Transport und Logistik soll schnell ein Gewinn erzielt werden. Die internationalen Aktivitäten und Beteiligungen sollen deutlich ausgebaut werden.

Durch das Allgemeine Eisenbahngesetz wird die Öffnung des Schienennetzes für fremde Betreiber von Schienenleistungen vorgeschrieben. Damit haben andere Eisenbahnverkehrsunternehmen, private Betriebe und ausländische Bahnen **Zugang zum Streckennetz.**

Die Benachteiligungen anderer Bahnen sollen noch weiter abgebaut werden.

Für die Benutzung des 35 000 km langen Schienennetzes erhebt die Bahn Entgelte nach dem **Trassenpreissystem TPS 01.** Die Preiskomponenten sind:

Grundpreis Streckenkategorie und Auslastung (z. B. F1 = Strecke mit über 200 km/h befahrbar)

Produktfaktor Trassenprodukte (z. B. Expressstrassen, Standardtrassen usw.)

Sonderfaktoren Zu- und Abschläge (z. B. Lademaßüberschreitung: Faktor 1,5; je nach Gewichtsklasse des Ganzzuges in €/km).

Auszug aus den Preistabellen

Strecke	Grundpreis €/km	Grundpreis plus Auslastungsfaktor in €/km	Produktfaktoren	Güterverkehrstrassen
F 1 (>200 km/h)	3,38	4,06	1,65	Expresstrasse
F 2 (161-200 km/h)	2,25	2,70	1,00	Standardtrasse
F 5 (101-120 km/h)	2,05	2,45	0,50	Zubringertrasse
Z1 (Zulaufstr.)	2,12	2,55		

Mit diesen Entgelten sind folgende **Basisleistungen** abgegolten:
– Erstellung des Fahrplans mit den betriebsnotwendigen Unterlagen
– Nutzung der Gleise
– vereinbarte Aufenthaltszeiten
– Betriebsführung

Den Bau und Unterhalt des Schienennetzes sowie den Zugang zum Schienennetz besorgt der Unternehmensbereich Fahrweg der DB AG.

1.2.2   Struktur und Aufbau

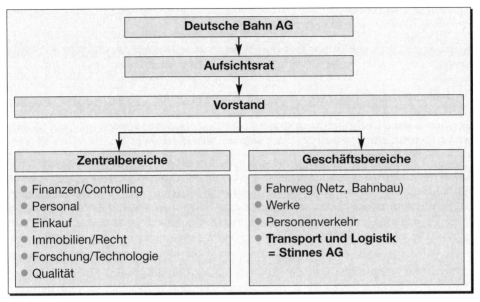

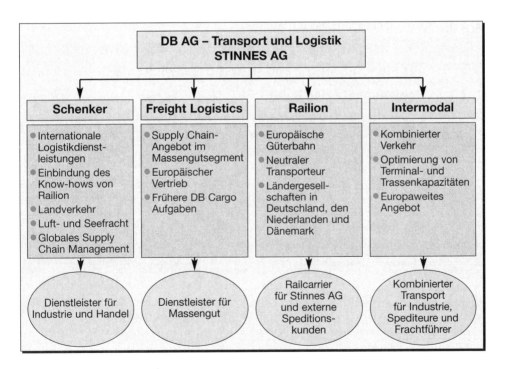

Im Wesentlichen werden damit die Aufgaben der DB Cargo von Freight Logistics übernommen. Die Zusammenarbeit der verschiedenen Logistikbereiche wurde im Stinnes-
Konzern intensiviert.

1.2.3 Verkehrsleistung und Marktanteil

Die Eisenbahn konnte ihre Transportmengen in den letzten vier Jahrzehnten zwar in etwa halten, am Zuwachs des Güterverkehrs partizipierte sie aber nicht. Dieser kam fast ausschließlich dem Lkw zugute.

Befördete Tonnen in Millionen (ohne Nahverkehr)				
Jahr	**1996**	**1997**	**1998**	**1999**
DB	290	295	289	279
Straßengüterverkehr	763	873	1 180	1 320

Der **Anteil** am Güterverkehrsmarkt, der in den Sechzigerjahren noch bei rund 50 Prozent gelegen hatte, ist inzwischen auf **weniger als 15 Prozent** gesunken. Als Gründe dafür werden angeführt:

Strukturwandel im Montanbereich (Kohle, Stahl, Erze), aus dem die größte Gütermenge für die Bahn kommt; zu geringes Gleisanschlussangebot, von der Spedition organisierte Verkehre lassen sich nur für bestimmte Relationen und nicht flächendeckend über die Schienen abwickeln; systemgeführte Stückgutverkehre sind über die Schiene schwer durchführbar; Systemgeschwindigkeit, Lieferfrequenzen und individueller Service können mit dem Lkw immer noch nicht konkurrieren.

Umsatz und **Verkehrleistung** der Bahntransporte **nehmen leicht ab**, während vor allem der Straßengüterverkehr stark zunimmt. Die Anteile des Verkehrsträgers Bahn am gesamten Güteraufkommen gehen deutlich zurück. Die DB AG möchte diesem Rückgang mit einer Weiterentwicklung der Organisationsstruktur für einen besseren Vertrieb, neuen Ganzzugangeboten, Verbesserung des Einzelwagenverkehrs und mehr Internationalisierung sowie Intermodalität begegnen.

1.3 Technische Mittel zur Transportabwicklung

1.3.1 Schienennetz der Bahn

Die Streckenlänge des Schienennetzes beträgt rund 35 000 km, von denen etwa die Hälfte elektrifiziert ist. Die Versorgung der Verbindungen mit Strom wird allerdings schnell verbessert.

Die Spurweite des deutschen Schienennetzes mit 1 435 mm bezeichnet man als Normalspur. Breitspurnetze haben z. B. Russland sowie Finnland mit 1 520 mm und Spanien sowie Portugal 1 674 mm. Dies erfordert die Auswechslung der Achsen an den Grenzen zu diesen Ländern.

Die technische Beschaffenheit des Schienennetzes, d. h. seine Belastbarkeit, wird durch die Streckenklasse ausgedrückt:

Streckenklasse	Höchstzulässige Achslast
A	16 t
B	18 t
C	20 t
D	22,5 t

Bis auf wenige Strecken hat das deutsche Schienennetz die Streckenklasse D.

Die Stinnes AG bedient mit Railion
- 4 000 Gleisanschlüsse
- 1 400 Güterverkehrsstellen
- 35 000 km Schienennetz

1.3.2 Güterwagen

Die Stinnes AG stellt 50 000 Güterwagen unterschiedlicher Bauart zur Verfügung. Der Katalog ist auf CD-ROM erhältlich. 13 000 Güterwagen sind mit GPS (Global Positioning System) zur Sendungsverfolgung und Überwachung ausgestattet.

Die Wagenbestellung ist im KundenServiceZentrum 24 Stunden jeden Tag möglich. 1 300 Mitarbeiter sind mit allen modernen Kommunikationsmittel erreichbar. Sie sind nach Branchen eingeteilt.

Elektronischer Austausch der Sendungsdaten ist mit Internet und EDIFACT möglich.

Im Mittelpunkt der Investitionen stehen Wagen für den Montanbereich, für hochwertige Industriegüter, für Chemieprodukte und den kombinierten Verkehr.

Darüber hinaus gibt es ein fortlaufendes **Umbauprogramm** für vorhandene Waggons, die im Hinblick auf eine kontinuierliche Anpassung an die sich wandelnden Bedürfnisse des Marktes weiter spezialisiert werden: Weg vom „Allroundwaggon" hin zum „Maßfahrzeug" für einen hochwertigen Schienentransport.

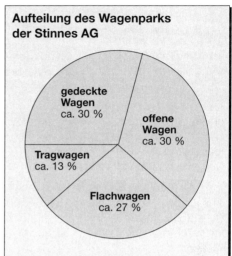

Aufteilung des Wagenparks der Stinnes AG

gedeckte Wagen ca. 30 %
offene Wagen ca. 30 %
Tragwagen ca. 13 %
Flachwagen ca. 27 %

Einteilung der Güterwagen

Gattungszeichen   **gedeckte Wagen**

G	=	Tonnendach aus Metall, Schiebetüren (Kisten, Säcke, Paletten, Agrarwaren)
T	=	Selbstentladewagen (witterungsempfindliches Schüttgut)
H	=	Schiebewandwagen (Fertigteile, Industriegüter)
T	=	Wagen mit öffnungsfähigem Dach (Spezialtransporte)
T	=	Rolldachwagen
I	=	Kühlwagen

offene Wagen

E	=	Türen in Seitenwänden, Stirnwände klappbar (Schüttgut oder Gut in Stücken)
F	=	Selbstentladewagen (Erze, Kohle, Kies, Sand)
F	=	Muldenkippwagen (Baustoffe)

Flachwagen
Seiten- und Stirnwände umlegbar

K/L/O	=	ohne Drehgestell (Eisen, Maschinen, Stahl, Holz)
S/R	=	Drehgestellflachwagen (Eisen, Maschinen, Stahl, Holz)
Le	=	Doppelstockwagen (Fahrzeuge)
U	=	Wagen für Druckluftentladung
S	=	Spezialwagen für aufgerolltes Walzblech (Coil)

Tragwagen
– Container, Wechselbrücken
– Jumbo-Wechselbehälter

– Tankcontainer
– Spezialbehälter
– Sattelauflieger, Lastzüge

Beispiele für Güterwagen

Drehgestell-Flachwagen (Zusatz mit Rungen) Quelle: Stinnes AG

Schüttgutkippwagen (offener Wagen) Quelle: Stinnes AG

KAPITEL VI

Gedeckte, großräumige Schiebewandwagen (gedeckter Wagen)   Quelle: Stinnes AG

Drehgestell-Flachwagen für Coiltransporte   Quelle: Stinnes AG

Anschriften an Güterwagen

Die „Visitenkarte" jedes Güterwagens der Bahn ist sein Anschriftenbild. Es ist auf der linken Hälfte der Seitenwände oder am Langträger angebracht und gibt Auskunft über die wichtigsten **technischen Eigenschaften** und über das Eigentum am Waggon.

Anschriftenbild eines Güterwagens

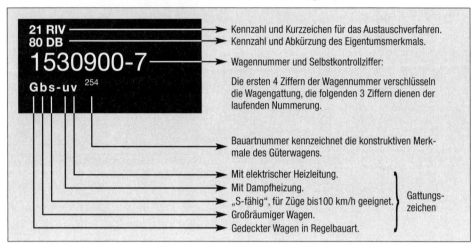

Kennzahl und Kurzzeichen für das Austauschverfahren.
Kennzahl und Abkürzung des Eigentumsmerkmals.

Wagennummer und Selbstkontrollziffer:

Die ersten 4 Ziffern der Wagennummer verschlüsseln die Wagengattung, die folgenden 3 Ziffern dienen der laufenden Nummerung.

Bauartnummer kennzeichnet die konstruktiven Merkmale des Güterwagens.

Mit elektrischer Heizleitung.
Mit Dampfheizung.
„S-fähig", für Züge bis100 km/h geeignet.
Großräumiger Wagen.
Gedeckter Wagen in Regelbauart.

} Gattungszeichen

Als weitere Anschriften – insbesondere über die ladetechnischen Eigenschaften des Wagens – sind hervorzuheben (im Beispiel bezogen auf einen Wagen der Gattung Tcms):

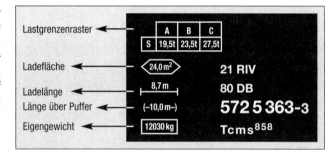

Lastgrenzenraster
Ladefläche
Ladelänge
Länge über Puffer
Eigengewicht

Lastgrenzen-Raster = ABC-Raster

Es gibt die **Höchstgewichte** an, bis zu denen der Wagen beladen werden darf. Diese Lastgrenzen sind beim gleichen Wagen unterschiedlich, je nach der zu befahrenden **Streckenklasse** und der **Geschwindigkeit** der benutzten Züge.

Beispiel für Wagen mit vier Radsätzen:

zulässig bis:

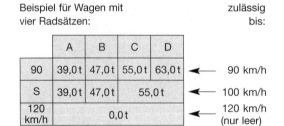

	A	B	C	D	
90	39,0 t	47,0 t	55,0 t	63,0 t	← 90 km/h
S	39,0 t	47,0 t	55,0 t		← 100 km/h
120 km/h	0,0 t				← 120 km/h (nur leer)

Dieser Wagen hat, wenn er in einen normalen Güterzug (Geschwindigkeit bis 90 km/h) eingestellt wird und nur Strecken der Klasse D befährt, eine Lastgrenze von 63,0 Tonnen.

Die Lastgrenzen dürfen nicht überschritten werden. Schwere Unfälle könnten die Folge sein. **Verantwortlich für die Einhaltung ist der Absender.**

Lademaß

Das Lademaß begrenzt den zugelassenen **Umfang einer Ladung** auf einem offenen Güterwagen.

Das **Lademaß in Deutschland** (auch gültig in Österreich, Tschechische Republik, Slowakei, Polen, Rumänien, ehemaliges Jugoslawien, Ungarn, Griechenland, Niederlande) beträgt:

> **Höhe** ab Oberkante Schiene: **465 cm**
>
> **Breite:**   **315 cm**

In den übrigen Ländern gilt das Internationale Lademaß:

> **Höhe:** 428 cm   **Breite:** 315 cm

Ein besonderes Lademaß gilt in Großbritannien:

> **Höhe:** 396,5 cm   **Breite:** 274 cm

Es erhält besondere Bedeutung für den Großbritannienverkehr durch den Kanaltunnel.

1.3.3   Paletten

Beschreibung der Flachpalette

Die Flachpalette wird in Gemischtbauweise Hartholz/Weichholz hergestellt. Dadurch wird eine große Stabilität erreicht. Die Flachpalette ist eine Vierwegpalette, d. h., sie kann von allen Seiten ungehindert aufgenommen werden. Sie ist **UIC-genormt** und entspricht außerdem den **Bestimmungen des Europäischen Paletten-Pools**.

Höchstgewicht
pro Paletteneinheit:
1 500 kg

Eigengewicht:
25 kg

Pool-Flachpalette

Linker Eckklotz auf beiden Längsseiten	Mittlerer Klotz auf beiden Längsseiten	Rechter Eckklotz auf beiden Längsseiten

Linker Eckklotz auf beiden Längsseiten

Das Zeichen der Bahn, welche die Palette zugelassen hat (z. B. ÖBB, SBB), für in der Bundesrepublik hergestellte Paletten:

Gesetzlich geschütztes Warenzeichen der Deutschen Bahn AG

Mittlerer Klotz auf beiden Längsseiten

Der Herstellerkode 000-00 (1. Zifferngruppe: die Nummer des zugelassenen Herstellers; 2. Zifferngruppe: das Herstellungsjahr). Für in der Bundesrepublik hergestellte Paletten: das gesetzlich geschützte Verbandszeichen

RAL-RG 993

mit Betriebsnummer des Herstellers, das von der Gütegemeinschaft Paletten erteilt wird, und dem Herstelldatum (Monat/Jahr) sowie auf einer Längsseite eine

Signierklammer mit der Gravur RAL 993, auch für in der Bundesrepublik **gütegeprüfte Im-port**paletten.

Rechter Eckklotz auf beiden Längsseiten

Gesetzlich geschütztes Warenzeichen für den Europäischen Palettenpool

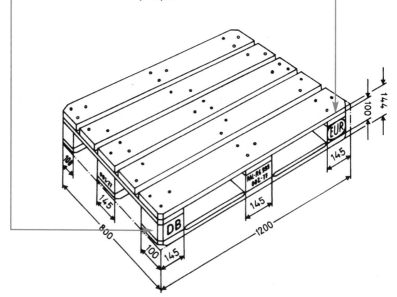

Beschreibung der Gitterboxpalette

Die Gitterboxpalette ist mit vier Wänden aus Baustahlgitter mit einer Maschenweite von 50 x 50 mm und einer Drahtstärke von 4,6 mm eingefasst. Drei Wände sind fest angeordnet. Der wesentliche Vorteil der Konstruktion liegt darin, dass die Vorderwand zwei Klappen besitzt, die nach oben bzw. unten um 180° geschwenkt werden können. Die geschlossenen Klappen sind sicher verriegelt. Die Füße sind so ausgebildet, dass Gitterboxpaletten übereinander stapelbar sind. Es können auch Flachpaletten aufgesetzt werden. Die vier Tragsäulen halten zusammen eine statische Belastung von

4 400 kg (Eigengewicht der Gitterboxpalette eingerechnet) aus. Fünf Gitterboxpaletten können also übereinander gestapelt werden.

Höchstgewicht
pro Paletteneinheit:
1 500 kg

Eigengewicht:
85 kg

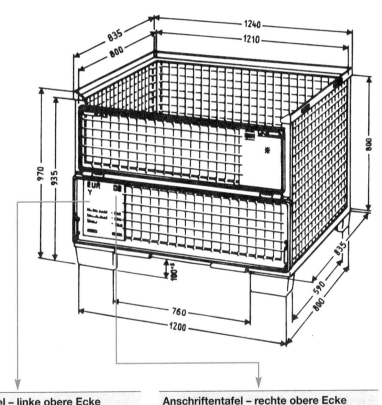

Anschriftentafel – linke obere Ecke

Prägung:

EUR Gesetzlich geschütztes Warenzeichen für den Europäischen Palettenpool

Anschriftentafel – rechte obere Ecke

Prägung:

Das Zeichen der Bahn, welche die Palette zugelassen hat (z. B. ÖBB, SBB), für in der Bundesrepublik hergestellte Paletten:

Gesetzlich geschütztes Warenzeichen der Deutschen Bahn AG

Palettentausch/Palettenservice

Die Tochtergesellschaft „Kombiwaggon Service GmbH" (BTS) von Stinnes Logistics besitzt den größten europäischen Palettenpool mit Flach- und Gitterboxpaletten.

Die BTS bietet kostengünstig:

● Zustellung und Abholung von Paletten
● Führung des Palettenkontos mit Ausgleich der Palettenschulden binnen 8 Wochen
● Verkauf
● Vermietung
● Reparatur

Internationaler Tausch

Mit den am Europäischen Palatten-Pool beteiligten Bahnen können über die Stinnes AG EUR-Paletten getauscht werden. Folgende Bahnen sind Vertragspartner:

Flachpaletten				Boxpaletten	
SNCB	(Belgien)	PKP	(Polen)	SNCB	(Belgien)
DSB	(Dänemark)	SJ	(Schweden)	CFL	(Luxemburg)
VR	(Finnland)	SBB	(Schweiz)	NS	(Niederlande)
SNCF	(Frankreich)	MAV	(Ungarn)	ÖBB	(Österreich)
FS	(Italien)	HZ	(Kroatien)	HZ	(Kroatien)
CFL	(Luxemburg)	SZ	(Slowenien)	SZ	(Slowenien)
NS	(Niederlande)	CD	(Tschechische Rep.)		
NSB	(Norwegen)	ZSR	(Slowakische Rep.)		
ÖBB	(Österreich)				

Ein Tausch von EUR-Paletten im Verkehr mit nicht am Europäischen Palettenpool teilnehmenden Bahnen ist nicht möglich.

1.4   Leistungsangebote des Geschäftsbereiches Transport und Logistik der DB AG = Stinnes AG

Freight Logistics organisiert vor allem den Transport folgender Gütergruppen:

● Montan
● Baustoffe/Entsorgung
● Chemie/Mineralöl/Düngemittel
● Automotive (Fahrzeugversand und Teileverkehr)
● Agrarprodukte/Forstwirtschaft/Konsumgüter
● Militär

Die Gesellschaft bietet folgende Leistungen an:

- Logistikberatung
- Analyse und Optimierung von Verkehren
- Standortanalyse und -optimierung
- Geschäftsprozessanalyse und -optimierung
- Transport und Lagerlogistik
- Beschaffungs-, Distributions- und Werkslogistik
- Entwicklung schienenfokussierter, verkehrsträgerübergreifender Logistiklösungen
- Tracking and Tracing online

Der Güterumschlag für Verlader ohne Gleisanschluss wird derzeit umorganisiert. Die Güterumschlagorte werden reduziert. Damit verlängert sich ein Teil der Vortransporte, aber die Gleisverbindungen werden schneller und besser ausgelastet. Die Infrastruktur dieser **Railports** genannten Umschlagzentren wird verbessert. Neben der Anbindung ans Schienennetz werden eine Umschlaghalle mit Zwischenlagermöglichkeiten sowie moderne Umschlaggeräte angeboten. Bisher gibt es 12 Standorte, weitere sind in Bau und Planung (Stand 2004).

Außerdem bietet Freight Logistics derzeit 65 Lager mit Güterumschlag, Kommissionie-rung, Just-In-Time-Belieferung und anderen Logistikleistungen an.

Partner von Freight Logistics sind die Tochtergesellschaften BTT = BahnTankTransport GmbH, die für das Kesselwagenmanagement zuständig ist, sowie die ATG = Auto-transportlogistic GmbH, die die Fahrzeug- und Fahrzeugteiletransporte durchführt.

Ganzzüge werden mit unterschiedlichen Preisen angeboten als

- Plantrain
- Variotrain
- Flextrain

Plantrains müssen mindestens zwei Monate im Voraus gebucht werden. Variotrains werden für wechselnde Güteraufkommen angeboten. Flextrains sind für kurzfristig zu disponierende Ladungen bestimmt.

Einzelwagenverkehre gehören ebenfalls zur Leistungspalette der Stinnes AG. Für **Classic-Einzelwagenverkehre** innerhalb Deutschlands stehen ausreichend freie Kapazitäten zur Verfügung.

Sonderpreise gibt es für **Last Minute Freight**. Dabei muss der Transportbeginn inner-halb eines Monats nach der Anfrage erfolgen.

Für 12 000 Güterbahnhöfe in 23 Ländern können online Tarifentfernungen abgefragt werden.

Zusammenfassung

➤ Die Vorteile der Bahn als Verkehrsträger liegen insbesondere in den Bereichen Sicherheit und Zuverlässigkeit.

➤ Die Deutsche Bahn wird als Wirtschaftsunternehmen mit marktwirtschaftlicher Zielsetzung geführt.

➤ Das Schienennetz der DB AG ist für andere Nutzer offen. Die Abrechnung erfolgt nach Trassenpreissystem TPS 01.

➤ Der Geschäftsbereich Transport und Logistik wird von der Stinnes AG übernommen.

➤ Die Stinnes AG besteht aus vier Gesellschaften:
  – Schenker AG   → internationale Logistik
  – Freight Logistics   → Supply Chain Management für Massengut
  – Railion   → Europäische Güterbahn
  – Intermodal   → Kombinierter Verkehr

➤ Das Anschriftenbild am Güterwagen gibt Aufschluss über die technischen Eigenschaften des Waggons.

➤ Im ABC-Raster sind die Lastgrenzen des Waggons festgelegt.

2   Frachtverträge abschließen und abwickeln

2.1   Gesetzliche Vorschriften

Die Rechte und Pflichten der am Frachtvertrag mit der Eisenbahn Beteiligten sind im Abschnitt Frachtrecht des HGB (§§ 407 – 452) festgelegt. Dieses Frachtrecht gilt seit dem 1. Juli 1998 für alle nationalen Beförderungen.

Obwohl in den Kapiteln III und IV bereits erläutert, soll hier nochmals auf die **„Rechtskraft"** dieser HGB-Vorschriften eingegangen werden:

Das HGB ist ein Gesetz. Die Einhaltung also Pflicht. Von vielen Bestimmungen des HGB kann jedoch durch vertragliche Regelungen abgewichen werden. Diese Bestimmungen nennt man **dispositives (= nachgiebiges) Recht**.

Die vertraglichen Regelungen können Allgemeine Geschäftsbedingungen oder Individualvereinbarungen sein. Vorformulierte Allgemeine Geschäftsbedingungen (AGB) eines Verbandes oder sonstigen Zusammenschlusses müssen vor ihrer Veröffentlichung beim Bundeskartellamt angemeldet werden.

Die Bestimmungen über Rechte und Pflichten bei **Abschluss und Abwicklung von Frachtverträgen sind dispositives Recht** und „AGB-fähig".

2.2 Leistungsbedingungen

Allgemeine Leistungsbedingungen (ALB)

Die ALB sind die Vertragsbedingungen der Stinnes Logistics und sind maßgebend für die Beförderung, den Umschlag, die Zwischenlagerung und sonstige beförderungsnahe Leistungen.

In den ALB wird hingewiesen auf folgende zusätzliche Bedingungen für den Eisenbahnfrachtvertrag:

● Allgemeine Preisliste (APL) und Konditionen für den Wagenladungsverkehr
● Verladerichtlinien
● (zu vereinbarende) Ladelisten und Standgeld bei Überschreitung
● Vorschriften für die Beförderung gefährlicher Güter
● Frachtausgleichsverfahren

Die ALB sind im Internet unter www.stinnes-freight-logistics.de zu finden.

Wenn zu den nachfolgenden Punkten 2.3 – 2.6 keine Ausführungen in den ALB zu finden sind, unterbleibt die Erwähnung der ALB, d. h.; das HGB ist alleine maßgebend.

2.3 Frachtvertrag

2.3.1 Abschluss

HGB § 407:
Der Frachtvertrag kommt durch zwei **übereinstimmende** Willenserklärungen (Angebot und Annahme) zustande (Konsensualvertrag).

ALB Ziff. 2:
Für das Tätigwerden der Stinnes AG sind zwei Arten von Verträgen erforderlich:

● **Leistungsvertrag;** Schriftform; enthält wesentliche Daten für den Frachtvertrag im Einzelfall (Preise, Wagentypen Relationen).

● **Einzelvertrag (Frachtvertrag);** Auftrag und Annahme; Anbringung des **Tagesstempels** durch das KundenService-Zentrum der Stinnes AG im Frachtbrief gilt als Annahme.

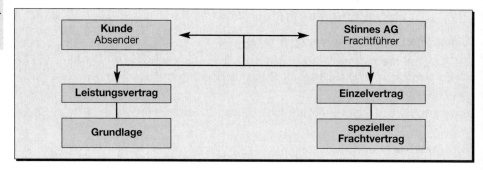

Die ALB-Bestimmungen widersprechen also nicht dem HGB. Sie stellen nur eine Ergänzung dar, die allerdings rechtlich wirksam ist.

2.3.2   Nachträgliche Weisungen

Nach HGB ist der Absender berechtigt nach Übergabe des Gutes an den Frachtführer nachträglich über das Gut zu verfügen:

● keine Weiterbeförderung   ● anderer Bestimmungsort   ● anderer Empfänger

Die Bahn kann Ersatz ihrer Aufwendungen für die Durchführung der Weisung und eine angemessene Vergütung verlangen.

Nach **Ankunft des Gutes** an der Ablieferungsstelle **erlischt** das Verfügungsrecht des Absenders.

2.3.3   Beförderungs-/Ablieferungshindernisse

Im HGB sind Beförderungs- und Ablieferungshindernisse für den Frachtführer vorgesehen, bei deren Eintritt er die Weisungen des Verfügungsberechtigten (Absender oder Empfänger) einzuholen hat.

Beförderungshindernisse	Ablieferungshindernisse
– Naturereignisse (z. B. Schnee, Eis auf Schienen; wegen Sturm gesperrte Brücken) – Streik – Beschädigung am Transportmittel	– Empfänger nicht zu ermitteln – Empfänger nimmt Gut oder Frachtbrief nicht an.

Kann der Frachtführer die einzuholenden Weisungen nicht bekommen, so hat er nach eigenem Ermessen im Interesse des Verfügungsberechtigten zu handeln.

2.4   Frachtbrief als Beförderungsdokument

Nachdem lt. HGB der Frachtführer die Ausstellung eines Frachtbriefes verlangen kann, schreiben die Allgemeinen Leistungsbedingungen für jede Sendung einen Frachtbrief vor, der einem **festgelegten Muster** entsprechen muss.

Der Frachtbrief wird von der **Stinnes AG** grundsätzlich **nicht unterschrieben** (ALB Ziff. 3), obwohl nach HGB der Absender die Unterzeichnung verlangen könnte. Wir wissen, diese Bestimmungen sind AGB-fähig, also gehen die ALB vor.

Während ein nur vom Absender unterschriebener Frachtbrief lediglich eine Beweisurkunde für die Richtigkeit der Angaben des Absenders darstellt, hätte ein vom Absender und Frachtführer unterzeichneter Frachtbrief eine erhöhte Beweiswirkung über z. B. die Übernahme des Gutes und den einwandfreien Zustand von Gut und Verpackung.

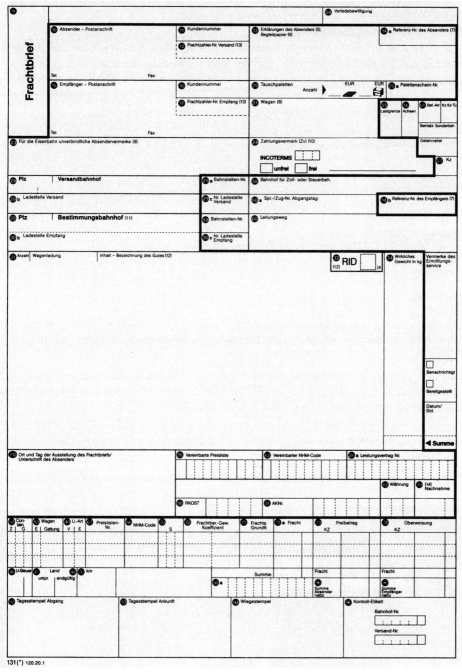

131(*) 120.20.1

Das Muster des Frachtbriefes ist verkleinert dargestellt. Es besteht aus den Teilen:
Blatt 1 = Versandblatt, Blatt 2 = Frachtbriefdoppel, Blatt 3 = Empfangsblatt, Blatt 4 = Frachtbrief.
Links oben ist Railion eingedruckt.

2.5 Verpackung – Verladung – Entladung

HGB und ALB verpflichten den Absender, das Gut

● beförderungssicher zu verpacken,
● beförderungssicher zu verladen (stauen, befestigen),
● für die Entladung zu sorgen.

Nach den ALB ist der Absender außerdem für die **Betriebssicherheit** der Ladung (Einhaltung von Nutzlast und Achslast, gleichmäßige Belastung der Waggons) verantwortlich und verpflichtet vorgeschriebene Ladefristen und Verladerichtlinien einzuhalten.

2.6 Behandlung von Gefahrgut

Die Beförderung von Gefahrgut unterliegt seit dem 01.01.2003 auch in Deutschland dem **Internationalen Abkommen für die Eisenbahnbeförderung gefährlicher Güter,** abgekürzt **RID.**

Soll gefährliches Gut befördert werden, muss der Absender entsprechend HGB und ALB der Bahn die Art der Gefahr und evtl. zu ergreifende Vorsichtsmaßnahmen schriftlich mitteilen (Angaben im Frachtbrief Feld 31 und 32).

Ferner ist in den ALB (Ziff. 8) bestimmt, dass die Bahn gefährliches Gut nur annimmt/abliefert, wenn mit Absender/Empfänger die Übernahme der Sicherheits- und Obhutspflichten bis zur Abholung bzw. von der Bereitstellung an schriftlich vereinbart ist.

Beispiel für die an den Waggons anzubringende Tafel mit der Bezeichnung der Gefahr:

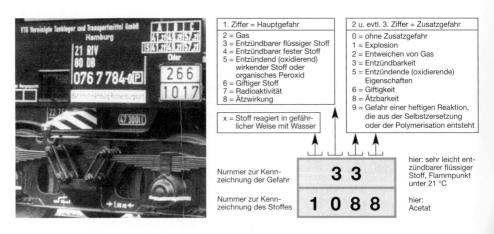

Zusammenfassung

➤ Als Rechtsgrundlage für den Frachtvertrag gelten:
 – HGB, soweit nicht abdingbar
 – Allgemeine Leistungsbedingungen (ALB) als Vertragsbedingungen der Stinnes AG, soweit es sich um „AGB-fähige" Regelungen handelt.

➤ Für Abschluss und Abwicklung des Frachtvertrages sind ferner zu beachten:
 – Preise und Konditionen der Stinnes AG bzw. Railion
 – Verladerichtlinien
 – Palettentauschbedingungen
 – Frachtausgleichsverfahren
 – Vorschriften über gefährliche Güter (RID)

➤ Nachträgliche Verfügungen des Absenders sind möglich bis zur Ankunft des Gutes.

➤ Bei Beförderungs- und Ablieferungshindernissen sind die Weisungen des Verfügungs-berechtigten einzuholen.

➤ Der Absender ist zur Beladung (beförderungssicher und betriebssicher) verpflichtet. Er hat auch für die Entladung zu sorgen.

➤ Bei Gefahrgut ist das RID zu beachten.

3 Frachtverträge abrechnen

Bereits seit 1994 besteht Preisfreiheit für den Eisenbahngüterverkehr. Damit ist eine fle-xible auf den Kunden ausgerichtete Preisbildung möglich.

3.1 Frachtberechnung

3.1.1 Preissystem

Die Grundsätze der Frachtberechnung sind in **„Preise und Konditionen der Stinnes AG"** enthalten. Die Frachtsätze sind nicht verbindlich, individuelle Preisvereinbarungen sind jederzeit möglich. Die allgemeinen Bestimmungen für Gütertransportleistungen mit allgemeiner Preisliste enthalten folgende Bestandteile:

1. Anwendungsbereich und Allgemeines

2. Preise und Leistungen

3. Preisberechnung, Zahlungsvermerke

4. Locofrachten (für Beförderungen innerhalb eines Güterbahnhofes)

5. Serviceleistungen

6. **Allgemeine Preisliste (APL)** mit den Preistafeln 1 und 2

7. Frachtbriefmuster

8. **Allgemeine Leistungsbedingungen (ALB)**

Der **Anwendungsbereich** ist auf den deutschen Streckenbereich begrenzt. Die Preise und Konditionen sind für die Abrechnung im Einzelwagen- oder Teilzugverkehr bestimmt, können nach Vereinbarung aber auch für den Ganzzugverkehr verwendet werden. Für Privatgüterwagen und für den kombinierten Verkehr gibt es ergänzende Bestimmungen. Die Sendung wird durch den Frachtbrief definiert.

Die **Auftragsabwicklung** geschieht durch das KundenServiceZentrum.

Die Preise gelten für folgenden **Leistungsumfang**:

● Bereitstellung der Wagen innerhalb der festgelegten Ladefristen für die Be- und Entladung sowie

● den Transport der Wagen bis in das öffentliche Ladegleis bzw. an die vereinbarte Übergabestelle.

Darüber hinausgehende Leistungen werden besonders berechnet.
Beispiele sind:

● Wiegen von Güterwagen (z. B. bei Massengütern)

● Zollabfertigungsleistungen

● Standgelder bei Überschreiten der Ladefristen

● Lademaßüberschreitungen

● Stoffe der Klassen 1 und 7 der Anlage zum RID

Der Absender kann folgende **Zahlungsvermerke** wählen:

Zahlungsvermerk	Bedeutung	entspricht Incotermklausel
	Der Absender bezahlt	
frei Fracht	● die Fracht für die gesamte Beförderungsstrecke.	
frei Fracht einschließlich...	● die Fracht für die gesamte Beförderungsstrecke und die besonders bezeichneten Kosten.	
frei	● die Fracht für die gesamte Beförderungsstrecke und alle Kosten, die die Versandabfertigung in Rechnung stellen kann.	CPT
frei ... (Bezeichnung der Kosten)	● nur bestimmte Kosten	
frei aller Kosten	● für die gesamte Beförderungsstrecke alle Kosten (Fracht, Entgelte, auch Zölle und sonstige während der Beförderung anfallende Kosten), jedoch nicht die vom Empfänger verursachten Kosten.	CIP
unfrei	keine Kosten	FCA

3.1.2 Frachtberechnung

Die **Elemente der Preisbildung** sind:

● Wagenart (zwei- oder mehrachsige Wagen unter oder ab 27 m; Privatwagen)
● Gutart (wenn keine spezielle Preisvereinbarung für das Gut besteht, wird nach APL abgerechnet; bei Gefahrgut werden Zuschläge berechnet)
● Gewicht (wird auf volle Tonnen auf- bzw. abgerundet) → bestimmt Gewichtsstufe
● Entfernung (nach DB AG Entfernungswerk)

Die **Fracht** wird aus der entsprechenden Tabelle im Schnittpunkt zwischen der Gewichtsstufe und der Entfernungsstufe abgelesen:

● Tafel 1 wird für einachsige Wagen verwendet;
● Tafel 2 gilt für Transporte in Wagen mit mehr als zwei Achsen und einer Ladelänge unter 27 m; ab 27 m werden die Preise verdoppelt.

Auszug aus der **Preistafel 1** (zweiachsige Wagen bis 27 m Länge)

Gewichtsstufe (t)	10	11	12	13
Entfernung bis km	Wagenpreise in € ohne Umsatzsteuer			
280	537,88	560,89	582,36	605,37
300	565,49	589,01	612,02	636,05
320	591,05	616,11	640,14	665,19
340	615,60	641,16	666,21	692,29

Berechnungsbeispiel: *Beförderung im zweiachsigen Wagen*
Holzbauteile
Gewicht 11 740 kg
Entfernung 312 km
keine besonderen Serviceleistungen; Ladefrist wird eingehalten
Preisnachlass wurde nicht vereinbart
Frachtzahlungsvermerk: frei

      1. Gewichtsrundung: 11 740 kg → 12 t Gewichtsstufe
      2. Fracht ablesen: 320 km/12 t → 640,14 €

Der Absender muss bezahlen:

Grundfracht	640,14 €
+ 16 % MwSt	102,42 €
Bruttoentgelt	**742,56 €**

3.2 Frachtzahlung

Die Frachten werden von der Stinnes AG ermittelt. Die Frachtbeträge und Entgelte für besondere Serviceleistungen werden über die Deutsche Verkehrsbank (DVB) abgerechnet.

Mit dem Frachtausgleichsverfahren (FAV) werden die Zahlungen bargeldlos über das Konto des Auftraggebers bei der Deutschen Verkehrsbank abgewickelt.

Mit Abschluss des Frachtausgleichsvertrages erhält der Kunde von der Deutschen Verkehrsbank eine Frachtausgleichsnummer.

Alle 10 Tage (jede Dekade) werden die Frachten abgerechnet und 7 Tage später vom Konto der Deutschen Verkehrsbank abgebucht. Das Verfahren ist für den Kunden gebührenfrei.

Zusammenfassung

> Die Preise und Konditionen der Stinnes AG enthalten vor allem die Allgemeine Preisliste (Tafel 1 und 2) und die Allgemeinen Leistungsbedingungen (ALB).

> Preisbildungselemente:
> – Wagenart (zwei- oder mehrachsig; Länge unter oder ab 27 m),
> – Gewicht (auf volle Tonnen auf- bzw. abgerundet),
> – Entfernung.

> Frachtzahlung mit kostenlosem Frachtausgleichsverfahren (FAV) der Deutschen Verkehrsbank.

4 Schadensfälle bearbeiten

4.1 Haftungsgrundlagen

Das Frachtrecht des HGB gilt auch für alle Frachtverträge im Bahnverkehr.

Mit Ausnahme des Haftungshöchstbetrages können diese Bestimmungen durch Allgemeine Geschäftsbedingungen nicht geändert werden (Stichwort: AGB-fest). Deshalb beziehen sich die **Ausführungen über die Haftung in den Allgemeinen Leistungsbedingungen der Stinnes AG nur auf die Haftungshöhe**.

4.2 Haftungsprinzip und Haftungsumfang

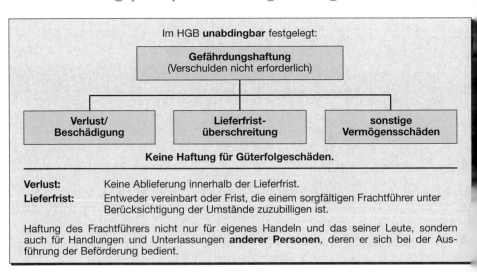

Im HGB **unabdingbar** festgelegt:

Gefährdungshaftung
(Verschulden nicht erforderlich)

| Verlust/ Beschädigung | Lieferfrist- überschreitung | sonstige Vermögensschäden |

Keine Haftung für Güterfolgeschäden.

Verlust: Keine Ablieferung innerhalb der Lieferfrist.
Lieferfrist: Entweder vereinbart oder Frist, die einem sorgfältigen Frachtführer unter Berücksichtigung der Umstände zuzubilligen ist.

Haftung des Frachtführers nicht nur für eigenes Handeln und das seiner Leute, sondern auch für Handlungen und Unterlassungen **anderer Personen**, deren er sich bei der Ausführung der Beförderung bedient.

AGB-fest sind auch die Haftungsausschlüsse im HGB:

- **Unabwendbares Ereignis** = Umstände, die der Frachtführer auch bei größter Sorgfalt nicht vermeiden und deren Folgen er nicht abwenden konnte. Nicht nur Sorgfalt ist erforderlich, sondern größte Sorgfalt.
- vereinbarte oder übliche Beförderung im **offenen Waggon**
- **Verschulden** des **Absenders** (ungenügende Verpackung, Verladen)
- **natürliche Beschaffenheit** des Gutes, die leicht zu Schäden führt

Konnte den Umständen nach ein Schaden aus einer dieser Ursachen entstanden sein, so wird vermutet, dass er daraus entstanden ist.

4.3   Höhe der Entschädigung

HGB § 429:
Ersatzpflichtiger Wert ist bei Verlust der **Wert des Gutes (Marktpreis)** zur Zeit der Übernahme zur Beförderung, bei Beschädigung die Differenz zwischen dem Wert des unbeschädigten und des beschädigten Gutes. Ebenso werden die Fracht und sonstige Kosten der Beförderung erstattet.

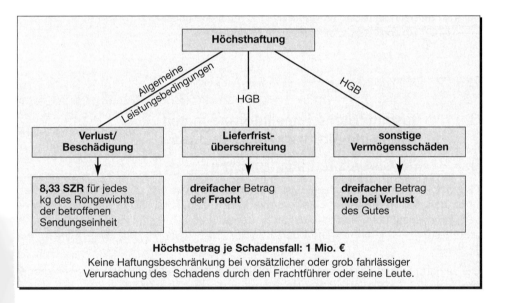

4.4   Schadensanzeige

HGB § 438:
- Bei **äußerlich** erkennbaren Schäden spätestens bei **Ablieferung**. Ansonsten gilt die Vermutung, dass in einwandfreiem Zustand abgeliefert wurde.
- Bei **verdeckten** Schäden schriftlich innerhalb von **7 Tagen** nach Ablieferung.
- Überschreitung der Lieferfrist schriftlich innerhalb von 21 Tagen nach Ablieferung.

Es ist Aufgabe des Absenders oder Empfängers, dem Frachtführer die Beschädigung oder den Verlust anzuzeigen. Ohne diese Anzeige wird vermutet, dass die Sendung in vertragsgemäßem Zustand abgeliefert wurde. Auf Anfrage stellt der zuständige Bahnhof für die Meldung den Vordruck „Schadensprotokoll" zur Verfügung.

Zusammenfassung

➤ **Gefährdungshaftung lt. HGB für:**
  – **Verlust/Beschädigung**
  – **Lieferfristüberschreitung**
  – **sonstige Vermögensschäden**
  – **Handlungen anderer Personen, deren sich die Railion bei der Ausführung der Beförderung bedient.**

➤ **Ersatzpflichtiger Wert: Wert des Gutes zur Zeit der Übernahme + Frachtkosten**

➤ **Höchsthaftung:**
  – **Verlust und Beschädigung** → **8,33 SZR/kg**
  – **Lieferfristenüberschreitung** → **dreifacher Betrag der Fracht**
  – **sonstige Vermögensschäden** → **dreifacher Betrag wie bei Verlust**
  – **1 Mio. € je Schadensfall**

➤ **Schadensmeldung:**
  – **sofort bei Ablieferung bei äußerlich erkennbaren Schäden**
  – **innerhalb von 7 Tagen bei verdeckten Schäden**

---

5 Besonderheiten des internationalen Eisenbahngüterverkehrs beachten

5.1 ER/CIM als Rechtsgrundlage

Grundlage des internationalen Eisenbahnfrachtverkehrs ist das **„Übereinkommen über den internationalen Eisenbahnverkehr"**, abgekürzt **COTIF**, aus dem Jahre 1985. Vertragsstaaten sind mit Ausnahme der Staaten der ehemaligen Sowjetunion alle europäischen Staaten sowie Algerien, Iran, Irak, Libanon, Marokko, Syrien und Tunesien.

Der Anhang B zum COTIF enthält die frachtrechtlichen Bestimmungen für den grenzüberschreitenden Eisenbahngüterverkehr unter der Bezeichnung

> **„Einheitliche Rechtsvorschriften für den Vertrag über die internationale Eisenbahnbeförderung von Gütern" = ER/CIM**

mit 66 Artikeln.

Die ER/CIM sind **verbindlich** bei allen Sendungen anzuwenden, die mit einem CIM-Frachtbrief auf einem Weg befördert werden, der die Gebiete mindestens zweier Mitgliedstaaten berührt.

Für verschiedene osteuropäische und asiatische Länder gilt das **SMGS-Abkommen**: Staaten der ehemaligen Sowjetunion (z. B. Weißrussland, Russland, Ukraine u. a.), Estland, Lettland, Litauen, Bulgarien, Polen, Rumänien, Tschechien, Slowakei, Ungarn, Mongolei, China.

Eine Gruppe von Staaten sind somit Mitglieder beider Übereinkommen. Sie stellen das Bindeglied für Sendungen in „reine" SMGS-Staaten dar. Auf den **Grenzbahnhöfen** der Länder, die beiden Abkommen beigetreten sind, müssen die Waggons neu aufgegeben werden, mit dem entsprechenden **neuen Frachtbrief**. In Vereinbarungen zwischen der Railion und SMGS-Bahnen wurden die Modalitäten der Abwicklung und für bestimmte Leitungswege die „Neuaufgabebahnhöfe" festgelegt, z. B. bei Leitung über Polen in Korsze. Entsprechend der Frachtbriefe gilt **bis zum „Neuaufgabebahnhof" das CIM-Recht, dann SMGS-Recht** bzw. umgekehrt.

5.2 Abwicklung des Frachtvertrages

5.2.1 Abschluss

Der Frachtvertrag gemäß ER/CIM ist ein „Durchfrachtvertrag". Er gilt als abgeschlossen, sobald die Versandbahn das **Gut mit dem Frachtbrief** zur Beförderung angenommen hat.

Für Wagenladungen besteht eine Beförderungspflicht, wenn die Beförderung mit „normalen" Beförderungsmitteln möglich ist.

Nachträgliche Änderungen des abgeschlossenen Frachtvertrages sind möglich, solange eine Empfängeranweisung nicht wirksam geworden ist und der Absender das **Frachtbriefdoppel** vorweisen kann (Art. 30/31 CIM).

Für die Pflicht zur Be- und Entladung gilt das Landesrecht des Versand- bzw. Bestimmungsbahnhofes.

5.2.2 Waggonaustauschabkommen

Die Eignung eines Güterwagens für den grenzüberschreitenden Verkehr lässt sich aus den Anschriften am Wagen ablesen, die bestimmte Abkommen bezeichnen.

Alle europäischen Bahnverwaltungen (ohne die Staaten der ehemaligen Sowjetunion) sowie Syrien und Irak haben in einem Abkommen – **RIV-Abkommen** (Regolamente Internazionale Veicoli) – die technischen Eigenschaften von Waggons für die internationale Austauschbarkeit festgelegt. Waggons mit RIV-Bezeichnung sind **unmittelbar**, leer oder beladen, dem Heimatbahnhof wieder **zurückzuführen**.

87	Nationalgesellschaft der Französischen Staatsbahnen	SNCF
83	Italienische Staatsbahnen	FS
84	Niederländische Eisenbahnen	NS
88	Nationalgesellschaft der Belgischen Eisenbahnen	SNCB
82	Nationalgesellschaft der Luxemburgischen Eisenbahnen	CFL
70	Britische Eisenbahnen	BR
86	Dänische Staatsbahnen	DSB
73	Hellenische Eisenbahnen	CH
71	Spanische Eisenbahnen	RENFE
81	Österreichische Bundesbahnen	ÖBB
85	Schweizerische Bundesbahn	SBB
80	Deutsche Bahn AG	DB
51	Polnische Staatsbahnen	PKP
54	Tschechische Bahn	CD
56	Slowakische Bahn	ZSR
74	Schwedische Staatsbahnen	SJ
78	Kroatische Bahn	HZ
79	Slowenische Bahn	SZ
10	Finnische Staatsbahnen	VR
20	Russische Eisenbahnen	RZD
55	Ungarische Staatseisenbahnen	MAV
72	Gemeinschaft der jugoslowischen Eisenbahn	JZ
75	Türkische Staatsbahnen	TCDD
94	Portugiesische Eisenbahnen	CP

Internationales Lademaß: Höhe ab Oberkante Schiene: 428 cm; Breite: 315 cm.

Dieses Lademaß gilt nicht in der Bundesrepublik Deutschland, Österreich, Polen, Tschechische Republik, Slowakei, Rumänien, den Staaten des ehemaligen Jugoslawien, Ungarn, Griechenland, Niederlande und Großbritannien.

Sollte eine Lademaßüberschreitung im Einzelfall erforderlich sein, ist eine Genehmigung der DB einzuholen.

5.2.3 Spezialwaggons

Waggons für den Verkehr mit Spanien und Portugal

Da das Streckennetz der Iberischen Halbinsel eine Schienenbreite von 1 674 mm aufweist (im Vergleich dazu **Normalspur 1 435 mm**), verwendet man – um eine Umladung zu vermeiden – **Waggons mit auswechselbaren Achsen**. Diese Waggons werden von der spanischen Privatfirma **Transfesa S. A.** ohne Mietgebühren zur Verfügung gestellt.

Zu zahlen ist jedoch eine Gebühr für den Achswechsel in den französischen/spanischen Grenzbahnhöfen Cerbère/Port-Bou oder Hendaye/Irun.

Waggons für den Eisenbahnfährverkehr mit Finnland

Die Spurbreite des Schienennetzes in Finnland beträgt – wie in den Staaten der ehemaligen UdSSR **1 520 mm**.

Auf der **Railship-Fährverbindung** (6 Abfahrten/Woche) zwischen Lübeck – **Travemünde** und **Hanko/Turku** (ca. 1 000 km) werden die auswechselbaren Achsen der Railship-Privatwaggons in Hanko auf die finnische Breitspur bzw. beim Nord-Süd-Verkehr auf die kontinentale Normalspur umgestellt.

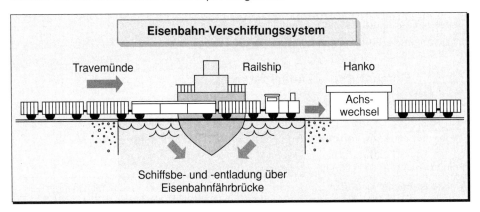

Die Waggons können bei der Railship GmbH & Co, Lübeck-Travemünde bestellt werden. Es wird ein Haus-Haus-Transport ohne Umladung angeboten. Der Weitertransport nach Russland kann ebenfalls durch die Railship GmbH organisiert werden. Im Logistikzentrum Turku erfolgt die Umladung in russische Waggons.

Zielort von Hanko	Entfernung von Hanko	ca. Laufzeit	Zielort von Hanko	Entfernung von Hanko	ca. Laufzeit
St. Petersburg	549 km	3 – 4 Tage	Novosibirsk	4 158 km	14–16 Tage
Moskau	1 232 km	6 – 7 Tage	Krasnojarsk	4 713 km	15–17 Tage
Murmansk	1 472 km	4 – 5 Tage	Alma Ata	5 073 km	18–20 Tage
Swerdlowsk	2 627 km	10–12 Tage	Jakutsk	8 957 km	28–30 Tage

Schienenfähre nach Litauen/Russland

Eine direkte Eisenbahnfährverbindung nach Russland besteht zwischen:

Mukran (Insel Rügen) und **Klaipeda** (Litauen) über 521 km. Die Fährschiffe dieser Linien verfügen nur über Gleise der russischen Breitspur; d. h., die Schiffe nehmen nur Güterwagen der ehemaligen sowjetischen Eisenbahnen auf. Deshalb muss in Mukran die Spurbreite der Waggons geändert werden. Auf einer 15 m langen Gleisanlage an der Schnittstelle zwischen zwei Spurweiten werden die Räder auf der Achse verschoben.

5.2.4 Frachtbrief

Der internationale CIM-Frachtbrief (neues Formular seit 1. März 1999) besteht aus fünf Blättern, die folgende Bezeichnungen tragen:

Blatt 1 = Frachtbrieforiginal	→	Empfänger
Blatt 2 = Frachtkarte	→	Abrechnungsblatt zwischen den beteiligten Bahnen
Blatt 3 = Empfangsschein	→	Empfangsbahn
Blatt 4 = Frachtbriefdoppel	→	Absender
Blatt 5 = Versandschein	→	Versandbahn

Als **„Mussangaben"** sind einzutragen:

Bestimmungsbahnhof, Empfänger, Bezeichnung des Gutes, Gefahrgut, Gewicht, Waggonnummer, Verzeichnis der vorgeschriebenen Begleitpapiere, Absender.

Weitere „Kannangaben" sollen enthalten:

anzuwendende Tarife, Frankatur, Beförderungsweg.

5.2.5 Frankaturen – Lieferfristen

Der Absender bestimmt durch Eintragung in den Frachtbrief, welche Kosten er bzw. welche der Empfänger übernimmt.

Folgende **Frankaturvermerke** sind nach der **ER/CIM zulässig:**

Franko Fracht	Bezahlung der reinen Fracht
Franko Fracht einschließlich ...	Außer der Fracht werden weitere Kosten (Nebenentgelte, Zölle usw.) übernommen. Diese Kosten sind namentlich zu nennen.
Franko Fracht bis ...	Die Fracht wird bis zu einem genannten Tarifschnittpunkt (Ort) übernommen.
Franko Fracht einschließlich (Kosten) bis (Tarifschnittpunkt)	Die Fracht und die genannten Kosten werden bis zum genannten Tarifschnittpunkt, z. B. Grenzübergang, übernommen.
Franko aller Kosten	Alle Kosten werden übernommen.
Franko ... (Landes- oder Tarifwährung)	Ein bestimmter Betrag wird übernommen.

Lieferfristen

Abfertigungsfrist + Beförderungsfrist
    ↓   ↓
  12 Std.   24 Std. je angefangene 400 km

5.2.6 Gefahrgut

Die Vorschriften für die internationale Beförderung von Gefahrgut auf der Schiene sind festgelegt in der Anlage I zur CIM mit dem Titel

> **„Ordnung für die internationale Eisenbahnbeförderung gefährlicher Güter".**

Die international gültige Abkürzung dieser Bestimmungen lautet **RID** und ist von der französischen Originalbezeichnung abgeleitet.

5.3   Haftung/Schadenersatz

Nach § 35 ff. ER/CIM haften die beteiligten Bahnen in einer **Haftungsgemeinschaft** nach dem Prinzip der **Gefährdungshaftung** für Verlust, Beschädigung und Überschreiten der Lieferfrist.

Schadenersatzansprüche können bei der Bahn des Abgangsortes oder des Bestimmungsortes gestellt werden.

Bei Verlust oder Beschädigung ist die Haftung auf **höchstens**

17 Sonderziehungsrechte

je fehlendes oder beschädigtes Kilogramm brutto beschränkt. Außerdem werden gezahlte Frachten und Zölle erstattet.

Bei Überschreitung der Lieferfrist wird ein entstandener Schaden bis zur **dreifachen Höhe der Fracht** ersetzt.

Das **Sonderziehungsrecht (SZR)** ist eine vom Internationalen Währungsfonds (IWF) geschaffene Recheneinheit.

5.4   Preisermittlung

Für die Frachtberechnung bei internationalen Eisenbahngütertransporten zwischen Mitgliedstaaten der CIM bestehen grundsätzlich folgende Möglichkeiten:

– Abrechnung nach den jeweiligen Binnentarifen der beteiligten Länder. Demnach wird die deutsche Strecke nach den Preislisten der DB AG und die ausländische Strecke nach den ausländischen Tarifen berechnet. Die Gesamtfracht ergibt sich dann als Summe.

– Abrechnung nach **internationalen Eisenbahngütertarifen (Verbandstarife)** zwischen zwei oder mehreren Eisenbahnverwaltungen;

– Abrechnung nach Binnentarifen kombiniert mit Durchfuhr- bzw. Transittarifen für bestimmte Länder.

Die Deutsche Bahn AG ist an einer Vielzahl von **internationalen Eisenbahngütertarifen** beteiligt, von denen nur einige als Beispiele genannt werden:

– Deutsch-Italienischer Eisenbahngütertarif   (DIGT)

– Deutsch-Österreichischer Eisenbahngütertarif   (DÖGT)

– Deutsch-Niederländischer Wagenladungstarif   (DNWT)

– Wagenladungstarif Deutsche Bahn AG –
  Ungarische Staatseisenbahn   (DB-MAV-Tarif)

Verbandstarife bestehen ferner mit folgenden Ländern: Belgien, Dänemark, Großbritannien, Finnland, Frankreich, Griechenland, ehem. Jugoslawien, Luxemburg, Polen, Rumänien, Schweden, Schweiz, Spanien, Tschechische Republik, Slowakische Republik.

Für einen Teil der internationalen Tarife besteht kein Tarifzwang. Der Absender kann in diesen Fällen im Frachtbrief vorschreiben, ob die Abrechnung nach den internationalen Tarifen oder nach den Binnentarifen erfolgen soll.

Wünscht der Absender die Frachtberechnung nach den Binnentarifen und besteht auf der durchfahrenen Strecke für ein Land ein Transittarif, so muss für die Teilstrecke durch dieses Land der Transittarif angewendet werden.

Die Kalkulation der Frachten nach Binnentarifen erfordert für den Spediteur als Absender die genaue Kenntnis aller Tarife der am Beförderungsweg beteiligten Bahnen.

Da die **internationalen Tarife** – soweit die DB AG daran beteiligt ist – in deutscher Sprache vorliegen, einheitliche **Frachtberechnungsgrundsätze**, ein **„Harmonisiertes Güterverzeichnis"** und einen **„Einheitlichen Entfernungszeiger"** für den internationalen Güterverkehr" enthalten, ist ihre Handhabung in der Regel einfacher als die der ausländischen Binnentarife. Internationale Tarife schaffen Transparenz und tragen zu einem reibungslosen Ablauf des internationalen Bahnverkehrs bei, da sie **neben den Preisen auch Abwicklungsvorschriften für den Schienentransport** zwischen den beteiligten Ländern enthalten. Trotzdem bleibt der Spediteur verpflichtet zum Vorteil seines Kunden die günstigste Frachtermittlung, unter Berücksichtigung der zu wählenden Beförderungsstrecke, ausfindig zu machen.

Für die Abwicklung des **internationalen Bahn-Stückgutverkehrs**, der nur über die **Bahntrans** mit einem Speditionsvertrag möglich ist, bietet die Bahntrans einen EURO-Stückgut-Tarif an. Die Sendungen werden zu länderbezogenen Ladungen zusammengefasst und per Waggon oder Lkw an die TEAM-Partner der Bahntrans im Ausland befördert und dort verteilt.

5.5 Internationale Bahnunternehmen

Die **Deutsche Bahn** und die **Niederländische Bahn** (NS) haben im Juni 1998 beschlossen ihre jeweiligen Güterverkehrssparten 1999 zu fusionieren. Das gemeinsame europäische Schienentransportunternehmen hat den Namen **„Railion"** erhalten. Railion wurde in den Stinnes-Konzern 2004 eingegliedert und führt die Transporte auf der Schiene durch.

	DB Cargo	NS Cargo
Mitarbeiter	47 979	1 878
Leistung in Mrd. Tonnenkilometer	72,4	3,6
Jahresumsatz in €	3,4 Mrd.	165 Mio.
Transportierte Menge in Tonnen	294,9 Mio.	22,8 Mio.
Tägliche Transportmenge in Tonnen	1,0 Mio.	75 000
Waggons	145 000	3 800
Lokomotiven	5 100	200
Güterzüge/Jahr	1,8 Mio.	98 600
Güterzüge/Tag	7 300	400

Quelle: Fischers Gütertransport-Nachrichten 8/98

Zuletzt wurde noch die dänische Staatsbahn GODS in den Verbund mit aufgenommen.

Als strategische Ziele der Fusion werden genannt:

● Stärkung der internationalen Marktposition durch integrierte Produktsysteme

● Ausnützung der Vorteile aus der Liberalisierung des europäischen Transportmarktes.

Als Ausblick ist die Frage angebracht: Ist dieser Zusammenschluss nur ein Anfang auf dem Weg zu einer gesamteuropäischen „Güter-Bahn"?

Zusammenfassung

➤ Rechtsgrundlage sind die ER-CIM bei Beförderungen zwischen den Mitgliedstaaten.

➤ Der Frachtvertrag ist geschlossen, wenn die Versandbahn Gut und Frachtbrief angenommen hat.

➤ Waggonaustauschabkommen RIV:
Waggons gehen leer oder beladen zurück

➤ Spezialwaggon für Spanien/Portugal (Transfesa) und Finnland/Russland (Railship) mit auswechselbaren Achsen.

➤ Bei internationalen Transporten ist die Beigabe des CIM-Frachtbriefes mit bestimmten „Mussangaben" notwendig.

➤ Haftungsgemeinschaft der Bahnen nach dem Prinzip der Gefährdungshaftung.
Höchstgrenze: 17 SZR je kg des beschädigten oder fehlenden Gutes.

Fragen und Aufgaben zur Lernkontrolle:

1 1. Stellen Sie die Vorteile der Verkehrsträger Bahn und Lkw gegenüber.

2. Inwiefern ist der Zugang zum Streckennetz der DB über sog. Trassenpreise für mögliche Benutzer immer noch problematisch?

3. Welche Gründe erklären Ihrer Meinung nach den stetigen anteiligen Rückgang des Schienenverkehrs am Güterverkehrsmarkt?

4. Für die Abwicklung eines Kundenauftrages müssen Sie den richtigen Waggon auswählen. Wie gehen Sie vor, um alle Kriterien zu berücksichtigen?

5. Bei der Beladung von EUR-Paletten für den Bahnverkehr ist die Einhaltung der Höchstgewichte ein entscheidender Sicherheitsfaktor. Was ist dabei zu beachten?

6. Der Palettentausch und die damit zusammenhängenden Risiken bedeuten für die Spedition einen nicht unerheblichen Kostenfaktor. Wie beurteilen Sie das Palettentauschverfahren im Bahnverkehr.

7. Wie können Sie sicherstellen, dass der aufgelieferte Waggon mit einer garantierten Lieferfrist befördert wird?

2 **8.** Der Empfänger lehnt die Annahme des ihm avisierten Waggons ab. Wie muss die Stinnes AG vorgehen unter Berücksichtigung der möglichen Situationen?

9. Nach den ALB wird der Frachtbrief von der Stinnes AG (Railion) nicht unterzeichnet. Welche rechtliche Bedeutung hat diese Bestimmung?

10. Da der Absender bei der Abwicklung einer Wagenladung auch für die Beladung zuständig ist, muss er wichtige Bestimmungen und Verpflichtungen beachten. Stellen Sie diese in Stichworten zusammen.

---

3 **11.** Für die Abrechnung eines Waggons Sammelgut von München nach Düsseldorf brauchen Sie Informationen über Zahlungsvermerke, Preisbildungselemente, Preislisten. Welche Veröffentlichungen dazu sind vorhanden, wie sind diese anzuwenden und welche Faktoren sind wichtig für die Preisermittlung?

---

4 **12.** Die Railion haftet nach HGB wie jeder Frachtführer. Wiederholen Sie kurz das Wichtigste zu Haftungsprinzip und Haftungsumfang.

13. Nach HGB haftet die Bahn für Lieferfristenüberschreitungen. Wenn die Frist nicht festgesetzt ist, was ist dann unter Lieferfrist zu verstehen?

14. Ein sog. unabwendbares Ereignis gilt als Haftungsausschluss. Was ist generell darunter zu verstehen? Nennen Sie Beispiele.

15. Wie hoch ist der Schadenersatz (ohne Beförderungskosten) der Bahn bei folgender Situation:

Waggon mit palettierter Ladung; die Ware auf einer Palette (300 kg) wird beschädigt, sodass sie nur noch einen Wert von 1.000,00 € hat und nicht mehr den Wert von 5.500,00 € vor der Beförderung.

---

5 **16.** Notieren Sie in Stichworten die Regelungen der ER-CIM zu folgenden Punkten:

– Frachtvertragsabschluss
– Frachtbrief
– Haftung

KAPITEL VII

Abwicklung von Frachtverträgen im Binnenschiffsverkehr

1 Bedeutung der Binnenschifffahrt erfassen und einordnen

Die Binnenschifffahrt ist der älteste Verkehrsträger. Seit 12 000 Jahren wird auf Flüssen transportiert. Während er mehrere tausend Jahre praktisch die einzige Tansportmöglichkeit für größere Mengen und schwere Güter war, haben ihn heute die Verkehrsträger Lkw und Bahn in der Bedeutung überholt. Der Anteil der Binnenschifffahrt an der in der Bundesrepublik Deutschland beförderten Tonnage beträgt ca. 8 % und an der Verkehrleistung der Güterfernverkehrsträger in tkm ca. 20 %.

Binnenschifffahrt – das ist **Massengut**:

● Baustoffe (Kies, Sand, Steine u. Ä.),

● Mineralöl,

● Erz,

● Kohle,

● landwirtschaftliche Güter (Getreide, Futtermittel, Holz, Düngemittel),

● Eisen und Stahl,

● chemische Erzeugnisse,

● Maschinen und Autos

werden in dieser Rangfolge befördert.

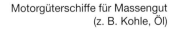

Motorgüterschiffe für Massengut (z. B. Kohle, Öl)

2002 wurden ca. 230 Mio. t auf deutschen Wasserstraßen befördert. Die Verkehrsleistung betrug im gleichen Jahr 65 Mrd. tkm.

Die größten Zuwachsraten verzeichnet die Containerschifffahrt. 2002 wurden ca. 1,5 Mio. TEU (Twenty feet equivalent units = 20-Fuß-Containereinheiten) befördert. Für das Jahr 2005 erwarten Experten ca. 1,7 Mio. Container auf den Binnenwasserstraßen.

Rasch wächst auch die Ro/Ro-Binnenschifffahrt – die Beförderung von Lkws und Sattelaufliegern (Trailern), die selbst auf die Schiffe rollen bzw. von Zugmaschinen auf-/abgerollt werden. Sie ist besonders vorteilhaft, wenn die Lkws übergroße oder extrem schwere Güter geladen haben (z. B. Turbinen für Kraftwerke, die oft über 80 t schwer und über 3 m breit sind).

Das größte Problem des Binnenschifffahrtsmarktes sind die Überkapazitäten der Schiffe und der Bahn. Dies kann leicht zu ruinösem Wettbewerb und zu mangelnder Substanzerhaltung bei Schiffen und damit zu einer Beeinträchtigung der Sicherheit führen.

Hierzu einige Zahlen: Die Menge der von der Binnenschifffahrt beförderten Kohle sank von 42 Millionen Tonnen (Höchststand 1957) auf ca. 21 Millionen t um die Hälfte, bei Erzen von 44 Mio. t (Höchststand 1979) auf ca. 36 Mio. t, bei Steinen und Erden von 88 (Höchststand 1970) auf rund 60 Millionen t, während der Frachtraum nach einem sprunghaften Anstieg in den 60er-Jahren heute etwa wieder der gleiche ist. Die Leistungsfähigkeit der Binnenschifffahrt ist aber wesentlich gestiegen.

Was die Trockenschifffahrt an Kohle verlor, machte zunächst die Tankschifffahrt mit Rohöl wett. Heute aber werden Rohöl und Mineralölprodukte über weite Strecken fast ausschließlich in Rohrleitungen befördert. In etwa 1 800 km Pipelines werden etwas weniger als 70 Millionen t befördert, während der Binnenschifffahrt nur noch 0,1 Millionen t (0,16 %) bleiben.

In der EU wurden durch eine subventionierte Abwrackaktion die Kapazitäten abgebaut. In Deutschland hat die beförderte Tonnage durch die Wiedervereinigung zugenommen.

Der Verkehrsträger Binnenschifffahrt lässt sich durch folgende **Leistungsmerkmale** charakterisieren:

1. **niedrige Transportkosten.** Für große Mengen ist die Beförderung mit Binnenschiffen die weitaus billigste Transportmöglichkeit, wenn der Umschlag rationell und damit billig gemacht werden kann.

2. **sparsamer Energieverbrauch**
   Es befördern mit 1 PS

Binnenschiffe	4 t
Züge	0,5 t
Lkws	0,08 t

   Damit ist das Binnenschiff auch das umweltfreundlichste Verkehrsmittel, wenn die Schiffe überall sauber vom Altöl entsorgt werden, sodass die Flüsse nicht noch mehr verschmutzt werden.

3. **große Transportkapazität.** Ein Schubboot mit 4 Schubleichtern vom Typ Europa II a kann bis zu 10 000 t Ladung transportieren.

4. **geringe Schnelligkeit.** Die vergleichsweise langsamen Schiffe werden durch Schleusen, Strömung bei Bergfahrten und Witterungseinflüssen (Nebel, Frost, Hoch-/Niedrigwasser) zusätzlich behindert. Für die Rundreise Rotterdam – Regensburg – Rotterdam (2 000 km) benötigt ein Binnenschiff bei täglich 14-stündiger Fahrt etwa einen Monat.

5. **kleines Verkehrsnetz.** (siehe auch Binnenwasserwege)

Zusammenfassung

➤ **Binnenschiffe transportieren vor allem Massengüter.**
➤ **Vorteile der Binnenschifffahrt:**   Nachteile:
   – niedrige Transportkosten   – geringe Schnelligkeit
   – sparsamer Energieverbrauch   – geringe Verkehrsdichte
   – große Kapazität

2 Einrichtungen und Betriebsformen der Binnenschifffahrt auswählen und nutzen

2.1 Binnenwasserstraßen

Die Gesamtlänge des deutschen Binnenwasserstraßennetzes beträgt ca. 7 500 km. Davon sind etwa 4 800 km klassifiziert, d. h. für bestimmte Schiffstypen befahrbar.

Zum Vergleich:

– 230 740 km Straßen des überörtlichen Verkehrs und

– 37 500 km Schienen der DB AG

werden in der Bundesrepublik Deutschland befahren.

Die deutschen Wasserstraßen sind Teil des europäischen Straßennetzes, das weit nach Osteuropa bis ans Schwarze Meer sowie nach Frankreich und die Beneluxstaaten reicht.

Aufgrund natürlicher Beschränkungen und unterschiedlicher Ausbaustufen sind die Wasserstraßen nicht für Schiffe aller Größen befahrbar.

Je nach Befahrbarkeit mit genormten Schiffstypen wurde folgende Klassifizierung der Wasserstraßen festgelegt:

Klasse	Schiffstyp	Tragfähigkeit t	Breite m	Tiefgang m
I	Penische	300	5,00	2,20
II	Kempenaar	600	6,60	2,50
III	Dortmund-Ems-Kanal-Typ	1 000	8,20	2,50
IV	Rhein-Herne-Kanal-Typ = **Europakahn**	1 350	9,50	2,50
V	Großes Rheinschiff	2 000	11,50	2,50
VI	– – –	ab 3 000	–	–

Schubschifffahrt mit 2 x 2 gekoppelten Leichtern (siehe Abschnitt 2.3: Binnenschiffe) ist möglich auf dem/der

– Rhein unterhalb von Koblenz,

– Donau von Regensburg abwärts,

– Elbe ab Hamburg;

mit sechs Leichtern kann der Niederrhein ab Köln befahren werden.

Hauptverkehrsader ist der Rhein mit seinen Nebenflüssen Mosel, Main und Neckar. Er ist die verkehrsreichste Wasserstraße der Welt. Ab Basel bis Rotterdam beträgt die Länge 1 000 km, der deutsche Streckenanteil misst 700 km. Auf ihm werden pro Jahr über 200 Millionen t Güter befördert; die Transportleistung beträgt fast 40 Milliarden tkm.

Besondere Bedeutung vor allem für die Seeschifffahrt hat auch der Nord-Ostseekanal zwischen Kiel-Holtenau und Brunsbüttel in der Elbebucht. Auf knapp 100 km ist er durchgehend mit Seeschiffen bis 11 m Tiefgang zu befahren.

Quelle: Handbuch Güterverkehr, Binnenschifffahrt, Hrsg. Bundesministerium für Verkehr, Bonn, 1997

3844212

Am Verkehrsaufkommen gemessen, sind die weiteren wichtigsten Wasserstraßen der Bundesrepublik Deutschland (mit deutschem Streckenanteil):

- Westdeutsches Kanalgebiet mit Dortmund-Ems-Kanal (266 km), Rhein-Herne-Kanal (46 km), Wesel-Datteln-Kanal (60 km), Datteln-Hamm-Kanal (47 km), Küsten-Kanal (70 km)
- Main (388 km bis Bamberg) und Main-Donau-Kanal (ca. 170 km von Bamberg bis Kelheim)
- Mittellandkanal (325 km, längster deutscher Kanal)
- Elbe und Unterelbe (728 km) und Elbe-Seitenkanal (115 km)
- Neckar (202 km)
- Mosel (242 km)
- Weser (422 km)
- Berlin (Spree, Havel, Elbe-Havel-Kanal)
- Donau (213 km von Kelheim bis Passau)

Einen Überblick über die Bundeswasserstraßen gibt Ihnen die Karte auf Seite 212.

Der Pegel, also der Wasserstandsanzeiger, ist für die Beladung von Binnenschiffen von ausschlaggebender Bedeutung. Sinkt der Pegelstand unter eine bestimmte Marke, können die Schiffe nicht mehr voll beladen werden, weil sie nicht mehr mit der normalen Tauchtiefe fahren dürfen. Zum Ausgleich berechnen die Frachtführer den **Kleinwasserzuschlag**, dessen Höhe direkt vom Pegelstand abhängt. Für jedes Fahrtgebiet ist ein bestimmter Pegel maßgebend. Für den Oberrhein ist es z. B. der Pegel Karlsruhe-Maxau, für den Mittelrhein der Pegel Kaub.

2.2   Binnenhäfen

Die Binnenschifffahrt benötigt zur Erbringung einer guten Verkehrsleistung auch leistungsfähige Binnenhäfen. Sie sind die Umschlagplätze, Wirtschafts- und Verteilzentren für Industrie und Handel, Lagerplätze sowie Zulieferorte für die großen Seehäfen, die mit dem Hinterland durch Binnenwasserstraßen verbunden sind. Die **öffentlichen** Binnenhäfen, deren Träger Bund, Länder und Gemeinden sind, schlagen etwa 70% der Güter um. Daneben gibt es **private** Binnenhäfen (Werkshäfen), die nur die Güter der Eigner, meist Stahlwerke und Chemiekonzerne, be- und entladen.

Binnenhäfen müssen über Wasserflächen, Kaianlagen, Umschlageinrichtungen aller Art (Kräne, Saugheber, Förderbänder, Pumpstationen u. Ä.) für Schwergüter, verschiedene Stückgüter und flüssige Stoffe verfügen. Von zunehmender Bedeutung sind Containerterminals. Eisenbahngleise und Lagerhäuser (auch Silos, Tank- und Kühllager) sowie Freilagerflächen dürfen nicht fehlen.

Duisburg-Ruhrort ist der größte Binnenhafen der Welt. Seit 1989 besitzt Duisburg auch einen Zollfreihafen für die Binnenschifffahrt. Insgesamt werden in Duisburg ca. 60 Millionen t umgeschlagen (Duisburg-Ruhrort, Hochfeld und Werkshäfen).

Ein weiterer Zollfreihafen wurde in Deggendorf an der Donau geschaffen.

Weitere große Häfen sind:

1. Köln
2. Hamburg
3. Karlsruhe
4. Mannheim
5. Berlin
6. Ludwigshafen
7. Frankfurt am Main
8. Bremen/Bremerhaven
9. Dortmund
10. Heilbronn

Zusammenfassung

➤ **Klassifizierung der Wasserstraßen und Schiffstypen:**

I	Penische	300 t
II	Kempenaar	600 t
III	Dortmund-Ems-Kanal-Typ	1 000 t
IV	Rhein-Herne-Kanal-Typ	1 350 t
V	Großes Rheinschiff	2 000 t

➤ **Der Europakahn hat eine Tragfähigkeit von 1 350 t.**

➤ **Der Rhein ist die verkehrsreichste Wasserstraße der Welt.**

➤ **Weitere wichtige Wasserstraßen der Bundesrepublik Deutschland:**
  – **Westdeutsches Kanalgebiet**
  – **Main und Main-Donau-Kanal**
  – **Mittellandkanal**
  – **Elbe**

➤ **Duisburg ist der größte Binnenhafen der Welt und Freihafen der Binnenschifffahrt.**

➤ **Der Pegel ist Maßstab für die Berechnung des Kleinwasserzuschlages.**

2.3　Binnenschiffe

Bei den Binnenschiffen kann man folgende **Schiffsarten** unterscheiden:

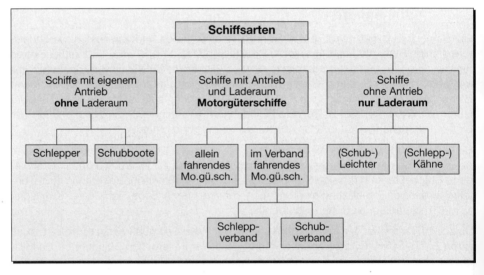

Schleppverbände sind die ältere Binnenschiffsformation, bei der ein Schlepper oder Motorgüterschiff Kähne hinter sich herzieht. Dafür sind Steuereinrichtungen und Personal auf den Kähnen notwendig.

Schubboote sind Motorboote mit starkem Antrieb (mehrere tausend kW) ohne Laderaum. Die modernsten Schubboote sind mit Echolot (Tiefemessung) und Radar ausgestattet und arbeiten computerunterstützt. Da ihre Kapitalbindungskosten sehr hoch sind, müssen sie ständig eingesetzt werden. Sie schieben einen oder mehrere Leichter, das sind einfache Schiffe mit großem Laderaum und gewöhnlich ohne eigenen Antrieb.

Schubschiff mit sechs Leichtern (für Massengut)

Bei den Schubverbänden kann durch die starre Koppelung von Schubboot und Leichtern Personal eingespart werden. Außerdem kann die Geschwindigkeit um 20 % gesteigert werden. Für die teueren Schubboote können Liegezeiten verkürzt werden. Während die vergleichsweise billigen Leichter be- und entladen werden, ist das Schubboot mit anderen Leichtern bereits wieder unterwegs.

Folgende Formationen sind u. a. auf dem Rhein möglich:

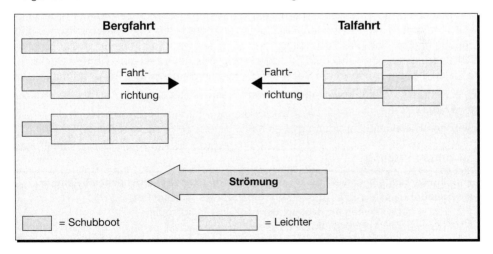

Ein Schubboot mit vier Leichtern kann etwa 10 000 Tonnen Ladung transportieren. Das sind 200 Eisenbahnwaggons mit je 50 Tonnen oder sechs Ganzzüge.

Einen Überblick über wichtige Schiffstypen gibt Ihnen die folgende Grafik:

	Länge m	Breite m	Tiefgang m	Tragfähigkeit t	Leistung PS
Motorgüterschiff für trockene Ladung	38,5 – 110,0	5,0 – 11,4	2,0 – 3,5	220 – 3 000	100 – 3 000
Tankmotorschiff	50,0 – 110,0	6,6 – 11,4	2,2 – 3,5	400 – 3 200	250 – 2 000
Koppelverband *	150,0 – 186,5	9,5 – 11,4	2,5 – 11,4	2 530 – 5 000	800 – 3 000
Schubboot	10,0 – 40,0	7,6 – 15,0	1,4 – 2,2		500 – 6 000
Schubleichter	70,0 – 76,5	9,5 – 11,4	2,5 – 4,0	1 240 – 2 800	

Die größten Schubboote schieben sechs Leichter = 5 600 t

* Schwebendes Motorschiff mit Leichter

Quelle: Grüne Welle für die Binnenschifffahrt

Besonders hervorzuheben sind die Containerschiffe. Ein Europaschiff kann bis zu 72 TEU befördern. Die größten Containerschiffe sind 135 m lang und können ca. 500 TEU transportieren.

Von Mannheim nach Rotterdam fährt ein Containerschiff 26 – 28 Stunden, rheinaufwärts (Bergfahrt) ca. 50 Stunden. Die Container können direkt am Seeschiff abgeliefert werden, sodass der Umschlag billiger und schneller wird. Nachdem es in der Binnenschifffahrt keine Fahrverbote an Feiertagen und Wochenenden gibt, werden Container manchmal sogar schneller am Seeschiff übergeben als bei einem Transport mit Lkw.

Eine Rundreise Mannheim-Rotterdam-Mannheim kostet für einen 40-Fuß-Container etwa 580,00 €.

Zwischen Basel und Rotterdam gibt es heute bereits 30 Containerhäfen.

Zusammenfassung

➤ Schubverbände bestehen aus einem Schubboot und starr verbundenen Leichtern.
➤ Schubboote haben einen starken Antrieb (mehrere tausend PS).
➤ Leichter haben keinen Antrieb, sondern nur einen Laderaum.
➤ Ein Europaschiff (Wasserstraßenklasse IV) kann bis zu 72 Container befördern.
➤ In einem Schleppverband werden Kähne von einem Schlepper oder Motorgüterschiff gezogen.
➤ Schleppverbände verursachen mehr Personalkosten und sind langsamer.

2.4 Organisation der Binnenschifffahrt

2.4.1 Marktordnung

Wer ein Binnenschiff führen will, braucht dazu in der Bundesrepublik Deutschland ein Schifferpatent. Er muss dafür eine Ausbildung und eine Prüfung absolvieren. Nachzuweisen sind nautische, technische und kaufmännische Kenntnisse.

Die Anzahl der Patente ist weder in der EU noch in der Bundesrepublik Deutschland begrenzt.

Weitere Beschränkungen des Wettbewerbs gibt es nicht mehr. Zur Reduzierung von Überkapazitäten werden teilweise Abwrackprämien von der EU bezahlt.

2.4.2 Betriebsformen

Die gewerbliche Binnenschifffahrt wird im Wesentlichen in zwei Unternehmensformen betrieben:
- in Großunternehmen, das sind in der Mehrzahl konzerngebundene **Reedereien** mit mehreren Schiffen, und
- in privaten Kleinunternehmen mit ein bis drei Schiffen, das sind so genannte **Partikuliere**.

Die Partikuliere schließen sich häufig zu Genossenschaften zusammen, die in ihren Geschäftsräumen den kaufmännischen Teil des Schiffsbetriebes (Werbung, Auftragsabwicklung, Abrechnung u. Ä.) abwickeln. Die Reedereien betreiben den größten Teil der Binnenschiffsflotte.

Neben der gewerblichen Binnenschifffahrt gibt es **Werksverkehr.** In diesem Rahmen befördern vorwiegend Großbetriebe der Industrie oder des Handels (z. B. Mineralölhandel)
- eigene Waren,
- mit eigenem Personal,
- für eigene Zwecke,
- mit eigenen Schiffen.

Diese Werksreedereien besitzen über 50 % der Transportkapazitäten.

Zusammenfassung

➤ **Ein Binnenschiffer muss ein Schifferpatent besitzen.**

➤ **Es gibt folgende Betriebsformen:**
  1. gewerblicher Verkehr
     – Reedereien, mehr als 3 Schiffe
     – Partikuliere, 1 – 3 Schiffe
  2. Werksverkehr

➤ **Partikuliere schließen sich oft zu Genossenschaften zusammen.**

3 Frachtverträge in der Binnenschifffahrt abschließen und durchführen

3.1 Rechtliche Bestimmungen für die Binnenschifffahrt

3.1.1 Nationale Rechtsgrundlagen

- **HGB**
- **Verordnung über die Lade- und Löschzeiten in der Binnenschifffahrt**
- **VTB = Verlade- und Transportbedingungen für die Binnenschifffahrtstransporte**
  Nachdem das HGB bis auf wenige Ausnahmen dispositives (beugsames) Recht ist, erlangen diese Verlade- und Transportbedingungen der Reeder besondere Bedeutung. Sie wurden vom BVB = Bundesverband der deutschen Binnenschifffahrt festgelegt und in den Frachtverträgen vereinbart.
- **GGVBinSch = Gefahrengutverordnung Binnenschifffahrt**

Diese Verordnung ist zwingend anzuwenden und regelt den Transport gefährlicher Güter auf den Wasserstraßen der Bundesrepublik Deutschland.

3.1.2 Internationale Rechtsgrundlagen

1. **Mannheimer Akte** = Rheinschifffahrtsakte

   Sie wurde 1868 von den Rheinanliegerstaaten gezeichnet. Sie bestimmt, dass alle Nationen auf dem Rhein von Basel bis Rotterdam abgabenfrei Personen und Fracht befördern dürfen. 1979 haben die Vertragsstaaten den genehmigungs- und abgabenfreien Verkehr auf die Anliegerstaaten und die EG-Mitgliedsländer begrenzt. Grund waren die Dumpingpreise der ehemaligen Ostblockstaaten und die Eröffnung des Main-Donau-Kanals, über den diese Staaten Zugang zum westeuropäischen Wassernetz erhalten haben.

   Das Binnenschifffahrtsaufgabengesetz (BinSchAufgG) und die AWV (Außenwirtschaftsverordnung, § 47) legen für die anderen Wasserstraßen Beschränkungen, vor allem ein **Kabotageverbot** für Drittstaaten fest. Fahrterlaubnisse für ausländische Binnenschiffer werden in bilateralen Verträgen ausgehandelt.

   Ab dem 1. Jan. 93 darf jedes in der EU ansässige Unternehmen Binnenschifffahrtstransporte in anderen EU-Staaten durchführen (Kabotagerecht). Die Vorschriften des Staates, in dem transportiert wird, sind anzuwenden.

2. **ADN = Übereinkommen über die internationale Beförderung gefährlicher Güter auf Binnenwasserstraßen**

   Diese internationale Vereinbarung gilt für den grenzüberschreitenden Transport gefährlicher Güter.

Zusammenfassung

➤ nationale Rechtsgrundlagen:
 – HGB
 – VTB = Verlade und Transportbedingungen für Binnenschifffahrtstransporte
 – GGVBinSch

➤ internationale Grundlagen:
 – Mannheimer Akte
 – ADN (Gefahrgut international)

3.2 Abschluss und Durchführung des Frachtvertrages

3.2.1 Abschluss

Der Spediteur wickelt seine **speditionellen Tätigkeiten** (im Sinne des HGB) natürlich auch in der Binnenschifffahrt nach den **ADSp** ab. Er wählt als Versandspediteur den geeigneten Frachtführer aus und schließt mit ihm den Frachtvertrag ab. Er übernimmt die papiermäßige Abwicklung und die Terminierung.

Meist erledigt der Spediteur

- Organisation des Vor- und Nachlaufs,
- Lagerung,
- Umschlag mit speziellen Be- und Entladevorrichtungen (Kränen, Förderanlagen, Saughebern, Rohrleitungen u.a.),
- Qualitätskontrolle, Umpacken, Mischen, Neutralisieren,
- Zollbehandlung,
- Versicherung.

Zur normalen Organisationsarbeit kommen hier die Probleme der großen Masse, insbesondere bei der Lagerung und den Anschlusstransporten im gebrochenen Verkehr.

Der Spediteur kann Eigentümer, Pächter oder Benutzer der Umschlageinrichtung im Hafen sein. Für die Benutzung der öffentlichen Hafenanlagen sind **Benutzungsordnungen und -bedingungen** zu beachten. Für die Abrechnung der speditionellen Leistungen gibt es zum Teil empfohlene Tarife. Sie werden von den Speditionsverbänden für die verschiedenen Häfen herausgegeben.

Der Frachtvertrag kann unmittelbar zwischen Frachtführer und Absender, mittelbar über einen Agenten der Reederei oder auch über einen Makler zustande kommen. Auch ein Spediteur kann Frachtvertragspartner des Frachtführers werden. Mit seinem Auftraggeber schließt der Spediteur wie üblich einen Speditionsvertrag auf der Basis der ADSp ab.

Arten der Vertragsabschlüsse:

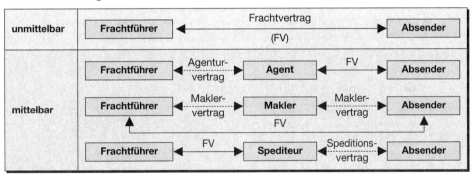

3.2.2 Frachtpapiere

In der Binnenschifffahrt gibt es kein vorgeschriebenes einheitliches Beförderungsdokument. Folgende Frachtpapiere können verwendet werden:

● **Frachtbrief**

Er wird verwendet wie ein Frachtbrief im CMR-Bereich. Die Auslieferung der Sendung erfolgt ausschließlich an den im Frachtbrief genannten Empfänger, sie ist nicht von der Vorlage eines Originals abhängig. Er ist kein Wertpapier und eine Übertragung ist nicht möglich (nicht begebbar).

● **Ladeschein = Konnossement**

Der Absender kann vom Frachtführer die Ausstellung eines Ladescheines verlangen. Der Frachtführer verpflichtet sich zur Auslieferung der Güter gegen Vorlage eines Originals.

Der Ladeschein ist wie der Lagerschein oder das Seekonnossement ein **Wertpapier.** Er ist ebenfalls übertragbar, entweder durch Indossament (Orderladeschein) oder durch Zession (Namensladeschein). Wer den Schein besitzt, hat die Verfügungsgewalt über die darin bezeichneten Güter. Zu der Bedeutung und zu den Arten des Konnossements sei hier auch auf die Ausführungen beim Seeverkehr verwiesen, die hier ebenso gültig sind.

HENU   Lager und Umschlag AG   ☐   **HENU**

LADESCHEIN   ORIGINAL   Sped.-Nr. _____

Schiff: ....Schiffsführer: ....

Absender: ....

Ladehafen: ....Ladestelle: ....

Empfänger: ....

Meldeadresse: ....

Löschhafen: ....Löschstelle: ....

Frachtvorschrift: ....

Grenzabfertigung: ....

Markierung	Anzahl und Art	Inhalt	angebliches Gewicht kg

Der Schiffsführer ist verpflichtet uns jeden außergewöhnlichen Aufenthalt sofort fernmündlich zu melden.   Pos.-Nr.: ....Güterklasse: ....

Bestimmungs-/Herkunftsland: ....

für/ex Seeschiff: .... vom: .... 1. Lade-/Löschtag: ....

Allen gegenwärtigen und zukünftigen Transporten für den Frachtnehmer/Frachtzahler liegen unsere umseitig abgedruckten Verlade- und Transportbedingungen zugrunde; dies gilt auch dann, wenn wir abweichenden Bedingungen oder Gegenbestätigungen, die wir hiermit ausdrücklich ablehnen, nicht widersprechen.

Vermerke

Im Ladehafen

angekommen: .... Uhr
gemeldet: .... Uhr   den ....
geladen: ....von ....bis .... Uhr
.................von ....bis .... Uhr
.................von ....bis .... Uhr   für den/der Schiffsführer: ....
.................von ....bis .... Uhr

Folie-Druck

3.2.3 Abwicklung des Frachtvertrages

Die **Beladung** von Binnenschiffen erfolgt am vereinbarten oder ortsüblichen **Ladeplatz**. An verschiedenen Ladeplätzen im Hafen muss der Frachtführer nur auf besondere Vereinbarung und gegen Übernahme der Kosten anlegen.

Bei Stückgut- und Teilbefrachtungen wird an den ortsüblichen Kais angelegt.

Der Frachtführer muss seine **Ladebereitschaft** an einem Werktag in der ortsüblichen Geschäftszeit anzeigen. Eine telefonische Mitteilung genügt.

Die **Ladezeit** beginnt am Werktag nach dieser Mitteilung.

Die Be- und Entladezeiten sind durch die **Verordnung über den Lade- und Löschtag sowie die Lade- und Löschzeiten in der Binnenschifffahrt (BinSchLV)** geregelt.

Vor Beginn der Lade- und Löschtätigkeit haben Be- und Entlader den so genannten **Meldetag** Zeit, das Laden und Löschen zu organisieren.

Für die **Trockenschifffahrt** gelten die folgenden Lade- und Löschzeiten:

1 Stunde je angefangene 45 t.

Der Lade- und Löschtag dauert jeweils von 6:00 bis 20:00 Uhr.

Die Lade- und Löschzeiten für die **Tankschifffahrt** betragen bis

1 100 t	24 Stunden
1 500 t	26 Stunden
2 000 t	30 Stunden
je weitere 500 t	zusätzlich je 4 Stunden

Der Lade- und Löschtag beträgt in der Tankschifffahrt 24 Stunden.

Bei Überschreitung der Lade- und Löschzeiten kann der Frachtführer ein **Liegegeld** verlangen. Es beträgt bis 750 t Tragfähigkeit 28,00 € je Stunde und zusätzlich 0,04 € je Stunde und t Tragfähigkeit.

Es kann eine **Überliegezeit** vereinbart werden, in der der Frachtführer noch auf Ladung warten muss. Nach Ablauf der Überliegezeit kann der Binnenschiffer vom Vertrag zurücktreten. Er hat einen Anspruch auf **Fautfracht = Fehlfracht**. Diese Fautfracht (seltener auch Reufracht genannt) beträgt bei Gesamtverfrachtungen (Komplettladung) üblicherweise ein Drittel, bei Teil- oder Stückgutverfrachtungen die Hälfte der vereinbarten Fracht.

Die Kosten und die Gefahr für die **Beladung** und das **Stauen** trägt in der Regel der Absender. In den Frachtverträgen ist dann die Klausel „ab frei gestaut Schiff Ladestelle" bzw. „bis frei Ankunft Schiff Löschstelle" enthalten. Die Entladung führt der Empfänger durch; der Absender ist rechtlich verantwortlich.

Der Frachtführer muss aber die Be- und Entladung beaufsichtigen und sich vom sachgemäßen Verstauen überzeugen. Er quittiert den Empfang der Sendung, ohne für Mengen, Maße und Gewichte zu garantieren.

Lieferfristen sind gesetzlich nicht festgelegt; eine Vereinbarung ist nicht üblich. Allerdings muss der Frachtführer mit der Sorgfalt eines ordentlichen Schiffers transportieren.

Nachträgliche Verfügungen sind möglich, wenn die Sendung noch nicht am Ablieferungsort eingetroffen und der Frachtbrief noch nicht an den Empfänger ausgehändigt ist. Bei Ladescheinen müssen alle Originale vorgelegt werden. Eine Änderung der Reiseroute kann dem Frachtführer nicht zugemutet werden. Bei Wiederausladungen stehen dem Schiffer die volle Fracht und alle sonstigen Forderungen aus dem Frachtvertrag zu. Ersparte Aufwendungen braucht der Frachtführer nicht abzuziehen.

Ablieferungshindernisse sind, wie bei allen Verkehrsträgern üblich, sofort dem Auftraggeber mitzuteilen. Sind keine Weisungen zu erhalten, kann der Schiffer die Ladung auf Kosten und Gefahr des Absenders löschen und pfandrechtsicher einlagern.

Zusammenfassung

> **Frachtverträge können unmittelbar zwischen Absender und Frachtführer oder mittelbar über einen**
>   – **Agenten des Reeders,**
>   – **Makler,**
>   – **Befrachter oder**
>   – **Spediteur (wird dann Absender)**
>   **geschlossen werden.**

> **Frachtpapiere:**
>   – **Frachtbrief, nicht handelbar
>   Auslieferung an genannten Empfänger**
>   – **Ladeschein = Konnossement, Wertpapier,
>   Auslieferung gegen ein Original**

> **Be- und Entladung erfolgt am vereinbarten oder üblichen Lade- bzw. Löschplatz.**

> **Be- und Entladezeiten sind in der „Verordnung über die Lade- und Löschzeiten in der Binnenschifffahrt" geregelt.**

> **Liegegeld kann der Schiffer bei Überschreiten der Ladezeiten berechnen.**

> **Überliegezeit = Wartezeit auf Ladung**

> **Fautfracht = Fehlfracht darf der Frachtführer als Entschädigung für vereinbarte, aber nicht gelieferte Ladungen berechnen.**

> **Lieferfristen werden nicht garantiert oder gewährleistet.**

4 Transportpreise ermitteln

Die Entgelte im Binnenschiffahrtsverkehr können seit dem 1. Jan. 1994 frei vereinbart werden.

Tarifempfehlungen der Verbände gibt es noch nicht.

Zum Teil wird der vorher verbindliche **FTB = Frachten- und Tarifanzeiger der deutschen Binnenschifffahrt** noch als Basis für Frachtvereinbarungen verwendet. Üblich ist aber die Vereinbarung von Margen auf diese Frachtsätze.

Für die Abrechnung nach diesem Tarif benötigt man ein Güterverzeichnis und einen Entfernungsanzeiger für einzelne Fahrtgebiete.

Der abgebildete Tarifauszug zeigt beispielhaft, wie Frachtsätze und Zuschläge in diesem Tarif aufgeführt sind.

Ein wichtiger Zuschlag in der Binnenschifffahrt ist der **Kleinwasserzuschlag = KWZ.** Er wird bei niedrigem Wasserstand als Ausgleich für die geringere Zulademöglichkeit berechnet. Maßgebend ist dabei der Pegelstand (Pegel = Wasserstandsanzeiger) am Tag, an dem die Beladung abgeschlossen ist.

Für die verschiedenen Fahrtgebiete werden dabei unterschiedliche Pegel verwendet. Für den oberen Rhein ist dies zum Beispiel der Pegel Kaub (bei Karlsruhe).

Üblich sind auch Zuschläge für sperrige Güter. Die Höhe richtet sich nach dem Verhältnis von Maß : Gewicht (m^3 : t). Der **Sperrigkeitszuschlag** wird für mehrfach messende Sendungen berechnet.

FTB	Frachten- u. Tarifanzeige der Binnenschifffahrt	VO-Nr. 12/88 25. Juni 1988	Frachtenausschuss Rhein	A 410/61

Güterart: Steinkohle
(Gütenummer 2110, 2130, 2310 / Güterklasse VI)

Verkehrsbereich: ab Karlsruhe
nach Mannheim, Wiesbaden und Höchst/Main

1. Grundfracht: ab frei gestaut Schiff Ladestelle
bis frei Ankunft Schiff Löschstelle

	Mannheim	Wiesbaden	Höchst
Motorschiffsanteilfracht	3,80 €/t	4,52 €/t	5,05 €/t
Reedereientgelt	0,11 €/t	0,14 €/t	0,15 €/t
Org.-Gebühr	0,04 €/t	0,04 €/t	0,04 €/t
Grundfracht	3,95 €/t	4,70 €/t	5,24 €/t

2. Kleinwasserzuschläge:
(Tag der Fertigstellung: Es gilt der veröffentlichte Frühpegel an diesem Tag)

Bei einem Maxauer Pegel von	3,90 bis 3,81 m	10 %
	3,80 bis 3,66 m	20 %
	3,65 bis 3,56 m	30 %
	3,55 bis 3,41 m	40 %
	3,40 bis 3,26 m	60 %
	3,25 bis 3,11 m	80 %

3. Öffentlich-rechtliche Abgaben (Schifffahrtsabgaben):
Die Schifffahrtsabgaben auf dem Main sind in der Grundfracht nicht enthalten. Sie sind dem Frachtzahler separat zu berechnen.

Zusammenfassung

➤ **Die Frachten sind in der Binnenschifffahrt frei vereinbar.**

➤ **Möglich ist die Anwendung des früher verbindlichen FTB = Frachten- und Tarifanzeigers der deutschen Binnenschifffahrt mit beliebigen Margen.**

➤ **Der KWZ = Kleinwasserzuschlag kann bei Niedrigwasser als Ausgleich für geringere Ladefähigkeit berechnet werden.**

5 Schadensfälle bearbeiten

5.1 Gesetzliche Haftung

Die Haftung des Frachtführers in der Binnenschifffahrt ist durch das HGB geregelt wie bei den anderen Verkehrsträgern.

Das Haftungsprinzip ist das **Gefährdensprinzip.** Die Höchstgrenze ist 8,33 SZR je kg brutto.

5.2 Vertragliche Haftung

Die gesetzlichen Haftungsbestimmungen sind – bis auf wenige Bestimmungen – nicht zwingend anzuwenden, sie können durch Vertragsbedingungen abgeändert werden. Deshalb werden in der Binnenschifffahrt üblicherweise Haftungsbeschränkungen, die **Freizeichnungen,** vereinbart.

Der BDB (Bundesverband der deutschen Binnenschifffahrt) hat in den VTB die Haftung der Binnenschiffer auf **2 SZR je kg brutto** begrenzt.

Diese bedeutsamen Haftungseinschränkungen zwingen geradezu zum **Abschluss einer Transportversicherung.** Diese Haftungsersetzung durch Versicherung muss der Binnenschifffahrtspediteur dringend seinem Auftraggeber empfehlen.

5.3 Schadenregulierung bei Schiffsunfällen

Für alle Schäden an Schiff und Ladung, die durch Unfälle verursacht wurden, kann sich der Ladungseigentümer nur durch den Abschluss einer Transportversicherung schützen. Für diese Schäden kann meist kein Beteiligter am Frachtvertrag haftbar gemacht werden.

Alle durch einen Unfall verursachten Schäden werden in der Binnen- wie in der Seeschifffahrt als **Haverei** oder Havarie bezeichnet. Man unterscheidet drei Arten der Haverei:

1. **große Haverei:** Dies sind alle Schäden, die einem Schiff oder der Ladung zur **Errettung aus gemeinsamer Gefahr vorsätzlich** (auf Befehl des Schiffers) zugefügt werden. Die Kosten tragen die Eigentümer von Schiff und Ladung gemeinsam im Verhältnis der Werte. Teile von Schiff und Ladung müssen gerettet worden sein.

   Die **Schadenverteilung (Dispache)** wird von einem Dispacheur, einem amtlichen Sachverständigen, durchgeführt.

2. **besondere Haverei:** Hierzu zählen alle Schäden, die durch einen **gewöhnlichen Unfall** verursacht werden. Sie werden vom geschädigten Eigentümer (bzw. von seiner Versicherung) selbst getragen. Der Frachtführer kann sich gegen dieses Risiko durch eine Kaskoversicherung abdecken.

3. **kleine Haverei:** Dies sind alle Kosten, die im Zusammenhang mit der Schifffahrtstätigkeit entstehen, ohne direkt durch den Unfall verursacht worden zu sein. Hafengebühren, Schleppgebühren und andere Kosten, die während der Frachtführertätigkeit entstehen, trägt der Schiffseigner. Ufer-, Kran-, Liegegelder u. Ä. muss der Absender übernehmen.

Im Übrigen gelten die Ausführungen über die Haverei des Kapitels Seeschifffahrt. In der Binnenschifffahrt zählen allerdings die Frachtkosten nicht zum Wert der Ladung.

Zusammenfassung

➤ gesetzliche Haftung in der Binnenschifffahrt:
- Grundlage: HGB
- Prinzip: Gefährdensprinzip
- Höchstgrenze: 8,33 SZR je kg brutto

➤ vertragliche Haftung:
- VTB
- Höchstgrenze 2 SZR/kg brutto
- Transportversicherung ist wegen der Haftungsbeschränkungen dringend zu empfehlen

➤ alle durch einen Unfall verursachten Schäden werden als Haverei bezeichnet

➤ große Haverei liegt vor bei
- Ladungsaufopferung auf Befehl des Kapitäns zur Errettung aus gemeinsamer Gefahr, wenn Teile gerettet wurden

➤ Dispache = Schadenaufteilung durch einen amtlichen Sachverständigen auf die Eigentümer von Schiff und Ladung im Verhältnis der Werte

Fragen und Aufgaben zur Lernkontrolle:

1
1. Mit welchen Verkehrsträgern konkurriert die Binnenschifffahrt und welche Vorteile zeichnen sie gegenüber den anderen aus?

2. Welche Nachteile sind charakteristisch für die Binnenschifffahrt?

3. Welche Güter werden am häufigsten mit Binnenschiffen transportiert?

4. Um wievielmal höher ist der Energieverbrauch des Verkehrsmittels Lkw gegenüber den Binnenschiffen?

2
5. Welche Wasserstraßen benutzt ein Binnenschiff von
a) Plochingen nach Hamburg,
b) Nürnberg nach Emden,
c) Saarbrücken nach Berlin?

6. Welche Wasserstraße weist durchgehend die größte Wassertiefe auf?

7. Nennen Sie zwei Wasserstraßenverbindungen von Deutschland nach Frankreich.

8. Welche Bedeutung hat der Pegel?

9. Nennen Sie die fünf wichtigsten Binnenhäfen. An welchen Wasserstraßen liegen sie?

10. Wie unterscheiden sich Schub- und Schleppverbände?

11. Was ist ein Ro/Ro-Schiff?

12. Wie viel TEU fasst ein Europaschiff?

13. Unterscheiden Sie Partikuliere von Reedereien.

3 **14.** Welche nationalen Gesetze sind für den Frachtvertrag in der Binnenschifffahrt maßgebend?

15. Welche Verordnungen sind für den innerdeutschen und grenzüberschreitenden Transport von gefährlichen Gütern zu beachten?

16. Was regelt die Mannheimer Akte?

17. Welche Frachtpapiere können in der Binnenschifffahrt verwendet werden?

18. Wie unterscheidet sich ein Frachtbrief der Binnenschifffahrt von einem Bahn-Frachtbrief?

19. Wie erfolgt die Auslieferung der Ware, wenn ein Ladeschein ausgestellt wurde?

20. Wie sind die Lade- und Löschzeiten für ein Schiff geregelt?

21. Was ist ein Liegegeld?

22. Wann hat ein Binnenschiffer Anspruch auf Fautfracht?

23. Welche Lieferfristen werden in der Binnenschifffahrt garantiert?

4 **24.** Wie ist die Abrechnung in der Binnenschifffahrt geregelt?

25. Welche Frachtbestandteile enthält der Auszug aus dem FTB auf Seite 223?

5 **26.** Wie ist die Haftung nach HGB und VTB geregelt?
Nennen Sie Haftungsprinzip, Höchstgrenzen und Ausschlüsse.

27. Was sind Freizeichnungen? Nennen Sie auch Beispiele.

28. Was ist eine große Haverei?

29. Wie werden die Schäden einer großen Haverei aufgeteilt?

30. Welche Arten der Haverei gibt es sonst noch? Wer trägt dabei die Kosten?

von **Frachtverträgen** im **Seeverkehr**

1 Die gesamtwirtschaftliche Bedeutung des Güterversandes mit dem Seeschiff erfassen und einordnen

In einer Zeit, in der sich die internationale Arbeitsteilung ausweitet, kommt einem Verkehrsmittel, das die Verbindung zwischen den Kontinenten herstellt, große Bedeutung zu. In der Gegenwart werden in einem nie gekannten Ausmaß Rohstoffe, Halberzeugnisse und Fertigwaren zwischen weit entfernten Ländern ausgetauscht.

Beispiele: *Deutsche Importe von Hölzern aus Brasilien*
Deutsche Importe von Fahrzeugen aus Japan
Deutsche Importe von Äpfeln aus Chile
Deutsche Importe von Rohöl aus Saudi-Arabien
Deutsche Exporte von Werkzeugmaschinen nach China
Deutsche Exporte von Fahrzeugen in die USA
Deutsche Exporte von Röhren nach Russland
Deutsche Exporte von Spielwaren nach Kanada

Das Prinzip der internationalen Arbeitsteilung besteht darin, dass Güter dort produziert werden, wo ihre Herstellung am kostengünstigsten oder aufgrund klimatischer Bedingungen bzw. vorhandener Bodenschätze am leichtesten oder mit dem größten Ertrag möglich ist und dass dann ein entsprechender Austausch zwischen den Nationen bzw. Wirtschaftsräumen stattfindet. Ohne eine leistungsfähige Seeschifffahrt wäre internationale Arbeitsteilung wohl kaum realisierbar. Sie stellt den Transportraum zur Verfügung, mit dem die Güter auch in großen Mengen über weite Entfernungen verschifft werden können.

Die Seeschifffahrt ist jedoch nicht der alleinige Anbieter von Transportleistungen über weite Strecken. Sie steht in Konkurrenz mit dem Flugzeug und der Eisenbahn, gelegentlich sogar mit dem Lkw und der Pipeline.

Insbesondere der Flugverkehr hat sich in den letzten Jahrzehnten stark ausgeweitet. Der Einsatz größeren Fluggeräts und der Zwang, den zusätzlichen Transportraum auch zu nutzen, führten bei manchen Gütern zu einer Transportverlagerung vom Schiff zum Flugzeug. Hier besteht also ein echter Leistungswettbewerb. Neben dem Flugzeug muss auch die Bahn in manchen Relationen als ernst zu nehmender Konkurrent angesehen werden (z. B. die Transsibirische Eisenbahn im Fernostverkehr).

Die Stärke der Seeschifffahrt besteht gegenüber anderen Verkehrsträgern vor allem darin, dass sie die vergleichsweise größten Transportgefäße bereitstellt.

Flugzeug: Maximale Tragfähigkeit etwa 100 t
Seeschiff: Maximale Tragfähigkeit etwa 400 000 t

Das Seeschiff erweist sich unschlagbar als das geeignetste Transportmittel für Massengüter wie Erze, Erdöl oder auch für schwere Stückgüter wie Lokomotiven oder Turbinen.

Die Herstellung von großen und modern ausgerüsteten Schiffen erfordert enorme Investitionen. Aufträge, die im Schiffsbau von in- und ausländischen Reedereien vergeben werden, sind für die Industrie eines Landes bedeutsam und sichern deren Beschäftigung. Da viele Staaten der Existenz einer eigenen leistungsfähigen Handelsflotte große Bedeutung beimessen, wird der Schiffsbau auch oft von staatlicher Seite finanziell gefördert. So kommt es weltweit leicht zu einem Überangebot von Schiffsraum. Ziele der staatlichen Förderung sind die Sicherung von Arbeitsplätzen und die Erhaltung eines Industriezweiges, der sowohl kriegswichtiges Material erzeugen als auch Devisen verdienen kann. Auch Prestigeüberlegungen kommt ein gewisses Gewicht zu.

Aber auch mit der Seeschifffahrt selbst kann ein Staat Devisen verdienen, wenn in größerem Umfang Transporte für ausländische Auftraggeber durchgeführt werden. Eine Reihe von Staaten versucht sich zusätzliche Deviseneinnahmen dadurch zu verschaffen, dass man bestimmte Transporte nur mit Schiffen der eigenen Flagge durchführen lässt. Fremde Flaggen werden diskriminiert. Eine derartige Politik nennt man Flaggenprotektionismus.

Zusammenfassung

➤ **Die Seeschifffahrt ist ein verbindendes Element zwischen Wirtschaftsräumen und Kontinenten.**

➤ **Die Seeschifffahrt ermöglicht den Transport großer Gütermengen (Export- und Importgüter).**

➤ **Die Seeschifffahrt ist ein Instrument der internationalen Arbeitsteilung.**

➤ **Die Seeschifffahrt verdient Devisen.**

➤ **Die Seeschifffahrt gibt als Arbeitgeber vielen Menschen Beschäftigung.**

➤ **Die Seeschifffahrt ist für die Industrie (insbesondere die Werften) ein wichtiger Auftraggeber.**

2 Probleme der Seeschifffahrt erkennen

Im Vergleich zu anderen Verkehrsträgern wird als Nachteil der Seeschifffahrt angeführt, dass sie längere Laufzeiten hat. Zu den eigentlichen Fahrzeiten der Schiffe kommen noch die Zeiten des Vor- und Nachlaufs sowie die Zeiten für Vor-, Zwischen-und Nachlagerungen in den Häfen und die Lade- und Löschzeiten. Gerechterweise sollte man dabei aber auch berücksichtigen, dass es viele Gütertranssporte gibt, bei denen Schnelligkeit keine oder nur eine untergeordnete Rolle spielt. Im Hinblick auf die Abkürzung der Lade- und Löschzeiten sind in letzter Zeit große Anstrengungen unternommen worden. Durch Rationalisierung technischer Abläufe, bauliche Veränderung der Schiffe, Containerisierung und Roll-on-/Roll-off-Verkehr ist in vielen Fällen eine erhebliche Verkürzung der Lade- und Löschzeiten erreicht worden. Daran sind nicht zuletzt die Reedereien interessiert, die ihre Schiffe nicht wartend am Kai, sondern Gewinn bringend im Einsatz sehen wollen.

Infolge des weltweiten Überangebots an Tonnage ist eine zufrieden stellende Auslastung des vorhandenen Schiffsraumes nicht überall gewährleistet. Der hohe Kapitalaufwand, den ein Reeder beim Bau eines Schiffes investieren muss, lässt sich aber nur durch entsprechende Erträge amortisieren.

Besonders Reedereien, die ihre Schiffe im Linienverkehr einsetzen, haben oft Schwierigkeiten, in ausreichendem Maße Ladung für ihre Schiffe zu bekommen. Zum Teil müssen relativ neue Schiffe stillgelegt werden. Die Rentabilität der Investition ist also nicht immer gewährleistet.

Zusätzliche Rentabilitätsprobleme entstehen, wenn die Frachtraten infolge des verschärften Wettbewerbs nicht mehr kostendeckend sind. Die Reedereien arbeiten in den verschiedenen Ländern der Welt unter recht unterschiedlichen Rahmen- und Kostenbedingungen. Es gibt eine Reihe von Staaten, unter deren Flagge eine Reederei ihre Schiffe relativ kostengünstig einsetzen kann. Ein großer Teil der Handelstonnage wird weltweit von so genannten „Billigflaggenländern" bereitgestellt.

Im Gegensatz zu den Verhältnissen in den so genannten Billigflaggenländern müssen die Reeder in einigen Staaten Europas und Nordamerikas von sehr hohen Betriebskosten ausgehen, denn es werden von Staats wegen hohe Anforderungen an die Sicherheit gestellt. Nur gut ausgebildetes Personal soll auf den Schiffen in ausreichender Zahl tätig sein und nach den Tarifverträgen des Landes bezahlt werden, dessen Flagge das Schiff führt. Für die Mannschaft eines unter deutscher Flagge fahrenden Schiffes galt bis vor kurzem ausschließlich die deutsche Sozialgesetzgebung.

Der von dieser Situation ausgehende Kostendruck hat zur Folge, dass viele Reeder in Deutschland ebenso wie in anderen Industriestaaten ihre Schiffe nicht mehr unter eigener Flagge, sondern z. B. unter der Flagge Liberias oder Panamas fahren lassen. Dieses Verhalten nennt man Ausflaggung.

Seit 1989 gibt es für den Reeder neben der Möglichkeit, sein Schiff in das traditionelle Schiffsregister eines deutschen Seehafens eintragen zu lassen, noch eine Alternative: Der Gesetzgeber hat die Möglichkeit geschaffen, dass so genannte Zweitregister (Zusatzregister) geführt werden, in denen ein Reeder sein Schiff eintragen lassen kann, der es zwar unter deutschem Management fahren lässt, aber zumindest teilweise mit ausländischer Besatzung. Der Eintrag eines Schiffes im sog. Zweitregister gestattet es den Reedern, auf bestimmten Bordarbeitsplätzen ausländische Arbeitskräfte nach den Lohntarifen ihrer Heimatländer zu beschäftigen. Damit werden zugleich Arbeitplätze für deutsches Fach- und Führungspersonal gesichert. Der Gesetzgeber hat inzwischen die nötigen Ergänzungen zur Reichsversicherungsordnung beschlossen. Das Änderungsgesetz sichert den vollen Sozialversicherungsschutz für die deutschen Seeleute und schließt ausländische Seeleute an Bord der im Zusatzregister eingetragenen Seeschiffe nach Maßgabe ihres Tarifniveaus in den deutschen Sozialversicherungsschutz ein.

Die Seeschifffahrt ist ein Bereich, in welchem nur durch internationale Abmachungen und Vereinbarungen ein gewisses Maß an tatsächlicher Sicherheit und auch an Rechtssicherheit erreicht werden kann. Das zeigt sich bei den Verkehrsregeln genauso wie bei den Verpflichtungen zu gegenseitigen Hilfeleistungen in Seenot oder zur Rettung Schiffbrüchiger bis hin zu Regelungen, die die Haftung der Reedereien für das anvertraute Gut international vereinheitlichen.

In der Vergangenheit galt eine Seereise als äußerst risikoreiches Unternehmen. Aber auch heute kommen Seeunfälle immer wieder vor. Güter können auch bei den mannigfachen Umladevorgängen beschädigt werden oder es treten Schäden auf, weil die Güter im Schiffsbauch oder Container nicht richtig verstaut sind. Naturgemäß spielen auch Abhandenkommen, Diebstahl und Unterschlagung von Gütern eine etwas größere Rolle als bei anderen Verkehrsträgern, denn die Länge der Seereise und die damit verbundenen Umschlags- und Lagervorgänge in den Häfen bringen es mit sich, dass vielfache Zugriffs- und Verlustmöglichkeiten bestehen. Seetransporte sind deshalb auch das Hauptbetätigungsfeld der Transportversicherungen.

Die führenden Flaggen auf den Weltmeeren

Flagge	Flottengröße Mill.		Anteil an der Welthandelstonnage in %
	BRZ	tdw	(BRZ)
1. Panama	122,4	181,8	21,3
2. Liberia	51,8	77,0	9,0
3. Bahamas	33,4	47,7	5,8
4. Griechenland	28,7	48,4	5,0
5. Malta	27,1	44,0	4,7
6. Zypern	22,8	35,4	3,9
7. Norwegen	22,6	32,3	3,9
8. Singapur	21,0	32,6	3,7
9. China	16,6	23,5	2,9
10. Japan	14,6	17,9	2,5
11. Hongkong	13,7	22,9	2,4
12. Marshallinseln	11,7	19,9	2,0
13. USA	10,9	12,7	1,9
14. Russland	10,2	7,4	1,8
15. Italien	9,7	10,3	1,7
16. St. Vincent	7,1	10,0	1,2
17. Dänemark	7,1	8,3	1,2
18. Niederlande	6,9	6,5	1,2
19. Indien	6,7	10,4	1,2
20. Südkorea	6,4	9,3	1,1
21. Deutschland	**6,3**	**7,3**	**1,1**
22. Isle of Man	6,1	9,5	1,1
23. Philippinen	6,0	8,6	1,1
24. Großbritannien	6,0	4,3	1,1
25. Türkei	5,9	9,3	1,0
Sonstige	92,9	116,5	16,2
Welt insgesamt	574,6	812,9	100,0

Quelle: Nach Lloyd's Register, World Fleet Statistics 2001 Stand: 31. Dez. 2001. Schiffe über 100 BRZ; tdw-Angaben ohne Fischerei- und Spezialfahrzeuge

Die führenden Handelsflotten nach der Nationalität des Eigners

Land	Flottengröße			Anteil an der Welttonnage	
	Schiffe	Mill. tdw	1000 TEU	in % (tdw)	% TEU
1. Griechenland	3 122	145,2	478	18,3	6,5
2. Japan	2 880	101,3	452	12,8	6,1
3. Norwegen	1 401	61,3	296	7,7	4,0
4. China	2 007	40,9	356	5,2	4,8
5. USA	841	38,9	257	4,9	3,5
6. Deutschland	**2 169**	**37,2**	**1 805**	**4,7**	**24,4**
7. Hongkong	546	36,4	136	4,6	1,8
8. Südkorea	797	25,5	192	3,2	2,6
9. Taiwan	537	21,8	512	2,8	6,9
10. Großbritannien	643	18,2	322	2,3	4,3
11. Dänemark	629	16,9	435	2,1	5,9
12. Singapur	665	16,9	203	2,1	2,7
13. Russland	1 879	14,0	120	1,8	1,6
14. Italien	593	12,6	91	1,6	1,2
15. Indien	311	11,4	19	1,4	0,3
16. Saudi Arabien	103	10,1	27	1,3	0,4
17. Türkei	368	9,3	67	1,2	0,9
18. Schweden	327	7,9	28	1,0	0,4
19. Brasilien	184	7,2	27	0,9	0,4
20. Belgien	123	7,1	10	0,9	0,1
21. Malaysia	293	6,8	61	0,9	0,8
22. Iran	139	6,2	36	0,8	0,5
23. Frankreich	215	6,0	122	0,8	1,6
24. Schweiz	225	5,7	174	0,7	2,4
25. Niederlande	651	5,4	145	0,7	2,0
Sonstige	8 085	121,1	1 029	15,3	13,9
Welt insgesamt	29 933	791,3	7 400	100,0	100,0

Quelle: Institut für Seeverkehrswirtschaft und Logistik (ISL), Bremen, SSMR April 2001 Stand: 1. Januar 2002; Handelsschiffe über 1 000 BRZ

Geht man von der Flagge aus, die ein Handelschiff führt, und nicht von den Eigentumsverhältnissen, so sind Panama und Liberia die führenden Nationen in der Handelsschifffahrt. Der kleine mittelamerikanische Staat Panama lässt nahezu $1/5$ der Welttonnage unter seiner Flagge auf den Weltmeeren kreuzen. Darin spiegelt sich allerdings nicht die Bedeutung Panamas für die Weltwirtschaft wider. Vielmehr ist die Flagge Panamas so attraktiv für viele Reeder, weil unter ihr Schiffe mit geringen Lohnkosten auf die Reise geschickt werden können. Die Flagge Deutschlands ist dagegen eine „teure Flagge", die mit hohen Lohnkosten und strengen Vorschriften verknüpft ist. Deutschland nimmt den 21. Platz in der Weltrangliste der Handelsflotten ein.

Ein ganz anderes Bild bietet sich, wenn man die Handelsflotten nicht nach Flaggen bestimmt, sondern die Nationalität des Eigners als bestimmenden Faktor für die Zugehörigkeit zur Flotte eines Landes ansieht. Deutschland steht dann an 6. Stelle in der Weltrangliste. Zu berücksichtigen ist ferner, dass Deutschland im Gegensatz zu anderen Nationen über eine relativ moderne Handelsflotte verfügt. Bei den Containerschiffen nimmt Deutschland den 3. Rang ein, wenn man die Bruttoraumzahlen zugrunde legt (vgl. Kap. VIII, 4.1).

Zusammenfassung

➤ Relativ lange Laufzeiten der Güter

➤ Relativ lange Lade- und Löschzeiten

➤ Relativ hohe Schadenshäufigkeit bei Transport und Umschlag von Gütern, die nicht containerisiert sind

➤ Auslastung der Transportkapazitäten

➤ Anfälligkeit bei internationalen Spannungen

➤ Angewiesensein auf internationale Kooperationsbereitschaft und Notwendigkeit internationaler Regeln

➤ Kostendruck und Konkurrenzsituation

3 Einrichtungen und Betriebsformen der Seeschifffahrt auswählen und nutzen

3.1 Häfen

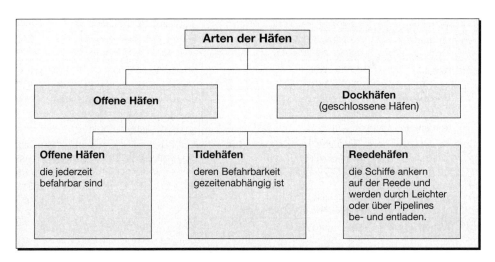

Freihäfen. Sie sind vom übrigen Hafengebiet durch Mauern oder Zäune abgetrennt. Die Zugänge werden überwacht. Zollrechtlich ist ein Freihafen eine sog. Freizone, die nicht zum deutschen Zollgebiet gehört. Freihäfen gibt es in Hamburg, Bremen, Bremerhaven, Emden, Kiel und Cuxhaven.

Die Freihäfen dienen

- dem Umschlag von Außenhandelsgütern, die die Bundesrepublik Deutschland bzw. die EU im Transit berühren.
- der Lagerung von Außenhandelsgütern
  (Zoll wird bei Importgütern erst fällig, wenn sie in das Zollgebiet der Bundesrepublik bzw. der Europäischen Union verbracht werden).
- dem Schiffsbau und der Schiffsreparatur.
- der Be- und Verarbeitung von Waren.

3.2 Deutsche Häfen und ihre Bedeutung

Nordseehäfen

1.	Hamburg	Bundesland Hamburg	an der Elbe, 105 km von der Elbmündung landeinwärts
2.	Bremen	Bundesland Bremen	an der unteren Weser
3.	Bremerhaven	Bundesland Bremen	an der Wesermündung
4.	Wilhelmshaven	Bundesland Niedersachsen	am Jadebusen
5.	Emden	Bundesland Niedersachsen	an der Emsmündung (Dollart)
6.	Brunsbüttel	Bundesland Schleswig-Holstein	an der Elbe
7.	Nordenham	Bundesland Niedersachsen	an der Weser
8.	Brake	Bundesland Niedersachsen	an der Weser
9.	Cuxhaven	Bundesland Niedersachsen	an der Elbmündung
10.	Bützfleth	Bundesland Niedersachsen	an der Elbe

Ostseehäfen

1.	Lübeck	Bundesland Schleswig-Holstein	an der unteren Trave, (Lübecker Bucht)
2.	Puttgarden	Bundesland Schleswig-Holstein	auf der Insel Fehmarn
3.	Kiel	Bundesland Schleswig-Holstein	an der Kieler Förde
4.	Flensburg	Bundesland Schleswig-Holstein	an der Flensburger Förde
5.	Rendsburg	Bundesland Schleswig-Holstein	am Nord-Ostsee-Kanal
6.	Rostock	Bundesland Mecklenburg-Vorpommern	oberhalb der Warnowmündung; mit der Ostsee durch den neuen Seekanal verbunden
7.	Wismar	Bundesland Mecklenburg-Vorpommern	im Süden der Wismarer Bucht
8.	Warnemünde	Bundesland Mecklenburg-Vorpommern	Vorhafen von Rostock (Fährverbindung nach Gedser in Dänemark)
9.	Saßnitz	Bundesland Mecklenburg-Vorpommern	an der Ostküste der Insel Rügen (Fährverbindung nach Trelleborg in Schweden und Klaipeda/Litauen, dem früheren Memel)
10.	Stralsund	Bundesland Mecklenburg-Vorpommern	am Beginn des Rügendamms auf dem Festland

Seegüterumschlag in bedeutenden deutschen Seehäfen (in 1000 t)

	2000	2001	2002	Veränd. 2002:2001 in %
Ostseehäfen	**52 613**	**50 565**	**50 020**	**– 1,1**
Rostock	18 634	17 065	17 347	+ 1,7
Lübeck	17 954	17 044	17 020	– 0,1
Puttgarden	3 453	3 362	3 283	– 2,4
Kiel	3 277	3 349	3 199	– 4,5
Wismar	2 691	2 792	2 822	+ 1,1
Sassnitz	2 870	3 011	2 987	– 0,8
Lubmin	842	578	376	– 34,9
Wolgast	748	993	766	– 22,9
Stralsund	681	653	905	+ 38,6
Flensburg	507	646	473	– 26,8
Rendsburg	269	219	253	+ 15,6
Übrige Ostseehäfen in:				
Schleswig-Holstein	405	440	318	– 27,6
Mecklenburg-Vorpommern	281	414	271	– 34.5
Nordseehäfen	**187 009**	**192 454**	**193 157**	**+ 0,4**
Hamburg	76 950	82 948	86 724	+ 4,6
Wilhelmshaven	43 402	40 850	38 798	– 5,0
Bremen/Bremerhaven	39 224	40 006	40 452	+ 1,0
Brunsbüttel	7 713	7 710	7 560	– 2,0
Brake	5 446	5 021	5 019	– 0,0
Bützfleth	4 261	4 034	3 653	– 9,4
Emden	3 417	3 359	3 380	+ 0,6
Nordenham	1 895	3 620	3 143	– 13,2
Cuxhaven	1 198	1 308	1 248	– 4,6
Wedel-Schulau	730	944	707	– 25,1
Leer	489	447	376	– 16,0
Papenburg	500	447	315	– 29,6
Husum	387	367	330	– 10,1
Übrige Nordseehäfen in:				
Schlewig-Holstein	779	742	728	– 1,9
Niedersachsen	617	590	726	+ 23,1
Seehäfen zusammen	**239 622**	**243 019**	**243 177**	**+ 0,1**
Binnenhäfen[1]	2 913	3 031	3 177	+ 4,8
darunter Duisburg	2 284	2 430	2 454	+ 1,0
Insgesamt	**242 535**	**246 050**	**246 353**	**+ 0,1**
Außerdem:				
Eigengew. d. Ladungsträger	38 467	39 382	42 404	+ 7,7

1 Seeverkehr der Binnenhäfen   Quelle: Zentralverband der Deutschen Seehafenbetriebe e. V.,
Bericht 2002/2003; Stand 09/2003

3.3   Wichtige Welthäfen

Für den süddeutschen Raum haben folgende Häfen in **Italien** Bedeutung:

- Genua
- Venedig
- Triest

Für den Ex- und Import aus/nach Deutschland sind die folgenden Häfen in **Belgien** und **Holland** bedeutsam:

- Amsterdam (Niederlande)
- Rotterdam (Niederlande)
- Antwerpen (Belgien)
- Oostende (Belgien)

Auf der **Iberischen Halbinsel** sind folgende Häfen von überregionaler Bedeutung:

- Barcelona (Mittelmeer)
- Valencia (Mittelmeer)
- Cartagena (Mittelmeer)
- Gibraltar (britisch)
- Cadiz (Atlantik)
- Lisboa (Portugal, Atlantik)
- Porto (Portugal, Atlantik)
- Vigo (Atlantik)
- La Coruna (Atlantik)
- Santander (Atlantik)

In **Skandinavien** spielen folgende Häfen eine bedeutende Rolle:
- Kopenhagen (Dänemark)
- Aalborg (Dänemark)
- Odense (Dänemark)
- Oslo (Norwegen)
- Aalesund (Norwegen)
- Bergen (Norwegen)
- Stavanger (Norwegen)
- Trondheim (Norwegen)
- Stockholm (Schweden)
- Göteborg (Schweden)
- Malmö (Schweden)
- Turku (Finnland)
- Helsinki (Finnland)

In unserem Nachbarland **Polen** sind folgende Häfen von überregionaler Bedeutung:
- Gdansk (Danzig)
- Szczecin (Stettin)
- Gdynia (Gdingen)

Wichtige Seehäfen in **Frankreich** sind:
- Bordeaux (am Atlantik)
- Cherbourg (am Atlantik)
- Dunkerque (= Dünkirchen, Atlantik)
- Nantes (am Atlantik)
- Le Havre (am Atlantik)
- Marseille (am Mittelmeer)
- Rouen (an der unteren Seine)

Wichtige Seehäfen in **Großbritannien** und **Irland** sind:
- Belfast (Nordirland)
- Cork (Irland)
- Dublin (Irland)
- Glasgow (Schottland)
- Dover (England)
- Felixstowe (England)
- Cardiff (Wales)
- Hull (England)
- Ipswich (England)
- Liverpool (England)
- London (Häfen in der Themsemündung)
- Newcastle (England)
- Plymouth (England)
- Southampton (England)

Bedeutende Häfen in **Griechenland** sind:
- Piräus (bei Athen)
- Saloniki
- Patras
- Heraklion (Kreta)

Bedeutende Häfen in der **Türkei** sind:
- Istanbul
- Izmir
- Iskenderun
- Antalya

Überseezentrum Hamburg

Die Umschlagentwicklung der Top 20 Containerhäfen der Welt

2003	Hafen	Umschlag 2003 TEU	Umschlag 2002 TEU	Änderung in %
1	Hongkong	20,82	19,14	8,8 %
2	Singapur	18,41	16,94	8,7 %
3	Shanghai	11,37	8,81	32,0 %
4	Shenzhen	10,65	7,61	39,9 %
5	Busan	10,37	9,45	9,7 %
6	Kaohsiung	8,81	8,49	3,8 %
7	Rotterdam	7,10	6,50	9,2 %
8	Los Angeles	6,61	6,10	8,4 %
9	Hamburg	6,14	5,37	14,2 %
10	Antwerpen	5,44	4,77	14,0 %
11	Dubai	5,15	4,19	22,9 %
12	Port Klang	4,80	4,50	6,6 %
13	Long Beach	4,66	4,53	2,9 %
14	Qingdao	4,24	3,41	24,1 %
15	New York	4,04	3,75	7,7 %
16	Tanjung Pelepas	3,50	2,67	31,1 %
17	Bremerhaven	3,19	3,03	5,3 %
18	Laem Chabang	3,18	2,79	14,0 %
19	Gioia Tauro	3,06	3,28	-6,4 %
20	Tianjin	3,02	2,26	33,6 %
	Gesamt	144,56	127,59	

Quelle: Lloyd's List Feb. 2004

Massengutfrachter

Stückgutfrachter

Containerschiff

3.4 Schiffstypen

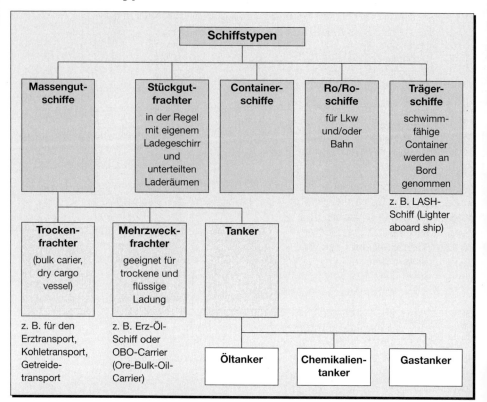

Der **Bruttoraumgehalt** eines Schiffes wurde früher in Bruttoregistertonnen (1 BRT = 2,835 m^3) und wird jetzt in Bruttoraumzahlen (BRZ) angegeben.

Spezialschiffe: Autotransporter, KÜMO (= Küstenmotorschiff), Kühlschiff, Fährschiff, kombiniertes Fahrgast-Fracht-Schiff, Versorgungsschiff (z. B. für Bohrinseln oder die Fischerei), Fischfang- und Verarbeitungsschiffe usw.

Containerhafen
mit Verladebrücke

3.5 Entwicklungstendenzen

In der aktuellen Entwicklung der modernen Seeschifffahrt lassen sich drei Tendenzen erkennen:

- Der Trend zum größeren Schiff
- Der Trend zur möglichst kleinen Besatzung
- Der Trend zum Transportsystem

Die großen Schiffe stellen dabei die Verbindung zwischen den wichtigsten Häfen der verschiedenen Kontinente her. Die weiten Entfernungen werden von ihnen zurückgelegt. Kleinere Schiffe bedienen dann im Zubringerdienst von den Haupthäfen ausgehend die kleineren Häfen (Feeder-Service).

Einen starken Aufschwung hat auch die Containerisierung als Transportsystem genommen. Der Container ermöglicht den Haus-Haus-Transport vom Absender zum Empfänger. Der Transport des Gutes mit dem Seeschiff muss deshalb nicht mehr losgelöst vom Vor- und Nachlauf gesehen werden. Durch den Einsatz des Containers wird der Transportvorgang vereinheitlicht. Die Hauptvorteile sind darin zu sehen, dass die Ware im Container gut geschützt ist, Umladevorgänge (beim Container) entfallen und dass vor allem die Lade- und Löschzeiten der Schiffe in den Häfen erheblich verkürzt werden. In den letzten Jahrzehnten sind in allen bedeutenden Häfen der Welt große Containerterminals entstanden.

Die Containerschiffe der ersten Generation hatten eine Ladekapazität von 700 – 1 500 TEU, die der zweiten Generation eine Tragfähigkeit von 1 500 – 2 000 TEU. Inzwischen gibt es Containerschiffe der dritten Generation (bis 3 500 TEU) und der vierten Generation (bis 4 500 TEU). Sogar Schiffe mit 7 500 TEU (Hamburg Express) sind im Einsatz. Unter TEU versteht man eine Transporteinheit, die einem 20-Fuß-Container entspricht (Twenty-feet Equivalent Unit).

Ein anderes Transportsystem ist das LASH-System. Schwimmfähige Transporteinheiten, sog. Leichter oder Barges, werden im Schleppverband, im Schwimmdock oder auch mit eigenem Antrieb an das Mutterschiff (LASH-Carrier) herangeführt, das sie dann mithilfe eigener Verladebrücken an Bord nimmt. Im Bestimmungshafen können die Leichter auf der Reede wieder abgesetzt werden. So ermöglicht dieses Transportsystem eine ideale Kombination von Binnen- und Seeschifffahrt.

3.6 Betriebsformen der Seeschifffahrt

In der Seeschifffahrt unterscheidet man hauptsächlich

Der Reeder, der ein Schiff in der Seeschifffahrt einsetzt, muss sich entscheiden, ob er dieses Schiff auf einer bestimmten Linie (zwischen festgelegten Häfen) verkehren lässt, oder ob er es kreuz und quer über die Ozeane je nach Ladungsangebot auf die Reise schickt.

Trampfahrt

Die Trampfahrt ist die ältere Betriebsform. Die Schiffe werden je nach Bedarf auf wechselnden Routen eingesetzt. Diese Betriebsform eignet sich besonders für Massenguttransporte. Die Transportpreise werden in der Regel individuell ausgehandelt.

Linienschifffahrt

Hier setzt der Reeder das Schiff auf einer bestimmten Linie ein, d. h., das Schiff bedient regelmäßig nach einem Fahrplan eine Reihe von Häfen. Die Abfahrts- und Ankunftszeiten werden für einen bestimmten Zeitraum im Voraus festgelegt und in so genannten „Segellisten" veröffentlicht. Der Reeder muss sich an diesen Fahrplan halten, auch wenn er sein Schiff durch Ladung nicht voll auslasten kann. Er wird seine Raten so kalkulieren, dass die eventuelle Minderauslastung aufgefangen werden kann. Die Transportraten werden bekannt gemacht.

Die Pünktlichkeit und relative Häufigkeit der Abfahrten und die feststehenden Raten in der Linienschifffahrt ermöglichen den Außenhandelskaufleuten (Exporteuren, Importeuren, Spediteuren) sowohl eine zeitlich exakte Disposition ihrer Überseesendungen als auch eine genaue Preisvorkalkulation unter Einbeziehung der Transportkosten.

Einsatzbereiche der Seeschiffe deutscher Reedereien

Einsatzbereich	Deutsche Flagge		Ausländische Flaggen			
			Deutsches Register		Ausländisches Register	
	Schiffs-zahl	Mio. BRT/BRZ	Schiffs-zahl	Mio. BRT/BRZ	Schiffs-zahl	Mio. BRT/BRZ
Trampfahrt	148	1,663	127	1,046	113	1,242
Linienfahrt	63	1,530	16	0,100	12	0,199
Tankfahrt	49	0,497	48	0,211	27	0,718
Massengutfahrt	9	0,189	3	0,084	30	0,535
Fahrgast-schifffahrt	13	0,220	–	–	3	0,042
Kühlfahrt	5	0,053	6	0,043	19	0,126
insgesamt	287	4,152	200	1,484	204	2,862

Ratenbildung in der Linienfahrt und die Bedeutung der Schifffahrtskonferenzen

Während in der Trampfahrt die Transportpreise in der Regel aufgrund der augenblicklichen Angebots- und Nachfrageverhältnisse zustande kommen, liegen die Raten in der Linienschifffahrt für Monate im Voraus fest. Sie sind das Ergebnis von Verhandlungen innerhalb der Schifffahrtskonferenzen.

Schifffahrtskonferenzen haben sich meist dann gebildet, wenn mehrere Reedereien (zum Teil aus unterschiedlichen Staaten) mit ihren Schiffen eine Route (= Linie) befahren. Um einen ruinösen Wettbewerb untereinander zu verhindern, arbeiten die beteiligten Reedereien im Rahmen der Konferenz zusammen und treffen bestimmte Absprachen. Gegenwärtig gibt es weltweit zwischen 300 und 400 Schifffahrtskonferenzen oder konferenzähnliche Kooperationsformen.

Aufgaben der Schifffahrtskonferenzen

- Vereinheitlichung der Frachtraten für die Konferenzmitglieder in Form von Festraten oder Mindestraten
- Abstimmung der Abfahrts- und Ankunftstermine der Konferenzschiffe, um eine gewisse Regelmäßigkeit zu erzielen
- Vereinheitlichung der Transportbedingungen
- Festlegung von Treuerabatten

Die Schifffahrtskonferenzen unterhalten in der Regel ein oder mehrere Sekretariate. Diese Sekretariate überwachen die Einhaltung der Konferenzbestimmungen und bereiten Konferenzbeschlüsse vor.

Konferenzreedereien und Outsider

Zweifellos sind die Absprachen, die Reedereien im Rahmen der Konferenzen untereinander treffen, als Kartelle anzusehen. In Deutschland sind sie jedoch nur einer Missbrauchsaufsicht unterstellt und auch auf der Ebene der Europäischen Gemeinschaft werden die Vorteile, die Schifffahrtskonferenzen im Hinblick auf Markttransparenz und Stetigkeit in der Preisentwicklung mit sich bringen, durchaus anerkannt. 1986 wurde vom Ministerrat der Europäischen Gemeinschaft die Verordnung 4056/86 verabschiedet. Sie gewährt den Konferenzen eine weitgehende Gruppenfreistellung vom allgemeinen Verbot wettbewerbsbeschränkender Absprachen. Auch in den USA wurde der sog. „Shipping Act" (= Gesetz, das den Wettbewerb in der Seeschifffahrt regelt) geändert und den Bedürfnissen der modernen internationalen Linienfahrt angepasst.

Die Konferenzen gewähren auf die Konferenzraten Rabatte, falls Befrachter sich verpflichten ihre Sendungen ausschließlich mit Konferenzschiffen transportieren zu lassen. Als Outsider bezeichnet man Reedereien, deren Schiffe zwar auch die Route der Konferenz befahren, die sich aber nicht an die Abmachung der Konferenz halten. Die Outsider unterbieten häufig die Konferenzraten.

Offene und geschlossene Konferenzen

Bei den Konferenzen wird im Hinblick auf die Aufnahme neuer Mitglieder zwischen offenen und geschlossenen Konferenzen unterschieden. Von einer offenen Konferenz spricht man, wenn der Neueintritt einer Reederei nicht an die Zustimmung der Konferenzmitglieder gebunden ist. Bei vielen Konferenzen ist es jedoch üblich, den Beitritt neuer Mitglieder von der Zustimmung aller oder der Mehrheit der bisherigen Mitglieder abhängig zu machen (geschlossene Konferenz – closed conference).

Moderne Entwicklungen

Als Folge des verschärften Wettbewerbs haben sich in letzter Zeit Kooperationsmodelle entwickelt, die weit über die Absprachen der klassischen Schifffahrtskonferenz hinausgehen. Die beteiligten Reedereien binden sich zum Teil in der Form, dass sie einer Aufteilung des angebotenen Frachtraumes untereinander in festen Quoten zustimmen (Quotenkartell) oder sie vereinbaren sogar die Gewinnpoolung (Gewinne fließen in einen gemeinsamen Topf und werden dann nach Quoten aufgeteilt). Aus Kosten- und Effektivitätsgründen entschließt man sich auch häufig zu gemeinsamem Marketing.

4 Container für den Seetransport einsetzen

In der Seeschifffahrt kommt es dem Reeder darauf an, dass die Schiffe schnell be- und entladen werden können. Lange Liegezeiten in den Häfen führen zu hohen Hafengebühren und verschlechtern die Rentabilität. Bei Massengut werden zum Be- und Entladen Krananlagen, Förderbänder oder Saugheber eingesetzt. Bei der Stückgutbeförderung versucht man – soweit möglich – standardisierte Container zu verwenden, denn mit deren Hilfe lassen sich Lade- und Löschzeiten der Schiffe enorm verkürzen. Voraussetzung für den Containereinsatz ist allerdings, dass

> a) das Transportgut containerisierbar ist und
> b) dass techn. Hilfsmittel (Containerverladebrücken, Liftvans usw.) zur Verfügung stehen.

Immer mehr Häfen bemühen sich diese technischen Einrichtungen bereitzustellen und darüber hinaus Freiflächen für die Lagerung der Container zur Verfügung zu halten, damit sie am Containerverkehr partizipieren können. Im vollen Umfang kommen die Vorteile des Containerverkehrs zum Tragen, wenn der Container auch im Vorlauf und Nachlauf zum/vom Hafen eingesetzt werden kann (auf der Bahn, auf dem Binnenschiff oder auf dem Lkw).

4.1 Vorteile des Containereinsatzes

- **Schutz der Ware vor Beschädigung und Fremdzugriff**
- **Verminderung des sonstigen Verpackungsaufwandes**
- **Zusammenfassung einzelner Packstücke zu größeren Ladeeinheiten:**
  dadurch Verringerung der Umladevorgänge
- **Verringerung der Lade- und Löschzeiten der Schiffe in den Häfen:**
  bedingt durch einheitliche Packungsgrößen, die eine Beschleunigung und bessere technische Beherrschung der Lade- und Löschvorgänge ermöglichen
- **Möglichkeit des Einsatzes spezieller Containerschiffe**
- **Möglichkeit des Einsatzes der Container im Vor- und Nachlauf:**
  Damit wird der Container:
  a) Teil des Lkw   b) Teil des Eisenbahnwagens   c) Teil des Schiffes

Übersicht über die wichtigsten Containerschiffsflotten

Flagge	Flottengröße Schiffe	Flottengröße Mio. BRZ	Anteil an der Weltflotte in % (BRZ)	Alter in Jahren
1. Panama	543	15,1	22,7	9
2. Liberia	298	8,3	12,5	6
3. Deutschland	**211**	**5,1**	**7,6**	**5**
4. Dänemark	73	3,6	5,4	6
5. Singapur	169	3,6	5,4	10
6. USA	86	3,1	4,6	19
7. Antigua & Barbuda	175	2,5	3,7	7
8. Hongkong	69	2,4	3,5	7
9. Zypern	119	2,3	3,4	13
10. Großbritannien	55	2,0	3,0	13
11. Bahamas	73	1,9	2,9	10
12. Niederlande	69	1,8	2,7	6
Sonstige	816	15,1	22,5	–
Welt insgesamt	2 756	66,8	100,0	10

Quelle: Lloyd's Register, World Fleet Statistics, Stand: 31. Dez. 2001

4.2 Arten der Container

Die gängigsten Arten sind die 20-Fuß-Container und die 40-Fuß-Container, die von der „International Organisation for Standardization" (ISO) in ihren Abmessungen genormt sind. Die Transfrachtcontainer der Deutschen Bahn AG weichen von diesen Maßen etwas ab und eignen sich deshalb nicht für den Seeverkehr. Die Transfrachtcontainer gestatten die Verladung von 2 Normpaletten nebeneinander, sie sind, wie man so schön sagt, „um die Paletten herumgebaut".

Will man die Containertragfähigkeit eines Schiffes ausdrücken, so nennt man die Anzahl der TEUs, die geladen werden können. 1 TEU = Twenty-feet Equivalent Unit.

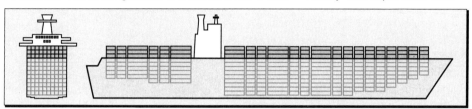

Das Containerschiff ist etwa dreimal so groß wie der konventionelle Linienfrachter. Infolge der erhöhten Umschlagsleistung im Hafen ersetzt es allerdings mehr als sechs solcher Frachter. Der Laderaum eines Containerschiffes ist in Zellen eingeteilt. Jede Zelle entspricht einem Stapel von neun Containern. Auf Deck können Container in drei Lagen übereinander gestapelt werden. Ein typisches Containerschiff der 3. Generation kann 2 500 TEU transportieren, je nach dem Gewicht der Container. Containerschiffe der 4. Generation haben eine Tragfähigkeit zwischen 3 500 und 4 500 TEU. Die modernsten Containerschiffe können 7 500 TEU befördern.

Bei den Containern kann man unterscheiden:

1. Der Stückgutcontainer (Standardcontainer)

Dieser Container wird für alle Ladungsarten verwendet, die in Bezug auf Temperatur oder Ventilation nicht besonders behandelt werden müssen. Damit man die Ladung sichern kann, sind Boden und Wände mit Ösen ausgestattet.

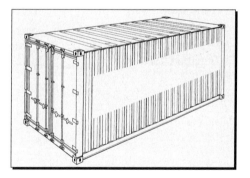

Abmessungen des 20-Fuß-Containers:
20' x 8' x 8' = 31,8 m³, Tragfähigkeit: 18 350 kg
Abmessungen des 40-Fuß-Containers:
40' x 8' x 8,6' = 68 m³, Tragfähigkeit: 27 000 kg

2. Der Isoliercontainer (Insulated Container)

Dieser Container eignet sich für Transportgut, bei dem die Temperatur konstant gehalten werden muss. Die Innenwände sind in Sandwichbauweise erstellt, wobei die Zwischenräume wärmedämmend ausgeschäumt sind.

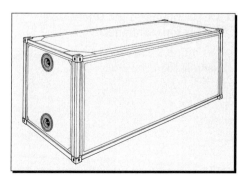

3. Der Kühlcontainer (Reefer Container, Refrigerated Container)

Dieser Container ist mit einem eigenen Kühlaggregat ausgestattet.

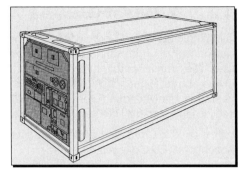

4. Der Schüttgutcontainer (Bulk Container)

mit Einfüllöffnungen im Dach und Entleerungsklappen, z. B. für Brauereimalz oder Kunststoffgranulat.

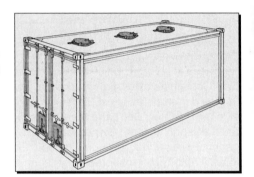

5. Der Flüssigkeitscontainer (Tank Container)

Dieser Container wird auch in Isolierbauweise hergestellt, z. B. für den Transport von Milch.

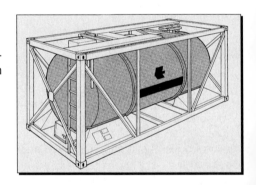

6. Der Container ohne Dach (Open-top-container)

Die Abdeckplane (Abdeckpersenning) kann aufgerollt werden.

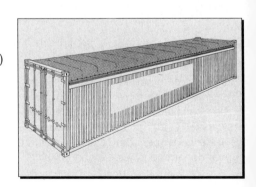

7. Die „Containerplattform"

Die „Plattform" eignet sich für den Transport schwerer Maschinen. Unter Umständen können auch mehrere „Plattformen" nebeneinander gestellt werden, um eine ausreichende Grundfläche für überdimensionale Ladungsstücke zu schaffen.

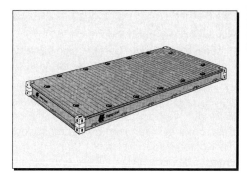

8. „Flat"

Unter Flat versteht man eine „Plattform" mit festen Stirnwänden und herausnehmbaren seitlichen Rungen.

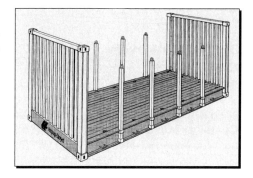

9. Der Container mit Seitenöffnungen (Open-side-container)

4.3 Die Einsatzmöglichkeiten der Container

Der Einsatz im Haus-Haus-Verkehr

Am vorteilhaftesten ist es, wenn der Container im Haus-Haus-Verkehr eingesetzt werden kann: Der Absender packt – vorausgesetzt er hat genügend Gut für einen Empfänger – den Container selbst. Man bezeichnet diesen Sachverhalt als „Full Container Load" = FCL. Der Container wird dann erst beim Empfänger entladen.

Der Code für diesen Containereinsatz ist FCL/FCL. Man bringt durch die doppelte Nennung der drei Buchstaben zum Ausdruck, dass sowohl der Absender als auch der Empfänger mit der ganzen Containerladung zu tun haben.

Als Vermieter von Containern treten vor allem Reedereien auf, aber auch größere Speditionen oder Containerdepots. Die Transfracht, Frankfurt/Main, vermietet DB-Container verschiedenster Bauart, die für den Binnenverkehr geeignet sind. Das Unternehmen bemüht sich aber auch den Verkehr der Überseecontainer von und nach den Seehäfen kommerziell zu betreuen.

In den Häfen und größeren Plätzen des Binnenlandes gibt es so genannte Containerterminals, wo Container umgeschlagen und auf ausgedehnten Freiflächen gelagert werden können. Dort befinden sich in der Regel auch Containerreparaturbetriebe.

Die Beförderung der Container im Binnenland

Hier stehen Eisenbahnen und die Unternehmen des Güterkraftverkehrs in Konkurrenz. In den letzten Jahren bemüht sich auch die Binnenschifffahrt in zunehmendem Maß um Containertransporte. Auch der Werkverkehr spielt eine gewisse Rolle.

Im Hinblick auf die Organisation des Vor- und Nachlaufs von Überseecontainertransporten und ihre kostenmäßige Abwicklung gibt es unterschiedliche Möglichkeiten: Falls der Verfrachter den Landtransport im Abgangsland und den Nachlauf vom Bestimmungshafen zum Bestimmungsort selbst organisiert, das Risiko dafür trägt und die Kosten zunächst selbst übernimmt, so bezeichnet man das als **„Carrier's Haulage"**. Sollen dagegen die Ladungsbeteiligten die Verantwortung und die Organisation für den Vor- und Nachlauf übernehmen und bezahlen sie auch unmittelbar dafür, so kennzeichnet man die entsprechende Absichtserklärung mit der Kurzformel **„Merchant's Haulage"**.

Der Pier-Pier-Verkehr

Nicht immer können Container im Haus-Haus-Verkehr eingesetzt werden. Haben verschiedene Absender für einen Bestimmungshafen nur kleinere Warenmengen, die an unterschiedliche Empfänger im Bestimmungsland gehen sollen, sodass kein Absender allein einen Container packen könnte, so bezeichnet man das als **LCL = Less than Container Load**. Ein Containertransport kann trotzdem ins Auge gefasst werden, aber nur von Hafen zu Hafen oder auch von Spedition zu Spedition. Im Abgangshafen übernimmt eine **Container Freight Station (CFS)** das **„Stuffing"** (= Beladen) des Containers, im Bestimmungshafen eine andere CFS das **„Stripping"** (= Entladen) des Containers. Der Code für den Pier-Pier-Verkehr ist LCL/LCL.

> Stuffing = Beladen, Packen } von Containern
> Stripping = Entladen

Der Haus-Pier-Verkehr

Bei dieser Versendungsform packt der Absender den Container und der Verfrachter befördert ihn in den Bestimmungshafen. Dort erfolgt das „Stripping" des Containers und sein Inhalt wird in einzelne Teilsendungen aufgelöst, die an verschiedene Empfänger konventionell weiterbefördert werden. Code: FCL/LCL

Der Pier-Haus-Verkehr

Haben die Beteiligten LCL/FCL vereinbart, so bedeutet dies, dass Einzelsendungen, die konventionell angeliefert werden, im Abgangshafen von einer Container Freight Station in einen Container gepackt werden, der dann bis zum Empfänger läuft.

Die Codes FCL/FCL, LCL/FCL und FCL/LCL können mit den Codes „Carrier's Haulage" und „Merchant's Haulage", die den Vor- und Nachlauf regeln, kombiniert werden.

Dokument

Wird einem Spediteur eine FCL/FCL-Sendung übergeben, so stellt er in der Regel ein FBL (Negotiable FIATA Multimodal Transport Bill of Lading) aus. Dieses Spediteurdurchkonnossement trägt den Vermerk „received for shipment".

Einsatzbereiche des Containers

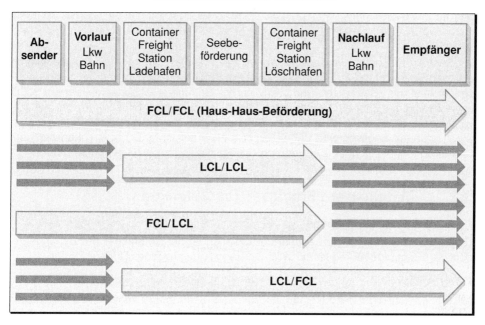

Zusammenfassung

➤ Der Container ist ein Mittel zur Rationalisierung von Transportvorgängen. Er wird Teil des Lkw, des Eisenbahnwagens und des Schiffes. Das Containerschiff („box carrier") wurde eigens für ihn entwickelt.

➤ Hauptvorteile:
- Schutz der Ware vor Beschädigung und Fremdzugriff
- größere Ladeeinheiten mit einheitlicher Größe, die das Handling erleichtern und den Einsatz spezieller Umschlagsgeräte ermöglichen
- Abkürzung der Lade- und Löschzeiten der Schiffe

➤ Am häufigsten sind 20-Fuß- und 40-Fuß-Container.

➤ Containertypen:
- Standardcontainer,
- Isoliercontainer,
- Kühlcontainer,
- Schüttgutcontainer,
- Open-top-container,
- Tankcontainer,
- „Plattform",
- „Flat",
- Open-side-container.

➤ Es gibt die Einsatzbereiche FCL/FCL, LCL/LCL, FCL/LCL, LCL/FCL.

➤ Dokument: FBL oder Durchkonnossement der Reederei bzw. im LCL/LCL-Einsatz auch B/L.

5 Seefrachtverträge abschließen

5.1 Die Vertragspartner: Befrachter und Verfrachter (als unmittelbar Beteiligte)

Im Seefrachtgeschäft werden die sonst bei Frachtgeschäften für die Beteiligten üblichen Bezeichnungen „Absender" und „Frachtführer" nicht verwendet. Stattdessen spricht man von „Befrachter" und „Verfrachter". Befrachter ist derjenige, der ein Schiff befrachtet, d. h. Güter per Schiff transportieren lässt. Verfrachter ist derjenige, der sich verpflichtet diese Beförderung vom Abgangshafen bis in den Bestimmungshafen durchzuführen. Englisch wird der Befrachter auch als „shipper" bzw. „charterer" (bei Charterungen) bezeichnet. Der Verfrachter trägt die englische Bezeichnung „carrier".

5.2 Mittelbar am Frachtvertrag Beteiligte

1. Der Empfänger (consignee)

Obwohl nicht selbst als Vertragspartner beteiligt, ist der Empfänger der Begünstigte, denn der Seefrachtvertrag ist ein „Werkvertrag zugunsten eines Dritten".

2. Der Ablader

Ablader ist derjenige, der die Güter aufgrund des Seefrachtvertrages im Seehafen dem Verfrachter zur Beförderung übergibt. Den Ablader gibt es nur nach deutschem Seerecht. Es kann der Befrachter selbst sein oder ein Dritter (z. B. ein Spediteur), der im Namen des Befrachters (nicht in eigenem Namen) als dessen selbstständiger Vertreter handelt. Ein eigenständiger Ablader nimmt vor allem dann die Interessen des Befrachters im Seehafen wahr und wird für ihn tätig, wenn dieser nicht selbst im Seehafen ansässig ist.

Zwischen Ablader und Verfrachter entwickeln sich nach deutschem Seehandelsrecht eigenständige Vertragsbeziehungen. So kann der Ablader z. B. nach § 642 HGB die Ausstellung der Konnossemente vom Verfrachter verlangen, wobei er selbst die Anzahl der Originale bestimmt. Nach § 645 HGB stellt er schriftlich die Mengen- und Markierungsangaben bereit, die ins Konnossement eingetragen werden sollen.

Der Ablader ist aber grundsätzlich nicht Frachtschuldner des Verfrachters, da er nicht aus dem Seefrachtvertrag verpflichtet wird. Es kommt jedoch vor, dass Konnossementsbedingungen eine solche Verpflichtung vorsehen.

3. Der Verschiffungsspediteur

Er ist im Seehafen ansässig und schließt im **eigenen Namen** für Rechnung seines Auftraggebers mit dem Verfrachter einen Seefrachtvertrag ab. Insofern spielt er – rechtlich gesehen – die Rolle des Befrachters und übernimmt dessen Rechte und Pflichten. Er bucht auch beim Reeder bzw. Makler den erforderlichen Frachtraum. Eine wichtige Rolle spielt der Verschiffungsspediteur im Sammelladungs- und Containergeschäft: Er sammelt Einzelsendungen für eine bestimmte Relation und fasst sie zu Containerladungen zusammen, die er dann im eigenen Namen dem Verfrachter übergibt.

4. Der FOB-Spediteur

Der FOB-Spediteur hat dafür zu sorgen, dass die Ware rechtzeitig, ordnungsgemäß und vollständig an Bord geliefert wird. Dabei sind die Weisungen des Befrachters im Hinblick auf den Zeitpunkt der Anlieferung, den Namen des Schiffes und den Kaischuppen zu beachten.

In der Praxis können Verschiffung und FOB-Lieferung in der Hand eines Spediteurs liegen. Die beiden Aufgaben können aber auch von zwei unterschiedlichen Speditionen wahrgenommen werden.

5. Der Schiffsmakler

Er ist ein selbstständiger Vermittler zwischen Befrachter und Verfrachter. Er stellt den Kontakt zwischen den beiden Vertragsparteien her und ist beim Vertragsabschluss behilflich.

6. Der Agent der Reederei

Er vertritt in den angelaufenen Häfen, in denen die Reederei nicht selbst durch eine Niederlassung vertreten ist, die Interessen der Reederei als selbstständiger Kaufmann. Viele Aufgaben, die eigentlich die Reederei selbst wahrnehmen müsste (z. B. Klarierung und Versorgung der Schiffe, Ausstellen der Konnossemente, Frachtberechnung und Einzug der Frachtbeträge), werden vom Agenten übernommen. Die Rolle des Agenten einer oder mehrerer Reedereien wird häufig von Schiffsmaklern wahrgenommen.

7. Die Notify-Adresse

Im Konnossement ist ein Feld für den so genannten Notify-Vermerk vorgesehen. Hier kann eine Firma eingetragen werden, die bei Ankunft der Sendung im Bestimmungshafen durch die so genannte „Arrival-Notice" verständigt werden soll. Dieses Unternehmen kann in der Regel auch das Originalkonnossement vorlegen und aufgrund dessen auch die Sendung ausgeliefert erhalten.

Der Abschluss des Seefrachtvertrages (vermittelt durch einen Makler)

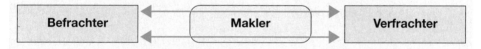

Die Abwicklung des Seefrachtvertrages
(Weg der Sendung und deren kaufmännische Betreuung)

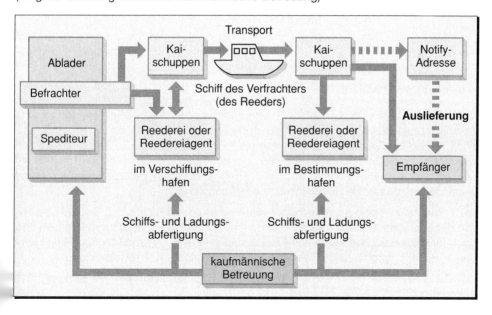

5.3 Rechtliche Grundlagen

1. Konnossementsbedingungen

Viele Reedereien haben ihre eigenen Konnossementsbedingungen ausgearbeitet, nach denen sich die Abwicklung des Seefrachtvertrages richten soll. Im Chartergeschäft treten an die Stelle der Konnossementsbedingungen die einzelnen Bestimmungen des Chartervertrages. Auch hier gibt es für bestimmte Güter auf bestimmten Routen standardisierte Musterverträge, auf die die Beteiligten zurückgreifen können.

2. Die Haager Regeln

Sie wurden 1924 beschlossen. Viele Staaten, die am internationalen Seeverkehr teilnehmen, haben diese Regeln ratifiziert. Dieses internationale Übereinkommen wurde seinerzeit vor allem deshalb abgeschlossen, weil die meisten Verfrachter in der Zeit vorher bestrebt waren ihre Verpflichtungen und ihre Haftung in den Konnossementsbedingungen immer stärker einzuschränken. Durch die Haager Regeln wurde diesem unbefriedigenden Zustand ein Ende gesetzt. Die Haftung der Verfrachter wurde international vereinheitlicht. Vor allem wurden einige Pflichten des Verfrachters aus dem Seefrachtvertrag für „zwingend" erklärt, sodass heute eine Freizeichnung von diesen Pflichten nicht mehr möglich ist.

Die Haager Regeln sind Regeln für Konnossemente. Sie können in der Regel nicht auf Charterverträge angewandt werden.

3. Das HGB

Deutschland hat mit einiger Verspätung im Jahre 1937 die Haager Regeln in das HGB übernommen.

4. Die Visby Rules

Die Visby Rules sind ein Übereinkommen, das die Haager Regeln in einigen Punkten abändert. Dieses Abkommen wurde 1968 von 25 Staaten gezeichnet und ist 1977 in Kraft getreten.

5. Die Hamburger Regeln

Die Hamburger Regeln sind 1978 im Rahmen einer Konferenz der Vereinten Nationen verabschiedet worden. Sie sollen die Haager bzw. die Visby Rules ablösen. Bisher haben allerdings erst relativ wenige Staaten dieses Abkommen durch ihre Parlamente ratifiziert. Das Abkommen geht von einer umfassenden Anwendung auf Seefrachtverträge aus, selbst wenn kein Konnossement, sondern ein anderes Papier ausgestellt wurde. Normale Charterverträge werden aber auch durch die Hamburger Regeln nicht erfasst. In diesem Bereich wird auch in Zukunft volle Vertragsfreiheit bestehen, selbst wenn die Hamburger Regeln weltweit Anerkennung finden.

Die Hamburger Regeln sehen generell eine Verschuldenshaftung des Verfrachters vor, von der auch das nautische Verschulden nicht – wie bisher – ausgenommen sein soll. Auch für Verspätungsschäden und Feuerschäden wird der Verfrachter nach den Hamburger Regeln haften müssen, wenn ihm ein Verschulden nachzuweisen ist.

Die Bundesrepublik Deutschland beabsichtigt derzeit nicht die Ratifizierung des Abkommens.

5.4 Die Verpflichtungen der Vertragspartner

Etwas vereinfacht lassen sich die Pflichten und Rechte der Beteiligten wie folgt darstellen (dabei entsprechen die Rechte des einen den Pflichten des anderen Partners):

Pflichten des Befrachters	Pflichten des Verfrachters
1. Pflicht zur rechtzeitigen und ordnungsgemäßen Lieferung der Seefrachtgüter an das Schiff und Übergabe an den Verfrachter	1. Pflicht zur Sorge für die Seetüchtigkeit des Schiffes (zu Beginn der Reise und Aufrechterhaltung während der Fahrt)
2. Pflicht zur Angabe von Maß, Zahl, Gewicht und Markierung der Packstücke	2. Pflicht zur Sorge für die Ladungstüchtigkeit (zu Beginn der Beladung und Aufrechterhaltung während der Fahrt)
3. Pflicht zur Bezahlung der Seefracht einschließlich Nebenkosten	3. Pflicht zur fürsorglichen Behandlung des Gutes von der Annahme bis zur Ablieferung
	4. Pflicht zur rechtzeitigen und ordnungsgemäßen Übergabe des Gutes an den Empfänger im Löschhafen
	5. Haftpflicht für Schäden am Gut (mit Ausnahmen)

Was versteht man unter Seetüchtigkeit?

Unter Seetüchtigkeit versteht man die Tatsache, dass das Schiff den Gefahren der Seereise gewachsen ist. Das Vorliegen des Klassenzertifikats, der Fahrterlaubnisschein und das Bausicherheitszeugnis sind hierfür wichtige Indizien. Um die Reise überstehen zu können, muss das Schiff auch richtig ausgerüstet (Funkanlage, Ruder, Seekarten, Proviant, Frischwasser) und bemannt sein.

Was versteht man unter Ladetüchtigkeit?

Ladetüchtigkeit bedeutet, dass die Laderäume nicht durch Laderückstände verunreinigt sind, sondern in einem Zustand, der eine schonende und zustandserhaltende Beförderung des Ladegutes ermöglicht. Hierzu gehört auch eine sachgerechte Stauung.

Die anfängliche See- und Ladetüchtigkeit muss auch durch entsprechende Maßnahmen während der Fahrt aufrecht erhalten werden (z. B. bei schwerer See, Eis, Nebel). Die Schiffsführung muss nautische Regeln beachten, den Kurs kontrollieren und korrigieren, Geschwindigkeitsregeln beachten und vorgeschriebene Schifffahrtswege befahren sowie – falls erforderlich – Lotsen an Bord nehmen. Außerdem muss das Schiff technisch richtig bedient werden (Fluten und Lenzen von Tanks, zweckmäßiges und angepasstes Handhaben der Maschine, Schließen der Luken usw.).

Fehler des Verfrachters bei der Aufrechterhaltung der Seetüchtigkeit in nautisch-technischer Hinsicht nennt man „nautisches Verschulden". Werden dagegen Fehler in der Behandlung des Frachtgutes begangen, so spricht man von „kommerziellem Verschulden".

5.5　Vertragsarten

Hierzu heißt es in § 556 HGB:

§ Der Frachtvertrag zur Beförderung von Gütern bezieht sich entweder
1. auf das Schiff im ganzen oder einen verhältnismäßigen Teil oder einen bestimmt bezeichneten Raum des Schiffes oder
2. auf einzelne Güter (Stückgüter).

Dabei ist der Begriff „Stückgüter" nicht dem Stückgut gleichzusetzen, das wir vom Eisenbahnverkehr her kennen. Im Seeverkehr kann es auch Stückgüter im Gewicht von 50 t und mehr geben.

Wird von einem Befrachter ein ganzes Schiff befrachtet, so spricht man von „Ganz-charter", wird nur ein bestimmter Teil befrachtet, so nennt man diese Form „Raum-charter" oder, wenn der Teil des Schiffes nicht genau umschrieben ist, „Teilcharter".

Eine andere Unterscheidung ist „Reisecharter" und „Zeitcharter". Bei der Reisecharter benötigt der Charterer das Schiff nur für **eine** Reise, bei der Zeitcharter für mehrere Reisen innerhalb eines festen Zeitraumes.

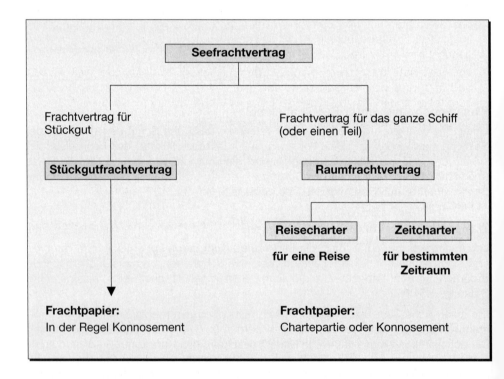

Hierzu § 557 HGB:

§ **§ 557 (Chartepartie)**
Wird das Schiff im ganzen oder zu einem ver-hältnismäßigen Teile oder wird ein bestimmt bezeichneter Raum des Schiffes verfrachtet, so kann jede Partei verlangen, dass über den Vertrag eine schriftliche Urkunde (Chartepartie) errichtet wird.

5.6 Stückgutfrachtverträge abwickeln

Bei der folgenden Aufstellung handelt es sich um die beispielhafte Aneinanderreihung einzelner Schritte; dabei kann die Reihenfolge im konkreten Fall auch anders sein.

● **Auswahl des Schiffes anhand der Segelliste**
Segellisten geben Aufschluss über die Abfahrts- und Ankunftstermine der Schiffe in den Häfen (geordnet nach Fahrgebieten).

● **Seemäßige Verpackung der Güter**
z. B. Schutz gegen Stoß, Fall und Klimaeinflüsse; Feuchtigkeitsschutz

● **Markierung der Packstücke**
Die Häfen haben hierfür besondere Vorschriften erlassen. Außerdem ist gesetzlich vorgeschrieben, dass Packstücke, die schwerer als eine Tonne sind, die Gewichtsangabe tragen müssen.

Die Vorschriften der Gefahrgutverordnung See (GGV-See) und des IMDG-Codes (IMDG = International Maritime Dangerous Goods Code) der IMO sind zu beachten (IMO = International Maritime Organisation, deutsch: Beratende Schifffahrtskommission, eine Sonderorganisation der UN für die Seeschifffahrt).

● **Buchung (fest oder konditionell) bei Reederei oder Reedereivertretung**
Feste Buchung bedeutet, dass der Verfrachter für eine Sendung die feste Zusage des Befrachters für den Beförderungsauftrag erhält. Es wird eine Buchungsnote ausgestellt, die man als Beurkundung des Frachtvertrages ansehen kann. Fest gebucht wird in der Regel für ein bestimmtes Schiff.

Im Gegensatz dazu steht die **konditionelle Buchung.** Aufgrund dieser „Vorbuchung" reserviert der Verfrachter Laderaum. Wenn der Befrachter die Abladung bekannt gibt, wird die konditionelle in eine feste Buchung umgewandelt.

● **Aufgeben der Sendung beim Spediteur oder direkt beim Reeder**
Absender und Spediteur achten darauf, dass alle erforderlichen Papiere vorhanden und richtig ausgefüllt sind.

● **Vortransport mit Lkw oder per Bahn**
Die Entscheidung über die Art des Vortransportes zum Hafen trifft der Absender, ersatzweise der Spediteur.

● **Evtl. Zwischenlagerung in einem Sammelschuppen, z. B. Überseezentrum Hamburg oder Weserbahnhof Bremen**
Dort lagern die Sendungen bis sie zum Kaischuppen transportiert werden.

● **Evtl. Containerisierung**
Die Containerisierung kann schon im Binnenland oder im Hafen in einer Container Freight Station erfolgen.

● **Auflieferung der Güter am Kaischuppen**
Die Güter werden in Hamburg mit dem Schiffszettel (in Bremen mit Absetzantrag) aufgeliefert. Der Schiffszettel wird mehrfach durchgeschrieben und enthält alle wichtigen Angaben zur Sendung. Ein Exemplar ist der **Kaiannahmeschein,** den der Ablader mit Stempel und Unterschrift als Beleg für die Auflieferung erhält.

Der Befrachter übernimmt die Gewähr, dass die im Schiffszettel gemachten Angaben stimmen. Sie bilden auch die Grundlage für die Eintragungen im Konnossement. Der Verfrachter ist nicht zur Überprüfung verpflichtet. Er lässt aber durch Tallyfirmen Stückzahl, Markierung, Maße und äußere Beschaffenheit kontrollieren.

(Tallyfirma = Unternehmen, das die Ladungskontrolle durchführt)

● **Verladung (auf Deck oder unter Deck)**

Normalerweise sind die Güter sicher in den Laderäumen des Schiffes zu stauen, also unter Deck. Zur Decksverladung ist die Zustimmung des Befrachters erforderlich. Bei Decksverladung ist die Fracht in der Regel um ein Drittel niedriger.

Die Verladung erfolgt nach Stauplan (stowage plan). Dazu benutzt man einen Seitenriss des Schiffes. Die Ladungspartien (lots) werden nach Art, Gewicht, Zahl, Markierung und Nummer je nach Bestimmungshafen in unterschiedlichen Farben eingetragen. Dabei ist auf gleichmäßige Belastung des Schiffes sowie Schutz der Güter gegen Stoß, Druck, Geruch, Leckage, Verrutschen usw. zu achten. Zum Stauen wird Garnierholz verwendet. Es gibt eigenständige Firmen, die sich auf diese Aufgaben spezialisiert haben.

● **Aufstellen des Manifests** Manifest = Ladeliste

● **Zeichnung der Konnossemente**

Die Konnossemente werden entweder vom Verfrachter selbst oder vom beauftragten Linienagenten ausgestellt. Meist sind die Konnossemente schon vom Ablader auf Originalvordrucken vorbereitet. Der Verfrachter überprüft dann die Einzelheiten anhand des Verladescheins (Teil des Schiffszettels), den die Tallyfirma ausgefüllt hat. Anschließend wird das von einem eigens bevollmächtigten Angestellten des Verfrachters bzw. des Agenten unterzeichnete Konnossement dem Ablader ausgehändigt.

● **Beförderung der Sendung in den Bestimmungshafen (port of destination oder port of discharge)**

Die Beförderung in den Bestimmungshafen kann direkt erfolgen oder unter Umladung durch mehrere Schiffe.

● **Löschen und Ausliefern gegen Vorlage eines Originalkonnossements**

Vor der Auslieferung läuft die Sendung über den Kaischuppen und in der Regel durch ein Verteilzentrum des Hafens bzw. die Lagerhalle eines Spediteurs.

● **Berechnen der Fracht**

Die Fracht wird entsprechend der Frankatur an den Befrachter oder Empfänger nach Gewicht, Volumen oder Wert berechnet. Evtl. wird auch Fehlfracht berechnet.

5.7 Konnossemente

Das Konnossement als Frachtpapier in der Seeschifffahrt

Das Frachtpapier für Stückgutsendungen in der Seeschifffahrt ist das Konnossement. (Englische Bezeichnung: bill of lading) Das Wort Konnossement wird von dem lateinischen Wort „cognoscere" (= erkennen, anerkennen) abgeleitet, denn im Konnossement anerkennt der Verfrachter die Empfangnahme genau bezeichneter Güter zur Beförderung in einen namentlich genannten Bestimmungshafen zur Auslieferung an einen legitimierten Empfänger.

Der Inhalt des Konnossements

Verkürzt kann man sagen: Das Konnossement enthält

     a) ein Empfangsbekenntnis,

     b) ein Beförderungsversprechen,

     c) ein Ablieferungsversprechen.

Nach § 643 HGB soll das Konnossement folgende Punkte enthalten: (Sollvorschrift, keine Mussvorschrift)

- Name des Verfrachters
- Name des Kapitäns
- Name und Nationalität des Schiffes
- Name des Abladers
- Name des Empfängers
- Abladehafen (= Abgangshafen)
- Löschhafen
- Ort und Tag der Ausstellung
- Art der an Bord oder zur Beförderung übernommenen Güter, deren Maß, Zahl oder Gewicht, ihre Merkzeichen und ihre äußerlich erkennbare Verfassung und Beschaffenheit
- Die Bestimmung über die Fracht (= Frachtbetrag und Frankatur)
- Zahl der ausgestellten Ausfertigungen

Nach § 642 HGB kann der Befrachter bzw. Ablader bestimmen, wie viele Originalkonnossemente ausgestellt werden sollen. Im praktischen Ablauf sieht das so aus, dass der Ablader die ihm zur Verfügung gestellten Vordrucke in gewünschter Zahl ausfüllt („er macht die Konnossemente auf") und sie dem Verfrachter bzw. seinem Agenten übergibt. Der Verfrachter stimmt die Angaben im Konnossement mit den Angaben der Ladungskontrolleure, die die Sendung übernommen und geprüft (evtl. auch gewogen und vermessen) haben, ab und gibt die Konnossemente unterschrieben an den Ablader zurück (der Verfrachter „stellt die Konnossemente aus").

Bedeutung des Konnossements

Das Konnossement stellt für den Ablader zunächst eine Empfangsbestätigung des Verfrachters über Art, Menge und Beschaffenheit der übergebenen Güter dar.

Darüber hinaus ist das Konnossement eine Beweisurkunde über den Inhalt des Frachtvertrages, wobei auch die Rechtsbeziehungen zwischen Verfrachter und Empfänger geregelt werden. Meist sind auch die Konnossementsbedingungen auf der Rückseite abgedruckt.

Im Gegensatz zu anderen Frachtbriefen ist das Konnossement ein so genanntes „geborenes" Wertpapier, d. h., es vertritt die Ware und kann auch gehandelt werden. Der Verfrachter verspricht, nur an den legitimierten Inhaber und nur gegen Übergabe eines Originalkonnossements auszuliefern. (Es gibt auch Kopiekonnossemente, die keinen Wertpapiercharakter haben.) Wenn der Auslieferungsanspruch gegen Übergabe eines Originals erfüllt worden ist, werden die anderen Originale gegenstandslos. (Wortlaut im englisch-sprachigen Konnossement: „... one of which being accomplished the others to stand void.")

Der Wertpapiercharakter des Konnossements lässt sich sehr gut bei Export- und Importgeschäften zur Sicherung der Belieferung und zur Sicherung des Zahlungseinganges einsetzen (z. B. mithilfe des Akkreditivs).

Da das Konnossement die Ware vertritt, kann es auch gehandelt werden. Möglicherweise wird zunächst im Konnossement überhaupt kein Empfänger eingesetzt (das Konnossement wird „an Order" ausgestellt). Wird die Ware dann während des Transports verkauft, kann das Konnossement auf den Käufer übertragen werden. Das Gleiche gilt bei einem Weiterverkauf durch den ursprünglichen Empfänger: Auch hier kann der neue Käufer durch Indossament zum neuen Berechtigten gemacht werden.

Bordkonnossement und Übernahmekonnossement

Im Konnossement kann der Verfrachter durch den gewählten Wortlaut zum Ausdruck bringen, ob er die Ware lediglich zum Transport übernommen hat (= „received") oder ob er die Güter an Bord eines bestimmten Seeschiffes verladen hat (= „shipped on board"). Je nachdem wird zwischen Übernahme- und Bordkonnossement unterschieden. Von den Banken werden im Allgemeinen reingezeichnete Bordkonnossemente gefordert, wenn es um die Abwicklung der Zahlung vom Käufer zum Verkäufer geht.

Originalkonnossement und Kopiekonnossement

Der volle Satz der Konnossemente besteht entweder aus drei oder zwei gleich lautenden Originalkonnossementen. Aus jedem Original geht hervor, aus wie viel Originalen der volle Satz besteht. Man schreibt „full set 3/3" oder „full set 2/2".

Der Empfänger kann die Auslieferung gegen Übergabe eines Originals verlangen. Ist ausgeliefert, werden die anderen Originale gegenstandslos. Außer den Originalen können beliebig viele Kopien gefertigt werden, die auch als solche zu kennzeichnen sind. Die Kapitänskopie begleitet die Sendung.

Namens- und Orderkonnossement

Beim Namenskonnossement (Rektakonnossement) ist eine bestimmte Person oder Firma namentlich als Empfänger genannt, ohne jeden weiteren Zusatz. Nur dieser namentlich genannte Empfänger kann in diesem Fall vom Verfrachter (bzw. seinem Agenten) die Herausgabe der Sendung verlangen. Soll der Herausgabeanspruch an einen Dritten abgetreten werden, so ist eine besondere Abtretungserklärung (Zession) erforderlich. Namenskonnossemente mit Zession kommen sehr selten vor.

Üblich ist dagegen das Orderkonnossement. Beim Orderkonnossement gibt es zwei verschiedene Spielarten:

a) Es wird ein Empfänger namentlich mit dem Zusatz „an Order" genannt (z. B. „an die Order der Fa. NN" oder „an Fa. XY oder Order").

b) Es wird überhaupt kein Empfänger namentlich genannt; das Konnossement wird also nur „an Order" ausgestellt (= namenloses Orderkonnossement). Berechtigt ist hier zunächst der Befrachter, der seinen Herausgabeanspruch jedoch weiter übertragen kann. Ist zum Zeitpunkt des Eintreffens der Sendung im Bestimmungshafen noch kein Empfänger benannt, wendet sich der Reeder an die Notify-Adresse.

Bei beiden Spielarten kann die Berechtigung aus dem Konnossement durch einen Weitergabevermerk (Indossament) auf einen Dritten übertragen werden. Dieser neue Berechtigte kann seinerseits das Konnossement weiterindossieren. Letztlich ist der Berechtigte derjenige, der sich durch eine lückenlose Kette von Indossamenten legitimieren kann. Ein Indossament wird gemeinhin auf der Rückseite des Orderpapiers angebracht, und zwar vom gegenwärtig Berechtigten. Er ist dann der Indossant, der alle Rechte durch das Indossament auf den Indossatar überträgt. Die Übergabe eines ordnungsgemäß indossierten Konnossements ist gleichzusetzen mit der Übergabe der Ware selbst. Der neue Inhaber des Konnossements bekommt den Herausgabeanspruch auf die Ware und der Verfrachter kann ihm (im Gegensatz zum Inhaber eines abgetretenen Namenskonnossements) keine Einreden entgegenhalten, die er beispielsweise gegen den Befrachter hätte (z. B. wegen Nichtbezahlung der Fracht).

Ablader:			

FRANK FREI, BREMEN

B/L Nr.:

Dampfschifffahrts-Gesellschaft „NEPTUN"

Bremen-Schweden

VERTRETER

Bremen einkommend	„Neptun" Schiffahrts-Agentur GmbH	Köping	Mälartransport AB.
ausgehend	Herm. Dauelsberg (Westschweden)	Västeras	AB. Västerasspedition
	Gottfr. Steinmeyer & Co. (Ostschweden)	Stockholm einkommend	Emil R. Boman AB.
Gothenburg	Strandbergs Fraktkontor AB.	ausgehend	AB. Nyman & Schultz
Malmö		Gefle	Andersson & Lundqvist AB.
		Söderhamn	AB. Axel E. Madsen
		Hudiksvall	Aktiebolaget J. E. Arndt
einkommend	AB. H. Sandström	Sundsvall	Swedberg & Kronberg AB.
ausgehend	AB. Nyman & Schultz		AB. C. G. Wickberg & Söner
Kalmar	Johan Nilsson & Co. AB.	Hernösand	Carl Gust. Ringblom AB.
Oskarshamn	AB. Eric Hagström	Örnsköldsvik	J. W. Grundberg & Co.
Västervik	Aktiebolaget Knut Sjögren	Holmsund	Ivan Lundstedts Eftr. AB.
Norrköping	J. Ringborg AB.	Skelleftea	Dahl & Björkeroth AB.
Oxelösund	Trafikaktiebolaget Grängesberg-Oxelösund Speditionskontoret	Pitea	F. G. Berggrens Eftr. AB.
		Lulea	Lulea Speditions AB.

Empfänger (oder dessen Order):

Johann Carlson AB
Jönköping/Schweden

Notify Adresse:

J. Ringberg
Fraktkontor

Göteborg

General-Agenten für den Nordschweden-Dienst: A. B. Nyman & Schultz, Stockholm

Schiff:	Ladehafen:	**Bremen**	
NS Neptun			

Bestimmungshafen	Fracht zahlbar in	Anzahl der Original-B/L:
Göteborg	Bremen	3/3

Marken / Nummern	Anzahl / Verpackungsart / Beschreibung der Güter	Bruttogewicht	Maß
SIE 1 - 7	7 Kisten Transformatoren	3728 kg	1,890 cbm

Original

Pos. Nr. 01/164/ 147

Fracht per 1000 kg		
✳✕/€ 185,00	689,68	
Nachnahme		
Gebühr 10% (m/m Kr. 3.-)	68,97	
Sonstige Kosten		
Gesamt	758,65	

Verladen in anscheinend äußerlich guter Beschaffenheit (sofern nichts anderes vermerkt) und auszuliefern im vorgenannten Bestimmungshafen oder so nahebei, wie das Schiff ohne Gefährdung fahren und stets flott liegen kann.

Durch Annahme dieses Konnossements erkennen die Ladungsbeteiligten ausdrücklich sowohl die obigen als auch die umstehenden Bedingungen an, ob geschrieben, gedruckt, gestempelt oder auf andere Weise aufgenommen und unterwerfen sich denselben ohne Rücksicht auf etwaige entgegenstehende Usancen am Löschplatz.

Zum Zeugnis dessen ist die oben vermerkte Anzahl Originalkonnossemente des gleichen Inhalts und Datums gezeichnet worden. Ist eines dieser Originalkonnossemente erfüllt, sind auch die übrigen erledigt.

Ort. und Datum der Ausstellung:

Bremen,

Für den Kapitän:

Karl Friedrich Hansen

(Agent)

Gedruckt und zu haben bei:
Diercksen & Wichlein, Bremen, Langenstraße 60-62

Linienkonnossement

SHIPPER:

Bill of Lading   Page 2

B/L No.

Ref.-No.

CONSIGNEE: ORDER OF

NAWESER

NOTIFY ADDRESS (carrier not responsible for failure to notify; see clause 21 hereof):

North Atlantic Westbound Service

Voyage No.: | * Place of receipt

OCEAN VESSEL: | PORT OF LOADING:

PORT OF DISCHARGE: | * Place of delivery | Freight payable at: | No. of original Bs/L:

Particulars furnished by shipper of goods

Marks & Nos.	Number and kind of packages; description of goods	Gross weight kilos

COPY NOT NEGOTIABLE

Freight and charges
(particulars for calculation of freight only)

Freight: to be prepaid / to be collected

All agreements or freight engagements for the shipment of the goods are superseded by this Bill of Lading, except the conditions of the applicable tariff which are available from the carrier and which are deemed to be incorporated in this Bill of Lading. In case of inconsistency of any conditions of the applicable tariff with the terms stated on page 1 and 2 of this Bill of Lading the latter shall prevail unless otherwise expressly provided for herein. All the terms of this Bill of Lading, whether written, typed, stamped, or printed, are accepted and agreed by the merchant to be binding as fully as if signed by the merchant any local customs or privileges to the contrary notwithstanding.
IN WITNESS WHEREOF the number of original Bills of Lading stated above all of this tenor and date has been signed, one of which being accomplished the others to stand void.

Place and date of issue:

For the carrier:

* Applicable only when document used for through transportation (see clause 2 c)

Englischsprachiges Konnossement

Reines und unreines Konnossement

Wenn die Sendung im Verschiffungshafen dem Verfrachter übergeben wird, so kontrolliert in dessen Auftrag der Tallymann die Sendung in Bezug auf Stückzahl, Gewicht, Maß, aber auch im Hinblick auf die Unversehrtheit von Ware und Verpackung. Sind hier Abstriche zu machen (z. B. „ein Karton fehlt", „ein Verschlag beschädigt" oder „zwei Ballen durchnässt"), so wird das im Konnossement vermerkt. Konnossemente mit derartigen Vermerken bezeichnet man als unreine Konnossemente. Müssen Konnossemente Banken vorgelegt werden, so fordern diese im Allgemeinen ein reines Konnossement (clean bill of lading).

Sammelkonnossement und Teilkonnossement

Ein Verschiffungsspediteur fasst häufig mehrere kleinere Sendungen, die in denselben Bestimmungshafen gehen, zu einer größeren Sendung zusammen. Dies geschieht auch, wenn der Verschiffungsspediteur einen Container aus mehreren Einzelsendungen packt. Er stellt dann für die Gesamtsendung ein Sammelkonnossement aus. Der Absender der Einzelsendung erhält ein Spediteurdokument, das allerdings nicht genau die gleiche rechtliche Bedeutung wie das Konnossement hat.

Werden die auf einem Konnossement verladenen Güter in Teilmengen ausgeliefert (z. B. auch an verschiedene Empfänger), so kann es sich als nötig erweisen, gegen Rückgabe des Originalkonnossements Teilkonnossemente auszustellen. Diese Papiere müssen in ihrer Summe inhaltlich mit dem ursprünglichen Konnossement übereinstimmen. Sie sind vollgültige Warenwertpapiere.

Durchkonnossement

Manchmal müssen Güter in der Seeschifffahrt von mehreren Schiffen nacheinander transportiert werden (transshipment). Wickeln sich diese mehrstufigen Transporte unter den gleichen rechtlichen Rahmenbedingungen ab, so kann von der Reederei bzw. den beteiligten Reedereien ein Durchkonnossement ausgestellt werden, das die ganze Transportdurchführung auf Seeschiffen abdeckt (Through bill of lading). Nach deutschem Seerecht können auch Binnentransporte in ein Durchkonnossement einbezogen werden. Gelegentlich werden sogar Eisenbahntransporte, die einem Seetransport vor- oder nachgeschaltet sind oder ihn ersetzen, Bestandteil eines solchen Gesamtkonzepts.

Vom Durchkonnossement in der Seeschifffahrt, das vom Reeder oder seinem Agenten ausgestellt wird, ist das FBL (FIATA Multimodal Transport Bill of Lading) zu unterscheiden. Es wird von einem Spediteur, dem sog. „multimodal transport operator", ausgestellt, der die Gesamtverantwortung für einen mehrstufigen Transport zu Lande, zu Wasser und/oder in der Luft übernimmt. Auch dieses Dokument ist begebbar. Der Empfänger erhält das Gut auch nur gegen Übergabe des Dokuments.

Through Bill of Lading

RECEIVED in apparent good order and condition from

Richter & Berger OHG
Spielwarenfabrik
Breslauer Straße 307

90471 Nürnberg

for delivery to (or to his or their assigns)

Linton & Woodford
International Trading Company
144 Lafayette Avenue

ATLANTA, Georgia
USA

party to be notified at destination

Berry & Clayton
Freight Agents
Savannah, GA

Phone 7744/3489

delivery to be effected through

Goldwater Bros.
Truckers & Forwarders
SAVANNAH, GA

for conveyance subject to the undermentioned conditions

| Nuremberg, 06.05... **B/L-No.** 88891 |
| 0250-247 |

by truck/ocean vessel from Nürnberg

via Bremerhaven to Savannah and by truck to Atlanta

Marks and numbers	No. & Kind of packages	Contents	Gross weight kos	Remarks
R & B 1 - 35	35 parcels	TOYS	1 330 kg	

ORIGINAL

Marks, numbers, contents and weight according to sender's declaration. Measure, quality, quantity, condition of contents and value unknown.

Freight, cost and charges

1 146,00 €

including landfreight
Origin and Destination

Delivery will be made upon surrender of one original of this Through Bill of Lading, duly receipted.
The cargo covered by this Through Bill of Lading has been received and will be forwarded, stored, handled and delivered subject to the terms and conditions of German Forwarding Agents (ADSp) as well as to the conditions, permissions and exceptions of companies, carriers, authorities, organisations or others who have a part in receiving, shipping, carrying, forwarding, storing, handling and delivering the said cargo.
IN WITNESS WHEREOF, we have signed ....3/3........... Through Bills of Lading, all of the same tenor and date, one of which being accomplished the others to stand void.

TRANSQUICK
Speditionsgesellschaft mbH
Nürnberg, Hamburg, Bremerhaven

International Freight Forwarding Organisation with Offices in:
Aachen Abidjan Alicante Amsterdam Ancona Ankara Antwerpen Athinal Augsburg Baghdad Baltimore Bangkok Barcelona Basel Beirut/Beyrouth Berlin Bielefeld Bilbao Birmingham Bogotá Bologna Bonn Bradford Braunschweig Bregenz Bremen Bremerhaven Bristol Bruxelles/Brussel Buenos Aires Calgary Cape Town Caracas Charlotte Chiasso Chicago Djulfa Dover Douala Durban Düsseldorf Edmonton Firenze Frankfurt Fürth Genève Genova Glasgow Göteborg Graz Guadalajara Hagen Hamburg Hamilton Hannover Helsinki Hong Kong Houston Innsbruck Istanbul Jeddah Johannesburg Kabul Kaohslung Kassel Khorramshar Kiel Koblenz Köln Kuala Lumpur Kuwait Le Havre Leicester Lima Linz Lisboa Liverpool London Lübeck Lusaka Luxembourg Madrid Manchester Manila Mannheim Marseille Melbourne México Miami Milano Mombasa Mönchengladbach Monterrey Montevideo Montreal Moskva München Nairobi New York Nicosia Nürnberg Osaka Oslo Ottawa Paris Passau Penang Port Elizabeth Porto Quebec Regensburg Rio de Janeiro Rotterdam Saarbrücken Salzburg Santiago de Chile Seoul São Paulo Sevilla Sheffield Siegen Singapore Stuttgart Sydney Taipei Teheran Thessaloniki Tokyo Torino Toronto Ulm Valencia Vancouver Villingen Wien Winnipeg Wuppertal Zürich

Durchkonnossement

Zusammenfassung

➤ Seefrachtverträge können als Raumfrachtverträge oder als Stückgutfrachtverträge abgeschlossen werden.

➤ Raumfrachtverträge werden als Charterverträge zwischen Reeder und Charterer abgeschlossen. Es gibt dafür bereitliegende Vertragstexte für bestimmte Güter auf bestimmten Routen, z. B. DEUTERZ C/P für Erzladungen von Skandinavien nach deutschen Häfen.

➤ Der Stückgutvertrag ist ein Werkvertrag zugunsten eines Dritten. Er kann mündlich, schriftlich, fernschriftlich oder durch konkludentes Handeln zustande kommen; Formvorschriften gibt es nicht. Die Verträge werden jedoch in der Regel schriftlich dokumentiert.

➤ Seefrachtverträge sind grundsätzlich frei gestaltbar. Von Bedeutung sind jedoch folgende Rechtsgrundlagen: HGB, Haager Regeln, Visby Rules und die Transportbedingungen (Konnossementsbedingungen, liner terms), die in der Regel von der Reederei bzw. der zuständigen Schifffahrtskonferenz ausgearbeitet wurden.

➤ Unmittelbare Partner des Frachtvertrages sind Befrachter und Verfrachter.

➤ Mittelbar Beteiligte sind: Empfänger, Ablader, Verschiffungsspediteur, FOB-Spediteur, Schiffsmakler, Linienagent, Meldeadresse.

➤ Der Frachtvertrag kommt durch eine feste Buchung und die Buchungsbestätigung (zwei übereinstimmende Willenserklärungen) zustande.

➤ Aus dem Frachtvertrag ergeben sich Rechte und Pflichten für die Partner.

➤ Das Frachtpapier beim Stückgutfrachtvertrag heißt Konnossement; es hat Wertpapiercharakter.

➤ Das Konnossement enthält Empfangsbekenntnis, Beförderungsversprechen, Ablieferungsversprechen.

➤ Die Arten des Konnossements sind:
Bord- und Übernahmekonnossement
Original- und Kopiekonnossement
Namens- und Orderkonnossement
Reines und unreines Konnossement
Teil- und Sammelkonnossement
Durchkonnossement

Arten des Konnossements					
A	**B**	**C**	**D**	**E**	**F**
nach der Art, wie die Übernahme verbrieft ist.	nach der Rangordnung	nach der Bezeichnung des Empfängers	nach der Beschreibung des Waren- bzw. Verpackungszustandes	bei Zusammenfassung mehrerer Sendungen	bei gebrochenen Transporten
Bordkonnossement	Originalkonnossement	Namenskonnossement	reines Konnossement	Sammelkonnossement	Durchkonnossement
Übernahmekonnossement	Kopiekonnossement	Orderkonnossement	unreines Konnossement	Teilkonnossement	FBL Spediteur-Durchkonnossement (Negotiable FIATA Multimodal Transport Bill of Lading)

6 Schadensfälle bearbeiten

6.1 Haftung des Verfrachters

6.1.1 Allgemeines

In der Vergangenheit haben Reedereien und Schifffahrtskonferenzen immer wieder versucht ihre Haftung gegenüber dem Befrachter in möglichst vielen Fällen zu begrenzen oder auszuschließen. Zum Schutz der Befrachter wurden aufgrund der Empfehlungen, die die Haager Regeln aussprachen, ausdrücklich eine Reihe von Haftungtatbeständen im HGB festgelegt, die in Stückgutfrachtverträgen keinesfalls durch gegenteilige Parteivereinbarungen umgangen werden dürfen, also zwingend sind.

Der Verfrachter hat zwingend zu haften

- für See- und Ladungstüchtigkeit
  (Was man darunter versteht, siehe Pflichten des Verfrachters auf Seite 249.)
- für die fürsorgliche Behandlung der Güter
- für Verlust oder Beschädigung in der Zeit von der Annahme bis zur Ablieferung

Die einschlägigen Bestimmungen des HGB sind die §§ 662, 606, 607. Sie sollen hier auszugsweise abgedruckt werden:

§ 662   (Zwingendes Recht)
Ist ein Konnossement ausgestellt, so können die Verpflichtungen des Verfrachters aus:
  § 559 (See- u. Ladetüchtigkeit)
  § 563 Abs. 2 und §§ 606 bis 608 (Schadensersatzpflicht)
  §§ 611, 612 (Schadensermittlung)
  § 656 (Beweisvermutung des Konnossements) und
  § 660 (Haftungssumme)
durch Rechtsgeschäft im Voraus nicht ausgeschlossen oder begrenzt werden.

§ 606   (Haftung des Verfrachters)
Der Verfrachter ist verpflichtet beim Einladen, Stauen, Befördern, Behandeln und Ausladen der Güter mit der Sorgfalt eines ordentlichen Verfrachters zu verfahren. Er haftet für den Schaden, der durch Verlust oder Beschädigung der Güter in der Zeit von der Annahme bis zur Ablieferung entsteht, es sei denn, dass der Verlust oder die Beschädigung auf Umständen beruht, die durch die Sorgfalt eines ordentlichen Verfrachters nicht abgewendet werden konnten.

§ 607   (Haftung für Gehilfen)
Der Verfrachter hat ein Verschulden seiner Leute und der Schiffsbesatzung in gleichem Umfang zu vertreten wie eigenes Verschulden. Ist der Schaden durch ein Verhalten bei der Führung oder der sonstigen Bedienung des Schiffes oder durch Feuer entstanden, so hat der Verfrachter nur sein eigenes Verschulden zu vertreten. Zur Bedienung des Schiffes gehören nicht solche Maßnahmen, die überwiegend im Interesse der Ladung getroffen werden.

6.1.2   Zwingendes Recht

Zwingend sind diese Bestimmungen nur, wenn ein Konnossement ausgestellt ist. (Die Haager Regeln, die Eingang in das HGB fanden, sind Regeln für Konnossemente.) Bei Raumfrachtverträgen und Zeitfrachtverträgen ist dieser zwingende Charakter nicht gegeben, was zur Folge hat, dass die Reeder sich in den Charterverträgen weitgehend von der Haftung freizeichnen.

6.1.3 Kommerzielles und nautisches Verschulden

Es gehört zu den Pflichten des Verfrachters, vor Beginn der Seereise für See- und Ladungstüchtigkeit des Schiffes zu sorgen und in der Zeit, während der sich die Güter in seiner Obhut befinden, Ladungsfürsorge zu betreiben. Pflichtverletzungen im Hinblick auf die anfängliche See- und Ladetüchtigkeit und die Ladungsfürsorge nennt man kommerzielles Verschulden. Dafür hat der Verfrachter in jedem Fall zu haften, auch wenn der Schaden durch seine Leute (Angestellte, Schiffsbesatzung) verschuldet wurde (§§ 606, 607 HGB).

Problematisch ist nach dem HGB und den Haager Regeln die Situation, wenn es um die Erhaltung der Seetüchtigkeit während der Reise durch technische und nautische Maßnahmen geht. Pflichtverletzungen nennt man in diesem Bereich „nautisches Verschulden". Bei diesen Pflichtverletzungen hat der Verfrachter nur eigenes Verschulden zu vertreten.

Schäden durch nautisches Verschulden des Kapitäns, des Lotsen oder der Mannschaft bei der Schiffsführung, z. B. Nichtbeachten der Seestraßenordnung, Fehlverhalten beim Fluten und Lenzen der Tanks oder beim Bedienen der Maschine, hat der Verfrachter nicht zu vertreten.

Kommerzielles Verschulden	Nautisches Verschulden
= Verstöße gegen die Verpflichtung zur anfänglichen See- und Ladungstüchtigkeit = Verstöße gegen die Pflicht zur Ladungsfürsorge	= Fehler bei der Erhaltung der Seetüchtigkeit und bei der Schiffsführung (techn. und nautische Fehler)
Verfrachter haftet für **eigenes Verschulden** und das **seiner Leute.**	Verfrachter haftet für **eigenes Verschulden.** Verfrachter haftet **nicht** für das Verschulden seiner Leute.

Die Hamburger Regeln sollen hier eine Änderung bringen: Falls sie allgemeine Gültigkeit erlangen, wird der Verfrachter auch für das nautische Verschulden des Kapitäns und der Besatzung einstehen müssen.

6.1.4 Haftungsausschlüsse

Nach § 608 HGB haftet der Verfrachter für folgende Schäden nicht:

1. Schäden aus Gefahren oder Unfällen der See

2. Schäden aus kriegerischen Ereignissen, Unruhen, Handlungen öffentlicher Feinde oder Verfügungen von hoher Hand sowie aus Quarantänebeschränkungen

3. Schäden aus gerichtlicher Beschlagnahme

4. Schäden aus Streik, Aussperrung oder einer sonstigen Arbeitsbehinderung

5. Schäden aus Handlungen oder Unterlassungen des Abladers oder Eigentümers des Gutes, seines Agenten oder Vertreters

6. Schäden aus der Rettung oder dem Versuch der Rettung von Leben oder Eigentum zur See

7. Schäden aus Schwund an Raumgehalt oder Gewicht oder aus verborgenen Mängeln oder der eigentümlichen natürlichen Art oder Beschaffenheit des Gutes

Die Haftungsbefreiung tritt allerdings nicht ein, wenn nachgewiesen wird, dass der Eintritt der Gefahr auf einem Umstand beruht, den der Verfrachter zu vertreten hat.

Nach § 609 ist der Verfrachter darüber hinaus von jeder Haftung frei, wenn der Befrachter oder der Ablader wissentlich im Konnossement die Art oder den Wert des Gutes falsch angegeben hat.

In den Konnossementen finden wir meist weitere **Freizeichnungen von der Haftung,** die zum Tragen kommen, wenn bestimmte Umstände gegeben sind. So lehnen die Reeder in der Regel die Haftung für Schäden ab, die sich aus der Beförderung an Deck ergeben, wenn diese Beförderungsart zwischen Reeder und Befrachter vereinbart war.

6.1.5 Schadensanzeige

Die Schadensanzeige muss bei äußerlich erkennbaren Beschädigungen oder Verlusten gegenüber dem Verfrachter oder seinem Vertreter im Löschhafen spätestens bei der Auslieferung der Güter schriftlich erfolgen. Bei äußerlich nicht erkennbaren Schäden genügt es, wenn die Schadensanzeige innerhalb von 3 Tagen abgesandt wird.

6.1.6 Ersatzwert

Bei gänzlichem oder teilweisem Verlust richtet sich die Höhe des Schadenersatzes nach § 658 HGB:

Der Verfrachter hat den gemeinen Handelswert oder den gemeinen Wert zu ersetzen, den Güter derselben Art und Beschaffenheit am Bestimmungsort der Güter bei Beginn der Löschung des Schiffes haben. Abzuziehen ist, was infolge des Verlustes an Zöllen und sonstigen Kosten sowie an Fracht erspart wird.

Bei Beschädigung richtet sich der Schadenersatz nach § 659 HGB:

Der Verfrachter muss den Unterschied zwischen dem Verkaufswert der beschädigten Güter und dem gemeinen Handelswert ersetzen, den die Güter ohne Beschädigung am Bestimmungsort zur Zeit der Löschung gehabt hätten.

6.1.7 Obergrenze der Haftung

Die Haftung des Verfrachters für die oben bezeichneten Schäden ist nach § 660 HGB durch Höchstbeträge nach oben begrenzt.

Was versteht man in diesem Zusammenhang unter Rechnungseinheit?

Eine Rechnungseinheit ist ein Sonderziehungsrecht des Internationalen Währungsfonds. Die genannten Obergrenzen werden in Euro entsprechend dem Wert des Euros gegenüber dem Sonderziehungsrecht am Tag des Urteils oder an dem von den Parteien vereinbarten Tag umgerechnet. Der Wert des Euros gegenüber dem Sonderziehungsrecht wird nach der Berechnungsmethode ermittelt, die der Internationale Währungsfonds an dem betreffenden Tag für seine Operationen und Transaktionen anwendet.

Was versteht man bei Containerversand unter „Stück" bzw. „Einheit"?

Hierzu sagt § 660 Abs. 2 HGB Folgendes:

Wird ein Behälter, eine Palette oder ein ähnliches Gerät verwendet, um die Güter für die Beförderung zusammenzufassen, so gilt jedes Stück und jede Einheit, welche in dem Konnossement als in einem solchen Gerät enthalten angegeben sind, als Stück oder Einheit im Sinne des Absatzes 1. Soweit das Konnossement solche Angaben nicht enthält, gilt das Gerät als Stück oder Einheit.

6.1.8 Ende der Haftung des Verfrachters

Nach § 612 HGB wird der Verfrachter von jeder Haftung für die Güter frei, wenn der Anspruch nicht innerhalb eines Jahres seit der Auslieferung der Güter oder seit dem Zeitpunkt, zu dem sie hätten ausgeliefert werden müssen, gerichtlich geltend gemacht wird. Diese Frist kann jedoch durch eine zwischen den Parteien nach dem Ereignis, aus dem der Anspruch entstanden ist, getroffene Vereinbarung verlängert werden.

6.2 Haftung des Befrachters

Der Befrachter bzw. der Ablader haftet

- dem Verfrachter für Schäden, die aus unrichtigen Angaben über Maß, Zahl, Gewicht oder Markierung entstehen.
- dem Verfrachter für Schäden, die aus unrichtigen Angaben über die Art und Beschaffenheit der Güter entstehen, wenn den Befrachter ein Verschulden trifft.
- dem Verfrachter für Schäden, die dadurch entstehen, dass er schuldhaft Kriegskonterbande oder Güter verladet, deren Ausfuhr, Einfuhr oder Durchfuhr verboten ist, oder wenn er bei der Abladung die gesetzlichen Vorschriften (insbesondere Polizei-, Steuer- und Zollgesetze) schuldhaft übertritt.
- dem Verfrachter für Schäden, die dadurch entstehen, dass der Befrachter heimlich Güter an Bord bringt.
- auch ohne Verschulden dem Verfrachter, wenn er entzündliche, explosive oder sonstige gefährliche Güter an Bord bringt, ohne dass der Kapitän von ihnen oder ihrer gefährlichen Art und Beschaffenheit Kenntnis erlangt hat.

6.3 Rücktrittsrecht des Befrachters

Nach § 580 HGB kann der Befrachter vor Antritt der Reise vom Vertrag unter der Verpflichtung zurücktreten die Hälfte der bedungenen Fracht als Fautfracht (Fehlfracht) zu bezahlen.

Nach Antritt der Reise kann der Befrachter nur gegen Bezahlung der vollen Fracht sowie aller sonstigen Forderungen des Verfrachters von dem Vertrag zurücktreten und die Wiederausladung der Güter fordern (§ 582 HGB).

Liefert der Befrachter bis zum Ablauf der Wartezeit keine Ladung, so ist der Verfrachter an seine Verpflichtungen aus dem Vertrag nicht länger gebunden und befugt, gegen den Befrachter dieselben Ansprüche geltend zu machen, welche ihm zugestanden haben würden, wenn der Befrachter vom Vertrag zurückgetreten wäre (§ 585 HGB).

Auf die Fautfracht wird die Fracht, welche der Verfrachter für andere Ladungsgüter erhält, nicht angerechnet (§ 586 HGB).

6.4   Die Gefahren der See

Schiffsreisen waren schon von alters her besonders risikoreich. Die moderne Technik hat die Gefahren der Seefahrt im Lauf der Zeit vermindert, vollends beseitigt sind sie jedoch nicht. Fast tagtäglich sinkt irgendwo in der Welt ein Seeschiff. Menschenleben, aber auch Vermögenswerte wie Schiff und Ladung sind gefährdet. Trotzdem ist der Totalverlust eines Schiffes die Ausnahme. Weit häufiger sind andere Schadensereignisse wie Feuer an Bord, Eindringen von Seewasser, Grundberührung des Schiffes (mit Beschädigung des Schiffsbodens) oder Schäden am Gut und am Schiff bei einem Zusammenstoß zweier Seeschiffe. Auch Ladungsschäden durch unsachgemäße Behandlung kommen immer wieder vor.

Wir haben schon erfahren, dass in der Seeschifffahrt gegenüber dem Befrachter das Prinzip der Verschuldenshaftung gilt. Das bedeutet, dass in vielen Schadensfällen jemand für den Schaden haftbar gemacht werden kann, wenn er seine Pflichten verletzt hat.

Nicht selten kommen aber auch Schäden vor, die durch höhere Gewalt, ungewollt und zufällig auftreten und für die niemand zur Haftung herangezogen werden kann. Mal ist von solchen Schadensereignissen das Schiff betroffen (Lecks, Glasbruch, Beulen in der Bordwand), mal die Ladung (z. B. durchnässte Papierballen durch eingedrungenes Seewasser), gelegentlich betrifft der Schaden auch Schiff und Ladung. Solche zufällig auftretenden und unverschuldeten Schäden hat in der Regel der Betroffene selbst zu tragen. Alle unfallbedingten außergewöhnlichen Schäden, die vom Betroffenen selbst zu tragen sind, nennt man „Besondere Haverei" (engl.: Particular Average).

Besondere Haverei

Unter „Besondere Haverei" versteht man außergewöhnliche, unfallbedingte Kosten und Verluste in der Seeschifffahrt, die zufällig und ungewollt auftreten und die vom Betroffenen selbst getragen werden müssen.

In § 701 Abs. 2 HGB heißt es: Die „besondere Haverei" wird von den Eigentümern des Schiffes und der Ladung, von jedem für sich allein, getragen.

Besteht eine ausreichende Transportversicherung, besteht die Möglichkeit der Regulierung des Schadens durch den Versicherer.

6.5 Die Aufteilung eines Schadens auf Schiff, Ladung und Fracht

Unter bestimmten Umständen ist es rechtlich sogar zulässig, einen derartigen Schaden, der entweder das Schiff oder auch einzelne Ladungsgüter betrifft, auf alle Beteiligten aufzuteilen. Das erscheint zunächst unverständlich, denn aus welchen Gründen sollte ein Ladungseigner, der selbst – was seine Ladungsgüter angeht – gar nicht geschädigt ist, Ladungsschäden anderer Ladungseigner oder sogar Schäden am Schiff mittragen.

Verständlicher wird die Regelung jedoch dann, wenn man sich vergegenwärtigt, dass Schiff und Ladung auf See eine Gefahrengemeinschaft bilden: Es kann sich als notwendig erweisen, in einer gefährlichen Situation auf See Güter zu opfern oder außergewöhnliche Kosten in Kauf zu nehmen, und zwar mit voller Absicht, nur um das Schiff mit seiner Ladung aus der drohenden Gefahr zu retten.

An welche Opfer bzw. Kosten wäre hier zu denken? Es wäre vorstellbar, dass in schwerer See, wenn das Schiff Schlagseite zeigt, Waren, Schiffsgerätschaften oder Schiffsteile über Bord geworfen werden müssen, um das Schiff wieder in eine stabile Lage zu bringen.

Andere Fälle wären die Kosten, die durch Anlaufen eines Nothafens bedingt sind, in der Regel auch die Reparaturkosten, die Kosten eines Schleppers oder Bergungsschiffes, die Kosten der Umladung von Ladungsgütern auf Leichter oder die Kosten, die ein vorsätzliches Aufstrandsetzen verursacht.

International hat man die notwendigen Voraussetzungen für eine Kostenverteilung in den **YORK-ANTWERP-RULES** niedergelegt. (Die letzte Fassung der York-Antwerp-Rules stammt aus dem Jahr 1994, aber auch die Fassung von 1974 wird noch in Seefrachtverträge einbezogen (YAR 1974).

Gemeinschaftliche Haverei (General Average, Havarie grosse)

Voraussetzungen:

● Schiff und Ladung müssen sich in gemeinsamer Gefahr befinden.

● Die Gefahr muss gegenwärtig und erheblich sein.

● Die Schiffsführung muss außergewöhnliche, aber vernünftige Maßnahmen zur Gefahrenabwehr oder -minderung anordnen, die zu Opfern bzw. Kosten führen.

● Schiff und Ladung müssen ganz oder zumindest teilweise gerettet werden.

Auszug aus der englischen Fassung der YAR 74:	Deutsche Übersetzung:
There is a general average act when, and only when, any extraordinary sacrifice or expenditure is intentionally and reasonable made or incurred for the common safety for the purpose of preserving from peril the property involved in a common maritime adventure.	Ein Havarie-grosse-Fall ist dann und nur dann gegeben, wenn irgendein außerordentliches Opfer oder eine außerordentliche Aufwendung absichtlich und vernünftigerweise für die gemeinsame Sicherheit zu dem Zwecke gemacht oder eingegangen wurde, um das in einer gemeinsamen Seeunternehmung befindliche Eigentum vor Gefahr zu bewahren.

In der Regel wird die Havarie grosse nach den YORK-ANTWERP-RULES abgewickelt, aber auch in den §§ 700–733 im HGB befinden sich zur gemeinschaftlichen Haverei Bestimmungen, die denen der YAR sehr ähnlich sind.

6.6 Die Verklarung

Bevor eine Kostenaufteilung im Rahmen der Havarie grosse durchgeführt werden kann, sollte zur Aufklärung der Unfallursachen, zur Rekonstruktion des Unfallhergangs und zur Ermittlung des Schadenumfangs eine Verklarung stattfinden. So bezeichnet man ein Verfahren, das – wenn es sich in einem deutschen Hafen abspielt – auf Antrag des Kapitäns vor dem Amtsgericht stattfindet. Zur Beweisführung wird auch der Inhalt des Schiffstagebuches herangezogen. Der Kapitän wird den Antrag auf Verklarung immer stellen, wenn spätere Auseinandersetzungen mit Beweisschwierigkeiten zu befürchten sind. Er muss den Antrag auf Verklarung auf jeden Fall stellen, wenn der Reeder, Ladungsbeteiligte, Passagiere oder Besatzungsmitglieder wegen evtl. Beeinträchtigungen ihres Vermögens dies verlangen.

6.7 Die Verteilung der Havarie-grosse-Kosten

Die Aufteilung der Havariekosten auf Schiff, Ladung und Fracht muss mit äußerster Sorgfalt erfolgen. Bei jeder einzelnen Kostenposition ist zu prüfen, ob es sich tatsächlich um Havarie-grosse-Kosten handelt oder ob der Aufwand nicht als besondere Haverei von einem Beteiligten allein getragen werden muss. Die Zusammenstellung und Aufteilung der Havarie-grosse-Kosten wird in der Bundesrepublik von vereidigten Sachverständigen durchgeführt, die zu unparteiischem Vorgehen verpflichtet sind. Diese Sachverständigen nennt man **Dispacheure**. In Hamburg waren sie Jahrhunderte hindurch Beamte der Stadt. In der Gegenwart sind sie freiberuflich tätig.

In einer so genannten **Dispache** stellt der Dispacheur zunächst alle Havariekosten zusammen, die im Rahmen der Havarie grosse verteilt werden können. Sie könnten beispielsweise 520.000,00 € betragen. Dann ermittelt der Dispacheur das so genannte Beitragskapital:

Beitragspflichtig sind:

Das Schiff	**Die Ladung,**	**Die Seefracht,**
mit seinem gegenwärtigen Wert in unbeschädigtem Zustand, wobei Havarieschäden abzuziehen sind.	deren Gesamtwert sich aufgrund der Handelsrechnungen ergibt.	die zwischen den Beteiligten vereinbart wurde.
z. B. 10 Millionen €	z. B. 2 Millionen €	z. B. 1 Million €

Die Beitragsquote errechnet sich dann nach der Formel

$$\text{Beitragsquote in \%} = \frac{\text{Havarie-grosse-Schaden} \cdot 100}{\text{Beitragskapital}} = \frac{520.000,00 \cdot 100}{13.000.000} = 4\,\%$$

Das bedeutet, dass beispielsweise das Schiff

> 4 % seines Wertes = 400.000,00 € Havarie-grosse-Kosten zu tragen hat, während ein Ladungseigner, dessen Sendung lt. Rechnung 30.000,00 € wert ist,

> 4 % von 30.000,00 € = 1.200,00 € zu tragen hat.

Diese Havarie-grosse-Beiträge sind transportversicherungsfähig.

Die Verklarung und das Aufstellen der Dispache erfordern einen längeren Zeitraum. Die Empfänger erwarten allerdings mit Recht eine unverzügliche Auslieferung der Sendungen. Andererseits liefert der Verfrachter die einzelnen Sendungen ungern aus, wenn er nicht eine Sicherheit in Händen hat, dass die Ladungseigner der unversehrten Sendungen ihre Havariebeiträge zahlen. Ein Instrument zur Sicherung dieses Anspruchs ist der Havarieverpflichtungsschein, auch Havariebond genannt. In diesem verpflichtet sich der Empfänger zur Zahlung des Havariebeitrages und zur Vorabeinzahlung einer bestimmten Summe (Havarieeinschuss) auf ein Treuhandkonto.

6.8 Die kleine Haverei

Die kleine Haverei hat mit Schiffsunfällen oder Schadensfällen nichts zu tun. Unter kleiner Haverei versteht man alle gewöhnlichen und ungewöhnlichen Kosten der Schifffahrt, wie Hafengebühren, Schlepplohn, Lotsengelder, Kanalgebühren, Auseisungskosten, Quarantänegelder u. a. Ist im Hinblick auf diese Kosten keine besondere Vereinbarung getroffen, so hat all diese Kosten der Verfrachter zu tragen (§ 621 HGB).

Trotz dieser grundsätzlichen Regelung werden einige Verteuerungen, die die Reeder nicht auf Dauer kalkulieren können, als prozentuale Zuschläge zur Seefracht erhoben, z. B.

CAF = Currency Adjustment Factor: Dieser Zuschlag wird gelegentlich erhoben, wenn sich die Wechselkurse der Währungen verändert haben.

BAF = Bunker Adjustment Factor oder: Bunker surcharge: Dies ist ein Aufschlag, der bei Erhöhung der Ölpreise erhoben wird.

Congestion Surcharge: Dieser „Verstopfungszuschlag" wird erhoben, wenn sich in einzelnen Häfen längere Wartezeiten ergeben.

Zusammenfassung

> ► Die Haftung des Verfrachters für die Ladung und die Haftung des Befrachters sind im HGB und in den Konnossementsbedingungen geregelt. Dabei gibt es einige zwingende gesetzliche Vorschriften, die nicht durch vertragliche Vereinbarungen ersetzt oder modifiziert werden dürfen.

> ► Haftungsprinzip ist die Verschuldenshaftung, nicht die Gefährdungshaftung. (Für die Gefahren der See übernimmt der Verfrachter keine Haftung.)

> ► Der Verfrachter übernimmt auch die Haftung für das Verschulden seiner Leute, jedoch nicht bei nautischem Verschulden.

> ► Zu ersetzen ist bei Ladungsverlusten der gemeine Handelswert am Bestimmungsort, bei Beschädigungen die Minderung des gemeinen Handelswertes.

➤ Für die Obergrenze der Haftung gilt alternativ: 666,67 Rechnungseinheiten je Stück bzw. Einheit oder 2 Rechnungseinheiten je kg brutto der verlorenen oder beschädigten Güter. Von beiden Ergebnissen gilt der höhere Betrag als Obergrenze des Schadenersatzes.

➤ Eine schriftliche Schadensanzeige ist erforderlich. Bei äußerlich nicht erkennbaren Schäden muss die Schadensanzeige innerhalb von 3 Tagen abgesandt werden.

➤ Havarie grosse liegt vor, wenn Schiff und Ladung gemeinsam von einer erheblichen Gefahr bedroht sind und in dieser Situation die Schiffsführung vorsätzlich vernünftige Maßnahmen anordnet, durch die außerordentliche Opfer gebracht bzw. Kosten aufgewendet werden mit dem Ziel, Vermögenswerte des Schiffes und der Ladung ganz oder wenigstens teilweise zu retten, und wenn dieses Bemühen zumindest teilweise (im Hinblick auf Schiff und Ladung) erfolgreich verläuft.

➤ Die Havarie grosse ist im HGB und in den York-Antwerp-Rules geregelt.

7 Die Leistungsangebote von Seehafenspediteuren, Schiffsmaklern und Reedereivertretungen in Anspruch nehmen

7.1 Der Seehafenspediteur

Der Seehafenspediteur befasst sich sowohl mit Exportsendungen, die per Schiff den Hafen verlassen, als auch mit Importsendungen, die weitergeleitet werden müssen. Eine Spedition im Binnenland, die nicht über eine eigene Niederlassung im Seehafen verfügt, wird in der Regel die Dienste eines Seehafenspediteurs in Anspruch nehmen, wenn sie Seefrachtsendungen abzufertigen hat.

Der Verschiffungsspediteur, der im eigenen Namen für Rechnung seines Auftraggebers mit dem Verfrachter den Seefrachtvertrag abschließt, kann auch die Rolle des FOB-Spediteurs übernehmen. Der FOB-Spediteur ist für die rechtzeitige und vollständige Anlieferung der Seefrachtgüter zum Schiff bzw. Kaischuppen verantwortlich.

Die Leistungen des Seehafenspediteurs werden in Hamburg, Bremen, Bremerhaven und Lübeck nach dem SST (= Seehafenspeditionstarif) abgerechnet. Der Tarif enthält Provisionssätze für FOB-Lieferung und Verschiffung und Gebührensätze für verschiedene andere Leistungen als Preisempfehlung.

In der **Exportspedition** können beispielsweise folgende Tätigkeiten durch den Seehafenspediteur erledigt werden:

- Besorgung des Vortransports
- Buchung des Laderaumes
- Empfangskontrolle im Seehafen
- Evtl. Zwischenlagerung
- Besorgung der seemäßigen Verpackung
- Besorgen der Markierung
- Besorgen von Verwiegen und Vermessen
- Steuerung der im Hafen aus dem Binnenland eintreffenden Sendungen
- Vorbereitung bzw. Ergänzung der Ausfuhrpapiere
- Evtl. Aufmachen der Konnossemente
- Zusammenfassen zu größeren Ladeeinheiten bzw. Containerisierung

- Dirigieren der Sendungen zum Kaiumschlagsbetrieb bzw. an Bord des Schiffes
- Besorgen des Transportversicherungsschutzes
- Evtl. Frachtzahlung an den Verfrachter für Rechnung des Absenders
- Ausstellen von Spediteurbescheinigungen für Umsatzsteuerzwecke
- Vorlage der Ausfuhrpapiere bei der Ausgangszollstelle

Wird der Seehafenspediteur in der Importspedition tätig, so erhält er seinen Speditionsauftrag (schriftlich!) in der Regel vom Empfänger, seltener vom Absender bzw. Befrachter.

Vom Importspediteur sind in der Regel folgende Aufgaben zu erledigen:
- Vorbereitung des Empfangs durch Sammlung, Bereitstellung und Ergänzung der erforderlichen Papiere
- Übernahme der eingegangenen Sendung gegen Vorlage des Originalkonnossements oder der Delivery Order, die der Reedereiagent ausgestellt hat
- Kontrolle der übernommenen Sendung auf Vollständigkeit und Unversehrtheit (evtl. Veranlassung einer Verwiegung)
- Geltendmachung von Schäden und Wahrung der Rechte des Auftraggebers
- Evtl. Benachrichtigung des Empfängers
- Evtl. Einlagerung der Sendung (im Freihafen oder im Zollgebiet)
- Evtl. Bemusterung der Sendung
- Verzollung der Sendung einschl. Vorlage der erforderlichen Papiere beim Zoll (z. B. Einfuhrgenehmigung bzw. -erklärung, Zollantrag, Handelsrechnung, Ursprungszeugnis und evtl. Nachweis über angefallene Beförderungskosten, wenn dies für die Ermittlung des Zollwertes von Bedeutung ist usw.)
- Evtl. Auslegen des Zolls und der Einfuhrumsatzsteuer
- Durchführen oder Veranlassen des Weitertransports (einschließlich Ausstellung der erforderlichen Versandpapiere)

7.2 Der Schiffsmakler als Handelsmakler

Schiffsmakler waren ursprünglich nur als reine Handelsmakler im Sinne des § 93 HGB tätig.

§ 93 HGB
Wer gewerbsmäßig für andere Personen, ohne von ihnen aufgrund eines Vertragsverhältnisses ständig damit betraut zu sein, die Vermittlung von Verträgen über Anschaffung oder Veräußerung von Waren oder Wertpapieren, über Versicherungen, Güterbeförderungen, Schiffsmiete oder sonstige Gegenstände des Handelsverkehrs übernimmt, hat Rechte und Pflichten eines Handelsmaklers.

Als solche vermitteln sie als selbstständige Kaufleute Güterbeförderungen und Schiffsmiete zwischen interessierten Be- und Verfrachtern, eventuell sogar den Kauf bzw. Verkauf von Schiffen zwischen Verkäufer und Käufer. Auch heute noch gibt es Schiffsmakler, die sich allein dieser Tätigkeit widmen. Ohne mit einer Reederei oder einem Befrachter ein Dauervertragsverhältnis zu haben, bringen sie aufgrund ihrer Marktübersicht von Fall zu Fall Reeder und Befrachter – vor allem in der Trampschifffahrt – miteinander in Kontakt. Falls Einigung erzielt wird, schließen diese dann den Frachtvertrag miteinander ab.

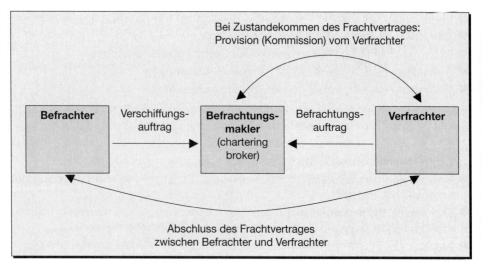

7.3 Der Schiffsmakler als Handelsvertreter (Reedereiagent)

Die Linienschifffahrt machte es notwendig, dass die Reederei in den angelaufenen Häfen – vor allem, wenn sie dort keine eigenen Niederlassungen besitzt – von einem Repräsentanten ständig vertreten wird, der alle anfallenden Tätigkeiten für sie erledigt. Das war die Geburtsstunde des Linienagenten. Der Schiffsmakler als Linienagent hat ein festes Vertragsverhältnis mit einer oder mit mehreren Reedereien, nimmt deren Interessen in einem bestimmten Hafen wahr und erfüllt eine Reihe von unterschiedlichen Aufgaben für die vertretene(n) Reederei(en). Rechtlich gesehen, ist der Linienagent Handelsvertreter.

§ 84   HGB
(Begriff des Handelsvertreters)
Handelsvertreter ist, wer als selbstständiger Gewerbetreibender ständig damit betraut ist, für einen anderen Unternehmer Geschäfte zu vermitteln oder in dessen Namen abzuschließen. Selbstständig ist, wer im Wesentlichen frei seine Tätigkeit gestalten und seine Arbeitszeit bestimmen kann.

Grundlage des Vertragsverhältnisses zwischen Reederei und Linienagent ist der **Agenturvertrag**. Er gibt dem Schiffsmakler, der als Linienagent tätig wird, die Befugnis, Frachtverträge im Namen der Reederei abzuschließen, Konnossemente zu zeichnen, sowie Frachten zu berechnen und zu kassieren (Abschlussvollmacht, Inkassovollmacht). Der Agenturvertrag regelt auch die Vergütung (Kommission oder Provision), die der Schiffsmakler von der Reederei für seine Tätigkeit erhält.

Der Linienagent nimmt im Wesentlichen folgende Aufgaben wahr:

Allgemeine Aufgaben und Aufgaben im Hinblick auf das Schiff

- Werbung und Ladungsakquisition für eine oder mehrere Reedereien (z. B. Verteilung von Segellisten an interessierte Kreise)
- Besorgen des Lotsen und des Liegeplatzes für das Schiff
- Klarieren des Schiffes (Ein- und Ausklarieren bei der Grenzpolizei, der Hafenverwaltung und beim Zoll – Bezahlung der Hafengebühren)

- Veranlassen von nötigen Reparaturen am Schiff
- Besorgen von Umschlagseinrichtungen und Personal für den Umschlag (Verhandlungen mit Kaibetrieben)
- Ergänzung der Schiffsvorräte (Lebensmittel für die Besatzung, Treibstoffe, Trinkwasser)

Aufgaben im Hinblick auf eingehende Sendungen

- Überwachen des Löschvorgangs
- Verständigung der Empfänger bzw. Notifyadressen
- Kontrolle der Sendungen (Vollständigkeit und Unversehrtheit)
- Registrierung von Schäden und Mitwirkung bei der Schadensregulierung einschließlich Havarie grosse
- Prüfung der Empfangsberechtigung und der vorgelegten Konnossemente
- Auslieferung der Sendungen an die Berechtigten bzw. Erteilen der Delivery orders
- evtl. Berechnen und Einziehen von Frachtbeträgen für die Reederei

Aufgaben im Hinblick auf ausgehende Sendungen

- Verständigung der Ablader über Ort und Zeit der Abladung
- evtl. Veranlassen der Maß- und Gewichtsfeststellung
- Zeichnen der Konnossemente im Namen der Reederei und Übergabe dieser Dokumente an den Befrachter
- Aufstellen der Manifeste und Deklarierung gefährlicher Güter
- Frachtberechnung und Frachtinkasso bei den Befrachtern (soweit vorgesehen)

Nach Abfahrt des Schiffes erstellt der Makler eine Abrechnung für den Reeder. Auf der einen Seite der Abrechnung stehen sämtliche Beträge, die der Linienagent für die Reederei ausgelegt hat, und die verdiente Provision, auf der anderen Seite stehen die eingenommenen Frachtbeträge. Von Fall zu Fall ergibt sich entweder ein Saldo zugunsten der Reederei oder des Maklers, der auszugleichen ist.

Zusammenfassung

➤ **Der Seehafenspediteur befasst sich mit der Abfertigung von Sendungen, die über See ausgehen oder eingehen.**

➤ **Der FOB-Spediteur sorgt dafür, dass die ausgehenden Sendungen im Seehafen rechtzeitig und vollständig auf das Schiff bzw. zum Kaischuppen angeliefert werden.**

➤ **Schiffsmakler bringen – als reine Handelsmakler – Befrachter und Verfrachter miteinander in Kontakt, damit diese Seefrachtverträge abschließen können; der Schiffsmakler als Handelsmakler unterhält mit keinem Beteiligten ein Dauervertragsverhältnis.**

➤ **Schiffsmakler können auch als Handelsvertreter tätig werden, z. B. wenn sie eine Reederei auf Dauer in einem bestimmten Hafen vertreten und deren Geschäfte dort abwickeln. Linienagenten arbeiten in dieser Weise für Reedereien oder Reederei-Konsortien.**

➤ **Der Agenturvertrag regelt Rechte und Pflichten des als Linienagent tätigen Schiffsmaklers.**

➤ **Klarieren eines Schiffes beinhaltet eine Vielzahl von Tätigkeiten administrativer, finanzieller und organisatorischer Art, die nötig sind, um ein Schiff im angelaufenen Hafen an einen Liegeplatz zu bringen, es zu be- und entladen, es abzufertigen und das Wiederauslaufen zu ermöglichen.**

Fragen und Aufgaben zur Lernkontrolle:

1

1. Nennen Sie Vor- und Nachteile des Gütertransports mit dem Seeschiff im Vergleich zu anderen Verkehrsmitteln bzw. Verkehrsträgern.

2

2. Inwiefern hat die deutsche Seeschifffahrt besondere Probleme, um im Wettbewerb mit den Schiffen anderer Nationen zu bestehen?

3. Welcher Unterschied besteht zwischen Ausflaggung und Flaggenprotektionismus?

4. Warum fördern viele Staaten ihren Schiffsbau und die eigene Werftindustrie?

5. Warum sind internationale Abmachungen im Bereich der internationalen Seeschifffahrt besonders nötig?

6. Warum spielt die Transportversicherung gerade bei Gütertransporten über See eine wichtige Rolle?

3

7. Welchen Sinn haben Freihäfen?

8. Warum haben die deutschen Nordseehäfen gegenüber den ARA-Häfen[1] einen Standortnachteil?

9. Wie unterscheiden sich Stückgutfrachter von Massengutfrachtern?

10. Worin besteht der Hauptvorteil der Containerisierung für den Reeder?

11. Wie unterscheidet sich ein Containerhafen von einem herkömmlichen Hafen?

12. Welche außerdeutschen Häfen können für den Export von Gütern aus Deutschland infrage kommen?

13. Nennen Sie große Containerhäfen in Japan und USA.

14. Wieso können Trampfahrer häufig ihre Transportleistung zu günstigeren Preisen anbieten als Linienfahrer?

15. Wie können sich Konferenzreeder gegen Outsider wehren?

16. Für welche Güter eignet sich die Trampfahrt besonders?

17. Was ist 1 TEU?

18. Wieviel Container in TEU kann ein Containerschiff maximal aufnehmen?

19. Was versteht man unter einer Bruttoraumzahl?

20. Was ist ein Reedehafen?

21. Was verstehen Sie unter gemeinsamem Marketing von Konferenzreedereien?

4

22. Was ist ein Containerterminal?

23. Was ist eine Container Freight Station (CFS)?

24. Welche technischen Einrichtungen besitzen in der Regel Containerterminals?

---

1 ARA-Häfen: Amsterdam, Rotterdam, Antwerpen

25. Was bedeutet FCL/LCL?

26. Was bedeutet „Merchant's Haulage"?

27. Was bedeutet „Carrier's Haulage"?

28. Warum verringern sich durch den Container die Lade- und Löschzeiten des Schiffes?

29. Was versteht man unter „STUFFING" und „STRIPPING"?

30. Wo bekommt man leere Container?

31. Was lässt sich über das durchschnittliche Alter deutscher Containerschiffe (im Vergleich zum Alter der Schiffe anderer Nationen) sagen?

5 32. Welchen Sinn hat die Angabe einer Notify-Adresse im Konnossement?

33. Welcher Unterschied besteht zwischen Reise- und Zeitcharter?

34. Welche Aufgabe hat eine Tallyfirma?

35. Was ist ein Manifest?

36. Worauf ist beim Stauen der Güter im Schiff zu achten?

37. Warum werden manchmal namenlose Orderkonnossemente ausgestellt?

38. Wie heißen die englischen Bezeichnungen für

a) Befrachter?
b) Verfrachter?
c) Bestimmungshafen?
d) Empfänger?

39. Warum bevorzugen Banken reingezeichnete Konnossemente?

40. Warum ist zur Übertragung eines Orderkonnossements ein Indossament erforderlich?

41. Zu welchem Mehrfachformularsatz gehört der Kaiannahmeschein?

42. Welche Pflichten hat der Verfrachter aus dem Stückgutfrachtvertrag?

43. Wann benötigt man in der Seeschifffahrt ein Teilkonnossement?

44. Was versteht man unter einer konditionellen Buchung?

45. Welche Bedeutung haben die Hamburger Regeln?

46. Was versteht man unter Ladetüchtigkeit des Schiffes?

47. Was versteht man im Zusammenhang mit Konnossementen unter Zession?

6 48. Wie unterscheiden sich kommerzielles und nautisches Verschulden?

49. Auf einem Schiff bricht Feuer aus und Teile der Ladung werden dadurch vernichtet. Kann der Verfügungsberechtigte vom Verfrachter Ersatz fordern?

50. Warum ist bei Seetransporten der Abschluss einer Transportversicherung unbedingt zu empfehlen?

51. Im § 660 HGB ist die Obergrenze der Haftung des Verfrachters in Rechnungs-einheiten ausgedrückt. Was versteht man in diesem Zusammenhang unter Rechnungseinheit?

52. Was versteht man unter Ladungsfürsorge?

53. Was versteht man unter „anfänglicher Seetüchtigkeit"?

54. In § 660 HGB sind die Höchstgrenzen für die Haftung des Verfrachters fest-gelegt. – In einem konkreten Konnossement steht, dass bei einer Sendung 25 Kisten in einem Container verladen sind. Angenommen, bei der Entladung feh-len aus dem Container 4 Kisten mit insgesamt 560 kg. Wo liegt die Obergrenze des möglichen Schadenersatzes

a) bei 4 x 666,67 RE   b) bei 1 x 666,67 RE   c) bei 560 x 2 RE?

55. Welcher Unterschied besteht zwischen kleiner und „Besonderer Haverei"?

56. Auf welche Beteiligten wird bei einer Havarie grosse der Gesamtbetrag der Havarie-grosse-Kosten umgelegt?

57. Was versteht man unter einer Dispache?

58. Was versteht man unter „Bunker surcharge"?

59. Was versteht man unter „Havariebonds"?

---

7 60. Nach welchem Tarif rechnen die Seehafenspediteure in Hamburg, Bremen, Bremerhaven und Lübeck ihre Leistungen ab?

61. Von welchem Beteiligten erhalten die Schiffsmakler ihre Vergütung?

62. Welche Aufgabe hat der FOB-Spediteur?

63. Was versteht man unter Ein- und Ausklarieren eines Schiffes?

64. Wonach richten sich im Allgemeinen die Hafengebühren, die für ein Schiff zu zahlen sind?

65. Welche Vollmachten haben Linienagenten im Allgemeinen?

66. Was versteht man unter Delivery order?

67. In welchem Vertrag werden die Rechte und Pflichten des Schiffsmaklers, der als Linienagent arbeitet, festgelegt?

KAPITEL IX

Abwicklung
von Frachtverträgen
im Luftfrachtverkehr

1 Luftfrachtverkehr als Verkehrsträger auswählen

1.1 Die technischen Möglichkeiten

1.1.1 Flugzeuge

Fracht (Cargo) wird heute fast in allen größeren Verkehrsflugzeugen transportiert. Von den meisten Typen gibt es zwei grundsätzliche Ausführungen:

1. Passagiermaschinen

Sie befördern Fracht nur im **Unterdeck** (lower deck) unter dem Passagierraum. Bei der Boeing 747, dem „Jumbo-Jet", können dies immerhin noch 16 t sein. In kleineren Maschinen, wie der Boeing 737 („City-Jet"), können keine Container, sondern nur Pakete (Belly-Fracht) befördert werden.

2. Frachtmaschinen

Sie befördern Fracht sowohl im Kabinenladeraum (main deck) als auch in den unteren Laderäumen.

Mixed Versionen. Hinter dem Passagierraum können in einem Frachtbereich (cargo compartement) 10- und 20-Fuß-Container befördert werden.

Quick Change Versionen. Einige Flugzeugtypen können in weniger als 1 Stunde von Passagier- auf Frachtbeförderungen umgerüstet werden. Damit können nicht nur saisonale Schwankungen im Frachtaufkommen aufgefangen werden, sondern nachts Fracht befördert werden, wenn Passagiere nicht so gerne fliegen wollen.

Da die Flughöhe meist etwa 10 000 m und die Außentemperatur deshalb ca. minus 50° Celsius beträgt, werden die **Laderäume** natürlich auch **klimatisiert**. Je nach Güterbeschaffenheit kann die Temperatur für die verschiedenen Laderäume unterschiedlich reguliert werden. Dies ist z. B. für den Transport von Blumen oder Tieren aber auch für empfindliche elektronische Geräte bedeutend. Damit wird der Luftfrachttransport nicht nur zur schonenden, sondern vielfach zur einzig möglichen Transportart.

Ohne Zwischenlandung können die Flugzeuge heute etwa 12 000 km weit fliegen. Die **Ladekapazität** (cargo capacity) hängt sehr stark von der Flugstrecke ab. Das größte im Linienverkehr eingesetzte Frachtflugzeug, die Boeing 747-400 kann bei voller Beladung mit 120 t Fracht nur ca. 6 000 km fliegen. Für die volle **Reichweite** von 10 000 bis 12 000 km muss sie mehr Treibstoff laden und kann nur etwa die Hälfte der maximalen Frachtmenge aufnehmen.

Die Kapazität der Flugzeugtypen ist sehr unterschiedlich. Bei der Boeing 747 F können bis 50 m lange Frachtstücke durch die Fronttüre – die Flugzeugnase (Nose Door) wird dabei hochgeklappt – in Längsachse verladen werden. Bei den meisten anderen Flugzeugtypen muss durch eine seitliche Ladetür be- und entladen werden. Dies begrenzt die Lademaße auf die Öffnungsmaße der Türen. Die nachfolgende Übersicht über häufig eingesetzte Flugzeugtypen soll eine Vorstellung von den Ladekapazitäten dieses Verkehrsträger vermitteln. Die Daten sind jeweils stark vereinfachte und gerundete Orientierungsdaten. Die Maße sind in cm angegeben.

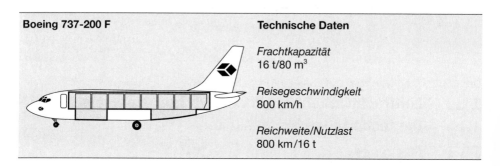

Boeing 737-200 F

Technische Daten

Frachtkapazität
16 t/80 m³

Reisegeschwindigkeit
800 km/h

Reichweite/Nutzlast
800 km/16 t

Paletten und Container
60,4 / 88 / 96 x 125" Palette; LD3-, LD7-Container, AAY-Container

Fassungsvermögen
– Laderaum im Hauptdeck: 7 Paletten oder 7 o.g. Container und 1 LD3-Container
– Vorderer/Hinterer Laderaum: Stückgutfracht

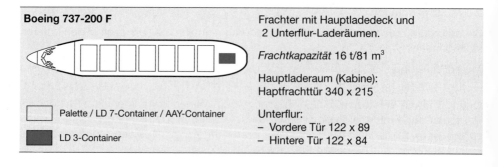

Boeing 737-200 F

Frachter mit Hauptladedeck und 2 Unterflur-Laderäumen.

Frachtkapazität 16 t/81 m³

Hauptladeraum (Kabine):
Haptfrachttür 340 x 215

Palette / LD 7-Container / AAY-Container

LD 3-Container

Unterflur:
– Vordere Tür 122 x 89
– Hintere Tür 122 x 84

DC 8-73 F

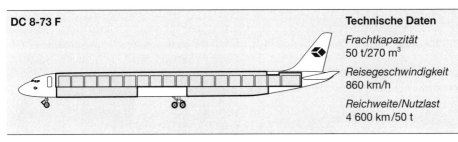

Technische Daten

Frachtkapazität
50 t/270 m³

Reisegeschwindigkeit
860 km/h

Reichweite/Nutzlast
4 600 km/50 t

Frachter mit Hauptladedeck und 4 Unterflur-Laderäumen

Paletten und Container
88 x 125" Palette; LD7-Container, AAY-Container

Fassungsvermögen
– Hauptdeck: 18 Paletten oder o.g. Container
– Unterflurladeräume: Stückgutfracht

DC 8-73 F Hauptdeck-Laderaum

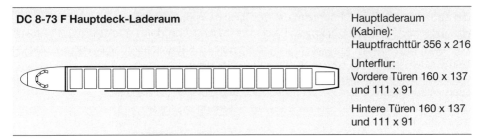

Hauptladeraum
(Kabine):
Hauptfrachttür 356 x 216

Unterflur:
Vordere Türen 160 x 137
und 111 x 91

Hintere Türen 160 x 137
und 111 x 91

Der Airbus. Großraumflugzeug für Passagiere und Fracht auf Langstrecken

A 300

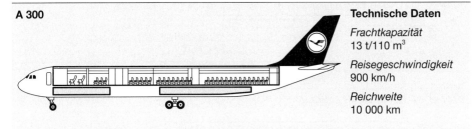

Technische Daten

Frachtkapazität
13 t/110 m³

Reisegeschwindigkeit
900 km/h

Reichweite
10 000 km

Paletten und Container
60,4 / 88 / 96 x 125" Palette; LD3-, LD7-, AMF-Container

Fassungsvermögen
– Vorderer Unterflurraum: 14 LD3 oder 5 der anderen o.g. Lademittel
– Hinterer Unterflurraum: 12 LD3 oder 4 der anderen o.g. Lademittel

A 300 Unterflur-Laderäume

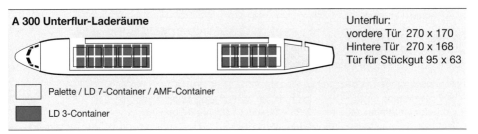

Unterflur:
vordere Tür 270 x 170
Hintere Tür 270 x 168
Tür für Stückgut 95 x 63

☐ Palette / LD 7-Container / AMF-Container

▨ LD 3-Container

Der Jumbo-Frachter mit dem großen Maul

Die „Nose Door" ist die Spezialität des Jumbo-Frachters. Frachtstücke von 2,49 m Höhe und 3,56 m Breite passen durch diese Tür. Generell ist die Länge kein Problem für den Jumbo-Frachter, jedoch sollten Frachtstücke nicht länger als zwölf Meter sein. Die Boeing 747 ist ein Langstreckenflugzeug mit einem Hauptladedeck und zwei Unterflur-Laderäumen.

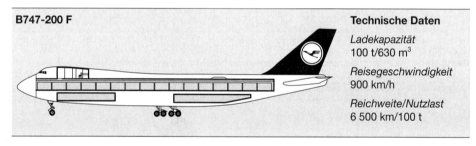

B747-200 F

Technische Daten

Ladekapazität
100 t/630 m³

Reisegeschwindigkeit
900 km/h

Reichweite/Nutzlast
6 500 km/100 t

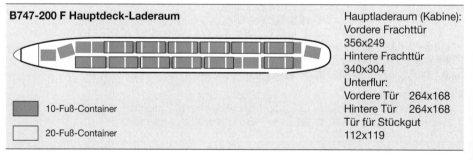

B747-200 F Hauptdeck-Laderaum

10-Fuß-Container
20-Fuß-Container

Hauptladeraum (Kabine):
Vordere Frachttür
356x249
Hintere Frachttür
340x304
Unterflur:
Vordere Tür   264x168
Hintere Tür   264x168
Tür für Stückgut
112x119

Paletten und Container

alle schon genannten 125"-Paletten; 96 x 196/238,5"-Paletten; LD3-, LD7-, AMF-, 10-Fuß-, 20-Fuß-Container; alle Pferde-Container

Fassungsvermögen

- Hauptladeraum: bis max. 29 10-Fuß-Container
- Vorderer Unterflurladeraum: 5 Paletten oder LD7/AMF-Container
- Hinterer Unterflurladeraum: 4 Paletten oder LD7/AMF-Container und 2 LD3-Container

Die Sicherheit im Luftfrachtverkehr ist sehr groß. Die Sicherheitsvorschriften und Kontrollen sind wesentlich genauer als bei jedem anderen Verkehrsträger. Die Steuerung per Computer und die Radarüberwachung tragen zur Senkung der Unfälle bei, obwohl die Anzahl der Flüge zugenommen hat. Außerdem kommt es zu wenig Verspätungen. Das Flugzeug gilt als **sicherstes** und **pünktlichstes Transportmittel.**

1.1.2 Lademittel und Verladetechnik

Die Form der Flugzeugladeräume (Querschnitt der Flugzeuge!) bedingt die Verwendung von speziellen Containern für den Luftfrachttransport.

10- und 20-Fuß-Container können nur in Großraumflugzeugen verladen werden. Neben vielen Spezialcontainern (z. B. für Thermogut, Kleider, Flüssigkeiten und Tiere), gibt es vor allem die hier aufgeführten **Standardcontainer.**

Lademittel	LD 3 Container	LD 7 = Iglu Container	10-Fuß Container	20-Fuß Container	Palette
	144 cm / 160 cm / 146 cm	200 cm / 153 cm / 306 cm	228 cm / 238 cm / 300 cm	586 cm / 231 cm / 235 cm	210 cm / 304 cm
Beschreibung	Container aus Leichtmetall mit unten abgeschrägter Seite für Unterflurladeräume	Palette mit fest verbundenem Aufbau und oben abgerundeten Ecken für Hauptladedecks	Bungalowcontainer aus Leichtmetall für Hauptladedecks	Bungalowcontainer aus Leichtmetall für Hauptladedecks	flache Aluminiumplatte mit Verzurrschiene in einer Randprofilleiste, an der Netze, Gurte und Zurrösen befestigt werden können
Lademaße (lxbxh) in cm	146 x 144 x 160	306 x 200 x 153	318 x 228 x 238	586 x 228 x 238	l: 230/**304**/592 b: 126/139/**210**/230
max. Zuladung in t (gerundet)	1,5	5,8	6,5	10,3	1,7/3,0/**6,7**/10,8
Volumen in m³	3,8	9,5	16,2	31,8	bis 162 cm Höhe beladbar

Die Container werden überwiegend auf Rollen bewegt. Diese Rollen sind auf den Spezialanhängern, die auf dem Rollfeld eingesetzt werden, den Hubwagen und in den Flugzeugen eingebaut. Auf diesen Rollen lassen sich auch schwere Container leicht, schnell und sicher aus- und einladen. Kranbewegungen und Staplermanöver gibt es beim Umschlag zum und vom Flugzeug nur sehr wenig. Lediglich bei der Zwischenlagerung werden häufiger Stapler benötigt. Diese Verladetechnik trägt dazu bei, dass beim Luftfrachttransport die wenigsten Schäden auftreten. Genaue Kontrollen mit Ladelisten, Barcodes (Strichcodes) und Scannern führen zu geringen Fehlverladungsquoten.

Die Boeing 737-300 in der Quick-Change-Version kann innerhalb von 75 Minuten vom Passagier- zum Frachtflugzeug oder vom Fracht- zum Passagierflugzeug umgerüstet werden. Das Flugzeug hat Platz für 121 Passagiere oder für acht Spezialcontainer mit zusammen 15,7 Tonnen Frachtgut.

1.2 Flughäfen

Über 5 000 Flughäfen auf der ganzen Welt führt der OAG Airways Guide auf. Sie sind nicht nur Landeplatz, Umschlagplatz für Passagiere und Fracht, sondern auch Arbeitsplatz für viele Luftfrachtspediteure.

Das Netz der Flughäfen wird immer dichter, obwohl die Bevölkerung immer mehr Bedenken wegen der Lärm- und Schadstoffemissionen des Flugverkehrs hat. Das Wachstum im Luftverkehr weist zum Teil zweistellige Raten auf. Dieses gestiegene Aufkommen erfordert mehr und größere Flughäfen mit immer besseren Umschlagmöglichkeiten. Immer noch verbringt ein Luftfrachtgut meist den größten Teil der **Transportdauer auf dem Boden** (Vorlauf, Lagerung, Nachlauf). Im Vergleich zur Seefrachtbeförderung sind die Vor- und Nachläufe allerdings im Durchschnitt geringer, weil das Netz der Seehäfen lange nicht so dicht und natürlich auf Küstenregionen beschränkt ist. Vollautomatisierte Lagermöglichkeiten, Zollabfertigung rund um die Uhr begünstigen die Luftfrachttransporte auf den modernen Flughäfen in Europa, USA und auf den wichtigen Drehkreuzen Asiens, Singapur, Hongkong und Tokyo Haneda. Mit zunehmender Netzdichte nimmt auch die Dauer der Vor- und Nachläufe bis zum Haus des Empfängers ab.

Einige Flughäfen haben **Nachtflugverbote**, damit die Bevölkerung nicht unter dem Fluglärm leiden muss. Dies kann aber zu längeren Vorlauftransporten mit dem Lkw und damit auch zu längeren Transportzeiten führen.

Die Flughafengesellschaften übernehmen in der Regel das **gesamte Handling** der Luftfrachtgüter, d. h., sie lagern (auch im Zolllager), und übergeben die Güter an den Abholer bzw. an den Spediteur. Sie vermieten außerdem Büroräume an Fluggesellschaften, Frachtagenten, Spediteure und die Zollverwaltung.

Weltweit gibt es auch Flughäfen, die **kein Zollamt** haben. Damit wird eine Einfuhrabfertigung über diese Flughäfen unmöglich oder sehr erschwert. Ob an weniger bedeutenden Flughäfen die Möglichkeit der Zollabfertigung gegeben ist, kann im Buch „Rules" des TACT = The Air Cargo Tariff oder in den KuM = Konsulats- und Mustervorschriften der Handelskammer Hamburg nachgelesen werden.

Für die Luftfrachtspediteure von besonderer Bedeutung ist die Menge und technische Ausstattung der Lade- und Entladevorrichtungen, die Betriebszeiten sowie die Größe und Lage der Büroräume. Wünschenswert sind kurze Wege zu Airlines, Zollbehörden und Lagerräumen, die ausreichend groß sein müssen. Sie müssen auch Wachstum zulassen, weil das Luftfrachtaufkommen der gesamten Branche im Durchschnitt 6 – 7 % pro Jahr wächst.

Für bestimmte Sendungen sind spezielle Lagermöglichkeiten (storage facilities) erforderlich. Für Tiere, radioaktive Güter, andere gefährliche Güter, Wertgegenstände (z. B. Banknoten, Edelsteine) sind nicht auf allen Flughäfen Unterbringungsmöglichkeiten vorhanden.

Für besonders schwere Sendungen muss der Spediteur mithilfe des **TACT (The Air Cargo Tariff),** prüfen, ob eine Umschlagmöglichkeit (loading equipment) für dieses Gewicht besteht. Außerdem kann es für bestimmte Sendungen Beschränkungen (restrictions) geben.

Diese **Informationen** sind im Abschnitt „Import/Transit/Export Regelungen" (Import/Transit/Export Regulations), gelbe Seiten des Abschnitts „Rules", enthalten.

In Deutschland sind Bund, Länder und Gemeinden die Anteilseigner an den GmbHs bzw. AGs. In Berlin soll ein neuer Flughafen von privaten Investoren gebaut werden.

Die Gesellschaften erwirtschaften ihre Gewinne durch Gebühren für Starts, Landungen und Umschlagleistungen sowie Mieten für Büro- und Geschäfts- und Lagerräume.

Die Landegebühren für ein Großraumflugzeug betragen auf deutschen Flughäfen ca. 2.500,00 € (landing, noise, night, parking – charge).

Die Interessenvertretung der Flughafengesellschaften in Deutschland, die ADV (Arbeitsgemeinschaft Deutscher Verkehrsflughäfen) bemüht sich um

- positive öffentliche Meinung über Flughäfen und Flugverkehr.
- Beratung der Ministerien.
- Rationalisierung der Bodenabfertigung.
- Zusammenarbeit mit dem Spediteurverband (DSLV).
- Auf internationaler Ebene übernimmt diese Aufgaben das AOCI = Airport Operators Council International.

Für die Flugpläne, Dokumente, Aufkleber und Datenverarbeitungsprogramme auf den Luftfrachtsendungen werden für alle Flughäfen drei Buchstaben als Abkürzung verwendet. Diese **3-Letter-Codes** können im OAG World Airways Guide oder im TACT = The Air Cargo Tariff nachgeschlagen werden.

Die wichtigsten internationalen und deutschen Flughäfen mit ihren 3-Letter-Codes sind:

Flughäfen weltweit	Code	Flughäfen in der BRD	Code
Tokio (Haneda)	TYO (HND)	Frankfurt	FRA
New York (John-F.-Kennedy)	NYC (JFK)	Köln	CGN
Frankfurt	FRA	München	MUC
Los Angeles (International)	LAX	Düsseldorf	DUS
Chicago (O'Hare)	CHI (ORD)	Hamburg	HAM
Miami	MIA	Stuttgart	STR
Hongkong (Chek Lap Kok)	HKG	Hannover	HAJ
Louisville	SDF	Berlin (Tegel)	BER
London (Heathrow)	LON (LHR)	Nürnberg	NUE
Seoul	SEL	Bremen	BRE
Paris (Charles de Gaulle)	PAR (CDG)		
Amsterdam	AMS		
Singapur	SIN		
Dayton	DAY		

1.3   Die Kosten

Die reinen Frachtkosten sind etwa 3 – 5-mal so hoch wie die Seefrachtkosten. Kosteneinsparungen ergeben sich bei

- der Verpackung (seemäßige Verpackung mit Folienverschweißung und Holzkiste ist teuer),
- der Versicherung (geringe Prämie wegen der niedrigen Schadenquote; 0,2 – 0,4 %),
- Vor- und Nachlauf,
- Dokumentenerstellung.

Vor allem lassen sich die **Kapitalbindungskosten** für die Transportdauer und die Lagerhaltung reduzieren.

Beispiel: *Für eine elektronisch gesteuerte Zylinderkopf-Fertigungsmaschine im Wert von 5 Millionen €, die von Frankfurt nach Tokio befördert wird, errechnet sich bei einem Zinssatz von 12 % p. a. folgende Differenz der Kapitalbindungskosten:*

Transportzeitverkürzung (jeweils mit Vor- und Nachlauf) durch Luftfrachtbeförderung: 35 Tage (Seetransport) – 5 Tage (Luftfrachttransport) = 30 Tage

Zinsen für 30 Tage:
*1 % von 5 Millionen € = **Ersparnis 50.000 €***

Wegen der kürzeren Lieferzeit kann die Lagermenge wesentlich reduziert werden. Deshalb wird dadurch auch weniger Kapital gebunden. Die Investitionen oder die Lagermietkosten können ebenfalls reduziert werden, weil die benötigte Lagerfläche geringer ist. Geringer sind auch die Lagerpersonalkosten.

1.4 Umweltbelastungen

Der Verkehrsträger Luftfracht belastet die Umwelt durch Schadstoff- und Lärmemissionen. Weltweit am problematischsten ist dabei der Ausstoß von CO_2, der die Ozonschicht der Atmosphäre zerstört. Der Lärm, den Flugzeuge verursachen, belastet die Anwohner in Flugkorridoren. Durch Nachtflugverbote versucht der Gesetzgeber, diese Belastungen auf ein erträgliches Niveau zu begrenzen.

Der Anteil des Verkehrsträgers Luftfracht an der gesamten weltweit beförderten Tonnage wird wegen der begrenzten Kapazität, der hohen Beförderungskosten sowie des hohen Energieverbrauches – und der damit verbundenen Umweltbelastung – relativ gering bleiben.

Derzeit beträgt der Anteil an der weltweit bewegten Fracht ca.

- 2 % des Tonnageaufkommens (gewichtsmäßiger Anteil),
- 20 % vom Wert aller beförderten Waren.

Etwas mehr als die Hälfte der Luftfrachtgüter wird in Nurfrachtflugzeugen befördert.

In Deutschland werden ca. 75 % aller Luftfrachtsendungen über Luftfrachtspeditionen abgefertigt. Dieser Anteil könnte sich durch Luftfrachtgesellschaften (Integrators) vermindern, die in zunehmendem Maß Haus-Haus-Verkehre (oder desk to desk) anbieten.

Zusammenfassung

➤ Luftfracht wird im Unterdeck von Passagiermaschinen oder in Frachtflugzeugen im Hauptdeck und im Unterflurladeraum befördert.

➤ Maximale Frachtkapazitäten ca.
- Boeing 737 C   13 t/ 90 m³
- Airbus A 300   33 t/ 90 m³
  im Unterflurladeraum
- Boeing 747 F   100 t/630 m³

➤ Container:
- Unterflurcontainer LD 3
- Iglu LD 7
- 10-Fuß-Bungalow-Container: 308 cm Länge
- 20-Fuß-Bungalow Container: 593 cm Länge

➤ Paletten:
- flache Leichtmetallplatten; z. B. 210 x 304 cm; 6,7 t max. Zuladung

➤ Flughäfen haben einen 3-Buchstaben-Code (Three-Letter-Code) für die Eintragung im Frachtbrief und den Aufklebern.

➤ Die drei wichtigsten deutschen Flughäfen sind:
- Frankfurt (FRA)
- Köln (CGN)
- München (MUC)

➤ Die bedeutendsten internationalen Flughäfen sind:
- New York, John F. Kennedy (JFK)
- Los Angeles, International (LAX)
- Hongkong International (HKG)
- Chicago, O'Hare (ORD)
- London Heathrow (LHR)

➤ Kosten
- Reine Beförderungskosten 5 x Seefracht
- Geringere Verpackungskosten
- Geringere Kapitalbindungskosten
- Niedrigere Versicherungsprämien

➤ Große Sicherheit

➤ Pünktlichkeit

➤ Hohe Umweltbelastung

2 Frachtvertragspartner auswählen

2.1 Marktstrukturen

Ca. 600 Fluggesellschaften (Airlines) befördern zurzeit auf der ganzen Welt Fracht (freight/cargo) und Passagiere (passengers). Der Konzentrationsprozess schreitet zwar voran, aber der Preiskampf ist nach Aufhebung der Verbindlichkeit der Tarife groß.

Die Konkurrenz wird noch durch **staatliche Start- und Landeregulierungen** eingeschränkt. In bilateralen Abkommen räumen sich die Staaten gegenseitig begrenzte Landerechte ein. Weltweit ist kaum Kabotageverkehr erlaubt. In der EU dürfen die Airlines der Gemeinschaft seit dem 1. Juli 1997 auch innerhalb anderer EU-Staaten befördern.

2.2 Wichtige Fluggesellschaften und ihr 2-Letter-Code

Die wichtigsten Fluggesellschaften für Frachtbeförderungen zeigt die folgende Übersicht. Für die Erstellung von Flugscheinen, Aufklebern und Frachtpapieren wird für die Airlines ein 2-Letter-Code (2-Buchstaben-Code) verwendet, der in diese Tabelle mit aufgenommen wurde.

Fluggesellschaften	2-Letter-Code
Lufthansa	LH
FedEx	FX
Air France	AF
Korean Airlines	KE
KLM (Niederländische Fluggesellschaft)	KL
Singapore Airlines	SQ
Japan Airlines (JAL)	JL
British Airways	BA
Cathay Pacific	CX
Northwest	NW
United Airlines	UA
Delta Airlines	DL

Die meisten dieser Gesellschaften betreiben **Linienverkehr**. Sie fliegen nach festen Flugplänen, die für Monate im Voraus festgelegt und im **OAG Flight-Finder** (früher ABC) veröffentlicht werden.

Daneben gibt es noch **Charter Carrier,** die nach Bedarf fliegen. Blumen aus Südfrankreich und Kenia, Gemüse und Obst aus Israel, Sommerhemden aus Indonesien, die nach Deutschland geflogen werden, sind Beispiele für Luftfrachtgüter mit saisonal stark schwankenden Mengen. Dieses zeitlich und oft auch regional unterschiedliche Ladungsaufkommen kann wirtschaftlich nur von Chartercarriern befördert werden, weil sie den Einsatz ihrer Flugzeuge viel flexibler planen können. Flugpläne und Routen können je nach Transportaufkommen schnell geändert werden. Das Verhältnis von Frachtraum zur Nachfrage bestimmt die von Fall zu Fall auszuhandelnden Preise.

2.3 International Air Transport Association (IATA)

Etwa 270 Airlines sind in der International Transport Association zusammengeschlossen. Die IATA ist die wichtigste Organisation der Carrier (Frachtführer). Sie bemüht sich um die Durchsetzung

● einheitlicher oder möglichst hoher Tarife (was nicht mehr gelingt),

● Vereinheitlichung der Dokumente,

● Formulierung einheitlicher Beförderungsbedingungen,

● Zulassung von Speditionen als IATA-Agenten nach einheitlichen Bedingungen.

Die Raten der IATA-Carrier werden im TACT = The Air Cargo Tariff veröffentlicht.

Über das IATA-Clearing House werden die Frachten von über 300 Airlines abgerechnet, wenn mehrere Carrier an einem Transport beteiligt sind. Diese Abrechnungen erfolgen auf der Basis der im TACT veröffentlichten Raten.

2.4 Andere Kooperationen der Carrier

Um eine bessere Auslastung zu erzielen und Kosten einsparen zu können, arbeiten die Airlines vielfach in **Pools** zusammen. Dabei werden Flugpläne aufeinander abgestimmt, die Abfertigung der Maschinen wechselseitig vorgenommen und der Ertrag aufgeteilt.

Beim **Codesharing** fliegen zwei Gesellschaften unter einer Flugnummer. Damit wird u. a. erreicht, dass diese Flugverbindung im Computer unter der Liste der Direktverbindungen erscheint und damit häufiger ausgewählt wird.

2.5 Der Spediteur als IATA-Agent

Nach der IATA-Resolution 805, den Cargo Agency Distribution Rules – Europe, können Spediteure bei der Agenturverwaltung in Genf die **Ernennung als IATA-Agent** beantragen. Folgende Voraussetzungen sind zu erfüllen:

● Mindestens 6 Monate Abwicklung von Luftfrachtgeschäften mit mehreren Airlines und möglichst von mehreren Flughäfen,

● finanzielle Leistungsfähigkeit,

● fachkundiges Personal (Schulungsnachweise erforderlich),

● mindestens zwei Mitarbeiter mit Gefahrgutschulungen.

Weltweit sind ca. 4 000 IATA-Agenten, in Deutschland etwa 150 tätig. Für seine Tätigkeit erhält der IATA-Agent offiziell vom Frachtbetrag **6 % Provision** (7,5 % im Inland).

Der IATA-Agent muss die Sendungen „ready for carriage" dem Carrier übergeben. Dies beinhaltet u. a.

● Ausfüllen des AWB (= Air Waybill = Luftfrachtbrief)

● Begleitpapiere beifügen

● Labels (mit AWB-Nummer, Bestimmungsflughafen, Markierung und Empfänger) auf jedem Packstück anbringen

● Prüfen der Verpackung

● Frachtzahlung bis Ende des Folgemonats

Die Abrechnung erfolgt über das CASS = Cargo Agency Settlement System.

2.6   Auswahl des richtigen Carriers

Zu den wichtigsten Aufgaben des Spediteurs gehört die Auswahl der besten Flugverbindung. Dies muss nicht immer die schnellste sein; häufig soll es die billigste sein und damit ist es häufig ein Chartertransport.

Bei der Auswahl des richtigen Carriers kann der Spediteur neben seinen Hausflugplänen, die die Flüge der Chartercarrier angeben, das **OAG Flight Finder** benutzen. Dieses Kursbuch für den internationalen Flugverkehr hat für mehrere Fluggebiete (z. B. Europa, North America) einzelne Bände. Für Frachtflüge wird der Cargo Guide Worldwide angeboten.

Die auf den folgenden Seiten abgedruckte Gebrauchsanweisung ist im OAG enthalten. Für Frachtflüge muss man mindestens zwei Stunden Umladezeit einkalkulieren.

Zusammenfassung

➤ **Die Fluggesellschaften haben einen 2-Letter-Code für die Eintragungen im AWB und in den Labels**

➤ **Wichtige Luftfrachtgesellschaften mit ihrem 2-Letter-Code:**
- **Lufthansa   (LH)**
- **Federal Express   (FE)**
- **Air France   (AF)**
- **Japan Airlines   (JL)**
- **British Airways   (BA)**

➤ **Die IATA = International Air Transport Association ist ein Zusammenschluss von 200 Fluggesellschaften.**

➤ **Codesharing bedeutet, dass zwei Fluggesellschaften eine Relation unter einer Flugnummer fliegen.**

➤ **Spediteure können bei der Agenturverwaltung der IATA in Genf die Zulassung als IATA-Agent beantragen.**

➤ **IATA-Agenten erhalten 6 % Provision vom Frachtbetrag.**

➤ **IATA-Agenten müssen die Luftfrachtsendungen „ready for carriage" übergeben.**

➤ **Im OAG Flight Finder sind alle Flüge weltweit aufgeführt.**

➤ **Im Air Cargo Guide sind die Frachtflüge verzeichnet.**

Anleitung zur 'Worldwide City-to-City Schedules'

(Weltweite Flugpläne)

Darstellung der Stadt- und Flughafeninformationen

VON **NAME DES ABFLUGORTES** LAND **STADTCODE**   Zeitabweichung von GMT

• FLUGHAFENNAME (FLUGHAFENCODE), Angaben über Entfernung von Flughäfen zur Innenstadt und Check-in-Zeiten
Transportmittel von Stadtzentrum zum Flughafen

Name des Ankunftsortes STADTCODE   Flughafencode und -name, wenn anders

Ermittlung der Flugzeiten
Bitte beachten Sie: Alle angegebenen Zeiten beziehen sich auf die jeweilige Ortszeit.

Gültigkeit
Wenn in diesen Spalte keine Daten angegeben sind, ist die Gültigkeit der jeweils aktuellen Ausgabe des *World Airways Guide* massgebend. Dieser Zeitraum ist auf der 1. Seite angegeben.

Wochentage
1 Montag
2 Dienstag
3 Mittwoch
4 Donnerstag
5 Freitag
6 Samstag
7 Sonntag

Flughafencodes

Den durch jeden Code dargestellten Flughafen zu ermitteln, siehe *City/Airport Codes*-Liste (Seite 43).

Flugnummer
Die ersten zwei Zeichen der Flug Nr. repräsentieren den Code für die jeweilige Fluggesellschaft. Die *Airline Designators*-Liste (Seite 33) vermittelt Einzelheiten über die Bedeutung dieses Codes.

Flugzeugtyp
Flugzeugtypen können mit Hilfe der *Aircraft Codes*-Liste auf Seite 8 ermittelt werden.

Abflug- und Ankunftszeiten
Bei allen angegebenen Zeiten handelt es sich um Ortszeiten. Der *International Time Calculator* (Seite 18) zeigt die Unterschiede zwischen Ortszeit und GMT (Greenwich Mean Time).

Zeiten in **Fettdruck** sind Abflugzeiten vom Abflugort und Ankunftszeiten am Zielort. Die restlichen Zeiten sind Ankunfts- und Abflugzeiten von jedem Anschlussflughafen.

Datum, an dem der Flugdienst beginnt
Datum, an dem der Flugdienst endet
Wochentage, an denen der Flugdienst stattfindet
Abflugszeit und Kennzeichen des Abflug-Flughafens
Ankunftszeit und Kennzeichen des Ankunft-Flughafens
Flug Nr.
Flugzeugtyp
Im Flug verfügbare Klassen
Anzahl der Zwischenlandungen

–	27Nov ••3••••	**1130**	**1810**	**KL**587	D10	FCM	0
–	1••45••	**1350**	**2030**	**KL**583	D10	CM	1
30Nov –	••••5••	**1350**	**2030**	**KL**583	D10	FCM	0
TRANSFER CONNECTIONS							
–	1234567	**0750** YEG	0800 LHR	**BA**423	757	CM	0
		1225 LGW	**1950**	**BA**075	D10	FJM	1
		BA075 Equipment change en route					
21Dec –	••••5••	**1255**	1520 ZRH	**SR**791	M80	FCYM◆	0
		2135 ZRH	*0510	**SR**2762	M11	FCYML	0

Anzahl der Zwischenlandungen
Wenn mehr als 8 Zwischenlandungen stattfinden, wird das Symbol M (Multistop) angegeben. Die Zwischenlandungen werden in der *Flight Routings*-Liste (Seite 70) aufgeführt.

Direktflüge
Wenn die beiden Zeiten in einer Zeile im **Fettdruck** erscheinen, handelt es sich um einen Direktflug.

Direktflüge können u.U. non-stop oder aber mit einer oder mehreren Zwischenlandungen.

Direktflüge haben von Abflug bis Landung die gleiche Flug Nr. Für alle City-to-City-Eintragungen werden Direktflüge immer vor möglichen Umsteigeverbindungen gezeigt.

Tagesangaben
Die in diesen Spalten aufgeführten Symbole bestimmen, welche Ankunfts- und Abflugzeiten nicht auf den gleichen Tag fallen an dem die Reise begonnen wurde.
* zweiter Tag
‡ dritter Tag
§ vierter Tag
¶ Vortag

Umsteigeverbindungen
Wenn die Zeiten auf einer Zeile NICHT beide in **Fettdruck** erscheinen, handelt es sich um eine eine Umsteigeverbindung . Jeder Transfer-Anschluß nimmt mindestens zwei Zeilen der City-to-City-Eintragung in Anspruch und ist mit einem Maschinenwechsel auf dem Zwischenlandeflughafen verbunden. Die erste Zeile führt den Direktflug vom Abflugsort zu dem Flughafen auf, wo die Maschine gewechselt werden muß. Die letzte Zeile zeigt den Anschlußflug zum Zielort.

Wenn mehrere Wechsel erforderlich sind, zeigen zusätzliche Zeilen zwischen Abflug- und Zielortzeilen die Flüge zwischen den einzelnen Umsteigeflughäfen an. Wenn ein Abflug-Flughafencode vom vorigen Ankunft-Flughafencode abweicht, muß zum Borden des Anschlußfluges der Flughafen gewechselt werden. Eine geringe Anzahl von Umsteigeverbindungen erfolgt über Routen, die höhere Tarife mit sich bringen. Stellen Sie sicher, daß der Normaltarif zutrifft. Umsteigeverbindungen erscheinen immer nach den Direktflügen.

Hinweise zu den Flügen
Diese Hinweise beziehen sich immer auf die direkt darüber aufgeführten Flüge. Diese werden unter *Schedule Texts Explained* näher erläutert (Seite 7).

Code für mehrere Fluggesellschafter

Dieses Symbol bedeutet, daß dieser Flug von einer anderen Fluggesellschaft (als die, deren Cod in der Flugnummer angegeben ist) betreut wird. Siehe *Shared Airline Designator Codes* (Seite 38).

Im Flug verfügbare Klasser
Wenn diese Codes als Kleinbuchstaben angegeben werder (wie z.B. fy), ist ein günstiger Tarif erhältlich.
R Supersonic (Überschall)
P 1. Klasse-Aufschlag
F 1. Klasse
A 1. Klasse mit Nachlaß
J Business Class-Aufschlag
C Business Class
D Business Class mit Nachlaß
I Business Class mit Nachlaß
Z Business Class mit Nachlaß
W Economy-Aufschlag
S Economy
Y Economy
B Economy mit Nachlaß
H Economy mit Nachlaß
K Economy mit Nachlaß
L Economy mit Nachlaß
M Economy mit Nachlaß
Q Economy mit Nachlaß
T Economy mit Nachlaß
V Economy mit Nachlaß
X Economy mit Nachlaß
G Bedingte Reservierung
U Airshuttle (keine Buchung erforderlic Sitz garantiert)
E Airshuttle (keine Buchung möglich)

Beispiel

Dieses eigens vorbereitete Beispiel der Eintragung im Abschnitt *Worldwide city-to-city schedules* erläutern Ihnen, welche Informationen enthalten sind und wie leicht diese zu verwenden sind.

Abflugsort

• Flüge gehen von Edmonton (Stadtcode YEA), Alberta in Kanada. Die 2-Buchstaben-Staatscodes (wie z.B. AL) werden auf Seite 12 näher erläutert.

Flughafeninformation

• Edmonton hat zwei Flughäfen.

• Der INTERNATIONAL Flughafen (Code YEA) liegt 34 km südlich vom Stadtzentrum. Check-in-Zeiten sind normalerweise 45 Minuten vor Abflug, für American Airlines muß jedoch mit 60 Minuten gerechnet werden (Flugliniencode AA); Air Canada (Fluglinencode AC) benötigt gleichfalls 60 Minuten für Flüge nach den Vereinigten Staaten und 90 Minuten für alle anderen internationalen Ziele.

• Der MUNICIPAL Flughafen (Code YXD) liegt 5 km nördlich vom Stadtzentrum. Die Check-in-Zeit ist normalerweise 45 Minuten vor Abflug; Canadian Airlines International (Fluglinencode CP) benötigt jedoch nur 30 Minuten.

Unterhalb der Angaben zum Flughafen lassen sich normalerweise Details über die Anfahrtmöglichkeiten zum Flughafen finden.

FROM **EDMONTON** AL CANADA **YEA** -0700

• INTERNATIONAL (YEG) 21mls/34kms S of Edmonton. Check–in 45mins except AA 60, AC to USA 60, other Int 90.

• MUNICIPAL (YXD) 3ml/5kms N of Edmonton. Check–in 45mins except CP 30.

To International Airport
BUS
Grey Goose Airport Bus Service from downtown Edmonton. Calls at major hotels. Journey time 45 mins. Enquiry tel: (403) 463 7520.

Calgary YYC							
–	19Dec 1234567	**0900** YXD	**0940**	**CP**904	737	JYBHQ	0

Paris France PAR				CDG-C De Gaulle			
2Jan –	12•45••	**0730** YEG	1303 YYZ	**AC**106	320	JYMBH	0
		1755 YYZ	***0835** CDG	**AC**870	747	FJYBH	1
				AC870 Equipment change en route			
– –	1234567	**0845** YEG	1215 MSP	**NW**1020	D9S	FYBMH	0
		1500 MSP	1735 DTW	**NW**752	320	FYBMH	0
		2040 DTW	***1020** CDG	**NW**50	D10.	CYBMH	0

• Die Zeit in Edmonton ist 7 Std. nach GMT

Direktflüge von Edmonton nach Calgary (Code YYC).

• Dieser Service entfällt nach dem 19. Dezember.

• Flüge finden täglich statt.

CP904

EDMONTON   Calgary

• Flüge gehen ab Edmonton Municipal Airport (Code YXD) um 0900, Ankunft Calgary 0940.

• Die Fluggesellschaft ist Canadian Airlines International (Fluglinencode CP), Flug Nr CP 904.

• Der Flug erfolgt mit einer Maschine vom Typ Boeing 737 (Flugzeugcode 737).

• Die angebotenen Klassen sind Geschäftsklasse (J) und Touristenklasse (YBHQ).

• Der Flug ist non-stop.

Umsteigeverbindungen von Edmonton nach Paris (Code PAR).

• Dieser Flug ist gültig ab 2. Januar.

• Anschlußflüge montags, dienstags, donnerstags und freitags mit jeweils zwei Flügen.

AC106   AC870

EDMONTON   Toronto   Paris

Der *erste Flug* geht ab Edmonton, International Airport (Code YEG), Abflug 0730, Ankunft Toronto, Lester B Pearson International Airport (Flughafencode YYZ) 1303.

• Der Flug erfolgt mit Air Canada, Flug Nr. AC 106.

• Die Maschine ist vom Typ Airbus Industrie A320 (Flugzeugcode 320); angebotene Klassen sind Businessclass (J) und Economy (YMBH).

• Hierbei handelt es sich um einen non-stop Flug.

Der *zweite Flug* verläßt Toronto, Lester B Pearson International Airport um 1755, Ankunft Charles de Gaulle Flughafen, Paris (Flughafencode CDG) um 0835 am folgenden Tag.

• Der Flug ist mit Air Canada, die Flug Nr. ist AC 870.

• Die Maschine ist vom Typ Boeing 747 (Flugzeugcode 747), angebotene Klassen sind 1. Klasse (F), Businessclass (J) und Economy (YBH).

• Es gibt eine Zwischenlandung, wo die Maschine gewechselt wird. Die Liste *Flight Routings* gibt den Zwischenlandungsort als Mirabel Airport, Montreal an.

Der zweite Transfer-Anschluß, der für Edmonton-Paris angegeben wird, trifft für die Gültigkeit dieser Auflage zu.

Anschlüsse erfolgen täglich mit jeweils drei Flügen

• Der erste Flug ist mit Flug Nr. NW 1020 von Edmonton nach Minneapolis (Code MSP).

• Der zweite Flug ist mit Flug Nr. NW 752 von Minneapolis nach Detroit, Metropolitan Airport (Code DTW).

• Der dritte Flug mit Flug Nr. NW 50 ist von Detroit nach Paris, Charles de Gaulle Airport (Code CDG), Ankunft am folgenden Tag um 10.20.

Quelle: OAG Flight Finder; Reed Travel Group

3   Beförderungspreise ermitteln

3.1   Tarifstrukturen

Die von der IATA im TACT (= The Air Cargo Tariff) veröffentlichten Raten werden von IATA Carriern berechnet und im Frachtbrief eingetragen. Allerdings gewähren die Carrier unterschiedlich hohe Rabatte oder Kickbacks (Rückvergütungen).

In den USA sind die Raten der IATA nicht verbindlich. Für die EU-Transporte gibt es noch eine Kartell-Ausnahmegenehmigung. Die IATA wird aber weiter gemeinsame Tarife festlegen. Es darf bezweifelt werden, ob sie am Markt durchsetzbar sind.

Die Spediteure arbeiten mit so genannten Hausraten. Diese ergeben sich aus den Vereinbarungen mit Carriern oder anderen Spediteuren, mit denen ein Beiladeabkommen besteht. Diese Charterraten werden nach Marktlage und Lademengen ausgehandelt.

3.2   Frachtberechnung nach dem TACT

Der TACT besteht aus 3 Büchern (Manuals):

Band 1	Rules Manual	Enthält ● 3-Letter-Codes für Flughäfen ● 2-Letter-Codes für Airlines ● Berechnungsvorschrifen ● Hinweise zum Ausfüllen des AWB ● Informationen der Länder (informations by countries) ● Informationen der Carrier
Band 2	Rates Manual North America	Raten von/nach und in Nordamerika
Band 3	Rates Manual Worldwide	Raten weltweit außer Nordamerika

Auszug aus dem TACT Rates Worldwide (leicht gekürzt; Stand 1. Quartal 2004)

date type	note	item	min wght	local curr.
Frankfurt		**DE**		**FRA**
Euro	EUR			KGS
Melbourne		VI	AU	
		LH	M	104,00
		LH40	M	104,00
			N	15,74
		LH	N	5,66
		LH40	N	7,18
			45	11,37
			100	7,32
		LH	100	4,67
		LH40	100	6,29
		/C		4,47
20		/B	9 000	15 564,18
Merida		**MX**		
			M	75,59
			N	5,20
			100	4,11
			300	3,86
			500	3,40
Mogadischu		**SO**		
			M	76,89
			N	13,97
			45	10,08
			200	8,83
			2 000	4,91
		4402	200	5,24
		4700	200	5,07
		8002	200	5,40

Der Tarif enthält jeweils die Raten vom Abgangsflughafen zum Bestimmungsflughafen; sie gelten nicht in umgekehrter Reihenfolge. Alle Raten sind immer in der **Währung des Abgangsflughafens für 1 kg** angegeben. Nebenstehend sehen Sie einen Auszug aus dem TACT.

Die folgende Übersicht soll Ihnen einen Überblick über die **Ratenarten** des TACT geben:

Art		Verwendung
1. Allgemeine Raten = General Cargo Rates = GCR	☐M = Mindestfracht- betrag (Minimum) ☐N = Normalrate (bis 45 kg)	für alle Warenarten; weltweit
	$\dfrac{\begin{array}{c}45\\100\\300\end{array}}{}$ = Mengenrabatt- raten (Quantityrates)	günstigere Raten für größere Mengen mit dem jeweiligen frachtpflichtigen Mindest- gewicht
	☐LHM = Mindestfrachtbetrag der Airline (Lufthansa) LHN ☐LH45	Ratenarten für bestimmte Airlines, die diese Relation bedienen
2. Spezialraten = Specific Commodity Rates = CoR	☐9701 = Warennummer (Item Nr.) ▼ hier für Nahrungsmittel, Gewürze und Getränke	für bestimmte Waren auf bestimmten Relationen (wenn die vierstellige Nummer beim Ziel- flughafen angegeben ist)
3. Warenklassenraten = Class Rates	gebildet durch Zu- bzw. Abschläge auf die Normalrate, z. B. 33 % Abschlag für Zeitungen innerhalb Europas (Angaben im TACT 1: Rules)	für bestimmte Waren- gruppen für verschiedene Verkehrsgebiete u. a. – Zeitungen – sterbliche Überreste – lebende Tiere – Gold, Platin u. Ä.
4. Containerraten = ULD-Rates = Unit Load Device Program	X/A = Rate für jedes kg des frachtpflichtigen Mindestgewicht des Containers /B = Mindestfrachtbetrag für den angegebenen Containertyp /C = Rate für jedes kg über dem Mindest- gewicht	für Waren aller Art in Containern, auf Paletten der Luftfrachtgesellschaft, außer für – gefährliche Güter – Güter in einer Warenklassenrate

Mit zunehmender Liberalisierung im internationalen Luftverkehr werden die Raten des TACT immer weniger angewendet. Häufig handeln die Spediteure oder Verlader mit großem Aufkommen spezielle Tarife mit den Luftfrachtgesellschaften aus (siehe IX 3.4).

3.3 Spediteurentgelte

Die Entgelte für die speditionellen Leistungen im Luftfrachtgeschäft werden frei vereinbart.

Möglich ist die Abrechnung nach Nebengebührentarifen, die z. B. die Lufthansa oder der Hessische Fachverband Spedition und Lagerei herausgeben.

Auszugsweise werden hier einige Gebühren aus dem Lufthansa **Luftfracht-Nebengebührentarif (LNGT)** genannt.

Art der Gebühr jeweils ohne MwSt	Einheit	€
AWB Ausstellung	pro AWB	15,00
Nachträgliche Berichtigung des AWB	pro AWB	25,00
Abfertigungsgebühr (Handling charges) für Wiegen, Etikettieren usw.	je kg je Sendung	0,08 8,00 bis max. 28,00
Ausfuhrzollabfertigung		8,00
DGR Check Fee	1 UN-Nummer mehrere	35,00 75,00
Akkreditiv-Sendungen (L/C-Sendungen)		15,00
Charges Collect Fee	je Sendung	5 %
Abfertigungsgebühren bei Importen	nach Gewicht und Anzahl Kolli	12,00 bis max. 52,00
Zollabfertigung	je Sendung	4,00
Vorlageprovision		2 %
Avisgebühr	ab 2. Avis	4,50
Bankfreistellung	je Sendung	16,00

(Stand 2002)

3.4 Rabatte

Der Spediteur rechnet mit den Luftverkehrsgesellschaften für die von ihm ready for carriage übergebenen Sammelsendungen (im Container oder auf Palette) in der Regel nicht die Raten des TACT, sondern so genannte **Nettoraten** ab. Diese Nettoraten werden individuell ausgehandelt und richten sich nach der Gesamtmenge, die ein Speditionsunternehmen mit einem Carrier versendet, und nach der Auslastung auf einer bestimmten Flugroute. Wenn das Speditionsunternehmen bestimmte Anteile des gesamten Sendungsaufkommens mit einem Carrier verlädt, kann es zusätzliche Rabatte oder auch Kickbacks für diese Airlinetreue erhalten.

Kontraktraten dürfen nur bei Sendungen von Spediteur zu Spediteur abgerechnet werden. Sie werden nicht veröffentlicht. Es gibt sie in sehr unterschiedlichen Formen. Beispiele sind Time-Volume-Contract (TVC)-Raten für eine bestimmte Gütermenge in einem bestimmten Zeitraum (Monat, Vierteljahr) oder Ad-hoc-Raten für bestimmte Flugnummern an einzelnen Tagen mit schlechter Auslastung.

Der Spediteur muss auf diese Raten seine Verwaltungskosten und einen angemessenen Gewinnzuschlag aufschlagen und bildet so seine Hausraten **(Selling Rates)**, die er seinen Kunden berechnet.

Zusammenfassung

➤ Der Luftfrachtbetrag für den AWB (Air Waybill) wird mithilfe des TACT = The Air Cargo Tariff ermittelt.

➤ Der TACT besteht aus drei Büchern (Manuals):
  – Band 1: (Rules) enthält Codes, Anwendungsregeln, Informationen der Länder und Carrier
  – Band 2: Raten von/nach Nordamerika
  – Band 3: Raten weltweit außer Nordamerika

➤ **Ratenarten des TACT**
- **Allgemeine Raten (General Cargo Rates):**
  Minimum-, Normal- und Mengenrabattraten, auch speziell für bestimmte Airlines
- **Spezialraten (Specific Commodity Rates):**
  mit vierstelliger Warennummer für bestimmte Güter auf bestimmten Relationen
- **Warenklassenraten (Class Rates):**
  Zu-/Abschläge auf Normalraten für bestimmte Güter in bestimmten Verkehrsgebieten (z. B. Zeitungen)
- **Containerraten:**
  B = Mindestfrachtbetrag für den jeweiligen Containertyp;
  C = Rate je kg über Minimumgewicht

➤ **Berechnung der speditionellen Leistungen nach Luftfrachtnebengebührentarifen möglich, z. B.**
- AWB Ausstellung 15,00 €
- Abfertigungsgebühr (Handling charges) 8,00 – 28,00 € je Sendung
- Ausfuhrabfertigung 8,00 €
- Zollabfertigung je Sendung 4,00 €

➤ **Vielfältige Rabatte oder Sonderraten zwischen Carrier und Spediteur möglich**

4 Frachtverträge abschließen

4.1 Rechtsgrundlagen

4.1.1 Nationale Rechtsgrundlagen

Für den Luftfrachtvertrag im innerdeutschen Luftverkehr ist das HGB maßgebend. Damit gelten auch die gleichen Haftungshöchstgrenzen wie für den Lkw-Verkehr.

Allerdings haben die Luftfrachtführer in der Regel eigene Vertragsbedingungen. Die IATA-Carrier vereinbaren mit Zeichnung des Luftfrachtbriefes die IATA-Beförderungsbedingungen. Diese gelten innerdeutsch uneingeschränkt, weil das HGB beugsames Recht ist.

4.1.2 Internationale Gesetze

Für internationale Frachtverträge gilt als gesetzliche Grundlage in der Regel das **Warschauer Abkommen**. Es existiert in zwei Fassungen:

1. Warschauer Abkommen alter Fassung: Dieses WAK a. F. gilt seit 1933 in über 100 Unterzeichnerstaaten, darunter auch in Deutschland. Neben Vorschriften über Flugscheine und Frachtbriefe enthält das WAK vor allem Haftungsbestimmungen.

2. Warschauer Abkommen neuer Fassung (Haager Protokoll): Nur 35 der ursprünglichen Unterzeichnerstaaten haben das WAK n. F. unterzeichnet. Es gilt jetzt in der 1971 zuletzt verabschiedeten Fassung von Guatemala nur bei Beförderungen zwischen Unterzeichnerstaaten.

3. Montrealer Übereinkommen = MÜ (1999): In Deutschland ist es am 15.04.2004 in Kraft getreten. Bis 2005 wird es das WAK weltweit ersetzen und in den Vertragsstaaten zwingend anzuwenden sein, wenn diese das Übereinkommen ratifiziert haben werden.

4.1.3   IATA-Beförderungsbedingungen

Das MÜ regelt nicht alle Rechtsfragen des Luftfrachtgeschäftes (z. B. die Zustellung von Gütern am Bestimmungsflughafen) und es gilt in manchen Staaten nicht. Deshalb hat die IATA einheitliche Beförderungsbedingungen (Conditions of Carriage) festgelegt, die mit den allgemeinen Geschäftsbedingungen im Kaufvertragsrecht oder den ADSp vergleichbar sind.

Die IATA-Beförderungsbedingungen (IATA-BB) sind Vertragsbedingungen, die die verbindlichen internationalen Abkommen und zwingende nationale Gesetze nicht aufheben können. Sie gelten aber in den Bereichen, die nicht von gesetzlichen Grundlagen geregelt sind.

Luftfrachtführer, die nicht der IATA angehören, arbeiten mit ähnlichen Vertragsbedingungen. Sie sind auf der Rückseite der Frachtbriefe abgedruckt und werden mit der Unterschrift auf dem AWB rechtswirksam, soweit keine verbindlichen Gesetze entgegenstehen.

Wie bei allen anderen Verkehrsträgern handelt der Spediteur auf mindestens zwei Vertragsebenen.

Vertragsebene	Vertragspartner	Rechtsgrundlage	Tätigkeiten
Speditionsvertrag	Auftraggeber Versender Shipper	ADSp oder HGB in Deutschland	Papiere erstellen Frachtführer auswählen Zollabfertigungen
Frachtvertrag	Luftfrachtführer Carrier Airline	Montrealer Übereinkommen (= MÜ), WAK a. F./n. F international IATA-Beförderungsbedingungen	Fracht befördern von Ab- bis Bestimmungsflughafen

4.2   Buchung des Frachtraums

Nach Auswahl des geeigneten Fluges bucht der Spediteur beim Carrier möglichst früh den erforderlichen Frachtraum. Mit der Bestätigung der Buchung ist gesetzlich der Frachtvertrag zustande gekommen.

Eine **Beförderungspflicht** besteht für die Luftverkehrsgesellschaften grundsätzlich **nicht**. Die Carrier, die Linienverkehr betreiben, müssen zwar regelmäßig fliegen, zum Abschluss eines Frachtvertrages für ein bestimmtes Gut kann man sie jedoch nicht zwingen.

In der Praxis kommt eine Zurückweisung einer Beförderung nur vor, wenn die folgenden Transportvoraussetzungen nicht erfüllt sind:

● Gesetzliche Beförderungs-, Aus- bzw. Einfuhrverbote gibt es für das Gut nicht.

● Eine Gefahr für Flugzeug, Passagiere oder andere Dinge besteht nicht.

● Die notwendigen Begleitpapiere sind beigefügt.

● Die Verpackung ist ausreichend.

Die **Verpackung** ist ausreichend, wenn sie die „übliche Behandlung" beim Transport und Umladen aushält. Die Verpackung muss schützen:

● die Ware

● das Flugzeug

● andere Güter

Ist die Verpackung nicht ausreichend, kann der Absender (häufig der Spediteur!) für den entstandenen Schaden haftbar gemacht werden.

Weist die Verpackung bei der Übergabe Schäden auf oder ist sie nicht luftfrachtgerecht, kann sie der Carrier trotzdem annehmen. Er notiert den Zustand der Verpackung aber auf dem AWB (er erteilt unreine Quittung) und entbindet sich damit der Haftung für Schäden, die aus diesem Mangel entstehen.

In zunehmendem Maße nutzen die Speditionen die Möglichkeiten des elektronischen Datenaustausches (EDI = Electronic Data Interchange) von Sendungsdaten.

Neben **EDIFACT** (= Electronic Data Interchange For Administration, Commerce and Transport) kann auch das von der IATA entwickelte IATA Cargo FACT genutzt werden.

Ein wichtiges Luftfracht-Informationssystem ist auch **TRAXON**. Traxon (= Tracking and Tracing, online), wurde von Fluggesellschaften u. a. von Lufthansa und Air France gegründet. Mit TRAXON werden Speditionen, Carrier, Zollbehörden, Absender und Empfänger miteinander vernetzt. Mit diesem System können folgende Aufgaben erledigt werden:

● Flugplanauskünfte einholen
● IATA-Raten ermitteln
● Buchung von Frachtraum bei den Airlines
● Sendungsverfolgung
● AWB-Daten an Airlines und andere Vertragspartner übermitteln
● Übertragung der Daten in das Automated Manifest System (AMS) der US-Zollbehörden zur schnelleren Vorverzollung

4.3   Frachtpapiere erstellen – Air Waybill

Obwohl der Luftfrachtvertrag nach den gesetzlichen Bestimmungen (HGB, MÜ) formlos geschlossen werden kann, wird im Artikel 3 der IATA-Beförderungsbedingungen die Verwendung eines Luftfrachtbriefes vorgeschrieben.

Der Air Waybill (AWB) ist in englischer Sprache verfasst und muss auch englisch ausgefüllt werden.

Der AWB erfüllt mehrere **Funktionen**:

● Beweis für den Beförderungsvertrag (Abschluss, Annahme der Beförderungsbedingungen, Erweiterung der Haftung),
● Empfangsbescheinigung,
● Unterlage für die Frachtberechnung,
● Versandinstruktion (Behandlung des Gutes, Leitwege, Auslieferung),
● Nachweis für das Verfügungsrecht (Original Nr. 3),
● ggf. Versicherungszertifikat.

Der IATA-AWB ist ein nicht begebbares (= not negotiable) Wertpapier, d. h. ein nicht handelbares Papier, das nicht „an Order" ausgestellt wird. Die Übergabe des Papiers hat nicht die gleiche Rechtswirksamkeit wie die tatsächliche Übergabe des Gutes wie beim Konnossement.

Der AWB ist in rechtlicher Hinsicht mit dem Bahn-Frachtbrief zu vergleichen, bei dem lediglich das Frachtbriefdoppel (Absenderpapier) eine Sperrfunktion für nachträgliche Verfügungen besitzt.

Allerdings ist der AWB ein akkreditivfähiges Papier. Nur der Forwarder Air Bill (= Spediteursluftfrachtbrief) wird von der Bank nicht als Verladepapier für ein Akkreditiv akzeptiert, weil es in der Regel nicht den Abschluss eines Fracht-, sondern eines Speditionsvertrages dokumentiert.

Wird der AWB in einem Akkreditiv (Letter of credit) verlangt, wird als Consignee (Empfänger) die Käuferbank eingetragen. Die Sendung darf dann von der Airline oder dem Empfangsspediteur erst ausgehändigt werden, wenn eine schriftliche Freigabeerklärung der Bank vorliegt.

Der eigentliche Endempfänger wird als „Notify adress" (= Meldeadresse) im Feld „Handling Information" eingetragen.

Die Ausfertigungen des AWB

Jeder Air Waybill besteht aus drei Originalen und in der Regel sechs Kopien (Mindestanforderung nach MÜ). Diese Blätter sind vorgesehen für:

Original Nr.	vorgesehen für:
1	Luftverkehrsgesellschaft (first carrier)
2	Empfänger (consignee); begleitet das Gut
3	Absender (shipper); Übernahmebestätigung
Kopie Nr.	
4	Auslieferungsbestätigung
5 – 8	verschiedene Frachtführer
9	IATA-Agent

Die Arten des AWB

Die Grundform für alle Arten von IATA-Frachtbriefen ist der **Universal Air Waybill** nach dem IATA-Layout.

Der Name der Luftfrachtgesellschaft wird in das Feld rechts oben gedruckt. Dies sind die **Air Waybills des Contracting Carriers** (siehe S. 296).

Auch ein Spediteur kann seinen Firmennamen in dieses Feld eindrucken lassen. Er handelt dann aber nicht mehr als ausstellender (issuing) Agent, sondern selbst als contracting (vertragschließender) Carrier. Er haftet dann als Frachtführer vom Abgangs- bis zum Bestimmungsflughafen. Wenn in den Vertragsbedingungen nicht auf das WAK oder MÜ hingewiesen wird, haftet er nach HGB. Ein Air Waybill des Contracting Carriers wird von den Banken als Verladedokument für ein Akkreditiv verlangt.

Luftfrachtbriefe, die rechts oben nicht den Namen einer Fluggesellschaft, sondern den einer Spedition tragen, werden als Spediteursluftfrachtbrief = Forwarder Air Waybill oder im täglichen Sprachgebrauch als **House AWB** bezeichnet.

Solche House-AWB's werden in der Regel für Einzelsendungen im Sammelverkehr ausgestellt. Die Haftungsgrundlage für diese Spediteursluftfrachtbriefe ist gemäß der aufgedruckten Bedingungen meist die ADSp.

Wird der AWB im Sammelladungsverkehr für die gesamte Sendung als „Hauptluftfrachtbrief" ausgestellt, spricht man vom **Master AWB**. Im Feld „Art und Menge der Güter" trägt der Sammelladungsspediteur den Hinweis „Sammelladung (= Consolidated shipments)" ein und führt die House AWB's für die Einzelsendungen auf oder verweist auf die beigefügte Ladeliste ("... as per attached manifest").

Shipper's Name and Address		Shipper's Account Number	Not negotiable **Air Waybill*** Issued by	**LUFTTRANS**

Weisler GmbH
Echinger Straße 78
85375 Neufahrn

Copies 1, 2 and 3 of this Air Waybill are originals and have the same validity

Consignee's Name and Address	Consignee's Account Number

JARD AIR CARGOS (US) LTD
24 East Bak Street
Arlington Heights, IL 6005/USA

It is agreed that the goods described herein are accepted for carriage in apparent good order and condition (except as noted) and SUBJECT TO THE CONDITIONS OF CONTRACT ON THE REVERSE HEREOF. THE SHIPPER'S ATTENTION IS DRAWN TO THE NOTICE CONCERNING CARRIER'S LIMITATION OF LIABILITY. Shipper may increase such limitation of liability by declaring a higher value for carriage and paying a supplemental charge if required.

Issuing Carrier's Agent Name and City

**EURO LOGISTIK GMBH
MUNIC**

Accounting Information

COMMERCIAL INVOICE

Agent's IATA Code — **446 7000** — Account No.

Airport of Departure (Addr. of First Carrier) and Requested Routing — **Munic**

To	By First Carrier	Routing and Destination	To	By	To	By	Currency	CHGS Code	WT/VAL PPD COLL	Other PPD COLL	Declared Value for Carriage	Declared Value for Customs
CHI	LUFTTRANS						EUR	P			NVD	NVD (NCV)

Airport of Destination	Flight/Date For Carrier Use Only	Flight/Date	Amount of Insurance	INSURANCE
CHICAGO, ILL	LT 665/18		NVD (NIL)	INSURANCE – If Carrier offers insurance, and such insurance is requested in accordance with the conditions thereof, indicate amount to be insured in figures in box marked 'Amount of Insurance'

Handling Information

NOTIFY: Weisler Inc.　　　　　Marks: AS
　　　　72 Half Day Road　　　　　4560-4570
　　　　Bannockburn, Il 60015

No of Pieces RCP	Gross Weight	kg lb	Rate Class Commodity Item No.	Chargeable Weight	Rate / Charge	Total	Nature and Quantity of Goods (incl. Dimensions or Volume)
11	218,2	k	c 9715	218,5	2,50	546,25	Spare parts for Amusement Parks Terms: CFR Chicago Origin: Germany West Vol. Wght.: 87,13 kg
						546,25	

Prepaid	Weight Charge	Collect	Other Charges
546,25			Collection and Handling Fee 35,00

Valuation Charge

Tax

Total Other Charges Due branch office

Shipper certifies that the particulars on the face hereof are correct and that insofar as any part of the consignment contains dangerous goods, such part is properly described by name and is in proper condition for carriage by air according to the applicable Dangerous Goods Regulations.

Total Other Charges Due Carrier
35,00

80 101868 EURO LOGISTIK GMBH
Signature of Shipper or his Agent

Total Prepaid	Total Collect
581,25	

Currency Conversion Rates	CC Charges in Dest. Currency	..-07-17　　　　München
		Executed on (date)　　at　　(place)　Signature of Issuing Carrier

For Carrier's Use only at Destination	Charges at Destination	Total Collect Charges

AWB-No.

FORWARDER AIR BILL
Not negotiable

FAB number

MAB number

Shipper's Name and Address

Forwarder's name and address

Consignee's Name and Address

Acting as forwarding agents, we certify goods described below were received for the arrangement of carriage in apparent good order and condition except as noted herein and that the goods will be forwarded by us subject to the German Forwarder's Standard Terms and Conditions (Allgemeine Deutsche Spediteur-Bedingungen, ADSp). Carriage will be executed by carriers subject to their conditions. By accepting, using and/or presenting this Forwarder Air Bill the shipper, the consignee and every holder of this Forwarder Air Bill agrees to the German Forwarders' Standard Terms and Conditions (Allgemeine Deutsche Spediteur-Bedingungen, ADSp) as governing the rights resulting herefrom. For international carriage the Warsaw Convention and the limitations of liability contained therein are applicable.

Airport of Departure and requested Routing	-	Break bulk agent	Currency	Declared Value for Carriage	Declared Value for Customs

to	by	Routing and Destination	Insurance value – in words

Airport of Destination	Flight	Day	Amount of Insurance

Handling Information

Documents to accompany Forwarder Air Bill
Commercial inv.   fold. Cons./Cust. inv.   fold

Export control documents

No of Pieces / RCP	Gross Weight	kg / lb	Rate Class / Commodity Item No.	Chargeable Weight	Rate / Charge	Total	Nature and Quantity of Goods (incl. Dimensions or Volume)

Prepaid	Weight Charge	Collect	Other Charges

Insurance premium   Cartage   Handling   FAB fee

Valuation Charge

Service fee   Agent's disbursements   Other charges

Tax

Total other Charges Due branch office

Total other Charges Due

Total prepaid   Total collect

Currency Conversion Rates   cc charges in Dest. Currency

Executed on	(Date)	at	(Place)	Signature of Issuing Air Freight Forwarder

For Use only at Destination	Charges at Destination	Total collect Charges

Copies 1, 2 and 3 of this Forwarder Air Bill are originals and have the same validity.

ORIGINAL 1

4.4 Transportrisiken abdecken

Um Transportrisiken abzudecken, kann der Auftraggeber des Spediteurs entweder die Haftung des Carriers erhöhen, eine Transportversicherung oder die World Cover der Speditionsversicherung abschließen. Welche Möglichkeit die beste ist, hängt vom Wert der Sendung, der Relation und den verschiedenen Prämien der Versicherungen ab.

4.4.1 Haftung der Luftfrachtgesellschaft erhöhen (Lieferwertangabe)

Durch Angabe eines Lieferwertes im Feld „declared value for carriage" kann die Haftung des Luftfrachtführers bis zum angegebenen Wert erhöht werden. Der Carrier haftet dann bei internationalen Transporten für alle Schäden, die durch sein Verschulden entstanden sind. Allerdings sind die Haftungsausschlüsse zu beachten (siehe S. 310).

Bei Angabe eines Lieferwertes ist ein Wertzuschlag = valuation charge zu bezahlen.

Dieser **valuation charge** beträgt weltweit **0,5 %**.

Berechnungsgrundlage: Lieferwert – Höchsthaftung WAK (nach MÜ entsprechend)

Beispiel: *Elektronische Ersatzteile mit Verpackung 100 kg, von Frankfurt nach New York*

Lieferwert = declared value for carriage	*= 12.210,00 €*
minus gesetzliche Höchsthaftung	*– 2.210,00 €*
(100 kg · 17 SZR/kg = 1700 SZR · 1,3 €/SZR = 2.210,00 €)	
Differenz	*10.000,00 €*
Valuation Charge 0,5 % von 10.000,00 € = 50,00 €	

4.4.2 Versicherungen abschließen

Durch Eintragung einer Versicherungssumme in die Spalte „amount of insurance" kann eine Transportversicherung für das Luftfrachtgut abgeschlossen werden.

Im Allgemeinen decken Tochtergesellschaften der Carrier die Risiken der Luftfrachtbeförderung im Rahmen der IATA-Beförderungsbedingungen und des WAK bzw. MÜ. Erforderlich ist ein schriftlicher Auftrag des Versenders. Entsprechende Transportversicherungen können auch bei einschlägigen Versicherungsgesellschaften abgeschlossen werden.

Die Bedingungen (Prämie, Haftungsumfang) sind recht unterschiedlich und können bei den Versicherungsgesellschaften erfragt werden. Beispielhaft sollen hier die Bedingungen der DELVAG Luftfrachtversicherungs AG (Lufthansa Tochter) dargestellt werden.

Versicherungsumfang

Ersetzt werden alle Schäden und Verluste am Gut von Haus zu Haus, also keine Sachfolge- und Vermögensschäden. Die Versicherung gilt einen Monat. Von der Haftung ausgeschlossen sind Schäden, die entstehen durch

- Krieg,
- staatliche Maßnahmen (z. B. Sperrung des Luftraumes),
- Klimaschwankungen,
- mangelhafte Verpackung.

Die Versicherungssumme beinhaltet:

- Rechnungswert,
- Fracht und sonstige bis Bestimmungsort anfallende Beförderungskosten,
- Zölle,
- 10 % angenommener (imaginärer) Gewinn.

Die Höchstsumme beträgt **500.000,00 €**.

Die Prämie beträgt je nach Versicherungszone **ca. 0,1 – 0,3 % von der Versicherungssumme.**

Zusammenfassung

> Rechtsgrundlagen
> - HGB für BRD
> - WAK in alter und neuer Fassung: zwingend anzuwenden in den Unterzeichnerstaaten
> - Montrealer Übereinkommen = MÜ: zwingend anzuwenden ab 2004 auch in der EU
> - IATA-Beförderungsbedingungen = Vertragsbedingungen der IATA-Luftfrachtgesellschaften

> Auswahl des geeigneten Fluges mit dem OAG Flight Finder

> Datenübermittlung, Frachtraumbuchung möglich mit Online Diensten (z. B. TRAXON)

> AWB = Air Waybill = Luftfrachtbrief

> Ausfertigungen des AWB
> - Original 1 für first carrier (Luftverkehrsgesellschaft)
> - Original 2 für consignee (Empfänger)
> - Original 3 für shipper (Absender)
> - Copy 4 ist der Ablieferungsnachweis

> AWB ist nicht handelbar (not negotiable); bei Akkreditivsendungen ist der consignee die Bank, der Empfänger wird als notify adress angegeben

> Auslieferung der Güter erfolgt an den genannten Empfänger

> Master AWB = AWB für Sammelsendung; er enthält die Nummern der House AWBs für die Einzelsendungen

> Abdeckung von Transportrisiken durch
> - Erhöhung der Haftung des Carriers (declared value for carriage = Lieferwertangabe) gegen Wertzuschlag (valuation charge)
> - Transportversicherung beim Carrier oder einer anderen Versicherung
> - World Cover der Speditionsversicherung

> Prämien sind niedrig, weil das Schadenrisiko beim Luftfrachttransport gering ist.

5 Frachtverträge für ausgehende Sendungen abwickeln

5.1 Vorlauf und Umschlag organisieren

Meist handelt es sich bei den Luftfrachtsendungen um sehr eilige Güter. Deshalb ist eine schnelle Auftragsabwicklung hier besonders wichtig. Die Auftragserteilung erfolgt heute noch am häufigsten per Telefon oder per Fax. Der Spediteur muss am Telefon alle erforderlichen Informationen abfragen. Neben den allgemein üblichen Sendungsdaten sind in der Luftfracht besonders wichtig:

- Versandbereitschaft (genaue Uhrzeit)
- Wert der Sendung
- Art der Versicherung
- Ablieferungszeitpunkt (Zeitverschiebung beachten)
- Maße und Gewicht (in Zentimeter und Zehntelkilogramm)
- Avis gewünscht
- Ausfuhrabfertigung gewünscht
- Vereinbarung über Entgelte (bestimmte Sätze in € je kg oder Pauschalbeträge, Zusatzkosten wie Avisgebühr u. Ä.)
- Frankatur (nicht immer ist Nachnahme = cash on delivery [cod] möglich!)

Die Frankatur ist besonders wichtig, weil sich nach ihr die Rechnungsstellung richtet. Auch im AWB müssen die Frachtbeträge und andere Kosten jeweils im richtigen Feld eingetragen werden. Folgende Zahlungsvorschriften sind im AWB möglich:

- Prepaid (PP) = vorausbezahlt oder „frei"
- Charges collect (cc) = nachzunehmende Kosten oder „unfrei"

In jedem Fall sollte sich der Luftfrachtspediteur bemühen einen schriftlichen Speditionsauftrag mit Originalunterschrift zu bekommen. Stammkunden haben Speditionsaufträge von ihrem Spediteur und können ihn mit der Sendung zum Spediteur geben. Bei Stammkunden wird manchmal auf einen Speditionsauftrag verzichtet, weil mit diesen Kunden Rahmenvereinbarungen unterzeichnet wurden, in denen die abzurechnenden Raten, Gebühren, die üblichen Leistungen und Rabatte festgelegt sind.

Bei anderen Kunden füllt der Spediteur den Speditionsauftrag nach den telefonisch übermittelten Daten aus und gibt ihn dem mit der Abholung beauftragten Unternehmer mit. In Zukunft wird die Auftragserteilung überwiegend über Onlinedienste erfolgen.

In der Regel wird ein Frachtführer oder ein eigener Fahrer mit der Abholung der Sendung beauftragt. Nach Möglichkeit müssen Touren zusammengestellt werden, damit die Kosten gering gehalten werden können. Die Sendung muss ca. zwei Stunden vor dem Abflug am Flughafen sein.

Einzelsendungen werden oft direkt bei der Airline abgegeben. Güter, die in Sammelsendungen zusammengefasst werden, müssen in das Umschlaglager des Luftfrachtspediteurs gebracht werden. Dort wird die Verpackung kontrolliert und die Sendung mit den vorgeschriebenen Aufklebern versehen. Die Verwendung von Strichcodes (Barcodes) ist vorgeschrieben.

Bei Versendungen in Drittländer (Nicht-EU-Länder) muss die Sendung zur Ausfuhr angemeldet werden. Der Ausführer oder sein beauftragter Spediteur kann dies über das automatisierte Luftfrachtabfertigungsverfahren (ATLAS) machen. Dabei wird dem Zollamt über Computer die Ausfuhranmeldung übermittelt. Das Zollamt kann über Datenfernübertragung die Freigabe zur Ausfuhr erklären. Wird eine Gestellung zur Kontrolle verlangt, muss die Sendung zum Zollamt gebracht werden.

5.2 Lieferfristen beachten

Lieferfristen werden von keiner Luftfrachtgesellschaft gewährleistet.

Der Luftfrachtführer muss allerdings haften, wenn er schuldhaft die Auslieferung verzögert hat. Dies ist in der Regel der Fall, wenn er ein Gut fehlverladen hat. Wenn dadurch die übliche Beförderungszeit überschritten wurde, liegt eine schuldhafte Verzögerung vor.

Auch wenn der Frachtraum für einen bestimmten Flug gebucht ist, besteht die Möglichkeit, dass der Carrier eine Sendung nicht mit diesem Flug befördert. Nach den IATA-Beförderungsbedingungen hat der Luftfrachtführer das Recht, Flugpläne jederzeit zu ändern, ohne dass er haftbar gemacht werden kann.

Diese Rechte gelten allerdings nur,
● wenn höhere Gewalt den Flug verhindert oder bedroht (Nebel, Sturm, Streiks)
● bei staatlichen Maßnahmen, die den Flugverkehr betreffen (Embargos, Schließung von Flughäfen)
● wenn beim Carrier Mangel an Arbeitskräften, Betriebsstoffen, Einrichtungen u. Ä. herrscht.

Nach WAK und MÜ muss der Luftfrachtführer beweisen, dass er alle zumutbaren Maßnahmen zur Verhütung des Schadens getroffen hat. Also muss er für einen üblichen Vorrat an Betriebsstoffen oder eine normalerweise ausreichende Zahl von Arbeitskräften sorgen.

5.3 Nachträglich Frachtverträge ändern

Manchmal muss wegen eines Irrtums oder einer kurzfristigen Dispositionsänderung des Verkäufers oder Käufers der Frachtvertrag nachträglich geändert werden. Deshalb werden dem Absender im WAK, im MÜ und in den IATA-Beförderungsbedingungen nachträgliche Verfügungsrechte eingeräumt. Folgende Voraussetzungen müssen für eine **nachträgliche Verfügung** (= Änderung des Frachtvertrages) erfüllt sein:
● Original des Absenders (Nummer 3) muss vorgelegt werden
● Änderung muss schriftlich erfolgen
● Absender übernimmt alle Kosten, die durch die Änderung entstehen
● Empfänger hat noch keine Anweisung erteilt

Möglich sind folgende Arten der nachträglichen Verfügung:
● Rückgabe der Sendung am Abgangs- oder Bestimmungsflughafen
● Lagerung
● Auslieferung an einen anderen Empfänger
● Rücktransport zum Abgangsflughafen

5.4 Ablieferung überwachen

Nach dem WAK und dem MÜ muss der Carrier den Empfänger von der Ankunft des Gutes unverzüglich unterrichten. Die IATA-Bedingungen schreiben dafür den „gewöhnlichen" Weg vor, das ist heute in der Regel das FAX, der Telefonanruf oder die E-Mail.

Die Auslieferung darf nur gegen Empfangsbescheinigung erfolgen. Ist bei Akkreditivsendungen die Bank als Empfänger eingetragen, darf an den eigentlichen Empfänger nur ausgeliefert werden, wenn eine schriftliche Freigabeerklärung der Bank vorliegt.

Als Auslieferung gilt auch die Übergabe an die Zollbehörden nach Benachrichtigung des Empfängers und der Übergabe einer Ermächtigung.

Wenn keine gegenteiligen Weisungen erteilt wurden, stellt die Luftfrachtgesellschaft die Sendung nach den IATA-Beförderungsbedingungen zu.

Nachnahmesendungen, die nicht jeder Carrier übernimmt, werden grundsätzlich nur gegen Bezahlung des angegebenen Betrages in der verlangten Währung ausgeliefert. Der Carrier haftet gegenüber dem Absender direkt für den Nachnahmebetrag.

Bei **Annahmeverweigerung** kann der Carrier, sofern im AWB keine anderen Weisungen stehen:

- das Gut zum Abgangsflughafen zurücksenden,
- das Gut nach 30 Tagen versteigern oder verkaufen.

Allerdings muss er den Absender vorher verständigt haben. Bei leicht verderblichen Gütern kann die Fluggesellschaft noch schneller handeln, um weiteren Schaden abzuwenden.

Sowohl der Absender (oft der Spediteur) als auch der Eigentümer der Sendung haften gesamtschuldnerisch für alle Kosten, die infolge der Annahmeverweigerung entstehen.

Wenn eine schnelle Auslieferung und Verzollung erfolgen soll, ist es vorteilhaft, dass der Spediteur den Empfangsspediteur oder den Empfänger der Sendung vorab informiert, wann die Sendung ankommt. Für dieses **Avis** muss der Versandspediteur die **Zeitverschiebung** beachten. Für die Zeitumrechnung kann er die Tabelle (siehe S. 303) aus dem OAG (World Airways Guide) oder diverse Computerprogramme benutzen.

Ein Avis wird oft vom Empfänger verlangt und vom Spediteur gegen Bezahlung durchgeführt. Andere Speditionen leisten ein Avis grundsätzlich als Kundenservice. Die Kosten sind dann in der Abfertigungspauschale mitkalkuliert. Bei einer Sendungsverfolgung über Onlinedienste erübrigt sich ein gesondertes Avis.

Insbesondere bei sehr wertvollen Sendungen ist es sinnvoll, dass der Auslieferer dem Versandspediteur eine **Ablieferungsquittung** zukommen lässt. Bei eventuellen Nachfragen des Auftraggebers kann zuverlässig die Erledigung des Auftrags gemeldet werden. Viele Speditionen versenden ihre Rechnung erst nach Vorliegen eines Ablieferungsbeleges.

Zusammenfassung

> Für die speditionellen Leistungen ist ein schriftlicher Speditionsauftrag wichtig.

> Sendung muss in der Regel zwei Stunden vor Abflug am Flughafen sein.

> Packstücke erhalten einen Aufkleber (Label) mit Empfangsflughafen, Airline, AWB-Nummer.

> Sendung muss beim Zollamt zur Ausfuhr angemeldet werden.

> Lieferfristen werden vom Carrier nicht gewährleistet.

> Die Luftfrachtgesellschaft haftet bei schuldhafter Verzögerung (z. B. Fehlverladung).

> Nachträgliche Verfügungen nur schriftlich mit Original 3 des AWB.

> Bei der Ablieferung muss der Empfänger einen Ablieferungsnachweis (Copy 4) oder den Zustellauftrag des Fuhrunternehmers unterzeichnen.

World Time Zone Map

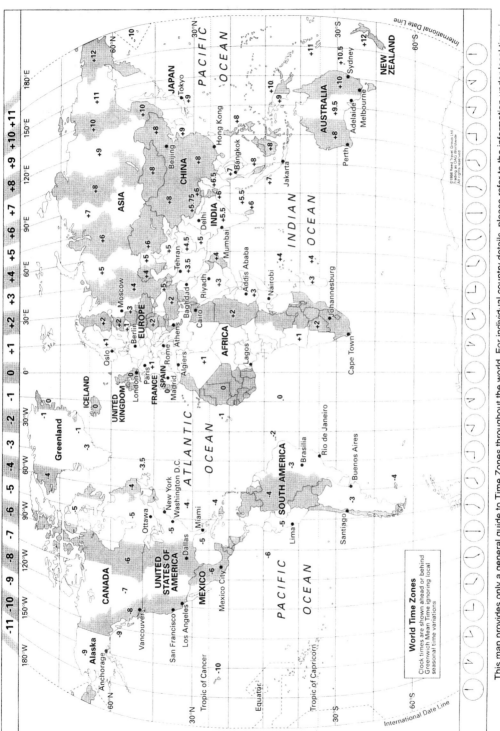

This map provides only a general guide to Time Zones throughout the world. For individual country details, please refer to the information under local time in the main section of the guide.

World Time Zones
Clock times are shown ahead or behind Greenwich Mean Time ignoring local seasonal time variations

6 Beförderung gefährlicher Güter

6.1 Rechtsgrundlagen beachten

Beim Versand gefährlicher Güter sind die **Dangerous Goods Regulations (DGR)** zu beachten. Die DGR sind von der IATA herausgegeben aber von vielen Staaten als rechtsverbindlich erklärt worden. Die DGR basieren auf den ICAO-TI, den ICAO **Technical Instructions for the Safe Transport of Dangerous Goods by Air** (Technische Anweisungen für die sichere Beförderung gefährlicher Güter im Luftverkehr).

In der Bundesrepublik Deutschland schreiben das Luftverkehrsgesetz (LuftVG) und die Luftverkehrs-Zulassungs-Ordnung (LuftVZO) den Luftfahrtunternehmen die Anwendung der ICAO Technical Instructions und der DGR vor.

6.2 Gefährliche Güter klassifizieren

Gemäß der Einteilung einer UN-Expertenkommission für Gefahrenguttransporte sowie der Internationalen Atomenergiebehörde (IAEA) sind die gefährlichen Güter im DGR (wie auch im ICAO-TI) in neun Klassen eingeteilt.

Die folgende Übersicht enthält neben Beispielen auch einige der Gefahrengutaufkleber (DGR-Labels), die unbedingt auf der Verpackung angebracht werden müssen.

Klasse	Bezeichnung	Beispiel	Aufkleber
1	**Explosivstoffe** (1.1 – 1.4, 1.5 nur bei staatlichen Ausnahmegenehmigungen zugelassen)	Fotoblitzbomben (1.3) Übungsmunition (1.4)	schwarz auf orange-farbenem Grund
2	**Gase** – verdichtete, verflüssigte, unter Druck gelöste oder tiefgefrorene Gase – entzündliche Gase – giftige Gase	Helium verdichtet Butangas Kohlendioxid	schwarz auf weißem Grund
3	**Entzündliche Flüssigkeiten**	Benzin	schwarz oder weiß auf rotem Grund

Klasse	Bezeichnung	Beispiel	Aufkleber
4	**Entzündliche Stoffe**		
	4.1 entz. Feststoffe	Filme (Nitrozellulose-basis)	
	4.2 entz. Feststoffe, die zur Selbstentzündung neigen	Zelluloidabfall	
	4.3 entz. Stoffe, die bei Wasserberührung entzündliche Gase entwickeln	Magnesiumpulver	schwarz auf weißem Grund mit sieben roten Streifen
5	**Entzündend wirkende Stoffe und organische Peroxide**		
	5.1 entzündend wirkende Stoffe	organische Bromate	
	5.2 organische Peroxide	Polyesterharzsätze	schwarz auf gelbem Grund
6	**Giftige und ansteckungsgefährliche Stoffe**		
	6.1 giftige Stoffe (bei großer und mittlerer Gefahr)	Arsen	
	(bei leichter Gefahr)	Insektenvernichtungsmittel	
	6.2 ansteckungsgefährliche Stoffe	Bakterienkulturen	schwarz auf weißem Grund
7	**Radioaktive Mineralien**		
	Kategorie I	Radium	
	Kategorie II		
	Kategorie III	Uran	
	(nach Sicherheitsklasse und Strahlungsaktivität in mrem)		I: schwarz auf weiß II u. III: obere Hälfte schwarz auf gelbem Grund, untere schwarz auf weiß.
8	**Ätzende oder korrosive Stoffe**	Schwefelsäure	schwarz-weiß

Klasse	Bezeichnung	Aufkleber
9	**Verschiedene gefährliche Stoffe** magnetische Stoffe Kohlendioxyd (Trockeneis): kein Aufkleber, aber eine bestimmte Verpackung notwendig Fahrzeuge mit eigenem Antrieb: vollständige Trockenlegung der Kraftstoffanlage erforderlich; kein Aufkleber	**MAGNETIZED MATERIAL** KEEP AWAY FROM AIRCRAFT COMPASS DETECTOR UNIT
	Güter, die nur in Frachtflugzeugen verladen werden dürfen, müssen zum Gefahrenklassenaufkleber den nebenstehenden Aufkleber **„Do not load in passenger aircraft"** (nicht in Passagiermaschinen verladen) enthalten. Beispiel: ammoniakhaltige Düngelösung	**DANGER**

Nicht zugelassene Güter

Die DGR enthalten ein Verzeichnis von Gütern, die unter allen Umständen nicht zum Transport in Flugzeugen zugelassen sind, wie etwa Phosphor oder Azetylen.

Eine Vielzahl anderer gefährlicher Güter ist zwar klassifiziert, ihr Transport in Flugzeugen ist nach den DGR aber verboten. Allerdings können die beteiligten Regierungen unter bestimmten Voraussetzungen einen Luftfrachttransport für solche Güter genehmigen.

Beispiel: *Feuerwerkskörper (Klasse 1.2)*

Blitzlichtkartuschen (Klasse 1.3)

Chlor (Klasse 2)

Lithiumbatterien (Klasse 4.3)

6.3 Absendererklärung

Bei gefährlichen Gütern muss dem AWB eine Absendererklärung = **Shippers Declaration for Dangerous Goods** beigefügt werden.

Der Absender ist verantwortlich für die Angaben in dieser Erklärung. Er muss sie unbedingt auch selbst unterzeichnen.

6.4 Speditionelle Abfertigung

Nach dem ICAO-DG-Manual sind Luftverkehrsgesellschaften, Luftfrachtspediteure und regelmäßige Versender von Gefahrgut verpflichtet Mitarbeiter Schulungskurse besuchen zu lassen. In der Bundesrepublik Deutschland hat das Bundesluftfahrtamt die Deutsche Lufthansa mit der Durchführung der Kurse beauftragt.

Der Spediteur kontrolliert/ergänzt vor der Auslieferung beim Carrier vor allem:

● Verpackung
● Markierung
● Aufkleber (Labels)
● Erklärung des Absenders

Einige Speditionen haben ein ca. 30 Fragen umfassendes Kontrollblatt (Check-Sheet) für die Abfertigung von gefährlichen Gütern entwickelt. Es gleicht meist dem Check-Sheet der annehmenden Luftverkehrsgesellschaften.

In den Luftfrachtbrief muss der Spediteur die Bezeichnung des Gutes nach den DGR und die vierstellige Gefahrgutnummer der UN eintragen.

Für den erhöhten Aufwand verlangen die Luftfrachtspediteure in der Regel besondere Abfertigungsgebühren.

Zusammenfassung

➤ **Rechtsgrundlagen für die Beförderung gefährlicher Güter:**
  – **DGR = Dangerous Goods Regulations**
  – **ICAO-TI = Technical Instructions for the Safe Transport of Dangerous Goods by Air**
➤ **Shipper's Declaration for Dangerous Goods = verantwortliche Erklärung des Absenders ist dem AWB beizufügen.**
➤ **Spediteur muss Gefahrgutaufkleber anbringen.**
➤ **AWB-Eintragung: vierstellige Gefahrgutnummer und Bezeichnung des Gutes nach DGR**
➤ **erhöhte Abfertigungsgebühr**

7   Eingehende Sendungen übernehmen

7.1   Einzelsendungen übernehmen

Treffen einzelne Sendungen ein, für die der Spediteur als Empfänger angegeben ist, übergibt die Luftfrachtgesellschaft bzw. die Handlingfirma, die den Umschlag und die Einlagerung ins Zolllager vornimmt, unmittelbar die Papiere (AWB, Handelsrechnung, sonstige für die Einfuhrabfertigung notwendigen Papiere) dem Speditionsunternehmen. Der Empfangsspediteur muss daraufhin sofort den eigentlichen Empfänger informieren (in der Regel telefonisch), dass die Sendung angekommen ist. Wenn dies nicht schon vorab geschehen ist, muss der Empfangsspediteur klären, welche Leistungen gewünscht werden. Anbieten sollte der Spediteur hier u. a.:

● Kontrolle der äußerlichen Beschaffenheit, der Stückzahl und der Identität,
● Zollabfertigung mit Vorlage der Eingangsabgaben oder Erstellen eines Zollgutversandscheines (T1), wenn die Sendung an einem anderen Ort verzollt werden soll,
● Neutralisieren (Entfernen von Herkunftsmerkmalen),
● andere Nebenleistungen (wie Finishing bei Textilien oder Begutachtung von Mineralien),
● ggfs. Einholen der Freigabeerklärung der Bank bei Akkreditivsendungen,
● Transport vom Flughafen zum Empfänger (Rollfuhr).

Ähnlich wie bei ausgehenden Sendungen sollte sich der Spediteur auch bei Importsendungen einen schriftlichen Speditionsauftrag beschaffen.

Die Aushändigung aus dem Zolllager erfolgt erst, nachdem die Zollbehörde (auf dem Umschlagschein der Handlinggesellschaft) die Freigabe erteilt hat.

Zu beachten ist, dass die Zeit der kostenlosen Einlagerung im Zolllager begrenzt ist. Die Fristen sind für die verschiedenen Zolllager unterschiedlich; sie können im TACT-Rules nachgeschlagen werden. Eine Überschreitung kostet zusätzliche Gebühren.

7.2 Sammelsendungen übernehmen

Bei Sammelsendungen übergibt der Carrier den Master-AWB für die Gesamtsendung mit den einzelnen House-AWB's und den Begleitpapieren. In den House-AWB's ist manchmal ein anderer Spediteur als Empfangsspediteur genannt. Dann muss der Erstspediteur die Papiere unmittelbar an den anderen Spediteur weitergeben. Eine Entschädigung muss zwischen den Spediteuren ausgehandelt werden.

7.3 Nachlauf und Ablieferung organisieren

Nach der Zollabfertigung wird ein entsprechender Zustellauftrag für den eigenen Fahrer oder einen Fremdunternehmer ausgestellt. Mehrere Sendungen sind möglichst so zusammenzufassen, dass zwar eine schnelle Zustellung erfolgt, aber Kosten gespart werden können. Üblich ist die Zustellung am Tag der Ankunft auf dem Flughafen.

Bei der Ablieferung an den Empfänger muss von diesem ein Ablieferungsnachweis unterzeichnet werden. Wenn der Sachbearbeiter diesen Nachweis erhält, sollte er spätestens die Ausstellung der Rechnung von der Buchhaltung verlangen oder sie mithilfe des Computerprogrammes veranlassen.

Bei Nachnahmesendungen muss der verlangte Betrag in bar kassiert werden. Häufig wird aber darauf wegen des hohen Risikos im Bargeldverkehr verzichtet. Allerdings trägt dann der Empfangsspediteur das Risiko des erfolglosen Inkassos.

Zusammenfassung

➤ Schriftlichen Speditionsauftrag besorgen

➤ Eingangskontrolle erforderlich: äußerliche Beschaffenheit, Stückzahl, Identität

➤ Zollabfertigung zum freien Verkehr oder Zollgutversand beantragen

➤ Fristen für die Einlagerung im Zolllager beachten

➤ Zusätzliche Leistungen anbieten (z. B. Neutralisieren, Begutachtungen)

➤ Nachlauf organisieren

➤ Ablieferungsbeleg unterzeichnen lassen

8 Schadensfälle bearbeiten

8.1 Schadenmeldefristen beachten

Wird ein Schaden am Luftfrachtgut festgestellt, muss der Schaden dem Carrier schriftlich mitgeteilt werden. Folgende Meldefristen sind dabei einzuhalten:

IATA Bedingungen WAK alte Fassung	7 Tage	bei Beschädigung oder teilweisem Verlust
	14 Tage	bei Verspätungsschäden
WAK neue Fassung MÜ	14 Tage	bei Beschädigung oder teilweisem Verlust
	21 Tage	bei Verspätungsschäden

Bei einem Totalverlust beträgt die Schadenmeldefrist 120 Tage nach Frachtbriefdatum. Eine Sendung gilt als verloren, wenn sie nicht spätestens 7 Tage nach dem vorgesehenen Frachtbriefdatum ausgeliefert worden ist.

8.2 Haftungsregelungen beachten

8.2.1 Haftungsprinzip

Nach dem Montrealer Übereinkommen haftet der Carrier für alle Schäden, die durch Zerstörung, Verlust oder Beschädigung von Gütern in der Obhut des Luftfrachtführers entstehen **(Gefährdungshaftung)**.

Das Haftungsprinzip im Warschauer Abkommen ist die Verschuldenshaftung. Für innerdeutsche Luftfrachtverträge schreibt das HGB die Gefährdenshaftung zwingend vor.

Nach WAK kann sich der Luftfrachtführer von der Haftung befreien, wenn er nachweist, dass ihn kein Verschulden trifft (Verschuldenshaftung mit umgekehrter Beweislast). Er muss also nachweisen, dass er den Schaden nicht vermeiden konnte, obwohl er alle erforderlichen Maßnahmen zur Verhütung des Schadens getroffen hat (Art. 20.1 WAK).

8.2.2 Haftungsumfang

Der Luftfrachtführer haftet nach dem MÜ für alle Schäden und Verluste zwischen der Annahme der Güter und deren Auslieferung an den Empfangsberechtigten. Als Übergabe an den Empfangsberechtigten gilt auch die Ablieferung im Zolllager **(Obhutshaftung)**.

Die Ersatzpflicht des Luftfrachtführers schließt ein:

- Warenwert
- Fracht
- sonstige Kosten bis Bestimmungsflughafen

8.2.3 Haftungshöchstgrenzen

Folgende Höchstgrenzen der Haftung der Luftfrachtführer sind bei der Abwicklung von Schadensfällen zu beachten:

Vertragsgrundlage	Höchstgrenze je Kilogramm brutto
WAK alte + neue Fassung IATA-Bedingungen	27,35 € oder 20 $ bzw. 250 Goldfranken
Montrealer Übereinkommen (MÜ)	17 SZR
HGB	8,33 SZR

8.2.4 Haftungsausschlüsse

Für folgende Schäden haftet der Luftfrachtführer nach dem Montrealer Übereinkommen nicht:

● Schäden, die durch staatliche Anordnung entstehen (Landeverbote, Einfuhrbeschränkungen)

● Beschaffenheitsschäden (z. B. verwelkte Blumen, Vernichtung von Bakterienkulturen infolge klimatischer Einwirkungen)

● mangelhafte Verpackung

● Kriegshandlungen

● Schäden, die der Absender oder Empfänger mitverschuldet hat (z. B. durch falsche Angaben)

Die Beweislast liegt beim Luftfrachtführer.

Zusammenfassung

➤ Schadenmeldung muss schriftlich erfolgen

➤ Schadenmeldefristen:
bei Beschädigung oder teilweisem Verlust:
– 7 Tage IATA-Beförderungsbedingungen
– 14 Tage MÜ
bei Verspätungsschäden: jeweils + 7 Tage

➤ Haftungsprinzip:
MÜ: Gefährdungshaftung

➤ Haftungsumfang:
Sachschäden (Warenwert + Fracht + Kosten bis Bestimmungsflughafen)

➤ Haftungshöchstgrenzen:
8,33 SZR je kg brutto nach HGB
17 SZR je kg brutto nach MÜ

3844310

Fragen und Aufgaben zur Lernkontrolle:

1 **1.** Was ist das kleinste und das größte Frachtflugzeug von Boeing und welche Frachtkapazitäten haben sie?

2. Welche Vorteile beim Laden bietet der „Jumbo-Frachter"?

3. Unterscheiden Sie die EURO-Palette von den Luftfrachtpaletten.

4. In welchen Längen werden Bungalowcontainer von den Luftfrachtgesellschaften angeboten?

5. Nennen Sie die fünf wichtigsten internationalen Flughäfen mit ihrem 3-Letter-Code.

6. Mit welchen Hilfsmitteln können Sie den 3-Letter-Code für einen Flughafen ermitteln?

7. Nennen Sie die fünf wichtigsten deutschen Flughäfen mit ihrem 3-Letter-Code.

8. Einer Ihrer Kunden möchte eine Fertigungsmaschine mit elektronischen Steuerungsteil versenden. Als Sie ihm einen Luftfrachttransport vorschlagen, meint er, dass dieser Transport zu teuer wäre. Welche Argumente können Sie dagegen vorbringen?

9. Warum differiert der mengen- und wertmäßige Anteil der Luftfrachtgüter an der weltweit bewegten Gütermenge so stark?

2 **10.** Nennen Sie fünf wichtige Luftfrachtgesellschaften mit ihrem 2-Letter-Code.

11. Wer sind die Mitglieder der IATA?

12. Was bedeutet Codesharing?

13. Welche Vorteile hat eine IATA-Agentur für einen Spediteur?

14. Mit welchen Hilfsmitteln kann man einen geeigneten Flug auswählen?

15. Wie sind die Wochentage in weltweiten Flugplänen gekennzeichnet?

3 **16.** Welche Bedeutung hat der TACT?

17. Welche Ratenarten enthält er?

18. Welche Rabatte kann der Spediteur von den Luftfrachtgesellschaften erhalten?

19. Nennen Sie fünf wichtige Leistungen, für die der Luftfrachtspediteur Entgelte verlangen kann?

20. Was muss der Spediteur bei der Kalkulation des Angebotspreises berücksichtigen?

4 **21.** Welche Rechtsgrundlagen sind für den Abschluss eines Frachtvertrages mit einem Luftfrachtführer maßgebend?

22. Nennen Sie die Ausfertigungen des AWB und ihren Verwendungszweck.

23. Welche Unterschiede weisen ein Master-AWB und ein House-AWB auf?

24. Welche Möglichkeiten, Transportrisiken bei Luftfrachtbeförderungen abzudecken, gibt es?

25. Computerteile im Wert von 50.000,00 €, Gewicht brutto 300 kg sollen von Frankfurt nach Singapur versendet werden. Berechnen Sie den Preisunterschied zwischen der Haftungserhöhung des Carriers im AWB und einer Versicherung, wenn die Prämie 0,3 % beträgt.

26. Welche Möglichkeit der Risikoabdeckung raten Sie Ihrem Kunden im oben genannten Fall? (Begründen Sie.)

5 27. Welche Zahlungsvorschriften können im AWB eingetragen werden?

28. Für einen von Ihnen ausgewählten Flug ist die Abflugzeit in Frankfurt am 15. Febr. .. 12:00 Uhr. Der Flug nach New York dauert 7 Stunden. Zu welcher Ortszeit kommt Ihre Fracht an?

29. Ein anderer Flug beginnt um 18:00 Uhr in FRA. Der Flug nach Tokio dauert 16 Stunden. Zu welcher Ortszeit kommt die Maschine an?

30. Welche Lieferfristen werden von den Luftfrachtgesellschaften nach MÜ und IATA-Beförderungsbedingungen gewährleistet?

31. Welche Voraussetzungen müssen für eine nachträgliche Verfügung erfüllt sein?

32. Soll der Abfertigungsspediteur dem Empfänger die Ankunft einer Luftfrachtsendung avisieren?

6 33. Welche Rechtsgrundlage ist bei der Abfertigung gefährlicher Güter zu beachten?

34. Was muss der Spediteur bei der Abfertigung gefährlicher Güter besonders beachten?

35. Nennen Sie mindestens drei Gefahrgutklassen mit einem Warenbeispiel.

7 36. Welche Leistungen kann ein Empfangsspediteur seinem Kunden anbieten, wenn er eine Sendung vom Luftfrachtführer übernimmt?

37. Was ist bei der Ablieferung des Luftfrachtgutes besonders zu beachten?

8 38. Welche Schadenmeldefristen muss der Spediteur bei der Abwicklung von Schadensfällen in der Luftfracht beachten?

39. Nennen Sie Haftungsprinzip und Höchstgrenzen des MÜ.

40. Welche Schadenarten muss der Carrier nach MÜ ersetzen?

1   Bedeutung des kombinierten Verkehrs Straße/Schiene

Unter „Kombinierter Verkehr" versteht man Transportverfahren, bei denen Güter, die zu Ladeeinheiten zusammengefasst sind, ohne Auflösung der Ladeeinheit unter Wechsel des Transportmittels befördert werden.

Diese Transportart ist somit durch **drei Kriterien** gekennzeichnet:

- Beförderung erfolgt durchgehend in einem Transportgefäß
- Transportgefäß wechselt die Beförderungsmittel (Verkehrsträger)
- Beförderungsmittel werden in einer Transportkette hintereinander geschaltet

Vor allem der kombinierte Verkehr Straße/Schiene gilt für viele weiterhin als Hoffnungsträger, der **Straßen** wirkungsvoll **entlasten** kann. Seine Förderung ist seit langem ein Schwerpunkt der **Verkehrspolitik**. Der Systemvorteil der Bahn, große Gütermassen mit vergleichsweise geringem Energieeinsatz zu bewegen, lässt sich aber nur dann realisieren, wenn die Kostenersparnisse im Hauptlauf nicht wieder durch zeit- und kostenaufwendige Vor- und Nachläufe zu den Umschlagbahnhöfen und teure Umschlagvorgänge aufgezehrt werden.

Dem Wachstum des kombinierten Verkehrs Straße/Schiene sind jedoch gerade wieder seit 1995 Grenzen aufgezeigt worden. Angesichts des massiven Preisverfalls im Straßengüterverkehr wird es immer schwieriger, auf mittleren Entfernungen kombinierte Verkehre zu vermarkten. Sie sind häufig gegenüber direkten Haus-Haus-Transporten mit dem Lkw zu Zeit raubend und zu teuer.

Eine bessere Entwicklung zeigte der internationale kombinierte Verkehr Straße/Schiene, dessen Anteil am Gesamtaufkommen auf ca. 70 % angestiegen ist. Zuwächse konnten insbesondere die Verkehrsströme über Österreich nach Italien und in die osteuropäischen Staaten verzeichnen.

Zusammen mit Stinnes Intermodal und mehreren europäischen Partnern soll der internationale Verkehr vor allem mit den Seehäfen und nach Osteuropa weiter ausgebaut werden. Im Alpentransit hat der Kombiverkehr eine wichtige Entlastungsfunktion für die Transitstraßen. Insbesondere die Schweiz und Österreich fördern den kombinierten Verkehr und drängen die Partnerländer zum weiteren Ausbau.

18 europäische Kombiverkehrsgesellschaften haben sich zur UIRR (Union Internationale des sociétés de transport combiné Rail Route) zusammengeschlossen, z. B. sind dies: Ökombi (Österreich), AlpeAdria und Cemat (Italien), CNC (Frankreich), Hupac (Niederlande), RAlpin (Schweiz).

Die Anzahl der Kombisendungen, die die Kombiverkehr transportiert hat, ist zwischen 2000 und 2002 leicht rückläufig und beträgt ca. 900 000 Sendungen pro Jahr. Dabei hat der internationale Verkehr um ca. 5 % zugenommen. Der national begleitete Verkehr ist um ca. 15 % weniger geworden.

Um den nationalen Kombiverkehr konkurrenzfähiger zu machen, wurde 2000 das Kombinetz 2000+ eingerichtet. Es verbindet die wichtigen Wirtschaftszentren in Deutschland im Nachtsprung. Die Pünktlichkeitsquote liegt bei über 90 %.

Zusammenfassung

> Der kombinierte Verkehr ist durch drei Kriterien gekennzeichnet:
> – Beförderung in einem Transportgefäß
> – Transportgefäß wechselt die Beförderungsmittel
> – Transportkette

> Der internationale kombinierte Verkehr nimmt zu, der nationale ab.

> Das Kombinetz 2000+ verbindet wichtige Wirtschaftszentren mit Ganzzügen im Nachtsprung.

2 Frachtverträge im Containerverkehr Straße/Schiene abwickeln

2.1 Angebote und Entgelte für den Schienenverkehr prüfen

2.1.1 Anbieter auswählen

Kombitransportverträge können im Inland abgeschlossen werden mit:

Anbieter	angebotene Leistungen bzw. Verkehre
Stinnes Intermodal	Allen kombinierten Verkehre und logistische Leistungen
Kombiverkehr	Nationaler und internationaler Kombiverkehr
Intercontainer-Interfrigo (ICF)	Internationaler Container- und Kühlcontainerverkehr

Die Intercontainer-Interfrigo (ICF) ist mit über 1,5 Millionen TEU (= 20-Fuß-Container-Einheiten) der bedeutendste Anbieter für temperaturgeführte Kombisendungen in Europa.

Das Unternehmen HUPAC bedient schwerpunktmäßig Linien im Alpentransit für den intermodalen kombinierten Verkehr.

2.1.2 Containerarten – Tragwagen

Im Containerverkehr werden zwei Arten von Containern transportiert:

Binnencontainer

Typ	Innenmaße in mm			Eigengewicht in kg	zulässiges Gesamt-gewicht in kg
	Länge	Breite	Höhe		
20-Fuß	5 875 und 5 905	2 440	2 402 und 2 195	2 500 bis 3 400	24 000
40-Fuß	12 000	2 440	2 402	3 750	30 480

Die Innenbreite von 2,44 ist notwendig, um 2 Euro-Paletten nebeneinander laden zu können.

Die Container sind in der Regel Eigentum der Bahnkunden. Eine Anmietung ist möglich von der **„BTS Kombiwaggon Service GmbH"**. Transfracht International stellt Binnencontainer nur für den Frankreich- und den Englandverkehr (Tunnel) zur Verfügung. Die Miete wird in den Transportpreis integriert.

Binnencontainer können oft nicht über See transportiert werden.

Übersee-ISO-Container

Die Normung der Maße wurde von der „International Standard Organization **(ISO)"** festgelegt. Die Überseecontainer haben eine **Innenbreite** von **2 330 mm**. Sie werden im Seehafen-Aus-und-Einfuhr-Verkehr eingesetzt.

Tragwagen

Das Transportmittel auf der Schiene ist der spezielle **Container-Tragwagen** mit „tief gelegter" Traggestellhöhe. Er ist zu bestellen bei der **BTS Kombiwaggon Service GmbH,** der neben der Abwicklung des Palettentausches und der Vermietung von Binnencontainern auch die Organisation des Einsatzes dieser Spezialwaggons von der DB AG übertragen wurde.

2.1.3 Auflieferung – Transportsysteme – Verbindungen

Im **nationalen Binnenverkehr, ohne Seehäfen,** erfolgt die Auflieferung bei **Stinnes Intermodal** mit einem **Container-Frachtbrief**. Vertragsgrundlage sind – wie für den Wagenladungsverkehr – die **Allgemeinen Leistungsbedingungen**. Als Transportsystem für diesen Containerverkehr (wie auch für Huckepacksendungen) besteht das Kombi-Verkehr-Netz 2000+. Die Züge verkehren nachts zwischen den Wirtschaftszentren bundesweit von Terminal zu Terminal: Beladung möglich bis 21:00 Uhr, Bereitstellung im Empfangsterminal ab 4:00 Uhr am nächsten Tag.

Im **Seehafenhinterlandverkehr** (Hamburg, Bremerhaven, Rotterdam) und im **internationalen Verkehr** nach Frankreich, England, Polen und in die Staatengemeinschaft (GUS) aus Ländern der ehemaligen Sowjetunion ist ebenfalls die Stinnes Intermodal tätig.

Für die Auflieferung dient als Frachtpapier der **Container-Übergabe-Schein.** Als Rechtsgrundlage für den Frachtvertrag gelten national das **HGB** und die **Allgemeinen Leistungsbedingungen** der Stinnes AG bzw. international **ER-CIM** oder das SMGS-Abkommen (siehe VI. 6).

Am 1. Juni 1998 startete Transfracht International das neue Transportsystem **„Albatros Express" für den Überseecontainer**-Verkehr von und zu den deutschen Seehäfen **Bremerhaven** und **Hamburg**.

Das Konzept hat die Railion Intermodal Traction GmbH (RIT) übernommen. Es basiert auf einem Relationssystem mit festen Abfahrts- und Ankunftszeiten: Auflieferung spät am Vorabend, Ankunft nachts am Empfangsterminal. Die Verkehre sind auf 10 Regionen konzentriert.

Relationssystem Albatros Express

Quelle: Transfracht International

Im internationalen Verkehr über die trockene Grenze bietet RIT folgende **Container-Ganzzug-Shuttle-Verbindungen an:**

- Rotterdam – Duisburg
- Rotterdam – Mainz/Mannheim
- Frankfurt/Main – Paris
- Berlin – Moskau
- Duisburg – London (Kanaltunnel)
- Duisburg – Polen

Zu den aufgeführten Sammelterminals gehören die jeweiligen Einzugsterminals in den beteiligten Ländern, z. B. werden von Moskau aus 64 weitere Terminals bedient.

In **Zusammenarbeit mit Intercontainer** betreibt RIT Shuttlezugverbindungen nach Österreich, in die Tschechische Republik, nach Italien, Spanien, Portugal und Schweden.

2.1.4 Preisgestaltung

Die **Stinnes Intermodal** rechnet Container im innerdeutschen Binnenverkehr (Inter Kombi Express) nach **relationsbezogenen Grundpreisen** ab, welche die Schienenbeförderung, die Wagengestellung sowie den Umschlag bei Versand und Empfang beinhalten. Die Vereinbarung von Rabatten ist möglich.

Für den Seehafenverkehr mit Hamburg und Bremerhaven **(Albatros Express)** hat RIT das **Preissystem TOPICS** (Transfracht Oversea-Container Price Information and Calculation System) entwickelt. Es basiert auf Postleitzahlen und wird den Kunden für die Kalkulation des Transportpreises auf CD-ROM zur Verfügung gestellt.

Über 100 Spediteure, die der **Einkaufsgenossenschaft „Trans-Container-Universal** (TCU)" als Kommanditisten angehören, kaufen die Schienenleistung im Überseecontainerverkehr mit Hamburg und Bremerhaven über die TCU ein, mit den Konditionen, die vertraglich vereinbart wurden.

Die Preise für alle übrigen Verkehre von Transfracht International und für die Relationen von Intercontainer-Interfrigo sind jeweils speziell abzufragen und eventuell zu verhandeln.

2.2 Haftung im Schadensfall

Im **innerdeutschen** Binnencontainer-Verkehr über **Stinnes Intermodal** haftet diese wie bei Wagenladungen nach **HGB** bzw. Allgemeinen Leistungsbedingungen – **ALB** (siehe Kapitel VI. 5). **Diese Haftung gilt auch für die RIT im nationalen Überseecontainer**-Verkehr, da die Transfracht alle Aufgaben und Pflichten übernimmt, die der Stinnes AG im Verhältnis zum Kunden obliegen. Hinzu kommt noch eine Haftung für Vermittlungsschäden.

Für den **internationalen** Verkehr von RIT und Intercontainer-Interfrigo besteht die Haftung nach **ER-CIM** (siehe Kapitel VI. 6.3).

➤ Anbieter im Containerverkehr
  – Stinnes Intermodal
  – Kombiverkehr
  – Intercontainer-Interfrigo
  – HUPAC

➤ Binnencontainer können oft nicht im Seeverkehr eingesetzt werden, weil sie mit 2,44 m Ladebreite breiter sind als Übersee-ISO-Container mit 2,33 m Ladebreite.

➤ Abrechnung nach speziellen Containerpreisen nach dem Preissystem TOPICS bzw. nach freier Vereinbarung international

➤ Haftung im Containerverkehr:
  – National nach HGB und ALB (Vertragsbedingungen der Stinnes AG)
  – International nach ER-CIM
  – Einkaufsgenossenschaft TCV (Trans-Container-Universal) von ca. 100 Logistikunternehmen

3 Huckepackverkehr als Alternative zum Straßentransport prüfen

3.1 Definition – Vorteile – Entwicklungsmöglichkeiten

Huckepackverkehr ist über die Schiene geleiteter Straßengüterfernverkehr. **Wechselbrücken, Sattelauflieger, Lastzüge** oder **Sattelzüge** werden für den Hauptteil der Beförderungsstrecke auf die **Schiene** verladen.

Volkswirtschaftlich gesehen, kann der Huckepackverkehr die Probleme des Straßenverkehrs mindern. Die Straßen werden entlastet, die Umweltbelastung durch Abgase und Lärm wird deutlich vermindert. Viele Verkehrsfachleute halten ihn für die Transportart, die am besten geeignet ist, den Zuwachs an Güterströmen aufzunehmen.

Für die direkt am Huckepackverkehr Beteiligten ergeben sich vor allem folgende Vorteile:

● **für den Versender:**
  – sichere Beförderung bei jedem Wetter
  – schnelle Beförderung über Nacht
  – genau kalkulierbare Transportzeiten im grenzüberschreitenden Verkehr

● **für den Transportunternehmer:**
  – weniger Abschreibungskosten durch längere Lebensdauer der Fahrzeuge
  – Einsparung von Fahrpersonalstunden
  – weniger Probleme mit der Lenkzeitregelung

- Begünstigung bei der Kfz-Steuer (nach Einsatzanteil im Huckepackverkehr werden Lkw ganz oder teilweise von der Kfz-Steuer befreit)
- Kombiverkehr übernimmt Organisationsarbeit (z. B. Grenzzollabfertigung)
- geringere Umweltbelastung (Imagebildung)

● **für die Stinnes Intermodal:**

- Bildung wirtschaftlicher Ganzzüge
- Frachtanteile an den Lkw-Transportgütern und damit bessere Auslastung des Schienennetzes

3.2 Huckepackverkehre abwickeln

3.2.1 Anbieter auswählen

Anbieter	angebotene Leistungen bzw. Verkehre
Stinnes Intermodal	Alle kombinierten Verkehre und logistischen Leistungen
Kombiverkehr	Nationaler und internationaler Kombiverkehr
Railion Intermodal Traction GmbH (RIT)	Besonders schnelle „Albatros-Züge" innerhalb des Kombi-Netz 2000+
Bern-Lötschberg-Simplon (BLS)	Alpentransit durch die Schweiz
Lokomotion	Gesellschaft für Schienentraktion mbH Transporte auf der Brennerachse

In Deutschland bedient die **Kombiverkehr** das Kombi-Netz 2000+ mit schnellen Ganzzügen zwischen den wichtigsten Wirtschaftszentren. An der Kombiverkehr Gesellschaft sind mit 50 % etwa 240 Spediteure und zu 50 % die Stinnes Intermodal beteiligt. Zweck der Gesellschaft ist es, für Spediteure und Transporteure den Transport von Lastfahrzeugen und Behältern auf der Schiene zu organisieren und durchzuführen. Zudem sollen die notwendigen Umschlageinrichtungen bereitgestellt und gewartet werden.

Dei DB Netz AG betreibt mit Stinnes Intermodal und Kombiverkehr 34 Terminals in Deutschland.

Die Kombiverkehr ist mit 22 Mio. Tonnen Kombiverkehrgütern pro Jahr Marktführer im kombinierten Verkehr. Diese Position möchte Stinnes Intermodal weiter ausbauen und mit europäischen Partnern das Netz, die Schnelligkeit und die Zuverlässigkeit verbessern.

Die Kombiverkehr organisiert Disposition, Abfertigung, Umschlag, Schienenbeförderung und ggfs. Zwischenlagerung.

Im **grenzüberschreitenden** Verkehr besteht eine enge Zusammenarbeit mit den in der **Internationalen Vereinigung der Kombiverkehrsgesellschaften (UIRR)** zusammengeschlossenen europäischen Huckepackgesellschaften (zz. 18 Mitglieder). Der Fahrplan von Kombiverkehr bietet ab den 34 deutschen Terminals ein Netz von ca. 1 000 Verbindungen, davon über 250 in Deutschland und ca. 780 im internationalen Verkehr.

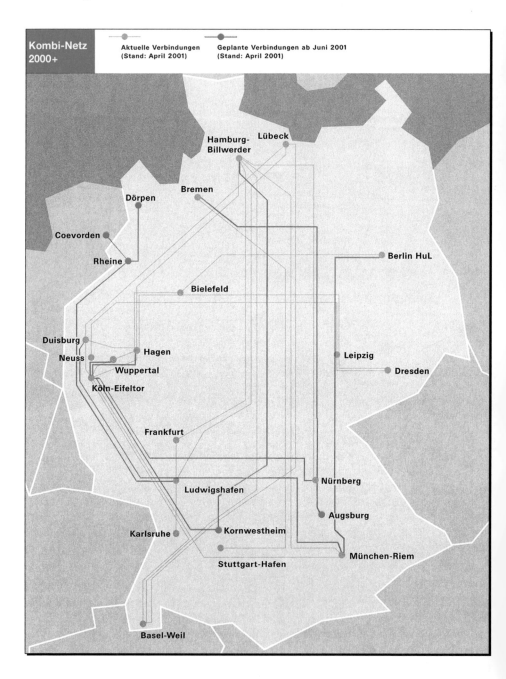

EU-Netz des kombinierten Verkehrs

Quelle: UIRR

3.2.2 Verladetechniken – Tragwagen

Im Rahmen des Huckepackverkehrs werden folgende Kombisendungen verladen:

Technik A:	**Rollende Landstraße:** Lastzüge oder Sattelzüge fährt der Fahrer vorwärts über eine Kopframpe auf sehr niedrige Spezialwagen.

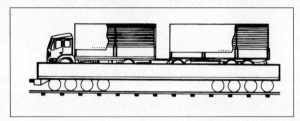

Technik B:	**Sattelauflieger** werden mit Zugmaschinen rückwärts über eine Kopframpe auf Niederflurwagen gefahren oder mit einem Kran in Taschenwagen gehoben.

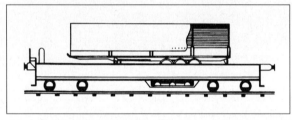

Technik C:	**Wechselbehälter** werden mit Kran oder großen Spezialstaplern, den „Piggy-Packers", auf die Eisenbahnwagen gehoben. Diese Wechselbrücken sind mit ausklappbaren Stützen ausgerüstet, auf denen sie beim Verlader/Empfänger zum Be- bzw. Entladen oder Zwischenlagern abgestellt werden können.

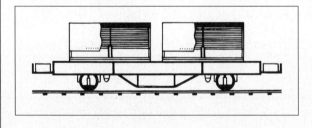

Alle Ladeeinheiten müssen, nach Überprüfung durch die Bahn, als für den Schienentransport geeignet zugelassen sein.

Die **„Rollende Landstraße"** kann als **begleiteter** oder **unbegleiteter** kombinierter Verkehr durchgeführt werden:

Der im Zug mitreisende Lkw-Fahrer erledigt die Nachlauforganisation auf der Empfangsseite. Wird der Lkw mit der „Rollenden Landstraße" unbegleitet befördert, ist im Empfangsbahnhof ein Fahrer für den Straßennachlauf erforderlich.

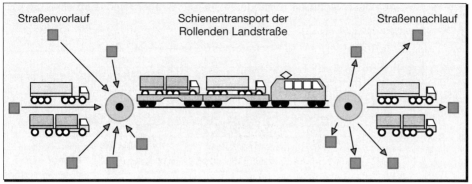

Straßenvorlauf — Schienentransport der Rollenden Landstraße — Straßennachlauf

Quelle: Kombiverkehr KG

Maximale **Maße** und **Gewichte** für die Auflieferung von Lkw- bzw. Sattelzügen:

- Länge: 18,35 m
- Höhe: 4,00 m Eckhöhe; Italien 3,60 m; Schweiz 3,80 m
- Breite: 2,50 m
- Gewicht: 40 Tonnen

Skizze eines Huckepack-Taschenwagens (Europäischer Einheits-Taschenwagen) für die Beförderung von Sattelaufliegern

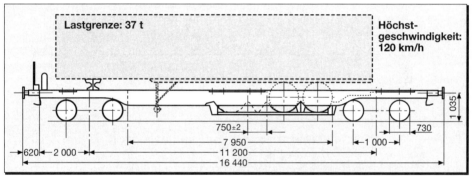

Lastgrenze: 37 t

Höchstgeschwindigkeit: 120 km/h

Quelle: Kombiwaggon

Ein Wechselbehälter wird von einem Tragwagen genommen.

Seit 1995 ist eine neue Technik im bimodalen Verkehr Straße/Schiene im Einsatz, der

Trailerzug.

Der Trailer ist **Sattelauflieger und Schienenwaggon** in einem.

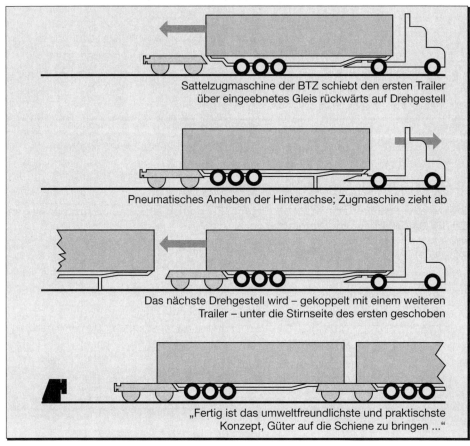

Sattelzugmaschine der BTZ schiebt den ersten Trailer
über eingeebnetes Gleis rückwärts auf Drehgestell

Pneumatisches Anheben der Hinterachse; Zugmaschine zieht ab

Das nächste Drehgestell wird – gekoppelt mit einem weiteren
Trailer – unter die Stirnseite des ersten geschoben

„Fertig ist das umweltfreundlichste und praktischste
Konzept, Güter auf die Schiene zu bringen ..."

Quelle: BTZ

Diese Technik bietet folgende **Vorteile:**

● Kranarbeiten und Rangierstöße entfallen
● statt Waggons nur noch Fahrgestelle
● für einen Trailerport sind nur Gleisanschlüsse notwendig
● bis zu 49 Trailereinheiten sind pro Zug möglich

Obwohl diese Verlade- und Transporttechnik wesentlich geringere Investitionen bei den Umschlagseinrichtungen erfordert und die Transportkapazitäten je Zug größer sind, hat sie sich bis jetzt nicht verbreitet. Möglicherweise liegt das an den höheren Fahrzeugkosten, die die Verlader offenbar nicht aufbringen wollen.

3.2.3 Vertragsgrundlagen

Die Kombiverkehr ist als **Zwischenspediteur** tätig. Für den zwischen ihr und dem Kunden (Auflieferer) geschlossenen Speditionsvertrag gelten die gesetzlichen Bestimmungen des **Speditionsrechts** (HGB § 453 ff.) und dort, wo dies nicht „AGB-fest" ist, die

**„Allgemeine Geschäftsbedingungen der Kombiverkehr
für ihre Inlandverkehre".**

Aufgrund des **Speditionsvertrages** verpflichtet sich Kombiverkehr, die Versendung der Ladeeinheiten über die Schiene und den Terminalumschlag (Auf- und Abladen auf und vom Waggon) zu besorgen.

Das von beiden Seiten unterzeichnete **Versandauftragsformular** dient als Beweis für den Abschluss des Speditionsvertrages sowie für die Übernahme der Ladeeinheit.

Eine vorzeitige Auflieferung der Ladeeinheit vor dem vereinbarten Versandtag begründet einen Lagervertrag mit dem Betreiber der Umschlaganlage. Der **Kunde haftet**, ohne dass es auf sein Verschulden ankommt, für die Richtigkeit und Vollständigkeit seiner im Versandauftrag gemachten **Angaben**.

Bei größeren Aufkommen können die Verlader mit Stinnes Intermodal bzw. der Kombiverkehr über die Details der Transportabwicklung verhandeln. Einer der Vorteile der Privatisierung ist ja gerade die größere Flexibilität in der Vertragsgestaltung und der Abwicklung.

Für den internationalen Verkehr, bei dem die Kombiverkehr als Vertreterin der Internationalen Vereinigung der Huckepackgesellschaften (UIRR) tätig wird, gelten die

„Allgemeinen Bedingungen für den internationalen Huckepackverkehr"

der UIRR sowie die ER-CIM.

3.2.4 Auflieferung – Beförderung

Teilnahmevoraussetzungen

Für die Teilnahme am Huckepackverkehr der Kombiverkehr ist eine sog. **„Verkehrsfreigabe"** für die gewünschte Verbindung notwendig. Diese Freigabe kann jeder, der Kombikunde werden möchte, unter folgenden Bedingungen erhalten:

● Angabe der voraussichtlichen Sendungszahl und Art der Ladeeinheiten je Verkehrstag und je gewünschter Verkehrsverbindung
● Beitritt zum Kombifracht-Kreditverfahren (siehe X 3.3)
● Erklärung über Einhaltung der Ladevorschriften

Bei Nutzung der **„Rollenden Landstraße"** ist **keine** vorherige Verkehrsfreigabe erforderlich. Die Last- und Sattelzüge werden transportiert, wenn freie Plätze vorhanden sind.

Auflieferung

Der Auflieferer bucht per Fax oder Datenfernübertragung die Zahl der zum Versand gelangenden Ladeeinheiten bei der Kombiverkehrniederlassung des Versandortes. Dabei ist der im Fahrplan angegebene **„Anmeldeschluss"** zu beachten. Diese Buchung entfällt bei einer Daueranmeldung.

Neben dem „Anmeldeschluss" ist für die Auflieferung der **„Ladeschluss"** wichtig. Er bezeichnet den Zeitpunkt der Annahme der letzten Ladeeinheit bei der Umschlaganlage.

Der Fahrer des auffiefernden Fahrzeugs übergibt der Kombiverkehr einen **„Versandauftrag"**. Er dokumentiert damit, dass die Ladeeinheit für den kombinierten Verkehr **geeignet** und **transportsicher** ist. Die Betriebssicherheit wird „durch Augenschein" am Terminal geprüft. Der Umsetzvorgang dauert ca. 2 Minuten.

Der **Auflieferer** ist zugleich **Absender** und **Empfänger** der Ladeeinheit. Er hat am Ankunftstag auch für die Abholung zu sorgen.

Beförderung

Im nationalen Verkehr erstellt die Kombiverkehr eine sog. Nachweisung als Zugbegleitdokument für die Railion, in dem die beförderten Ladeeinheiten aufgelistet sind.

Im **grenzüberschreitenden** Verkehr stellt die Kombiverkehr einen **UIRR/CIM-Frachtbrief** aus, der den Transportvertrag mit den Eisenbahnen regelt (bei Ganz- und Shuttle-Zügen nur ein Frachtbrief je Zug).

Vor allem der Huckepackverkehr nach Italien und in die Schweiz wird durch eingeschränkte Eckhöhen der Ladeeinheiten bestimmt: **Italien 3,60 m, Schweiz 3,80 m.**

Für alle Verbindungen sind die maximal möglichen Höhen und Breiten festgelegt.

Die Schienenbeförderung im Huckepackverkehr erfolgt in der Regel im **„Nachtsprung"**. Der Direkt- bzw. Ganzzug mit zielreinen Sendungen für ein Empfangsterminal ist die kostengünstigste Art der Zugproduktion.

Als wichtigste **Ganzzug-Verbindungen** sind zu nennen:

- Hochleistungszüge des „Albatros" zwischen den Wirtschaftszentren Deutschlands
- Alpentransit zwischen Deutschland, Österreich und Italien
- Verbindungen nach Ungarn, Tschechien, Polen, Slowenien, Kroatien, Rumänien, Spanien
- Tunnelverbindung nach Großbritannien

Abholung

Die **„Bereitstellung"** ist der früheste Zeitpunkt, zu dem eine Ladeeinheit an den Empfänger ausgeliefert werden kann. Wie für die Auflieferung der „Ladeschluss" ist für die Abholung die **„Abholfrist"** zu beachten. Sie endet in der Regel um 14:00 Uhr des Tages nach der Auflieferung.

3.3 Preisgestaltung und Abrechnung

Da bei der Kombiverkehr nur Spediteure und Transporteure, nicht Direktverlader, aufliefern können, werden die Preise für den Schienentransport, die

sog. **Kombifrachtsätze**

nicht veröffentlicht, sondern nur **auf Anfrage mitgeteilt.**

Die Preise gelten jeweils für:
- **Kombi-Sendungen**
    - 2 Wechselbehälter bis je 16 t; Gesamtlänge bis 15,65 m
    - 1 Wechselbehälter bis 33 t
    - 1 Sattelanhänger bis 33 t
    - 1 Gliederzug bis 40 t
- **Halbsendungen**
    1 Wechselbehälter bis 7,82 m und 16 t Gesamtgewicht
- **Leersendungen**
    1 unbeladener Sattelanhänger oder bis 2 unbeladene Wechselbehälter; Gesamtlänge bis 15,65 m
    Voraussetzung: Auflieferung einer beladenen Einheit in der Gegenrichtung

Die Preise beinhalten den **Umschlag** am Terminal. Die Kosten für die Anlieferung und Abholung trägt der Auflieferer. Die Kombiverkehr kauft von Railion ganze Züge ein und trägt dabei das Auslastungsrisiko.

Unter bestimmten Voraussetzungen werden auf die Kombifrachtsätze **Rabatte** gewährt:
- **Mengenrabatt**
    nach monatlichem Aufkommen in derselben Richtung
- **Firmenrabatt**
    Am Jahresende nach dem gesamten mit Kombiverkehr KG abgerechneten Transportaufkommen
- **Kommanditistenbonus**
    Ausschließlich für Kommanditisten als zusätzlicher Rabatt (7,50 €/Sendung)

Die Frachtzahlung erfolgt durch das Kombifracht-Kreditverfahren:
- Einrichtung eines **Frachtstundungskontos** bei der Deutschen VerkehrsBank (DVB). Dazu ist eine Bankbürgschaft in Höhe eines Monatsumsatzes erforderlich.
- Erteilung einer **Einzugsermächtigung** zugunsten der DVB.

3.4 Haftung im Schadensfall

Kombiverkehr verweist in § 6 der Allgemeinen Geschäftsbedingungen bezüglich der Haftung für **Schäden** während der **Beförderung** oder wegen Überschreiten der **Lieferfrist** auf die Haftung des **Fixkostenspediteurs** in § 459 HGB in Verbindung mit der **Frachtführerhaftung** der § 425 ff. HGB. Diese Bestimmungen sind bereits ausführlich erläutert in den Kapiteln III, IV und V.

Haftungshöchstgrenzen:

- Verlust oder Beschädigung → **8,33 SZR** je kg Rohgewicht
- Lieferfristüberschreitung → **dreifacher Betrag des Entgeltes**
- Vor- und Nachlagerung: Verlust und Beschädigung → 5,00 € je kg Rohgewicht (wie ADSp), höchstens 5.000,00 € je Schadensfall

Die Haftung ist in jedem Fall begrenzt auf **5 Mio. €** je Schadensereignis oder **2 SZR** je kg des verlorenen oder beschädigten Gutes, je nachdem, welcher Betrag höher ist.

Nach § 7 der Allgemeinen Geschäftsbedingungen sind bei Abholung der Ladeeinheit **Vorbehalte** wegen Beschädigungen oder Fehlmengen gegenüber dem örtlichen Vertreter von Kombiverkehr anzumelden. Erfolgt kein Vorbehalt, so wird vermutet, dass die Ladeeinheit in einem vertragsgemäßen Zustand abgeliefert wurde.

Da die Kombiverkehr im internationalen Huckepackverkehr als Vertreterin der UIRR auftritt, richtet sich auch die Haftung im internationalen Verkehr nach den **Geschäftsbedingungen der UIRR:**

- Haftungsgrundsatz nach CIM
- Höchstgrenze nach CMR → 8,33 SZR je kg brutto.

Zusammenfassung

> Beim Huckepackverkehr werden Wechselbrücken, Sattelanhänger, Sattelzüge oder Lastzüge auf die Schiene verladen.

> Eine Huckepacksendung entspricht der Beförderungskapazität eines Lastzuges auf der Straße.

> Der kombinierte Transport wird in Deutschland von der Kombiverkehr und der Stinnes Intermodal abgewickelt. Im internationalen Verkehr wird die Kombiverkehr als Vertreter der Internationalen Vereinigung der Huckepackgesellschaften (UIRR) tätig.

> Wechselbehälter werden mit Kran verladen, Sattelanhänger ebenfalls oder rückwärts aufgefahren. Last- und Sattelzüge fährt der Fahrer vorwärts auf die Spezialwaggons.

> Beim Trailerzug ist der Trailer Sattelauflieger und Schienenwaggon in einem.

> Kombiverkehr schließt mit dem Auflieferer einen Speditionsvertrag. Als Vertragsgrundlage gelten das Speditionsrecht des HGB und die Allgemeinen Geschäftsbedingungen der Kombiverkehr bzw. der Stinnes Intermodal im Inlandverkehr und die Bedingungen der UIRR im internationalen Verkehr.

> Auflieferung
> – Verkehrsfreigabe
> – Buchung oder Daueranmeldung
> – Anmeldeschluss und Ladeschluss beachten
> – Versandauftrag

> Beförderung im Nachtsprung mit Direktzügen

> Abholung: Bereitstellungs- und Abholfristen sind zu beachten

> Kombifrachtsätze für Kombisendungen, Halbsendungen und Leersendungen beinhalten Schienentransport und Umschlag. Sie werden auf Anfrage mitgeteilt. Rabatte sind unter bestimmten Voraussetzungen möglich.

> Haftung der Kombiverkehr bzw. der Stinnes Intermodal nach HGB §§ 459, 425 ff. Höchstgrenzen: Verlust und Beschädigung → 8,33 SZR je kg
> Vor- und Nachlagerung → 5,00 € je kg

4   Multimodale Verkehre

Im neuen Transportrecht des HGB ist erstmalig in den § **452 ff.** der „**multimodale Transport",** die Beförderung mit verschiedenartigen Beförderungsmitteln, geregelt. Diese Vorschriften für den multimodalen Transport regeln die Haftung des **vertraglichen Frachtführers** gegenüber seinem Kunden. Sie sind somit wichtig für den Fixkostenspediteur des § 459 HGB.

HGB § 452 bestimmt, dass für die Beförderung eines Gutes aufgrund eines **einheitlichen Frachtvertrages** mit **mindestens zwei technisch verschiedenartigen Beförderungsmitteln** für die **Gesamtbeförderung** das Frachtrecht des **HGB** gilt, wenn für den Bereich dieser Beförderungsmittel (Teilstrecken) unterschiedliche Rechtsvorschriften (Haftungsbedingungen) maßgebend sind.

Entscheidend ist also ein einheitlicher Frachtvertrag, nicht ein Speditionsvertrag. Allerdings ist ein Speditionsvertrag immer dann wie ein **Frachtvertrag zu werten,** wenn es sich um die **Fixkostenspedition** (§ 459 HGB) oder die **Sammelladungsspedition** (§ 460 HGB) handelt.

Für die durchgehende Haftung des vertraglichen (multimodalen) Frachtführers nach HGB hinsichtlich der Beförderung ist es weiterhin erforderlich, dass der **Schadenort unbekannt** ist.

Somit gilt für die Haftung des deutschen Fixkostenspediteurs bei kombinierten Land-/ See- und Land-/See-/Air-Transporten durchgehend das Frachtrecht des HGB, wenn nicht feststellbar ist, auf welcher Teilstrecke der Schaden entstanden ist.

HGB § 452 a: Wenn der **Schadenort bekannt ist,** wenn feststeht, auf welcher Teilstrecke der Schaden eingetreten ist, haftet der multimodale Frachtführer bzw. Fixkostenspediteur nach den für den **Schadenverursacher gültigen Rechtsvorschriften** und nicht mehr – wie in § 452 bestimmt – nach HGB.

Zusammenfassung

➤ **Der deutsche Fixkosten- bzw. Sammelladungsspediteur haftet gegenüber seinem Kunden bei multimodalen Transporten für die durchgehende Beförderung nach dem Frachtrecht des HGB, wenn folgende Voraussetzungen gegeben sind:**

- **Beförderung mit mindestens zwei technisch verschiedenartigen Beförderungsmitteln**

- **für die Teilstrecken sind unterschiedliche Rechtsvorschriften maßgebend**

- **Schadenort (Verursacher) ist nicht feststellbar**

- **internationale, ratifizierte Übereinkommen über Haftung sind nicht anzuwenden.**

Fragen und Aufgaben zur Lernkontrolle:

1 **1.** Inwiefern sind dem Wachstum des kombinierten Verkehrs Straße/Schiene Grenzen aufgezeigt?

2 **2.** Bei welchen Unternehmen können Sie einen Container auf die Schiene aufliefern:

– von Stuttgart nach Berlin

– von Frankfurt am Main nach Paris

– von Duisburg nach Rotterdam

– von Nürnberg nach Bremerhaven (Überseecontainer)?

3. Welche Rechtsgrundlagen gelten für den Schienenfrachtvertrag im nationalen bzw. im internationalen Containerverkehr?

4. Nach welchem Preissystem wird ein Überseecontainertransport von München nach Hamburg im Rahmen des Albatros-Express-Angebots abgerechnet? Wie beschaffen Sie sich Informationen darüber?

3 **5.** Welche Vorteile bietet der Huckepackverkehr allgemein und speziell der Trailerzug für die Beteiligten?

6. Sie wollen die „Rollende Landstraße" von Berlin über den Alpentransit nach Verona benutzen. Wie gehen Sie vor, damit die Ladeeinheit rechtzeitig am Empfangsterminal eintrifft?

7. Für die Auflieferung bei der Kombiverkehr ist es für den Spediteur wichtig, zu wissen

– welche Voraussetzungen zu erfüllen sind,

– welcher Vertrag geschlossen wird,

– welche Rechtsgrundlagen gelten.

8. Welche Informationen müssen Sie beschaffen, um einen Preisvergleich herzustellen für 25 t von München nach Bremen:

a) Wagenladung bei Railion

b) Lkw

c) Huckepackverkehr

(ohne Vor- und Nachlauf und sonstige Kosten)

9. Bis zu welchen Höchstgrenzen muss die Kombiverkehr Schadenersatz leisten?

10. Spedition X bietet dem Kunden einen Fixpreis für einen 40-Fuß-Container von Hannover über Hamburg zu einer Großbaustelle 70 km östlich von Bombay. Wie läuft die Beförderung ab, welche Verträge für die Teilstrecken werden geschlossen und wie haftet die Spedition, wenn der Schadenverursacher nicht feststellbar ist?

KAPITEL

von **Aufträgen** im Spediteursammelgutverkehr

1 Prinzip, Zweck und Arten des Spediteursammelgutverkehrs erkennen

1.1 Prinzip des Spediteursammelgutverkehrs

In vielen Speditionsunternehmen bildet der Sammelladungsverkehr einen Leistungsschwerpunkt. Der Spediteur fasst dabei Sendungen mehrerer Versender auf der ganzen Strecke oder zumindest auf dem größten Teil einer Strecke zusammen. Selbstverständlich wird die Bildung möglichst großer **Ladungseinheiten** angestrebt, denn je größer das Gewicht der Gesamtladung ist, desto billiger werden die Frachtkosten je Gewichtseinheit (z. B. 100 kg). Deshalb versuchen die Sammelgutspediteure möglichst auch höhergewichtige Sendungen mit in die Sammelladung einzubeziehen, weil es dann leichter gelingen kann, ein hohes Gewicht für die gesamte Sammelladung zu erreichen. Die höhergewichtigen Sendungen stellen dabei den Grundstock für die Sammelladung dar; daher werden sie auch als „Stockpartien" bezeichnet.

Ein vereinfachtes Modellbeispiel soll den Nachweis bringen, dass die Kosten je Gewichtseinheit mit zunehmendem Ladungsgewicht zurückgehen. Die Rechenbeispiele beruhen auf Durchschnittssätzen, die im Sommer 2001 auf dem Markt verlangt und bezahlt wurden. Soweit der „Tarif für den Spediteursammelgutverkehr", eine unverbindliche Preisempfehlung der Vereinigung der Sammelgutspediteure im BSL, oder die „alten Kundensätze" zur Berechnung herangezogen sind, wird eine marktübliche Marge berücksichtigt.

Angenommen wird eine Sammelladung von München-Ost nach Hamburg-Wilhelmsburg (774 Straßenkilometer nach einem häufig verwendeten Entfernungszeiger). Die Sammelladung soll folgende Einzelsendungen enthalten:

6 100 kg	1 Sendung = Stockpartie
5 500 kg	22 Einzelsendungen mit je 250 kg
4 800 kg	30 Einzelsendungen mit je 160 kg
16 400 kg	53 Einzelsendungen

Getrennt abgerechnet würden für die einzelnen Sendungen (ohne Mehrwertsteuer) folgende Kosten entstehen:

6 100 kg	pauschal für einen guten Kunden	350,00 €
250 kg	(KS 1 vom 01.07.1998) ./. 30 % = 59,45 € · 22	1.307,90 €
160 kg	(KS 1 vom 01.07.1998) ./. 30 % = 39,95 € · 30	1.198,50 €
Alle 53 Sendungen		2.856,40 €

Der **Durchschnittssatz für 100 kg** beträgt 2.856,40 € : 16 400 · 100 =   **17,42 €**

Für die komplette Ladung wird berechnet (Marktlage im Sommer 2001):

16 400 kg   650,00 €. Das entspricht einem Satz je 100 kg von   **3,96 €**

Bei dieser Modellrechnung ist nicht berücksichtigt, dass das Sammeln der Sendungen in München und das Verteilen in Hamburg erhebliche Kosten verursachen, ebenso wie die papiermäßige Behandlung der Einzelsendungen und ggf. auch die Bearbeitung von Reklamationen.

1.2 Zweck des Spediteursammelgutverkehrs

Der Zweck des Spediteursammelgutverkehrs lässt sich leicht erkennen: Die Transporte können wirtschaftlicher durchgeführt werden. Dazu tragen folgende Komponenten bei:

● Bessere Auslastung der eingesetzten Fahrzeuge,

● Erreichung günstiger Gewichtsklassen, Senkung der Nebenkosten. So muss z. B. für die gesamte Sammelladung nur ein Frachtbrief (Begleitpapier für den Hauptlauf) erstellt werden; im oben dargestellten Beispiel wären bei einer Einzelabfertigung jeder Sendung insgesamt 53 Frachtbriefe erforderlich geworden.

● Verbilligung des Hallenumschlages sowohl beim Versand- als auch beim Empfangsspediteur. Hier gilt ebenfalls die Regel der Kostendegression: Je mehr Güter umgeschlagen werden, desto billiger stellt sich der Kostensatz je Gewichtseinheit.

Im Sammelladungsverkehr bietet sich besonders die Zusammenarbeit zwischen Spediteuren an. Das betrifft zum einen das Verhältnis von Versand- zu Empfangsspediteur, zum anderen treten Spediteure als **Beilader** in Erscheinung. Dabei übergibt ein ortsansässiger Spediteur einem Kollegen Sammelsendungen als Beiladung. Das kommt immer dann in Betracht, wenn der Beilader in die entsprechende Relation entweder überhaupt keinen eigenen Sammelgutverkehr unterhält oder zu bestimmten Zeiten keine wirtschaftlich vertretbare Ladung abfertigen kann.

Der sich in den letzten Jahren verschärfende Wettbewerb zwischen Spediteuren hat die Zusammenarbeit oder gar den Zusammenschluss von bisher selbstständigen Speditionsunternehmen gefördert, d. h., die Kooperation und die Konzentration erfährt immer größere Bedeutung. Anstoß dazu war und ist u. a. die Änderung des Einkaufverhaltens der verladenden Wirtschaft. Immer mehr Unternehmer gingen dazu über, die Anzahl der von ihnen beschäftigten Verkehrsdienstleister zu verringern. Damit entstanden für Spediteure mit flächendeckenden Angeboten Wettbewerbsvorteile gegenüber solchen, die nur bestimmte Linien unterhielten. Viele mittelständische Speditionen waren deshalb gezwungen mit geeigneten Partnern zu kooperieren. Auf der anderen Seite gingen Großspediteure oder Konzernspeditionen dazu über, vorhandene Angebotslücken durch Ankauf entsprechender – meist mittelständischer – Speditionen zu schließen. Die Kooperations- und Konzentrationstendenz ist besonders im Kleingutverkehr sichtbar, der als moderne Form des Spediteursammelgutverkehrs in diesem Kapitel später behandelt wird.

Die Abwicklung von Sendungen im Sammelladungsverkehr bringt sowohl dem Auftraggeber als auch dem Versandspediteur und dem Frachtführer Nutzen.

Vorteile für den Auftraggeber

Das Entgelt, das der Auftraggeber für die Beförderung von Sendungen im Spediteursammelgutverkehr zu entrichten hat, liegt in aller Regel unter den Sätzen, die für die Abwicklung einer Einzelsendung (z. B. im Stückgutverkehr) zu bezahlen sind.

Auch wenn die Differenz nicht so groß wie im vorstehenden Modellbeispiel sein kann (die vielen Tätigkeiten des Spediteurs neben dem reinen Transport müssen natürlich auch bezahlt werden), spricht noch ein weiteres Argument für den Sammelgutverkehr des Spediteurs. Diese Verkehre müssen, wenn sie von der verladenden Wirtschaft angenommen werden sollen, gut organisiert und eingespielt sein, vor allem sind kurze Laufzeiten gefordert. Ein Großteil aller Sendungen, die im Spediteursammelgutverkehr mit Kraftwagen befördert werden, kommt in der Bundesrepublik Deutschland im 24-Stunden-Service von Haus zu Haus. Zumindest für die wirtschaftlichen Schwerpunkte gilt das auch für den Sammelgutverkehr mit der Eisenbahn. Der Rest braucht – unter normalen Verhältnissen – allenfalls 48 Stunden. Bei Aufgabe als Einzelsendung würde die Beförderungsdauer bestimmt weit darüber liegen.

Für den Sammelgutverkehr der Spediteure spricht auch die Regelmäßigkeit der Abfahrten. So kann den Forderungen der Abnehmer an die Hersteller oder Händler von Waren nach kurzen Lieferzeiten bei relativ kleinen Auftragsgrößen nur dann entsprochen werden, wenn Sammelgutverkehre zur Verfügung stehen.

Eine besondere Form des Sammelgutverkehrs bilden die Paketdienste, die sich teilweise aus dem Spediteursammelgutverkehr entwickelt haben.

Vorteile für den Spediteur

Ein wesentlicher Vorteil ist darin zu sehen, dass der Spediteur für den „Hauptlauf" mit relativ niedrigen Beförderungskosten rechnen kann. In der Regel führen vergleichsweise hohe Ladungsgewichte zur Frachtkostenminimierung. Weitere Vorteile wurden zum Teil schon angesprochen:

- Verringerung der Abfertigungs- und Behandlungskosten,
- Verringerung der Buchungskosten. Zum Beispiel muss der Spediteur für mehrere Sendungen, die ihm ein Beilader übergibt, nur eine Buchung vornehmen. In der Rückrechnung, die ihm der Empfangsspediteur stellt, sind eine ganze Reihe von Leistungen enthalten, die ebenfalls mit einem Buchungsvorgang erfasst werden können.

Vorteile für den Frachtführer

An dieser Stelle kann nur kurz auf die Kostenentwicklung eingegangen werden, die sich mit zunehmender Auslastung des Fahrzeuges ergibt. Genauere Ausführungen dazu gehören in den Bereich der Kalkulation. Vereinfacht ausgedrückt kann gesagt werden, dass die Ladung selbst nur minimale Kosten verursacht; sie betragen lediglich einen sehr geringen Teil gegenüber den Kosten der Einsatzbereitschaft des Fahrzeuges (= fixe Kosten). Der Unterschied zwischen den Kosten einer Leerfahrt und einer Fahrt mit Ladung kann fast vernachlässigt werden. Stellt man jetzt die Erlöse den Kosten gegenüber, dann zeigt sich – wieder stark vereinfacht –, dass bei einer Leerfahrt keine Erlöse vorhanden sind, die Kosten jedoch in einer bestimmten Höhe entstehen und vom Unternehmer getragen werden müssen. Die gleiche Aussage trifft für den Fall zu, dass das Fahrzeug wegen Ladungsmangel oder aus anderen Gründen nicht eingesetzt wird.

Mit jeder Gewichtseinheit an Ladung sind dagegen Erlöse zu erzielen. Wäre beispielsweise bei einer 40-prozentigen Auslastung bereits die Kostendeckung erreicht, würde jedes Mehr an Ladung Gewinn bedeuten.

Durch die Verwendung eines Fahrzeuges im Sammelgutverkehr wird es möglich, eine höhere Auslastung zu erreichen. Das bedeutet gleichzeitig einen wirtschaftlicheren Einsatz und damit einen Vorteil für den Frachtführer.

Diese Ausführungen, die im Wesentlichen den Frachtführer „Lkw-Unternehmer" betreffen, lassen sich ohne weiteres auch auf den Sammelgutverkehr mit der Bahn übertragen. Wenngleich dort die Kostenrechnung komplizierter ist, hängt auch bei der Bahn die Wirtschaftlichkeit im Güterverkehr von der Auslastung des Wagenparks ab. Ein wichtiger Beitrag dazu kommt von den Spediteuren, die organisierten Bahn-sammelgutverkehr betreiben, der allerdings in den letzten Jahren stark zurückgegan-gen ist.

Für den Lkw-Frachtführer entsteht ein weiterer Vorteil dadurch, dass Sammelgutsen-dungen überwiegend erst nach der üblichen Geschäftszeit beim Versandspediteur geladen werden, die Entladung beim Empfangsspediteur oft aber schon vor Beginn des Tagesgeschäftes erfolgt. Das trägt zu einer günstigeren zeitlichen Auslastung des Fahrzeuges und damit zu einem wirtschaftlich besseren Erfolg bei.

1.3   Arten des Spediteursammelgutverkehrs

Nach den Verkehrsmitteln bzw. den Verkehrsträgern, die im Spediteursammelgutver-kehr eingesetzt werden, unterscheidet man verschiedene Arten dieser Verkehre.

Die größte Bedeutung haben – zumindest im nationalen und im Europaverkehr – der **Sammelgutverkehr mit Kraftwagen** und der **Bahnsammelgutverkehr**.

Im internationalen Bereich wird der **Überseesammelgutverkehr** mittels Seeschiff vor allem nach Containerhäfen abgewickelt. Sammelgutverkehre in der Seeschifffahrt rechnen sich heute in der Regel nur, wenn die Sendungen in Containern zusammenge-fasst sind. Überseesammelgutverkehre werden schwerpunktmäßig in den Verbindun-gen Europa – Fernost und noch stärker Europa – USA durchgeführt.

Der **Luftfrachtsammelgutverkehr** kann wirtschaftlich sinnvoll nur im internationalen Rahmen abgewickelt werden. Weitere Einzelheiten dazu stehen im Kapitel „IX Abwick-lung von Frachtverträgen im Luftfrachtverkehr" dieses Buches.

Die folgenden Ausführungen zum Spediteursammelgutverkehr betreffen nur den Sam-melgutverkehr mit Lastkraftwagen und Eisenbahn.

Zusammenfassung

> ➤ Beim Spediteursammelgutverkehr fasst der Spediteur Sendungen mehrerer Versender auf der ganzen Strecke oder auf dem größten Teil der Strecke zusammen.
>
> ➤ Der Zweck des Spediteursammelgutverkehrs ist die wirtschaftlichere Durchführung der Transporte.
>
> ➤ Im Spediteursammelgutverkehr bietet sich besonders die Zusammenarbeit von Spedi-teuren an, u. a. zwischen
>   - Versandspediteur und Empfangsspediteur,
>   - Versandspediteur und Beilader,
>   - mehreren Spediteuren, um eine Bedienung der Kunden flächenmäßig (z. B. deutsch-landweit) sicherstellen zu können. Kooperation und Konzentration in der Speditions-branche liegen im derzeitigen Trend.
>
> ➤ Die Abwicklung von Sendungen im Sammelgutverkehr kann für die Beteiligten Vorteile ergeben:
>   - Für den Auftraggeber: günstigere Beförderungskosten gegenüber dem Einzelver-sand; kürzere Beförderungszeiten durch gut organisierte Sammelgutverkehre.
>   - Für den Spediteur: günstigere Beförderungskosten im Hauptlauf; Verringerung der Behandlungs- und Abfertigungskosten.
>   - Für den Frachtführer: bessere gewichts- und zeitmäßige Auslastung der Fahrzeuge. Dadurch ist eine Kostensenkung zu erreichen.

2 Spediteursammelgutverkehr abwickeln

Die gesamte Abwicklung im herkömmlichen Sammelgutverkehr, d. h. die Beförderung einer Einzelsendung im Sammelladungsverkehr, läuft vom Haus des Versenders bis zum Haus des Empfängers in der Regel nach dem gleichen Schema ab:

- Abholung bzw. Vorlauf
- Umschlag und büromäßige Abfertigung beim Versandspediteur
- Hauptlauf
- Entladen und Verteilen durch den Empfangsspediteur
- Nachlauf bzw. Zustellung

2.1 Sendung abholen und Vorlauf durchführen

Die Einzelsendungen, die im Hauptlauf zusammengefasst als Sammelladung weiterbefördert werden sollen, müssen zunächst vom Haus des Versandkunden zum Versandspediteur gebracht werden. Dazu gibt es mehrere Möglichkeiten:

- **Direktabholung.** Mit dem Fernverkehrsfahrzeug, das für den Hauptlauf vorgesehen ist, werden Sendungen direkt abgeholt. Überwiegend handelt es sich dabei um Partien mit höherem Gewicht, die als „Stockpartien" für die Sammelladung dienen. Der Hallenumschlag für direkt abgeholte Sendungen entfällt.
- **Indirekte Abholung.** Bei der indirekten Abholung werden Verkehrsmittel eingesetzt, die über keine eigene Antriebskraft verfügen: Anhänger, Auflieger oder – heute sehr oft – Wechselbrücken. Auch für diese Sendungen entfällt in der Regel der Hallenumschlag beim Versandspediteur.
- **Abholung.** Die Sendungen werden bei den Urversendern entweder regelmäßig oder nach Einzelauftrag durch Nahverkehrsfahrzeuge abgeholt und über die Umschlaghalle des Versandspediteurs genommen. Die dadurch entstehenden „Vorholkosten" muss der Versandspediteur tragen. Abholungen können durch eigene Fahrzeuge des Spediteurs erfolgen; in den meisten Fällen werden jedoch Vertragsunternehmer (Subunternehmer) eingesetzt.
- **Selbstanlieferung.** In seltenen Fällen liefert der Versandkunde selbst an der Umschlaghalle des Versandspediteurs an. Die Selbstanlieferungen sind vom Spediteur nicht so gerne gesehen, weil sie den betrieblichen Ablauf stören können.

2.2 Hallenumschlag beim Versandspediteur durchführen

Als Hallenumschlag wird die kurzfristige Überlagernahme beim Versandspediteur bezeichnet. Der Umschlag läuft in folgenden Schritten ab:

- Hereinnahme der abgeholten – und der evtl. durch den Kunden selbst angelieferten – Sendungen,
- kurze Vorlagerung auf den Stellplätzen, die für die einzelnen Sammelladungszielstationen angelegt sind,
- Abgabe des Sammelgutes zur Verladung in Lkw oder Waggon.

Gleichzeitig erfolgt ein wesentlicher Teil der büromäßigen Bearbeitung.

2.3 Hauptlauf durchführen

Die zu einer Sammelladung zusammengefassten Einzelsendungen werden durch einen Frachtführer (Bahn oder Güterkraftverkehrsunternehmer, manchmal auch durch den Spediteur im Selbsteintritt) vom Versandspediteur übernommen und zum Empfangsspediteur gebracht.

2.4 Hallenumschlag beim Empfangsspediteur vornehmen

In der Halle werden die durch Lkw oder per Bahn angelieferten Sendungen entladen und unmittelbar auf die Plätze im Lager gestellt, die für die einzelnen Zustelltouren eingerichtet sind. Dabei unterscheidet man üblicherweise Plätze für **„Loco-Gut"** und für **„Transit-Gut"**. Während das Loco-Gut für einen Empfänger im Ortsbereich des Empfangsspediteurs bestimmt ist, geht das Transit-Gut an einen Empfänger in einem anderen Ort. (Der Ausdruck „Transit" wird hier nicht in dem gleichen Sinne gebraucht wie im internationalen Verkehr.)

Der Empfangsspediteur muss selbstverständlich die Vollständigkeit und die äußerliche Unversehrtheit der Güter prüfen und in einem **Entladebericht** an den Versandspediteur entweder die Ordnungsmäßigkeit der Anlieferung bestätigen oder Mängel unverzüglich durch schnelle Kommunikationsmittel melden.

2.5 Nachlauf durchführen und Sendung zustellen

Der Nachlauf wird in der Regel analog zum Vorlauf durchgeführt.

- **Direktzustellung.** Das Fernverkehrsfahrzeug, das die direkte Abholung beim Versender erledigt und dann mit dieser Stockpartie ab dem Versandspediteur den Hauptlauf durchgeführt hat, stellt die Sendung auch direkt dem Empfänger zu. Der verbleibende Teil der Sammelladung geht über die Halle des Empfangsspediteurs.
- **Indirekte Zustellung.** Ein Motorfahrzeug des Empfangsspediteurs bringt die Partie auf einem Anhänger, einem Auflieger oder auf einer Wechselbrücke zum Empfänger.
- **Zustellung durch andere Fahrzeuge.** Gewöhnlich setzt der Empfangsspediteur Nahverkehrsfahrzeuge ein, die nach Möglichkeit noch am Eingangstag die Sendungen den Endempfängern zustellen. Wie der Versandspediteur bei der Abholung, kann der Empfangsspediteur für die Zustellung eigene Fahrzeuge verwenden oder Subunternehmer einsetzen.

  Die wirtschaftliche Auslastung der Nahverkehrsfahrzeuge ergibt sich dadurch, dass der Empfangsspediteur üblicherweise für mehrere Versandspediteure (aus verschiedenen Versandorten) tätig ist, und deshalb am Ankunftstag für die einzelnen Empfänger meist mehrere Sendungen eintreffen. Wenn zusätzlich die Fahrzeuge nach der Zustelltour noch Sendungen abholen können, erhöht sich die Wirtschaftlichkeit.

- **Selbstabholung.** Im Sammelgutverkehr kommt die Selbstabholung beim Empfangsspediteur häufiger vor als die Selbstanlieferung von Sendungen beim Versandspediteur. Meistens verlangt der Kunde, dass der Empfänger vom Eingang der Sendung beim Empfangsspediteur benachrichtigt wird. In der Fachsprache heißt das: „Die Sendung ist zu avisieren".

Selbstabholungen können den betrieblichen Ablauf beim Empfangsspediteur noch
mehr stören als die Anlieferung beim Versandspediteur. Da auch in der Spedition
der Kunde König ist, müssen vielleicht Speditionsfahrzeuge die Rampe räumen,
wenn Selbstabholer kommen. Zusätzlich entgeht dem Spediteur eine Verdienst-
chance, die sich bei der Zustellung realisieren ließe. Aus diesen Gründen ist in den
Entgeltempfehlungen vorgesehen, dass der Spediteur die **Selbstabholergebühr**
berechnet.

2.6 Papiere im Spediteursammelgutverkehr erstellen

Zur Abwicklung des Sammelgutverkehrs werden Formulare und andere Papiere in großer Anzahl gebraucht. Einige dieser Unterlagen weisen zumindest annähernd einheitliche Merkmale auf, andere sind von Spedition zu Spedition verschieden. Durch die
zunehmende Verbreiterung der Informationsnetze werden häufig bisher benötigte
Unterlagen entbehrlich. Die darin enthaltenen Daten können auf andere Weise, z. B.
online per Computer, über Internet bzw. per E-Mail weitergegeben werden.

2.6.1 Abholauftrag beim Versender vorlegen

Der Fahrer des Nahverkehrsfahrzeuges, das für die Abholung eingesetzt wird, erhält
vom Disponenten den schriftlichen Abholauftrag. Ein schriftlicher Auftrag ist nicht
erforderlich, wenn Dauerkunden täglich oder in regelmäßigen Abständen bedient werden. Natürlich kann der Fahrer dem Versender auch dann keinen schriftlichen Abholauftrag vorlegen, wenn er während seiner Tour fernmündlich oder per Funk die Anweisung zur Abholung erhält.

**DAWI GmbH
Spedition – Lagerei**

Baumburgstraße 54
81823 München
Telefon 089 99998-0
Telefax 089 99998-15

Firma	RODA Elektrogeräte GmbH	**Abhol-Auftrag**
	Blombergstraße 40	Tag 04-06
		Termin
		☐Mo ☐Di ☐Mi ☐Do ☐Fr den 04-08
Abhol-Ort	München	Uhrzeit 13:00
		☒ frei ☐ unfrei

Anzahl / Verpackung / Bezeichnung

2 Gitterboxpaletten mit Elektro-Kleinmotoren

für Ventilatoren

Bestimmungsort   Hamburg

Bemerke / Vereinbarungen   ·/·

(Unterschrift)

Wir arbeiten aufgrund der Allgemeinen Deutschen Spediteurbedingungen (ADSp), neueste Fassung.
Im Spediteursammelgutverkehr mit Kraftwagen und Eisenbahn gelten für unsere Angebote und Preisvereinbarungen
zusätzlich die vom BSL empfohlenen Bedingungen als vereinbart.   Gerichtsstand München.

Abholauftrag

2.6.2 Speditionsauftrag erstellen

Der Kunde sollte zweckmäßigerweise den Speditionsauftrag schriftlich erteilen. Die Formulare dazu sind weitgehend vereinheitlicht (vgl. Muster). Dauerkunden erhalten gewöhnlich vom Versandspediteur in ausreichender Anzahl Vordrucksätze, die dann, für die einzelne Sendung ausgefüllt, dem Abholfahrer mit der Sendung übergeben werden. Sofern der Fahrer nur einen Lieferschein bekommt, muss der Sachbearbeiter beim Versandspediteur einen Speditionsauftrag ausfüllen, weil dieser als Begleitpapier mitgeht und vor allen Dingen die wesentlichen Angaben enthält. In manchen Speditionen wird dieses Papier als Speditionsübergabeschein bezeichnet.

AB.KZ.	DIREKT	ÜLN	Druck

Versender/Kunden-Nr.:

RODA Elektrogeräte GmbH
Blombergstraße 40
80995 München

Berech.-Ort: München

Empfänger/Kunden-Nr.:
Ventilatorenfabrik
Sturm GmbH
Frahmredder 239

20354 Hamburg

DAWI-GmbH
Spedition – Lagerei
Baumburgstraße 54
81823 München
Telefon 089 99998-0
Telefax 089 99998-15

Speditions-Auftrag
04/227

ABHHOLFZ.:

Besondere Vermerke des Absenders
Anlieferung beim Empfänger spätestens
..-04-10   13:00 Uhr

VERKEHR: TOUR

Buchst. (Zchn.) u. Nr.	Anz.	Verpackung	Inhalt	Bruttogew. kg	SpV	CDM	FRPFL.-GEW:
–	2	Gibox	Elektromotoren	1 250	ja		1 300

ANLAGE

Bei Verwendung von Euro-Pool-Paletten
(Flach-Pal.)   (Gitter-Pal.)
            2
(Anzahl)   (Anzahl)

Frankaturvorschrift des Absenders
frei Haus

Sonstige _
Raum-Maße (Gewichte), Sperrigkeitsvermerk

_ _ _ _ _ _ _ _

Versicherungswert _ _ 10.000,00 € _ _ _

Transportversicherung
ist gedeckt mit _ _ _ _ _ _ € _ _ _ _ _ _ _ _ _ _ _

Versender-Nachnahme
incl. Umsatzsteuer _ _ _ _ _ € _ _ _ _ _ _ _ _ _ _ _

in Worten

München _ _ _ _ _ _ den _ ..-04-08 _ _ _ _

Abweichender Frachtzahler:
Kunden-Nr./Adresse

Vorstehende Sendung einwandfrei
und vollzählig erhalten:

Datum, Stempel u. Unterschrift des Empfängers

Gemäß Ziff. 28 ADSp. müssen alle Schäden, auch soweit
sie äußerlich nicht erkennbar sind, dem Spediteur unverzüglich (innerhalb von 7 Tagen) schriftlich mitgeteilt werden.

	€
Frachtübernahme Kundensatz	
Vorkosten	
Schadenvers.	
Behältermiete	
Zwischensumme	
Avis/Überweisung	
Rollgeld	
Selbstabholung	
Zwischensumme	
Umsatzsteuer	
Zwischensumme	
Vers.-Nachnahme	
Gesamtbetrag	

FRACHT:							HAUSFRACHT:				
KM	TAR	+ MAR	– MAR	WAV	€/SATZ	PI SS	TAR	+ MAR	– MAR	OK	€/SATZ

Für alle Geschäftsabschlüsse sind nur die Allg. Deutschen Sped.-Bedingungen (ADSp.) und die Bedingungen für Spediteursammelgutverkehr auf Basis der Empfehlung des Bundesverbandes Spedition und Lagerei e. V.,
Bonn – neueste Fassung – maßgebend. Wir haben den SLVS gezeichnet. – Gerichtsstand in allen Fällen ist München.

Speditionsauftrag

2.6.3 Entladeliste aufstellen

Am Hallenumschlaglager sollte für die vorgeholten Sendungen eine Entladeliste erstellt werden, die auch einen Hinweis darauf enthält, an welchem Platz im Lager die angekommene Sendung bis zur Verladung abgestellt wird. Die Entladeliste kann entfallen, wenn für jede Sendung eine Kopie des Speditionsauftrages im Lager zur Verfügung steht.

2.6.4 Ladeliste für den Hauptlauf erstellen

Diese Liste enthält alle für die Verladung der Güter in den Lkw oder in den Waggon wichtigen Angaben: Anzahl der Packstücke, Art der Verpackung, Zeichen, Nummer, Inhalt, Gewicht.

Oft wird eine „verkürzte" Durchschrift des Borderos als Ladeliste verwendet.

DAWI GmbH
Spedition – Lagerei

Baumburgstraße 54
81823 München
Telefon 089 99998-0
Telefax 089 99998-15

Ladeliste   04/2000/4

verl. am 04-08   franko   durch Lkw M-DA 844   über
                          unranko   an   nach Hamburg

Pos.	Zeichen u. Nr.	Anz.	Art	Inhalt	Gewicht kg			
a	b	c	d	e	f			
	Übertrag	427	Colli		8998			
75	R 4135-37	3	Krt	Wäsche	47			
76	827008-91	84	Krt	Stühle	2151			
77	----	2	Gibox	Elektromotore	1250			
78	1132	1	EWP	Kunststoffe	174			
79	O 1-11	11	Krt	Dichtungsmat.	252			
80	Ba 1-23	23	Krt	Schuhe	309			
81	ILA 1726	1	Krt	Med. Apparate	65			
82	Go 1-25	25	Krt	Bürsten	145			
83	WP 1389-90	2	Krt	Einbandmat.	46			
84	Pa 1-3	3	Krt	Wein	18			
85	RG 930	1	Rolle	Teppich	11			
86	HG 34117	1	EWP	Glas	281			
		584	Colli		13747			

2.6.5 Bordero

Im Bordero sind alle Sendungen erfasst, die im Hauptlauf mitgeführt bzw. an den Emp-fangsspediteur abgerichtet werden. Es enthält alle Angaben, wie die einzelnen Sen-dungen behandelt werden sollen, an wen und unter welchen Bedingungen auszuliefern ist. Wichtig ist hier der Frankaturvermerk oder der Hinweis, dass es sich um eine Nach-nahmesendung handelt. Im Vergleich zur Ladeliste enthält das Bordero noch zusätzli-che Hinweise, auch die Positionsnummer, unter der der Versandspediteur die Abwick-lung jeder einzelnen Sendung vornimmt. Das Bordero ist für den Empfangsspediteur ebenfalls ein sehr wichtiges Dokument. Er muss die Angaben darin mit den Angaben auf den Speditionsaufträgen, die jetzt auch als Auslieferungspapiere dienen, auf deren Richtigkeit und Vollständigkeit prüfen. Der Entladebericht des Empfangsspediteurs basiert auf den Angaben im Bordero. Nicht zuletzt ist das Bordero die Grundlage für die Rückrechnung des Empfangsspediteurs an den Versandspediteur.

Die Beschaffung von Ablieferungsnachweisen und die Abwicklung von Schadensfällen im Spediteursammelgutverkehr wären ohne Bordero, wenn nicht unmöglich, so doch noch zeitaufwendiger und komplizierter, als sie es wegen der großen Anzahl von Sen-dungen schon sind, die bei dieser Verkehrsart behandelt werden.

Mit dem Bordero werden dem Frachtführer sämtliche von den Urversendern mitgege-benen Anweisungen, Lieferscheine, Begleitscheine für Paletten oder andere Lademit-tel, Begleitscheine für Warennachnahmen usw. ausgehändigt, nicht zu vergessen die Speditionsaufträge. Bei Sammelladungen, die in der Regel mehr als 100 Einzelsendun-gen und damit Speditionspositionen umfassen, ergeben diese Begleitpapiere oft einen ansehnlichen Stapel.

2.6.6 Ladungspapiere beim Hauptlauf mitführen

Zwar schreibt das seit 1. Juli 1998 geltende Transportrecht weder beim Lkw-Transport noch beim Eisenbahntransport innerhalb Deutschlands die Mitführung eines Fracht-briefes vor. Doch kann der Frachtführer vom Absender die Ausstellung eines Fracht-briefes verlangen.

In den Vertragsbedingungen für den Güterkraftverkehrs- und Logistikunternehmer (VBGL) und in den Allgemeinen Leistungsbedingungen der Deutschen Bahn AG, DB Cargo, die beide auch für den Sammelgutverkehr in Betracht kommen, gilt die Ausstel-lung eines Frachtbriefes durch den Absender als vereinbart. In beiden Fällen muss der Frachtbrief bestimmte Angaben enthalten. Beim Lkw-Verkehr wird häufig noch das „alte KVO-Muster" verwendet, wobei nicht mehr benötigte Angaben (z. B. Konzes-sionsnummer) entfallen. Die DB AG schreibt ein Muster für den Bahnversand vor, das in „Preise und Konditionen für den Wagenladungsverkehr (PKL)" abgedruckt ist.

2.6.7 Entladeliste des Empfangsspediteurs verwenden

Meistens wird als Entladeliste eine Kopie des Borderos benutzt. Auf dieser Kopie wer-den entweder durch den Eingangssachbearbeiter oder durch den für das Umschlagla-ger zuständigen Meister die einzelnen Positionen „ausgezeichnet", d. h., bei jeder Position wird der Stellplatz vermerkt, auf dem die Güter zwischengelagert werden.

2.6.8 Rollkarte für die Zustellung anfertigen

Mit diesem Formular werden alle Sendungen erfasst, die ein Nahverkehrsfahrzeug bei einer Auslietertour mitführt. Vielfach dienen die Rollkarten auch als Ablieferungsnach-weis, weil der Empfänger durch seine Unterschrift in einer Spalte dieses Papiers den Empfang der Sendung bestätigen kann.

➤ Die Beförderung einer Einzelsendung im Spediteursammelgutverkehr läuft in der Regel in den folgenden Schritten ab:

1. Vorlauf bzw. Abholung (selten Selbstanlieferung),
2. Umschlag beim Versandspediteur (ausgenommen Direktpartien),
3. Hauptlauf,
4. Entladen und Verteilen durch den Empfangsspediteur,
5. Nachlauf bzw. Zustellung (manchmal Selbstabholung).

➤ Die wichtigsten Papiere zur Abwicklung des Sammelladungsverkehrs sind:
– Abholauftrag,   – Bordero,
– Speditionsauftrag,   – Ladungspapiere für den Hauptlauf,
– Entladeliste,   – Entladeliste für den Empfangsspediteur,
– Ladeliste für den Hauptlauf,   – Rollkarte für die Zustellung.

➤

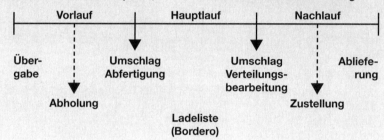

3 Beteiligte am Spediteursammelgutverkehr und ihre Aufgaben

Am Spediteursammelgutverkehr sind beteiligt:

● Urversender,
● Frachtführer für den Vorlauf bzw. für die Abholung,
● Versandspediteur,
● Frachtführer für den Hauptlauf,
● Empfangsspediteur,
● Frachtführer für den Nachlauf bzw. für die Zustellung,
● Endempfänger.

Neben dem Versandspediteur kann ein weiterer Spediteur als **„Beilader"** am Sammelgutverkehr beteiligt sein, auf der Empfangsseite kann der **„Briefspediteur"** hinzukommen.

3.1 Urversender

Im Spediteursammelgutverkehr wird derjenige, der die Einzelsendung zur Beförderung übergibt – in der Regel an das Abholfahrzeug – als Urversender bezeichnet. Durch die Vorsilbe „Ur-" unterscheidet er sich vom Versandspediteur, der im Sammelladungsverkehr ebenfalls als Versender auftritt – übergibt er doch dem Frachtführer für den Hauptlauf die gesamte Sammelladung zur Beförderung.

3.2 Frachtführer für die Abholung bzw. für den Vorlauf

Sofern der Versandspediteur die Sendungen nicht mit eigenem Fahrzeug abholt, setzt er in der Regel **Subunternehmer** ein, die den Vorlauf bzw. die Abholung durchführen. Die Direktpartien werden von dem Frachtführer abgeholt, der dann auch den Hauptlauf übernimmt.

3.3 Aufgaben des Versandspediteurs durchführen

Der Versandspediteur organisiert den Sammelladungsverkehr. Er wird auch als **Erstspediteur** bezeichnet, weil er in der Regel von seinem Kunden den Auftrag zur Beförderung des Gutes erhält und er die Sendungen als erster Spediteur unter einer Speditionspositionsnummer registriert. Daraus folgt, dass die papiermäßige Abwicklung über ihn läuft. Der Versandspediteur ist für die Eindeckung der Waren-Transportversicherung des Kunden gemäß ADSp verantwortlich, wenn er vor Übergabe der Güter dazu beauftragt wird. Der Spediteur ist berechtigt, aber nicht verpflichtet, die Versicherung des Gutes zu besorgen, wenn dies im Interesse des Auftraggebers liegt („Vermutungsregelung").

Beim Versandspediteur findet zunächst eine Schnittstellenkontrolle lt. ADSp statt. Schnittstelle ist jeder Übergang der Packstücke von einer Rechtsperson auf eine andere sowie die Ablieferung am Ende jeder Beförderungsstrecke. Am Umschlaglager des Versandspediteurs endet die Beförderung durch den Frachtführer, der die Sendung beim Urversender abgeholt hat, also handelt es sich um eine Schnittstelle. Dort muss der Spediteur die Packstücke auf Vollzähligkeit und Identität sowie äußerlich erkennbare Schäden und Unversehrtheit von Plomben und Verschlüssen prüfen. Werden dabei Unregelmäßigkeiten festgestellt, sind diese zu dokumentieren.

Neben der papiermäßigen Behandlung im Abfertigungsbüro erfolgt auf der Umschlaghalle des Versandspediteurs die Annahme der durch die Nahverkehrsfahrzeuge abgeholten Sendungen. Diese werden auf den vorgegebenen Plätzen für die einzelnen Sammelladungsrelationen gesammelt und vor der Abfahrt in das Fahrzeug für den Hauptlauf (Lkw oder Waggon) verladen.

3.4 Frachtführer für den Hauptlauf einsetzen

Den Hauptlauf im nationalen Sammelladungsverkehr übernimmt manchmal die Deutsche Bahn AG, DB Cargo, i. d. R aber ein Güterkraftverkehrsunternehmer. Der Transport soll so kostengünstig wie möglich abgewickelt werden.

Wenn der Versandspediteur über einen entsprechenden Fuhrpark verfügt, kann er den Hauptlauf natürlich auch im Selbsteintritt durchführen.

3.5 Mit dem Empfangsspediteur zusammenarbeiten

Der Empfangsspediteur arbeitet auf vertraglicher Basis mit dem Versandspediteur zusammen. Im Verhältnis Versandspediteur (als Erstspediteur) und Empfangsspediteur (als Zwischenspediteur) gelten die ADSp als Allgemeine Geschäftsbedingungen des Zwischenspediteurs. Das hat seinen Grund darin, dass der Erstspediteur womöglich mit seinen Kunden eine höhere Haftung abgesprochen hat, für die der Empfangsspediteur unter Umständen eintreten müsste, ohne vorher von der Haftungserweiterung zu wissen.

Nur durch die Einschaltung eines Empfangsspediteurs ist der Versandspediteur in der Lage, die gesamte Abwicklung vom Haus des Urversenders bis zum Haus des Endempfängers sicherzustellen. Der Empfangsspediteur ist der Empfänger der Sammelladung, die er über sein Umschlaglager nimmt. Selbstverständlich muss auch hier die Schnittstellenkontrolle stattfinden, ist doch die Beförderungsstrecke für den Hauptlauf zu Ende. Stellt der Empfangsspediteur Beschädigungen oder Verluste fest, muss er die Rechte aus dem Frachtvertrag für den Versandspediteur wahren, d. h., er muss die Differenzen gegenüber dem Frachtführer frist- und formgerecht geltend machen bzw. die Reklamationen vom Frachtführer gegenzeichnen lassen. Bei der Auslieferung an die Empfänger sind oft Wertnachnahmen einzuziehen.

Der Empfangsspediteur rechnet seine Leistungen in der Regel an den Versandspediteur zurück. Das geschieht in Form der „Rückrechnung". Nur selten rechnet er Leistungen an den Empfänger ab. Selbst bei „Unfrei-Sendungen" gehören die kassierten Frachtbeträge nicht dem Empfangsspediteur, sondern sie stehen dem Versandspediteur als Frachtnachnahmen zu.

3.6 Frachtführer für den Nachlauf bzw. für die Zustellung

Analog den Verhältnissen auf der Versandseite werden auf der Empfangsseite meistens ebenfalls Subunternehmer eingesetzt. Natürlich kann auch hier die Zustellung durch eigene Fahrzeuge des Empfangsspediteurs erfolgen. Die Zustellung entfällt, wenn der Empfänger – oder ein von ihm Beauftragter – das Gut selbst abholt.

3.7 Endempfänger

Die im Sammelladungsverkehr zu befördernden Einzelsendungen sind an die Adresse des Endempfängers gerichtet. Genauso wie sich durch das Vorsetzen der Silbe „Ur-" der erste Versender vom Versender der gesamten Sammelladung (Versandspediteur) unterscheidet, treten auf der Empfangsseite der Empfänger der Sammelladung (Empfangsspediteur) und der **End**empfänger (der Einzelsendung) in unterschiedlicher Weise auf.

Sobald die Sendung – reklamationsfrei – an den Endempfänger ausgeliefert ist, hat der Erstspediteur seinen Auftrag ordnungsgemäß erfüllt.

Mit den bisher genannten Beteiligten am Sammelladungsverkehr wurde eine „Sammelladungskette" aufgezeichnet. In diese Kette können sich noch weitere Spediteure einklinken: Beilader (oder Beiladespediteur) und Briefspediteur.

3.8 Beilader beteiligen

Ein Sammelladungsspediteur tritt dann als Beilader auf, wenn er einem anderen Versandspediteur Teilsendungen für dessen Relation übergibt. Unterhält z. B. ein Münchner Sammelgutspediteur einen gut funktionierenden Sammelladungsverkehr nach dem Westen und dem Südwesten der Bundesrepublik Deutschland, dann wird er Sendungen, die für den Norden der Bundesrepublik bestimmt sind, einem Spediteurkollegen mitgeben, der diese Relation zum Schwerpunkt seines Sammelladungsgeschäftes gemacht hat. Zwischen dem Versandspediteur und dem Beilader werden regelmäßig **Beiladesätze** vereinbart, die dem Beilader auch noch einen Nutzen aus solchen Sendungen bringen.

3.9 Briefspediteur einschalten

Der Beilader kann verfügen, dass „seine" Teilsendungen am Zielort der Sammelladung nicht durch den Empfangsspediteur weiterbehandelt werden, sondern dass die Sendungen an einen von ihm benannten Spediteur übertragen werden. Dieser Spediteur wird als Briefspediteur bezeichnet. Er ist verpflichtet, die Sendung unverzüglich vom Empfangsspediteur abzunehmen. Die anschließende Behandlung erfolgt nach Weisung des Beiladespediteurs. Seine Leistung berechnet der Briefspediteur entsprechend der Absprache zwischen ihm und dem Beilader.

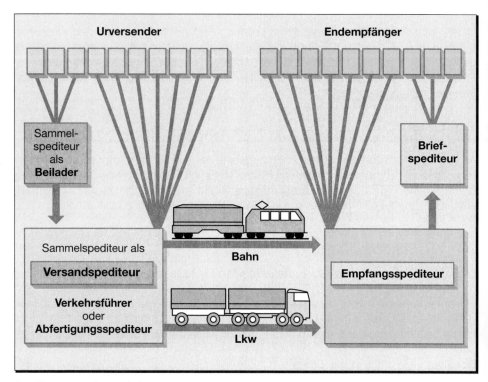

Spediteursammelgutverkehr

Zusammenfassung

➤ **Die Beteiligten am Sammelladungsverkehr sind:**
   – Urversender,
   – Frachtführer für den Vorlauf bzw. für die Abholung,
   – Versandspediteur,
   – Frachtführer für den Hauptlauf,
   – Empfangsspediteur,
   – Frachtführer für den Nachlauf bzw. für die Zustellung,
   – Endempfänger.

➤ **Daneben können noch weitere Spediteure in das Sammelladungsgeschäft einbezogen werden:**
   – Beilader (Beiladespediteur),
   – Briefspediteur.

4 Abrechnung im Spediteursammelgutverkehr durchführen

Der Versandspediteur kann die gesamte Leistung vom Haus des Urversenders bis zum Haus des Endempfängers nicht allein erbringen. Er braucht dazu in der Regel die Hilfe eines Frachtführers für den Hauptlauf und die des Empfangsspediteurs. Diese „Fremdleistungen" müssen gegenüber dem Versandspediteur abgerechnet werden.

Das folgende Beispiel soll die rechnungstechnischen Zusammenhänge verdeutlichen.

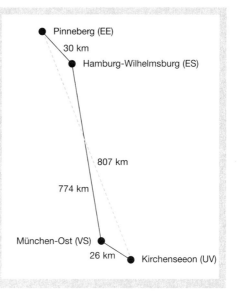

Ein Urversender (UV) in Kirchseeon beauftragt einen Versandspediteur (VS) in München-Ost mit der Beförderung einer Sendung elektronischer Geräte – 800 kg – im Sammelgutverkehr zum Endempfänger (EE) in Pinneberg. Der Versandspediteur arbeitet in der entsprechenden Relation mit seinem Empfangsspediteur (ES) in Hamburg-Wilhelmsburg zusammen.

Die Entfernungen, die für die Abrechnung von Bedeutung sind, zeigt die nebenstehende Skizze:

Entfernung nach Straßenentfernungszeiger:

Kirchseeon – München-Ost	26 km
München-Ost – Hbg.-Wilhelmsburg	774 km
Hbg.-Wilhelmsburg – Pinneberg	30 km
Kirchseeon – Pinneberg	807 km

4.1 Hauptlauf zwischen Versandspediteur und Frachtführer abrechnen

Der Hauptlauf umfasst die Strecke zwischen Versand- und Empfangsspediteur. Für den Hauptlauf werden vom Versandspediteur dem Frachtführer die Sendungen mehrerer Urversender übergeben. Im vorstehenden Beispiel würden auf 774 Tarifkilometer neben den 800 kg aus Kirchseeon natürlich noch eine Reihe weiterer Sendungen mitgeführt, die aus dem Einzugsbereich des Münchner Versandspediteurs stammen und für die Relation Hamburg bestimmt sind.

Der Hauptlauf kann entweder durch die Bahn oder durch einen Güterkraftverkehrsunternehmer erfolgen. Beim Bahnversand müssen die Beförderungsentgelte auf der Grundlage „Allgemeine Preisliste" mit der DB Cargo ausgehandelt werden.

Im Lkw-Verkehr wird grundsätzlich nach freier Vereinbarung abgerechnet. Allerdings verwenden Güterkraftverkehrsunternehmer vereinzelt noch den bis zur Tarifaufhebung (31. Dez. 1993) gültigen Ausnahmetarif AT 901 des Güterfernverkehrstarifs – wenn auch nur als Referenztarif. Je nach Marktlage werden Margen vereinbart, die bis zu 50 % minus gehen. Die Höhe der Minusmargen ist stark von der Nachfrage nach Laderaum abhängig. So gab es z. B. im Herbst 1994 die Situation, dass Sätze auf Höhe der ehemaligen Richtpreise dieses Tarifs verlangt und bezahlt wurden. Zwischenzeitlich ist das Niveau wieder gesunken. Im Herbst 2001 wurden auf den „alten GFT-Ausnahmetarif 901" zwischen 30 % und 40 % Minusmarge berechnet.

Beispiel: *Die im Abschnitt 4.4 dieses Kapitels behandelte Ladung mit 14 400 kg Sammelgut von München-Ost nach Hamburg-Wilhelmsburg (774 km) hätte im Herbst 2003 zwischen 600,00 € und 700,00 € gekostet.*

Die Entwicklung verlief nicht einheitlich, auch in Zukunft sind Schwankungen zu erwarten. Für den Spediteur ist es immer wichtig, den Markt zu kennen, um dann vielleicht auch die Entscheidung zu treffen, bei einer realisierbaren Gewinnerwartung eigene Fahrzeuge einzusetzen. Keinesfalls kann der Versandspediteur mit langfristig gleichbleibenden Frachtsätzen für den Lkw-Hauptlauf rechnen.

4.2 Zwischen Spediteuren abrechnen, die am Sammelladungsverkehr beteiligt sind

Im Spediteursammelgutverkehr kommen – abgesehen von der Frachtführertätigkeit – mindestens zwei Vertragsbeziehungen zustande:

1. Die Verbindung zwischen dem Kunden (Auftraggeber, Urversender) und dem Versandspediteur (Erstspediteur).

2. Die Verbindung zwischen dem Versandspediteur (Hauptspediteur) und dem Empfangsspediteur (Zwischenspediteur).

Ist daneben ein Beilader beteiligt, kommt es zwischen diesem und dem Versandspediteur zu einer weiteren vertraglichen Bindung. In allen Fällen sind vertragsgemäße Leistungen zu erbringen, die entsprechend honoriert werden müssen.

4.2.1 Zwischen Versandspediteur und Beilader abrechnen

Der beiladende Spediteur vereinbart mit dem verkehrsführenden Spediteur (Versandspediteur) für die Beförderung der Güter, die er der Hauptladung beiladen lässt, eine Vergütung, die gewöhnlich so bemessen wird, dass sowohl der Versandspediteur als auch der Beilader einen Nutzen erzielen können.

4.2.2 Zwischen Versandspediteur und Empfangsspediteur abrechnen

Der Spediteursammelgutverkehr kann nur dann funktionieren, wenn Versand- und Empfangsspediteur reibungslos zusammenarbeiten. Im Auftrag des Versandspediteurs führt der Empfangsspediteur die Entladung der im Hauptlauf angelieferten Sammelladung mit Schnittstellenkontrolle durch. Zusätzlich organisiert er die Nachläufe bzw. die Zustellung an die Endempfänger oder erledigt diese Aufgaben mit eigenen Fahrzeugen. Für die Tätigkeit des **Entladens und Verteilens** bekommt er eine Vergütung, die zwischen den beiden Spediteuren frei vereinbart wird.

Der Empfangsspediteur rechnet an den Versandspediteur in Form einer **Rückrechnung** alle die Leistungen zurück, die er ab der Ankunft der Sammelladung erbringt. Bei „Frei-Haus-Sendungen" erhält der Versandspediteur alle Speditionsleistungen bis zum Haus des Endempfängers vom Auftraggeber vergütet. Einen Teil dieser Leistungen, nämlich Entladen, Verteilen und Zustellung an den Endempfänger, erbringt oder organisiert der Empfangsspediteur. Die Frankatur „Frei Bestimmungsort" wird im Spediteursammelgutverkehr nicht mehr verwendet. Kassiert der Empfangsspediteur bei „Unfrei-Sendungen" den durch den Versandspediteur bereits vorgegebenen Frachtbetrag, steht dieser Betrag – als Frachtnachnahme – dem Versandspediteur zu, während der Empfangsspediteur seine Rückrechnung wie bei einer Frei-Haus-Sendung aufmacht.

4.3 Zwischen Sammelladungsspediteur und Kunden abrechnen

Als Abrechnungsgrundlage für Sammelgut werden seit 1975 überwiegend die „Bedingungen und Entgelte für den Spediteursammelgutverkehr" verwendet, die in Übereinstimmung mit dem Gesetz gegen Wettbewerbsbeschränkungen durch den BSL herausgegeben werden. Es handelt sich um unverbindliche Preisempfehlungen, die vom Jahr 1999 an nicht mehr die Genehmigung der Kartellbehörde erhalten haben. Dadurch verloren sie ihren Rechtscharakter. Dennoch kann davon ausgegangen werden, dass sie, wenn auch nicht in großem Umfang, weiterhin als inoffizielle Berechnungsbasis im Spediteursammelgutverkehr in Verwendung bleiben.

Am 1. September 2000 hat die Vereinigung der Sammelgutspediteure im BSL einen **Tarif für den Spediteursammelgutverkehr** herausgegeben. In diesem Tarif sind die **Bedingungen für den deutschen Sammelgutverkehr,** die **Haus-Haus-Entgelte** und die **Nebengebühren** integriert. Er trägt auch die Bezeichnung **KSE (Kunden-Satz-Entgelte)**. Die Anpassung an die Kostenverhältnisse erfolgt meistens in jährlichen Abständen. So wurde z. B. eine Erhöhung der Sätze um 3,5 % gegenüber 2003 zum 1. Januar 2004 veröffentlicht.

Der **Leistungsbereich** des Spediteursammelgutverkehrs beginnt mit der **Übernahme des Gutes** beim Versender und endet mit der **Übergabe des Gutes** an den Empfänger **(Haus-Haus-Leistungsbereich).**

Entsprechend dem **Haus-Haus-Leistungsbereich** wird ein **Haus-Haus-Entgelt** berechnet. Es enthält die Vergütung für folgende Leistungen, soweit sie den normalen Umfang nicht überschreiten:

a) Beförderung innerhalb des Haus-Haus-Leistungsbereiches (Hausfracht beim Empfänger, wie nach den „alten Kundensätzen" wird hier nicht mehr extra erhoben),

b) büromäßige Bearbeitung durch den Versand- und den Empfangsspediteur.

Zusätzliche Leistungen werden zusätzlich zum Haus-Haus-Entgelt berechnet. U. a. sind das:

● Nachnahmeprovisionen, Überweisungsspesen, Signierungskosten, Lagergelder, Avisgebühren, Wiegegebühren, Versicherungsprämien;

● die das übliche Maß übersteigenden Ladekosten, Sonderfahrten, Wartezeiten, Nacht-, Samstags-, Sonntags- oder Feiertagsfahrten, zusätzliches Personal und büromäßige Aufwendungen;

● Überlassung von Behältern und sonstigen Lade- und Packmitteln und die Zustellung bzw. Abholung leerer Behälter, Lade- oder Packmittel;

● Lademittelverwaltung, Aufmessen von Sperrgütern, Rechnungserstellung an Unfrei-Empfänger, die nicht zur sofortigen Zahlung bereit sind, Selbstabholergebühr, Zoll- und sonstige Grenzabfertigung, Ausfertigung von Bescheinigungen aller Art, Postkosten, Kapitalbereitstellungskosten;

● Beschaffung von Ablieferungsnachweisen;

● Beförderung gefährlicher Güter.

Das Haus-Haus-Entgelt wird für jede Sendung gesondert berechnet. Eine **Sendung** ist das

> von **einem Versender**
> für **einen Empfänger**
> vom Spediteur **gleichzeitig übernommene Gut.**

Für die Berechnung werden die **verkehrsübliche Entfernung** in Kilometer und das **Gewicht der Sendung** in Kilogramm zugrunde gelegt. Liegt das Gewicht der Sendung unter 200 kg je Kubikmeter **(sperriges Gut)**, so wird der Frachtberechnung ein Gewicht von 2,0 kg je angefangene 10 dm^3 zugrunde gelegt (bisher waren im Lkw-Verkehr 1,5 kg je angefangene 10 dm^3 üblich!).

Für palettiert übernommene Güter werden zur Frachtberechnung folgende Mindestgewichte angenommen:

> 400 kg pro Palettenstellplatz (80 x 120 cm)
> 250 kg pro stapelbare Gitterboxpalette mit Euromaßen
> 200 kg pro stapelbare Flachpalette mit Euromaßen
> 100 kg pro Halbpalette

Pro Lademeter wird ein Mindestgewicht von 1 000 kg berechnet.

Zu den Frankaturvorschriften:

Bei „frei Haus"-Vorschrift berechnet der Versandspediteur das Haus-Haus-Entgelt sowie ggf. besondere Entgelte für zusätzliche Leistungen.

Erteilt der Auftraggeber im Speditionsauftrag die Frankaturvorschrift „unfrei/ab Werk", werden das Haus-Haus-Entgelt und ggf. besondere Entgelte beim Empfänger nachgenommen oder dem Empfänger berechnet.

Verwendet ein Auftraggeber die Frankaturvorschrift „franco", „frei" oder „franco bzw. frei Bestimmungsort" ist dies gleichbedeutend mit „frei Haus".

Als Gewichtsgrenze für die Anwendung der KSE (Kundensatzentgelte) sind 3 000 kg empfohlen. Für darüber hinausgehende Gewichte werden die Preise – wie auch im Ladungsverkehr – frei vereinbart.

4.4 Nach Abrechnung mit den Beteiligten Speditionsnutzen ermitteln

Unter der Voraussetzung, dass die auf Seite 345 beschriebene Sendung „frei Haus" abgewickelt wird, muss der Urversender in Kirchseeon dem Versandspediteur in München-Ost das Kundensatzentgelt für die Beförderung der 800 kg elektronische Geräte „ab Haus" in Kirchseeon bis „frei Haus" in Pinneberg bezahlen. Die Entfernung für die Berechnung des Kundensatzentgelts von Kirchseeon nach Pinneberg beträgt 807 km, und zwar nach einem im Gewerbe häufig verwendeten EDV-Straßenentfernungszeiger.

Die Abholung in Kirchseeon und den Vorlauf zum Speditionsumschlaglager in München-Ost kann der Versandspediteur entweder mit eigenem Fahrzeug oder durch einen beauftragten Unternehmer erledigen. Die Kosten dafür sind – ebenso wie die für den Umschlag und die büromäßige Bearbeitung – vom Erlös aus dem Kundensatz zu decken.

Den Hauptlauf von München-Ost nach Hamburg-Wilhelmsburg (774 km) muss der Versandspediteur ebenfalls aus den Erlösen für die einzelnen Sendungen bestreiten. Bei der nachstehenden Kalkulation sind für den Beispielsfall natürlich nur die anteiligen Kosten aus dem Hauptlauf berücksichtigt.

Die zwischen Versand- und Empfangsspediteur der Höhe nach vereinbarten Kosten für Entladen und Verteilen in Hamburg sowie für den Nachlauf von Hamburg-Wilhelmsburg bis Pinneberg (30 km) rechnet der Empfangsspediteur an den Versandspediteur zurück. Diese Kosten sind ebenfalls aus dem Kundensatzentgelt zu decken. Durch die Rückrechnung belastet der Empfangsspediteur den Versandspediteur auch mit einem zwischen den beiden Spediteuren der Höhe nach abgesprochenen Betrag für die Zustellung in Pinneberg. Meistens dienen dafür die „alten Hausfrachten" nach den BSL-Empfehlungen als Grundlage.

Soll der Speditionsnutzen für den Beispielsfall (Seite 345) ermittelt werden, müssen den bereits bekannten Daten für die 800 kg elektronischer Geräte noch weitere hinzugefügt werden:

Das Gewicht aller Sendungen, die in Sammelladung als Hauptlauf von München-Ost nach Hamburg-Wilhelmsburg befördert werden, beträgt – einschließlich der 800 kg – 14 400 kg. Als Frachtpreis wurden zwischen dem Versandspediteur und dem Frachtführer pauschal 650,00 € vereinbart.

● Die Sendung von Kirchseeon nach Pinneberg wird frei Haus abgefertigt.
  Vereinbarung zwischen Versandspediteur und Auftraggeber: Kundensatzentgelte minus 20 %

● Die Vereinbarungen zwischen Versand- und Empfangsspediteur lauten wie folgt:
  – E + V (Entladen und Verteilen):
    1,30 € je angefangene 100 kg
  – Nachlauf: bei Gewichten bis 1 000 kg und bis zu 50 km Entfernung:
    4,25 € je angefangene 100 kg
  – Hausfrachten, die zurückgerechnet werden:
    10 % Abschlag von den „alten BSL-Hausfrachten" gemäß BSL-Ortsverzeichnis.

● Stand des Tarifs für den Spediteursammelgutverkehr: 1. Mai 2001

● Die Kalkulation erfolgt ohne Berücksichtigung der Mehrwertsteuer.

1. **Abrechnung mit dem Kunden**
   800 kg   –   KSE minus 20 %   –   807 km . . . .   230,70 €

2. **Abrechnung mit dem Frachtführer**
   Frachtpauschale für 14400 kg von München-Ost nach
   Hamburg-Wilhelmsburg . . . .   650,00 €

   anteilmäßig für 800 kg
   $$\frac{650 \cdot 800}{14\ 400}$$ 36,10 €

3. **Rückrechnung des Empfangsspediteurs**
   E + V: 8 · 1,30 € . . . .   10,40 €
   Nachlauf: 8 · 4,25 € . . . .   34,00 €
   Hausfracht: in Pinneberg (OK B) . . . .   33,00 €
   _____
   77,40 €

(Fortsetzung s. folgende Seite)

4. **Bruttonutzen (Speditionsnutzen)**

Erlöse . . . .   230,70 €
– Speditionskosten
   Frachtführer . . . . 36,10 €
   Empfangsspediteur . . . . 77,40 €

113,50 €

117,20 €

Vom Speditionsnutzen müssen noch die eigenen Kosten des Versandspediteurs bestritten werden: Abholung, Hallenumschlag, büromäßige Bearbeitung einschließlich eines Anteils an den Gemeinkosten (Geschäftsleitung, Verwaltung usw.).

Zusammenfassung

> ➤ Im Spediteursammelgutverkehr wirken – abgesehen vom Frachtführer für den Hauptlauf – mindestens zwei Spediteure zusammen, um die gesamte Leistung vom Haus des Urversenders bis zum Haus des Endempfängers zu erbringen: Versandspediteur und Empfangsspediteur.

> ➤ Der Hauptlauf kann mittels Lkw oder durch die Bahn durchgeführt werden.

> ➤ Die Abrechnung zwischen dem Versandspediteur und dem Empfangsspediteur erfolgt in der Regel durch eine Rückrechnung, mit der der Empfangsspediteur jene Leistungen dem Versandspediteur berechnet, die er bei der Abwicklung des Spediteursammelgutverkehrs erbracht hat, und für die der Versandspediteur bereits das Entgelt erhalten hat. Insbesondere handelt es sich hierbei um die Vergütung für Entladen und Verteilen (E + V) und bei „Frei-Haus"-Sendungen um das Entgelt für den Nachlauf bzw. die Hauszustellung.
> Die Sätze, die der Empfangsspediteur zurückrechnet, werden zwischen Versand- und Empfangsspediteur frei vereinbart.

> ➤ Der Preis, der für die Leistung von Haus zu Haus zu bezahlen ist, besteht aus dem Kundensatzentgelt gemäß Tarif für den Spediteursammelgutverkehr. Die Vergütung für das Abholen der Sendung beim Urversender ist ebenso darin enthalten wie die Zustellung beim Endempfänger.

> ➤ Die Kundensätze sind bis zu einem Sendungsgewicht von 3 000 kg empfohlen.

> ➤ Die Entfernung für die Kundensätze wird nach dem Straßenentfernungszeiger zwischen Versandort und Bestimmungsort der Einzelsendung ermittelt. Dabei spielt es keine Rolle, ob der Hauptlauf per Bahn oder mit dem Lkw durchgeführt wird.

> ➤ Eine Beiladevergütung wird zwischen dem verkehrsführenden Spediteur und dem Beilader frei vereinbart. Sie ist in der Regel so bemessen, dass die beiden Beteiligten einen Nutzen erzielen können.

5 Haftungsregeln im Spediteursammelgutverkehr beachten

Grundsätzlich ist der Spediteur berechtigt, die Beförderung des Gutes eines Versenders zusammen mit den Gütern anderer Versender in Sammelladung „zu bewirken", es sei denn, der Versender hat das untersagt.

Sammelladungsspedition setzt begrifflich voraus, dass der Spediteur mit einem Frachtführer über eine Sammelladung einen Frachtvertrag im eigenen Namen abschließt. Befördert der Spediteur die Sammelladung im Selbsteintritt, hat das die gleichen Rechtsfolgen wie beim Frachtvertrag mit einem „fremden Unternehmer".

Macht der Spediteur vom Recht zur Sammelladungsspedition Gebrauch, ergibt sich als Rechtsfolge, dass der Spediteur für Schäden am Gut **während der Beförderung in Sammelladung** nach dem Frachtrecht haftet, das für den **ausführenden Frachtführer** anzuwenden ist.

Beispiele: *Der Spediteur lässt Sammelladungen mit Lkw, Bahn, Binnenschiff oder Flugzeug im Inland befördern, dafür gilt das Frachtrecht nach HGB.*

Der Spediteur lässt die Sammelladung mit Lkw in das Ausland befördern, dafür gilt CMR.

Lässt der Spediteur Sammelgut mit der Bahn in das Ausland befördern, werden die ER/CIM angewendet.

Der Spediteur lässt Sammelgut mit dem Flugzeug in das Ausland befördern, dann gilt (in der Regel) das Warschauer Abkommen (WAK).

Lässt der Spediteur Sammelgut mit dem Binnenschiff von Deutschland ins Ausland befördern, gilt das HGB-Frachtrecht.

Der Spediteur lässt Sammelgut mit dem Seeschiff ins Ausland befördern, es gilt das Seefrachtrecht.

Lässt der Spediteur das Sammelgut im Container im kombinierten Verkehr von Deutschland nach Übersee befördern, finden die frachtrechtlichen Sonderregelungen über den multimodalen Verkehr nach HGB Anwendung.

Als „Beförderung in Sammelladung" gilt der Zeitraum vom „Bewirken" bis zum „Entwirken" der Sammelladung.

Die Sammelladung ist spätestens dann bewirkt, wenn die Beladung des Sammelgutes auf ein Fahrzeug abgeschlossen ist. Das Entwirken erfolgt frühestens mit der Bereitstellung der Sammelladung beim Empfangsspediteur. Tatsächlich kann von Bewirken schon dann die Rede sein, wenn die Güter verschiedener Versender aufgrund einer in der Dispositionsabteilung des Spediteurs erstellten Ladeliste auf der Umschlagshalle zur Sammelladung zusammengestellt wurden. Kommt es im Zuge der Verladung zu Beschädigungen oder Verlusten (durch Fehlverladung oder Diebstahl), haftet der Spediteur für derartige Schäden bereits nach Frachtrecht, weil der Umschlag „hinsichtlich der Beförderung" stattfindet. Auch der Umschlag nach der eigentlichen Sammelladung (beim Empfangsspediteur) wird regelmäßig der Beförderung in Sammelladung zugerechnet.

Die Abgrenzung, ob ein Schaden vor oder nach Bewirken bzw. Entwirken der Sammelladung eintrat, wirft in der Praxis keine großen Probleme auf. Ohnehin haften sowohl der Versand- als auch der Empfangsspediteur im Zuge der **Umschlagtätigkeit** nach frachtrechtlichen Grundsätzen, also gefährdungsweise.

Die Haftungsregelungen nach dem Frachtrecht sind im Kapitel „IV Rechtliche Rahmen-bedingungen für die Abwicklung von Frachtverträgen nach HGB" dieses Buches bereits behandelt worden. Im Zusammenhang mit der Haftungshöchstgrenze ist für den Sammelladungsverkehr darauf hinzuweisen, dass die gesetzliche Höchstgrenze nach HGB für Güterschäden, nämlich 8,33 Rechnungseinheiten je kg des Rohge-wichts, in Allgemeinen Geschäftsbedingungen innerhalb des „Korridors zwischen zwei und vierzig Rechnungseinheiten" festgelegt werden kann. Laut ADSp, die im Sinne des HGB Allgemeine Geschäftsbedingungen darstellen, ist die Haftung des Spediteurs bei Verlust oder Beschädigung des Gutes auf 5,00 € für jedes Kilogramm des Rohgewichts der Sendung begrenzt.

Tritt der Schaden an dem Gut jedoch während des Transportes mit einem Beförde-rungsmittel ein, gilt die für diese Beförderungsart gesetzlich festgelegte Haftungs-höchstgrenze (z. B. Lkw im nationalen Verkehr 8,33 Rechnungseinheiten). Der Beweis dafür, dass ein Güterschaden während des Transports mit einem Beförderungsmittel eingetreten ist, obliegt demjenigen, der dies behauptet.

Für andere als Güterschäden (Vermögensschäden) haftet der Spediteur bis zur drei-fachen Höhe des Betrages, der bei Verlust zu zahlen wäre.

Zusammenfassung

> ▶ Unabhängig davon, ob der Spediteur mit einem Frachtführer einen Vertrag über die Beförderung der Sammelladung abschließt (im nationalen Lkw-Verkehr würde man vom „Hauptlauf" sprechen), oder ob er diese Beförderung im Selbsteintritt durchführt, unterliegt in beiden Fällen die Beförderung den frachtrechtlichen Rechtsvorschriften. Beim Frachtrecht ist zu unterscheiden, ob es sich um nationalen oder internationalen Verkehr handelt.

> ▶ Eine genaue Abgrenzung, wo der Bereich der Beförderung „in Sammelladung" beginnt und wo er endet, lässt sich nicht in jedem Einzelfall vornehmen. In der Regel werden jedoch die Umschlagstätigkeiten im Zusammenhang mit der Beladung beim Versand-spediteur und analog dazu beim Empfangsspediteur im Zuge der Entladung nach frachtrechtlichen Grundsätzen behandelt, für die das Prinzip der Obhutshaftung gilt.

> ▶ Sowohl die Regelungen nach ADSp als auch das Frachtrecht nach HGB sind ausführ-lich in den Kapiteln III und IV dieses Buches behandelt worden.

6   Mit KEP-Diensten zusammenarbeiten

Die Abkürzung „KEP" steht für **K**urier-, **E**xpress- und **P**aketdienste. Diese Abkürzung wird in jüngerer Zeit üblicherweise verwendet, wenn es um „schnelle" Beförderungen geht. Die Kurier- und Expressdienste lassen sich nicht eindeutig voneinander abgrenzen. Beispielsweise findet man unter den Expressdiensten auch Stückgutspediteure. Sehr oft gehen die Kurier- und Expressdienstleistungen im Paketmarkt auf.

6.1   Formen des KEP-Marktes

Bei dem mit „KEP" benannten Markt handelt es sich nach vorherrschender Meinung um einen Teil des Expressmarktes. Allgemein versteht man in diesem Zusammenhang unter Express den **Transport von Gütern** (oder die Beförderung von Personen) **mit Verkehrsmitteln, die hohe Geschwindigkeiten** erreichen.

Verschiedene Spezialisten vertreten die Meinung, der KEP-Markt sei ein eigenständiger Bereich innerhalb des Transportmarktes.

Unabhängig davon, welcher Definition der Vorrang gegeben wird, immer handelt es sich um **eilige Sendungen und schnelle Beförderungen**.

In den weiteren Ausführungen soll der ersten Definition gefolgt werden. Daraus ergibt sich auch die logische Folge, die Kurier-, Express- und Paketdienste als drei Formen von Dienstleistungen anzusehen, die im Rahmen des Expressmarktes erstellt werden.

Schematisch lässt sich der KEP-Markt wie folgt darstellen:

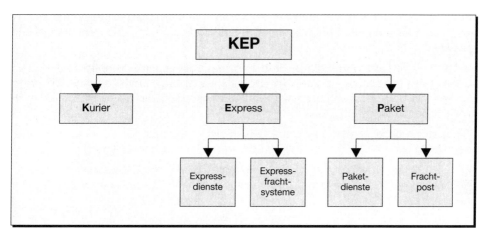

6.1.1   Kurierdienste beschäftigen

In historischer Entwicklung werden unter Kurierdiensten persönlich begleitete Transporte verstanden, wobei der Kurier als Person der Namengeber für diese Transportart war. Hier darf darauf hingewiesen werden, dass selbstverständlich auch viele Frauen als Kuriere fungieren, sodass die Bezeichnung Kurier als geschlechtsneutral anzusehen ist.

Heute sind Kuriere insbesondere im City-Bereich zu finden, wo die als City-Kuriere bezeichneten Transportunternehmen mittels Fahrrad, Motorrad, Pkw, manchmal auch per Lkw alles befördern, was in der Größenordnung von einer Kleinstsendung bis zur Palette liegt.

Auch im überregionalen Bereich – also bei Beförderungen innerhalb Deutschlands – sind Kuriere im Einsatz. Dabei handelt es sich meist um Spezialanbieter, die als sog. Direkt-Kuriere Sendungen etwa bis 750 kg (mit Anhängern teilweise noch höhere Gewichte) befördern.

Innerhalb Europas werden Kurierdienste grenzüberschreitend angeboten. Allerdings ist der Einsatz von „reinen" Kurieren im Bereich der internationalen Transporte nicht mehr allzu verbreitet.

Die Urform der Kurierdienste ist in großem Umfang von sog. Systemanbietern abgelöst worden. Begünstigt wurde die Entstehung dieser speziellen Dienstleistungsbetriebe in den vergangenen Jahren durch die beinahe explosionsartig gestiegenen Sendungszahlen. Die Sendungen werden in Sammelladungen befördert und mit großem technischen Aufwand gesteuert und überwacht.

6.1.2 Expressdienste als besondere Form des Sammelgutverkehrs

Zum Bereich der Expressdienste zählen alle Dienstleister, die Sendungen nicht direkt, ausschließlich für einen Auftraggeber und persönlich begleitet zum Empfänger befördern, sondern die Abwicklung über Umschlagszentren vornehmen. Es handelt sich also um typische Sammeltransporte, bei denen ein fester Auslieferungstermin vereinbart wird. Häufig wird dieser Termin garantiert.

Auch wenn sich solche Unternehmen als Kurierdienste bezeichnen, werden die Transporte dennoch nicht in der Form persönlich begleiteter Individualtransporte durchgeführt, sondern in Form von **Sammelverkehren**. Die Individualität des Auftrages wird jetzt durch eine strenge Kontrolle und eine straffe Organisation des Transportsystems gesichert.

Umfangreiche **Kommunikations- und Informationssysteme** garantieren eine hohe Qualität der Transporte. Der Preis für Expressbeförderungen nach diesem Schema ist im Vergleich zu den persönlich begleiteten Transporten der „echten" Kurierdienste wesentlich niedriger.

Geografisch gesehen sind Expressdienste in allen Bereichen zu finden, also im innerdeutschen und im internationalen Expressverkehr, wie auch im Citybereich.

Für die „konventionellen Sammelgutspediteure" bilden die Expressdienste dadurch eine Konkurrenz, dass sie feste Laufzeiten von Haus-zu-Haus bieten bzw. sogar garantieren.

6.1.3 Express-Frachtsysteme

Von den Expressdiensten können die sog. Express-Frachtsysteme als Unterbereich ziemlich eindeutig abgegrenzt werden. Die Express-Frachtdienste sind in der Regel an der starken Einbindung in die betrieblichen Abläufe der Versender zu erkennen. In vielen Fällen wird das Transportgut schon direkt in der Fertigung übernommen. Befördert wird es dann über ein komplexes Netz von Liniendiensten, die nach festen Fahrplänen ablaufen.

Die Systeme sind auf die Beförderung großer Mengen in normierten Behältern ausgerichtet. Oft sind die Systeme auf eine bestimmte Branche spezialisiert. Als Beispiel sei hier angeführt: Das System Trans-o-flex, das ursprünglich (Anfang der 70er-Jahre) als Lieferdienst für die Apothekenversorgung installiert worden ist.

In der Zwischenzeit haben sich etliche vergleichbare Systemanbieter auf dem Markt etabliert, die unterschiedliche Geschäftsfelder bearbeiten. Gewichtige Beispiele sind im Bereich der Lebensmitteldistribution zu finden. Der Systemanbieter übernimmt dabei in Kombination mit der Lagerhaltung von Sammelsendungen zum Teil auch Großhandelsfunktionen. Einzelheiten zu solchen Systemen werden im Kapitel Logistik behandelt.

6.1.4 Paketdienste einsetzen

Der Schwerpunkt der privaten, speditionell geprägten Paketdienste in Deutschland liegt im Bereich der Distributionslogistik. Die ersten Paketdienste in Deutschland – DPD und UPS – wurden Mitte der 70er-Jahre gegründet. Etwa ab Mitte der 80er-Jahre haben diese Dienste und weitere in der Zwischenzeit entstandene Paketdienste ein eigenständiges Profil als Logistikdienstleister entwickelt.

Besondere Kennzeichen dieser speziellen Paketdienste sind die schnellen Abläufe, die Netzdichte, organisatorische Vereinfachungen bei der Abwicklung und die informationstechnologische Durchsichtigkeit der Abläufe (Stichworte: Sendungsverfolgung, Statusreport). Nicht zuletzt hat die enorme Leistungsfähigkeit der Paketdienste diese für die Wirtschaft unentbehrlich gemacht. Der europäische Paketmarkt wird durch die nationalen Postgesellschaften dominiert. Das trifft ganz besonders auf den deutschen Paketmarkt zu. Die deutsche Post AG (DPAG), die französische Post über den Deutschen Paket Dienst (DPD), die englische Post Office mit German Parcel, die TNT Group, bei der die holländische Post das Sagen hat, und UPS sind die wichtigsten Anbieter, an denen kaum ein Weg vorbeiführt. Im Jahr 1999 hatten diese Konzerne im deutschen Paketmarkt lt. Untersuchungen einer bekannten Unternehmensberatung einen Anteil von 55 Prozent.

Die Nummer eins dieser „Big Five" war im Jahr 1999 die DPAG (24 Prozent) vor La Poste (10 Prozent), UPS (9 Prozent), TNT (7 Prozent) und Post Office (5 Prozent)[1].

Wie bei den Expressdiensten werden auch im Paketdienst die Sendungen nicht mehr einzeln begleitet, sondern als Sammeltransporte im Rahmen eines festgelegten Systems transportiert. Im Grunde genommen handelt es sich bei den Paketdiensten um eine besondere Form der Expressdienste. Allerdings werden die Paketdienste normalerweise nicht unter die Expressdienste eingereiht, sondern als eigenständige Form bezeichnet und behandelt.

Die Abwicklung von Paketdiensten ist in großem Umfang automatisiert. Voraussetzung für diese Verfahrensweise ist eine Normierung der Sendungen durch standardisierte Verpackungen bzw. Sendungsarten. Die maximalen Abmessungen werden festgelegt. In der Regel versteht man unter einem Paket ein Packstück bis 31,5 kg Bruttogewicht. Schon mancher Interessent mag sich gefragt haben, wie die Paketdienste auf dieses „ungerade" Höchstgewicht gekommen sind. Es ergibt sich bei der Umrechnung von 70 amerikanischen Pfunden (pounds) in die deutsche Gewichtseinheit. Zu Beginn der Liberalisierung im amerikanischen Postwesen war diese Grenze festgelegt und – wahrscheinlich stark beeinflusst von UPS – in Deutschland einfach übernommen worden. Neuerdings gibt es allerdings Anbieter, die Gewichte bis zu 70 kg akzeptieren. Damit muss zwangsläufig – früher oder später – die Gewichtsbeschränkung auch bei den etablierten Paketdiensten in den Hintergrund treten.

In den meisten Fällen beträgt die höchstzulässige Länge eines Packstückes 1,75 m, das Gurtmaß (Umfang + Länge) maximal 3,0 m.

---

1   Quelle: Verkehrs-Rundschau, Heft 32/2001

Den Sendungsbegriff – wie z. B. im Sammelladungsverkehr – verwenden die Paket-dienste in dieser Form nicht. Alles wird auf das Packstück bezogen, also auch die Abrechnung. Wenn wirklich jemand im Paketdienst von einer Sendung spricht, ist eine Lieferung gemeint, die aus mehreren Paketen besteht oder ein sog. Bündelpaket.

Innerhalb Deutschlands werden die Pakete regelmäßig mit einer Laufzeit von 24 Stun-den zugestellt. Laufzeitgarantien geben die Paketdienste grundsätzlich nicht ab.

Paketdienste bieten flächendeckend ihre Leistungen an. Sowohl in Deutschland als auch im (zumindest europäischen) Ausland stehen Paketdienste zur Verfügung. In der Gegenwart, die nicht zuletzt durch Betriebsverlegungen in das lohngünstigere Ausland gekennzeichnet ist, können Paketdienstkunden dann ebenfalls an außerdeutschen Fertigungsstandorten die gewohnt hohe Qualität der Paketlogistik in Anspruch nehmen.

Die Leistungsstärke wurde durch die Verkehrsführung über zentrale Punkte, die in der Fachsprache als Knoten bezeichnet werden, besonders gesteigert. Grund dafür sind die dort installierten modernen Paketsortieranlagen, mit deren Hilfe die Umschlagszei-ten und damit die Umschlagskosten vermindert werden können.

Die gesamte Abwicklung – von der Abholung bis zur Zustellung – ist standardisiert und in der Regel in Handbüchern dokumentiert. Alle im Handbuch beschriebenen Manipu-lationen lassen sich leicht nachvollziehen und erlernen. Das führt zur Vermeidung von Fehlern und damit zu einer Steigerung der Gesamtleistung. Eine gleichbleibende Qua-lität der Dienstleistung ist die angestrebte Folge der Abwicklungsmodalitäten.

Zur papiermäßigen Erfassung der Pakete dient ein Paketschein, bei dem es sich eigentlich um einen „Speditionsauftrag" handelt. Die Auftragsnummer (Positionsnum-mer) ist auf dem Paketschein codiert zu finden (Barcode, Strichcode). Die Paket-scheinnummer wird im Zuge der Abwicklung vom Haus des Versenders bis zum Haus des Empfängers an verschiedenen Stellen durch Scannen erfasst. Dadurch ist es auch möglich, den Weg des Paketes laufend zu verfolgen. Gescannte Daten werden in der Regel in zentralen Datensystemen gespeichert bzw. verarbeitet. Dadurch lässt sich der Paketfluss durchsichtig und sicher gestalten. Einzelne Paketdienste erstellen sogar „Lebensläufe" der Pakete, die archiviert werden und auch noch nach einigen Jahren für evtl. Nachforschungen zur Verfügung stehen sollen. Es liegt auf der Hand, dass eine derartig präzise Sendungsverfolgung die Bearbeitung von Reklamationen leichter macht.

Die Kunden, die Paketdienste in Anspruch nehmen, gehen davon aus, dass ein für sie günstiges Preis-/Leistungsverhältnis besteht, wobei sie folgende Aspekte besonders beachten:

● Durch die Barcodetechnik und den dadurch möglichen papierlosen transport-begleitenden Informationsfluss ergibt sich eine Kostensenkung bei der verwal-tungsmäßigen Abwicklung.

● Feste paketbezogene Beförderungsentgelte vereinfachen die Kalkulation des Kun-den. Das Entgelt ist je nach Entfernung, Gewicht (und evtl. der Güterstruktur) in Ver-bindung mit der Nutzung technischer Einrichtungen der Paketdienste durch den Kunden (z. B. Sortieren einer größeren Anzahl von Paketen) günstig.

● Wesentlich für den Kunden ist natürlich die Tatsache, dass durch die Technisierung der Abläufe eine entscheidende Serviceverbesserung für ihn im Verhältnis zu seinen Abnehmern möglich ist.

➤ Die Abkürzung KEP steht für Kurier-, Express- und Paketdienste.

➤ Ursprünglich wurden unter Kurierdiensten persönlich begleitete Transporte verstanden.

➤ Von der Häufigkeit der Aufträge her gesehen, werden Kuriere vor allem im Stadtbereich eingesetzt.

➤ Kuriere benutzen zur Erstellung ihrer Dienstleistung alle geeigneten Transportmittel.

➤ Die Urform der Kurierdienste wurde durch sog. Systemanbieter abgelöst, die mittels technisch aufwendiger Steuerung und Überwachung der Beförderungen die meisten Sendungen als Sammelfrachten befördern.

➤ Kurierdienste unter persönlicher Begleitung (des Kuriers) im internationalen Bereich kommen nur noch in seltenen Notfällen vor.

➤ Expressdienste befördern in der Regel Sammelgut. Die persönliche Begleitung, die für den „echten" Kurierdienst typisch ist, wird bei den Expressdiensten durch technische Systeme ersetzt. Diese Systeme sind so organisiert, dass eine strenge Kontrolle und straffe Koordination einen äußerst zuverlässigen Beförderungsablauf sicherstellt.

➤ Expressdienste werden sowohl im Citybereich als auch im nationalen und im grenzüberschreitenden Expressverkehr tätig. Dabei kommen, wie auch bei den Kurierdiensten, alle Verkehrsmittel in Betracht.

➤ Typisch für Expressdienste ist eine Terminvereinbarung. Meistens wird die Einhaltung der Termine garantiert.

➤ Eine Unterform der Expressdienste sind die Express-Frachtsysteme. Sie stellen eine Mischform aus Spedition und Expressdienst dar, teilweise besitzen sie auch Kennzeichen von Paketdiensten.

➤ Obwohl Paketdienste eine Sonderform der Expressdienste darstellen, werden sie als eigenständige Form des KEP-Marktes betrachtet.

➤ Paketdienste befördern nur Güter, die sowohl in den Abmessungen als auch in den Gewichten beschränkt sind.

➤ Bei den Paketdiensten handelt es sich um ausgeprägte Systemanbieter. Sonderleistungen – wie etwa Terminzustellungen – außerhalb des Systemangebots sind auch gegen Extrazahlung nicht zu erhalten.

6.2 Paketverkehre abwickeln

Die bekannten Paketdienste in Deutschland wickeln ihre Paketverkehre annähernd nach dem gleichen Schema ab. Dabei gibt es selbstverständlich unterschiedliche Einzelheiten, zumal sich der eine oder der andere Paketdienst mit einer Änderung bzw. Verbesserung von Abwicklungsmodalitäten einen Wettbewerbsvorsprung verspricht. Der „rote Faden" bleibt jedoch stets gleich.

6.2.1 Depots betreiben

Das Grundgerüst für das Funktionieren der privaten Paketdienste bilden die von Partnern oder Franchisenehmern betriebenen Depots. Nach speditioneller Terminologie handelt es sich bei den Depots um Umschlagbetriebe. In eigener unternehmerischer Verantwortung sorgen die Depots dafür, dass die in ihrer Region ansässigen Kunden ordentlich betreut werden und die Abholungen bzw. Zustellungen der Pakete reibungslos funktionieren. Meistens sind die Depots so gestaltet, dass sie gemischt arbeiten, also sowohl beim Empfang als auch beim Versand von Paketen tätig werden. Verein-zelt nehmen Depots auch nur einseitige Aufgaben wahr, also entweder als Empfangs-depot oder als Versanddepot.

Die Größenordnung der Depots ist unterschiedlich. So gibt es kleine Depots, die pro Tag nur 10 000 Pakete abwickeln, aber auch solche, die bis 100 000 Pakete bearbei-ten. Dazwischen sind alle Größen möglich. Bei kleinen Depots sind etwa 50 Mitarbeiter beschäftigt, bei großen Depots bis zu 400 gewerbliche und kaufmännische Mitarbeiter.

Neben diesem Grundgerüst gibt es zusätzlich für den **überregionalen Austausch** Hauptumschlagsbetriebe, die unterschiedliche Bezeichnungen tragen können, je nach Übung der einzelnen Paketdienste. So wird von Hauptdepots (HD) gesprochen, von Zentraler Umschlagbasis (ZUB) oder von Hauptumschlagbasis (HUB). Diese letztge-nannte Bezeichnung wird auch in Unternehmungen verwendet, die konventionellen Sammelladungsverkehr betreiben. Für den **regionalen Austausch** sind regelmäßig Regionaldepots (RD) eingerichtet, die als Umschlagknoten arbeiten.

Bei ausreichendem Paketaufkommen werden die Verkehre zwischen den Depots, d. h. vom Versanddepot zum Empfangsdepot direkt abgewickelt. („Direktverkehre"). In den anderen Fällen wird das Paketaufkommen in verkehrsgünstig gelegenen Umschlag-knoten „konsolidiert", d. h., die im Umschlagknoten ankommenden Ladungen werden aufgelöst und mit anderen Paketen neu für die einzelnen Empfangsdepots zusammen-gestellt, sodass sich stets wirtschaftliche Transporteinheiten ergeben. Die Verkehre werden durch einen Fahrplan koordiniert. Für die Laufzeit der Pakete sind die Ankunfts- und die Abfahrtszeiten der Fernverkehrsfahrzeuge maßgebend.

Die einzelnen Depots bzw. die Umschlagknoten verfügen in der Regel über außeror-dentlich leistungsfähige und moderne Fördereinrichtungen. Zum Teil handelt es sich noch um manuelle Anlagen, die aber lediglich in kleinen Depots zu finden sind. Sonst arbeiten die Sortieranlagen zumindest teilautomatisch, häufig jedoch vollautomatisch. Sie erbringen hohe Stundenleistungen. Bekannte Technikkonzepte für Sortieranlagen sind: Kippschalensorter und Linearsorter, die auch als Pop-Up-Sorter bezeichnet werden.

Linearsorter bei einem Paketdienst

In der manuellen Anlage erfolgt die Steuerung über gewerbliche Mitarbeiter, die in diesem Zusammenhang „Pusher" genannt werden. Die vollautomatischen Sortieranlagen werden durch Hochleistungsscanner gesteuert. Die stationären Scanner lesen das Barcode-Label mit der Routerinformation und „veranlassen", dass das Paket an der richtigen Stelle ausgeschleust wird.

Kippschalensorter

6.2.2 Beförderungsstrecken bedienen

Im engeren Umkreis der Depots werden normalerweise Kleintransportunternehmer eingesetzt. Die größeren Strecken dagegen befahren Güterkraftverkehrsunternehmer, die meistens länger dauernde Verträge mit dem Paketdienst geschlossen haben. Oft befördern auch Spediteure, die Vertragspartner oder Franchisenehmer bei einem Paketdienst sind, im Selbsteintritt die Pakete auf weitere Entfernungen.

Für die Beförderung kommen unterschiedliche Fahrzeuge zum Einsatz, wobei regelmäßig ein gleicher technischer Standard angestrebt und in den Verträgen mit den Unternehmern vorgeschrieben wird. So sollen z. B. die Stadttourfahrzeuge ein einheitliches Bild abgeben, ebenso die Landtourfahrzeuge. Bei den Fernverkehrsfahrzeugen sind meistens Wechselbehälter mit den Standardmaßen 7,15 m oder 7,85 m im Einsatz, die äußerlich als zu einem Paketdienst gehörig gekennzeichnet werden.

6.2.3 Paketverkehre vom Absender bis zum Empfänger abwickeln

Der Disponent im Versanddepot organisiert die Abholung durch einen Kleinunternehmer, der regelmäßig für den Paketdienst fährt; manchmal auch durch einen anderen Transportunternehmer oder durch die Spedition, die das Paketdepot betreibt. Routineabholungen bei Absendern, die laufend Paketdienste beschäftigen, müssen natürlich so organisiert sein, dass die Abholung – auch ohne Einzelauftrag des Disponenten – einwandfrei funktioniert.

Das Paket oder die Pakete werden beim Auftraggeber gegen Bestätigung übernommen und zum Versanddepot befördert. Dort wird das Kurzstreckenfahrzeug entladen. Erstmalig erfolgt während der Entladung die Scannung jedes einzelnen Paketes und dabei automatisch (über die Postleitzahl des Empfängers) das Routen für den Weitertransport. Die Erfassung mittels Scanner bildet gleichzeitig die Unterlage für die Abrechnung mit den anderen beteiligten Depots und mit dem Auftraggeber.

Die vom Nahverkehrsfahrzeug entladenen Pakete werden auf die Ausgangsplätze verteilt, anschließend mit Fördergeräten auf die Wechselbrücken für die Fernverkehrszüge verladen. Die verladenen Pakete sind dann ebenfalls im Datensystem erfasst. Damit ist eine einwandfreie Ein- und Ausgangskontrolle im Depot gewährleistet. Wenn der Umschlag mit der Verladung in Wechselbehälter abgeschlossen ist, werden die Daten an eine zentrale Datenbank des Paketdienstes übertragen.

Die Fernverkehrszüge laufen in der Mehrzahl direkt ein Empfangsdepot an (Direktverkehr) oder einen Umschlagknoten, wo dann die „Konsolidierung" stattfindet. Im letzteren Fall wird der Verkehr als Systemverkehr bezeichnet. Je nachdem, welcher von beiden Verkehren abgewickelt wird, muss das Paket zweimal oder maximal dreimal umgeschlagen werden. Die Pakete kommen regelmäßig bis 6:00 Uhr beim Empfangsdepot an und werden dort entladen. Die Entladung in den Umschlagknoten findet gemäß einem Fahrplan statt.

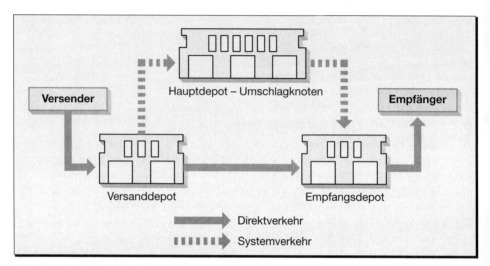

Paketfluss in einem Paketdienstsystem

Der Eingang beim Empfangsdepot (aber auch der Umschlag im Hauptdepot = Umschlagknoten) wird gescannt und damit wieder jedes Paket in der EDV erfasst. Auch hier erfolgt anschließend die Übertragung der Daten an die zentrale Datenbank des Systems. Dort entsteht aufgrund der empfangenen Daten der „Lebenslauf" eines Paketes, der die Sendungsverfolgung ermöglicht.

Die im Empfangsdepot entladenen Pakete werden entweder manuell (selten) oder mit Fördereinrichtungen auf die Zustellplätze oder Tourenplätze verteilt. Dabei geschieht die Sortierung und Zuordnung zu den Touren meistens automatisch. In kleineren Depots kommt es schon noch vor, dass Mitarbeiter die Pakete von einer Rollenbahn nehmen. Auch hier wird jedes einzelne Paket wieder mittels EDV erfasst. Diese Datenerfassung bildet u. a. die Grundlage für die Erstellung der Rolllisten und die Abrechnung mit dem Zustellunternehmer. Seine Tour „legt sich" der Unternehmer selbst. Er bestimmt also, welches Paket zuerst geladen wird und welches zuletzt. Normalerweise ist das die umgekehrte Reihenfolge im Vergleich zur Entladung.

Ist die Beladung abgeschlossen, werden dem Unternehmer die Rolllisten ausgehändigt. Die Zustellung bei den Empfängern kann beginnen. Alle im Empfangsdepot gewonnenen Daten werden an die zentrale Datenbank des Systems übergeben und dienen der Vervollständigung des Paketlebenslaufes. Auch Differenzen und Zustellhindernisse werden erfasst und an die Zentrale übermittelt.

Der Zustellfahrer bringt die Ausrolllisten mit der Bestätigung des Empfängers zum Depot zurück. Dort werden die Ausrolllisten archiviert. Die bekannten Paketdienste verfügen über technisch modernste Dokumentenverwaltungssysteme in einer zentralen Datenbank. Tritt nun eine Reklamation auf, kann sich der zuständige Mitarbeiter den Paketlebenslauf (mit den transportbegleitenden Informationen) von der zentralen Datenbank auf den Bildschirm holen oder er nimmt Zugriff auf die in der Datenzentrale archivierten Rolllisten.

Zusammenfassung

➤ Die Grundlage für das Funktionieren privater Paketdienstsysteme bildet der Betrieb von Depots, die mit speditionellen Umschlaganlagen für Sammelgut vergleichbar sind.

➤ In den meisten Fällen werden durch die Depots Umschlagaufgaben beim Versand und beim Empfang von Paketen erledigt. Nur selten sind Depots einseitig – also entweder im Versand oder im Empfang – tätig.

➤ Für den überregionalen Austausch sind Hauptumschlagbetriebe eingeschaltet, die sehr oft als Hauptdepots bezeichnet werden, manchmal als Zentrale Umschlagbasis (ZUB) oder Hauptumschlagbasis (HUB).

➤ Die Abwicklung der Paketbeförderung kann im Direktverkehr erfolgen, d. h. von einem Versanddepot direkt zu einem Empfangsdepot. Ist das wirtschaftlich nicht möglich, erfolgt der sog. Systemverkehr, d. h. vom Versanddepot über einen Umschlagknoten und von dort zum Empfangsdepot.

➤ Die Paketdepots verfügen in der Regel über leistungsfähige Förder- und Sortiereinrichtungen.

➤ Die Beförderungen, die im Zuge des Paketflusses durchzuführen sind, nämlich Abholung vom Kunden und Transport zum Versanddepot und auf der Gegenseite Übernahme auf dem Empfangsdepot und Zustellung beim Empfänger, werden in der Regel durch Kleintransport-Unternehmer durchgeführt. Die Fernverkehrsstrecken befahren meistens vertraglich gebundene Güterkraftverkehrsunternehmer oder Spediteure, die als Depotbetreiber fungieren, im Selbsteintritt.

➤ Die Pakete werden an allen Schnittstellen mittels Scanner erfasst und die gewonnenen Daten regelmäßig an die zentrale Datenbank des Systems übergeben. Dadurch wird ein „Paketlebenslauf" erstellt. Mithilfe des Lebenslaufs kann die Sendung verfolgt bzw. ein Statusreport erstellt werden. Nach Ablieferung der Pakete bei den Empfängern werden die Rolllisten mit der Ablieferungsquittung in einer Zentrale archiviert.

➤ Treten Reklamationen auf, kann der Mitarbeiter im Depot direkt auf die Daten zurückgreifen, die in der zentralen Datenbank des Systems vorliegen, entweder in Form des Lebenslaufs oder als Ablieferungsnachweis archiviert.

6.3 Preisgestaltung und Haftung bei Paketdiensten vergleichen

6.3.1 Preisgestaltung gegenüberstellen

Die Preissysteme der KEP-Dienstleister stehen in einem direkten Zusammenhang mit den jeweils angebotenen Leistungen. Das bedeutet, dass bei der bekannten Vielfalt von Serviceleistungen eben auch eine Vielfalt von Preissystemen besteht.

Aus der Gesamtpalette von Angeboten der KEP-Branche ragen die Paketdienste mit verhältnismäßig einfachen Preissystemen heraus. Für die versprochene Leistung wird ein Standardpreis berechnet. Allerdings sind in den meisten Fällen Sonderleistungen durch die Paketdienste nicht zu erhalten, nicht einmal gegen Bezahlung eines Zusatzpreises. In der Regel wird der Preis bei den Paketdiensten ausschließlich auf der Basis des Paketgewichtes berechnet.

Es soll hier nicht übersehen werden, dass in jüngerer Zeit auch die Paketdienste nach und nach weitere Serviceleistungen anbieten. So bemühen sich z. B. Deutscher Paketdienst (DPD) und German Parcel (GP) seit Mitte des Jahres 1997 verstärkt, der Post Privatkunden abzunehmen. Dabei besteht allerdings noch eine Schwierigkeit in der Tatsache, dass die Privatkunden ihre Ware zu sog. Paketshops bringen müssen. Deren Zahl ist aber bei den beiden Paketdiensten noch relativ gering. Ende des Jahres 1997 verfügte die Post bundesweit über etwa 15 000 Ämter und Agenturen, DPD dagegen nur über 420 Shops und GP über etwa 600 Shops.

Der private Paketdienst Hermes holt seit November 1997 flächendeckend Pakete (auch bei Privatkunden) ab und bringt sie innerhalb von 48 Stunden für einen relativ niedrigen Preis zu jeder deutschen Haustüre. Die einfache Leistungsbeschreibung für diesen Dienst lautet: „Wir nehmen jedes Paket mit, das ein Fahrer tragen kann."

Den Bestrebungen dieser drei Paketdienste setzt die Post seit Januar 1998 das Angebot an die Privatkundschaft entgegen, jedes Paket an der Haustür abzuholen, allerdings gegen einen Extrapreis.

Aus diesen Angaben lässt sich schließen, dass ein direkter Vergleich von Preisen der einzelnen Paketdienste mangels genauer Kenntnis des jeweiligen Serviceumfangs kaum möglich ist. Allenfalls können die Preise für Standardleistungen gegenübergestellt werden.

Soweit große deutsche Paketdienste Preislisten an Interessenten herausgeben, geschieht das in aller Regel mit dem Hinweis, dass es sich um eine Orientierungshilfe handelt. Tatsächlich legen die zuständigen Depots (in vielen Fällen Franchisenehmer) ihre Preise selbst fest, sodass ein Kunde, der über ein entsprechendes Paketaufkommen verfügt, in eine gute Verhandlungsposition kommt.

6.3.2 Haftungsregeln aus den Allgemeinen Geschäftsbedingungen entnehmen

Die meisten deutschen Paketdienste legen ihren Geschäften bei der Paketbeförderung die ADSp zugrunde, sofern die Beförderung im nationalen Bereich abgewickelt wird. Die folgenden Auszüge sind den Allgemeinen Geschäftsbedingungen eines großen Paketdienstes entnommen:

Jedem Vertrag über die Besorgung der Beförderung von Paketen liegen zugrunde:

- die Allgemeinen Deutschen Spediteurbedingungen (**ADSp**) – neueste Fassung – für die Besorgung der Beförderung, soweit nicht zwingende gesetzliche Regelungen entgegenstehen;
- das Übereinkommen über den Beförderungsvertrag im internationalen Straßengüterverkehr (CMR) für die grenzüberschreitende Besorgung der Beförderung innerhalb Europas sowie zwischen den Vertragsstaaten der CMR.

Befördert werden Pakete mit folgenden **Maßen** und **Gewichten**:

Maximales Gewicht:	31,5	kg
Maximale Länge:	175	cm
Maximales Gurtmaß:	300	cm

Der Auftraggeber muss für ausreichende Verpackung und Kennzeichnung der Pakete sorgen.

Die Beförderung über das Paketdienstsystem erfordert eine Verpackung, die das Gut auch vor Beanspruchungen durch automatische Sortieranlagen und mechanischen Umschlag ausreichend schützt.

Beförderungsausschlüsse:

- Alle Pakete, die das zulässige Höchstmaß oder Höchstgewicht überschreiten. Alle Pakete, deren Verpackung und Kennzeichnung nicht den Anforderungen entspricht;
- Güter von besonderem Wert, insbesondere Edelmetalle, echter Schmuck, Edelsteine, Kunstgegenstände u. a.;
- Geld, Urkunden, Dokumente, Wertpapiere;
- Pelze, Teppiche, Armband- oder Taschenuhren sowie Lederwaren mit einem Wert von mehr als 500,00 €;
- sonstige Güter, sofern sie einen höheren Wert als 12.500,00 € besitzen;
- Pakete, deren Inhalt, Beförderung oder äußere Gestaltung gegen gesetzliche Bestimmungen verstößt;
- gefährliche oder leicht verderbliche Güter, lebende oder tote Tiere, medizinische Abfälle, menschliche Überreste, Körperteile oder Organe;
- Pakete mit Fracht- und Wertnachnahme,
- Zollgut und Carnet-Ware.
- Besondere Vorschriften über Haftungsausschlüsse gelten bei grenzüberschreitenden Beförderungen.

Der Paketdienst muss nicht überprüfen, ob ein Haftungsausschluss vorliegt. Allerdings ist der Paketdienst berechtigt die Übernahme oder Weiterbeförderung zu verweigern, wenn Grund zu der Annahme besteht, dass das Paket von der speditionellen Behandlung ausgeschlossen ist. Die Übernahme von ausgeschlossenen Gütern stellt für den Paketdienst keinen Verzicht auf den Beförderungsausschluss dar.

Haftung

Der Paketdienst haftet für Schäden, die zwischen der Übernahme und der Ablieferung des Paketes eingetreten sind bei

- speditioneller Behandlung nach Maßgabe der ADSp – neueste Fassung –;
- bei grenzüberschreitender Beförderung innerhalb Europas nach den Vorschriften der CMR.

Die **Haftung für Verlust oder Beschädigung** von Paketen ist neben den gesetzlich geregelten Fällen ausgeschlossen, wenn

- deren Beförderung gemäß den Allgemeinen Geschäftsbedingungen des Paketdienstes ausgeschlossen ist;
- der Schaden durch Handlungen oder Unterlassungen des Auftraggebers, des Empfängers oder deren Erfüllungsgehilfen eingetreten ist;
- der Schaden an gebrauchten Verpackungsgegenständen entstanden ist.

Versicherung

Für jedes Paket besteht eine Versicherung, die

● die Haftung des Paketdienstes nach Maßgabe der ADSp über die Haftungsversicherung

● und den diese überschreitenden Schaden bis zum Warenwert zuzüglich Speditionskosten abdeckt (Paketdienst-Versicherung). Die Summe der Versicherungsleistungen ist der Höhe nach auf insgesamt **500,00 €** begrenzt.

Die über die Haftung hinausgehende Paketdienst-Versicherung besteht allein zugunsten des Auftraggebers. Hieraus resultierende Ansprüche können nicht an Dritte abgetreten werden. Im Übrigen sind von der über die Haftung hinausgehenden Paketdienst-Versicherung Pakete ausgeschlossen, für die anderweitig eine Versicherungsdeckung besteht.

Die Prämie für die Paketdienst-Versicherung trägt allein der Paketdienst.

Die Allgemeinen Geschäftsbedingungen enthalten ferner Klauseln über Aufrechnung und Zürückbehaltungsrecht, den Erfüllungsort und den Gerichtsstand sowie das anzuwendende Recht, insbesondere bei grenzüberschreitenden Beförderungen. Wie in solchen Fällen üblich, fehlt der Hinweis nicht: „Abweichende Vereinbarungen bedürfen der Schriftform."

Zusammenfassung

➤ **Die Preisgestaltung bei den KEP-Dienstleistern kann mangels Kenntnis der einzelnen Sonderleistungen kaum verglichen werden. Allenfalls lassen sich Standardleistungen von Paketdiensten gegenüberstellen.**

➤ **Die Paketdienste legen ihren Geschäftsbedingungen im nationalen Bereich meistens die ADSp zugrunde, für grenzüberschreitende Beförderungen innerhalb Europas immer die CMR.**

➤ **Die in den Allgemeinen Geschäftsbedingungen enthaltenen Beförderungsausschlüsse betreffen die Abmessungen und Gewichte von Paketen, einen besonderen Wert des Inhaltes der Pakete oder besondere Eigenschaften (gefährlich, leicht verderblich) des Paketinhaltes sowie gesetzliche Vorschriften.**

➤ **Die Haftung des Paketdienstes besteht zwischen der Übernahme und der Ablieferung des Paketes. Haftungsausschlüsse sind gegeben bei Schäden, die der Auftraggeber, der Empfänger oder deren Erfüllungsgehilfen zu vertreten haben, oder wenn der Schaden an gebrauchten Verpackungsgegenständen entstanden ist. Die Haftung des Paketdienstes entfällt auch, wenn ein Schaden an Paketen entsteht, die gemäß den Allgemeinen Geschäftsbedingungen von der Beförderung ausgeschlossen sind.**

➤ **Die Pakete sind bis zu einem Warenwert zuzüglich Speditionskosten von 500,00 € versichert. Die Gesamtprämie für die Haftung des Paketdienstes nach ADSp und den Schaden des Auftraggebers bis zur maximalen Gesamthöhe von 500,00 € übernimmt der Paketdienst.**

7 Netzwerke für den Kleingutverkehr organisieren

Für die Abwicklung von Kleingutverkehren bzw. Stückgutverkehren, sei es durch KEP-Dienste oder durch Sammelladungsspediteure, werden in zunehmendem Maße Netzwerksysteme organisiert. Von großer Bedeutung ist dabei das **„Hub-and-Spoke-System"**, das in vielen Fällen das früher vorherrschende **Rastersystem** ersetzt oder zumindest in der Bedeutung zurückgedrängt hat.

7.1 Verkehre im Rastersystem abwickeln

Beim Rastersystem bestehen Verkehrsverbindungen von jedem Punkt zu jedem Punkt des Verkehrsnetzes. Dadurch ist ein kompliziertes Netz mit zahlreichen Knotenpunkten, Verzweigungen und Umschlagpunkten erforderlich. Ein Rastersystem, das beispielsweise mit zehn Niederlassungen operiert, die durchschnittlich 20 Zielstationen anfahren, hat 200 Verbindungsmöglichkeiten. Allein der dispositive Aufwand bei dieser Konstellation ist sehr groß.

Sämtliche Depots dieses einstufigen Systems sind über direkte Linien miteinander verbunden. Die Kennzeichen des Rastersystems sind:

- Hohe Hauptlaufkosten, da eine große Zahl von Linien betrieben werden muss. Bei der Anforderung an eine Regellaufzeit von 24 Stunden müssen zumindest Teile des Systems mit nicht optimaler Auslastung bedient werden.
- Hohe Depotkosten, weil jedes Depot über leistungsfähige Umschlag- und Sortiereinrichtungen verfügen muss. Ferner fallen in den Depots regelmäßig hohe Personalkosten an durch Vorsortierung auf eine Vielzahl von Relationen.
- Höhere Fehleranfälligkeit.

Das Rastersystem behält seinen Sinn dort, wo zwischen allen Depots große Mengen ausgetauscht werden. In vielen Fällen ist es jedoch zweckmäßig, eine Mischform zwischen dem Rasternetzwerk und einem Hub-and-Spoke-System zu installieren.

Die Mischorganisation gewährleistet, dass Relationen mit hohem Sendungsaufkommen und Rasterverkehren kostengünstig, schnell und zuverlässig bedient werden können. Relationen mit geringerem Sendungsaufkommen sowie Mengen, die im Rasterverkehr Anbruchmengen zur Folge hätten, können dagegen kostengünstig über die Hubs geleitet werden, weil dort ein erheblicher Bündelungseffekt eintritt.

Oft ist jedoch die Wahl eines reinen Hub-and-Spoke-Systems die bessere Lösung.

7.2 Verkehre im Hub-and-Spoke-System abwickeln

Wörtlich übersetzt bedeutet Hub and Spoke **Nabe und Speiche**. Das Netz des Hub-and-Spoke-Systems besteht beim Zentral-Hub-Netz aus **einem** „Hub-Depot", bei der Regional-Hub-Organisation aus **mehreren** Nabendepots. In beiden Fällen kommen eine ganze Reihe von Speichendepots dazu.

Beim Hub-and-Spoke-System handelt es sich um ein mehrstufiges Logistiksystem, bei dem die Warenströme von den Netzwerkdepots (Speichendepots) zu einer Nabe (Hub-Depot) transportiert, dort umgeschlagen und weiter an die Netzwerkdepots zur Verteilung befördert werden.

Die wesentlichen Merkmale der Hub-and-Spoke-Organisation sind:

- Niedrige Kosten an den Standorten der Speichendepots in den Ballungszentren, da das Nabendepot regelmäßig in kostengünstigen Gebieten – Randlagen – erstellt wird.

- Niedrige Hauptlaufkosten, da durch Bündelung der Sendungen weniger Frachtraum benötigt wird.
- Niedrige Gebäudekosten der Speichendepots, da die Sortierprozesse im Wesentlichen im Nabendepot stattfinden.
- Verhältnismäßig niedrige Personalkosten in den Speichendepots aufgrund des geringeren Personalbedarfs.
- Geringere Fehlerquote wegen hoher Standardisierung der Prozessabläufe.
- Sollte der Standort eines Nabendepots geografisch nicht optimal gewählt werden, entstehen längere Laufzeiten durch längere Transportwege. In diesem Zusammenhang ist interessant, dass sich Hubs verschiedener Firmen in „der Mitte Deutschlands", nämlich im Großraum Kassel/Bad Hersfeld, angesiedelt haben, wie auch das folgende Beispiel zeigt.

Standorte von (Speichen-)Depots in einem Zentral-Hub-Netz

3844366

Ein Regional-Hub-Netz dagegen lässt sich grafisch so darstellen:

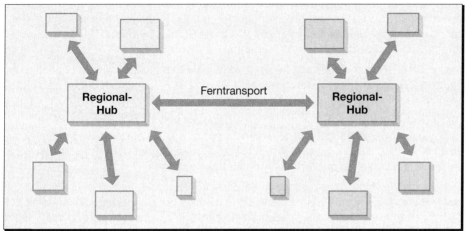

Regional-Hub-Netz

7.3 Informations- und Kommunikationssysteme benutzen

Das Denken und Handeln in Verkehrsnetzen und logistischen Transportketten wird in seiner Wirksamkeit wesentlich durch die Nutzung von rechnergestützten Informationssystemen gefördert. Der Datenfluss umfasst neben dem körperlichen Güterstrom

- **vorauseilende Informationen** (Auftragsdaten, Mengen und Arten der abgefertigten Sendungen u. a.),
- **begleitende Informationen** (Ladelisten, Frachtbriefe, Statusmeldungen über die räumliche Positionierung von Verkehrsmitteln und den Zustand der Güter z. B. bei temperaturgeführten Güter oder Gefahrgutsendungen),
- **nachfolgende Informationen** (Rechnungen, Statistiken).

Diese Informationen werden inner- und zwischenbetrieblich ausgetauscht. Nur am Rande sei hier erwähnt, dass der zunehmende Datenaustausch dazu zwingt, europa- und weltweite Standards für die Datenkommunikation zu schaffen und zu verwenden. Das System EDIFACT (**E**lektronic **D**ata **I**nterchange **f**or **A**dministration **C**ommerce and **T**ransport) soll hier zur Problemlösung beitragen.

Einen Schwerpunkt des Informationssystems bei der Abwicklung von Kleingut- bzw. Paketdiensten bildet die Sendungsverfolgung.

7.4 Informationen zur Sendungsverfolgung verarbeiten

Die erste Voraussetzung für einen beleglosen Transport von Kleingutsendungen ist eine einheitliche Kennzeichnung der Packstücke. Zu diesem Zweck haben vor allem die Paketdienste spezielle Paketscheinaufkleber entwickelt, die den Kunden übergeben und von diesen auf das zu versendende Paket aufgeklebt werden.

Die Aufkleber enthalten alle notwendigen Informationen für die weitere Bearbeitung der Pakete, wie:

- Versender
- Empfänger
- Paketnummer in Klarschrift
- Paketnummer in Barcodeform
- Zusatzinformationen

Der **Paketscheinaufkleber** bildet die **Vertragsgrundlage**, den **Speditionsauftrag**, einen **Versicherungsnachweis, Adressaufkleber** und **Abrechnungsgrundlage** in einem. Er ist damit das einzige Versandpapier und kann für jedes Paket benutzt werden. Lediglich bei Sendungen nach außerhalb der EU müssen zusätzlich noch die entsprechenden Zolldokumente erstellt werden.

Die mit den Paketscheinen versehenen Pakete werden bei den Kunden abgeholt, zum Depot gebracht und dort weiter bearbeitet. Nicht alle Paketdienste gehen dabei einheitlich vor, alle leistungsfähigen Dienste haben jedoch Sendungsverfolgungssysteme installiert. Die Abwicklung könnte beispielsweise nach folgendem Schema ablaufen.

Nach Ankunft der Pakete auf dem Versanddepot wird jedes einzelne Paket über einen Scanner erfasst. Durch die maschinenlesbare Codierung auf dem Paketschein kann die Datenerfassung mit dieser rationellen Methode erfolgen.

Jedes einzelne Paket wird gewogen und die vom Versender angegebene Empfangs-postleitzahl wird erfasst. Entsprechend der Einteilung der Bundesrepublik ermittelt der Computer an Hand der Postleitzahlen das Depot, das für die Auslieferung des Pakets an den Empfänger zuständig ist, und gleichzeitig damit die Auslieferungstour des Empfangsdepots, die für die Zustellung des Pakets an den Empfänger geplant ist. Diese Informationen werden auf einem eigenen Label ausgedruckt, dem sog. Routerlabel. Auch dieses Label wird auf dem Paket aufgebracht, sodass sich nun alle notwendigen Informationen auf dem Paket befinden, die für den Transport und die Auslieferung bekannt sein müssen.

Handscanner zur Datenerfassung   Paket mit Paketschein und Routerlabel

Die maschinenlesbaren Daten aus dem Paketschein werden bei jeder Erfassung mittels Scanner in den zentralen Rechner des Paketdienstes übertragen und dort gespeichert. In allen Depots, die das Paket auf dem Weg zum Zielort durchläuft, wird immer wieder neu gescannt. Das bedeutet, der Weg eines jeden Pakets wird genau dokumentiert. Zusätzlich werden die Ausrolllisten, auf denen der Empfänger den Erhalt seiner Pakete mit seiner Unterschrift quittiert, eingescannt und zentral auf Speichermedien archiviert.

Heute arbeiten Paketdienste, aber auch Sammelgutspediteure, mit Ablieferscanning. Dabei quittiert der Empfänger die Annahme mit seiner elektronischen Unterschrift auf einem „Touchscreen". Der Handheld-PC (s. Abbildung auf der folgenden Seite) ist über Datenfunk mit dem Zentralsystem des Paketdienstes oder der Sammelverkehrsorganisation verbunden, sodass auch der Absender binnen kürzester Frist über den Abliefer-status seiner Sendungen informiert sein kann.

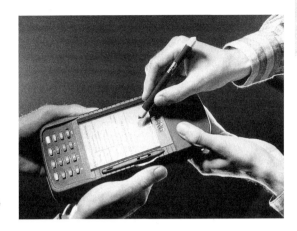

Elektronische Unterschrift eines
Empfängers auf der Bildschirmmaske
des Handheld-PC

Tracking- und Tracingsystem anwenden

Sinn der auf dem Paket maschinenlesbar angebrachten Informationen ist es, das
Paket innerhalb der gesamten Transportkette verfolgen zu können. In der Hauptsache
geschieht die Sendungsverfolgung durch Scannen an den Schnittstellen. Durch die
Scannung der Paketscheinnummer kann gleichzeitig auch der Haftungsübergang zwischen den an der gesamten Transportkette Beteiligten festgestellt werden. Das
gesamte System wird als Tracking and Tracing bezeichnet.

Das **Auffinden des Paketes während des Transports bezeichnet man als Tracking,**
während unter **Tracing die Nachvollziehbarkeit des gesamten Paketflusses nach
der körperlichen Transportdurchführung** verstanden wird.

In der Regel läuft die Sendungsverfolgung nach folgendem Schema ab:

- Trifft das vom Kunden abgeholte Paket beim zuständigen Depot ein, wird neben der
  Erfassung der Postleitzahl des Empfangsortes zur Erstellung des Routerlabels auch
  die Paketscheinnummer mittels Scanner erfasst. Das Paket ist damit im Zentralcomputer registriert und wird ab diesem Zeitpunkt an allen Schnittstellen durch die
  Barcodescannung verfolgt.

- Wird das Paket in einem Hub umgeschlagen, erfolgt sowohl eine Eingangs- als
  auch eine Ausgangsscannung. Dabei wird in der Regel auf der Grundlage der
  Ankunftsscannung die „Ladeliste" für den Ausgang der einzelnen Relationen
  erstellt. Die bei der Verladung im Hub für den Transport zu den Empfangsdepots
  gescannten Daten werden automatisch mit der Ladeliste verglichen, sodass bei
  auftretenden Differenzen sofort im Hub nach einem möglicherweise fehlenden
  Paket gesucht werden kann.

- Erreicht das Paket das Empfangsdepot, erfolgt wiederum eine Scannung der
  Paketscheinnummer. Damit wird im Zentralcomputer registriert, dass das Paket im
  Auslieferdepot eingetroffen ist.

- Nun wird das Paket anhand des im Versanddepot angebrachten Routerlabels automatisch für die Ausliefertour sortiert. Bei der Verladung in das Zustellfahrzeug
  erfolgt wiederum eine Scannung. Diese Scannung ist meistens die Grundlage für
  die Erstellung einer Rollkarte, auf der noch in vielen Fällen bei der Auslieferung der
  Empfänger den Erhalt des Pakets quittiert. Allerdings wurde diese Rollkarte in
  Papierform in verschiedenen Paketdiensten durch eine „elektronische Rollkarte"
  abgelöst.

● Einige Paketdienste führen die letzte Scannung der Paketscheinnummer beim Empfänger durch. Hierbei wird gleichzeitig das Datum und die Uhrzeit sowie der Name des Paketempfängers festgehalten. Zusätzlich erfolgt eine Quittung des Empfängers entweder auf der Rollkarte oder einem eigenen Unterschriftenfeld auf dem mobilen Erfassungsgerät. Alle Daten werden ebenfalls in den Zentralcomputer übernommen.

Diese fünf Schritte stellen einen reibungslosen Ablauf dar. Es können jedoch Störungen auftreten. Diese werden ebenso durch die Scannung der Paketscheinnummer und durch die Erfassung eines Fehlercodes im Scanner dokumentiert. Der Kunde kann über das EDV-System jederzeit Auskunft über den Status seiner Sendung erhalten. In Paketdiensten werden zumeist Fehlercodes für folgende Störungen verwendet:

● Annahme verweigert

● Empfängeranschrift falsch

● Empfänger nicht angetroffen

● Empfänger in Urlaub

In einigen Fällen können Kunden direkt über Internet auf die zentrale Datenbank des Paketdienstes zugreifen, um sich die für sie wichtigen Daten zu besorgen. Sie müssen dann nicht mehr den Sachbearbeiter im zuständigen Depot um Auskunft bitten, die dieser aus dem Zentralcomputer abrufen und weitergeben müsste.

Das nachstehende Beispiel zeigt den Transportablauf eines Pakets, wobei die Paketscheinnummer das entscheidende Identifikationsmerkmal darstellt.

Statusbericht					
Paketnummer: 13421878951					
Datum	Zeit	Ort	Status-Nr.	Statustext	Empfänger
11. Okt. 2003	09:40	81825	3004	Empfänger übergeben	Huber
11. Okt. 2003	06:50	0180	3003	Verladung für Zustellung	
10. Okt. 2003	15:10	0180	3023	Lager Depot	
10. Okt. 2003	09:10	81825	3010	Empfänger nicht angetroffen	
10. Okt. 2003	06:55	0180	3003	Verladung für Zustellung	
10. Okt. 2003	05:50	0180	3002	Eingang Empfangsdepot	
9. Okt. 2003	23:30	0163	3001	Eingang im Hub	
9. Okt. 2003	18:10	0134	3000	Eingang Versanddepot	

Benötigt ein Kunde eine Empfangsbestätigung, vielleicht sogar für ein Paket, das vor Monaten über einen Paketdienst verschickt worden ist, entsteht deswegen normalerweise kein Problem. Die Paketdaten sind digital gespeichert und stehen längere Zeit zur Verfügung. Von namhaften Paketdiensten werden Aufbewahrungszeiten bis zu sieben Jahren genannt.

Der Statusbericht – oft auch als „Paketlebenslauf" bezeichnet – kann noch feingliedriger gestaltet werden. Beispielsweise lässt sich die Verweildauer im Nabendepot dadurch dokumentieren, dass sowohl der Zeitpunkt der Entladung auf das Hub-Depot gescannt wird wie auch der Zeitpunkt der Wiederverladung auf das Fahrzeug, das die Pakete zum Empfangsdepot befördert.

In großen Umschlagdepots erfolgen die Scannungen nicht mehr mit Handscannern, sondern über fest installierte Scanner.

Zusammenfassung

➤ Kleingutverkehre, vor allem Paketdienste, werden heute in der Regel nicht mehr allein im Rastersystem abgewickelt. In der Mehrzahl werden diese Verkehre über Hub-and-Spoke-Systeme durchgeführt. Wörtlich übersetzt bedeutet Hub = Nabe und Spoke = Speiche.

➤ Beim Hub-and-Spoke-System werden die Warenströme von den Speichendepots zu einer Nabe (Hub) transportiert, dort umgeschlagen und weiter an die Netzwerkdepots (Speichendepots) zur Verteilung befördert.

➤ Das Zentral-Hub-System verfügt nur über ein „Nabendepot", beim Regional-Hub-System sind jeweils für bestimmte Regionen eigene Hubs eingerichtet.

➤ Logistische Transportketten benötigen zur vollen wirtschaftlichen Wirksamkeit die „Begleitung" von rechnergestützten Informationssystemen. Diese stellen vorauseilende, begleitende und nachfolgende Informationen zur Verfügung.

➤ Vor allem bei Paketdiensten – teilweise aber auch bei Sammelgutorganisationen – besitzt die Sendungsverfolgung einen bedeutenden Stellenwert. Für die Kunden ist es meistens selbstverständlich, zu jedem Zeitpunkt während der Paketbeförderung den Status des Pakets erfahren zu können.

➤ Das Identifikationsmerkmal stellt dabei regelmäßig die Paketscheinnummer dar, die auf einem maschinenlesbaren Aufkleber verzeichnet ist. Der Paketscheinaufkleber bildet die Vertragsgrundlage, den Speditionsauftrag, einen Versicherungsnachweis, den Adressaufkleber und die Abrechnungsgrundlage in einem.

➤ An jeder Schnittstelle werden die Daten vom Paketschein mittels Scanner erfasst und dem Zentralrechner des Paketdienstsystems zur Verfügung gestellt bzw. dort gespeichert. Möglicherweise erfolgt auch eine Scannung beim Abliefern des Pakets mit der „elektronischen Unterschrift" des Empfängers als Quittung. In anderen Fällen wird der Empfang auf einer Rollkarte quittiert.

➤ Im Zusammenhang mit der Sendungsverfolgung spielen die Begriffe „Tracking" und „Tracing" eine große Rolle. Tracking bedeutet das Auffinden eines Pakets während des Transports. Unter Tracing wird die nachvollziehbare Darstellung des gesamten Paketflusses nach der Transportdurchführung verstanden. Die zur Sendungsverfolgung erfassten Daten werden gewöhnlich bei den Paketdiensten digital gespeichert, sprich archiviert. Sie stehen Kunden auch längere Zeit zur Verfügung.

➤ Manchmal können Kunden direkt über Internet auf die zentrale Datenbank eines Paketdienstes zugreifen. In anderen Fällen müssen sie vom Sachbearbeiter des zuständigen Depots die benötigten Angaben nachfragen, die dieser dann vom Zentralcomputer abruft.

Fragen und Aufgaben zur Lernkontrolle:

1 **1.** Ein neuer Auszubildender, der in der Abteilung Sammelgut/Ausgang seine ersten speditionellen Kenntnisse erwerben soll, möchte vom Abteilungsleiter wissen, warum sich Sammelguttransporte im Vergleich zum Einzeltransport wirtschaftlicher durchführen lassen. Er kann sich bei der vielen Arbeit, die im Zusammenhang mit Sammelgutabwicklungen anfällt, überhaupt nicht vorstellen, dass dabei noch Geld verdient wird. Erklären Sie dem Auszubildenden, welche Komponenten dazu beitragen, dass der Spediteursammelgutverkehr wirtschaftlicher durchgeführt werden kann als der Einzeltransport.

2. Nachdem Sie dem Auszubildenden die Frage beantwortet haben, interessiert ihn noch, welche Vorteile der Auftraggeber bei einer Abwicklung im Spediteursammelgutverkehr hat. Nennen Sie ihm stichwortartig einige Vorteile.

3. Neben dem Sammelgutverkehr mit Kraftwagen werden noch andere Sammelgutverkehre abgewickelt. Zählen Sie andere Sammelgutverkehre auf, die sich nicht allein auf den nationalen Raum beschränken müssen.

2 **4.** Stellen Sie in kurzen Worten den chronologischen Ablauf einer Sammelgutabwicklung dar, beginnend mit der Abholung beim Urversender und endend mit der Zustellung beim Endempfänger.

5. Eines der wichtigsten Papiere im Spediteursammelgutverkehr ist das Bordero. Beschreiben Sie den Inhalt eines Borderos und geben Sie mindestens zwei Aufgaben an, die das Bordero zu erfüllen hat.

3 **6.** Nennen Sie die Beteiligten am Spediteursammelgutverkehr in der Reihenfolge der Abwicklung.

7. Der Auszubildende Klug hat in der Berufsschule gerade gelernt, dass es unterschiedliche Vertragsarten gibt: Kaufvertrag, Werkvertrag, Frachtvertrag, Speditionsvertrag u.a.m. Erläutern Sie ihm, welche Vertragsarten bei der Abwicklung einer Sendung im Spediteursammelgutverkehr gewöhnlich vorkommen und wer dabei die jeweiligen Vertragspartner sind.

4 **8.** Nennen Sie die Grundlagen, nach denen in der Regel im Spediteursammelgutverkehr mit Eisenbahn und Kraftwagen zwischen dem Auftraggeber (Kunde) und dem Versandspediteur abgerechnet wird.

9. Geben Sie an, ob es sich dabei um einen festen Tarif handelt oder welchen Rechtscharakter diese Rechtsgrundlage hat.

10. Welcher Leistungsbereich des Spediteurs ist im „Tarif für den Spediteursammelgutverkehr" (Kundensatzentgelte – KSE) abgedeckt?

11. In der Abteilung Sammelgut/Eingang erhält eine neue Mitarbeiterin den Auftrag, eine Rückrechnung auszustellen. Erklären Sie, welche Posten in der Rückrechnung aufgeführt sind und an wen die Rückrechnung gerichtet wird.

12. Nennen Sie die Gewichtsgrenze, bis zu der die Anwendung der Kundensatzentgelte empfohlen ist.

13. Ausgangspunkt für die Berechnung des Kundensatzentgelts ist die Entfernung. Nennen Sie die zwei Orte, zwischen denen die maßgebende Entfernung aus folgenden Angaben zu ermitteln ist: Ort des Urversenders (Versandort der Einzelsendung), Ort des Versandspediteurs (Versandort für die Sammelladung), Ort des Empfangsspediteurs (Ankunftsort der Sammelladung), Ort des Endempfängers (Ankunftsort der Einzelsendung).

5 14. Im innerbetrieblichen Unterricht stehen die Haftungsregeln im Spediteursammelgutverkehr auf dem Programm. Der Auszubildende Gscheidle möchte wissen, welche Haftungsregeln bei den unterschiedlichen Sammelgutabwicklungen zutreffen.

a) Lässt ein Spediteur Sammelladungen mit Lkw, Bahn oder Flugzeug im Inland befördern, gilt …

b) Der Spediteur lässt die Sammelladung mit Lkw in das Ausland befördern; es gilt …

c) Der Spediteur lässt Sammelgut mit der Bahn in das Ausland befördern; zur Anwendung gelangen …

d) Der Spediteur lässt Sammelgut mit dem Flugzeug in das Ausland befördern, dann gilt (in der Regel) …

e) Der Spediteur lässt Sammelgut mit dem Seeschiff ins Ausland befördern, es gilt …

15. Der Ausbilder wird weiter gefragt, nach welchen Grundsätzen (speditionsrechtliche oder frachtrechtliche Grundsätze) sowohl der Versand- als auch der Empfangsspediteur regelmäßig im Zuge ihrer Umschlagtätigkeit haften. Beantworten Sie diese Frage.

16. Nennen Sie die Haftungshöchstgrenze für Güterschäden, die – ohne weitere Vereinbarung – bei einem gewerblichen Gütertransport gilt.

6 17. Die Speditionsfirma, in der Sie beschäftigt sind, ist auch Depotbetreiber eines bekannten Paketdienstes. Beim Einführungsunterricht in die Besonderheiten der Abwicklung von Paketdiensten stellen sich schnell grundlegende Fragen, die entweder vom Abteilungsleiter oder von einem Sachbearbeiter beantwortet werden, wenn Sie nicht selbst die Antwort finden. Versuchen Sie zuerst, diese Fragen selbst zu beantworten.

a) Was verbirgt sich hinter der Bezeichnung KEP?

b) Warum kann die Kalkulation des Kunden bei der Inanspruchnahme eines Paketdienstes vereinfacht werden?

c) Wie kann für den Kunden durch die Einschaltung eines Paketdienstes eine Serviceverbesserung im Verhältnis zu seinen Abnehmern eintreten?

18. Paketverkehre können zwischen Versanddepot und Empfangsdepot grundsätzlich alternativ abgewickelt werden: zum einen im Direktverkehr oder im sog. „Systemverkehr". Beschreiben Sie kurz den Unterschied zwischen Direktverkehr und Systemverkehr am besten anhand eines Beispiels. Ist Ihnen kein „echtes" Beispiel bekannt, versuchen Sie eins zu „konstruieren".

19. Große deutsche Paketdienste geben an Interessenten Preislisten heraus. Handelt es sich dabei um „verbindliche Entgelte"? Wenn nicht, welchen Sinn machen solche Preislisten dann?

20. Die meisten deutschen Paketdienste legen ihren Geschäften bei der Paketbeförderung die ADSp zugrunde, allerdings mit einigen Änderungen im Verhältnis zu den „ADSp der Spediteure". Eine Änderung besteht in den meisten Fällen in der Festlegung von Maßen und Gewichten für die Beförderung von Paketen.

a) Nennen Sie das dabei regelmäßig angegebene maximale Gewicht, die maximale Länge und das maximale Gurtmaß.

b) Erklären Sie dazu, was unter Gurtmaß zu verstehen ist.

21. Nennen Sie einige Beförderungsausschlüsse, die Paketdienste häufig festlegen.

22. Kleingutverkehre, sei es durch KEP-Dienste oder durch Sammelladungsspediteure, werden in zunehmendem Maße in Netzwerksystemen organisiert. Die bekanntesten Systeme dieser Art sind das Rastersystem und das Hub-and-Spoke-System.

a) Beschreiben Sie in Stichworten das Rastersystem. Nennen Sie die Nachteile dieses Systems und wann es doch sinnvoll ist, ein Rasternetzwerk zu installieren.

b) Beschreiben Sie die wesentlichen Merkmale einer Hub-and-Spoke-Organisation.

23. Einen entscheidenden Pluspunkt für die KEP-Dienste bilden ihre Informations- und Kommunikationssysteme; hier insbesondere die Sendungsverfolgung. Die Auszubildende Lerngut hört von ihrem Ausbilder, dass beabsichtigt wird, in der Firma ein Tracking- und Tracingsystem einzuführen. Darunter kann sie sich nun gar nichts vorstellen. Erklären Sie, was unter den Begriffen Tracking und Tracing zu verstehen ist.

24. Paketdienste verwenden spezielle Paketscheinaufkleber. Diese Aufkleber, die bereits vom Kunden auf die zu versendenden Pakete geklebt werden, enthalten alle wichtigen Informationen für die weitere Bearbeitung der Pakete. Nennen Sie die vier wichtigsten Informationen.

25. Der Paketscheinaufkleber ist das einzige „Versanddokument" für die gesamte Paketbeförderung. Damit erfüllt der Paketscheinaufkleber mehrere Funktionen. Welche Funktionen sind das? Nennen Sie mindestens drei davon.

1 Lagerei als logistische Teilfunktion erkennen

Die Gründe für die Lagerung von Gütern sind unterschiedlichster Art. Neben gesamt-wirtschaftlichen Interessen – z. B. Sicherung der Bevölkerung mit den wichtigsten Grundnahrungsmitteln – dient die Lagerung vor allem einzelwirtschaftlichen Interessen.

Die weitgehende Arbeitsteilung in der Wirtschaft, die räumliche und zeitliche Distanz zwischen Produktion und Verbrauch, die Spezialisierung in der Produktion und die Ausweitung der Sortimente im Handel beeinflussen die Nachfrage nach Zwischen-, Auslieferungs- und Dauerlägern, die zu einer optimalen Versorgung von Industrie, Handel, Handwerk wie auch des Verbrauchers beitragen.

In vielen speditionellen Leistungsangeboten nimmt die Lagerei eine wichtige Rolle ein. Insbesondere die Auslieferungsläger dienen dem zeitlichen Ausgleich zwischen Produktion und Verbrauch sowie der Sicherstellung der Nähe zum Absatzmarkt. Die Einschaltung des als gewerblicher Lagerhalter tätigen Spediteurs kann von der reinen Lagerhaltung, bei der lediglich die Lagerräume zur Verfügung gestellt werden, über die Tätigkeit des Ein- und Auslagerns hinaus bis zur kompletten Übertragung der Warendistribution oder der Einrichtung externer Beschaffungsläger im Rahmen logistischer Konzepte reichen.

Soweit ein Spediteur/Lagerhalter im Zusammenhang mit dem Lagergeschäft außer den „reinen Lageraufgaben" (Einlagern, Lagern und Auslagern) noch weitere Tätigkeiten übernimmt – insbesondere logistische Dienstleistungen – bilden diese den Gegenstand des nächsten Kapitels: Logistikverträge abwickeln.

1.1 Aufgaben des gewerblichen Lagerhalters beschreiben

Gewerbliche Lagerei bedeutet die gemäß Kundenauftrag verfügte Lagerung von Gütern gegen Entgelt. Die Auftraggeber können sein: Produktions- oder Handelsunternehmen und staatliche Stellen, insbesondere die Bundesanstalt für Landwirtschaft und Ernährung.

Die gewerbliche Lagerei wird von einem **Lagerhalter** durchgeführt. Der Auftraggeber ist der **Einlagerer**. Durch den Lagervertrag wird der Lagerhalter verpflichtet das Gut zu lagern und aufzubewahren. Der Einlagerer wird verpflichtet, die vereinbarte Vergütung zu zahlen (§ 467 HGB).

Soweit Spediteure solche Geschäfte betreiben, sind sie als Lagerhalter im Sinne des Gesetzes tätig. In der Praxis werden sie als Spediteur/Lagerhalter oder lagerhaltende Spediteure bezeichnet.

Die Aufgaben des Spediteurs/Lagerhalters bestehen also in der Einlagerung der Güter, der Lagerung der Güter und deren Auslagerung nach Ablauf der Lagerzeit.

1.2   Lagerarten unterscheiden

Wer sich mit dem Lagergeschäft befassen will, muss sich zunächst mit den verschiedenen Arten der Lagerei vertraut machen. Da ist von Verteilungslägern, von Dauerlägern, von Durchgangslägern, von Umschlagslägern, von zentralen Lägern die Rede, ohne dass diese Aufzählung als vollständig bezeichnet werden kann.

1.2.1   Umschlaglager

Das Umschlaglager gehört nicht zum Bereich der gewerblichen Lagerei. Die Umschlaglagerflächen sind für die verkehrsbedingte Zwischenlagerung von Gütern vorgesehen. Lässt z. B. ein Spediteur Einzelsendungen eines Urversenders abholen, die später im Sammelgutverkehr weiterbefördert werden sollen, kommen diese Sendungen zunächst auf das Umschlaglager. Von dort sollen sie – in der Regel noch am selben Tag – verladen werden. Umgekehrt läuft es, wenn ein Empfangsspediteur Eingangsgut behandelt. Zwischen der Anlieferung der kompletten Sammelladung und der Übernahme der Sendung zur Zustellung an den Empfänger befindet sich das Gut auf dem Umschlaglager. Im Idealfall wird das Umschlaglager am Arbeitstag zweimal in Anspruch genommen: am Vormittag durch das Eingangsgut, am späten Nachmittag durch das Ausgangsgut.

Zur gewerblichen Lagerei zählt auch nicht die kurzfristige Lagerung, die mit einer vorausgegangenen oder einer nachfolgenden Beförderung in Zusammenhang steht.

Beispiel: *Verschiedene Hersteller liefern Teile einer Maschinenanlage innerhalb eines kürzeren Zeitraumes bei einem Spediteur an, der nach Eintreffen der letzten Teillieferung die Anlage komplett zum Seehafen befördern lässt. Dort wird sie dann nach Übersee verschifft (Vorlagerung).*

Um eine Nachlagerung handelt es sich, wenn z. B. ein Spediteur eine Maschinenanlage in Wuppertal abholt, diese nach München befördert und sie dort kurzfristig „auf Lager" nimmt, bis der Käufer der Anlage die einzelnen Teile zur Aufstellung vom Spediteur abruft.

Die folgenden Ausführungen über die Lagerei gelten nicht für die verkehrsbedingten Vor-, Zwischen- und Nachlagerungen – die als Durchgangslagerungen bezeichnet werden –, es sei denn, sie werden im Einzelfall ausdrücklich mit einbezogen.

1.2.2   Auslieferungslager (Verteiler-, Konsignationslager)

Speditionelle Lagereibetriebe sind im Bereich der Auslieferungen meistens für mehrere Einlagerer tätig. (Auch Industrie und Handel unterhalten Auslieferungs- oder Verteilungsläger, in der Regel aber nur für ihre eigenen Produkte.)

In Auslieferungslägern werden überwiegend Markenartikel behandelt, die jederzeit und überall in gleicher Qualität erhältlich sein müssen. In solchen Lägern werden die Güter gewöhnlich in größeren Partien angeliefert, dann durch den Lagerhalter auf Weisung des Kunden (des Einlagerers) in kleineren Sendungen an Einzelhandelsgeschäfte und Warenhäuser bzw. Supermärkte ausgeliefert.

Diese Auslieferungsläger werden zur Sicherung einer hohen Lieferbereitschaft und kurzer Lieferzeiten möglichst in der Nähe der Abnehmer eingerichtet.

Auslieferungslager für Elektro-Installationsteile

1.2.3 Dauerlager

Dauerläger werden vor allem aufgrund staatlicher Marktordnungsregelungen und zur Versorgung der Bevölkerung in Krisenzeiten („Bundesreserve") eingerichtet. Dort lagern die Güter, z. B. Getreide, Milchpulver, Kohle usw., für einen längeren Zeitraum. Wesentliche Lagerbewegungen (Aus- oder Einlagerungen) finden während der Dauer der Lagerung nicht statt. Die Hauptaufgabe des Lagerhalters besteht vorwiegend in der Pflege der Güter.

1.2.4 Unterscheidung der Läger nach ihrer Bauart

Entsprechend ihrer Bauart bzw. nach ihrer Anlage lassen sich die Läger wie folgt einteilen.

Flachlager. Unter einem Flachlager versteht man gewöhnlich ein Gebäude mit einer Höhe bis zu ca. 7 m. Von einem Hochflachlager wird dann gesprochen, wenn das Gebäude bis zu 12 m hoch ist. Im Flachlager kann sowohl die Blocklagerung als auch die Regallagerung vorgenommen werden. Für die Wirtschaftlichkeit des Lagers ist der Stützenabstand von großer Bedeutung. Zweckmäßigerweise wird dieser Abstand nach einem Rastermaß geplant, das für die Lagerung von Normpaletten geeignet ist.

Etagenlager. Als Etagenlager bezeichnet man ein auf mehrere Stockwerke übereinander gebautes Flachlager. Der Anlass zur Errichtung eines Etagenlagers war vielleicht der Zwang, die Lagerfläche zu erweitern, ohne dass zusätzliche Grundstücksflächen

Flachlager mit Regalen zur Lagerung von Flachpaletten

vorhanden waren. Ein sehr großer Nachteil zeigt sich beim Etagenlager meistens darin, dass die Bedienung der einzelnen Lagerflächen nur über Aufzüge möglich ist. Bei der Güterbewegung bilden Aufzüge stets Engpässe.

Hochregallager. Hochregalläger beginnen bei einer Lagerhöhe von mindestens 12 m. Es gibt sogar Läger mit Höhen bis zu 45 m. Ein Teil dieser Hochregalläger wird als fester Baukörper in Betonbauweise errichtet, in den die freistehenden Regale eingebaut werden. Bei anderen dienen die Regale als Trägerkonstruktion für die Wände und für das Dach. Hochregalläger können für keinen anderen Zweck verwendet werden, während sich für Flach- und Etagenläger zuweilen auch andere Nutzungsmöglichkeiten – z. B. Fertigung – finden lassen.

Silo, Tanklager, Bunkerlager. In diesen Fällen handelt es sich um Speicherbehälter zur Lagerung von Schüttgut, Flüssigkeiten oder Gasen. Die Bauformen können – je nach Lagergut – quaderförmig oder zylindrisch sein. Höhen bis zu 30 m und Räume bis zu 2 000 m^3 sind nicht ungewöhnlich. Die Zuführung des Lagergutes erfolgt meist von oben über Stetigförderer oder über Kräne. Die Entnahme des Lagergutes geschieht vorwiegend über Auslaufvorrichtungen am Boden.

Freilager. Für die Lagerung witterungsunempfindlicher Güter – Kies, Baustoffe, teilweise auch Holz, Erze – ist ein Freilager geeignet. Dabei findet die Lagerung unter freiem Himmel statt. Sollen andere Güter im Freilager gelagert werden, müssen diese z. B. durch Abdecken mit Planen vor Witterungseinflüssen geschützt werden.

Die baulichen Maßnahmen bei einem Freilager sind in erster Linie auf die Befestigung des Bodens gerichtet, damit die Verschmutzung des Lagergutes so gering wie möglich gehalten wird. Auch sollte ein entsprechender Untergrund für den Einsatz der Förder- und Transportmittel geschaffen werden.

3844378

Speziallager. Neben der Lagerung von normalem Kaufmannsgut übernehmen die gewerblichen Lagerhalter auch das Lagern von Gütern, die einer besonderen Behandlung bedürfen. Hier sind z. B. Güter zu nennen, die klimatisiert gelagert werden müssen. Bei frostempfindlichen Gütern darf auch in den Wintermonaten die Temperatur einen bestimmten Bereich nicht unterschreiten. Umgekehrt gibt es Güter, die stets kühl gelagert werden müssen. Eine Klimaanlage sorgt dann dafür, dass die Temperatur bestimmte Grade nicht übersteigt. Fette, Öl, Eier, Fleisch werden in der Regel in einem Kühllager untergebracht. Speziell ist auch die Getreidelagerung zu nennen: Das Getreide muss im Laufe der Lagerung oftmals bearbeitet werden. Dazu werden Trocknungs-, Reinigungs-, Belüftungs- und Begasungsanlagen gebraucht, die natürlich alle den Lagerbau beeinflussen.

1.3 Lagereinrichtungen unterscheiden

Um das Lagergut ordentlich zu lagern und um die Kosten der Ein- und Auslagerung möglichst gering halten zu können, werden verschiedene technische Einrichtungen benutzt.

1.3.1 Regale

In Lagerräumen werden Regale aus unterschiedlichen Materialien und in verschiedenen Formen verwendet. Nach dem Rasterprinzip hergestellt, können sie für fast jedes Lager entsprechend den dort vorhandenen Bedürfnissen montiert werden. Man unterscheidet:

Kompaktregalanlage mit Verschieberegalen

– **Palettenregale,** in denen Paletten stapelweise gelagert werden;

– **Kompaktregalanlagen,** bei denen die Regale so aneinandergestellt sind, dass Zwischengänge entfallen. Zur Bedienung der Regale (Ein- oder Auslagern) können die Regale mechanisch auseinandergeschoben werden;

– **Langmaterialregale,** in denen Rohre, Stabeisen, Langeisen u. Ä. gelagert werden;

– **Durchlaufregale.** Die Einlagerung erfolgt bei diesen Regalen auf der einen Seite, die Entnahme auf der anderen Seite.

1.3.2 Förderzeuge

Zum Be- und Entladen von Fahrzeugen, die Lagergut abholen oder anliefern, zum Ein- und Auslagern, zum Befördern innerhalb des Lagerbereichs werden Förderzeuge verwendet, die sich nach ihrer Antriebsart unterscheiden.

Von **Menschen gezogene oder geschobene mechanische Förderzeuge,** wie Handwagen, Handkarren, Stechkarre, Schubkarre, Hubwagen und Roller.

Förderzeuge, die maschinell angetrieben und von Menschen gesteuert werden. Dazu gehören:

– **Stapler,** die zum Lagern und Stapeln von Gütern, aber auch zu deren Transport geeignet sind. Die Last wird mit Gabeln oder Klammern oder anderen Anbaugeräten aufgenommen. Über den Hubmast können die Anbaugeräte hydraulisch oder pneumatisch sowohl gehoben und gesenkt als auch nach vorne oder hinten geneigt werden. Häufig lässt sich das Anbaugerät auch seitlich verschieben oder ein- und ausfahren. Damit kann erreicht werden, dass die oft sehr engen Stauräume in Fahrzeugen und im Lager „zentimetergenau" anzusteuern sind. Die Stapler werden überwiegend im Palettenbetrieb eingesetzt. Es können aber auch Lasten anderer Art damit bewegt werden, wobei die Tragfähigkeit von Staplern bei weniger als einer Tonne beginnt und bei maximal 15 Tonnen endet.

Gabelstapler

Zur besseren Raumausnützung werden Hochgabelstapler verwendet, mit denen Ein- und Auslagerungen bis in Höhen von 12 m möglich sind. Diese Stapler sind mit Teleskop- und Drehgabel versehen, sodass mit ihnen in Gängen gearbeitet werden kann, die lediglich 1,50 bis 1,70 m breit sind.

Gabelhubwagen

– **Hubwagen,** mit denen Paletten oder Behälter zu bewegen sind. Im Gegensatz zum Stapler wird dabei die Hubeinrichtung nur so weit vom Boden angehoben, dass der Hubwagen mit dem Gut gefahren werden kann. Die Hubwagen werden entweder von Hand gezogen, dann gehören sie zu den mechanischen Förderzeugen, oder sie werden durch Batterien angetrieben und vom Bediener im Mitgehen gesteuert. Die Tragfähigkeit liegt im Bereich von weniger als einer Tonne bis zu knapp zwei Tonnen.

– **Laufkräne** (Laufkatzen) findet man hin und wieder auch in der Lagerei. Die Laufkräne werden auf Schienen bewegt, die knapp unter der Hallendecke in Längsrichtung auf beiden Seiten des Lagergebäudes verlegt sind. Das auf diesen Schienen laufende Fahrgestell bildet die Querverbindung. Die Laufkatze kann sowohl in Längsrichtung als auch seitwärts bewegt werden, sodass nahezu auf der gesamten Lagerfläche die Güter gehoben, abgesenkt und in alle Richtungen „transportiert" werden können.

– **Portalkräne** werden vor allen Dingen in Lägern mit Wasseranschluss (in Binnenhäfen oder in Seehäfen) eingesetzt, vereinzelt aber auch in Verbindung von Schiene und Straße. Mit diesen Kränen wird der Umschlag vom Anlieferfahrzeug (Schiff, Waggon, Lkw) in das Lager und umgekehrt durchgeführt.

Zu den Lagereinrichtungen zählen ferner **Lastenaufzüge,** die in den Etagenlagern benötigt werden, **Förderbänder, Röllchenbahnen** und **Rohrleitungen**.

Kombinationsgerät zur Lagerver- und -entsorgung:
Die Stand-/Sitzkabine ist separat auf einem Tragschlitten befestigt und nicht mit dem Lastträger gekoppelt.

Zunehmend werden automatische Förderzeuge eingesetzt, teilweise auch schon computergesteuerte Regalförderzeuge. Unter die automatischen Förderzeuge fallen fahrerlos gesteuerte Transportwagen, die durch im Boden verlegte Induktionsschleifen zum jeweiligen „Arbeitsplatz" geleitet werden („Teletraks"). Die Energie für das Fahren und für die Hebearbeit kommt aus einer mitgeführten Batterie.

Rechnergesteuerte Kommissionier- und Förderanlage

1.3.3 Hilfsmittel im Lagereibetrieb

Ohne Anspruch auf Vollständigkeit zu erheben, sollen noch weitere Hilfsmittel angeführt werden, die eine schnelle, leichtere und saubere Arbeit im Lager ermöglichen:

- Klammer-, Umreifungsmaschinen,
- Vorrichtungen zum Umschrumpfen von Paletten oder anderen Packstücken,
- Mess-, Zähl- und Wiegeeinrichtungen,
- Markier- und Etikettiergeräte,
- Reinigungsgeräte,
- Werkzeuge aller Art.

Zusammenfassung

> ➤ Die Lagerei ist aus gesamtwirtschaftlichen und für Produktions- und Handelsunter-
> nehmungen auch aus einzelwirtschaftlichen Interessen unverzichtbar.
>
> ➤ Die gewerbliche Lagerei reicht von der alleinigen Bereitstellung der Lagerräume über
> Ein- und Auslagerung bis hin zur Übernahme komplexer logistischer Dienstleistungen.
>
> ➤ Der Spediteur/Lagerhalter unterhält entweder Auslieferungsläger oder Dauerläger.
>
> ➤ Nach der Bauart unterscheidet man:
> - Flachläger, Etagenläger, Hochregalläger, Silos, Tankläger, Bunkerläger, Freiläger,
>   Spezialläger.
>
> ➤ Die wichtigsten Lagereinrichtungen sind:
> - Regale,
> - Förderzeuge wie Stapler, Hubwagen, Kräne, Lastenaufzüge, Förderbänder,
>   Röllchenbahnen, aber auch von Menschenhand gezogene oder geschobene
>   Förderzeuge wie Handwagen, Stechkarre, Schubkarre, Roller u. a.

2 Lagervertrag abschließen

Grundsätzlich können Lagerverträge frei gestaltet werden. Allerdings enthält das HGB hinsichtlich der Haftung auch Vorschriften, die zu beachten sind. Die gesetzlichen Bestimmungen kommen auch zur Anwendung, soweit frei geschlossene Verträge unvollständig sind.

Der Lagervertrag wird durch zwei übereinstimmende Willenserklärungen von Einlagerer und Lagerhalter abgeschlossen. Es handelt sich also um einen **Konsensualvertrag.** Der so zustandegekommene Vertrag wird als **verfügte Lagerung** bezeichnet. Davon zu unterscheiden ist die **verkehrsbedingte** Vor-, Zwischen- und Nachlagerung, die im Rahmen einer anderen speditionellen Tätigkeit, z. B. bei der Abwicklung von Sammelgutverkehren, notwendig wird.

2.1 Rechtsgrundlagen für Lagerverträge beachten

Der Lagervertrag soll alle Punkte enthalten, die für die Abwicklung des Lagergeschäfts von Bedeutung sind. Werden Vertragsabsprachen getroffen, die weitgehend von den allgemeinen Rechtsvorschriften losgelöst sind, spricht man von einem individuellen Lagervertrag.

Als Rechtsgrundlagen für das Lagergeschäft können herangezogen werden:
- BGB (§§ 688 – 700, Verwahrungsgeschäft)
- HGB (§§ 467 – 475 h, Lagergeschäft)
- ADSp (Ziffer 15 Lagerung und Ziffer 24 Haftungsbegrenzung bei verfügter Lagerung)

Die Anwendungspriorität der Rechtsgrundlagen richtet sich nach dem Grundsatz: Spezielles Recht kommt vor allgemeinem Recht.

Danach steht an erster Stelle der individuelle Lagervertrag. Ist keiner geschlossen (oder fehlen darin bestimmte Regelungen), kommen für den Spediteur/Lagerhalter in seinem Vertragsverhältnis zum Einlagerer die ADSp zum Zuge. Da die ADSp zum Lagergeschäft nur einige Regelungen enthalten, ist zusätzlich das HGB heranzuziehen.

Das HGB gilt für Kaufleute. Kaufmann ist, wer ein gewerbliches Unternehmen betreibt. Das Lagerrecht des HGB ist dann anwendbar, wenn das Lagergeschäft in diesem Sinne kaufmännisch ist, d. h. gewerblich betrieben wird.

Zwischen dem individuellen Lagervertrag und den ADSp können als Vertragsgrundlage besondere Lagerbedingungen im Sinne von Allgemeinen Geschäftsbedingungen eingeordnet werden. Das trifft in See- oder Binnenhäfen zu, auch in Flughäfen, bei staatlichen Lagereibetrieben und beim Zoll.

2.1.1 Individuellen Lagervertrag abschließen

Die einzulagernden Güter verlangen je nach ihrer Art spezielle Behandlungen. Dadurch entstehen unterschiedliche Kosten, die zu arteigener Entgeltberechnung führen. Dementsprechend sind regelmäßig individuelle Absprachen im Lagervertrag zu berücksichtigen. Folgende Punkte sollten geregelt werden:
- **Parteien des Lagervertrages**
- **Gegenstand des Lagervertrages:**
  - Angaben zum Lagergut (Verpackung, Art, palettiert oder nicht usw.)
  - geplante durchschnittliche Lagerdauer

– voraussichtliche durchschnittliche Einlagerungsmenge pro Kalendermonat

– Hinweis auf ADSp bzw. HGB als Rechtsgrundlage, soweit im Einzelvertrag keine individuelle Regelung enthalten ist

● **Aufgaben des Lagerhalters – besondere Regelungen:**

– Eingangskontrolle

– Beachtung besonderer Sicherungsmaßnahmen: Zusammenlagerverbote, Stapelvorschriften, Luftfeuchtigkeit usw. Evtl. laufende Pflege der eingelagerten Güter

– Art und Weise der Bestandsführung

– Besonderheiten bei der Auslagerung, z. B. Kommissionierung nur entsprechend dem jeweiligen Einzelauftrag

– Organisation der Zustellungen und die dafür anzuwendenden Bedingungen und Entgelte

– Versicherungen, die auf Kosten des Einlagerers durch den Spediteur/Lagerhalter eingedeckt werden sollen. Schriftlicher Auftrag ist notwendig.

● **Ein- und Auslagerung:**

– Nur innerhalb der regulären Geschäftzeiten des Lagerhalters

– Angabe des Wertes des Gutes und dessen Eigenschaften, wenn diese eine besondere Behandlung erfordern (z. B. Gefahrgut)

● **Entgelte und Auslagenersatz:**

– Lagergeld

– Einlagern

– Auslagern

– Kommissionieren

– Palettenbehandlung

– Auslagenersatz für Versicherungen, Frachtvorlagen, Zoll, EUSt usw.

● **Vertragsdauer und -beendigung, Änderungen, Nebenabreden**

2.1.2 Lagervertrag nach HGB abschließen

HGB § 467 Lagervertrag

(1) Durch den Lagervertrag wird der Lagerhalter verpflichtet, das Gut zu lagern und aufzubewahren.

(2) Der Einlagerer wird verpflichtet, die vereinbarte Vergütung zu zahlen.

(3) ...

Nach den Vorschriften des HGB zum Lagergeschäft ergeben sich für den Lagerhalter und den Einlagerer bestimmte Pflichten.

Die wesentlichen Pflichten des Lagerhalters:

● Wird einem Lagerhalter zu lagerndes Gut zugesandt, so ist er frachtrechtlich gesehen Empfänger. Deshalb muss er **zugunsten des Einlagerers** die **Rechte gegenüber dem Frachtführer ausüben,** d. h. beim Empfang auf äußerlich erkennbare Schäden oder Mängel achten, entsprechende Vorbehalte an den Frachtführer richten und den **Einlagerer verständigen.**

- Im Zuge der Aufbewahrungspflicht muss der Lagerhalter das **Gut beobachten,** ob es noch in Ordnung ist, und wenn sich **nachteilige Veränderungen zeigen oder ankündigen,** muss er den **Einlagerer verständigen,** Weisungen einholen und notfalls selbst die geeigneten Maßnahmen mit der Sorgfalt eines ordentlichen Lagerhalters treffen.

- Auf Verlangen des Einlagerers hat der Lagerhalter das **Gut zu versichern.** Häufig halten Lagerhalter dazu eine General-Police bereit. Der Einlagerer sollte die zu versichernden Gefahren nennen. Beschränkt er sich auf die Angabe Versicherung oder Lagerversicherung, wird der Lagerhalter in der Regel die klassische Lagerversicherung gegen Feuer-, Einbruchdiebstahl-, Leitungswasser- und Sturmschäden eindecken. Ist der Einlagerer ein Verbraucher, so muss ihn der Lagerhalter auf die Versicherungsmöglichkeiten hinweisen.

- Der Lagerhalter muss dem Einlagerer die **Besichtigung** des Gutes, die **Entnahme** von **Proben** und die zur **Erhaltung des Gutes notwendigen Handlungen** während der Geschäftsstunden gestatten.

  Der Lagerhalter ist jedoch zur Vornahme notwendiger Handlungen **berechtigt** und im Falle der **Sammellagerung** sogar **verpflichtet,** z. B. Begasung von Getreide bei Ungezieferbefall.

- **Haftung des Lagerhalters:** Der Lagerhalter haftet für **Verlust** und **Beschädigung** des Gutes, entstanden in der **Gewahrsamszeit,** also in der Zeit von der Übernahme bis zur Auslieferung. Die Haftung entfällt, wenn der Schaden durch die Sorgfalt eines ordentlichen Kaufmanns nicht abgewendet werden konnte. Das bedeutet: Der Lagerhalter haftet nur bei Verschulden. Er muss aber beweisen, dass ihn kein Verschulden am Eintritt des Schadens trifft. (Verschuldenshaftung mit umgekehrter Beweislast)

  Nach dem HGB ist die Haftungshöhe beim Lagergeschäft unbeschränkt, jedoch frei, auch AGB-frei, beschränkbar (vgl. Haftung beim Lagergeschäft nach ADSp).

Sowohl der **Einlagerer** als auch der **Lagerhalter** haben das **Recht,** den Lagervertrag mit einer Frist von **einem Monat zu kündigen,** sofern er nicht auf eine bestimmte Zeit abgeschlossen ist.

Die wesentlichen Pflichten des Einlagerers:

- Der Einlagerer muss das Gut verpacken, kennzeichnen und erforderliche Urkunden zur Verfügung stellen. Außerdem hat er dem Lagerhalter alle Auskünfte zu erteilen, die der Lagerhalter zur Erfüllung seiner Pflichten benötigt.

- Wird dem Lagerhalter gefährliches Gut übergeben, sind die Gefahren, die von dem Gut ausgehen, rechtzeitig schriftlich mitzuteilen. Auf notwendige Vorsichtsmaßnahmen ist hinzuweisen.

- Der Einlagerer haftet verschuldensunabhängig für Schäden und Aufwendungen, die dadurch entstehen, dass er seine Pflichten nicht erfüllt.

HGB § 469   Sammellagerung

(1) Der Lagerhalter ist berechtigt, vertretbare Sachen mit anderen Sachen gleicher Art und Güte zu vermischen, wenn die beteiligten Einlagerer ausdrücklich einverstanden sind.

(2) …

(3) …

Beispiel für Sammellagerung: Soll ein Lagerhalter z. B. Weizen von verschiedenen Landwirten einlagern, so könnte er einmal die verschiedenen Partien getrennt lagern (Sonderlagerung, Einzellagerung, Separatlagerung), würde dafür aber viel Platz benötigen und deshalb entstünden relativ hohe Lagerkosten. Werden die verschiedenen Partien, die allerdings von **gleicher Art und Güte** sein müssen, zusammengeschüttet, wird der Platzbedarf geringer und die Lagerungskosten sinken im Vergleich zur Sonderlagerung. Gleiche Art bedeutet, dass Weizen nicht mit Gerste gemischt werden darf, die Güte bezieht sich z. B. auf den Feuchtigkeitsgrad und Verunreinigungen. Es ist üblich, dass der Lagerhalter bei Getreide-Einlagerungen von jeder Partie Proben zieht und auswertet, ehe die Partien zusammen gelagert werden.

2.1.3 ADSp-Regelungen beim Lagervertrag beachten

In den ADSp befassen sich nur die Ziffern 15 und 24 mit dem Lagergeschäft. Durch diese Regelungen werden einige Vorschriften des HGB verfeinert und besonders den Bedürfnissen des Spediteurs/Lagerhalters angenähert. Im Vergleich zum HGB erhält u. a. der Spediteur/Lagerhalter zusätzliche Rechte:

● Der Lagerhalter kann den Lagerort wählen (eigene oder fremde Lagerräume). Lagert er bei einem fremden Lagerhalter ein, muss er dessen Namen und den Lagerort unverzüglich dem Einlagerer schriftlich bekannt geben.

● Möchte der Einlagerer die Lagerräume besichtigen oder besichtigen lassen, darf er das nur in Begleitung des Spediteurs. Der Einlagerer haftet für Schäden, die er, seine Angestellten oder Beauftragten beim Betreten oder Befahren des Lagergrundstückes dem Spediteur, anderen Einlagerern oder sonstigen Dritten zufügen, es sei denn, der Schaden entsteht ohne Verschulden.

● Inventurdifferenzen, die einem Einlagerer durch gleichzeitige Fehl- und Mehrbestände entstehen, können durch den Lagerhalter wertmäßig saldiert werden.

● Beim Vorliegen von Zahlungsrisiken kann der Spediteur die Kündigungsfrist verkürzen oder den Lagervertrag sogar fristlos kündigen.

Zusammenfassung

➤ **Der Lagervertrag wird zwischen dem Einlagerer (Auftraggeber) und dem Lagerhalter (Spediteur/Lagerhalter) abgeschlossen. Er hat eine sog. verfügte Lagerung zum Inhalt. Der Lagervertrag kommt durch zwei übereinstimmende Willenserklärungen zustande (Konsensualvertrag).**

➤ **Als Rechtsgrundlagen für den Lagervertrag kommen in Betracht:**
Individuelle Absprachen, ADSp, HGB, BGB.

➤ **Beim individuellen Lagervertrag sollten folgende Hauptpunkte geregelt werden:**

Parteien des Lagervertrages, Gegenstand des Lagervertrages, Aufgaben des Lagerhalters, Ein- und Auslagerung, Entgelte und Auslagenersatz, Vertragsdauer und -beendigung, Änderungen und Nebenabreden.

➤ **Die wesentlichen Pflichten des Lagerhalters und die des Einlagerers sind in den §§ 467–475 des HGB festgelegt. Speziell die Sammellagerung ist im § 469 HGB geregelt.**

➤ **Die ADSp-Regelungen enthalten Ergänzungen und Verfeinerungen zu den HGB-Vorschriften. Sie sind den Bedürfnissen des Spediteurs/Lagerhalters angenähert. Im Wesentlichen befassen sich die ADSp beim Lagergeschäft**
– mit der Wahl des Lagerortes durch den Lagerhalter,
– mit der Besichtigungsmöglichkeit der Lagerräume für den Einlagerer,
– mit der Bereinigung von Inventurdifferenzen,
– mit besonderen Kündigungsfristen beim Vorliegen von Zahlungsrisiken.

3 Lagervertrag abwickeln

Zu den wesentlichen Leistungen des Lagerhalters gehören das **Einlagern,** die **Lagerung** und das **Auslagern.** Das Ein- und Auslagern fasst man auch unter dem Begriff **Umschlag** zusammen.

3.1 Güter einlagern

Die Lagergüter werden entweder durch den Einlagerer oder durch einen beauftragten Frachtführer angeliefert. Eine andere Möglichkeit besteht darin, dass der Lagerhalter die Güter beim Einlagerer übernimmt und selbst zum Lager bringt.

In allen Fällen ist es Aufgabe des Lagerhalters, die Anlieferfahrzeuge zu entladen; das geschieht in der Regel mithilfe von Umschlaggeräten (Stapler, Förderbänder usw.).

Für den Lagerhalter besteht die Verpflichtung, den ordnungsmäßigen – äußeren – Zustand der Waren festzustellen und ggf. für den Einlagerer, dessen Rechte gegenüber dem Frachtführer zu wahren. Beispielsweise darf er dem anliefernden Frachtführer keine reine Ablieferquittung erteilen, wenn an einzelnen Packstücken Verpackungsschäden zu erkennen sind. Gesetzlich ist er allerdings nicht verpflichtet, das Gut auf Mängel zu untersuchen, die äußerlich nicht sichtbar sind.

Über die angelieferten Güter stellt der Lagerhalter dem Frachtführer eine Bestätigung aus. Fehler oder Reklamationen sowie Differenzen zwischen der papiermäßigen und der tatsächlichen Anliefermenge sind auf der Bescheinigung zu vermerken, wobei die Gegenzeichnung durch den Frachtführer besonders wichtig ist. Der Lagerhalter muss den Einlagerer unverzüglich von den Unregelmäßigkeiten benachrichtigen.

3.2 Güter lagern

Der Lagerhalter ist verpflichtet die Güter sachgerecht zu lagern. Dazu gehört, dass er den geeigneten Lagerraum zur Verfügung stellt. Geht er dabei nicht mit der gebotenen Sorgfalt vor, entsteht für ihn ein Haftungsgrund.

Besondere Anforderungen hat der Spezialist im Lagergeschäft zu erfüllen, so z. B. ein Getreidelagerbetrieb oder der Halter eines Kühllagers usw.

Gefährliche Güter dürfen nur auf Lagerplätzen gelagert werden, die von den Landesbehörden und den Gewerbeaufsichtsämtern genehmigt sind. Es versteht sich von selbst, dass hier besondere Voraussetzungen erfüllt sein müssen, z. B. Sicherheitsabstände zu anderen Gütern und Lägern, Feuerwände usw.

Auch im „normalen" Lager sind ordnungs- und baubehördliche Vorschriften zu beachten. Das betrifft u. a. die Anlage von Fluchtwegen, Ausstattung mit Sprinkleranlage und Feuerlöschern, Löschwasserversorgung, Tragfähigkeit der Böden, Rauchverbot, Abfallbeseitigung.

Der Lagerhalter muss bei der Lagerung die Besonderheiten der Güter beachten: erlaubte Stapelhöhe, Symbole, die auf den Gütern oder deren Verpackung angebracht sind (z. B. Pfeil nach oben, Glas usw.), zwingen zu vorsichtigem und sachgerechtem Umgang mit der Lagerware.

Im Interesse einer kostengünstigen Abwicklung wird der Lagerhalter darauf achten, die Güter zur Lagerung bzw. Aufbewahrung auf einen geeigneten Platz zu stellen. Waren, die häufig umgeschlagen werden, kommen ebenso wie besonders schwere Güter, möglichst nahe an die Rampe bzw. die Ladeluke. Güter, die voraussichtlich länger im Lager bleiben, stapelt man regelmäßig „nach hinten". Eine allgemein gültige Aussage über den günstigsten Lagerplatz lässt sich jedoch nicht abgeben. Hier spielt auch die Wahl bzw. die Vorschrift des Lagerprinzips eine bedeutende Rolle: Wird die Lagerung nach dem „fifo-Prinzip" durchgeführt oder ist Blocklagerung vorgeschrieben? Arbeitet der Lagerhalter vielleicht mit „chaotischer Lagerführung"?

Lagerung nach dem **fifo-Prinzip** heißt, dass die zuerst eingelagerten Güter das Lager auch zeitlich wieder zuerst verlassen müssen. Das bedeutet, dass z. B. die Stapelung nicht gegen eine Wand erfolgen kann, weil sonst die Auslagerung der zuerst auf Lager genommenen Güter wegen fehlender Fahrwege nicht möglich ist. Es müsste demnach vor der Auslagerung erst eine unwirtschaftliche Umstapelung erfolgen. Der Platzbedarf ist bei der fifo-Lagerung relativ groß.

Blocklagerung bedeutet, dass das Lagergut (einzeln oder auf Paletten) lückenlos aufeinander, neben- und hintereinander gestapelt wird. Bei dieser Art von Stapelung ist besonders auf die Druckempfindlichkeit des Lagergutes sowie die Standsicherheit des Stapels zu achten.

Es wäre ein Missverständnis, zu glauben, dass eine **chaotische Lagerplatzordnung** „chaotische" Verhältnisse im Lager zulassen würde. Ganz im Gegenteil, die chaotische Lagerung erfordert eine jederzeitige Dokumentation darüber, welche Ware, in welcher Menge, auf welchem Platz gelagert ist. Chaotisch bedeutet in diesem Zusammenhang also, dass einzulagernde Ware auf jedem freien Platz innerhalb des Lagers aufbewahrt werden kann.

Bei einem chaotischen Lagerplatzsystem wird es in der Regel erforderlich sein, Einlagerung und Lagerplatzvergabe, Warenbestandsführung und -kontrolle, Aus- und Umlagerung über eine DV-Anlage abzuwickeln. Besonders geeignet ist das System bei Hochregallägern mit rechnergesteuerter Beschickung der freien Palettenstellplätze wie auch einer gleichartigen Abholung der Paletten aus dem Regal.

Bestimmte Lagergüter bedürfen während der Aufbewahrungsdauer zusätzlich laufender Kontrolle und einer Pflege. So wird beispielsweise in einem Getreidelager täglich die Temperatur an planmäßig festgelegten Stellen gemessen. Steigt an einer Stelle die Temperatur unverhältnismäßig an, kann daraus geschlossen werden, dass „Käferbefall" vorliegt. Dann muss eine genauere Untersuchung erfolgen, die bei einem positiven Ergebnis zu Gegenmaßnahmen zwingt (z. B. Teilauslagerung, Begasung).

Gemäß HGB – die ADSp enthalten keine entsprechende Aussage – hat der Lagerhalter den Einlagerer unverzüglich zu benachrichtigen, wenn am Gut Veränderungen eintreten oder zu befürchten sind.

Die Oberfläche des Getreides wird in kürzeren Abständen so geglättet, dass Spuren von Schädlingen dort leicht zu erkennen sind. Fällt beim Glätten Getreide über die Umrandung des Getreidelagers („Umlauf") müssen diese Reste sofort von dort entfernt werden, weil evtl. Schädlinge angelockt werden können. Mit diesen Tätigkeiten ist die Getreidepflege während der Lagerung noch nicht erschöpft. Es würde hier aber zu weit führen, alle Einzelheiten zu beschreiben. Sinn dieses Beispiels ist zu zeigen, dass eben verschiedene Güter auch bei der Lagerung einer Pflege bedürfen, obwohl normalerweise das Lagergut zu Beginn der Lagerzeit einen Zustand der Ruhe erreicht.

Je nach Beschaffenheit und Art der Lagerware werden in bestimmten Abständen – oder gemäß Lagervertrag – Bestandsaufnahmen vorgenommen. Über Abweichungen zwischen dem körperlichen und dem buchmäßigen Bestand (Inventurdifferenzen) erhält der Einlagerer Nachricht. Ggf. berechnet er dann dem Lagerhalter den Schaden.

3.3   Güter auslagern

Die Güter dürfen nur in einwandfreiem Zustand ausgelagert werden (Staub und Schmutz sind zu entfernen). Der Abholer bestätigt die ordnungsmäßige Übergabe an ihn.

Hat der Lagerhalter einen Lagerschein ausgestellt, so ist er zur Auslieferung des Gutes nur gegen Rückgabe des Lagerscheins, auf dem die Auslieferung bestätigt wird, verpflichtet. Bei Teilauslieferungen werden auf dem Lagerschein Abschreibungen vorgenommen.

Der Lagerhalter wird auch prüfen, ob ein Selbstabholer (noch) berechtigt ist, Ware vom Lager zu übernehmen. Vielleicht hat ihn der Einlagerer in der Zwischenzeit von der Selbstabholung ausgeschlossen. Manchmal sind bei der Auslieferung auf Anweisung des Einlagerers Kosten nachzunehmen.

3.4   Weitere Aufgaben des Lagerhalters erledigen

Neben den Hauptaufgaben des Lagerhalters, Einlagern, Lagern und Auslagern, finden sich noch eine Vielzahl von Funktionen, die durch den Lagerhalter alle oder zu einem Teil ausgeübt werden. Dazu zählen: Kontrolle der Ware, Umfüllen, Verwiegen, Musterziehen, Neutralisieren, Markieren, Kommissionieren, Verpacken, Umschrumpfen von Paletten u. a. m. Nebenfunktionen im kaufmännischen Bereich sind z. B. Verzollung, Versicherung, Dokumentenerstellung, Abrechnung mit Dritten, Schadenabwicklungen.

3.5   Entgelte im Lagereigeschäft berechnen

Für die Berechnung von Leistungen im Bereich der Lagerei gilt der Grundsatz der freien Preisbildung. Ausnahmen finden sich allenfalls bei Gebührenregelungen in See- oder Binnenhäfen, beim Zoll oder bei der Getreidelagerung im Auftrag der Bundesanstalt für Landwirtschaft und Ernährung.

Die freie Preisbildung setzt jedoch voraus, dass der Spediteur/Lagerhalter seine Kosten kennt. Diese entstehen:

● **beim Lagern,** das ist die eigentliche **Aufbewahrung der Güter**, die sich „im Zustand der Ruhe" befinden, soweit nicht die Besonderheit des Lagergutes eine Behandlung während der Pflege erfordert;

● **beim Umschlag**, der die **Einlagerung** der Güter – das Entladen des Anlieferfahrzeugs bis zur abgeschlossenen Stapelung im Lager – **und die Auslagerung** – Bereitstellung zur Auslieferung einschließlich evtl. notwendiger Nebentätigkeiten wie Kommissionieren – umfasst;

● **bei der Lagerverwaltung,** zu der die Lagerbuchhaltung, die Abrechnung, das Erstellen der Beförderungspapiere u. a. zählen;

● **in der kaufmännischen Verwaltung,** in die gewöhnlich die Geschäftsleitung, die Finanzbuchhaltung, die Lohn- und Gehaltsbuchhaltung sowie der Verkauf einbezogen sind.

Natürlich will der Lagerhalter nicht nur die Kostendeckung erreichen, sein Ziel ist ein angemessener Gewinn. Deshalb muss er – um ein Angebot abgeben zu können – zu seinen Selbstkosten einen Gewinnzuschlag rechnen. Danach kann er für die Leistungsbereiche Einlagern, Lagern und Auslagern die Spesensätze nennen. In den meisten Fällen wird nach Gewichtseinheiten abgerechnet.

● Ein- und Auslagerung sowie Lagergeld für den Einlagerungsmonat   ... €/t

● Lagergeld für jeden auf den Einlagerungsmonat folgenden
  angefangenen Monat   ... €/t

Für andere Einheiten (z. B. 100 kg) oder für Stücksätze (z. B. je Palette) lassen sich daraus die Sätze ohne große Schwierigkeiten ableiten.

Das Lagergeld kann auch pro m² und Monat angesetzt werden, je nach dem Platzbedarf, den eine Einheit (t, 100 kg, Palette) benötigt, wobei das Verhältnis Gesamtfläche zur Nutzfläche zu berücksichtigen ist.

Vereinzelt wird die Umschlagsleistung nach Zeitaufwand abgerechnet. Dieser Modus kommt vor allem bei Gütern vor, die schwer zu handhaben oder besonders sperrig sind.

Für die Nebenleistungen werden die Sätze meist nach Zeitaufwand kalkuliert und berechnet.

3.6   Pfandrecht des Spediteurs/Lagerhalters ausüben

Sowohl das HGB als auch die ADSp enthalten Rechtsregeln über das Pfandrecht des Spediteurs/Lagerhalters. Der zutreffende Text in den Rechtsgrundlagen lautet wie folgt:

§

HGB § 475 b Pfandrecht

1. Der Lagerhalter hat wegen aller durch den Lagervertrag begründeten Forderungen sowie wegen unbestrittener Forderungen aus anderen mit dem Einlagerer abgeschlossenen Lager-, Fracht- und Speditionsverträgen ein Pfandrecht an dem Gut.

2. Das Pfandrecht erstreckt sich auch auf die Forderung aus einer Versicherung sowie auf die Begleitpapiere.

3. Ist ein Orderlagerschein durch Indossament übertragen worden, so besteht das Pfand-

recht dem legitimierten Besitzer des Lagerscheins gegenüber nur wegen der Vergütungen und Aufwendungen, die aus dem Lagerschein ersichtlich sind oder ihm beim Erwerb des Lagerscheins bekannt oder infolge grober Fahrlässigkeit unbekannt waren.

4. Das Pfandrecht besteht, solange der Lagerhalter das Gut in seinem Besitz hat, insbesondere solange er mittels Konnossements, Ladescheins oder Lagerscheins darüber verfügen kann.

§

ADSp Ziffer 20 Pfand- und Zurückbehaltungsrecht

1. Der Spediteur hat wegen aller fälligen und nicht fälligen Forderungen, die ihm aus Tätigkeiten nach Ziffer 2.1 der ADSp an den Auftraggeber zustehen, ein Pfandrecht und ein Zurückbehaltungsrecht an den in seiner Verfügungsgewalt befindlichen Gütern und sonstigen Werten. Das Pfand- und Zurückbehaltungsrecht geht nicht über das gesetzliche Pfand- und Zurückbehaltungsrecht hinaus.

2. Der Spediteur darf ein Pfand- oder Zurückbehaltungsrecht wegen Forderungen aus anderen mit dem Auftraggeber abgeschlossenen Verkehrsverträgen nur ausüben, soweit sie unbestritten sind oder wenn die Vermögenslage des Schuldners die Forderung des Spediteurs gefährdet.

3. ...

4. ...

5. ...

Das Pfandrecht nach HGB bezieht sich seit dem 1. Juli 1998 **nicht nur auf konnexe Forderungen,** sondern **auch auf inkonnexe Forderungen** aus früheren Verträgen, sofern die Forderungen unbestritten sind.

Auch die Ziffern 20.1 und 20.2 der ADSp bringen eine Verbesserung der Sicherheit der Spediteure. Bis zum 1. Juli 1998 krankten die Vorschriften des § 50 ADSp daran, dass das gesetzliche Pfandrecht nur das konnexe war und vor allem auch, weil der Auftraggeber des Spediteurs nicht Eigentümer der Güter war, sodass mit ihm als Nichteigentümer ein über das gesetzliche Pfandrecht hinausgehendes Pfandrecht nicht vereinbart werden konnte. Praktisch waren nur Forderungen aus dem jeweiligen konnexen Verkehrsvertrag gesichert. Dadurch, dass jetzt gesetzlich das Pfandrecht der Verkehrsträger auf inkonnexe Forderungen, soweit sie unbestritten sind, erweitert worden ist, wird das Sicherungsbedürfnis der Spediteure besser befriedigt.

3.7 Verjährungsfristen beachten

Die ADSp enthalten keine Vorschriften über die Verjährung. Deswegen ist das HGB heranzuziehen. Im § 463 HGB steht, dass auf die Verjährung von Ansprüchen aus einer Leistung aus dem Speditionsbereich der § 439 HGB entsprechend anzuwenden ist.

HGB § 439 Verjährung

1. Ansprüche aus einer den Vorschriften dieses Unterabschnitts (Frachtgeschäft. Erster Unterabschnitt: Allgemeine Vorschriften) unterliegenden Beförderung **verjähren in einem Jahr**. Bei **Vorsatz** oder bei einem dem Vorsatz gleichstehenden Verschulden beträgt die Verjährungsfrist **drei Jahre.**

2. Die Verjährung beginnt mit dem Ablauf des Tages, an dem das Gut abgeliefert wurde. Ist das Gut nicht abgeliefert worden, beginnt die Verjährung mit Ablauf des Tages, an dem das Gut hätte abgeliefert werden müssen. …

3. …

4. …

4 Lagerscheine verwenden

Auf Verlangen des Einlagerers kann der Lagerhalter einen Lagerschein ausstellen. Der **Lagerschein** ist für das **Rechtsverhältnis** zwischen dem **Lagerhalter** und dem **legitimierten Besitzer des Lagerscheins** maßgebend. Zum Unterschied davon regelt der Lagervertrag das Vertragsverhältnis zwischen Einlagerer und Lagerhalter.

Gemäß HGB § 475 c soll der Lagerschein folgende Angaben enthalten:

- Ort und Tag der Ausstellung des Lagerscheins;
- Name und Anschrift des Einlagerers;
- Name und Anschrift des Lagerhalters;
- Ort und Tag der Einlagerung;
- die übliche Bezeichnung der Art des Gutes und die Art der Verpackung, bei gefährlichen Gütern ihre nach den Gefahrgutvorschriften vorgesehene, sonst ihre allgemein anerkannte Bezeichnung;
- Anzahl, Zeichen und Nummern der Packstücke;
- Rohgewicht oder die anders angegebene Menge des Gutes;
- im Fall der Sammellagerung einen Vermerk hierüber.

Der **Lagerschein** ist ein **Wertpapier** ähnlich dem Seekonnossement. Er enthält das Empfangsbekenntnis des Lagerhalters sowie sein Auslieferungsversprechen gegenüber dem legitimierten Besitzer.

Der Lagerschein kann als **Namens- oder Orderlagerschein** ausgestellt werden. Beim Namenslagerschein darf der Lagerhalter die Güter nur an denjenigen ausliefern, der im Lagerschein namentlich genannt wird.

Ist der Berechtigte namentlich aufgeführt mit dem Zusatz „oder an dessen Order", hat der Genannte auch den Anspruch auf Herausgabe der im Lagerschein beschriebenen Güter, es sei denn, er hat den Lagerschein mit Indossament auf einen Dritten übertragen. Dann muss das Indossament auf dem Lagerschein vermerkt sein, sodass der (neue) Berechtigte anhand des Lagerscheins zu erkennen ist.

In beiden Fällen, Namens- oder Orderlagerschein, ist der Lagerhalter zur Auslieferung des Gutes nur gegen Rückgabe des Lagerscheins, auf dem die Auslieferung bescheinigt wird, verpflichtet.

Eine Teilauslieferung des Gutes erfolgt gegen Abschreibung auf dem Lagerschein. Der Abschreibungsvermerk ist vom Lagerhalter zu unterschreiben.

Der Lagerhalter haftet dem rechtmäßigen Besitzer des Lagerscheins für den Schaden, der daraus entsteht, dass er das Gut ausgeliefert hat, ohne sich den Lagerschein zurückgeben zu lassen oder ohne einen Abschreibungsvermerk einzutragen.

Das Lagerrecht des HGB ist ohne Beschränkung abdingbar. Haftungsbegrenzungen sind in diesem Teilbereich des HGB nicht aufgeführt. Daher ist es für die Vertragsparteien unerlässlich, Einzelvereinbarungen zu treffen oder ihrem Vertrag geeignete vorformulierte Geschäftsbedingungen zugrunde zu legen, wann immer ein Lagerschein ausgestellt werden soll. Gewöhnlich arbeiten die Spediteure/Lagerhalter nach den ADSp, die eine geeignete Vertragsgrundlage darstellen.

Ein weiteres Dokument, das vorwiegend im internationalen Geschäft verwendet wird, ist der **FIATA-Lagerschein,** dessen genaue Bezeichnung **„FIATA-Warehouse-Receipt" (FWR)** lautet.

Das FWR ist zwar kein Orderlagerschein, es ist aber in rechtlicher Hinsicht mit ihm vergleichbar.

Durch genaue Formulierungen im FWR sind der Eigentumsübergang, der Herausgabeanspruch und anderes mehr geregelt. Als Wertpapier kann das FWR nicht verwendet werden, es sei denn, es trägt den Vermerk „negotiable" (= begebbar).

Zusammenfassung

➤ **Der Hauptleistungsbereich des Spediteurs/Lagerhalters umfasst das Einlagern, die Lagerung und das Auslagern.**

➤ **Bei der Einlagerung muss der Lagerhalter die Rechte des Einlagerers gegenüber dem Anlieferer wahrnehmen. Differenzen bei der Anlieferung sind dem Einlagerer zu melden.**

➤ **Das Gut muss sachgerecht gelagert werden. Sind nach dem Empfang Veränderungen am Gut entstanden oder zu befürchten, die den Verlust oder die Beschädigung des Gutes oder Schäden des Lagerhalters erwarten lassen, hat der Lagerhalter dies dem Einlagerer unverzüglich anzuzeigen und Weisungen einzuholen.**

➤ **Bei der Auslagerung muss sich das Gut in einwandfreiem Zustand befinden.**

➤ Der Einlagerer muss das vereinbarte Entgelt für die Leistungen des Spediteurs/Lagerhalters sowie Auslagen, die dieser erbracht hat, bezahlen.

➤ Die Preise werden frei gebildet. Damit der Lagerhalter die Entgelte für seine Leistungen anbieten kann, muss er seine Selbstkosten kennen.

➤ Nach dem HGB kann der Spediteur/Lagerhalter das Pfandrecht auch wegen Forderungen ausüben, die aus früheren Verträgen herrühren. Voraussetzung ist, dass die Forderung nicht bestritten wird.

➤ Die ADSp regeln das Pfandrecht in vergleichbarer Weise wie das HGB.

➤ Die Verjährungsfristen sind in den ADSp nicht besonders geregelt. Nach HGB verjähren Ansprüche grundsätzlich in einem Jahr. Bei Vorsatz beträgt die Verjährungsfrist drei Jahre.

➤ Auf Verlangen des Einlagerers kann der Lagerhalter einen Lagerschein ausstellen. Der Lagerschein ist für das Rechtsverhältnis zwischen dem Lagerhalter und dem legitimierten Besitzer des Scheins maßgebend.

➤ Der Lagerschein soll gemäß § 475 c HGB bestimmte Angaben enthalten, wie z. B. Ausstellungsort und -datum des Lagerscheins, Namen und Anschrift von Einlagerer und Lagerhalter, übliche Bezeichnung des Gutes, Anzahl, Rohgewicht usw.

➤ Der Lagerschein ist ein Wertpapier; er enthält das Empfangsbekenntnis des Lagerhalters sowie sein Auslieferungsversprechen an den legitimierten Besitzer des Scheins.

➤ Liefert der Lagerhalter das Gut ohne Rückgabe des Lagerscheins aus oder liefert er Teile der gelagerten Güter aus ohne einen Abschreibungsvermerk im Lagerschein einzutragen, haftet er für daraus entstehende Schäden.

Für den Lagerhalter ist es zwingend notwendig, die Haftung durch Einzelvereinbarung oder durch Allgemeine Geschäftsbedingungen für den Fall festzulegen, dass er einen Lagerschein ausstellt. Der Spediteur/Lagerhalter hält sich dafür gewöhnlich an die ADSp, die eine geeignete Vertragsgrundlage darstellen.

5 Schadensfälle im Lagergeschäft bearbeiten

Tritt im Zusammenhang mit dem Lagergeschäft ein Schaden auf, gilt es, als Erstes zu klären, wer nach welcher Grundlage haftet. Die Haftung kann gesetzlich geregelt sein, sie kann aber auch im Rahmen von Allgemeinen Geschäftsbedingungen festgelegt werden oder bei einzelvertraglichen Absprachen Berücksichtigung finden. Es versteht sich von selbst, dass Allgemeine Geschäftsbedingungen oder individuelle Absprachen nicht im Gegensatz zum Gesetz stehen dürfen.

Für den Spediteur/Lagerhalter kommen in erster Linie die ADSp in Betracht. Einzelvertragliche Regelungen und Allgemeine Geschäftsbedingungen von Einlagerern bleiben bei den nachstehenden Ausführungen unbeachtet. In den ADSp werden einige Aussagen des HGB präzisiert und den Bedürfnissen der Praxis angenähert.

5.1 Haftung nach ADSp beachten

Zusammengefasst enthalten die ADSp für die verfügte Lagerung folgende Haftungsregeln:

Haftungsgrundlagen	Ziffer 24 ADSp
Haftungsvoraussetzung	Lagervertrag
Haftungsgrundsatz	Verschuldenshaftung mit umgekehrter Beweislast
Haftungshöchstgrenzen	**Güterschäden:** 5,00 €/kg; max. 5.000,00 € je Schadensfall.
	Gesamtbetrag bei **Inventurschäden:** 25.000,00 € **Saldierung** bei Fehl-/Mehrbeständen möglich.
	Andere als Güterschäden: 5.000,00 € je Schadensfall
Grenze für Gesamthaftung	2 Mio. € je Schadenereignis
Haftungsausschlüsse	Unabwendbarkeit, höhere Gewalt, Verschulden des Berechtigten
Aufhebung der Haftungshöchstgrenzen	Vorsatz, grobe bewusste Leichtfertigkeit; hier unbegrenzte Haftung

Die Schadenregulierung bei der verfügten Lagerung erfolgt in gleicher Weise wie bei anderen Tätigkeiten, die der Spediteur im Rahmen der ADSp erbringt. Nähere Ausführungen zu diesem Bereich sind im Kapitel III, Abschnitt 3 und im Kapitel XIV, Abschnitte 4, 6 und 7 zu finden.

5.2 Versicherung bei verfügter Lagerung prüfen

Der Spediteur/Lagerhalter, der sich bei seinen Geschäften auf die ADSp beruft, ist verpflichtet, bei einem Versicherer seiner Wahl zu marktüblichen Bedingungen eine **Haftungsversicherung** abzuschließen, die seine verkehrsvertragliche Haftung nach den ADSp und nach dem Gesetz abdeckt.

Bei der vom Auftraggeber gegenüber dem Spediteur **verfügten Lagerung** beginnt die Haftung, sobald der Spediteur/Lagerhalter das Gut zur Lagerung in Obhut genommen hat, und endet, sobald er die Obhut am Gut bei der vertragsgemäßen Auslagerung aufgegeben hat.

Der im Kapitel III dieses Buches (S. 50 ff.) beschriebene Speditions-, Logistik- und Lager-Versicherungs-Schein-Plus (SLVS-Plus) deckt in seinen Basisbedingungen bei der verfügten Lagerung Ansprüche aus Güter- und Güterfolgeschäden, Inventurdifferenzen und reinen Vermögensschäden, ferner auch Schäden aus unerlaubter Handlung und qualifiziertem Verschulden, alle bis zu einer festgelegten Höchstgrenze.

Der SLVS-Plus gilt nur für Lagerverträge, die in der Bundesrepublik Deutschland und in Lagerstätten abgewickelt werden, die in der **Betriebsbeschreibung** enthalten sind. Bei dieser Beschreibung handelt es sich um eine zwingend an die Versicherungsgesellschaft abzugebende Meldung als Grundlage für den Abschluss des Versicherungsvertrages.

Für Schäden, die dem Auftraggeber entstehen, jedoch nicht in den Haftungsbereich des Spediteurs/Lagerhalters fallen, kann dafür im Rahmen des SLVS die so genannte Waren-Transportversicherung (auch für den Lagerbereich) abgeschlossen werden. Diese Versicherung **darf** der Spediteur/Lagerhalter für den Auftraggeber (nach der Vermutungsregelung) eindecken, wenn das im Interesse des Einlagerers liegt. Schreibt ihm aber der Auftraggeber vor, diese Versicherung für ihn zu besorgen, wird das zu einer Verpflichtung für den Spediteur/Lagerhalter.

Der Speditions-, Logistik- und Lager-Versicherung-Schein-Plus (SLVS-Plus) bietet keine Deckung für die vier typischen Lagerrisiken: **F**euer-, **E**inbruchdiebstahl-, **L**eitungswasser- und **S**turmschäden (Merkwort: FELS). Diese Risiken muss der Einlagerer auf seine Kosten selbst versichern. Im Gegensatz zur Waren-Transportversicherung bzw. zu anderen Transportversicherungen wird der Spediteur diese spezielle Versicherung wegen der oft sehr hohen Versicherungssummen nur selten besorgen.

Wenn jedoch der Einlagerer beim Spediteur/Lagerhalter ohne weitere Erläuterungen den Abschluss einer Lagerversicherung verfügt, bedeutet dies, dass alle vier Gefahren zu versichern sind. Andererseits ist es nicht immer notwendig, alle vier Risiken abzudecken. Der Auftraggeber/Einlagerer kann durchaus die Anweisung erteilen, z. B. nur Feuerschäden und Schäden aus Einbruchdiebstahl zu versichern. Eine Lagerversicherung **muss** sich aber **mindestens** auf das **Feuerrisiko** erstrecken. Die **drei anderen Versicherungsbereiche können** durch die Versicherung gedeckt werden.

Die Prämien für die Haftungsversicherung muss der Spediteur/Lagerhalter selbst entrichten, wobei durch entsprechende Vereinbarung eines Selbstbehalts die Prämienhöhe variiert werden kann.

Die Prämie für die Waren-Transportversicherung wird dem Auftraggeber durch den Spediteur in Rechnung gestellt. Vom Spediteur wird sie an die Versicherung in der für das Einzelrisiko im Versicherungsvertrag vorgesehenen Höhe abgeführt.

Im Fall der Besorgung einer Lagerversicherung durch den Spediteur gegen die typischen Lagerrisiken führt der Spediteur ebenfalls die dem Auftraggeber berechnete Prämie an die Versicherungsgesellschaft ab.

Im Übrigen treffen für die Abwicklung von Schadensfällen bei verfügter Lagerung nach den ADSp auch Ausführungen in den Kapiteln III und XIV dieses Buches zu.

Zusammenfassung

➤ Um einen Schaden bearbeiten zu können, muss erst die Frage der Haftung geklärt werden.

➤ Die Haftungsregeln für die verfügte Lagerung sind in Ziffer 24 ADSp zu finden. Wichtig sind vor allen Dingen der Haftungsgrundsatz – Verschuldenshaftung mit umgekehrter Beweislast – und die Haftungshöchstgrenzen: Für Güterschäden 5,00 €/kg, maximal 5.000,00 € je Schadensfall. Für andere als Güterschäden 5.000,00 € je Schadensfall und für Inventurschäden 25.000,00 €. Die Grenze der Gesamthaftung je Schadensereignis ist auf 2 Mio. € festgelegt.

➤ Der Spediteur/Lagerhalter, der sich auf die ADSp beruft, muss beim Lagergeschäft – wie auch bei der Abwicklung anderer Verkehrsverträge – eine Versicherung abschließen, die seine Haftung deckt. Den Abschluss einer Waren-Transportversicherung muss er beim Vorliegen einer Weisung des Auftraggebers besorgen; er kann sie nach der Vermutungsregelung besorgen, wenn es im Interesse des Auftraggebers liegt.

➤ Die Versicherung dauert während der Zeit, in der sich die Güter in der Obhut des Spediteurs/Lagerhalters befinden.

➤ Durch die Speditionsversicherung sind die vier typischen Lagerrisiken Feuer-, Einbruchdiebstahl-, Leitungswasser- und Sturmschäden nicht gedeckt. Es müsste dazu eine eigene Lagerversicherung abgeschlossen werden.

➤ Die Prämie für die Haftungsversicherung des Spediteurs beim Lagergeschäft hat der Spediteur an die Versicherung zu entrichten. Für eine Waren-Transportversicherung berechnet der Spediteur/Lagerhalter die Prämie dem Auftraggeber und führt sie an die Versicherung ab.

6 Gefährliche Güter lagern

Bei der Lagerung gefährlicher Güter sind Vorschriften aus unterschiedlichen Rechtsgebieten zu beachten, wie z. B. aus dem

- Gewerberecht,
- Verkehrsrecht,
- Baurecht,
- Arbeitsstättenrecht und aus den
- Unfallverhütungsvorschriften.

6.1 Inhalt der Rechtsvorschriften

In den genannten Rechtsvorschriften sind u. a. folgende Sachverhalte geregelt:

- Anforderungen an Lagerort und Lagerbehältnisse
- Anforderungen an die Verpackung
- Kennzeichnung der Verpackung
- Sicherheits- und Gefahrenhinweise
- Schutzmaßnahmen
- Beschäftigungsbeschränkungen
- Pflichten aller Beteiligten

Stoffe werden dann als gefährlich eingestuft, wenn sie eine oder mehrere der nachfolgend aufgeführten Eigenschaften besitzen:

- explosionsgefährlich,
- brandfördernd,
- hochentzündlich,
- leicht entzündlich,
- entzündlich,
- sehr giftig,
- giftig,
- weniger giftig,
- ätzend,
- reizend und
- sonstige Eigenschaften. Diese sonstigen Eigenschaften werden im Anhang I der Gefahrstoffverordnung näher erläutert.

6.2 Besondere Bestimmungen für Gefahrstofflagerung und Begasungen in Lagergebäuden beachten

Die Gefahrstoffverordnung schreibt vor, dass Gefahrstoffe so aufzubewahren oder zu lagern sind, dass sie die menschliche Gesundheit und die Umwelt nicht gefährden. Es müssen dabei geeignete Vorkehrungen getroffen werden, um einen Missbrauch oder Fehlgebrauch nach Möglichkeit zu verhindern. Deshalb müssen die mit der Verwendung der Stoffe oder Zubereitungen verbundenen Gefahren während der Lagerung der Güter im Lagergebäude erkennbar sein.

Besonders wichtig ist es, Verwechslungen von gefährlichen Stoffen mit Lebens-, Arznei- und Futtermitteln zu vermeiden. Deshalb dürfen Gefahrstoffe nur in solchen Behältern gelagert werden, deren Form eine Verwechslung verhindert. Außerdem dürfen sie nicht in unmittelbarer Nähe von Lebens-, Arznei- oder Futtermitteln gelagert werden.

Für einzelne Stoffgruppen gelten Sonderbestimmungen. So dürfen mindergiftige, ätzende und reizende Gefahrstoffe während der Lagerung betriebsfremden Personen nicht zugänglich sein. Giftige und sehr giftige Stoffe müssen unter Verschluss gelagert werden.

Gewerbliche Lagerhalter müssen bei landwirtschaftlichen Erzeugnissen unter Umständen Begasungen durchführen. (Beispiel: Kornkäferbefall bei Getreide). Diese Begasungen werden ebenfalls durch die Gefahrstoffverordnung geregelt. Sie dürfen mit sehr giftigen oder mit giftigen Mitteln und Zubereitungen als Begasungsmittel nur bei den Stoffen vorgenommen werden, die in der Gefahrstoffverordnung aufgeführt sind. Wer Begasungen mit diesen Mitteln durchführen will, bedarf der Erlaubnis der zuständigen Behörde. Begasungen sind im Übrigen nur zulässig, wenn die Anlagen gasdicht sind, für Mensch und Umwelt gefahrlos entlüftet werden können und in Räumen errichtet sind, die nicht zum ständigen Aufenthalt von Menschen dienen.

Bei der Lagerung gefährlicher Güter gilt immer:

- Vor der Lagerung muss das Gewerbeaufsichtsamt gefragt werden.
- Gefährliche Güter dürfen nicht zusammen gelagert werden, wenn für diese Güter ein Zusammenladeverbot – z. B. nach ADR – besteht. Andererseits können nicht alle Güter, die befördert werden dürfen, auch gelagert werden. Eine Lagerung ist nur erlaubt, wenn die Packstücke gemäß der „Verordnung über gefährliche Arbeitsstoffe (ArbStoffV)" gekennzeichnet sind.
- Bei der Lagerung gefährlicher Güter in Räumen und auf Grundstücken sind folgende Formen möglich:
  - genehmigungsbedürftige Lagerung,
  - anmeldebedürftige Lagerung,
  - bedingt freie Lagerung.

  Welche Form zutrifft, hängt von der Art und bei bestimmten Gütern auch von der Menge ab. Auskünfte und eventuelle Auflagen erteilt das Gewerbeaufsichtsamt.

- Die Versicherungspolicen müssen vor der Lagerung gefährlicher Güter überprüft werden, ob überhaupt Versicherungsschutz besteht oder dieser ausreicht.

Jeder Lagerhalter ist auch an einer Beförderungskette beteiligt, entweder als Empfänger von Lagerware oder als Absender bzw. Verlader. Diese Verbindung ist besonders dann von großer rechtlicher Bedeutung, wenn der Lagerhalter gefährliche Güter lagern muss.

Nach den Vorschriften der Gefahrgutbeauftragtenverordnung (GbV) müssen Unternehmer und Inhaber eines Betriebes, die an der Beförderung gefährlicher Güter mit Eisenbahn-, Straßen-, Wasser- oder Luftfahrzeugen beteiligt sind, mindestens einen **Gefahrgutbeauftragten** schriftlich bestellen. (Einzelheiten zum Gefahrgutbeauftragten finden Sie auf S. 117 im Kapitel V dieses Buches)

6.3 Verpackung gefährlicher Güter kennzeichnen

Der Lagerhalter, der gefährliche Güter lagert, muss zumindest dann die Kennzeichnungsvorschriften für die Verpackung gefährlicher Güter beachten, wenn er als Verpacker – vielleicht im Zuge der Kommissionierung der gefährlichen Lagerware – auftritt.

Der Verpacker hat dafür zu sorgen, dass die Verpackungsvorschriften über die Zusammenpackung und – wenn er die Versandstücke zur Beförderung vorbereitet – die Vorschriften über die Kennzeichnung und Bezettelung von Versandstücken eingehalten werden.

Nach den Vorschriften der Gefahrstoffverordnung muss die Kennzeichnung gefähr-licher Stoffe und Zubereitungen deutlich erkennbar und haltbar in deutscher Sprache abgefasst sein. Die Abmessungen der Kennzeichnung sind vom Rauminhalt der Verpackung abhängig. Die Verpackung muss bei einem Rauminhalt

- bis zu 0,25 Liter einem angemessen großen Format,
- von mehr als 0,25 Liter bis 3 Liter mindestens dem Format 52 x 74 mm,
- von mehr als 3 Liter bis 50 Liter mindestens dem Format 74 x 105 mm,
- von mehr als 50 Liter bis 500 Liter mindestens dem Format 105 x 148 mm,
- von mehr als 500 Liter mindestens dem Format 148 x 210 mm entsprechen.

Weitere Hinweise zur Bezettelung von Packstücken mit Gefahrgut sind unter dem Kapital V – Abwicklung von Frachtverträgen im Lkw-Verkehr – auf S. 112 zu finden.

Zusammenfassung

➤ **Bei der Lagerung gefährlicher Güter sind Vorschriften aus unterschiedlichen Rechtsgebieten zu beachten.**

➤ **Die zutreffenden Rechtsvorschriften behandeln:**
  – Anforderungen an Lagergut, Lagerbehältnisse, Verpackung,
  – Sicherheits- und Gefahrenhinweise, Schutzmaßnahmen,
  – Pflichten der Beteiligten.

➤ **Besondere Bestimmungen gelten bei der Begasung von landwirtschaftlichen Erzeugnissen in Lagerräumen.**

➤ **Vor der Lagerung gefährlicher Stoffe muss immer das Gewerbeaufsichtsamt gefragt werden.**

➤ **Die Lagerung gefährlicher Güter in Räumen und auf Grundstücken kann**
  – genehmigungsbedürftig,
  – anmeldebedürftig oder
  – bedingt frei sein.

➤ **Vor der Lagerung sollten die Versicherungspolicen daraufhin überprüft werden, ob sie die Risiken der Lagerung gefährlicher Güter überhaupt bzw. ausreichend decken.**

➤ **In Betrieben, die z. B. als Absender, Verlader, Beförderer, Empfänger an einer Transportkette bei der Beförderung gefährlicher Güter beteiligt sind, muss ein Gefahrgutbeauftragter bestellt werden.**

➤ **Die Verpackung gefährlicher Güter muss vorschriftsmäßig gekennzeichnet sein.**

1 1. Ein Versandspediteur benutzt eine bestimmte Lagerfläche zur Durchführung der verkehrsbedingten Zwischenlagerung im Zuge des Spediteursammelgutverkehrs. Der Auszubildende Gscheidle möchte wissen, ob es sich dabei um ein gewerbliches Lagergeschäft handelt. Was sagen Sie ihm?

2. Bei der Beantwortung der Frage gebrauchen Sie den Ausdruck „verfügte Lagerung". Mit dieser Bezeichnung kommt Gscheidle nicht gleich klar. Erklären Sie auch diesen Begriff.

3. Im Zusammenhang mit einer Kundenanfrage soll der Unterschied zwischen einem Auslieferungslager (auch Verteilerlager und seltener Konsignationslager genannt) und einem Dauerlager erläutert werden. Stellen Sie diesen Unterschied dar und nennen Sie dazu jeweils typische Lagergüter.

4. Beschreiben Sie in Stichworten folgende Lagerarten, die nach ihrer Bauart unterschieden werden: a) Flachlager, b) Etagenlager, c) Hochregallager, d) Freilager.

5. Im Zuge einer betrieblichen Unterweisung kommen die neuen Auszubildenden in das Lagergebäude, und zwar in ein Auslieferungslager. Dem Auszubildenden Lustig fällt die Vielzahl von Förderzeugen auf, die dort zur Verfügung stehen. Nennen Sie das heute in der Regel am meisten verwendete Gerät und beschreiben Sie in Stichworten dessen Funktionsweise.

2 6. Geben Sie an, wie ein Lagervertrag zustande kommt und wie die beiden Vertragspartner bezeichnet werden.

7. Die gesetzliche Regelung des Lagergeschäftes enthält, ebenso wie die ADSp, im Wesentlichen nur Rahmenbedingungen und Aussagen zur Haftung. In der Praxis kommt es jedoch oft darauf an, die Aufgaben des Lagerhalters genauer festzulegen. Führen Sie dazu mindestens fünf spezielle Aufgaben an, die darunter fallen können.

8. Bezeichnen Sie die drei Entgeltpositionen, die ein Lagerhalter stets in Rechnung stellt, und nennen Sie zwei weitere Positionen, die von Fall zu Fall abzurechnen sind.

9. Gegenstand des betrieblichen Unterrichts über das Lagergeschäft sind die wesentlichen Pflichten des Lagerhalters nach dem HGB. Der Abteilungsleiter stellt dabei folgende Punkte vor:

a) Rechte für den Einlagerer gegenüber dem anliefernden Frachtführer wahrnehmen,

b) am Gut sind nachteilige Veränderungen eingetreten oder zu befürchten,

c) der Lagerhalter soll auf Verlangen des Einlagerers das eingelagerte Gut versichern, und zwar gegen alle vier Lagerrisiken,

d) der Einlagerer möchte sein Gut besichtigen.

Erläutern Sie die einzelnen Punkte – soweit möglich – an einem Beispiel.

10. Was bedeutet der Begriff „Sammellagerung"? Erklären Sie diesen Begriff anhand eines Beispiels.

11. Die ADSp enthalten in Bezug auf das Lagergeschäft einige Verfeinerungen gegenüber dem HGB: Wahl des Lagerortes, Inventurdifferenzen und Zahlungsrisiken sind besonders genannt. Erläutern Sie dazu die ADSp-Regelungen.

3 12. Beschreiben Sie die Tätigkeiten des Lagerhalters bei der Einlagerung.

13. Der Auszubildende Gscheidle kommt zum Leiter der Lagerabteilung und berichtet ganz entsetzt, dass er gehört habe, in Zukunft solle nach dem Prinzip der chaotischen Lagerplatzordnung gearbeitet werden. Wie soll das weitergehen, wo es doch jetzt schon zu Stoßzeiten chaotisch zugeht? Erklären Sie das Prinzip der chaotischen Lagerplatzordnung.

14. Welche Voraussetzung muss erfüllt sein, dass der Spediteur/Lagerhalter das inkonnexe Pfandrecht ausüben kann?

15. Nennen Sie die Verjährungsvorschrift des HGB, die auch für das Lagergeschäft des Spediteurs/Lagerhalters gilt.

4 16. Welche zwei Bestätigungen gibt der Lagerhalter in einem Lagerschein ab?

17. Welche Rechtsfolge ergibt sich, wenn der Lagerhalter das Gut, über das ein Lagerschein ausgestellt worden ist, ohne Rückgabe des Lagerscheins ausliefert?

5 18. Der Spediteur/Lagerhalter arbeitet gewöhnlich auf Basis der ADSp. Im betrieblichen Unterricht werden dazu folgende Fragen gestellt:
   a) Haftungsgrundsatz
   b) Haftungshöchstgrenzen für Güterschäden, Inventurschäden und andere als Güterschäden, je Schadenereignis
   c) Haftungsausschlüsse
   Beantworten Sie diese Fragen.

19. Wer muss die Prämie für die Waren-Transportversicherung (früher: Schadenversicherung) bei einem Lagergeschäft nach ADSp an die Versicherung abführen? Wer muss sie bezahlen?

6 20. Ihr Unternehmen beschäftigt sich mit der Planung eines Lagers für Gefahrstofflagerung. Welches Amt muss auf jeden Fall kontaktiert werden?

21. Was sollte in Bezug auf die Versicherungspolicen beachtet werden, wenn der Spediteur/Lagerhalter gefährliche Güter lagert?

KAPITEL XIII

Logistikleistungen erstellen

1 Bedeutung, Begriff und Ziele der Logistik

1.1 Bedeutung der Logistik

Für die Wettbewerbsfähigkeit von Unternehmungen der Industrie und des Handels erhält die Logistik eine immer größere Bedeutung. Dafür gibt es mehrere Gründe:

- Die Arbeitsteilung schreitet nicht nur auf nationalem Gebiet, sondern besonders im internationalen Bereich stetig voran.
- Der Wettbewerb wird immer mehr zum Zeitwettbewerb. Das bedeutet nicht nur, dass immer neue Produkte möglichst schnell auf den Markt kommen müssen; die Empfänger der Fertigerzeugnisse erwarten in der Regel auch kürzeste Lieferzeiten.
- Der Bedarf wird – nicht zuletzt durch Werbung angeregt – stets vielfältiger; damit geht einher, dass auch die Variationsbreite der Produkte zunimmt.

Aus diesen Gründen folgt für die Unternehmungen der Zwang, die Güterflusssysteme sowohl innerbetrieblich als auch bei der Zusammenarbeit mit anderen Unternehmungen umfassender und vielfältiger zu gestalten. Eine zunehmende Verflechtung lässt sich ebenfalls erkennen. Diese Entwicklung zwingt die Beteiligten aber auch dazu, die logistischen Zusammenhänge intensiver in die Unternehmenspolitik einzubeziehen.

Lange Jahre waren die Logistikkosten vernachlässigt worden. Allenfalls wurden nur die reinen Transportkosten genauer betrachtet. Dabei sind unter die Logistikkosten z. B. auch die Kosten für die Lagerung, für die Kapitalbindung in Vorräte oder die Auftragsbearbeitung einzubeziehen. Heute ist (fast) jedem Unternehmen bekannt, dass die Logistikkosten einen bedeutenden Anteil am Umsatz und an den Gesamtkosten besitzen. Je nach Wirtschaftszweig liegen die Logistikkostenanteile am Umsatz überwiegend zwischen 9 und 15 %; im Nahrungsmittelsektor können sie bis zu 30 % erreichen.

Der Anteil der gesamtwirtschaftlichen Logistikkosten am Bruttoinlandsprodukt wird auf 15 bis 20 % geschätzt.

1.2 Logistikbegriff

Im wirtschaftlichen Sinne bedeutet der Begriff Logistik eine ganzheitliche Betrachtungsweise aller Gütereinsatzfaktoren-, aller Güter- und auch der Stoffverwertungsströme von der Entstehung der Produkte einschließlich Vorleistungen bis hin zur Auslieferung an den Endabnehmer, wobei auch die Wiederverwertung einzubeziehen ist.

Eine wirksame Logistik kann auch durch vier „r" umschrieben werden: **richtiges** Produkt (Menge, Produktart) zur **richtigen** Zeit in der **richtigen** Qualität am **richtigen** Ort bei gleichzeitiger Gesamtkostenminimierung. In den USA wird Logistik häufig als „physical distribution management" bezeichnet. Eine entsprechende Begriffsbestimmung lautet in Übersetzung: „Logistik ist der Prozess der Planung, Realisierung und Kontrolle des effizienten Fließens und Lagerns von Rohstoffen, Halbfabrikaten und der damit zusammenhängenden Information vom Liefer- zum Empfangspunkt entsprechend den Anforderungen des Kunden".

Diesen und weiteren Logistikbegriffen ist gemeinsam:

● die **Querschnittsbetrachtung**, die sich sowohl auf den innerbetrieblichen wie auch auf den zwischenbetrieblichen Bereich bezieht. Im Einzelnen geht es dabei um die Integration von Beschaffungs-, Produktions-, Distributions- und Stoffwiederverwertungslogistik sowie der Transportlogistik,

● **die uneingeschränkte Berücksichtigung der Qualitätsanforderungen der Kunden,**

● die ausdrückliche **Einbeziehung der Informationsströme** unter Nutzung moderner und geeigneter Informations- und Kommunikationsströme.

1.3 Ziele der Logistik

Ziel der Logistik ist eine umfassende betriebliche Optimierung, d. h., die inner- und zwischenbetrieblichen Güterströme sollen wirkungsvoll ausgestaltet werden unter Berücksichtigung der notwendigen Entsorgungs- und Wiederverwertungsaufgaben (Recycling). Dabei wirken die begleitenden und vorauseilenden Informationen über den Zustand und die räumliche Lage der Güter unterstützend.

Die Suche nach in der Regel nur noch wenig vorhandenen Möglichkeiten der Kostenminderung in der Produktion und die steigenden Qualitätsansprüche der Nachfrager haben die intensive Auseinandersetzung mit logistischen Betrachtungsweisen stark gefördert. Daraus wurden dann folgende Hauptziele der Logistik entwickelt:

● Erhöhung der Flexibilität,
● Erhöhung der Produktivität,
● Reduzierung der Durchlaufzeiten,
● Reduzierung der Gemeinkosten,
● Reduzierung der Lagerbestände,
● Steigerung der Termintreue,
● Verkürzung der Lieferzeiten,
● Verbesserung der Lieferbereitschaft,
● Verminderung der Wiederbeschaffungszeiten.

Die Ziele können entweder innerhalb der Unternehmung erreicht werden oder mithilfe von externen Dienstleistungsbetrieben.

2 Logistikarten unterscheiden

Wegen des umfangreichen Aufgabenspektrums wird die Unternehmenslogistik regelmäßig in funktionelle Teilsysteme gegliedert:

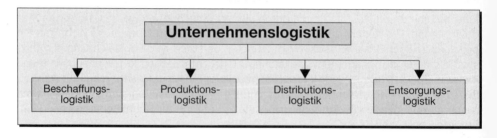

Diese Teilsysteme sind zuständig für die gesamte unternehmensbezogene Logistik. Sofern die Aufgaben über die Unternehmensgrenzen hinausreichen, arbeiten die Unternehmen mit logistischen Betrieben (z. B. Speditions- und/oder Lagereibetrieben) zusammen, ebenso auch mit den Logistikbereichen anderer Unternehmungen, insbesondere mit denen der Lieferanten und der Abnehmer. Soweit fremde Logistikdienstleister Aufgaben übernehmen, kann man von **externer Logistik** sprechen, während die **Logistikaufgaben,** die in **eigener Regie eines Produktions- oder Handelsbetriebes** bewältigt werden, zur **internen Logistik** gehören. Häufig sind die Grenzen jedoch fließend, wie in später folgenden Beispielen noch gezeigt wird.

2.1   Beschaffungslogistik

Die Beschaffungslogistik hat die Aufgabe, sich mit allen Aktivitäten zu befassen, die der Versorgung einer Unternehmung mit Gütern dienen. Diese Aktivitäten umfassen die Funktionen des Einkaufens, des Bestellens und Abrufens, des Transportierens und Lagerns sowie des Bereitstellens.

In den Industrieunternehmungen kommt der Beschaffungslogistik eine besonders große Bedeutung zu, da die Versorgung für die umfangreiche Produktion ständig sicherzustellen ist. Das Gewicht verstärkt sich dadurch, dass die Beschaffungslogistik in vielen Unternehmungen auch für die Beschaffung und Bereitstellung von immateriellen Gütern und Dienstleistungen verantwortlich ist.

Die **Beschaffungslogistik** umfasst in der Hauptsache folgende Bereiche:

- Warenannahme und Warenprüfung,
- Lagerhaltung, Lagerverwaltung,
- Lagerdisposition,
- innerbetrieblicher Transport,
- Planung, Steuerung und Kontrolle des Material- und Informationsflusses.

Die operative Beschaffungssituation in Industriebetrieben ist durch einen ständig neu entstehenden Bedarf an Roh- und Hilfsstoffen, fremdbezogenen Teilen, Waren und Werkzeugen in großer Anzahl gekennzeichnet. Infolge der Individualisierung der Bedarfswünsche entstand eine Vielzahl von Produktvarianten, die zu einem Wachstum von Materialdispositionen führte. So erhöhte sich z. B. bei einem Automobilhersteller die Zahl der Einzelartikel für das gesamte Produktionsprogramm von ca. 30 000 Teilen im Jahr 1965 auf weit über 100 000 Teile in den 90er-Jahren. Dies bedeutet für die Unternehmungen eine gewaltige Zunahme an Transport, Lagerung, Bereitstellung, Verwaltung und Beschaffung von Material.

Ausgelöst durch diese Tatsache und durch den Zwang zur wirtschaftlichen Lösung der damit zusammenhängenden Probleme, entstanden Kooperationssysteme mit Zulieferern und Logistikdienstleistern, die in vielfältiger Form gestaltet und entwickelt wurden. Die Tendenz zur Zusammenarbeit wird wohl in Zukunft noch zunehmen. Insbesondere werden Logistiksysteme zur Direktbelieferung mit vorgefertigten Produktmodulen eingerichtet und Transport und Lagerhaltung durch fremde Dienstleister übernommen („Outsourcing").

Ziel der Beschaffungslogistik muss nach wie vor sein, den Waren- und Materialfluss mit dem dazugehörenden Informationsfluss vom Lieferanten bis zum Unternehmen zu optimieren, und zwar im Hinblick auf die Funktionen Planen, Gestalten, Steuern und Kontrollieren.

2.2 Produktionslogistik

Hauptaufgabe der Produktionslogistik sind auf der einen Seite die innerbetrieblichen Transportvorgänge und andererseits die Material- und Teilelagerung im Produktionsbereich.

Als Zielsetzung der Produktionslogistik wird in der Regel die Minimierung der Logistikkosten unter Einhaltung eines vorgegebenen Serviceniveaus betont. Zu den Logistikkosten zählen: Bestandskosten, Lagerkosten, Transportkosten, Handlingkosten und Systemkosten (für das Logistiksystem).

Grob betrachtet umfasst die **Produktionslogistik** alle Aktivitäten der Güterlagerung und Güterbewegung sowie die dazugehörenden Informationsflüsse **innerhalb des Produktionsbereiches.** Genauer gesagt geht es also um die Versorgung der Produktion mit Roh-, Hilfs-, Betriebsstoffen und Halbfabrikaten bis hin zur Abgabe von Fertigfabrikaten an die Ausgangsläger.

Eine wesentliche Rolle spielt das Konzept der Materialflussoptimierung. Dabei geht es besonders darum, Bestände zu verringern, Durchlaufzeiten zu minimieren und Störungen im Produktionsprozess zu beseitigen. Dieses Konzept ist unter der Bezeichnung „Just-in-time" bekannt.

Grundsätzlich muss Just-in-time (die geläufige Abkürzung ist JIT) nicht bedeuten, dass nur sehr kurzfristig terminierte Lieferungen stattfinden und dadurch eine systematische Bevorzugung des Straßengüterverkehrs mit kleineren Fahrzeugen erfolgt (vgl. „KEP-Dienste"). Das Schwergewicht beim JIT-System liegt in der Realisierung eines zeitlich mit höchster Zuverlässigkeit geplanten Liefer- und Organisationssystems. Die Qualitätsanforderungen an dieses System lassen sich wie folgt beschreiben:

- Es werden nur Pufferläger unterhalten, und zwar für kurze Zeiten, die sich nicht selten im Stundenbereich bewegen.

- Die Qualitätskontrolle der angelieferten Teile wird in der überwiegenden Zahl der Fälle dem Zulieferer übertragen; als Folge gehen auch Transporte mit fehlerhaften Teilen zurück.

- Notwendig ist eine umfassende DV-Verbindung zwischen Abnehmer und Lieferer. Hier sind Online-Datenübertragungssysteme für den Lieferabruf bis hin zur vollständigen Integration und Steuerung der Zulieferungen zu finden. Nicht selten werden durch vom Abnehmer gesteuerte Impulse die Produktionsrechner des Zulieferers beeinflusst.

2.3 Distributionslogistik

Durch die Distribution erfolgt eine Überbrückung räumlicher und zeitlicher Differenzen zwischen der Gütererzeugung und der Güterkonsumtion. Die Distributionslogistik umfasst alle Transport- und Lagervorgänge von erzeugten Waren bis hin zum Abnehmer mit den damit verbundenen Informations-, Steuerungs- und Kontrollaktivitäten. Kurz gesagt: **Die Distributionslogistik ist dazu da, um die gewählten Absatzwege eines Unternehmens optimal zu bedienen.**

Einige **Probleme,** die im Zusammenhang mit der **Distributionslogistik** auftreten, sind:

- Standortwahl für die Verteilungsläger,
- Lagerplanung (Gestaltung der Lagerhäuser),
- Transportplanung,
- Erbringen eigener oder fremder logistischer Leistungen,
- Verpackungssysteme.

Die Entwicklung in den 90er-Jahren lässt sich dadurch kennzeichnen, dass die Anforderungen der Kunden an die Lieferleistung und damit an die Qualität des Distributionssystems stetig gestiegen sind und weiter anwachsen; das betrifft sowohl den Bereich der Produktion wie auch den des Handels.

Zur Logistikleistung gehört heute ganz selbstverständlich die stete Auskunftsbereitschaft über den Auftragsstatus, die auch durch einen Spediteur gewährleistet werden kann, wenn das integrierte Informationssystem dazu geeignet ist.

Gerade die Distributionslogistik war schon lange ein Gebiet, auf dem sich zahlreiche Speditionen betätigten; viele werden sich auch in Zukunft damit befassen. Spediteure erbrachten also bereits Logistikdienstleistungen zu Zeiten, als noch niemand von der Logistik im heutigen Sinne sprach.

Die Aufgaben der Distributionslogistik können wie folgt dargestellt werden:

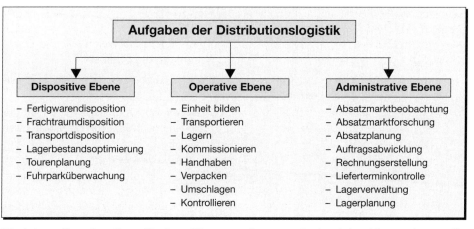

Die Integration des Europäischen Binnenmarktes macht in vielen Unternehmen die Überarbeitung der Produkt-Markt-Strategien notwendig, die in eine Ausdehnung der regionalen Absatzmärkte sowie in die Gründung neuer Standorte für Vertriebs- oder Produktionsgesellschaften münden können. Durch die europaweite Konzentration des Handels und die zunehmende Auslandsmarktbearbeitung durch ehemals rein nationale Kunden wird für zahlreiche Produzenten die europaweite Distribution zur Überlebensfrage.

Aus **ökologischen Gründen** werden an die Distributionslogistik in Zukunft weitere **Anforderungen** gestellt:

- Verringerung des Einsatzes von Verpackungsmitteln,
- Reduzierung des Transportaufkommens durch weniger Leerfahrten und Umleitung von Straßentransporten auf andere „umweltfreundlichere" Verkehrsmittel,
- Aufbau von Entsorgungssystemen der Industrie bzw. des Handels zur Rücknahme von Verpackungen und Paletten (s. a. Entsorgungslogistik).

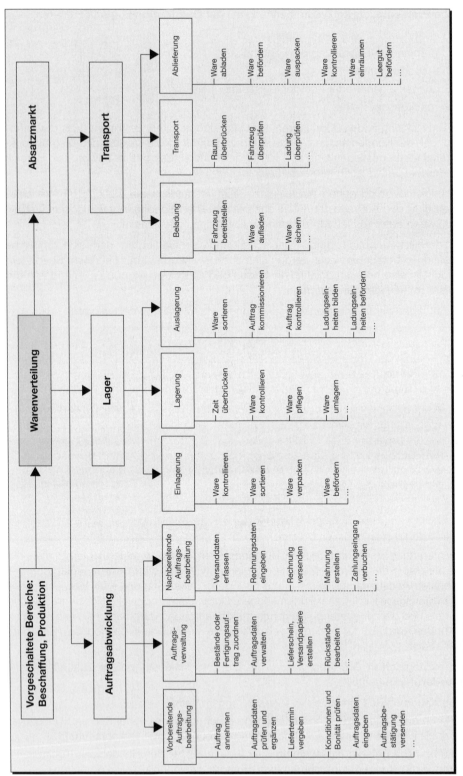

Aufgabenübersicht für ein Distributionslager

2.4 Entsorgungslogistik

In den letzten Jahren hat die Entsorgung stark an Bedeutung zugenommen. Gründe hierfür waren und sind

- steigendes ökologisches Bewusstsein in den Unternehmen und in der Bevölkerung.
- Viele Käufer bemühen sich, umweltfreundliche Erzeugnisse zu erwerben.
- Der Umweltschutz ist zum Wettbewerbsfaktor geworden.
- Bei der Produktion fallen immer mehr Rückstände an.
- Die Rückstandsbeseitigung führt in der Regel zu hohen Kosten.
- Viele Rechtsvorschriften wurden auf dem Sektor Entsorgung erlassen.

Unter den umfangreichen Entsorgungsvorschriften sind an hervorragender Stelle das Kreislaufwirtschafts- und Abfallgesetz (Krw-/AbfG) und die Verpackungsverordnung zu nennen. Sie haben zu weitreichenden Konsequenzen für die Unternehmen und die Verbraucher geführt. Die Kostenbelastung für die Beachtung dieser Vorschriften werden von der Wirtschaft als schwerwiegend bezeichnet.

Im Sinne des Krw-/AbfG wird unter **Abfallentsorgung die Verwertung und Beseitigung von Abfällen verstanden.** Das Kreislaufwirtschafts- und Abfallgesetz hat folgenden Hauptgrundsatz für den Umgang mit Abfall aufgestellt:

Vermeidung vor Verwertung vor Beseitigung

Die Aufgabenbereiche der Entsorgungslogistik umfassen als Hauptleistungen Transport-, Umschlag- und Lagerungsprozesse sowie einen den Materialfluss überlagernden Informationsfluss. Als eigener Bereich der Entsorgungslogistik kommt das Sammeln und Sortieren sowie die Behälterwahl und das Verpacken dazu.

Gegenstand der Entsorgungslogistik sind alle Rückstände, für die das Unternehmen eine Entsorgungsverantwortung hat. Zu den Produktionsrückständen gehören z. B. nicht mehr verwertbare Roh-, Hilfs- und Betriebsstoffe, unerwünschte Kuppelprodukte, Ausschuss und alle mit der Leistungserstellung verbundenen Luft-, Wasser- und Bodenemissionen. Insbesondere fallen bei Logistikprozessen im Rahmen der Raum- und Zeitüberbrückung Rückstände wie Transport- und Umverpackungen oder Retouren an.

Je nachdem, ob die Rückstände wieder eingesetzt werden können oder nicht, handelt es sich um **Wertstoffe** oder **Abfälle**.

Nach der Gefährlichkeit und dem Vorliegen entsprechender abfallrechtlicher Vorschriften lassen sich Sonderabfälle und Hausmüll unterscheiden. Bei Sonderabfällen ist darauf zu achten, ob sie überwachungsbedürftig, nachweispflichtig oder wegen ihrer Art bzw. Menge nicht mit dem Hausmüll zu entsorgen sind.

Die **generellen Aufgaben** der Entsorgungslogistik ergeben sich aus folgenden Fragen:

- Wo fallen Entsorgungsobjekte an?
- Welche Entsorgungsobjekte fallen an?
- Wann fallen die Entsorgungsobjekte an?
- In welchen Mengen fallen die Entsorgungsobjekte an?
- Wann soll die Entsorgung erfolgen?
- Was soll mit den Entsorgungsobjekten passieren? (Verwenden? Verwerten?)
- Welche Zielorte sind vorgesehen?
- Welche Kosten entstehen durch die Entsorgung?

Mit der Beantwortung dieser Fragen kann die Grundlage für ein Logistikkonzept – hier speziell Entsorgungskonzept – geschaffen werden.

Zusammenfassung

➤ Die wichtigsten Gründe für die große Bedeutung der Logistik sind: stetiger Fortschritt bei der Arbeitsteilung, der heftige Wettbewerb vor allem in Bezug auf schnelle Markteinführung von Produkten und kurze Lieferzeiten und die Vielfalt der Erzeugnisse.

➤ Der Begriff Logistik bedeutet eine ganzheitliche Betrachtungsweise aller Güter- und Stoffverwertungsströme von der Entstehung der Produkte bis zur Auslieferung an den Endabnehmer.

➤ Die Logistik wird häufig durch vier „r" umschrieben: Richtiges Produkt zur richtigen Zeit in der richtigen Qualität am richtigen Ort (bei gleichzeitiger Gesamt-kostenminimierung).

➤ Die Hauptziele der Logistik sind: Reduzierung der Lagerbestände, Reduzierung der Durchlaufzeiten, Steigerung der Termintreue, Erhöhung der Flexibilität, Erhöhung der Produktivität, Verkürzung der Lieferzeiten, Verminderung der Wiederbeschaffungs-zeiten, Verbesserung der Lieferbereitschaft, Reduzierung der Gemeinkosten.

➤ Die Unternehmenslogistik wird gewöhnlich in vier Arten eingeteilt: Beschaffungs-logistik, Produktionslogistik, Distributionslogistik, Entsorgungslogistik.

➤ Der Beschaffungslogistik werden in der Regel folgende Bereiche zugeordnet: Warenannahme und Warenprüfung, Lagerhaltung und Lagerverwaltung, Lager-disposition, innerbetrieblicher Transport, Planung, Steuerung und Kontrolle des Material- und Informationsflusses.

➤ Hauptaufgabengebiete der Produktionslogistik sind zum einen die innerbetrieblichen Transportvorgänge und zum anderen die Material- und Teilelagerung im Produktions-bereich. Die Zielsetzung der Produktionslogistik besteht regelmäßig in der Minimie-rung der Logistikkosten unter Einhaltung eines geplanten Serviceniveaus.

➤ Das Schwergewicht beim Just-in-time-System liegt in der Realisierung eines zeitlich mit höchster Zuverlässigkeit geplanten Liefer- und Organisationssystems.

➤ Die Distributionslogistik umfasst alle Transport- und Lagervorgänge von Waren bis hin zum Abnehmer verbunden mit den Informations-, Steuerungs- und Kontrollaktivitäten. Die Distributionslogistik wird wesentlich durch die Markt- und Kundenanforderungen sowie durch die wirtschaftlichen bzw. politischen Rahmenbedingungen gekennzeich-net. Aufgaben der Distributionslogistik sind auf der dispositiven Ebene genauso zu lösen wie auf der operativen und auf der administrativen Ebene.

➤ In Zukunft werden weitere Forderungen an die Distributionslogistik – vorwiegend aus ökologischen Gründen – gestellt: Verringerung des Einsatzes von Verpackungsmitteln, Reduzierung des Transportaufkommens durch weniger Leerfahrten und Umleitung von Straßentransporten auf andere Verkehrsmittel, Auf- und Ausbau von Entsorgungs-systemen.

➤ Die Aufgabenbereiche der Entsorgungslogistik umfassen als Hauptleistungen Transport-, Umschlag- und Lagerungsprozesse und den zugehörigen Informations-fluss. Gegenstand der Entsorgungslogistik sind alle Rückstände, für die das Unternehmen eine Entsorgungsverantwortung hat.

3 Logistische Dienstleistungen anbieten

Spediteure, die allein Güterversendungen besorgen, gibt es nur noch wenige. Die entsprechende Definition für diesen „Schreibtischspediteur" wurde in das seit dem 1. Juli 1998 geltende Transportrecht des HGB nicht mehr übernommen. Heute wird der Spediteur in großem Umfang als Partner für logistische Dienstleistungen im Wirtschaftsleben angesehen.

Das Leistungsangebot hat sich geändert: Es wurde wesentlich umfassender und für viele Produktions- und Handelsunternehmungen attraktiv. Traditionell hat der Spediteur mit dem Sammelladungsverkehr und mit Lageraktivitäten erste und wichtige logistische Leistungen erbracht.

3.1 Leistungsangebot der Spediteure im Bereich Logistik

Heute umfasst die wirtschaftliche Kernfunktion einer Spedition die Planung, Steuerung und Kontrolle einer Transport- bzw. Logistikkette. Man kann daher den Spediteur als Kaufmann kennzeichnen, der logistische Dienstleistungen einkauft und diese einzeln oder als Leistungspaket wieder an Nachfrager verkauft. Zusätzlich zu den klassischen Dienstleistungen – Besorgung von Güterversendungen durch Frachtführer – bieten Speditionsunternehmen ein breites Spektrum logistischer und nichtlogistischer Dienstleistungen an. Insbesondere zählen dazu

- **physische Zusatzleistungen,** wie z. B. die Erstellung von Beförderungs-, Umschlags-, Lagerhaltungs- und Verpackungsleistungen,
- **Informationsdienstleistungen,** wie z. B. Auftragsabwicklung, Lagerbestandsmanagement, Datenbankdienstleistungen,
- **Controllingdienstleistungen,** wie z. B. Bereitstellung logistischer Controllinginstrumente,
- **Beratungsleistungen,** z. B. bei der Erstellung von Logistikkonzepten.

Die **Leistungspalette** lässt sich auch **im Zusammenhang** mit der **Transportabwicklung** darstellen:

- **Transportvorbereitung.** (Angebotsformulierung, Frachtführerwahl, evtl. Selbsteintritt, Kapazitätsreservierung bei weiteren Verkehrsmitteln wie Binnen-, Seeschifffahrt und Luftverkehr, im kombinierten Verkehr, Beladen und Verstauen der Frachtgüter, Wahl der Empfangsspediteure, Entladen, Lagerhaltung, Tourenplanung usw.);
- **Transportdurchführung und transportbegleitende Tätigkeiten;**
- **Überwachung des Transportvorgangs;**
- **Transportnachfolgende Tätigkeiten.** (Innerbetrieblicher Transport beim Versender/Empfänger, Rückführung/Verwertung von Verpackungen, Lagereinordnung beim Kunden, Regalpflege, Lagerbestandskontrolle, Rücknahme und Verrechnung von Retouren, Prüfung von Mängelrügen, Entgegennahme von Bestellungen, Fakturierung, Debitorenbuchhaltung, Führen von Verkaufsstatistiken, Durchführung von Garantiereparaturen).

Spediteure mit logistischer Kompetenz sind auch als Logistik-Consultants tätig, etwa in der Beratung hinsichtlich Eigen- oder Fremdtransport der verladenden Wirtschaft, der günstigen Kombination von Zu- und Abgangstransporten, der Optimierung der Lagerorganisation und der Ausgliederung von Funktionen sowie Übertragung an externe Dienstleister.

Der Spediteur ist vielfach in der Lage, Synergieeffekte marktwirksam zu nutzen, indem beispielsweise gemeinsame Läger, teilweise auch gemeinsame Strecken- oder Auslieferungstransporte für mehrere Kunden der verladenden Wirtschaft organisiert werden.

Wie schon in der Vergangenheit, übernimmt die Spedition heute verstärkt die Aufgabe eines Informationsvermittlers. So organisiert sie durchlaufende und vorauseilende Informationen im Sinne von Logistikketten anstelle von Insellösungen. Dadurch wird nur eine einmalige Datenerfassung notwendig, was die Fehlerhäufigkeit durch wiederholte Dateneingabe vermeidet. Als Zielsetzung gilt dabei auch, dass der beleglose Datenaustausch zur Reduzierung der Papierflut in den Betrieben beitragen soll.

Die DFÜ-Daten stehen in solchen Fällen nicht nur für Transportzwecke, sondern auch für die Lagerlogistik, für Zollformalitäten, ja für ganze Warenwirtschaftssysteme zur Verfügung. Anzustreben sind branchenneutrale DFÜ-Standards, wie etwa EDI-Systeme (Electronic Data Interchange), um die gerade bei Speditionen auftretenden Probleme zu beseitigen, die sich infolge einer Vielzahl unterschiedlicher Kundenstandards häufen.

Der Spediteur muss in der Lage sein, der verladenden und produzierenden Wirtschaft logistische Gesamtangebote zu unterbreiten, die den vollständigen Güter- und Informationsfluss von der Rohstoffgewinnung über die Verarbeitung und die Warenverteilung bis zum Endabnehmer umfassen.

Logistische Dienstleistungen werden regelmäßig im Verbund erbracht. Die an der logistischen Kette Beteiligten (Versender, Lagerhalter, Spediteur, Frachtführer, Flughafen- oder Seehafenumschlagsbetriebe, Empfänger) müssen so verzahnt arbeiten, dass ein funktionsfähiges Ganzes entsteht. Dabei ist besonders der Spediteur gefordert, wird er doch als Organisator und Architekt des Güterverkehrs bezeichnet. Der Spediteur besitzt das verkehrsübergreifende Know-how sowie die notwendige Neutralität.

Die logistischen Aufgabenstellungen setzen durchweg weit überdurchschnittliche Betriebsgrößen wegen des erforderlichen Know-how und des Kapitals für Anlage- und DV-Investitionen voraus. Für mittlere Speditionsbetriebe kann eine Strategie in der Bildung von Kooperationen liegen. Allerdings zeigen sich dabei noch große Probleme:

- Erforderlich ist die Bereitschaft, eigene Geschäftsbereiche und Kundenbeziehungen in die Kooperation einzubringen und u. U. auch einem Kundentausch zuzustimmen.
- Nur die Zusammenarbeit wirtschaftlich gesunder und leistungsfähiger Betriebe bildet die Grundlage für eine erfolgreiche Kooperation.
- Die Bereitschaft der Kooperationspartner muss vorhanden sein, gemeinsame Regeln für den Ausgleich von Vor- und Nachteilen zu erarbeiten und zu verwirklichen.
- Das Misstrauen, das gegenüber Wettbewerbern im Speditionsbereich stark ausgeprägt ist, muss überwunden werden.

Bei den Kooperationen von Spediteuren hat sich gezeigt, dass sie sich vor allem dann im Markt behaupten können, wenn es sich um neue Produkt- bzw. Marktkombinationen handelt. Als Beispiel dafür sei auf die KEP-Dienste (Kurier-, Express-, Paketdienste) hingewiesen.

Die am Markt tätigen Logistikunternehmen können in drei Kategorien eingeteilt werden: Systemanbieter, Komponentenanbieter und Branchenspezialisten.

- **Systemanbieter** sind in der Lage, logistische Gesamtproblemlösungen zu erarbeiten und zu verwirklichen. Die notwendigen Dienstleistungen erbringen sie entweder ausschließlich oder zumindest teilweise selbst. Im letzteren Fall werden sog. Komponentenanbieter eingeschaltet.

- **Komponentenanbieter** sind Transport-, Umschlags-, Lagerei- und Verpackungsfirmen. Sie bieten spezialisierte Logistikleistungen an.
- **Branchenspezialisten** sind Partner von Verladern aus bestimmten Branchen, denen sie spezifische Problemlösungen, erstklassigen Service und Komplettlösungen anbieten.

3.2 Outsourcing

Ein deutlich erkennbarer Trend der verladenden Wirtschaft, insbesondere im Bereich der Logistikaktivitäten geht zum Outsourcing. Man versteht darunter die Fremdvergabe von Logistikleistungen als zusätzliches Rationalisierungspotenzial der Logistik. Im Zuge des „Lean Managements" ist die Problematik der „Make-or-Buy-Entscheidung" wieder verstärkt in den Mittelpunkt des Interesses gerückt. Unternehmen hoffen, durch Outsourcing sowohl Aufwands- als auch Ertragsvorteile zu gewinnen.

Der Begriff Outsourcing (von: Outside und Resource) trat im deutschsprachlichen Raum zuerst im DV-Bereich auf und beschrieb dort die Auslagerung von Rechenzentrumsfunktionen. Im engeren Sinne wird heute darunter die Fremdvergabe von Dienstleistungen an Dritte verstanden. In einem weiteren Begriffsverständnis wird unter Outsourcing die **Auslagerung betrieblicher Funktionen oder Teilfunktionen an Externe** verstanden. Beide Begriffsverständnisse verweisen auf die Tatsache der Fremdversorgung wie auch auf den Prozess der Auslagerung.

Gerade hier finden sich vor allem für Speditionsbetriebe neue Geschäftsfelder, die neben die traditionellen Aufgaben der Transportorganisation, des Transports in Sammelladung oder als Einzelsendung, der Zwischenlagerung und des Kommissionierens treten. Beispiele für solche Geschäftsfelder sind:

- Erstellung (Bau) und Führung von Eingangslägern für Produktionsunternehmen,
- Übernahme ganzer Vertriebssysteme einschließlich Rücksendung von reklamierten Teilen; bisweilen werden sogar Garantiereparaturen durch einen Logistikdienstleister erledigt,
- Bau und Betrieb von Auslieferungslägern (regional oder zentral),
- Einbau (Montage) von Zusatzteilen bei Importprodukten,
- Übernahme der Regalpflege im Handel für zuliefernde Produktionsbetriebe,
- Verpackung und kundenspezifische Preisauszeichnungen im Handel,
- Bereitstellung von Finanzierungsleistungen,
- Fertigmachen von eingeführten Produkten („Finishing"), z. B. Entkonservieren von Fahrzeugen oder Aufbügeln von Textilien.

Für die Übernahme derartiger Logistikdienstleistungen müssen jedoch bestimmte Bedingungen erfüllt werden:

- Der Logistikdienstleister muss über verladerspezifisch zutreffendes logistisches Know-how und entsprechend qualifizierte Mitarbeiter verfügen.
- Teilweise muss ein erhebliches Investitionskapital zur Finanzierung von Anlageinvestitionen in Läger mit hochwertiger rechnergestützter Ablauforganisation und Datenverbund mit den Logistikpartnern vorhanden sein.
- Ganz wichtig sind die Fähigkeiten eines Logistikdienstleisters, die logistischen und branchenspezifischen Probleme und Entwicklungen der vorhandenen und möglichst auch von potenziellen neuen Kunden aus der verladenden Wirtschaft zu

beobachten und zukunftsorientiert zu analysieren, in der Absicht, den Kunden kostengünstigere Alternativen zu bieten. Anders ausgedrückt: Dem Kunden soll ein Angebot unterbreitet werden, das ihn zu einer Buy-Entscheidung bringt, anstelle der bisherigen Make-Situation.

Zusammenfassung

➤ Die wirtschaftliche Kernfunktion einer Spedition umfasst heute die Planung, Steuerung und Kontrolle einer Transport- bzw. Logistikkette.

➤ Zusätzlich zu den klassischen Dienstleistungen – Besorgung von Güterversendungen – zählen zum Spektrum logistischer und nichtlogistischer Dienstleistungen:
  – physische Zusatzleistungen (Beförderungs-, Umschlags-, Lagerhaltungs- und Verpackungsleistungen), Informationsleistungen (Auftragsabwicklung, Lagerbestandsmanagement, Datenbankdienstleistungen),
  – Controllingdienstleistungen (z. B. Bereitstellung logistischer Controllinginstrumente),
  – Beratungsleistungen.

➤ Im Zusammenhang mit der Transportabwicklung besteht die Leistungspalette des Spediteurs
  – in der Transportvorbereitung,
  – Transportdurchführung und transportbegleitenden Tätigkeiten,
  – Überwachung des Transportvorganges und in transportnachfolgenden Tätigkeiten.

➤ Der Spediteur als Logistikdienstleister muss in der Lage sein, der verladenden und produzierenden Wirtschaft logistische Gesamtangebote zu unterbreiten, die den vollständigen Güter- und Informationsfluss von der Rohstoffgewinnung über die Verarbeitung und die Warenverteilung bis zum Endabnehmer umfassen können.

➤ Die Logistikunternehmen können in drei Kategorien eingeteilt werden:
  – Systemanbieter,
  – Komponentenanbieter,
  – Branchenspezialisten.

➤ Unter Outsourcing im engeren Sinne versteht man die Fremdvergabe von Dienstleistungen an Dritte. Im weiteren Sinne bedeutet Outsourcing die Auslagerung betrieblicher Funktionen oder Teilfunktionen an Externe.

➤ Beipiele für neue Geschäftsfelder von Speditionsbetrieben, die durch Outsourcing der verladenden Wirtschaft entstehen, sind
  – Bau und Führung von Eingangslägern,
  – Übernahme von Vertriebssystemen,
  – Bau und Betrieb von Auslieferungslägern,
  – Montage von Zusatzteilen bei Importerzeugnissen,
  – Übernahme der Regalpflege,
  – Verpackung, Preisauszeichnung,
  – Bereitstellung von Finanzleistungen,
  – Finishing von importierten Produkten.

➤ Nicht alle Speditionsbetriebe sind für die Übernahme umfassender Logistikdienstleistungen geeignet. Zwingend erforderlich ist, dass der Logistikdienstleister über ein verladerspezifisches Know-how und über entsprechend qualifiziertes Personal verfügt. Fast immer ist ein erhebliches Investitionskapital notwendig. Der Logistikdienstleister muss in der Lage sein dem Kunden ein Angebot zu unterbreiten, das einer Buy-Entscheidung den Vorzug vor der bisherigen Make-Situation gibt.

➤ An die Logistikdienstleister werden in der Regel höchste Qualitätsanforderungen gestellt. Das erfordert wiederum ein konsequentes Qualitätsmanagement in den Dienstleistungsunternehmen.

4 Logistikkonzepte erarbeiten

Ein Logistikkonzept ist für jedes Unternehmen zu erstellen, das entweder selbst die logistischen Aufgaben zu bewältigen hat oder einen Dienstleister mit der Übernahme von allen oder zumindest Teilen der Logistikaufgaben betraut. In erster Linie dient das Konzept dem Unternehmen, das produziert, oder einem Handelsunternehmen. Der Logistikdienstleister ist dabei zunächst nur mittelbar beteiligt, insbesondere in der Form eines Beraters mit dem Einbringen von logistischem Know-how.

Das Logistikkonzept bildet den Rahmen für die Aufgabenformulierung in den einzelnen Logistikbereichen einer Unternehmung; nicht zuletzt müssen die einzelnen Abteilungen oder Unternehmensbereiche zu einer Prozesskette verbunden werden.

Ein Logistikkonzept zu erarbeiten, bedeutet, die Folgen logistischer Maßnahmen über den eigenen Bereich hinaus für andere Bereiche zu erkennen bzw. die Maßnahmen so zu steuern, dass sich die geplanten Auswirkungen auf andere Bereiche ergeben. Das Konzept stellt die Abhängigkeit einzelner Abteilungen, Bereiche und Prozesse voneinander klar und erreicht dadurch eine bereichsübergreifende Abstimmung.

4.1 Inhalt eines Logistikkonzepts festlegen

Ziel eines Logistikkonzeptes ist die Optimierung der Gesamtleistung eines Unternehmens. Um dorthin zu gelangen, müssen zunächst die Einzelaufgaben der Logistik festgelegt und anschließend die Logistikaufgaben in den einzelnen Bereichen zu einer **Logistikkette** verknüpft werden. Dabei ist zu bestimmen,

● welche Güter und Informationen,
● in welchen Mengen,
● an welchen Orten,
● zu welchen Zeitpunkten,
● in welchen Qualitäten,
● durch welche Aktionen verfügbar sein müssen.

Darüber hinaus wird festgelegt,

● wo die Güter und Informationen entnommen werden,
● wie sie transportiert werden,
● wohin sie nach erfolgter Be- oder Verarbeitung gelangen sollen.

Der **Inhalt des Logistikkonzeptes** wird bestimmt durch:

● das Produkt
● den Markt
● die technologischen Einflussfaktoren
● die eingesetzten Verfahren und Instrumente
● die rechtlichen Rahmenbedingungen
● das verwendete Informationssystem
● die Aufbauorganisation
● die Kompetenzen
● die verfügbaren bzw. vorgesehenen Mittel
● die Kostenvorgaben

4.2 Logistikkonzept einem Kunden vorlegen

Neben den klassischen Leistungen des Güterverkehrs muss ein Logistikdienstleister alle Facetten moderner und wirtschaftlicher Logistiksysteme in einem schlüssigen Konzept dem möglichen Kunden unterbreiten. Von der Beschaffung über Lagerservice bis hin zur Distribution erhält der potenzielle Auftraggeber individuell auf seine Belange zugeschnittene Lösungen aus einer Hand.

Das kann vom Warenimport über See oder per Luftfracht über die sortenreine Zwischenlagerung und die Kommissionierung nach Auftragseingang reichen und weiter über eine bundes- und europaweite Verteilung – möglichst über den Systemverbund des Logistikdienstleisters – bis zum Endempfänger gehen.

Damit kann ein Dienstleister einem Interessenten verschiedene Vorteile bieten:

● Der Kunde hat nur einen Ansprechpartner zur Behandlung aller logistischen Grundsatzfragen.

● Meistens verfügen die bekannten Logistikdienstleister über eigene Speditions- bzw. Verkehrsorganisationen.

● Es gibt nur einheitliche Abwicklungsrichtlinien.

● Durchgehende DV-Organisation ist vorhanden.

● In der Zulaufsteuerung kann eine tägliche Abstimmung erfolgen.

● Weniger Anlieferfahrzeuge im Wareneingang und damit leichter zu ordnende Abläufe in der Eingangsabwicklung. Nicht zuletzt wird dadurch eine ökologisch günstigere Verkehrsabwicklung möglich.

● Optimierung von Personaleinsatz, Warenfluss und DV-Organisation wird angestrebt.

● Warenvorauseilende Auftragsinformationen per DFÜ mit Statusreport an den Wareneingang sind üblich.

● Anfragen über den Sendungsstatus können in der Regel über die bundes- bis weltweite DV-Organisation kurzfristig geklärt werden.

● Die Administration in der Frachtenprüfung und in der Buchhaltung kann vereinfacht werden.

● Speziell für die Distribution ergeben sich Vorteile durch die prompte Warenübernahme beim Lieferanten oder durch schnellste Lieferung ab dem Auslieferungslager, das meistens durch den Logistikdienstleister geführt wird.

● Vorhaltung eines besonderen Lagers für „Schnelldreher-Artikel".

● DFÜ-Auftragsübermittlung und empfängerbezogene Feinkommissionierung sind die Regel.

● Die Zustellung erfolgt „empfängerfreundlich" kurzfristig.

Einige Beispiele in diesem Kapitel zeigen verschiedene Logistikkonzepte; sie sind der praxisbezogenen Fachliteratur entnommen.

4.3 Logistikkonzepte in die Praxis umsetzen

Die Zahl der in die Praxis umgesetzten Logistikkonzepte nimmt zu. Da die Verträge über Logistikleistungen in der Regel nur zwischen zwei Partnern geschlossen werden, vielleicht einem Industrie- oder Handelsunternehmen auf der einen Seite und dem Logistikdienstleister auf der anderen Seite, dringen oft Einzelheiten über das Konzept bzw. die Abwicklung nicht an die Öffentlichkeit. Dennoch werden in der Fachliteratur laufend Logistikprojekte behandelt, so auch die folgenden Beispiele:

4.3.1 Beschaffungslogistik an einem Beispiel darstellen

Seit der Mitte der 80er-Jahre unterhält eine weltweit tätige Spedition, die in großem Umfang auch logistische Leistungen erstellt, im Norden von München ein Zentrales Außenlager (ZAL) für einen Münchner Pkw-Hersteller.

Der Ausgangspunkt für die Zusammenarbeit war die Tatsache, dass sich die Industrie – hier speziell die Automobilindustrie – stärker am Markt orientieren musste. War in früheren Jahren noch das Ziel, möglichst viele Standardprodukte in großen Mengen auf den Markt zu bringen, so kam bereits damals die Forderung nach mehr und mehr auf den Verbraucher hin individualisierten Produkten. Das bedeutete eine enorme Zunahme der Produktteile, -varianten, -bauelemente und -komponenten.

Da der Hersteller weitgehend für die Pkw-Produktion Kaufteile bezog, sollte das Materialflusssystem vom Vorlieferanten bis zur Fertigung neu organisiert, d. h. die Logistikkette optimiert werden. Die Aufgabenstellung für den über eine Ausschreibung gefundenen Logistikdienstleister bestand in der **Steuerung, Durchführung und Überwachung des gesamten Warenflusses** vom Wareneingang im ZAL bis zu den Produktionsbändern der Autofabrik.

Diese enge Einbindung in das Beschaffungskonzept des Pkw-Produzenten ergab auch ein neues Abhängigkeitsverhältnis zwischen den Partnern. Für den Logistikdienstleister bedeutete dies, die Philosophie seines Partners vor allem im Lagerbereich genau kennen zu lernen und umzusetzen. Gleichzeitig entstand eine „Kooperation auf hohem Niveau", da der Dienstleister durch die Einbindung in die Disposition und Abwicklung der geforderten Aufgaben die Mitverantwortung für eine Just-in-time-Anlieferung trägt.

Die Hauptstärken des Konzeptes liegen in

- der Vermeidung von Zwischenlagerungen im Wareneingang und der Qualitätskontrolle,
- der Verringerung der Kosten,
- der Koppelung von Lager- und Fertigungssteuerung,
- genau festgelegten Verantwortungs- und Kontrollbereichen.

Von den Zulieferern für Kaufteile fließt ein beständiger Strom auf das Zentrale Außenlager (ZAL) für Lieferungen zu. Parallel dazu läuft ein Informationsstrom, in den der Bereich Warenerfassung eingebettet ist. Hier werden die notwendigen Daten erfasst. Die Lieferungen müssen physisch aufgenommen und bearbeitet werden. Das ist die Aufgabe des Wareneingangs.

Damit wegen unvollständiger Lieferungen keine Engpässe in der Versorgung der Produktionsstellen eintreten, muss eine Mengenkontrolle erfolgen. Diese Kontrolle führt der logistische Dienstleister durch. Die Qualität der gelieferten Teile wird vom Pkw-Hersteller im Rahmen der üblichen statistischen Qualitätsprüfungen – aber in den Räumen des ZAL – geprüft.

Für die Kaufteile ist eine kurze Zwischenlagerung erforderlich, und zwar aus folgenden Gründen:

- Um Transport- und Lieferstörungen auffangen zu können, muss eine Mindestreserve vorgehalten werden.
- Die eingehenden Güter müssen „für das Band" bereitgestellt werden.
- Die eingehende Transporteinheit ist nicht mit der zum Produzenten ausgehenden Beliefereinheit identisch, weil andere Mengen oder Kombinationen notwendig sind.

Im Wareneingang besteht dann die Aufgabe, die Kaufteile für die einzelnen Empfangsstellen (im Werk des Produzenten) bereitzustellen. Es handelt sich dabei um mehrere Abladeplätze im Werk, entsprechend dem Montagefortschritt. Zusätzlich erhält teilweise auch das zentrale Ersatzteillager (beim Pkw-Hersteller) Lieferungen aus dem ZAL. Als weiterer Dienst kommt die Leergutentsorgung für das Automobilwerk München dazu.

Die Lösung dieser Aufgaben ergab folgende Teilbereiche für das Logistikkonzept:

- Materialflusskonzept
- Umschlags- und Kommissionierkonzept
- Baukonzept
- Personalkonzept (Anzahl und Qualifikation der Mitarbeiter)
- EDV-Konzept für den Betrieb und die notwendige EDV-Verknüpfung.

Das zentrale Außenlager bildet den wichtigsten Grundstein im Gesamtkonzept. Es hat eine bebaute Fläche von gut 30 600 m^2. Darin enthalten sind u. a. ein Hochregallager mit 2 100 m^2 und 10 224 Palettenstellplätzen, ein konventionelles Lager mit 14 400 m^2 und ca. 15 000 Palettenstellplätzen, eine überbaute Fläche für Leergutentsorgung mit ca. 1 300 m^2, Wareneingang mit 4 725 m^2, Warenausgang mit 2 500 m^2 und ein Raum für die Qualitätssicherung mit 3 150 m^2 sowie ein Bürotrakt und verschiedene Wartungseinrichtungen.

Das gesamte Handling erfolgt weitgehend computergesteuert mit vollautomatischen Fördereinrichtungen und Elektrostaplern. Die Steuerung der Funktionen übernimmt ein EDV-System. Um dieses System zu schaffen, mussten unterschiedliche Anlagen verschiedener Hersteller verknüpft werden. Jedes Rechnersystem musste also einerseits in sich autark arbeiten, andererseits in Verbindung mit dem anderen System in der Lage sein, direkt zu kommunizieren und Befehle oder Informationen auszutauschen.

Ausgangspunkt ist die Fertigungssteuerung beim Pkw-Hersteller. Sie gibt die Informationen an den Betriebsrechner für das Lagersystem, was an Bestellungen zu erwarten ist und welche Anforderungen die Produktion hat. Der Betriebsrechner übernimmt die Lieferscheindaten für den Wareneingang, meldet den effektiven und vollständigen Eingang zurück und übernimmt die Bestände in die Lagerbestandsführung. Kommt der Materialabruf, wird ausgelagert. Dazu entstehen an den einzelnen Funktionsbereichen – über dort stationierte Drucker – die notwendigen (Auslagerungs-) Belege. Unabhängig davon arbeitet der Prozessrechner für die Hochregalsteuerung. Er optimiert aufgrund vorliegender Wareneingangs- oder Warenausgangsaufträge die Wege für die Regalförderzeuge. Seine Aufträge erhält er über den Betriebsrechner und meldet dort die erfolgten Ein- bzw. Auslagerungen oder ggf. Störungen. Im Einzelnen sieht der Ablauf wie folgt aus:

Trifft ein Zuliefertransport per Bahn oder Lkw im ZAL ein, erfolgt sofort nach der Entladung eine Stückzahlkontrolle im Wareneingangsbereich. Zuvor schreibt der Computer den Warenbegleitschein, der einen Barcode mit Inhalts- und Stellplatzinformationen enthält. Nach der Qualitätskontrolle, die von Angestellten des Produzenten im Bereich des ZAL vorgenommen wird, laufen die Paletten dann entsprechend der Barcode-Information auf der vollautomatischen Förderstrecke zu ihrem vom Computer bestimmten Stellplatz.

Der Nachschubbedarf an den Produktionsbändern im Werk wird durch ein mobiles Terminal aufgenommen und über Standleitung direkt beim Verwaltungsrechner des Zentralen Außenlagers geordert. Der gibt seine Auslagerungsbefehle an die Rechner in den einzelnen Bereichen weiter, die automatisch für die Kommissionierung und den Transport kompletter Ladungseinheiten zur Laderampe sorgen. Von dort startet dann im exakten Rhythmus der Pendelverkehr zu den Bändern im Automobilwerk. Dazu werden umweltfreundliche Lkw eingesetzt. Durch den Transport kompletter Ladungseinheiten reduziert sich auch die Fahrtenfrequenz und damit die Verkehrsbelastung.

Entsprechend dem Logistikkonzept entstanden für den Dienstleister bei diesem System folgende Aufgabenbereiche:

- Errichtung des gesamten Lagerkomplexes für das ZAL auf eigenem Grundstück
- Bewirtschaftung und Betrieb des ZAL
- Bestandsverantwortung
- Disposition und Abwicklung der Abrufaufträge
- Zusammenstellung der Kaufteile in exakter Abstimmung mit der Produktion
- Pendelverkehr mit umweltfreundlichen Spezial-Lkw zwischen ZAL und Produktionswerk
- Materialversorgung der Produktion just-in-time
- Leergutabwicklung, administrativ und körperlich

4.3.2 Distributionslogistik – Lager- und Auslieferungssystem[1]

In der Nähe von Mühldorf am Inn ist seit Mitte 1995 ein logistisches Dienstleistungszentrum in Betrieb. In dem Lager- und Auslieferungssystem werden überwiegend Kindernahrungs- und Milchprodukte aus zwei Werken des Herstellers gelagert und auf Anforderung schnell und pünktlich an deren Handelskunden in ganz Deutschland ausgeliefert. Die Errichtung des neuen Distributionszentrums geschah im Rahmen der Neuorganisation des Vertriebssystems der Herstellerfirma, die ihre bisherigen Läger durch fünf neue Verteilzentren in räumlicher Nähe zu den Produktionsstätten ersetzte. Mit weniger Umladevorgängen und kürzeren Lieferzeiten konnte die Effizienz des Vertriebs gesteigert werden, was wiederum der Erhaltung der Produktqualität und dem Schutz der Umwelt zugute kommt.

Betreiber der Anlage ist ein Logistikbetrieb. In dessen Auftrag plante und errichtete der Bereich Lager- und Systemtechnik einer weltbekannten Würzburger Stahl- und Maschinenbau GmbH das komplette Distributionszentrum, das aus folgenden Hauptbereichen besteht:

- einem Wareneingangsbereich,
- einem fünfgassigen vollautomatischen Hochregallager mit allen erforderlichen Ausrüstungen,
- einem Blocklager für ca. 1 000 Europaletten,
- einem Kommissionierbereich,
- einem Versandbereich,
- einem Verwaltungsgebäude mit Platz für Administration, Bestandsverwaltung, Tourendisposition, Lkw-Abfertigung und Sozial- und Rechnerräumen,
- Außenanlagen mit einer Hoffläche von ca. 10 000 m², mit Parkplätzen, Lkw-Umfahrt und Begrünung.

Quelle: FRACHT + MATERIALFLUSS, Heft 9/1996

Bis auf die reine Kommissioniertätigkeit und die Lkw-Verladung sind alle Abläufe automatisiert. Der Liefer- und Leistungsumfang des Würzburger Unternehmens war weit gespannt: Es erarbeitete Bedarfsanalysen, erstellte Konzepte für den Materialfluss, plante und projektierte die technischen Systeme einschließlich der Verwaltungs- und Steuerungsrechner mithilfe modernster Simulationsverfahren, erledigte die Bauplanung und die Abwicklung des Baugenehmigungsverfahrens und realisierte das schlüsselfertige Gesamtobjekt als Generalunternehmer. Während der Anlaufphase wurden die Mitarbeiter des Logistikunternehmens gründlich geschult und betreut. Die Wartung und der Service liegen in der Hand des Würzburger Unternehmens.

Die Anlieferung der Waren aus dem nahen Werk des Herstellers der Kindernahrungs- und Milchprodukte erfolgt ausschließlich im sog. Shuttle-Betrieb: Ein spezieller Lkw-Sattelauflieger mit integrierter Förderanlage wird in nur wenigen Minuten mit 60 Paletten automatisch im Werk beladen und im Distributionszentrum wieder entladen. Pro Tag finden bis zu 30 Shuttle-Fahrten statt. Die Produkte anderer Werke werden mit konventionellen Lkw angeliefert.

Nach der Erfassung und Überprüfung der Anlieferungen im Wareneingangsbereich werden diese mit einer automatisch arbeitenden Palettenförderanlage ins Hochregallager befördert.

Das 145 Meter lange, 27 Meter hohe und 37 Meter breite Hochregallager bietet Platz für maximal 48 080 Europaletten, die bis zu 1,5 Tonnen schwer sein können. Fünf vollautomatische Regalbediengeräte sorgen für eine zuverlässige Beschickung mit bis zu 125 Ein- und Auslagerungen pro Stunde.

Spezielle Teleskopgabeln auf den Geräten erlauben, dass die Paletten zweifach hintereinander und doppelt übereinander gelagert werden können. Diese Art der Lagerung erlaubt eine gute Ausnutzung des Raumes bei hoher Umschlagleistung. Neben dem automatischen Hochregallager bildet der Bereich der Kommissionierung und Versandtourenbereitstellung eine zentrale Rolle in der Materialflusskette. Mithilfe moderner Simulationsverfahren wurde eine Ablauforganisation entwickelt, die es dem Betreiber ermöglicht, täglich bis zu 75 000 Verkaufseinheiten zuverlässig an die Kunden auszuliefern.

Vom Hochregal aus können Paletten direkt in den Versandbereich oder als Nachschub in die Kommissionierzone gefahren werden. Den Transport übernimmt bis zur Bereichsgrenze eine ausgedehnte Förderanlage, die im Wesentlichen aus Rollenbahnen, Tragkettenförderern und Vertikalförderern besteht.

Paletten, von denen in der Kommissionierzone Ware entnommen werden soll, werden auf Anforderung aus dem Hochregallager ausgelagert und den vier Kommissioniergassen zugeführt. Die Verteilung auf die rund 430 Bereitstellplätze und auf die gleiche Zahl an Reserveplätzen, die sämtlich als Schwerkraft-Gefällerollenbahnen ausgebildet sind, übernimmt ein neu entwickeltes „Mobiles Transportsystem (MTS)" ebenfalls vollautomatisch. Auf einer Kurslänge von insgesamt etwa 400 m verkehren vier MTS-Verteilfahrzeuge. Es handelt sich um Geräte mit elektrischem Antrieb, aber ohne Batterie, die auf dem Hallenboden fahren und durch eine Schiene mit integrierter Schleifleitung mit Energie versorgt werden. Diese Lösung erlaubt einen Dreischichtbetrieb sowie Kreuzungsverkehr von Staplern und Kommissionierfahrzeugen. Geleitet wird das Fahrzeug durch dieselbe Führungsschiene.

Die Kommissionierung erfolgt beleglos nach dem Prinzip „Mann zur Ware". In den vier Gängen fahren die Kommissionierer mit elektrisch angetriebenen Kommissionierfahrzeugen. Der Bereich ist in zwei Zonen unterteilt, eine für Verkaufseinheiten, die manuell bewegt werden können, eine für Verkaufseinheiten, die mit Hilfsmitteln bewegt werden müssen. Je nach aktueller Umschlagsleistung sind jedem Artikel ein oder mehrere Plätze zugeordnet; einige Kommissionierplätze sind – um auf saisonale Absatzschwankungen reagieren zu können – als „dynamische Plätze" eingerichtet.

Kommissionierbereich in einem Distributionslager

Die genannte Kommissionierleistung mit rund 75 000 Verkaufseinheiten wird von 20 Kommissionierern je Schicht in 15 Stunden pro Tag erbracht. Die Kommissionierer werden über moderne Datenterminals, die auf den Fahrzeugen montiert sind, online vom Lagerverwaltungsrechner über ein Infrarotdatenübertragungssystem mit Aufträgen versorgt. Für diesen Einsatzzweck bietet diese Form der Datenübertragung hohe Übertragungsraten verbunden mit größtmöglicher Übertragungssicherheit.

Ein freier Kommissionierer meldet sich am Rechner an und erhält sofort einen anstehenden Kommissionierauftrag mit Angabe der notwendigen Informationen, wie Platznummer in wegoptimierter Reihenfolge, Auftragsposition, Entnahmemenge und kundenspezifische Anweisungen. Im Dialog werden nun der Reihe nach die einzelnen Positionen abgearbeitet. Mit der Handlesepistole wird die Platznummer eingelesen und die Entnahmemenge am Terminal bestätigt oder gegebenenfalls korrigiert.

Nach Abschluss der Kommission meldet sich der Werker am Kontrollpunkt beim Rechner und erhält vom Etiketten- und Listendrucker das Versandetikett und die Inhaltsliste. Anschließend wird die Palette an die Fördertechnik abgegeben, von automatischen Stretchmaschinen gewickelt und in den Versandbereich transportiert.

Mit dem Prinzip der online geführten Kommissionierer wird eine geringere Fehlerquote erreicht, aufwendige Nachkontrollen können also entfallen. Auch das Verwaltungssystem ist laufend über die aktuellen Bestände informiert, eventuelle Fehlmengen lassen sich sofort ausgleichen.

Im Bereich des Blocklagers und der Sonderkommissionierzone erhalten die dort eingesetzten Gabelstapler die Fahraufträge online vom Rechner auf ihr Terminal.

Für die Versandbereitstellung wurde aufgrund der hohen Versandleistung ein automatisches System gewählt. Nach den Stretcherlinien werden sowohl die homogenen Versandpaletten, die direkt aus dem Hochregallager kommen, als auch die Paletten mit der kommissionierten Ware vom mobilen Transportsystem (MTS) übernommen, und zwar auf Doppelrollenbahnen bis zu vier Versandpaletten gleichzeitig.

Im Versandbereich beschicken acht MTS-Fahrzeuge auf einem Rundkurs 70 Bereitstellbahnen, die als Gefällerollenbahnen ausgebildet sind, wobei jede bis zu 16 Doppelpaletten aufnehmen kann. Entsprechend den übertragenen Zieldaten fährt das Fahrzeug die Bereitstellungsbahnen an, bringt die Paletten in die Neigung der Gefällerollenbahnen und übergibt die Paletten.

Jedes Fahrzeug besitzt eine eigene Steuerung für den Fahrantrieb, die Lenkung, die Positionierung und die aufgebauten Förderelemente. Die Verbindung zum Koordinations- und Steuerungsrechner erfolgt an Dialogpunkten mittels Datensichtschranken. Über 600 t Ware werden mit diesem System täglich auf die Versandbahnen verteilt.

Die Verladung auf Lkw erfolgt direkt von den Versandbahnen mit Gabelstaplern und elektrischen Gabelhubwagen. Die Zuordnung der richtigen Tour auf den richtigen Lkw wird mit einer Handlesepistole kontrolliert, die alle Tourendaten gespeichert hat und über ein Display dem Bediener die Zugehörigkeit jeder Palette zu ihrer Tour anzeigt.

Die Steuerung des Distributionszentrums ist in vier Ebenen aufgebaut: Lagerverwaltung, Lagersteuerung, Koordinations- und Steuerungsrechner, Bereichssteuerungen.

Das Lagerverwaltungssystem des Kunden ist für die Bestände aller Distributionszentren zuständig.

Das Lagersteuerungssystem ist für alle innerhalb des Distributionszentrums notwendigen automatisierten Abläufe zuständig. Das System ist als Doppelrechner mit Spiegelplatten ausgebildet und hat damit eine hohe Ausfallsicherheit.

Der Koordinationsrechner steuert und verwaltet alle Bereichssteuerungen für Fördertechnik.

4.3.3   Weitere Logistikkonzepte

Als Beispiel für ein bekanntes Logistikkonzept sei hier „Efficient Consumer Response (ECR)" genannt. Frei übersetzt bedeutet das: „die effiziente Reaktion auf die Kundennachfrage". Angewendet wird dieses Konzept vornehmlich im Konsumgüterbereich, vor allem im Food-Bereich. Dabei geht es um vertikale Kooperationsstrategien zwischen dem Handel und den Herstellern durch Bündelung der Informations-, Warenfluss- und Steuerungskonzepte. Über die Verkaufskassen (Point of sale) werden die Kundenentscheidungen direkt per EDV-Information an die Hersteller übermittelt. Ziel ist es, durch einen effizienten Datenaustausch und effiziente Bestellungen sowohl den Warenfluss als auch das Sortiment zu optimieren. Fehlmengen und nicht dem Absatz angepasste (sehr teuere!) Lagerhaltungen können so vermieden werden.

Die bisher aufgeführten Logistikkonzepte zeichnen sich dadurch aus, dass sie in der Regel durch die verladende Wirtschaft – Produktions- oder Handelsbetriebe – entwickelt worden sind und meistens in Zusammenarbeit mit Logistikdienstleistern umgesetzt wurden.

Daneben haben jedoch auch Verkehrsbetriebe – sehr oft in Kooperation mit Unternehmen der gleichen Branche – eigene Konzepte erarbeitet und wickeln danach vorwiegend Transport-, aber auch Umschlags- und Lagergeschäfte rationeller zum Nutzen der verladenden Wirtschaft ab. Als Beispiele seien nur stichwortartig genannt: Güterverkehrszentren (GVZ), City-Logistik, Systemverkehre einzelner Firmen oder in Kooperation, KEP-Dienste (Kurier-, Express- Paketdienste), Terminverkehre, Stückgutabwicklungen über Zentralterminal (Hub) statt oder in Ergänzung zum konventionellen Spediteursammelgutverkehr u. a. m. Verschiedene dieser Konzepte sind an anderer Stelle in diesem Buch behandelt. Speziell die City-Logistik und die Einrichtung von Güterverkehrszentren könnte weiterhin an Bedeutung gewinnen, zumal dabei der Umweltschutz eine große Rolle spielt.

City-Logistik

Als City-Logistik wird die Bündelung des innerstädtischen Güterverkehrs durch die Einrichtung einer Dispositions- und Kommunikationszentrale bezeichnet, die die Güterversorgung einer Innenstadt anstelle zahlreicher Verkehrsunternehmen übernimmt. Aufgrund der unterschiedlichen Verhältnisse in den Städten müssen dabei maßgeschneiderte Konzepte erstellt werden. Ein allgemein gültiges Konzept kann es nicht geben.

Vor Einführung der City-Logistik lassen zahlreiche Versender ihre Sendungen (vorwiegend Konsumgüter) durch Verkehrsunternehmer in die Innenstädte transportieren. Zum Teil wird diese Aufgabe auch mit eigenen Fahrzeugen (im Werkverkehr) durchgeführt. Ein weiterer Güterfluss entsteht dadurch, dass der Verbraucher seine in der City gekauften Güter zu den Orten des Verbrauchs, die sehr oft außerhalb der Innenstadt liegen, befördert.

Hier setzt die City-Logistik an. Sie will die Warenströme bündeln, um dadurch eine bessere Ausnutzung der Fahrzeuge und der Ladezeiten zu erreichen. Die Verkehrsunternehmen schließen sich deshalb zusammen und übergeben einem neutralen Dienstleister ihre Güter, die dann mit lärm- und schadstoffarmen, besonders wendigen Fahrzeugen vom City-Terminal in die Innenstadt befördert werden.

Besonders große Einsparungen können erzielt werden, wenn Versender, Spediteure und Empfänger in ein enges Kommunikationsnetz eingebunden sind. Dadurch lässt sich eine besonders intensive Bündelung der Warenströme erreichen.

Neben den Versendern und Empfängern haben vor allen Dingen die Gemeinden und das Verkehrsgewerbe ein starkes Interesse an einer gut funktionierenden City-Logistik. Für das Verkehrsgewerbe ist die Rationalisierung der innerstädtischen Transporte deswegen bedeutsam, weil sich der Verkehr in die City durch das steigende Verkehrsaufkommen und die zunehmenden Verkehrsbeschränkungen immer weniger rechnet. Die wichtigsten Punkte für das Transportgewerbe sind im Zusammenhang mit der City-Logistik

● bessere Kapazitätsauslastung,
● bessere Routenplanung,
● Verminderung der Zustellzeiten.

City-Logistik-Projekte neuerer Generation gehen über die Bündelung von Anliefervorgängen hinaus und umfassen Dienstleistungen, wie Lagerhaltung für den Einzelhandel, Zustellservice für Haushalte, Auslieferservice, Entsorgung von Verpackungsmaterial.

Zusammenfassend lässt sich sagen, dass durch die Bündelung des Ausliefer- und oft auch des Abholerverkehrs im Rahmen der City-Logistik die Zahl der täglichen Innenstadtfahrten reduziert, die Auslastung der verbleibenden Fahrten erhöht, die Belastung der städtischen Verkehrsinfrastruktur und der Umfang von Schadstoff- und Lärmemissionen vermindert werden.

Zusammenfassung

➤ Ziel eines Logistikkonzeptes ist die Optimierung der Gesamtleistung eines Unternehmens.

➤ Der Inhalt eines Logistikkonzepts wird neben anderen Merkmalen durch das Produkt, den Markt, die technologischen Einflussfaktoren, die rechtlichen Rahmenbedingungen, das verwendete Informationssystem und die Kostenvorgaben bestimmt.

➤ Ein schlüssiges Logistikkonzept, das einem potenziellen Kunden unterbreitet wird, muss neben den klassischen Leistungen des Güterverkehrs die vielfältigen Möglichkeiten moderner und wirtschaftlicher Logistiksysteme enthalten. Einem Interessenten muss der Logistikdienstleister verschiedene Vorteile bieten. Beispiele: Nur ein Ansprechpartner für alle logistischen Grundfragen, einheitliche Abwicklungsrichtlinien, Optimierung von Personaleinsatz, Warenfluss und DV-Organisation. Warenvorauseilende Auftragsinformationen per DFÜ mit Statusreport an den Wareneingang, Zustellung im Zuge von Distributionsaufgaben erfolgt „empfängerfreundlich" kurzfristig u. a. m.

➤ Neben einer Mitarbeit an Logistikkonzepten von Industrie- und Handelsunternehmungen haben Verkehrsbetriebe auch eigene Konzepte entwickelt, sehr oft in Kooperation mit Unternehmen der gleichen Branche. Dabei werden vorwiegend Transport-, aber auch Lager- und Umschlaggeschäfte rationeller zum Nutzen der verladenden Wirtschaft abgewickelt. Zu nennen sind hier Güterverkehrszentren, City-Logistik, Systemverkehre.

➤ Als City-Logistik wird die Bündelung des innerstädtischen Güterverkehrs durch die Einrichtung einer Dispositions- und Kommunikationszentrale bezeichnet, die die Güterversorgung einer Innenstadt anstelle zahlreicher Verkehrsunternehmen übernimmt.

➤ Für das Transportgewerbe ergeben sich durch die City-Logistik: bessere Kapazitätsauslastung, bessere Routenplanung und Verminderung der Zustellzeiten.

➤ Durch die Bündelung des Auliefer- und oft auch des Abholerverkehrs im Rahmen der City-Logistik lässt sich die Zahl der täglichen Innenstadtfahrten reduzieren, die Auslastung der verbleibenden Fahrten kann erhöht werden und die Belastung der städtischen Infrastruktur sowie der Umfang von Schadstoff- und Lärmemissionen können vermindert werden.

5 Rechtsgrundlagen für Logistikverträge beachten

Erbringt ein Spediteur, der grundsätzlich seine Geschäfte auf Basis der ADSp abwickelt, auch logistische Dienstleistungen, so muss die Frage geklärt werden, ob die logistische Leistung speditionsüblich ist oder nicht. Dazu Ziffer 2.1 der ADSp:

Die ADSp gelten für Verkehrsverträge über alle Arten von Tätigkeiten, gleichgültig ob sie Speditions-, Fracht-, Lager- oder sonstige üblicherweise zum Speditionsgewerbe gehörenden Geschäfte betreffen. Hierzu zählen auch speditionsübliche logistische Leistungen, wenn diese mit der Beförderung oder Lagerung von Gütern in Zusammenhang stehen.

Aus der beispielhaften Aufzählung der Tätigkeiten, für welche die ADSp gelten sollen und können, ergibt sich im Umkehrschluss, dass die ADSp für **speditionsunübliche** Logistikleistungen **keine Anwendung** finden können.

Soweit ein Logistikvertrag lediglich die Gesamtorganisation des Warenflusses vom Produzenten bis zum Verbraucher erfasst, ohne dass zwischendurch das Gut in seiner physischen Beschaffenheit verändert wird, handelt es sich rechtlich um einen „normalen Speditionsvertrag" im Sinne der ADSp.

Echte Logistikverträge sind solche Verträge, bei denen der Spediteur zusätzlich zu den üblichen speditionellen Haupt- und Nebentätigkeiten weitere Leistungen erbringt, deren Merkmale nicht unmittelbar mit dem Speditionsgewerbe zusammenhängen. Hier wird es mindestens zweifelhaft, ob die ADSp gelten. Beispiele für Logistikleistungen, die nach vorherrschender Meinung nicht unter den Anwendungsbereich der ADSp fallen, sind:

- Preisauszeichnung von Gütern,
- Verkürzen von Eisenträgern auf Individualmaße; Zuschneiden von Blechen,
- Umstellung von Elektrogeräten auf eine andere Spannung oder Frequenz,
- Fakturierung (Erstellen von Warenrechnungen),
- Aufbügeln von Textilien.

Lager für Textilien

Bügeln mit Dampfpuppe ...

... und von Hand

Dazu gibt es allerdings auch abweichende Meinungen, insbesondere in Bezug auf die Preisauszeichnung. Wenn ein Speditionsauftrag entsprechend lautet, sind das Verbringen von Gütern in einen Supermarkt und die **Einordnung in das richtige Regal** als **Beförderungslogistik** zum Speditionsgeschäft gehörende Tätigkeiten. Die **Preisauszeichnung** ist dann zumindest ein **Grenzfall**. Sie könnte auch wie Markierung und Etikettierung zum Speditionsgewerbe gehörig, angesehen werden. Im konkreten Fall sollte der Spediteur mit der Versicherung besprechen, wo die einzelne Tätigkeit einzuordnen ist.

Nicht unmittelbar mit der speditionellen Tätigkeit zusammenhängende Leistungen gelten im Sinne des BGB als „Werkvertrag".

In der Praxis werden für solche Logistikverträge meist spezielle und umfangreiche Rahmenverträge erarbeitet, in denen oft auch auf Verlangen des Verladers von den ADSp abweichende Vereinbarungen über die Haftung enthalten sind. Die Verlader wollen damit erreichen, dass für die Gesamttätigkeit des Spediteurs eine einheitliche Haftungsgrundlage gilt. Ohne eine einheitliche Haftungsregelung würden für die speditionellen Tätigkeiten die ADSp gelten, während für die „echten Logistikleistungen" das Werkvertragsrecht des BGB heranzuziehen wäre.

Ehe der Spediteur einen Logistikvertrag mit unterschreibt, sollte er durch seine Versicherung die Haftungsregelungen prüfen lassen. Nur so kann sichergestellt werden, dass der Versicherungsschutz auch die individuellen Haftungsvereinbarungen umfasst. Im anderen Fall besteht für den Spediteur Gefahr, dass er gegenüber dem Kunden aus dem Vertrag haftet, die Haftpflichtversicherung jedoch keinen Ersatz leistet.

Zusammenfassung

> ➤ **Die ADSp gelten nur für speditionsübliche Logistikleistungen, also für Leistungen, die mit der Beförderung oder Lagerung von Gütern zusammenhängen.**
>   – **Bei echten Logistikverträgen werden – zusätzlich zu Speditionsleistungen – weitere Leistungen erbracht, deren Merkmale nicht unmittelbar mit dem Speditionsgewerbe zusammenhängen. Beispiele: Zuschneiden von Blechen, Umstellung von Elektrogeräten auf eine andere Stromspannung, Erstellen von Warenrechnungen usw. Für solche Tätigkeiten gilt das Werkvertragsrecht des BGB.**
>   – **In Logistikverträgen wird oft eine von den ADSp abweichende Haftungsvereinbarung getroffen. Damit wollen die Verlader auch erreichen, dass für die Gesamttätigkeit des Spediteurs eine einheitliche Haftungsgrundlage gilt.**
>   – **Der Spediteur sollte vor Unterzeichnung eines Logistikvertrages durch seine Versicherung prüfen lassen, ob bei einer individuellen Haftungsvereinbarung noch der Versicherungsschutz gegeben ist.**

Fragen und Aufgaben zur Lernkontrolle:

1 1. Der Begriff Logistik kann durch vier „r" umschrieben werden. Beschreiben Sie Logistik anhand dieser Vorgabe.

2. Mit der Logistik soll eine umfassende betriebliche Optimierung erreicht werden. Nennen Sie fünf Hauptziele auf dem Weg zu dieser Optimierung.

3. Beurteilen Sie, ob das Ergebnis „Kapitalbindung erhöhen" aus der Sicht des Kunden für die Logistikleistungen eines Spediteurs spricht oder nicht.

2 4. Die Unternehmenslogistik wird gewöhnlich in vier Teilsysteme unterteilt. Nennen Sie diese Teilsysteme.

5. Was ist das Hauptziel der Beschaffungslogistik?

6. Nennen Sie die wesentlichen Bereiche der Beschaffungslogistik.

7. Warum ist die Produktionslogistik weniger dazu geeignet, an einen Logistikdienstleister übergeben zu werden?

8. Aus ökologischen Gründen werden an die Distributionslogistik in Zukunft weitere Anforderungen gestellt. Nennen Sie zwei dieser Anforderungen.

9. Zählen Sie aus der Abb. „Aufgabenübersicht für ein Distributionslager" (S. 406) alle Aufgaben auf, die zur operativen Ebene im Zusammenhang mit der Lagerung gehören.

10. Die Entsorgungslogistik hat an Bedeutung zugenommen. Für den Umgang mit Abfall wurde folgender Hauptgrundsatz aufgestellt: Vermeidung vor Verwertung vor Beseitigung. Erklären Sie diesen Grundsatz sowie den Unterschied zwischen Wertstoffen und Abfällen anhand von Beispielen.

---

3 11. Die Leistungsangebote der Spediteure im Bereich Logistik betreffen verschiedene Gebiete: Physische Zusatzleistungen, Informationsdienstleistungen, Controllingdienstleistungen und Beratungsleistungen. Geben Sie zu den folgenden Tätigkeiten an, welchem dieser Bereiche sie zuzuordnen sind.
a) Erstellung von Logistikkonzepten,
b) Erstellung von Umschlags- und Lagerleistungen,
c) Lagerbestandsführung, Datenbankdienstleitungen.

12. Die am Markt tätigen Logistikdienstleister werden üblicherweise in drei Kategorien eingeteilt. Nennen Sie die drei Kategorien und erläutern Sie durch ein Beispiel eine dieser Kategorien.

13. Erläutern Sie den Begriff Outsourcing im engeren und im weiteren Sinne.

14. Nennen Sie zwei Geschäftsfelder, die sich besonders für das Outsourcing an einen Logistikdienstleister eignen.

15. In der folgenden Skizze ist ein Distributionslogistiksystem in Matrixart dargestellt. Die links stehenden Speditionsleistungen sollen in der Spalte (ggf. in den Spalten) des Bereichs angekreuzt werden, in dem die Leistungen erbracht werden.

Bereiche / Speditions-leistungen	Auftragsabwicklung			Lager			Transport		
	Vorbereitende Auftragsbearbeitung	Auftragsverwaltung	Nachbereitende Auftragsbearbeitung	Einlagerung	Lagerung	Auslagerung	Beladung	Transport	Ablieferung
	1	2	3	4	5	6	7	8	9
Sendungen kommissionieren									
Ware abtragen									
Kundenkonditionen festlegen									
Ware umräumen									
Terminkunden zuerst anfahren									
Bonität des Kunden prüfen									
Zusteller verladen									
Rechnungslegung vorbereiten									
Lagergut annehmen									

4 **16.** Durch welche Faktoren wird der Inhalt eines Logistikkonzepts bestimmt? Nennen Sie mindestens sechs dieser Faktoren.

17. Der Logistikdienstleister kann einem Interessenten mit einem schlüssigen Konzept verschiedene Vorteile anbieten. Nennen Sie solche Vorteile und erläutern Sie diese kurz.

18. Für den Fall, dass in der Firma, in der Sie tätig sind, logistische Dienstleistungen erbracht werden, stellen Sie kurz das Konzept dar. Erläutern Sie ein oder zwei Teilbereiche daraus genauer, ohne wirkliche Geschäftsgeheimnisse preiszugeben. Werden in Ihrer beruflichen Umgebung keine Logistikleistungen erbracht, wählen Sie eins der Beispiele aus diesem Kapitel, entweder Beschaffungslogistik oder Distributionslogistik, zur Darstellung. Dabei ist es nicht erforderlich, jede Einzelheit anzuführen. Vielmehr sollen ein oder zwei Besonderheiten angesprochen und näher erläutert werden.

19. Zur Erklärung des Begriffes City-Logistik (CL) werden verschiedene Aussagen gemacht. Welche davon trifft nicht zu?
a) Bei CL handelt es sich um die Bündelung des gesamten innerstädtischen Güterverkehrs.
b) Bei CL handelt es sich um die bessere Ausnutzung der Kraftfahrzeuge.
c) Bei CL handelt es sich um den verstärkten Einsatz von Stadtfahrzeugen.
d) Bei CL handelt es sich um einen wesentlichen Beitrag zur Ökonomie und Ökologie.
e) Bei CL handelt es sich um das Anwenden besserer Be- und Entladezeiten.

5 **20.** Bei einer Diskussion über Haftungsfragen taucht die Frage auf, ob alle logistischen Dienstleistungen durch einen Spediteur im Rahmen der ADSp erbracht werden können. Beantworten Sie die Frage (ggf. unter Heranziehung von Ziffer 2.1 der ADSp).

21. Sollten Sie zu dem Ergebnis kommen, dass nur bestimmte Logistikdienstleistungen unter die ADSp fallen, nennen Sie die Rechtsgrundlage für die anderen logistischen Dienstleistungen. Geben Sie dazu an, um welche Vertragsart es sich nach der zutreffenden Rechtsgrundlage handelt.

22. Ein Spediteur, der in Zukunft Logistikdienstleistungen verschiedener Art erbringen möchte, hat noch Zweifel, wie dabei die Haftungs- und die Versicherungsfragen zu lösen sind. Was sollte er bei der Versicherung unternehmen, ehe er einen Logistikvertrag unterschreibt?

von Risiken und Schadensfälle bearbeiten

1 Die Risiken des Transports und die Verpflichtungen aus Haftung durch Versicherung abdecken

Dass der Transport von Gütern von vielfältigen Gefahren bedroht ist, wurde in den vorangegangenen Kapiteln schon mehrfach hervorgehoben. Es können Sachschäden (durch Verlust oder Beschädigung), Sachfolgeschäden und Vermögensschäden auftreten. Vielfach können die Frachtführer und Speditionen aufgrund gesetzlicher Bestimmungen oder vertraglicher Abmachungen für derartige Schäden haftbar gemacht werden. Es gibt aber auch viele Fälle, in denen die gesetzliche oder vertragliche Haftung begrenzt oder ausgeschlossen ist. Die Folge ist, dass die Geschädigten keinen oder keinen ausreichenden Ersatz erhalten. Für die Geschädigten ist das unbefriedigend, aber auch für Spediteure und Frachtführer ist es im Interesse ungetrübter Geschäftsbeziehungen kein zufrieden stellender Zustand, wenn Schäden ihrer Kunden nicht oder nicht voll ersetzt werden.

Das Interesse der Versender zielt auf vollen Schadenersatz, das der Frachtführer und Spediteure muss eigentlich in die gleiche Richtung gehen.

Andererseits steht das Entgelt, das Speditionen und Transporteure für ihre Leistung bekommen, häufig in einem krassen Missverhältnis zum Wert der transportierten Güter, sodass ihnen z. B. bei Totalverlust eine Schadenersatzverpflichtung in voller Höhe kaum zugemutet werden kann. Deshalb sind sie daran interessiert, die Risiken, die im Zusammenhang mit ihrer Haftpflicht entstehen können, zu begrenzen oder durch eine Versicherung abzudecken. Vor allem kleinere und mittlere Transport- und Speditionsbetriebe könnten durch die Erfüllung größerer Schadenersatzforderungen in ihrer Existenz gefährdet werden. Dem Bestreben aller Beteiligten nach Risikovermeidung versuchen Versicherungen mit maßgeschneiderten Konzepten Rechnung zu tragen.

2 Risikoabdeckung durch Güterschaden-Haftpflichtversicherung im Güterkraftverkehr

Diese Versicherung darf nicht mit der Kfz-Haftpflichtversicherung verwechselt werden. Jeder Fahrzeughalter weiß, dass er verpflichtet ist für sein Fahrzeug eine Kraftfahrzeug-Haftpflichtversicherung abzuschließen. Diese Verpflichtung besteht selbstverständlich auch für die Halter von Lastkraftwagen. Von dieser Kfz-Haftpflichtversicherung soll hier aber nicht die Rede sein, sondern von der Güterschaden-Haftpflichtversicherung, die nach dem GüKG (1998) – zumindest im Inland – vorgeschrieben ist.

Güterschaden-Haftpflichtversicherung
(1) Der Unternehmer hat sich gegen alle Schäden zu versichern, für die er bei Beförderungen mit Be- und Entladeort im Inland nach dem Vierten Abschnitt des Handelsgesetzbuches in Verbindung mit dem Frachtvertrag haftet. Er hat dafür zu sorgen, dass während der Beförderung ein gültiger Versicherungsnachweis mitgeführt wird.

(2) Das Fahrpersonal muss den Versicherungsnachweis nach Absatz 1 Satz 2 während der Beförderung mitführen und Kontrollberechtigten auf Verlangen zur Prüfung aushändigen.

(3) Der Versicherer teilt dem Bundesamt für Güterverkehr den Abschluss und das Erlöschen der Versicherung mit.

§ 7 a des Güterkraftverkehrsgesetzes (1998) lautet:

Diese Versicherung bezieht sich auf das geladene Gut bzw. dessen Transport. In welchem Umfang und bis zu welcher Höhe der Güterkraftverkehrsunternehmer für Schäden haften muss, geht aus den einschlägigen Bestimmungen des HGB (§ 425 ff.) hervor. (Siehe dazu auch Kapitel V, 6.2!) Ergänzend können die Bestimmungen der inhaltsgleichen

VBGL = Vertragsbedingungen für den Güterkraftverkehrs- und Logistikunternehmer (herausgegeben vom Bundesverband Güterkraftverkehr Logistik und Entsorgung = BGL)

herangezogen werden. Die vorgeschriebene Güterschaden-Haftpflichtversicherung deckt Schäden genau in diesem Umfang und bis zu dieser Höhe ab, sodass sie der Güterkraftverkehrsunternehmer nicht aus eigener Tasche bezahlen muss.

Die **Prämie** für diesen Deckungsschutz muss der Unternehmer **selbst bezahlen.** Sie wird entweder in der Form einer bestimmten Summe pro Fahrzeug (gestaffelt nach Nutzlast) berechnet oder auch als Prozentsatz vom Frachtumsatz, wobei die Versicherungsgesellschaften bei der Prämienberechnung auch den bisherigen Schadenverlauf berücksichtigen. Auch die Frage, ob hoch- oder geringwertige Güter transportiert werden, kann eine Rolle spielen.

Für den internationalen Lkw-Verkehr ist die Güterschaden-Haftpflichtversicherung zwar nicht zwingend vorgeschrieben, aber die Policen der meisten Versicherer sind so gestaltet, dass sie die CMR-Haftung mit abdecken (Frachtführer-Europapolice).

Setzt ein Unternehmer für den Auslandstransport ausländische Frachtführer ein, so ist es für ihn ratsam, eine „Fremdunternehmerpolice" zu zeichnen, denn ausländische Unternehmer sind häufig nicht ausreichend versichert. Die genannte Police deckt die Haftpflicht nach CMR ab.

Die Güterschaden-Haftpflichtversicherung ist eine spezielle Versicherung für den Güterkraftverkehrsunternehmer.

3 Risikoabdeckung durch Transportversicherung

3.1 Gründe für den Abschluss einer Transportversicherung

Besonders bei mehrstufigen Verkehrsverträgen bzw. Beförderungen, an denen unter Umständen mehrere Spediteure und unterschiedliche Frachtführer (z. B. Bahn, Luftfrachtführer, Unternehmer der Binnen- und Seeschifffahrt) beteiligt sind, benötigt der Versender einen umfassenden Versicherungsschutz. Vor allem bei grenzüberschreitenden Transporten und bei Transporten über See gibt es viele Gefahrenquellen, die gänzlichen oder teilweisen Verlust oder die Beschädigung zur Folge haben können.

Gleichzeitig gelten im internationalen Verkehr und vor allem für Schiffstransporte zahlreiche Haftungsausschlüsse und -begrenzungen. Die Versender von Waren haben also keine Gewähr, dass sie im Schadensfall immer einen ausreichenden Ersatz bekommen.

Der verantwortungsbewusste Versender wird sich bemühen, diese Gefahren möglichst gering zu halten bzw. sich dagegen abzusichern. Dabei zielt das Interesse des Versenders darauf ab, einen Deckungsschutz nicht nur für einzelne Verkehrsträger zu erhalten, sondern in Form der Haus-Haus-Deckung einen Versicherungsschutz von seinem Haus bis zu dem des Empfängers. Zwar gilt der Grundsatz, dass derjenige Spediteur oder Frachtführer, in dessen Verantwortungsbereich ein Schaden entstanden ist, auch für diesen Schaden einstehen muss. Aber es treten auch Schäden auf, für die ein Schadenverursacher nur schwer oder gar nicht ermittelt werden kann oder die auf höhere Gewalt zurückzuführen sind. Den Verantwortlichen bzw. den Entstehungsbereich des Schadens herauszufinden, ist für den Geschädigten schwierig oder unmöglich.

Diese Sachlage liefert für viele Versender die Motivation für den Abschluss einer Transportversicherung. Spediteure werden ihren Kunden diese Versicherung in bestimmten Fällen (z. B. Überseetransporte, Transporte wertvoller Waren) empfehlen.

3.2 Rechtsgrundlagen

Transportversicherung bedeutet die Übernahme des Wagnisses, das mit dem Transport von Gütern verbunden ist, durch einen Versicherer gegen Bezahlung einer Prämie.

Als Rechtsgrundlagen der Transportversicherung müssen in erster Linie das BGB und das HGB sowie das Versicherungsvertragsgesetz (VVG) genannt werden.

Ergänzend müssen die Versicherungsbedingungen herangezogen werden:

ADS	= Allgemeine Deutsche Seeversicherungsbedingungen
ADB	= Allgemeine Deutsche Binnentransportversicherungsbedingungen
ICC	= Institute Cargo Clauses (engl. Seeversicherungsbedingungen)
DTV Güter 2000	= Güterversicherungsbedingungen 2000 (Verbandsempfehlung des Deutschen Transportversicherungsverbandes)

3.3 Beteiligte

Bei der Transportversicherung muss man zwischen drei Beteiligten unterscheiden:

Versicherer	Versicherungsnehmer	Versicherter

Versicherungsnehmer und Versicherter können identisch sein. Wenn allerdings ein Spediteur die Transportversicherung für seinen Kunden abschließt, dann ist der Spediteur der Versicherungsnehmer und der Kunde der Versicherte.

3.4   Zustandekommen des Vertrages

Der Transportversicherungsvertrag kommt, wie jeder andere Vertrag, durch Antrag und Annahme zustande. Eine besondere Form ist nicht vorgeschrieben, jedoch ist die Schriftform wegen der Beweiskraft allgemeiner Brauch. Hat der Spediteur die Transportversicherung mit einer Generalpolice abgeschlossen, so meldet er die einzelnen, zu versichernden Beförderungsverträge mittels Fernschreiben oder Fax an die Versicherung oder indem er Deklarationsblätter aus einem Anmeldeheft, das ihm die Versicherungsgesellschaft zur Verfügung gestellt hat, an den Versicherer absendet.

Informationen für den Versicherer:

1. Art des Transportgutes und Risikoempfindlichkeit
2. Art der Verpackung und Markierung
3. Gewicht
4. Beförderungsmittel, Reiseweg und Umladungen
5. Name des Versicherten
6. Versicherungssumme
7. Art und Umfang der Gefahren, gegen die Versicherung genommen wird.

Abschluss und Versicherungsbeginn

Abgeschlossen ist der Vertrag, wenn der Antrag durch Vorlage des ausgefüllten Versicherungsscheines oder durch einfaches Schreiben angenommen ist.

Zur Leistung ist der Versicherer im Regelfall erst verpflichtet, wenn die Prämie eingegangen ist.

Der Versicherungsschein wird ausgestellt auf den Namen des Versicherungsnehmers oder des Versicherten oder auf den Inhaber (to whom it may concern, to the holder of this policy) oder an Order. Bei der INCOTERM-Klausel CIF ist eine übertragbare Seeversicherungspolice erforderlich.

3.5   Rechte und Pflichten der Beteiligten

Die Pflichten (Obliegenheiten) des Versicherungsnehmers sind die Rechte des Versicherers und umgekehrt.

Pflichten des Versicherungsnehmers	Pflichten des Versicherers
1. **Anzeigepflicht** Pflicht zur Anzeige der gefahrerheblichen Umstände; Anzeige bei Risikoänderung und -eintritt 2. **Auskunftspflicht** zur Feststellung von Versicherungsfällen und zur Klärung des Leistungsumfangs 3. **Mitteilungspflicht** bei Vorliegen weiterer Versicherungen für die Güter oder den Transport 4. **Rettungspflicht** Der Versicherungsnehmer muss nach Möglichkeit für die Abwendung und Minderung des Schadens sorgen. 5. **Pflicht zur Prämienzahlung**	1. **Bereithalten des Versicherungsschutzes** 2. **Pflicht zur Aushändigung der Police** Der Versicherer hat dem Versicherungsnehmer auf Verlangen eine von ihm unterzeichnete Urkunde über den Versicherungsvertrag auszuhändigen. 3. **Leistungspflicht im Versicherungsfall** Ersatz in der Regel durch Geldleistung (u. U. Abschlagszahlung); ersetzt werden auch Rettungs- u. Schadensfeststellungskosten.

3.6 Police

Die Police wird auch als Versicherungsschein bezeichnet. Sie ist die Urkunde über den abgeschlossenen Versicherungsvertrag.

Ist eine Police ausgestellt, so ist der Versicherer nur gegen Vorlegung der Police zur Zahlung verpflichtet. Durch die Zahlung an den Inhaber der Police wird er befreit.

Der Inhalt der Police gilt als von dem Versicherungsnehmer genehmigt, wenn dieser nicht unverzüglich nach der Aushändigung widerspricht. Man kann hier zwischen Einzelpolice und laufender Police (Generalpolice) unterscheiden:

Einzelpolice

Sie kommt infrage, wenn eine einzelne Sendung versichert wird.

Laufende Police (Generalpolice)

Sie wird gewählt, wenn ein Unternehmen laufend Transporte zu versichern hat. Das ist auch bei Speditionen der Fall, die immer wieder Transporte ihrer Kunden versichern. Die Generalpolice dokumentiert einen Rahmenvertrag, der die Bedingungen enthält, unter denen später im konkreten Einzelfall die Transportversicherungen eingedeckt werden. Der Versicherungsnehmer bzw. der Versicherte genießt für sämtliche Transporte Versicherungsschutz, ohne sie vorher anzeigen zu müssen. Eingehende Sendungen sind jedoch vom Versicherungsnehmer sofort nach Erhalt der Versandanzeige oder der Rechnung in ein Anmeldeheft einzutragen, ausgehende Sendungen vor dem Verlassen des Versandortes. Die Anmeldeblätter müssen je nach Vereinbarung wöchentlich oder monatlich dem Versicherer eingereicht werden. Die Prämienabrechnung erfolgt monatlich. Leider gilt der Inhalt der laufenden Police nicht als Police im Sinne des Gesetzes und der ADS.

Häufig braucht der Versicherte oder der Versicherungsnehmer auch ein Versicherungsdokument für die Einzelsendung. In diesem Fall hat der Versicherer dem Versicherungsnehmer ein von ihm unterzeichnetes Versicherungszertifikat auszuhändigen. Dieses gilt dann als Police im Sinne des Gesetzes und der ADS.

Für Spediteure ist eine Transport-Generalpolice gemäß Ziffer 21 ADSp auf der Grundlage der DTV-Güter-2000 üblich. Die Prämienstrukturen weisen 3 Risikomerkmale auf:

- Länderrelationen
- Beförderungsmittel
- Güterarten

Die Prozentsätze schwanken zwischen 0,07 und 0,7 %.

Der Spediteur erhält eine Provision von 10 %.

Abschreibepolice

Eine besondere Form der laufenden Police ist die Abschreibepolice. Beim Abschluss wird eine Versicherungssumme vereinbart, die ungefähr dem Gesamtwert der versicherungspflichtigen Transporte für ein Vierteljahr oder ein Halbjahr entspricht. Für diese Versicherungssumme wird eine Gesamtprämie erhoben, die im Gegensatz zur üblichen Generalpolice im Voraus zu entrichten ist. Der Versicherungsnehmer muss am Ende jeden Monats den Gesamtwert seiner versicherten Transporte feststellen und ihn dem Versicherer mitteilen. Dieser Wert wird monatlich von der Gesamtversicherungssumme abgeschrieben. Ist sie aufgebraucht, muss der Vertrag erneuert werden.

3.7   Arten der Transportversicherung

Im Hinblick auf das zu versichernde Gut kann man zwischen

a) Kaskoversicherung = Versicherung des Transportmittels

b) Cargoversicherung = Versicherung des Transportgutes

c) Frachtversicherung = Versicherung der Frachtgelder

unterscheiden. In unseren Überlegungen spielt vor allem die Cargoversicherung eine Rolle. Eine andere Unterscheidung kann man im Hinblick auf den Transportweg treffen:

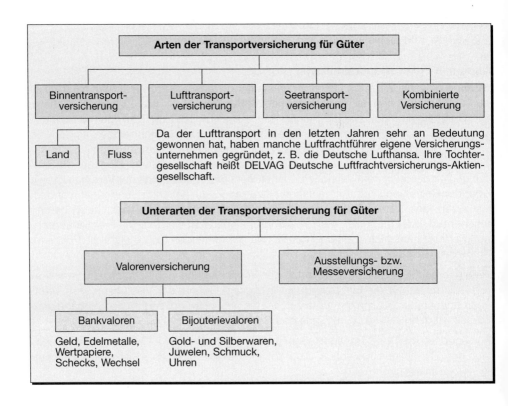

3.8　Die Bedingungen der Transportversicherung

3.8.1　Die Bedeutung der verschiedenen Bedingungen

Für die Transportgefahren zu Lande, auf Binnengewässern oder mit Luftfahrzeugen wurden die **ADB = Allgemeine Deutsche Binnentransportversicherungbedingungen** geschaffen.

Für die Versicherung von Seetransporten sind dagegen die **ADS = Allgemeine Deutsche Seeversicherungsbedingungen** mit ihren besonderen Bestimmungen für die Güterversicherung von 1973 gedacht. Die ADS bilden bis in die Gegenwart die Grundlage für die Transportversicherung bei Schiffs-, Luft- und Landbeförderungen. Sie werden den Transporten in andere Erdteile (samt Vor- und Nachlauf und transportbedingten Zwischenlagerungen) ebenso zugrunde gelegt wie reinen Binnentransporten. Die ADB haben praktisch keine Bedeutung mehr. Um der veränderten Situation Rechnung zu tragen, wurden vom Deutschen Transportversicherungsverband die neuen

Güterversicherungsbedingungen 2000 (DTV Güter 2000)

als Empfehlung ausgearbeitet. Sie basieren konzeptionell und inhaltlich auf den ADS Güterversicherungsbedingungen 1973 und weichen nur geringfügig von diesen ab. Sie werden in Zukunft mehr und mehr an die Stelle der ADS treten. Möglich ist die **eingeschränkte** oder die **volle** Deckung (Fassung vom Juli 2002).

3.8.2　Umfang und Dauer der Versicherung

Der Versicherer trägt alle Gefahren, denen die **Güter** während der Dauer der Versicherung ausgesetzt sind. Es handelt sich um eine **Haus-Haus-Deckung**.

Die Versicherung beginnt, sobald die Güter am Absendeort zur Beförderung auf der versicherten Reise von der Stelle entfernt werden, an der sie bisher aufbewahrt wurden.

Die Versicherung endet, je nachdem, welcher der folgenden Fälle zuerst eintritt:

- Sobald die Güter an die vom Empfänger bestimmte Ablieferungsstelle gebracht sind.
- Sobald die Güter nach dem Ausladen im Bestimmungshafen an einen nicht im Versicherungsvertrag vereinbarten Ablieferort weiterbefördert werden, wenn durch die Änderung des Ablieferortes die Gefahr erhöht wird.
- Sobald vom Versicherungsnehmer veranlasste Zwischenlagerungen insgesamt 30 Tage überschreiten. Wird diese Frist vor Verladung auf das Schiff überschritten, ruht die Versicherung bis zur Fortsetzung innerhalb von 90 Tagen.
- Mit dem Ablauf von 60 Tagen nach dem Ausladen aus dem Seeschiff im Bestimmungshafen.
- Mit dem Gefahrübergang; wenn die Güter wegen eines versicherten Ereignisses verkauft werden.

Die Versicherung deckt nur Güterschäden. Vermögensschäden werden nicht ersetzt.

3.8.3 Deckungsformen der ADS

Nach ADS bzw. „DTV Güter 2000" gibt es zwei Deckungsformen, die volle Deckung und die Strandungsfalldeckung. Die volle Deckung ist die Regeldeckung, die Strandungsfalldeckung die Ausnahme. Die Strandungsfalldeckung wird auch als eingeschränkte Deckung bezeichnet.

Man geht im Grundsatz – in Anlehnung an englische Vorbilder – von der Allgefahrendeckung (all risks) aus. Das bedeutet: Der Versicherer trägt alle Gefahren, wenn nicht ausdrücklich gesetzliche oder vertragliche Freizeichnungen bestehen. Die nicht versicherten Gefahren und die nicht ersatzpflichtigen Schäden werden klar abgegrenzt.

Die „volle Deckung" nach ADS entspricht im Wesentlichen der Deckungsform A der englischen Institute Cargo Clauses, die Strandungsfalldeckung ist etwas enger gefasst als die Institute Cargo Clause B.

Volle Deckung	Strandungsfalldeckung
Dies ist die **Regeldeckung.** Sie gilt, wenn nichts anderes vereinbart ist. Versichert sind alle Gefahren, soweit sie nicht ausdrücklich ausgeschlossen sind. Der Versicherer leistet ohne Franchise[1] Ersatz für Verlust oder Beschädigung.	Dies ist die **Mindestdeckung.** Sie muss vereinbart werden. Der Versicherer leistet ohne Franchise[1] für Verlust oder Beschädigung nur als Folge der nachstehenden Ereignisse: a) Strandung; Strandung liegt vor, wenn das die Güter befördernde Schiff auf Grund stößt oder auf Grund festgerät, kentert, sinkt, scheitert, mit anderen Fahrzeugen oder Sachen zusammenstößt oder durch Eis beschädigt wird. b) Unfall eines die Güter befördernden anderen Transportmittels c) Einsturz von Lagergebäuden d) Brand, Blitzschlag, Explosion; Erdbeben, Seebeben, vulkanische Ausbrüche und sonstige Naturkatastrophen; Anprall oder Absturz eines Flugkörpers, seiner Teile oder seiner Ladung e) Überbordwerfen, Überbordspülen oder Überbordgehen durch schweres Wetter f) Aufopferung der Güter g) Entladen, Zwischenlagern und Verladen von Gütern in einem Nothafen, der infolge des Eintritts einer versicherten Gefahr angelaufen wurde h) Totalverlust ganzer Kolli (ausgenommen Verlust infolge Beschädigung oder durch Abhandenkommen z. B. Diebstahl, Unterschlagung, Nicht- oder Falschauslieferung) i) Totalverlust ganzer Kolli infolge Beschädigung durch Unfall beim Be- und Entladen des Transportmittels

Ausgeschlossene Gefahren

1. Krieg, Bürgerkrieg, kriegsähnliche Ereignisse und Gefahren, die sich aus der feindlichen Verwendung von Kriegswerkzeugen sowie aus dem Vorhandensein von Kriegswerkzeugen ergeben, unabhängig vom Kriegszustand
2. Streik, Aussperrung, Arbeitsunruhen, terroristische oder politische Gewalthandlungen, Aufruhr und sonstige bürgerliche Unruhen
3. Kernenergie
4. Beschlagnahme, Entziehung oder sonstige Eingriffe von hoher Hand
5. Zahlungsunfähigkeit und Zahlungsverzug des Reeders, Charterers oder Betreibers des Schiffes oder sonstige finanzielle Auseinandersetzungen mit den genannten Parteien.

Wiedereinschlussmöglichkeiten

Diese ausgeschlossenen Risiken können durch Vereinbarung von entsprechenden Klauseln, die vom Deutschen-Transport-Versicherungsverband e. V. ausgearbeitet worden sind, wieder eingeschlossen werden, sodass dann auch für diese Gefahren Versicherungsschutz besteht.

1. DTV-Kriegsklausel 1984
2. DTV-Streik- und Aufruhrklausel 1984
3. DTV-Kernenergieklausel 1984
4. DTV-Beschlagnahmeklausel

---

1 Franchise = Selbstbehalt = Selbstbeteiligung (Der Teil des Schadens, den der Geschädigte selbst tragen muss).

Nicht ersatzpflichtige Schäden

Eine Reihe von Schäden ist nach ADS bzw. „DTV Güter 2000" nicht ersatzpflichtig:

1. Schäden durch Verzögerung der Reise
2. Mittelbare Schäden aller Art
3. Schäden durch inneren Verderb oder die natürl. Beschaffenheit
4. Handelsübliche Mengen-, Maß- und Gewichtsdifferenzen
5. Schäden durch normale klimatische Einwirkungen
6. Schäden durch das Fehlen oder durch Mängel der Verpackung (Die Verpackung muss „beanspruchungsgerecht" sein).

Versicherte Aufwendungen und Kosten

Besonders hervorzuheben ist, dass die Versicherer auch Aufwendungen und Kosten ersetzen z. B.

Havarieeinschüsse, die der Versicherungsnehmer bzw. der Versicherte aufgrund einer Dispache zu leisten hat

Kosten der Umladung, einstweiligen Lagerung sowie die

Mehrkosten der Weiterbeförderung infolge eines versicherten Unfalls

Aufwendungen zur Abwendung oder Minderung des Schadens

3.8.4 Prämie

Die Höhe der Prämie hängt von unterschiedlichen Faktoren ab. So spielen beispielsweise bei der Festlegung der Prämienhöhe folgende Gesichtspunkte eine Rolle:

● der Warenwert
● die Art der Verpackung
● das Zielland
● das Beförderungsmittel/der Beförderungsweg

Der Prämiensatz wird meist als Promillesatz vom Versicherungswert angegeben.

3.8.5 Versicherungswert

Der Versicherungswert ergibt sich aus:

gemeiner Handelswert
+ Versicherungskosten
+ Kosten, die bis zur Annahme der Güter durch den Beförderer entstehen
+ gezahlte Fracht
= Summe

Aufgrund besonderer Vereinbarung können des Weiteren versichert werden:

● Zoll (ist z. B. bei der Incotermklausel DDP zu empfehlen)
● sonstige Kosten bis Bestimmungsort
● imaginärer Gewinn in Höhe von 10 % des Warenwertes

3.9 Transportversicherung und Spediteur

Jedem Auftraggeber bleibt es unbenommen, als Versicherungsnehmer mit einem Versicherer seiner Wahl einen Transportversicherungsvertrag abzuschließen. Häufig wenden sich die Versender aber auch an den Spediteur mit der Bitte, bestimmte Transporte im Rahmen einer Transportversicherung zu versichern. Wenn der Spediteur über eine laufende Police verfügt, ist er der Versicherungsnehmer; der Versender übernimmt die Rolle des Versicherten. Die **ADSp** enthalten im Hinblick auf die Versicherungsbesorgung folgende Vorschriften:

21 Versicherung des Gutes

21.1 Der Spediteur besorgt die Versicherung des Gutes (z. B. Transport- oder Lagerversicherung) bei einem Versicherer seiner Wahl, wenn der Auftraggeber ihn vor Übergabe der Güter beauftragt. Kann der Spediteur wegen der Art der zu versichernden Güter oder aus einem anderen Grund keinen Versicherungsschutz eindecken, hat der Spediteur dies dem Auftraggeber unverzüglich mitzuteilen.

21.2 Der Spediteur ist berechtigt, aber nicht verpflichtet, die Versicherung des Gutes zu besorgen, wenn dies im Interesse des Auftraggebers liegt. Der Spediteur darf vermuten, dass die Eindeckung einer Versicherung im Interesse des Auftraggebers liegt, insbesondere wenn der Spediteur bei einen füheren Verkehrsvertrag eine Versicherung besorgt hat, oder der Auftraggeber im Auftrag einen Warenwert (Ziffer 3.4) angegeben hat. Die Vermutung des Interesses an der Eindeckung einer Versicherung besteht insbesondere nicht, wenn der Auftraggeber die Eindeckung schriftlich untersagt, oder der Auftraggeber ein Spediteur, Frachtführer oder Lagerhalter ist.

21.4 Ist der Spediteur Versicherungsnehmer und hat er für Rechnung des Auftraggebers gehandelt, ist der Spediteur verpflichtet, auf Verlangen gemäß Ziffer 14.1 Rechnung zu legen. In diesem Fall hat der Spediteur die Prämie für jeden einzelnen Verkehrsvertrag Auftrag bezogen zu erheben, zu dokumentieren und in voller Höhe ausschließlich für diese Versicherungsdeckung an den Versicherer abzuführen.

21.5 Für die Versicherungsbesorgung, Einziehung des Entschädigungsbetrages und sonstige Tätigkeiten bei Abwicklung von Versicherungsfällen und Havarien steht dem Spediteur eine besondere Vergütung neben dem Ersatz seiner Auslagen zu.

4 Risikoabdeckung des Spediteurs durch Haftungsversicherung

4.1 Grundlagen und Versicherer

Seit dem 1. Januar 2003 ist nicht mehr die gesamte verkehrsvertragliche Haftung des Spediteurs durch einen Speditionsversicherungsschein automatisch versichert. Der Spediteur muss sich selbst darum kümmern, ob **seine Haftung** nach ADSp und andere Risiken seiner speditionellen Tätigkeit ausreichend versichert sind.

Nach katastrophalen Schadenhäufungen waren die Speditionsversicherer nicht mehr bereit, Risiken im bisherigen Umfang zu den niedrigen Einheitsprämien zu versichern.

Der Gesamtverband der Versicherer hat deshalb seinen Mitgliedern die **DTV-Verkehrshaftungsversicherungs-Bedingungen** für Frachtführer, Spedition und Lagerhalter (DTV-VHV 2003) als Grundlagen für Versicherungsverträge empfohlen. Versichert wird die Haftung des Logistikunternehmens nach betrieblichen Erfordernissen.

Die größten **Anbieter** sind:

Aktiv Assekuranz Makler GmbH, München

AON Jauch & Hübener GmbH, Hamburg

AXA, Versicherung AG, Köln

DBV-Winterthur Versicherungen, München

Friedrich Carl Drewe KG, Münster

Kravag-Logistic Versicherungs-AG, Hamburg

Mannheimer Versicherung AG, Mannheim

Oskar Schunck KG Assekuranz-Makler, München

Victoria Versicherung AG, Düsseldorf

WÜBA (Württembergische und Badische Versicherungs-AG)

Zürich Agrippina Versicherungs-AG, Zürich

4.2 Betriebsbeschreibung als Risikoanalyse und -begrenzung

Grundlage dieser Verkehrshaftungsversicherungen und Bestandteil der Policen ist jetzt eine **Betriebsbeschreibung.** In dieser Betriebsbeschreibung werden alle Risiken der logistischen Tätigkeiten und Leistungen übermittelt. Auf Seite 438 ff. sehen Sie ein Beispiel einer von über zehn wesentlichen Versicherungen, die Verkehrshaftungsversicherungen anbieten.

Kriterien einer Betriebsbeschreibung können sein:

- Allgemeine Angaben des Versicherungsnehmers (VN)
  - Letzte Risikoerfassung
  - Geschäftsvolumen, Anzahl der Mitarbeiter
  - Vertragsgrundlagen (ADSp, VBGL, sonstige AGB, gesetzliche Haftung, usw.)
  - Erläuterung zur Schadensituation
- Art der Tätigkeit (Ladungsverkehre, Sammelladung, Luftfracht, Möbel, Verpackung, usw.; jeweils national und international)
- **Länderbereiche** (national, Europa mit Differenzierungen, andere Länder)
- **Warengruppen**
- Frachtführer/Verkehrsträger
- Überprüfung der Frachtführer (Versicherungen, Intervalle)
- Dokumente (B/L, AWB, FIATA FBL jeweils mit Tonnage)
- Zolltätigkeiten
- Werkvertragliche Sonderleistungen
- Selbsteintritt (Umsatz, geographisch, Kabotage, Gütergruppen, Gefahrgut, hochwertige Waren)
- **Vorkehrungen zur Diebstahlverhinderung**
- Fuhrpark
- Subunternehmer
- Lagerdienstleistungen
- Art des Lagers
- Lagerort und Mengen
- **Baujahr und Brandschutzvorrichtungen**
- Sonstige Dienstleistungen als Lagerhalter

Risiken, die nicht in die Betriebsbeschreibung aufgenommen werden, sind nicht versichert. Neu hinzugekommene Risiken sind zunächst (bis 250.000,00 €) gedeckt, müssen aber innerhalb eines Monats angezeigt werden.

Die Haftung ist zum Teil auch im Baukastensystem abzudecken. Je mehr Vertrags-grundlagen für die abgeschlossenen Verträge relevant sind, desto höher ist die Prämie.

Risikobeschreibung für Verkehrshaftungsversicherung

☐ Spediteure   - Anhang I
☐ Frachtführer - Anhang II
☐ Lagerhalter   - Anhang III

1. Allgemeine Angaben des Versicherungsnehmers (VN)/Antragstellers

1.1. Allgemein

Firma	
Straße/Nr.	
PLZ/Ort	
Telefon/Fax	
E-Mail-Adresse	
Internetadresse	
Ansprechpartner/Position	
Telefon/Fax	
E-Mail-Adresse	
Geschäftsführer	
Handelsregistereintrag	☐ ja HRB-Nr.: .... Zust. Amtsgericht: .... ☐ nein
Versicherungsschein-Nr.	

1.2. Niederlassungen, Betriebsstellen, Tochterunternehmen

		Deckung gewünscht
Firma		
Straße/Nr.		☐ ja
PLZ/Ort		☐ nein
Firma		
Straße/Nr.		☐ ja
PLZ/Ort		☐ nein
Firma		
Straße/Nr.		☐ ja
PLZ/Ort		☐ nein
Weitere NL/Betriebsstellen	☐ ja (siehe Anlage) ☐ nein	☐ ja ☐ nein

1.3. Angaben zum Geschäftsvolumen

kaufm. Angestellte		
gewerbl. Angestellte		
Gesamtanzahl Mitarbeiter		
Gesamtbruttoumsatz	abgelaufenes Jahr:	
	Prognose für 20.....:	
- davon aus	Umsatzanteil in EUR	Tonnage/Sendungsanzahl (alternativ)
- Speditionsgeschäft	€	
- Frachtgeschäft	€	
- eigener Fuhrpark	€	
- Fremdunternehmer	€	
- Lagergeschäft	€	

1.4. Angaben zu den Nutzfahrzeugen des eigenen Betriebes (ggf. Fahrzeugliste beifügen)

Art	Anzahl gesamt	davon		
		bis 3,5 to*	über 3,5 – 7,5 to*	über 7,5 to*
LKW/SZM				
Lieferwagen/Sprinter				
Silo-/Tanks				
Kfz-Transporter				
PKW				
Sonstige				

*) jeweils zulässiges Gesamtgewicht

1.5. Verlaufsstatistik des Vorversicherers (nur bei Neuverträgen nötig)

Vorversicherer					
Versicherungsschein-Nr.					
Schadenverlauf der letzten 3 Jahre – offizielle Statistik des Vorversicherers ist beizufügen/nachzureichen	Jahr	Anzahl Schäden	Zahlungen		Reserven
				€	€
				€	€
				€	€
Großschäden > 50.000 EUR					€
derzeitige Selbstbeteiligung					€
Anmerkungen des VN zum Schadenverlauf (besondere Ereignisse, Großschäden, Reserven, zu erwatende Regresserlöse etc.)					

1.6. Geschäftsbedingungen/Sondervereinbarungen/Mitglied einer Speditionskooperation

Geschäftsbedingungen	☐ ADSp ☐ ALB (nur bei Lagerung) ☐ sonstige	☐ VBGL ☐ gesetzl. Haftung	
Sondervereinbarungen - weitergehende Haftung gem. HGB §§ 449 ff (bis zu 40 SZR/kg)	☐ nein ☐ ja, Frachtverträge - Anzahl: ☐ ja, Speditionsverträge, Lagertätigkeit – (Vereinbarung ist zwingend beizufügen)		
Sonstige Vereinbarungen, z.B. Outsourcing, Logistik, Projektverträge, Individualvereinbarungen	☐ nein ☐ ja, wie folgt:		Deckung gewünscht ☐ ja ☐ nein ☐ ja ☐ nein ☐ ja ☐ nein
Mitgliedschaft in einer Speditionskooperation	☐ nein ☐ ja:		

1.7. Schwerpunkte Warenarten

Warenart	nein	ja	-- Tätigkeit -- Spedition	Transport	Lagerung	% vom Speditionsumsatz alternativ Tonnage/Sendungsanzahl
gängiges Industriegut	☐	☐	☐	☐	☐	
Alkoholika / Spirituosen	☐	☐	☐	☐	☐	
EDV-Teile, Computer	☐	☐	☐	☐	☐	
Optische Geräte	☐	☐	☐	☐	☐	
Pharmaca	☐	☐	☐	☐	☐	
Tabakwaren	☐	☐	☐	☐	☐	
Telekommunikationsgeräte	☐	☐	☐	☐	☐	
Textilien	☐	☐	☐	☐	☐	
Unterhaltungselektronik	☐	☐	☐	☐	☐	
sonstige	☐	☐	☐	☐	☐	
sonstige	☐	☐	☐	☐	☐	

1.8 Sondertätigkeiten

Sondertätigkeit (z.B. werkvertragliche oder sonstige nicht speditions-, beförderungs- oder lagerspezifische Leistungen, die über die Pflichten des HGB hinausgehen)	☐ nein ☐ ja, bitte erläutern und Vertragskopie etc. beifügen

1.9 Hauptauftraggeber

Auftraggeber			
Warenarten			
Art der Tätigkeit			
Kundenumsatz in EURO	€	€	€

Hiermit bestätigt der Versicherungsnehmer (Antragsteller), dass die Risikobeschreibung und die Anhänge vollständig und wahrheitsgemäß ausgefüllt wurden. Unrichtige Angaben können ein Rücktrittsrecht des Versicherers auslösen oder zur Versagung des Versicherungsschutzes führen.

Der Versicherungsnehmer (Antragsteller) willigt ein, dass die AKTIV ASSEKURANZ bzw. die durch sie vertretenen Versicherer die Daten gemäß der Einwilligungsklausel nach den Bundesdatenschutzgesetz – BDSG – verarbeitet und übermittelt.

Eventuell weitere notwendige Erläuterungen, Dokumente, Verträge (besonders Logistikverträge) werden der Risikobeschreibung beigefügt. Für die Zustellung der erforderlichen Informationen und Unterlagen ist der Versicherungsnehmer (Antragsteller) allein verantwortlich.

Die unterzeichnete Risikobeschreibung wird gemäß Ziffer 1.1. der „Allgemeinen Versicherungsbedingungen für die SGP'03" Bestandteil des Versicherungsvertrages.

(Ort/Datum) (Ort/Datum)

(Unterschrift Versicherungsnehmer/Antragsteller) AKTIV ASSEKURANZ MAKLER GMBH

Risikobeschreibung für Verkehrshaftungsversicherung

Anhang I - Spediteure

Firma

1. Tätigkeiten : Art/Raum

Art der Tätigkeit	nein	% vom Speditionsumsatz	Tonnage, Sendungsanzahl (alternativ)
Geschäftsbesorgung	☐		
Fixkostenspedition	☐		
Sammelladung	☐		
Ladungsverkehr	☐		
Luftfrachtspedition	☐		
Seefrachtspedition	☐		
Binnenschifffahrt	☐		
Bahnspedition	☐		
Kühlgutspedition	☐		
Tank-/Silospedition	☐		
Gefahrgutspedition	☐		
Schwergutspedition	☐		
Autotransporte	☐		
Möbel und/oder Umzugsspedition	☐		
Frachtenvermittlung Internetbörsen	☐		

Zollspedition	nein	ja	T1/T2 Anzahl p.a.	OZL/Zolllager monatl. Abgaben-werte	Verzollungen Anzahl p.a.	Sonstige Tätigkeiten
	☐	☐				
Sonstige:	☐					
	☐					

Räumlicher Geltungsbereich	Länderbenennungen	% vom Speditionsumsatz	Tonnage/Sendungs-anzahl (alternativ)
Deutschland	------		
Europa –geografisch-			
- davon EU (West)			
- davon EU (Ost) (LT,LV,EST,SLO,MAL,H,CY, SK, PL,CZ)			
- davon Italien			
- davon GUS			
- andere Länder in Europa			
- Länder außerhalb Europas			

2. Auftragsnehmer

Welche Dienstleister/ Frachtführer werden beauftragt ?	% vom Speditionsumsatz	Nationalität der Frachtführer
LKW		
Kuriere etc. (Fzge < 3,5 to. Gesamtgewicht)		
Airlines/Flugzeug		
Bahn		
Seeschiff		
Binnenschiff		
sonstige Dienstleister		

3. Wie und in welchen Intervallen wird der Versicherungsschutz dieser Frachtführer überprüft?

Vorlage der Policen	☐ ja	☐ nein
Versichereranfrage	☐ ja	☐ nein
Sonstige Maßnahmen		
Intervalle		

4. Dokumentenerstellung

Dokument	nein	ja	Tonnage p.a.	Anzahl p.a.
FIATA FBL/TBL	☐	☐		
Airline AWB	☐	☐		
House AWB (bitte beifügen)	☐	☐		
eigene B/L (bitte beifügen)	☐	☐		
Reeder B/L	☐	☐		
CARNET TIR	☐	☐		
andere Dokumente (bitte beifügen)	☐	☐		

Risikobeschreibung für Verkehrshaftungsversicherung

Anhang II - Frachtführer

Firma

1. Räumlicher Geltungsbereich

Räumlicher Geltungsbereich	% vom Frachtumsatz	
Regionalverkehr (bis 150 km)	☐ ja ☐ nein	
Fernverkehr (ab 150 km)	☐ ja ☐ nein	
Europa -geografisch-	% vom Frachtumsatz	Länderbenennungen
- davon EU (West)	☐ ja ☐ nein	
- davon EU (Ost) (LT, LV, EST, SLO, MAL, H, CY,SK, PL, CZ)	☐ ja ☐ nein	
- davon Italien	☐ ja ☐ nein	
- davon GUS	☐ ja ☐ nein	
- andere Länder	☐ ja ☐ nein	
Kabotagetransporte	☐ ja ☐ nein	

2.   Sicherheitsvorkehrungen

Besitzen die Fahrzeuge zwei unabhängig voneinander funktionierende Diebstahlsicherungen?	☐ ja Erläuterung:	☐ nein
Sind weitere technische Sicherheitsvorkehrungen vorhanden?	☐ GPS ☐ Eurowatch ☐ Loran C ☐ sonstige ☐ sonstige	
Werden für die Beförderung von sensiblen Gütern besondere Maßnahmen getroffen?	☐ nein ☐ ja, welche:	
Sofern Sammelguttransporte durchgeführt werden, wie sind diese organisiert?		

3.   <u>Die nachstehenden Fragen müssen nur bei reinen Frachtführern beantwortet werden.</u>

3.1.   **Werden Subunternehmer beauftragt?**

Werden Subunternehmer beauftragt	☐ nein ☐ gelegentlich ☐ ständig
Einsatzgebiet	
Anzahl/welche Nationalitäten?	
% vom Frachtumsatz	

3.2.   **Wie und in welchen Intervallen wird der Versicherungsschutz dieser Frachtführer überprüft?**

Vorlage der Policen	☐ ja	☐ nein
Versichereranfrage	☐ ja	☐ nein
Sonstige Maßnahmen		
Intervalle		

3.3.   **Bestehen Vereinbarungen über die Regelhaftung von 8,33 SZR Sonderziehungsrechten (SZR) hinaus ?**

Vereinbarung	☐ nein ☐ ja
SZR	
% vom Frachtumsatz (sofern möglich)	

4.3 Ausgeschlossene Leistungen und Güterarten

Mehrere Güterarten und Leistungen sind in der Regel ab einem bestimmten Betrag (je nach Versicherung 5.000,00 bis 50.000,00 €) vom Versicherungsschutz ausgenommen.

Beispiele sind:
- Kraftfahrzeuge
- Tabakwaren
- Spirituosen
- Unterhaltungselektronik
- Computer Hard- und Software
- Telekommunikationswaren
- Kunstgegenstände
- Valoren (Wertsachen)
- Textilien (bei einer Versicherung)

4.4 Pflichten des Versicherungsnehmers

Unterschiedlich je nach Versicherer (VR) sind die Obliegenheiten, also die Pflichten des Versicherungsnehmers geregelt. Beispiele sind:

- Sorgfältige **Auswahl der Mitarbeiter** und nachgeordneten Versicherungsunternehmen
- Lückenlose und dokumentierte **Schnittstellenkontrolle**
- Fahrzeuge
  - verschließen,
  - mit **Diebstahlsicherung** ausstatten,
  - bewachen, wenn sie beladen sind,
  - nur Kühlfahrzeuge mit ATP-Zertifikat und Temperaturaufzeichnung verwenden.
- Bei besonders diebstahlgefährdeten Gütern (Telekommunikationsgeräte, Computer) Sicherheitshinweise der Versicherung aushändigen und einhalten
- Sofortige Schadenmeldung (spätestens innerhalb eines Monats)
- Ab einer bestimmten Schadenhöhe (i. d. R. 5.000,00 €) einen **Havariekommissar** hinzuziehen
- Polizeiliche Anzeige bei Diebstahl, Raub, Unfall

4.5 Grenzen der Versicherungsleistung

Die Deckungssummen, also die **Höchstbeträge** der Ersatzleistungen der Versicherer, sind je nach Schadenart (Güter-, Güterfolge-, Vermögensschäden) und Versicherungsgesellschaft unterschiedlich. Auch dies erschwert den Leistungsvergleich der Versicherer und verpflichtet den Spediteur zu einer genauen Analyse, ob die Höhe der Versicherungsleistung für seine Tätigkeiten ausreichend ist. Beispiele sind in Kapitel III, 3.2 aufgeführt.

4.6 Prämien

Die Prämien sind nicht mehr einheitlich, sodass die Logistikdienstleister Vergleichsangebote genau prüfen müssen. Da die Prämien auf die individuellen Risiken des Betriebes abgestimmt sind, wird die Haftung maßgeschneidert abgedeckt.

Die Höhe der Prämien wird maßgeblich beeinflusst vom Verhalten des Spediteurs und seiner Mitarbeiter. Ein gutes Qualitätsmanagement senkt in der Regel die Schadenquote und damit die Versicherungsprämie.

Die Versicherungsprämie muss der Logistikdienstleister selbst an die Versicherer bezahlen. Sie wird damit zum Kostenbestandteil, der in der Preiskalkulation zu berücksichtigen ist. Ein ungünstiger Schadenverlauf führt daher zur Erhöhung der Angebotspreise.

Die vereinbarte Prämie ist meistens eine Umsatzprämie, bezogen auf den Jahresumsatz.

Ein Beispiel für eine Prämienvereinbarung sehen Sie untenstehend.

Wenn die Schadenquote (= Schadenersatzleistungen/Versicherungsprämiensumme) eine bestimmte Höhe übersteigt, kann der Versicherer Zuschläge zur Prämie erheben. Der Versicherungsvertrag wird so saniert und das Logistikunternehmen zur besseren Risikovermeidung gezwungen.

Beispiel:

Schadenquote in %	Zuschlag in %
65 – 80	25
80 – 100	40
Über 100	Nach Vereinbarung

4.7 Selbstbeteiligung

Der Logistikdienstleister muss **15 %** (Ausnahme einer Versicherung: 10 %) des vom Versicherer anerkannten Schadenbetrages selbst tragen.

Der Mindestbetrag ist 125,00 bzw. 150,00 €, maximal beträgt die Selbstbeteiligung 2.500,00 €. Bei Inventurschäden sind es in der Regel 500,00 €. Manche Versicherer erhöhen die Selbstbeteiligung bei schwerer Schuld auf mindestens 5.000,00 €, höchstens auf 100.000,00 €.

5 Aufgetretene Schäden bearbeiten

5.1 Schadensbearbeitung durch den Spediteur

Ein Teil der Schäden ereignet sich im Verantwortungsbereich bzw. der Obhut des Spediteurs, z. B. wenn eine Kiste vom Gabelstapler fällt und der Inhalt beschädigt wird oder wenn auf dem Lager des Spediteurs von einer Sendung, die 20 Packstücke umfasst, bei der Beladung des Lkw 3 Packstücke fehlen. In einem derartigen Fall wird der Spediteur den Schaden in seinen Unterlagen schriftlich festhalten und seinen Vertragspartner – in der Regel den Versender – informieren. Dieser kann dann evtl. eine Ersatzlieferung auf den Weg bringen. Darüber hinaus wird der Spediteur versuchen, die Ursachen des Schadens zu ergründen bzw. den Verbleib abhanden gekommener Packstücke zu ermitteln. Möglicherweise handelt es sich um Diebstahl oder auch Unterschlagung durch das Personal.

Ein anderer Teil von Schäden ereignet sich im Verantwortungsbereich von Frachtführern, Verfrachtern, Lagerhaltern oder anderen Spediteuren, die vom Erstspediteur zur Erfüllung des Speditionsvertrages eingesetzt wurden. Die Information über den Schaden kommt dann entweder von diesen Geschäftspartnern (z. B. als Entladebericht des Empfangsspediteurs bei einer Sammelladung) oder vom Versender oder Empfänger, z. B. dann, wenn eine ordnungsgemäß aufgegebene Sendung den Empfänger nicht erreicht hat. Hat der Versender von dem Schaden noch keine Kenntnis, so ist er auf jeden Fall zu informieren, damit er eventuell eine Ersatzlieferung absenden kann.

Zur Aufklärung und Bearbeitung von Schadensfällen sind folgende Tatsachen zu ermitteln:

- Welche Sendung ist betroffen? (Beteiligte, Kennzeichnung, Bruttogewicht, Güterart usw.)
- Wo und wann ist der Schaden entstanden?
- In wessen Obhut bzw. Verantwortungsbereich ist der Schaden entstanden?
- War eine Versicherung abgeschlossen und wenn ja, mit welcher Versicherungssumme und bei welchem Versicherer?
- Wie hat sich der Schaden ereignet? (Beschreibung des Hergangs)
- Welche Schadenursache liegt vor?
- Gibt es Zeugen für das Schadenereignis?
- Handelt es sich um einen Güterschaden, Güterfolge- oder Vermögensschaden?
- Wie hoch ist der Schaden?
- Wer tritt als Anspruchsteller für Schadenersatz auf?
- Ist dieser Anspruchsteller Verzichtskunde, SLVS-Zahler, ein Kunde mit individueller Vereinbarung oder hat er eine Transportversicherung abgeschlossen?

All diese Einzelheiten werden – insbesondere wenn es sich um einen Versicherungsfall handelt – in einem Schadensprotokoll, einer Schadensanzeige bzw. einer Schadensmeldung an die Versicherung festgehalten.

Nach DTV-Verkehrshaftungsversicherungsbedingungen muss ein Schaden den Versicherern unverzüglich, spätestens innerhalb **eines Monats** nach Kenntnis schriftlich gemeldet werden; der Versicherte erfüllt diese Obliegenheit auch durch Schadensmeldung an den Spediteur; diesem obliegt es, die Schadensmeldung an die Versicherer weiterzuleiten.

In der Regel wird die Schadensmeldung an die Speditionsversicherung von weiteren Unterlagen begleitet, die unter Umständen noch vom Versender angefordert werden müssen:

- **Frachtbrief**
- **ggf. Ablieferungsnachweis mit Schadensvermerk**
- **Versicherungserklärung(en)**
  In solchen Erklärungen versichern die Beteiligten (Absender und Empfänger), dass das Gut nicht anderweitig versichert ist (z. B. durch Transportversicherung).
- **Handelsrechnung (Kopie)**
  Das ist die Rechnung, die der Absender an den Empfänger gesandt hat; sie enthält die Einzelpreise und Gesamtpreise der gelieferten Waren bzw. Gegenstände.
- **Schadensrechnung**
  Sie enthält bei Güterschäden die Einzelpreise und Gesamtpreise der beschädigten bzw. verloren gegangenen Waren bzw. Gegenstände.
  Durch die Handels- und Schadensrechnung kann die Höhe des Anspruchs auf Schadenersatz untermauert werden.

Jeder Diebstahl, Raub und jeder Verkehrsunfall muss mit möglichem Schaden an der Ladung der zuständigen Polizeidienststelle und den Versicherern unverzüglich angezeigt werden. Bei Schäden über 5.000,00 € (ggfs. ab 2.500,00 €) und bei Schäden, deren Umfang oder Höhe zweifelhaft sind, ist der nächstzuständige Havariekommissar zu benachrichtigen. Dessen Weisungen sind zu befolgen.

Schadenbericht

Für SCHUNCK-HAUS:
Freiburg
München
Stuttgart

Versandadresse.
ZSB SCHUNCKHAUS München
Postfach 20 17 03, 80017 München

SLVS-Plus Haftungs-versicherung

vom Versicherer auszufüllen

NL _____ lfd. Schaden-Nr. _____

Versicherungsnehmer Spedition Transquick GmbH Degerlocher Str. 112 D-70597 Stuttgart-Degerloch	**Niederlassung / Ort:** Stuttgart **Schd.-Nr. des Kunden:** 128/00 **Policen-Nr.:** **Risikojahr:** 20..

(1) Auftraggeber:	Name: Straße: Kunden-Nr LKZ PLZ Ort:	Papierfabrik Eberle & Co. KG Hornbergstr. 105 D-70188 Stuttgart
(2) Absender:	Name: Straße: Kunden-Nr LKZ PLZ Ort:	Papierfabrik Eberle & Co. KG Hornbergstr. 105 D-70188 Stuttgart
(3) Empfänger:	Name: Straße: Kunden-Nr LKZ PLZ Ort:	Deutscher Buchverlag GmbH Göschenstr. 6 - 8 D-04317 Leipzig
(4) Schadenverursacher:	Name: Straße: Kunden-Nr LKZ PLZ Ort:	Kraftwagenspedition Albrecht Meyer Hedelfinger Str. 155 D-70329 Stuttgart

Rohgewicht der beschädigten / verlorengegangenen Waren in kg: 560 kg   Verzichtskunde?   Ja ☐ nein ☒

Erhaltenes Speditionsentgelt in €:   Bezahltes Frachtentgelt in €:

Warenart: Papier

Sendungsgewicht in kg: 2 846 kg	Anzahl der Kolli: 5 Pal.	Sendungswert in €: 6.228,31
Versicherungssumme in €:	Anmeldemonat (MMJJ): ..-12	Berechnete Prämie in €: 3,15
Auftrags-Nr.: 8167/12	Kennzeichen LKW: S - VN 339 (Hauptlauf)	
Auftragsdatum: ..-12-18	Abholungsdatum: ..-12-18 Zustelldatum: ..-12-21	Schadendatum: ..-12-19

Erfolgte Umladung? Ja ☒ nein ☐	Verladung durch wen?	Entladung durch wen?
reine Quittung? Ja ☐ nein ☒	☒ Auftraggeber ☐ Fahrer	☒ Empfänger ☐ Fahrer
Sachverständiger? Ja ☐ nein ☒	Schadenhöhe lt. Rechnung in €:	Erfolgte Suchmeldung? Ja ☐ nein ☒
Sachverständigerkosten in €: ---	Schadenhöhe geschätzt in €: 2.428,00	Polizei eingeschaltet? Ja ☐ nein ☒

Schadenschilderung: Die Sendung wurde durch den Kraftwagenspediteur Albrecht Meyer direkt beim Absender, der Papierfabrik Eberle & Co. KG in Stuttgart, abgeholt und am 21. Dez. durch den Unternehmer Eberhard Pelzig, Leipzig, zugestellt. Eine Palette war bei der Umladung im Speditionshof der Fa. Albrecht Meyer in Leipzig von der Rampe gefallen; die Anlieferung erfolgte in einer Gitterboxpalette. Das gelieferte Papier war jedoch durch das Herunterfallen unbrauchbar geworden und wurde nach Stuttgart zurückgeschickt.
Anbei Schadensrechnung der Papierfabrik Eberle & Co. KG über   2.284,00 €
und Rechnung über Rücktransport durch Sped. Albrecht Meyer   144,00 €
Der Altpapierwert wurde von der Schadensrechnung in Abzug gebracht.

Schadenbereich:	Transport s☐ f☐	Umschlag s☐ f☒	Abholung s☐ f☐
s = selbstverschuldet / f = fremdverschuldet		Lager s☐ f☐	Zustellung s☐ f☐

Angaben zur Schadenbeteiligung:

Die Versicherer sind, soweit vereinbart, berechtigt, jedoch nicht verpflichtet, die Schadenbeteiligung für uns im eigenen Namen geltend zu machen.

Ort: Datum:
Stuttgart-Degerloch   ..-01-09

Unterschrift:

Anlagen:

Frachtbrief	☐	Ladeliste	☒
Speditionsauftrag	☒	Schadenprotokoll	☐
Versicherungserklärung	☒	Ablieferquittung	☐
Übernahmequittung	☐	Schadenrechnung	☒
Warenfaktura	☒	Wertnachweis	☐
Havarie-Zertifikat	☐	Kostenbeleg	☐
Polizeibericht	☐	Sonstige	☐

Lampenfabrik Eckart & Beck • München

Lampengroßhandel
Baier & Knecht

Braunschweig

..-02-14

Rechnung Nr. 3 716

Wir lieferten Ihnen verpackt in 25 Kartons
(Bruttogewicht insgesamt 200 kg) ab Werk:

12	Badezimmerleuchten	á 50,00 €	600,00 €
20	Nachttisch-Lampen	á 80,00 €	1.600,00 €
10	Tischlampen	á 200,00 €	2.000,00 €
8	Stehlampen	á 300,00 €	2.400,00 €
			6.000,00 €
	zuzüglich 16 % Umsatzsteuer		1.056,00 €
			7.656,00 €

Zahlbar in 2 Monaten nach Rechnungsdatum,
innerhalb 12 Tagen 3 % Skonto

Handels-
rechnung

Lampenfabrik Eckart & Beck • München

Schadensrechnung

4 Kartons unserer Lieferung vom ..-02-14 an die Lampen-
großhandlung Baier & Knecht in Braunschweig waren aufgerissen.
Es fehlten:

aus Karton LE 3:	3 Tischlampen á 200,00 €	600,00 €
	ursprüngl. Gewicht: 24 kg	
und		
aus Karton LE 4:	8 Badezimmerleuchten á 50,00 €	400,00 €
	ursprüngl. Gewicht: 31 kg	
	Schadenssumme	1.000,00 €

Schadens-
rechnung

5.2   Schadensregulierung durch die Versicherung

Die Schadensmeldung wird in der Regel vom Spediteur mit den erforderlichen Unterlagen an die Versicherung gesandt. Der Geschädigte kann sich aber auch selbst an die Versicherung wenden. In der Haftungsversicherung hat der Geschädigte sogar einen Direktanspruch gegen den Versicherer, der auch dann wirksam bleibt, wenn der Versicherer gegenüber dem Spediteur leistungsfrei ist (z. B. wenn dieser seiner Prämienzahlungspflicht nicht nachgekommen ist).

Die Versicherung wird prüfen, ob für den gemeldeten Schaden Ersatzpflicht besteht. Insbesondere wird die Versicherung prüfen, ob die Schadensmeldung rechtzeitig erfolgte, ob eventuell ein Haftungsausschluss oder ein Ausschluss bestimmter Güter, Gefahren oder Schäden vorliegt und ob der Schaden sich im räumlichen Geltungsbereich der Versicherung ereignet hat. Im Hinblick auf die Höhe der Versicherungsleistung ist ferner zu prüfen, ob die abgeschlossene Versicherungssumme ausreichend ist und ob der Schadenersatz innerhalb der vorgesehenen Höchstgrenzen bleibt.

Nach der Prüfung des Anspruchs erfolgt die Auszahlung der Versicherungsleistung über den Spediteur an den Geschädigten. Eine eventuelle Selbstbeteiligung des Spediteurs am Schaden wird dabei einbehalten. Der Spediteur muss dem Geschädigten aber die volle Versicherungsleistung ausbezahlen.

In bestimmten Fällen kann die Auszahlung der Versicherungsleistung an den Geschädigten auch direkt erfolgen.

Zusammenfassung

➤ Die Güterschadenhaftpflichtversicherung deckt Schäden, für die ein Lkw-Frachtführer haften muss.

➤ Die Güterschadenhaftpflichtversicherung muss nach GüKG abgeschlossen werden, nach CMR ist der Abschluss nicht zwingend vorgeschrieben.

➤ Transportversicherungen (Cargo- oder Güterversicherungen) ersetzen Güterschäden von Haus zu Haus, unabhängig davon, wer sie verursacht hat.

➤ Die wichtigsten Vertragsbedingungen für die Transportversicherung sind
  – ADS   = Allgemeine Deutsche Seeversicherungsbedingungen
  – DTV   = Güterversicherungsbedingungen 2000
  – ICC   = Institute Cargo Clauses (englische Seeversicherungsbedingungen)

➤ Arten der Policen: – Einzelpolice versichert einzelne Transporte
                      – Generalpolice = Rahmenvertrag für alle Transporte eines
                        Unternehmens.

➤ Volle Deckung (ADS und Institute Cargo Clauses) = Regeldeckung: versichert alle Gefahren ohne die Ausschlüsse Krieg, Streik, Kernenergie, Insolvenz des Reeders.

➤ Strandungsfalldeckung = Mindestdeckung: niedrigere Prämie

➤ DTV-Verkehrshaftungsversicherungs-Bedingungen für Frachtführer, Spedition und Lagerhalter (DTV-VHV 2003) = Grundlage für die Haftungsversicherung des Spediteurs
  – Betriebsbeschreibung ist wichtiger Bestandteil des Versicherungsvertrages der Haftungsversicherung der Logistikunternehmen
  – Ausgeschlossene Güterarten, z. B.
    • Kraftfahrzeuge
    • Tabakwaren, Spirituosen
    • Computer Hard- und Software
    • Mobiltelefone
    • Valoren
  – Obliegenheiten = Pflichten des Versicherungsnehmers:
    • Schadenmeldung sofort, spätestens innerhalb 1 Monat
    • Anzeige bei der Polizei bei Diebstahl, Raub, Verkehrsunfall
    • Havariekommisar hinzuziehen (meist ab 5.000,00 €)
  – Prämien
    • nach Versicherer unterschiedlich
    • können bei hoher Schadenquote mit Zuschlag in % erhöht werden
    • Kriterien für die Höhe der Prämie:
      Länderbereich
      Güterart
      Tätigkeiten/Leistungen
      Vertragsgrundlagen mit Haftungshöhen
  – Selbstbeteiligung der Haftungsversicherung 15 %, mind. 125,00 €, höchstens 2.500,00 €

➤ Wichtigste Unterlagen bei einer Schadenmeldung:
  – Versicherungserklärung (Gut ist nicht anderweitig versichert)
  – Handelsrechnung
  – Schadenrechnung
  – Ablieferungsnachweis mit Schadenvermerk (unreine Quittung)

Fragen und Aufgaben zur Lernkontrolle:

1
1. Welcher Unterschied besteht zwischen Sachschäden, Sachfolgeschäden und reinen Vermögensschäden? Nennen Sie für jede dieser drei Schadenarten ein konkretes Beispiel.

2. Warum sind Frachtführer, Lagerhalter und Spediteure daran interssiert, ihre Haftpflicht für Schäden am Gut, die in ihrem Verantwortungsbereich entstehen, und für Schäden aus falschen Dispositionsentscheidungen zu begrenzen bzw. dafür einen entsprechenden Versicherungsschutz zu haben?

2
3. Wer muss die Prämien für die Güterschaden-Haftpflichtversicherung des Güterkraftverkehrsunternehmers bezahlen?

4. Wie kann der Fahrer eines Lkw beweisen, dass für die Beförderung, die er gerade durchführt, eine Güterschaden-Haftpflichtversicherung besteht?

3
5. Wird eine Transportversicherung automatisch abgeschlossen oder ist eine schriftliche Vereinbarung zwischen Versender und Spediteur erforderlich? Nennen Sie die einschlägige Bestimmung in den ADSp.

6. Für welche Transporte bzw. Güter würden Sie Ihrem Auftraggeber eine Transportversicherung empfehlen?

7. Wie nennt man in der Transportversicherung einen Versicherungsschein, der für eine Vielzahl unterschiedlicher Transporte abgeschlossen wird?

8. Welcher Vorteil ist mit einem derartigen Versicherungsschein verbunden?

9. Welche Versicherungsbedingungen werden heute den meisten Transportversicherungsverträgen in der Luft-, See- und Landbeförderung (Ausgangsland Deutschland) zugrunde gelegt?

10. Nennen Sie Faktoren, die die prozentuale Höhe der Prämie in der Transportversicherung bestimmen können.

11. Wie kann man den „richtigen" Versicherungswert in der Transportversicherung ermitteln?

12. Welchen Sinn hat die DTV-Kernenergieklausel?

13. Kann der Spediteur für den Abschluss einer Transportversicherung vom Auftraggeber ein Entgelt verlangen?

14. Ein transportversicherter Auftraggeber behauptet glaubwürdig, dass durch die Fehlleitung einer Sendung dem Empfänger ein Verspätungsschaden in Höhe von 30.000,00 € entstanden ist. Ist dieser Schaden – ausreichende Versicherungssumme vorausgesetzt – ersatzpflichtig?

4
15. Welche Grundlage für die Haftungsversicherung der Spediteure hat der Gesamtverband der Versicherer herausgegeben?

16. Welche Bedeutung hat eine Betriebsbeschreibung für den Versicherungsvertrag?

17. Welche Bestandteile der Betriebsbeschreibung haben direkten Einfluss auf die Höhe der Prämie?

18. Nennen Sie die vom Schadenersatz ausgeschlossenen Güterarten.

19. Welche Möglichkeiten gibt es, die Haftung des Logistikunternehmens für diese Güterarten abzusichern?

20. Wie wirkt sich eine Schadenquote von 75 % auf die Prämie aus?

21. Welche Selbstbeteiligung müssen Spediteure bei der Verkehrshaftungsversicherung übernehmen?

22. Mit welchen Maßnahmen kann ein Logistikunternehmen die Kosten für die Haftungsversicherung senken?

23. Erläutern Sie die grundsätzlichen Unterschiede zwischen der Transportversicherung und der Verkehrshaftungsversicherung.

24. Nennen Sie die wichtigsten Obliegenheiten des Versicherungsnehmers einer Verkehrshaftungsversicherung.

5 25. Welche Unterlagen muss ein Spediteur nach einem Schadensfall bei seiner Versicherung einreichen?

26. Innerhalb welcher Frist muss dem Versicherer ein Schaden bei der Verkehrshaftungsversicherung gemeldet sein?

1 Die gesamtwirtschaftliche Bedeutung des Außenhandels für die Bundesrepublik Deutschland erfassen und einordnen

Der grenzüberschreitende Warenverkehr wird als Außenhandel einer Volkswirtschaft bezeichnet. Darüber hinaus ist der Austausch von Dienstleistungen, der Kapital- und Zahlungsverkehr zwischen den Staaten für deren wirtschaftliche Entwicklung von großer Bedeutung.

Über den Export wird durch die zusätzliche Nachfrage die Produktion angeregt und werden so neue Arbeitsplätze geschaffen, das Volkseinkommen gesteigert und die Devisen für die Einfuhren verdient. Durch Importe wird die inländische Produktion gesichert (Einfuhr von Rohstoffen) und das Angebot für die Verbraucher erweitert (Südfrüchte).

1.1 Einbindung der Bundesrepublik Deutschland in die Europäische Union (EU)

Die verheerenden Folgen zweier Weltkriege ließen vorausschauende Politiker den Entschluss fassen, ein politisch und wirtschaftlich einheitliches Europa zu schaffen.

Schritte zur EU:

1952 Gründung der Europäischen Gemeinschaft für Kohle und Stahl (EGKS)

1958 traten die „Römischen Verträge zur Gründung der
- Europäischen Wirtschaftsgemeinschaft (EWG) und der
- Europäischen Atomgemeinschaft

in Kraft. Die sechs Gründungsstaaten waren Belgien, die Bundesrepublik Deutschland, Frankreich, Italien, Luxemburg und die Niederlande.

1973 Beitritt Dänemarks, Großbritanniens und der Republik Irlands
- Neue Benennung: Europäische Gemeinschaft (EG)

1981 Beitritt Griechenlands

1986 Beitritt Spaniens und Portugals

1993 Gemeinsamer Binnenmarkt

- Neue Benennung: Europäische Union (EU), um der politischen Einigung nach außen und nach innen neue Impulse zu geben.

1995 Beitritt Finnlands, Österreichs und Schwedens.

2004 Beitritt Estland, Lettland, Litauen, Polen, Tschechien, Slowakei, Ungarn, Slowenien, Zypern und Malta.

Der größte gemeinsame Binnenmarkt der Welt, ohne Zollschranken im inneren aber mit einer gemeinsamen Zollgrenze nach außen, war so entstanden.

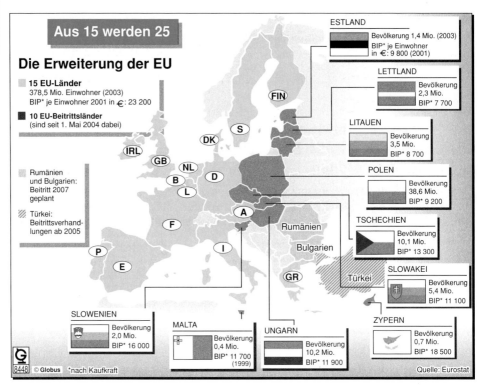

Aus 15 werden 25

Die Erweiterung der EU

■ **15 EU-Länder**
378,5 Mio. Einwohner (2003)
BIP* je Einwohner 2001 in €: 23 200

■ **10 EU-Beitrittsländer**
(sind seit 1. Mai 2004 dabei)

Rumänien
und Bulgarien:
Beitritt 2007
geplant

Türkei:
Beitrittsverhand-
lungen ab 2005

ESTLAND
Bevölkerung 1,4 Mio. (2003)
BIP* je Einwohner
in €: 9 800 (2001)

LETTLAND
Bevölkerung
2,3 Mio.
BIP* 7 700

LITAUEN
Bevölkerung
3,5 Mio.
BIP* 8 700

POLEN
Bevölkerung
38,6 Mio.
BIP* 9 200

TSCHECHIEN
Bevölkerung
10,1 Mio.
BIP* 13 300

SLOWAKEI
Bevölkerung
5,4 Mio.
BIP* 11 100

ZYPERN
Bevölkerung
0,7 Mio.
BIP* 18 500

Rumänien

Bulgarien

Türkei

SLOWENIEN
Bevölkerung
2,0 Mio.
BIP* 16 000

MALTA
Bevölkerung
0,4 Mio.
BIP* 11 700
(1999)

UNGARN
Bevölkerung
10,2 Mio.
BIP* 11 900

8448 © Globus *nach Kaufkraft

Quelle: Eurostat

1.2 Internationale Stellung der Bundesrepublik Deutschland im Welthandel

Für die Bundesrepublik Deutschland ist der Außenhandel besonders wichtig, da ungefähr $\frac{1}{3}$ des Bruttoinlandsprodukts in Form von Waren oder Dienstleistungen ausgeführt werden. Auch die Importe (z. B. Rohöl) sind für das Funktionieren unserer Volkswirtschaft unabdingbar.

Ausgeführt werden von der Bundesrepublik Deutschland insbesondere folgende Waren- bzw. Warengruppen: Straßenfahrzeuge, Maschinen, Erzeugnisse der Chemieindustrie, Nahrungs- und Genussmittel, Textilien und Kunststofferzeugnisse.

Eingeführt werden insbesondere Erdöl und Erdgas, Produkte der Chemieindustrie, Agrarerzeugnisse, aber auch Straßenfahrzeuge, Nahrungs- und Genussmittel sowie Textilien.

Im Jahr 2003 führte Deutschland Waren im Wert von ca. 660 Milliarden Euro aus und Waren im Wert von ca. 530 Milliarden Euro ein. Dies ergibt einen Exportüberschuss von ca. 130 Milliarden Euro. Damit war Deutschland wieder Exportweltmeister.

Die besondere Bedeutung des Außenhandels für die Bundesrepublik Deutschland kann man auch daran erkennen, dass die USA weltweit der größte Exporteur sind. Die Bundesrepublik Deutschland liegt auf Rang zwei der Exportnationen. An dritter Stelle der Welthandelsstatistik steht Japan. Auch bei den Importen führen die USA vor der Bundesrepublik Deutschland und Japan.

Die entsprechenden Zahlen wurden aus dem Welthandelsbericht bzw. Pressemitteilungen der WTO entnommen.

Danach exportierten:

	Waren im Wert von Mrd. US-$				dies entspricht einem Anteil am gesamten Weltexport von			
	1991	1993	1997	2000	1991	1993	1997	2000
USA	422	465	689	781	12,0 %	13,0 %	12,6 %	12,3 %
Bundesrepublik Deutschland	403	380	512	552	11,4 %	10,6 %	9,4 %	8,7 %
Japan	313	361	421	479	8,9 %	10,1 %	7,7 %	7,5 %

Auf den weiteren Plätzen folgen Frankreich, Großbritannien, Kanada, China, Italien, Niederlande, Hongkong, Belgien/Luxemburg und Südkorea. Zusammen wickeln die zehn größten Handelsländer ca. 60 % des Welthandels untereinander ab.

Wird die EU in diese Betrachtung einbezogen, dann ist dieser Wirtschaftsraum mit Abstand größter Exporteur und zweitgrößter Importeur der Welt. Für 2000 ergeben sich folgende Zahlen:[1]

Stelle	Export	Wert in Mrd. US-$	Anteil	Stelle	Import	Wert in Mrd. US-$	Anteil
1	EU (15)	858,9	17,3 %	1	USA	1.257,6	23,9 %
2	USA	781,1	15,7 %	2	EU (15)	965,7	18,3 %
3	Japan	479,2	9,6 %	3	Japan	379,5	7,2 %
4	Canada	276,6	5,6 %	4	Canada	244,8	4,6 %
5	China	249,3	5,0 %	5	China	225,1	4,3 %
6	Hongkong (China)	202,4	4,4 %	6	Hongkong (China)	214,2	4,1 %

Insgesamt wuchsen die Exporte im Welthandel von 1990 – 1995 durchschnittlich um 6 %, 1996 um 5 %, 1997 um 9,5 %, im Jahr 2000 um 12 % und belaufen sich 2000 auf 6.364 Mrd. US-$.

Von besonderer Bedeutung ist der Außenhandel der Bundesrepublik Deutschland mit den EU-Ländern. Über 60 % des Außenhandels werden mit den anderen EU-Staaten abgewickelt.

1.3   Formen des Außenhandels

Im Grundprinzip werden folgende Formen unterschieden:

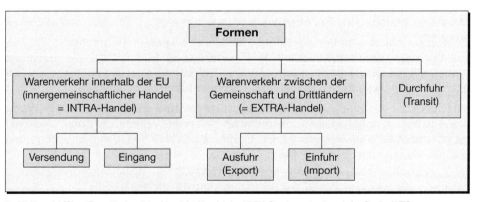

1   Welthandel (Ohne Europäischen Intra-Handel = Handel der 15 EU-Staaten untereinander)   Quelle: WTO

Versendung ist das Verbringen von Waren (Gemeinschaftswaren oder Nichtgemeinschaftswaren) von einem Mitgliedsstaat der Gemeinschaft in einen anderen.

Ausfuhr ist das Verbringen von Waren (Gemeinschaftswaren oder Nichtgemeinschaftswaren) aus dem Zollgebiet der Gemeinschaft.

Sowohl bei der „Versendung" als auch bei der „Ausfuhr" im Sinne des EU-Rechts handelt es sich um eine „Ausfuhr" im Sinne des nationalen Rechts der Bundesrepublik Deutschland (Außenwirtschaftsgesetz § 4 Abs. 2 Nr. 3 [AWG] und § 1 Abs. 1 Nr. 2 Außenhandelsstatistik-Durchführungsverordnung – AHStatDV).

Eingang ist das Verbringen von Waren (Gemeinschaftswaren oder Nichtgemeinschaftswaren) aus einem Mitgliedsstaat der Gemeinschaft in die Bundesrepublik Deutschland.

Einfuhr ist das Verbringen von Waren (Gemeinschaftswaren oder Nichtgemeinschaftswaren) aus einem Drittland in das Zollgebiet der Gemeinschaft.

Sowohl bei dem „Eingang" als auch bei der „Einfuhr" im Sinne des EU-Rechts handelt es sich um eine „Einfuhr" im Sinne des nationalen Rechts der Bundesrepublik Deutschland (§ 4 Abs. 2 Nr. 4 des AWG und § 1 Abs. 1 Nr. 1 AHStatDV).

Durchfuhr ist die Beförderung von Waren durch das Wirtschaftsgebiet der Bundesrepublik, ohne dass die Waren in den freien Verkehr des Wirtschaftsgebietes gelangen. Deutschland in der Mitte Europas hat hier eine herausgehobene Stellung als Transitland, nicht nur in Nord-Süd-Richtung, sondern auch in Ost-West-Richtung. Die Bedeutung der Bundesrepublik Deutschland als Transitland hat nach Öffnung der Grenzen der Länder Osteuropas noch zugenommen. Gestiegen ist z. B. auch die Bedeutung Hamburgs als Hafenstadt, die ihr natürliches Einzugsgebiet (Elbstrom) bis hin zu Tschechien wiedergewonnen hat, und als moderner Umschlagshafen an der Nordsee auch für Polen, den baltischen Staaten Litauen, Lettland und Estland sowie einigen GUS-Staaten.

1.4   Gesetzliche Grundlagen

Der Außenhandel ist durch eine Vielzahl von Gesetzen und Verordnungen geregelt. Dabei sind verschiedene **Rechtsebenen** zu unterscheiden:

Zum einen gilt das **nationale Recht der Bundesrepublik Deutschland.** Da die Bundesrepublik Deutschland durch die EU-Verträge zur Europäischen Gemeinschaft gehört, gilt in vielen Bereichen das von allen EU-Staaten erlassene und für alle EU-Staaten verbindliche **Außenhandels- und Zollrecht der Gemeinschaft**.

Außerdem hat die Bundesrepublik Deutschland verschiedene bilaterale und multilaterale internationale Abkommen unterzeichnet, die in das Außenwirtschafts- und Zollrecht sowohl national als auch auf EU-Ebene eingearbeitet wurden und werden und deshalb ebenfalls zu beachten sind.

Deshalb können in bestimmten außenwirtschaftlichen Bereichen nur grundsätzliche Ausführungen gemacht werden, da die jeweils aktuellen speziellen Vorschriften ständig angepasst und auf den neuesten Stand gebracht werden.

1.4.1 Nationales Recht

Grundsätzliche Vorschriften für den Waren-, Dienstleistungs- und Kapitalverkehr der Bundesrepublik Deutschland mit dem Ausland sind im Außenwirtschaftsgesetz (AWG) enthalten. Nähere Durchführungsbestimmungen enthält die Außenwirtschaftsverordnung (AWV). Bestimmungen für die statistische Erfassung des Außenwirtschaftsverkehrs sind im Gesetz über die Statistik des grenzüberschreitenden Warenverkehrs (Außenhandelsstatistikgesetz) und in der dazugehörigen Außenhandelsstatistik-Durchführungsverordnung (AHStatDV) geregelt.

Außenwirtschaftsgesetz (AWG)

Gem. **§ 1 AWG ist der Waren-, Dienstleistungs-, Kapital-, Zahlungs-** und sonstige Wirtschaftsverkehr mit fremden Wirtschaftsgebieten (Außenwirtschaftsverkehr) grundsätzlich frei.

§ 2 AWG bestimmt, dass soweit gesetzliche Beschränkungen zugelassen sind, diese durch Rechtsverordnung erlassen werden können. Insbesondere kann vorgeschrieben werden, dass **Rechtsgeschäfte** entweder allgemein oder unter genau bestimmten Voraussetzungen

1. einer **Genehmigung bedürfen** oder

2. **verboten** sind.

Beschränkungen des Außenwirtschaftsverkehrs können aus folgenden **Gründen** erlassen werden:

- Gem. § 5 AWG, um die **Erfüllung aus zwischenstaatlichen Vereinbarungen** zu ermöglichen (z. B. um Verpflichtungen aus der Zugehörigkeit zur NATO zu erfüllen);

- Gem. § 7 AWG, um

  – die Sicherheit der Bundesrepublik Deutschland zu gewährleisten,

  – eine Störung des friedlichen Zusammenlebens der Völker zu verhüten oder

  – zu verhüten, dass die auswärtigen Beziehungen der Bundesrepublik Deutschland erheblich gestört werden.

Außenwirtschaftsverordnung (AWV)

Auf der Grundlage des Außenwirtschaftsgesetzes sind in der AWV bestehende Verbote und die Genehmigungspflichten geregelt.

Total- bzw. Teilembargos erfolgen aufgrund von UN- bzw. EU-Beschlüssen. In der Praxis ergeben sich die meisten Exportbeschränkungen aufgrund der Ausfuhrliste. Die Ausfuhrliste ist in verschiedene Teile und Abschnitte gegliedert. Die **Ausfuhrgenehmigungspflicht** gilt insbesondere für die im **Teil I der Ausfuhrliste (AL) genannten Waren.**

Der **Teil I der Ausfuhrliste** gliedert sich wie folgt:

Abschnitt A: Liste für Waffen, Munition und Rüstungsmaterial (Gewehre, Panzer usw.)

Abschnitt B: Liste sonstiger Güter

Abschnitt C: Gemeinsame Liste der Europäischen Union für Güter mit doppeltem Verwendungszweck (sog. „Dual-use-Products") unterteilt in die Kategorien
0 (Kerntechnische Materialien und Ausrüstung) bis
9 (Antriebssysteme, Raumfahrzeuge und zugehörige Ausrüstung).

Der **Teil II der Ausfuhrliste** regelt z. B. den Export von Nahrungsmitteln und anderen Produkten, die von einem Embargo nicht bedroht sind.

Die im Abschnitt A aufgeführten Waren unterliegen zum Teil zusätzlich den Genehmigungspflichten nach dem **Kriegswaffenkontrollgesetz**.

Von der Ausfuhrliste nicht erfasste Waren können nach § 5c AWV genehmigungspflichtig sein, wenn sie

● Verwendung im Rüstungsbereich finden und
● für ein Land der Länderliste K[1] bestimmt sind und
● der Ausführer davon Kenntnis hat.

Bei der **Einfuhr** muss ebenfalls in
● die **genehmigungsfreie Einfuhr** und in
● die **genehmigungsbedürftige Einfuhr**

unterschieden werden.

Welche Waren genehmigungspflichtig sind, ergibt sich aus der **Einfuhrliste** (Anlage zum AWG). Diese gliedert sich in drei Teile: die Anwendungsvorschriften, die Länderlisten A/B und C sowie die Warenliste. Eine Einfuhrgenehmigung ist notwendig, wenn die Einfuhr der Waren kontingentiert ist oder einer besonderen Überwachung unterliegt.

Da die Einfuhrliste in den Elektronischen Zolltarif (vgl. S. 527 ff.) eingearbeitet ist und der Einführer oder sein Bevollmächtigter die Ware bei ihrer Einfuhr einer Zollstelle gestellen muss, nimmt diese im Rahmen der Zollanmeldung die Prüfung auf die erforderlichen Einfuhrpapiere vor.

Meist ist es aber sinnvoll, sich schon vor Abschluss des Kaufvertrages darüber zu informieren, ob

● ein Ursprungszeugnis,
● eine Ursprungserklärung (UE),
● ein Überwachungsdokument (ÜD) aufgrund einer von der EU geforderten Einfuhrüberwachung,
● eine Einfuhrkontrollmeldung (EKM),
● eine Einfuhrgenehmigung oder Einfuhrlizenz (EL)

oder ein anderes Einfuhrpapier beim Zoll vorzulegen ist.

Genehmigungsbehörden sind:
● **das Bundesamt für Wirtschaft und Ausfuhrkontrolle (BAFA), Eschborn,** für gewerbliche Produkte
● **die Bundesanstalt für Landwirtschaft und Ernährung (BLE), Frankfurt/Main,** für landwirtschaftliche Produkte

---

1 Länderliste K, Stand April 2004: Kuba, Libanon, Iran, Mosambik, Nordkorea, Syrien – also Länder, die als krisen- und konfliktträchtig, besonders im militärischen Bereich, eingeschätzt werden. Die Liste wird ständig aktualisiert.

Außenhandelsstatistikgesetz (AHStatG)

Dieses Gesetz legt fest, dass der Warenverkehr über die Grenze anzumelden ist.

Folgende Tatbestände sind zu erfassen:

- Anschrift des Auskunftspflichtigen
- Anlass der Warenbewegung
- Herstellungsland
- Beförderungsmittel
- Menge und Wert der Ware,
- Benennung der Ware,
- die Codenummer der Ware usw.

Die Codenummern für die Warenart, die hier einzutragen sind, stimmen bis zur 8. Stelle zwischen dem Warenverzeichnis der Außenhandelsstatistik und dem gemeinsamen Zolltarif (vgl. S. 526 f.) überein.

1.4.2 Gemeinschaftsrecht (Außenwirtschafts- und Zollrecht der EU)

Ein wesentliches Element der Gemeinschaft ist die Zollunion, d. h., zwischen den **einzelnen Mitgliedsstaaten der EU werden keine Zölle erhoben,** zu anderen Ländern, den so genannten **Drittländern,** besteht eine **gemeinsame Zollgrenze mit gemeinsamen Außenzöllen** (Art. 1 ZK).

1.4.2.1 EU-Verordnungen und EU-Richtlinien

In den EU-Staaten gelten neben den nationalen Rechtsvorschriften einheitliche Regelungen der Gemeinschaft. Dabei hat das EU-Recht Vorrang vor nationalen Regelungen.

Dies gilt insbesondere für **EU-Verordnungen**, die in allen Mitgliedsstaaten **unmittelbar geltendes Recht** sind.

Im Bereich des internationalen Warenverkehrs hat die EU u.a. folgende Verordnungen erlassen:

- Verordnung (EWG) Nr. 2913/92 des Rates zur Festlegung des Zollkodex der Gemeinschaften – Zollkodex –
- Verordnung (EWG) 2454/93 der Kommission mit Durchführungsvorschriften zu der Verordnung (EWG) Nr. 2913/92 des Rates zur Festlegung des Zollkodex der Gemeinschaften – ZollkodexDVO –

Neben den EU-Verordnungen gibt es **EU-Richtlinien**. Diese **müssen** von den Mitgliedsstaaten **in nationales Recht umgesetzt werden.** Die EU-Richtlinien sollen die Mitgliedsstaaten auf künftiges gemeinsames Recht vorbereiten.

1.4.2.2 Internationale Abkommen der EU

Die EU ist der größte Wirtschaftsblock der Welt und hat mit ihren wichtigsten Partnern Verträge geschlossen, mit dem Ziel, Handelshemmnisse abzubauen, um so den Waren-, Dienstleistungs- und Kapitalverkehr zu erleichtern. Dies soll insbesondere durch die Gewährung von niedrigeren Zöllen oder gänzlicher Zollbefreiung (Assoziierungs-, Präferenz- oder Freihandelsabkommen) erreicht werden.

Wichtige Verträge sind:

- das Abkommen zur Errichtung einer **Freihandelszone mit den EFTA-Staaten** (Island, Norwegen, Liechtenstein und Schweiz)[1]
- das **Assoziierungsabkommen** zur Errichtung einer Zollunion mit der Türkei
- das **Assoziierungsabkommen** mit den Staaten Osteuropas: Rumänien, Bulgarien usw.
- das **Abkommen von Lomé** mit den Entwicklungsstaaten **A**frikas, der **K**aribik und des **p**azifischen Raums (**AKP**-Staaten)
- das **Assoziierungsabkommen** mit den abhängigen **ü**berseeischen **L**ändern und **G**ebieten (**ÜLG**-Staaten)
- das **Assoziierungsabkommen** mit weiteren Staaten wie Ägypten, Israel, Marokko und Tunesien
- das Abkommen über die Gewährung einseitiger Zollpräferenzen gegenüber vielen Entwicklungsländern

1.4.3 Internationales Recht und regionale Organisationen

Um den Warenverkehr zu erleichtern, wurde weltweit immer versucht Zölle und sonstige Handelsbarrieren abzubauen. Diesem Ziel dienen sowohl die WTO als auch regionale Handelsabkommen in verschiedenen Regionen der Welt.

1.4.3.1 World Trade Organization (WTO)

Die Welthandelsorganisation WTO ist die Nachfolgeorganisation des GATT seit dem 1. Januar 1995. Ihre Gründung wurde nach Abschluss der Uruguay-Runde – der achten Welthandelsrunde, die noch im Rahmen des GATT stattfand, und so benannt nach dem 1. Tagungsort Punta-del-Este, Uruguay – auf einer Konferenz in Marrakesch (Marokko) beschlossen. Gründungsmitglieder der WTO sind außer den Staaten der EU, die USA und Japan, d. h. die wirtschaftlich bedeutendsten Staaten der Welt.

Das **GATT = General Agreement on Tariffs and Trade**
(= Allgemeines Zoll- und Handelsabkommen) hatte folgende Ziele:

- die **weltweite Beseitigung** von **tarifären** und **nichttarifären Handelshemmnissen**
- das **Verbot der Diskriminierung** und das **Gebot der Gleichstellung ausländischer Waren im Einfuhrland**
- die **Gewährung der Meistbegünstigungsklausel**

Tarifäre Handelshemmnisse sind Zölle, die von dem jeweiligen Staat auf importierte Güter erhoben werden.

Nichttarifäre Handelshemmnisse sind alle anderen Maßnahmen, die eine Einschränkung oder Umleitung des Außenhandels zur Folge haben. Dies sind u. a.

- **mengenmäßige Beschränkungen** (Höchstzahlen für Importe oder Exporte, Selbstbeschränkungsabkommen, d. h., ein Staat verpflichtet sich nur bestimmte Höchstmengen eines Gutes zu importieren oder zu exportieren usw.),
- **staatliche Zuschüsse** (Subventionen) oder **steuerliche Erleichterungen,**

---

1 vgl. Seite 460

- **bestimmte Qualitätsnormen** hinsichtlich technischer Anforderungen (z. B. DIN), Gesundheitsvorschriften, Sicherheitsvorschriften sowie Kennzeichnungs- und Verpackungsvorschriften,
- **direkte staatliche Eingriffe** (z. B. wenn sich die öffentliche Nachfrage ausschließlich dem inländischen Angebot zuwendet ohne Importgüter zu berücksichtigen).

Die Wirkung nichttarifärer Handelshemmnisse tritt immer mehr in den Vordergrund. Der Abbau von Zöllen in den letzten Jahren trug erheblich zur Steigerung des internationalen Warenaustausches bei.

Unter der **Meistbegünstigungsklausel** versteht man, dass **Zollvergünstigungen sowie Handelserleichterungen allen Handelspartnern eines Landes gleichermaßen gewährt werden.**

Mengenmäßige Beschränkungen müssen für alle Partnerstaaten in gleicher Weise gelten (Nichtdiskriminierung).

Durch die **Uruguay-Runde** wurden weltweit die Zölle um ein Drittel, Subventionen um ein Fünftel gesenkt.

Weiter werden so wichtige Bereiche wie die **Landwirtschaft**, die **Dienstleistungen** und das **geistige Eigentum** in die Regelungen des GATT einbezogen.

Dienstleistungen: Finanzdienstleistungen, Lufttransporte, Tourismus und Arbeit werden zum ersten Mal multilateralen Regeln (d. h. zwischenstaatlichen Vereinbarungen) unterworfen. Entwicklungsländer sollen stärker an entsprechenden Geschäften teilhaben. Weitere Regeln sollen den Missbrauch von Monopolen verhindern.

Geistiges Eigentum: Das Abkommen sieht einen umfassenden Schutz des geistigen Eigentums vor, dazu gehören u. a. Patente, Tonaufnahmen, Warenzeichen und Copyright.

Auch der Bereich **Textilien** und **Bekleidung** soll in den Vertrag eingearbeitet werden.

Der **Vertrag** im Rahmen der **WTO** bringt also

- mehr offene Märkte,
- mehr freien Handel und
- ein umfangreicheres und präziseres Regelwerk für die internationalen Handelsbeziehungen (mehr als 20 000 Seiten)

als der bis 1994 geltende GATT-Vertrag.

1.4.3.2 Weitere internationale Vereinbarungen

Es gibt eine ganze Reihe weiterer internationaler Vereinbarungen, die den Welthandel regeln. Genannt sei hier nur das **Washingtoner-Arten-Schutzabkommen,** das die Ein- und Ausfuhr von bestimmten, besonders bedrohten Tierarten (z. B. Elefanten, Krokodilen, Leoparden) bzw. von Produkten, die von diesen Tieren gewonnen werden (Elfenbeinschnitzereien, Handtaschen, Pelzmäntel) regelt. Der Handel mit diesen Tieren bzw. Tierprodukten ist verboten bzw. darf nur erfolgen, wenn eine entsprechende Genehmigung der beteiligten Staaten vorliegt.

1.4.3.3 Wichtige regionale Zusammenschlüsse

- Die **EFTA – European Free Trade Association** (Europäische Freihandelszone) wurde 1960 als Alternative zur EU gegründet. Großbritannien, Irland, Dänemark und Portugal, die dieser Gemeinschaft ebenfalls angehörten, schlossen sich in den 70er- und 80er-Jahren der EU an. Seit dem 1. Januar 1995 sind Finnland, Österreich und Schweden ebenfalls Mitgliedsstaaten der EU. Die verbliebenen EFTA-Staaten (Island, Norwegen, Liechtenstein und die Schweiz) erheben untereinander keine Zölle, behalten sich aber das Recht vor, gegenüber anderen Ländern die nationalen Zolltarife in unterschiedlicher Höhe bestehen zu lassen. Im Warenverkehr zwischen der EU und den EFTA-Staaten werden für Waren des gewerblichen Verkehrs – bis auf wenige Ausnahmen – keine Zölle mehr erhoben. Voraussetzung dafür ist, dass der Warenursprung (vgl. S. 507 ff.) in dem jeweiligen Land nachgewiesen wird.

- **EWR – Europäischer Wirtschaftsraum** ist seit 1994 zwischen der EU und den EFTA-Staaten verwirklicht. Das Abkommen sieht eine neue Form der Zusammenarbeit zwischen den beiden Wirtschaftsgemeinschaften vor.

- **NAFTA – North American Free Trade Agreement** (Nordamerikanisches Freihandelsabkommen). Die Vertragsstaaten USA, Kanada und Mexiko haben sich die Abschaffung von Handelshemmnissen und Zöllen zum Ziel gesetzt. Im Vertragsgebiet leben ca. 360 Millionen Einwohner.

- **ASEAN – Association of South East Asian Nations** (Vereinigung südostasiatischer Staaten). Der Zusammenschluss hat das Ziel zur politischen, wirtschaftlichen und sozialen Zusammenarbeit der Vertragsstaaten Birma, Brunai, Indonesien, Kambodscha, Laos, Malaysia, Philippinen, Singapur, Thailand und Vietnam. Zwischen diesen Ländern gilt seit 2002 ein Freihandelsabkommen.

Zusammenfassung

➤ Exporte und Importe sind für die Volkswirtschaft der Bundesrepublik Deutschland von existenzieller Bedeutung. Weltweit liegt Deutschland mit an der Spitze der Außenhandel treibenden Staaten.

➤ Eingeführt werden vor allem Rohstoffe (Erdöl, Erdgas, Bauxit) sowie landwirtschaftliche Erzeugnisse, die bei uns nicht angebaut werden, aber auch Industrieprodukte, die andere Länder kostengünstiger produzieren können.

➤ Ausgeführt werden vor allem hochwertige Industrieprodukte wie Maschinen, Straßenfahrzeuge, chemische, elektrotechnische und optische Erzeugnisse.

➤ Durch seine günstige geografische Lage in der Mitte Europas ist Deutschland eine Drehscheibe im Transitverkehr zwischen Nord- und Süd- sowie West- und Osteuropa.

➤ Die Bundesrepublik Deutschland ist Gründungsmitglied der EWG und fest in die Europäische Union eingebunden. Der EU gehören inzwischen 25 Staaten an. Außer der Bundesrepublik Deutschland sind dies Belgien, Dänemark, Estland, Finnland, Frankreich, Griechenland, Großbritannien, Irland, Italien, Lettland, Litauen, Luxemburg, Malta, Niederlande, Österreich, Polen, Portugal, Schweden, Slowakei, Slowenien, Spanien, Tschechien, Ungarn und Zypern. Der gemeinsame Markt ohne Zollschranken fördert den Warenaustausch zwischen den Mitgliedsstaaten.

➤ Der Außenwirtschaftsverkehr ist durch eine Vielzahl von Gesetzen und Verordnungen geregelt. Dabei handelt es sich um nationale Regelungen, Regelungen der Europäischen Gemeinschaft sowie um internationale Vereinbarungen. Das EU-Recht hat Vorrang vor nationalen Regelungen.

➤ Wir müssen zwischen dem innergemeinschaftlichen Warenverkehr (INTRA-Handel – Versendung und Eingang) und dem Handel mit Drittländern bzw. Nichtgemein- schaftsländern (EXTRA-Handel – Ausfuhr und Einfuhr) unterscheiden. Grundsätzlich ist der Außenhandel (Warenverkehr mit fremden Wirtschaftsgebieten) frei. Beschrän- kungen sind aufgrund nationaler Regelungen (AWG und AWV) oder internationaler Ver- einbarungen (VuB) möglich.

➤ Genehmigungspflichtige Waren entnehmen wir grundsätzlich der Ausfuhrliste, einer Anlage zur Außenwirtschaftsverordnung bzw. der Einfuhrliste.

➤ EU-Verordnungen (z. B. Zollkodex und Zollkodexdurchführungsverordnung) haben viel- fach nationale Regelungen abgelöst.

➤ Die WTO (World Trade Organization) hat als Ziel, weltweit Zölle und nichttarifäre Handelshemmnisse abzubauen.

2 Kunden über Lieferungs- und Zahlungsbedingungen im Außenhandel beraten

Besondere Risiken im Außenhandelsgeschäft ergeben sich daraus, dass die vertrags- schließenden Parteien unterschiedlichen Rechtssystemen angehören.

Zwar ist der abgeschlossene Vertrag die rechtliche Grundlage zwischen den Geschäftspartnern, jedoch können einige Klauseln und Begriffe, die in einem solchen Vertrag verwendet werden, unterschiedliche Inhalte in verschiedenen Ländern haben. Hinzu kommt, dass in verschiedenen Rechtssystemen einzelne juristische Probleme unterschiedlich (und daher meist abweichend) voneinander geregelt werden und dass kaufmännische Gepflogenheiten in den einzelnen Ländern voneinander abweichen können.

Um diese Schwierigkeiten in den Griff zu bekommen, gab es immer wieder Versuche, die internationalen Handelsbeziehungen einheitlich zu regeln.

Von wirklicher Bedeutung sind aber nur die Formeln und Vereinbarungen, die von der **Internationalen Handelskammer in Paris** (**I**nternational **C**hamber of **C**ommerce, **ICC**) herausgegeben wurden. Hierzu gehören z. B. im Bereich des internationalen Zahlungs- verkehrs die

● „Einheitlichen Richtlinien und Gebräuche für Dokumentenakkreditive – ERA 500" sowie die

● „Einheitlichen Richtlinien für das Inkassi"

2.1   Incoterms 2000

Von besonderer Bedeutung sind die **INCOTERMS – INTERNATIONAL COMMERCI-AL TERMS.** Sie wurden 1939 erstmals von der Internationalen Handelskammer zur Auslegung von handelsüblichen Vertragsformeln herausgegeben. Ergänzt und verändert wurden sie 1953, 1967, 1976, 1980 und 1990 und liegen nun in der Auflage von 2000 vor.

Sie regeln weitgehend die Rechte und Pflichten des Käufers und des Verkäufers in internationalen Handelsgeschäften (Kaufverträgen). Insbesondere werden der **Kosten- und Gefahrenübergang** zwischen den Vertragsparteien **exakt festgelegt.** Sie lassen aber für zusätzliche Vereinbarungen zwischen Käufer und Verkäufer genügend Freiraum. So sind keine Regelungen bei Eigentumsvorbehalt oder über Zahlungsmodalitäten vorgesehen.

Die Incoterms wurden umformuliert,

- um modernen Transporttechniken, insbesondere der Bildung von Ladungseinheiten in Containern oder Ro-Ro-Transporten mit Lkw oder Eisenbahnwaggons über See, gerecht zu werden (multimodale Transporte), und
- um sie den neuen Formen des elektronischen Datenaustausches (EDI = **E**lectronic **D**ata **I**nterchange) anzupassen.

Nach den Incoterms 2000 ist eine entsprechende Anwendung des EDI möglich, wenn die beteiligten Parteien Dokumente beschaffen müssen, wie Handelsrechnungen, Dokumente zur Zollabfertigung, Transportdokumente sowie sonstige Lieferungsnachweise. Wenn der Verkäufer ein begebbares Transportdokument oder ein Orderkonnossement beschaffen muss, ist bei Anwendung des elektronischen Datenaustausches sicherzustellen, dass der Käufer genauso gestellt ist, wie bei Erhalt eines entsprechenden Transportdokumentes (z. B. eines Konnossementes).

2.1.1   Vorteile der Incoterms erkennen

Die Incoterms enthalten internationale Regeln zur Auslegung der meistens verwendeten Vertragsformeln in Außenhandelsverträgen. Unsicherheiten, die durch unterschiedliche Auslegung solcher Klauseln in verschiedenen Ländern entstehen, werden vermieden oder erheblich eingeschränkt.

Häufig sind sich die Kaufvertragsparteien in den unterschiedlichen Ländern der verschiedenen Handelsgewohnheiten nicht bewusst. Daraus können Missverständnisse und Auseinandersetzungen bis hin zu gerichtlichen Streitigkeiten resultieren und dadurch hohe Kosten und Verstimmungen zwischen den Vertragspartnern entstehen.

- Einheitliche und klare Bestimmungen vermeiden Meinungsverschiedenheiten und Streitigkeiten.
- Durch die Abkürzungen werden Zeit und Kosten bei Vertragsverhandlungen gespart und der Vertragsinhalt trotzdem präzise formuliert.
- Aber, da die Klauseln für verschiedene Handelszweige und Regionen geeignet sein müssen, ist es oft nicht möglich, die Verpflichtungen der Parteien bis in die letzten Einzelheiten festzulegen. In diesen Fällen sollen Verkäufer und Käufer die Möglichkeit haben, spezielle zusätzliche Regelungen im Kaufvertrag festzulegen. Solche vertraglichen Individualvereinbarungen gehen dann den Regeln der Incoterms vor.

● Durch die exakte Festlegung des Kosten- und Gefahrenüberganges sind die von den Vertragsparteien zu übernehmenden Kosten und Risiken genau festgelegt.

So ist bei der Klausel FOB Hamburg als Kosten- und Gefahrenübergang das Überschreiten der Schiffsreling in Hamburg festgelegt. Dadurch wird eindeutig beschrieben, welche Kosten der Absender zu übernehmen und welche der Empfänger zu tragen hat.

Der Absender in Nürnberg übernimmt bei dieser Lieferklausel alle Kosten für die Verpackung der Ware, die Markierung, die Frachtkosten, SpV, Kaigebühren, FOB-Lieferung einschl. der Kosten, der für die Ausfuhr notwendigen Zollformalitäten, sowie alle Zölle, Steuern und andere öffentliche Abgaben, die bis zur Ausfuhr der Ware anfallen.

Der Empfänger muss alle Kosten ab Überschreiten der Schiffsreling der Ware im Verschiffungshafen übernehmen, d. h. die Seefrachtkosten, die Seetransportversicherung, die Entladekosten sowie alle Zölle, Steuern und sonstigen öffentlichen Abgaben sowie die Kosten der Zollformalitäten, die bei der Einfuhr der Ware anfallen.

Die genaue Bestimmung des Gefahrenüberganges, der festlegt, bis zu welcher Stelle der Verkäufer und ab wann der Käufer das Risiko des Verlustes oder der Beschädigung der Ware übernehmen muss, trägt ebenfalls zur Rechtssicherheit bei.

Lautet die Lieferkondition FOB Hamburg, übernimmt der Verkäufer die Gefahr des Verlustes bzw. der Beschädigung der Ware bis zur Überschreitung der Schiffsreling in Hamburg. Ist die Ware an Bord des Schiffes, geht die Gefahr des Verlustes und der Beschädigung auf den Käufer über.

2.1.2   Geeignete Vertragsklauseln auswählen

Unterschieden werden vier verschiedene Gruppen:

„E"-Klausel – Abholklausel

Kürzel	Klausel	Kurzbeschreibung	Verkäufer trägt die Kosten bis	Gefahren- übergang
EXW	Ab Werk (**Ex Works** named place)	Der Verkäufer hat seine Verpflichtungen erfüllt, wenn er die Waren dem Käufer auf seinem Grundstück bereitgestellt hat. Der Käufer trägt die Kosten der Verladung und des Transportes sowie das Transportrisiko (Mindestverpflichtung des Verkäufers).	zur Verfügungstellung der Ware auf seinem Gelände, d. h. Fabrik, Lager, Werk.	Ab dem Zeitpunkt, wenn die Ware auf dem Grundstück des Verkäufers zur Verfügung steht.

„F"-Klauseln – Haupttransport vom Verkäufer nicht bezahlt

Kürzel	Klausel	Kurzbeschreibung	Verkäufer trägt die Kosten bis	Gefahren- übergang
FCA	Frei Frachtführer (**Free Carrier** named place)	Der Verkäufer hat seine Verpflichtungen erfüllt, wenn er die zum Export freigemachte Ware dem vom Käufer benannten Carrier am benannten Lieferort übergeben hat. Schließt der Verkäufer den Frachtvertrag z.B. mit der Bahn ab, dann tut er dies auf Kosten und Gefahr des Käufers. Carrier ist, wer sich durch einen Frachtvertrag verpflichtet, die Beförderung per Schiene, Straße, Luft, Binnengewässer oder in einer Kombination dieser Transportarten durchzuführen.	zur Übergabe der Ware an den Frachtführer: Bahn, Lkw-Unternehmer, Binnenschiffer, Reeder, Carrier oder Spediteur am benannten Lieferort	ab Übergabe der Ware an den benannten Frachtführer am Lieferort

(Fortsetzung s. folgende Seite)

Kürzel	Klausel	Kurzbeschreibung	Verkäufer trägt die Kosten bis	Gefahren-übergang
FAS	Frei Längs-seite Seeschiff **(Free Alongside Ship** named port of shipment)	Der Verkäufer muss die Sendung längs-seits des Schiffes (am Kai oder in Leichtern) rechtzeitig anliefern, und zwar auf seine Kosten und Gefahr. Die Aus-fuhrabfertigung ist vom Verkäufer zu übernehmen. Der Käufer trägt alle Kos-ten und die Gefahr ab dem Zeitpunkt der Lieferung Längsseite des Schiffes.	Längsseite Schiff am benannten Ladeplatz im Verschiffungs-hafen.	ab erfolgter Lieferung Längsseite des Schiffes
FOB	Frei an Bord **(Free on Board** named port of shipment)	Der Verkäufer hat seine Verpflichtung erfüllt, wenn die Sendung die Reling des Schiffes im vereinbarten Verschiffungs-hafen überschritten hat. Ab diesem Zeit-punkt trägt der Käufer die Kosten und Risiken.	zur Lieferung an Bord des genannten Schiffes.	bei Überschrei-ten der Reling des Schiffes im Verschiffungs-hafen

„C"-Klauseln – Haupttransport vom Verkäufer bezahlt

Kürzel	Klausel	Kurzbeschreibung	Verkäufer trägt die Kosten bis	Gefahren-übergang
CFR	Kosten und Fracht **(Cost and Freight** named port of destina-tion)	Der Verkäufer muss die Kosten und die Fracht bis zum Bestimmungshafen tra-gen. Die Gefahr für Verlust und Beschä-digung der Ware sowie zusätzliche Kos-ten, die auf Ereignisse nach der Bord-lieferung zurückzuführen sind, trägt mit Überschreitung der Reling im Verschif-fungshafen der Käufer.	zur Lieferung an Bord des genannten Schiffes und die Seefracht.	bei Überschrei-ten der Reling des Schiffes im Verschiffungs-hafen
CIF	Kosten, Versiche-rung, Fracht **(Cost, Insu-rance and Freight** named port of desti-nation)	Der Verkäufer hat die gleichen Pflichten wie bei CFR, muss aber zusätzlich die Seetransportversicherung gegen Verlust und Beschädigung abschließen. Die Ge-fahr trägt der Käufer, sobald die Güter die Reling des Seeschiffes überschritten haben. Die Prämie zahlt der Verkäufer.	zur Lieferung an Bord des genannten Schiffes, die Seefracht und die Transport-versicherungs-prämie.	bei Überschrei-ten der Reling des Schiffes im Verschiffungs-hafen
CPT	Frachtfrei, **(Carriage Paid to** named place of destination)	Der Verkäufer trägt die Fracht für die Be-förderung der Ware bis zum benannten Bestimmungsort. Die Gefahr für Verlust oder Beschädigung geht mit Übergabe an den Frachtführer auf den Käufer über.	zur Bereit-stellung am vereinbarten Bestimmungs-ort.	Übergabe an den ersten Frachtführer
CIP	Frachtfrei versichert **(Carriage and Insu-rance Paid to** named place of destination)	Der Verkäufer übernimmt die gleichen Verpflichtungen wie bei der CPT-Klausel, hat jedoch zusätzlich eine Transportver-sicherung abzuschließen. Das Transport-risiko trägt der Käufer.	zur Bereit-stellung am vereinbarten Bestimmungs-ort und Trans-portversiche-rungsprämie.	Übergabe an den ersten Frachtführer

„D"-Klauseln – Ankunftsklauseln

Kürzel	Klausel	Kurzbeschreibung	Verkäufer trägt die Kosten bis	Gefahren-übergang
DAF[1]	Geliefert Grenze **(Delivered at Frontier** named place)	Der Verkäufer muss die zur Ausfuhr frei-gemachten Waren am benannten Grenz-ort zur Verfügung stellen. Die Grenze ist genau zu bestimmen z. B. „Weiß-russische Grenze Brest".	zum vereinbar-ten Grenzort.	ab Bereitstellung am vereinbarten Grenzüber-gangsort
DES	Geliefert ab Schiff **(Delivered ex Ship** named port of destina-tion)	Der Verkäufer hat seine Verpflichtung erfüllt, wenn er die Ware, die von ihm nicht zur Einfuhr freizumachen ist, an Bord des Schiffes im Bestimmungshafen zur Verfügung stellt. Der Verkäufer trägt alle Kosten und Gefahren bis zum benannten Bestimmungshafen.	zur Bereit-stellung des Schiffes im vereinbarten Bestimmungs-hafen.	ab Bereitstellung des Schiffes im vereinbarten Bestimmungs-hafen
DEQ	Geliefert ab Kai (verzollt) **(Delivered ex Quay** Duty paid named port of destina-tion)	Der Verkäufer hat seine Verpflichtung erfüllt, wenn er dem Käufer die Ware auf dem Kai im benannten Bestimmungs-hafen zur Verfügung gestellt hat. Die Einfuhrabfertigung trägt der Käufer, des-gleichen die Zahlung der Zölle und anderer Einfuhrabgaben.	zur Bereit-stellung der Ware am Kai im vereinbarten Bestimmungs-hafen.	ab der Bereit-stellung der Ware am Kai im vereinbarten Bestimmungs-hafen
DDU	Geliefert unverzollt **(Delivered Duty unpaid** named place of destina-tion)	Der Verkäufer hat seine Verpflichtung erfüllt, wenn die Ware am benannten Ort im Einfuhrland zur Verfügung steht. Er trägt alle Kosten und Gefahren bis zu diesem Ort. Der Käufer hat die Kosten und Gefahr zu tragen, dass die Sendung nicht rechtzeitig verzollt wird.	zur Lieferung am vereinbarten Bestimmungs-ort.	Nachdem die Ware am vereinbarten Bestimmungort zur Verfügung steht.
DDP	Geliefert verzollt **(Delivered Duty paid** named place of destina-tion)	Der Verkäufer hat seine Verpflichtung erfüllt, wenn er die Waren dem Käufer am vereinbarten Ort im Einfuhrland zur Verfügung gestellt hat. Der Verkäufer trägt alle Kosten und Gefahren einschl. Zölle, Steuern und andere Gebühren. Er muss die Einfuhrabfertigung über-nehmen.	zum Bestim-mungsort inkl. aller Kosten der Verzollung und Versteuerung der Ware.	Nachdem die Ware am verein-barten Bestim-mungsort ver-zollt und ver-steuert zur Verfügung steht.

1 Diese Klausel sollte innerhalb der EU nicht mehr angewandt werden. In anderen Relationen ist sie weiterhin sehr geläufig.

Betrachtet man die Klauseln aus der Sicht des **Verkäufers**, dann ist die 1. Gruppe, die „E-Klausel", **eine Minimalverpflichtung,** die 4. Gruppe, insbesondere die „DDP-Klausel", **eine Maximalverpflichtung.**

Eignung der Klauseln für bestimmte Transportarten:

für jede Transportart geeignet einschl. multimodaler Transporte	**EXW, FCA, CPT, CIP, DAF, DDU, DDP**
Lufttransport	**FCA**
Eisenbahntransport	**FCA**
See- und Binnenschifftransport	**FAS, FOB, CFR, CIF, DES, DEQ**

Kosten- und Gefahrenübergang fallen im Wesentlichen an dem genannten Leistungsort zusammen.

Nur bei den **Lieferklauseln**

- **CFR** und **CIF** (hier geht die Gefahr im Verschiffungshafen auf den Käufer über, während der Verkäufer die Kosten bis zum Bestimmungshafen trägt)

und bei den Lieferklauseln

- **CPT** und **CIP** (hier geht die Gefahr bei Übergabe an den ersten Frachtführer auf den Käufer über, während der Verkäufer die Kosten bis zum benannten Bestimmungsort trägt)

stimmen Kosten- und Gefahrenübergang nicht überein.

Beispiel 1: Sollen von einem deutschen Exporteur z. B. 10 Kisten Maschinen mit einem Gesamtgewicht von 15 000 kg von Nürnberg nach Moskau (Russland) geliefert werden, kann der deutsche Exporteur mit seinem russischen Kunden folgende Klauseln vereinbaren:

EXW Nürnberg

wenn der Verkäufer keine Transportkosten übernehmen will.

FCA Nürnberg

wenn der Verkäufer den Transport mit der Bahn oder auf der Straße durchführen lassen will.

Im Falle des Eisenbahntransportes muss der Exporteur den Eisenbahnwaggon ordnungsgemäß beladen. Die Lieferung ist abgeschlossen, wenn der Waggon bzw. der Container von der Eisenbahn übernommen worden ist.

Wird die Sendung auf der Straße transportiert, hat der Verkäufer seine Verpflichtungen erfüllt, wenn die Ware auf das vom Käufer gestellte Fahrzeug verladen worden ist.

CPT Moskau

wenn der Exporteur alle Frachtkosten bis zum genannten Bestimmungsort (Moskau) übernehmen will.

CIP Moskau

wenn der Exporteur alle Frachtkosten bis zum genannten Bestimmungsort (Moskau) übernehmen will. Zusätzlich muss er jedoch noch eine Transportversicherung abschließen und die Kosten dafür übernehmen.

DDP Moskau

wenn der Exporteur außer den Frachtkosten bis zum Bestimmungsort noch die Eingangsabgaben und die Kosten für die Eingangsformalitäten übernehmen will. Zum Abschluss einer Transportversicherung wäre er in diesem Falle nicht verpflichtet, müsste aber die Gefahr des Verlustes oder der Beschädigung tragen, bis die Ware an den Käufer geliefert worden ist.

DAF „Weißrussische Grenze Brest"

wenn der Exporteur die Kosten bis zur weißrussischen Grenze bei Brest übernehmen will.

Beispiel 2: *Ein Transformator im Gesamtgewicht von 80 000 kg soll von Nürnberg via Rotterdam nach Montevideo/Uruguay geliefert werden. Da die Sendung ab Nürnberg wegen des hohen Gewichtes mit dem Binnenschiff nach Rotterdam transportiert werden muss, könnte als Lieferklausel **FAS-Rotterdam** vereinbart werden, wenn der Nürnberger Exporteur nur die Vorlaufkosten bis Rotterdam übernehmen will. Die Seefrachtkosten, die Versicherung und die Einfuhrabfertigung müssten dann vom Importeur in Montevideo getragen werden.*

*Besteht der Importeur darauf, dass der Exporteur auch noch die Kosten für die Verschiffung, die Seefrachtkosten sowie die Transportversicherung übernimmt, müsste als Lieferklausel „**CIF-Montevideo**" vereinbart werden.*

Der Exporteur kann auch noch weitergehende Verpflichtungen z. B. durch Vereinbarung der Lieferklauseln DES, DEQ, DDU bzw. DDP eingehen. Dies ist zwar möglich, aber nicht zu empfehlen, da er u. U. über die Gegebenheiten in Montevideo vielleicht zu wenig weiß bzw. diese Gegebenheiten sich rasch ändern können (z. B. durch Streik, höhere Zölle, Einfuhrverbote) und dadurch auch seine Verpflichtungen.

Alle Klauseln sind so formuliert, dass den Verpflichtungen des Verkäufers die Pflichten des Käufers gegenüber stehen, und zwar jeweils 10 Überschriften zugeordnet.

Nachfolgender Abdruck der „**CIF"-Klausel** soll dies verdeutlichen:

▽ Kosten, Versicherung, Fracht (… benannter Bestimmungshafen)	Kosten, Versicherung, Fracht ▽ (… benannter Bestimmungshafen)
„Kosten, Versicherung, Fracht" bedeutet, dass der Verkäufer die gleichen Verpflichtungen wie bei der CFR-Klausel hat, jedoch zusätzlich die Seetransportversicherung gegen die vom Käufer getragene Gefahr des Verlusts oder der Beschädigung der Ware während des Transports abzuschließen hat. Der Verkäufer schließt den Versicherungsvertrag ab und zahlt die Versicherungsprämie.	Der Käufer sollte beachten, dass gemäß dieser Klausel der Verkäufer nur verpflichtet ist, eine Versicherung zu Mindestbedingungen abzuschließen. Die CIF-Klausel verpflichtet den Verkäufer, die Ware zur Ausfuhr freizumachen. Diese Klausel kann nur für den See- oder Binnenschiffstransport verwendet werden. Hat die Schiffsreling keine praktische Bedeutung, wie bei Ro-Ro- oder Containertransporten, ist die CIP-Klausel geeigneter.
A ▶ Der Verkäufer hat	**B** ▶ Der Käufer hat
A 1 **Lieferung vertragsgemäßer Ware**	**B 1** **Zahlungen des Kaufpreises**
die Ware in Übereinstimmung mit dem Kaufvertrag zu liefern sowie die Handelsrechnung oder die entsprechende elektronische Mitteilung und alle sonstigen vertragsgemäßen Belege hierfür zu erbringen.	den Preis vertragsgemäß zu zahlen.

A ▶ Der Verkäufer hat	**B** ▶ Der Käufer hat

A 2   Lizenzen, Genehmigungen und Formalitäten

auf eigene Gefahr und Kosten, die Ausfuhrbewilligung oder andere behördliche Genehmigung zu beschaffen sowie alle Zollformalitäten zu erledigen, die für die Ausfuhr der Ware erforderlich sind.

B 2   Lizenzen, Genehmigungen und Formalitäten

auf eigene Gefahr und Kosten die Einfuhrbewilligung oder andere behördliche Genehmigung zu beschaffen sowie alle erforderlichen Zollformalitäten für die Einfuhr der Ware und gegebenenfalls für ihre Durchfuhr durch ein drittes Land zu erledigen.

A 3   Beförderungs- und Versicherungsvertrag

a) Beförderungsvertrag

auf eigene Rechnung den Vertrag über die Beförderung der Ware auf dem üblichen Weg in der üblichen Weise bis zum benannten Bestimmungshafen in einem Seeschiff (bzw. gegebenenfalls einem Binnenschiff) der Bauart, die normalerweise für die Beförderung der im Vertrag genannten Ware verwendet wird, abzuschließen.

b) Versicherungsvertrag

auf eigene Kosten die im Vertrag vereinbarte Transportversicherung zu beschaffen, die den Käufer oder eine andere Person mit versichertem Interesse an den Gütern berechtigt, direkt beim Versicherer Ansprüche geltend zu machen, und dem Käufer die Versicherungspolice oder einen sonstigen Nachweis über den Versicherungsschutz zu übermitteln.

Die Versicherung ist bei zuverlässigen Versicherern oder Versicherungsgesellschaften abzuschließen und muss mangels ausdrücklicher Vereinbarung von etwas Gegensätzlichem mit der Mindestdeckung der Institute Cargo Clauses (Institute of London Underwriters) oder einem ähnlichen Bedingungswerk übereinstimmen. Die Dauer der Versicherung muss B 5 und B 4 entsprechen. Auf Verlangen des Käufers hat der Verkäufer auf Kosten des Käufers eine Versicherung gegen die Gefahren Krieg, Streik, Aufruhr und bürgerliche Unruhen zu beschaffen, sofern dies möglich ist. Die Mindestversicherung muss den Kaufpreis zuzüglich 10 % (d. h. 110 %) decken und in der Währung des Kaufvertrags genommen werden.

B 3   Beförderungsvertrag

keine Verpflichtung.

A 4   Lieferung

die Ware an Bord des Schiffs im Verschiffungshafen in dem vereinbarten Zeitpunkt oder innerhalb der vereinbarten Frist zu liefern.

B 4   Abnahme

anzuerkennen, dass die Ware in Übereinstimmung mit A 4 übergeben wird und die Ware dem Frachtführer im Bestimmungshafen abzunehmen.

Der Verkäufer hat	**Der Käufer hat**
A 5 Gefahrenübergang	**B 5 Gefahrenübergang**
vorbehaltlich der Bestimmungen von B 5, alle Gefahren des Verlusts oder der Beschädigung der Ware so lange zu tragen, bis sie die Schiffsreling im Verschiffungshafen überschritten hat.	alle Gefahren des Verlusts oder der Beschädigung der Ware von dem Zeitpunkt an zu tragen, in dem sie die Schiffsreling im benannten Verschiffungshafen überschritten hat. Sollte er die Benachrichtigung gemäß B 7 unterlassen, alle Gefahren des Verlusts oder der Beschädigung der Ware von dem für die Verschiffung vereinbarten Zeitpunkt oder vom Ablauf der hierfür vereinbarten Frist an zu tragen, vorausgesetzt, dass die Ware in geeigneter Weise konkretisiert, d. h. als der für den Käufer bestimmte Gegenstand abgesondert oder auf andere Art kenntlich gemacht worden ist.
A 6 Kostenteilung	**B 6 Kostenteilung**
vorbehaltlich der Bestimmungen von B 6 ● alle die Ware betreffenden Kosten so lange zu tragen, bis sie gemäß A 4 geliefert worden ist, sowie die Fracht- und alle anderen aus A 3 entstehenden Kosten sowie die Kosten der Verladung der Ware an Bord und alle Ausladungskosten im Entladungshafen zu tragen, sofern sie von regulären Schifffahrtsgesellschaften beim Abschluss des Beförderungsvertrages erhoben werden; ● die Kosten der für die Ausfuhr notwendigen Zollformalitäten sowie alle Zölle, Steuern und andere öffentliche Abgaben zu tragen, die bei der Ausfuhr der Ware anfallen.	vorbehaltlich der Bestimmungen von A 3, alle die Ware betreffenden Kosten von dem Zeitpunkt an zu tragen, in dem sie gemäß A 4 geliefert worden ist, und, sofern diese Kosten nicht von regulären Schifffahrtsgesellschaften beim Abschluss des Beförderungsvertrags erhoben worden sind, alle während des Transports bis zur Ankunft im Bestimmungshafen anfallenden, die Ware betreffenden Kosten einschließlich der Kosten für die Löschung und die Leichterung sowie die Kaigebühren zu tragen. Sollte er die Benachrichtigung gemäß B 7 unterlassen, von dem für die Verschiffung vereinbarten Zeitpunkt oder vom Ablauf der hierfür vereinbarten Frist an alle dadurch entstehenden zusätzlichen Kosten zu tragen, vorausgesetzt, dass die Ware in geeigneter Weise konkretisiert, d. h. als der für den Käufer bestimmte Gegenstand abgesondert oder auf andere Art kenntlich gemacht worden ist. Alle Zölle, Steuern und andere öffentlichen Abgaben sowie die Kosten der Zollformalitäten, die bei der Einfuhr der Ware und gegebenenfalls bei der Durchfuhr durch ein drittes Land anfallen, zu tragen.
A 7 Benachrichtigung des Käufers	**B 7 Benachrichtigung des Verkäufers**
den Käufer in angemessener Weise zu benachrichtigen, dass die Ware an Bord des Schiffes geliefert worden ist, sowie jede andere Nachricht zu geben, die der Käufer benötigt, um erforderliche Maßnahmen zur Übernahme der Ware treffen zu können.	wenn er berechtigt ist, den Zeitpunkt für die Verschiffung der Ware und/oder den Bestimmungshafen festzulegen, den Verkäufer in angemessener Weise davon zu benachrichtigen.

Der Verkäufer hat

 Der Käufer hat

**A 8 Liefernachweis, Transport-
dokument oder entsprechende
elektronische Mitteilung**

mangels anderer Vereinbarung auf eigene Kosten dem Käufer unverzüglich das übliche Transportdokument für den vereinbarten Bestimmungshafen zu beschaffen.

Dieses Dokument (z. B. ein begebbares Konnossement, ein nichtbegebbarer Seefrachtbrief oder ein Dokument des Binnenschiffstransports) muss über die vertraglich vereinbarte Ware lauten, ein innerhalb der für die Verschiffung vereinbarten Frist liegendes Datum tragen, den Käufer berechtigen, die Herausgabe der Ware am Bestimmungsort von dem Frachtführer zu verlangen, und mangels anderer Vereinbarung dem Käufer ermöglichen, die Ware während des Transports an einen nachfolgenden Käufer durch Übertragung des Dokuments (begebbares Konnossement) oder durch Mitteilung an den Frachtführer zu verkaufen.

Besteht ein solches Transportdokument aus mehreren Originalausfertigungen, muss dem Käufer der vollständige Satz übergeben werden. Wenn das Transportdokument einen Hinweis auf einen Chartervertrag enthält, so muss der Verkäufer außerdem ein Exemplar dieser Urkunde übergeben.

Wenn sich Verkäufer und Käufer auf elektronische Datenkommunikation geeinigt haben, kann das in den vorstehenden Absätzen erwähnte Dokument durch eine entsprechende Mitteilung im elektronischen Datenaustausch (EDI message) ersetzt werden.

**B 8 Liefernachweis, Transport-
dokument oder entsprechende
elektronische Mitteilung**

das Transportdokument gemäß A 8 anzunehmen, wenn es mit dem Kaufvertrag übereinstimmt.

**A 9 Prüfung – Verpackung –
Kennzeichnung**

die Kosten der Prüfung (wie Qualitätsprüfung, Messen, Wiegen und Zählen) zu tragen, die für die Lieferung der Ware gemäß A 4 erforderlich ist.

Auf eigene Kosten für die Verpackung zu sorgen (sofern es nicht handelsüblich ist, die in dem Vertrag beschriebene Ware unverpackt zu verschiffen), die für den von ihm besorgten Transport der Ware erforderlich ist. Die Verpackung ist in geeigneter Weise zu kennzeichnen.

B 9 Prüfung der Ware

mangels anderer Vereinbarungen die Kosten von Warenkontrollen vor der Verladung (preshipment inspection) zu tragen, mit Ausnahme behördlich angeordneter Kontrollen des Ausfuhrlandes.

A Der Verkäufer hat	**B** Der Käufer hat
A 10 Sonstige Verpflichtungen	**B 10 Sonstige Verpflichtungen**
dem Käufer auf dessen Verlangen, Gefahr und Kosten bei der Beschaffung aller anderen als in A 8 genannten Dokumente oder entsprechender elektronischer Mitteilung, die im Verschiffungs- und/oder Ursprungsland ausgestellt oder abgesendet werden und die der Käufer zur Einfuhr der Ware und gegebenenfalls zur Durchfuhr durch ein drittes Land benötigt, jede Hilfe zu gewähren.	alle Kosten und Gebühren für die Beschaffung der in A 10 genannten Dokumente oder entsprechender elektronischer Mitteilungen zu tragen und diejenigen des Verkäufers zu erstatten, die diesem bei der Hilfeleistung hierfür entstanden sind. Dem Verkäufer auf dessen Verlangen die für die Versicherung der Ware erforderlichen Auskünfte zu erteilen.

Kosten- und Gefahrenübergang

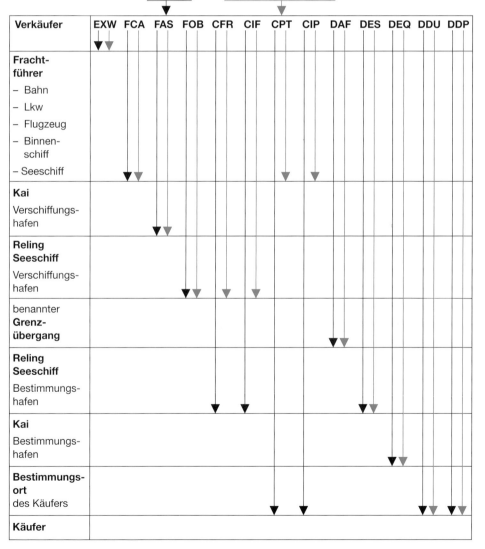

Verkäufer	EXW	FCA	FAS	FOB	CFR	CIF	CPT	CIP	DAF	DES	DEQ	DDU	DDP
Fracht-führer – Bahn – Lkw – Flugzeug – Binnen-schiff – Seeschiff													
Kai Verschiffungs-hafen													
Reling Seeschiff Verschiffungs-hafen													
benannter **Grenz-übergang**													
Reling Seeschiff Bestimmungs-hafen													
Kai Bestimmungs-hafen													
Bestimmungs-ort des Käufers													
Käufer													

2.2 Möglichkeiten der Zahlungssicherung erläutern

Grundsätzlich kann man aus der **Sicht des Verkäufers** folgende Zahlungsbedingungen unterscheiden:

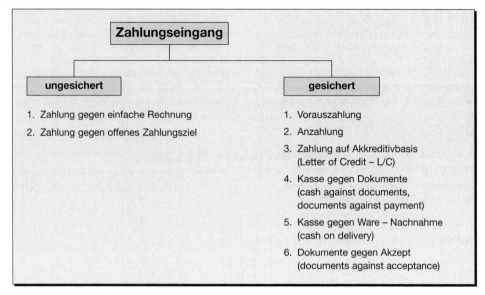

Innerhalb der EU wird der Zahlungsverkehr zu einem großen Teil ungesichert abgewickelt, d. h., es werden Handelsrechnungen erstellt, auf denen z. B. folgende Zahlungsbedingungen vermerkt sind:

- „zahlbar sofort nach Erhalt der Rechnung"
- „zahlbar innerhalb von 10 Tagen mit 2 % Skonto, innerhalb 30 Tagen netto"
- „zahlbar innerhalb von 60 Tagen netto"

Für den Spediteur bedeutet die ungesicherte Zahlungsabwicklung, dass er ausschließlich bei der Abwicklung des Warenverkehrs, nicht aber bei der des Zahlungsverkehrs beteiligt ist. Dies gilt auch für die Vorauszahlung und die Anzahlung.

In den anderen Fällen wird der Spediteur häufig bei der Zahlungsabwicklung eingeschaltet, denn er sorgt dafür, dass die Exportdokumente ordnungsgemäß erstellt werden. Dies gilt insbesondere, wenn die Zahlungsabwicklung auf Akkreditivbasis erfolgt.

2.2.1 Bei der Abwicklung von Akkreditiven mitwirken[1]
(Letter of Credit – L/C)

Für den Exporteur gewährt das Dokumentenakkreditiv ein hohes Maß an Sicherheit. Der Begriff Akkreditiv bezeichnet einen Vorgang, bei dem die Bank des Importeurs dem Exporteur verspricht, ihm den Kaufpreis auszuzahlen, wenn dieser bestimmte Dokumente beibringt und die im Akkreditiv genannten Bedingungen erfüllt.

---

1   Grundlage für Akkreditivgeschäfte sind die „Einheitlichen Richtlinien und Gebräuche für Dokumentenakkreditive." Sie wurden von der ICC, Paris herausgegeben, in der vorliegenden Form 1993 veröffentlicht und gelten seit 1. Januar 1994.

Für den Importeur besteht diese Sicherheit ebenfalls, weil der Verkäufer das Geld von der Bank nur erhält, wenn er die Ware ordnungsgemäß geliefert und die erforderlichen Dokumente besorgt hat.

Bei den Akkreditiven wird unterschieden zwischen widerruflichen und unwiderruflichen und bei diesen wieder zwischen bestätigten und unbestätigten Akkreditiven. Ferner können Akkreditive befristet oder unbefristet sein.

Widerrufliche und unwiderrufliche Akkreditive

Das widerrufliche Akkreditiv bietet dem Exporteur nur unzureichende Sicherheiten, da es jederzeit (ohne den Begünstigten davon zu informieren) vom Akkreditivsteller bzw. der Akkreditivbank abgeändert bzw. widerrufen werden kann. Es ist daher in der Praxis wenig gebräuchlich.

Beim unwiderruflichen Akkreditiv hat der Verkäufer die Gewähr für die Einlösung, da Akkreditivsteller und Akkreditivbank uneingeschränkt diese Verpflichtung übernehmen. Deshalb wird der Exporteur immer auf ein unwiderrufliches Akkreditiv als Mittel der Zahlungssicherung bestehen.

Befristete und unbefristete Akkreditive

Die Verpflichtung zur Einlösung des Akkreditivs kann befristet werden. Damit kann z. B. erreicht werden, dass der Exporteur die vereinbarte Lieferfrist einhält.

Bestätigte und unbestätigte Akkreditive

Bei einem bestätigten Akkreditiv verpflichtet sich auch die Bestätigungsbank (Avisbank) zur Zahlung des Akkreditivbetrages. Ein bestätigtes Akkreditiv ist immer unwiderruflich und befristet. Das bestätigte Akkreditiv bietet dem Verkäufer, besonders bei Lieferungen in Krisen- oder anderen Problemländern, einen sehr hohen Schutz gegen Zahlungsausfälle, da ihm das wirtschaftliche Risiko und das jeweilige Länderrisiko durch die Bestätigungsbank abgenommen wird.

Beim unbestätigten Akkreditiv ist ausschließlich die ausländische Akkreditivbank (d. h. die Bank des Käufers) zur Zahlung verpflichtet.

Die in der Praxis des Spediteurs am häufigsten vorkommende Form ist das unwiderrufliche, befristete (evtl. bestätigte) Dokumentenakkreditiv.

Vorteile für den Verkäufer:

Der Exporteur erhält sein Geld, sobald er den Warenversand nachweist und die im Akkreditiv geforderten Dokumente der Zahlstelle vorlegt.

Vorteile für den Käufer:

Das bereitgestellte Geld wird an den Exporteur erst dann ausbezahlt, wenn die Ware tatsächlich zum Versand gebracht wurde.

Nachteile für den Käufer:

Der Importeur hat keine Gewähr dafür, dass einwandfreie Ware (wie vertraglich vereinbart) geliefert wurde. Ferner muss er den Rechnungsbetrag schon vor der Lieferung bereitstellen.

Die Abwicklung eines bestätigten, unwiderruflichen Dokumentenakkreditivs:

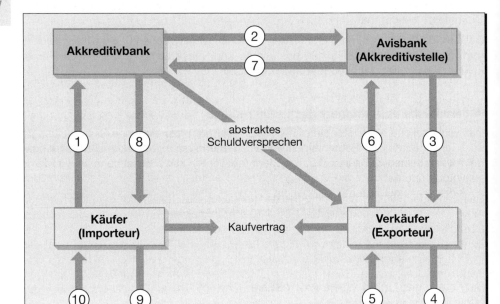

Das Dokumentenakkreditiv wird wie folgt abgewickelt:

Voraussetzung für die Eröffnung eines Akkreditivs ist der Abschluss eines Kaufvertrages. Der Exporteur erstellt für den Importeur eine Proformarechnung, die in der Bezeichnung der Ware und dem Rechnungsbetrag mit der späteren Handelsrechnung übereinstimmt. Dies gibt einerseits dem Importeur der Ware eine gewisse Sicherheit, weil er sich bei Reklamationen auf die Proformarechnung berufen kann, schützt ihn allerdings nicht ganz vor mangelhaften Lieferungen. Für den Verkäufer hat das bestätigte Akkreditiv den Vorteil, dass neben der Akkreditivbank auch die Avisbank zur Auszahlung des Akkreditivbetrages verpflichtet ist. Genauso wird der Exporteur darauf achten, dass das Akkreditiv unwiderruflich – zumindest bis zu einem bestimmten Zeitpunkt – ist.

① Der Importeur reicht nach Abschluss des Kaufvertrages bei seiner Hausbank einen Antrag auf Akkreditiveröffnung zugunsten des Verkäufers ein. Die Bank prüft den Antrag, den Kaufvertrag und die vereinbarten Bedingungen und Fristen sowie die Bonität des Akkreditivstellers (Ist der Akkreditivbetrag gedeckt oder soll die Bank einen Kredit einräumen?).

② Fällt die Prüfung durch die Hausbank des Importeurs (Akkreditivbank) positiv aus, eröffnet sie das Akkreditiv und übersendet der Bank des Exporteurs (Avisbank) ein Schreiben, in dem die Eröffnung des Akkreditivs zugunsten des Exporteurs angezeigt wird und die Bedingungen genannt werden, die zu erfüllen sind.

③ Die Bank des Exporteurs teilt diesem die Akkreditiveröffnung mit (Avis) und übersendet ihm eine Ausfertigung des Akkreditivs. Dieser wird nun das Dokument ebenfalls prüfen, ob es mit den ausgehandelten Bedingungen übereinstimmt, insbesondere auf die Höhe, auf Fristen, auf zu erbringende Leistungen wie Transportversicherung, Gutachten usw.

Da bei Exportgeschäften oft Monate vergehen, bis die Abwicklung erfolgen kann, ist auch die politische Lage zu berücksichtigen. Unter Umständen wird für vorher genehmigungsfreie Ware nun eine Exportgenehmigung gebraucht oder eine Kriegsgefahr treibt die Versicherungsprämien in die Höhe. Empfehlenswert ist schon hier die Rücksprache mit dem Spediteur.

④ Ist der Exporteur mit den Akkreditivbedingungen einverstanden, übergibt er die Ware an seinen Spediteur. Der Spediteur muss ebenfalls eine Kopie des Akkreditivs bekommen, damit er die Versanddokumente entsprechend ausfertigen bzw. beim Verfrachter oder Frachtführer besorgen kann.

⑤ Der Spediteur leitet die im Akkreditiv aufgeführten Dokumente (z. B. ein reines Bordkonnossement, Versicherungspolice) an den Exporteur weiter.

⑥ Dieser reicht die geforderten Dokumente bei seiner Bank ein. Die Bank prüft die Dokumente ebenfalls sorgfältig auf ihre Richtigkeit, Vollständigkeit und auf die Einhaltung der Termine. Stimmt alles mit den im Akkreditiv genannten Bedingungen überein, erhält der Exporteur (bei einem bestätigten Akkreditiv) den Kaufpreis auf seinem Konto gutgeschrieben.

⑦ Die Bank des Exporteurs (Akkreditivstelle) reicht die Dokumente an die Akkreditivbank weiter (meist per Luftpost) und belastet diese mit dem an den Exporteur ausgezahlten Betrag.

⑧ Nach Prüfung der Dokumente durch die Akkreditivbank wird das Konto des Importeurs von dieser mit dem entsprechenden Betrag belastet und die Dokumente werden an den Importeur weitergereicht.

⑨ Dieser übergibt dem Verfrachter z. B. das Konnossement und

⑩ erhält dafür die Ware.

Bei den Konnossementen werden von den Banken nur reine (clean) Konnossemente[1] akzeptiert. Sind mehrere Originale ausgestellt worden, dann wird der komplette Satz verlangt, da bereits ein Original zur Übernahme der Ware berechtigt. In der Regel wird ein On-Board-BL oder Shipped B/L[2] verlangt.

Weitere **Transportdokumente**, die bei der Abwicklung eines Akkreditivs verwendet werden können:

Wurde die Ware auf dem Landweg befördert, kommt das **Frachtbriefdoppel des CIM-Frachtbriefes, eine Ausfertigung des CMR-Frachtbriefes** oder eine **Spediteurübernahmebescheinigung (FCR)** infrage. Das Frachtbriefdoppel des CIM-Frachtbriefes und die Spediteurübernahmebescheinigung sind Sperrpapiere, d. h., mit ihrer Hilfe kann der Absender noch nachträglich über die Sendung verfügen. Hat er diese Papiere aber aus der Hand gegeben, ist er von dieser Verfügungsmöglichkeit „ausgesperrt". Die Sendung wird dann an die genannte Adresse ausgeliefert.

Bei kombinierten Transporten wird als Spediteurdokument das **FBL – FIATA Multimodal Transport Bill of Lading** als akkreditivfähiges Dokument anerkannt.

Im Luftfrachtgeschäft findet das Original 3 des **Air Waybill (AWB),** das ebenfalls ein Sperrpapier ist, Verwendung.

---

1 und 2: Zu Konnossement (B/L) vgl. Seiten 252 ff.

Außer den Transportdokumenten verlangen die Banken **Handelsrechnungen** mit genauer Warenbeschreibung. Diese muss mit der Warenbeschreibung im Akkreditiv übereinstimmen. Steht im Akkreditiv „Lederjacken", darf auf der Rechnung nicht „Jacken" erscheinen. Die Preise auf der Rechnung müssen mit den Akkreditivpreisen übereinstimmen. Ferner soll die Rechnung die genaue Markierung, Gewichte, Maße und Lieferbedingungen aufweisen.

Ferner wird als Versicherungsnachweis eine Versicherungspolice oder ein Versicherungszertifikat verlangt. Dieses sollte auf die im Akkreditiv genannte Währung lauten und mindestens den cif-Wert decken.

Zusätzlich können im Akkreditiv Ursprungszeugnisse, Veterinärzertifikate, Analysezertifikate, Warenverkehrsbescheinigungen usw. verlangt werden. Hier sind immer die Originale beizufügen.

2.2.2 Kasse gegen Dokumente

(cash against documents = cad,
documents against payment = d/p, Dokumente gegen Zahlung)

Bei dieser Zahlungsform wird in der Regel eine Bank eingeschaltet, der die genauen Bedingungen vorgeschrieben werden, unter denen die Dokumente gegen Zahlung ausgehändigt werden. Der Empfangsspediteur liefert die Güter erst dann aus, wenn ein unwiderruflicher Zahlungsnachweis (Bankbestätigung) erbracht wurde.

Folgende Dokumente sind – ähnlich wie beim Akkreditiv – gebräuchlich:

- Spediteurübernahmebescheinigung (FCR)[1]
- Spediteurtransportbescheinigung (FCT)[1]
- Lagerschein
- Frachtbriefdoppel (Bahn, Lkw)
- Air Waybill (AWB)

Vorteile für den Verkäufer: Die Aushändigung der Dokumente und der Ware an den Käufer wird von der Bezahlung des geschuldeten Betrages abhängig gemacht. Der Verkäufer erhält sofort sein Geld.

Werden die Dokumente nur gegen Akzeptierung eines Wechsels **(Dokumente gegen Akzept** [documents against acceptance]) ausgehändigt, hat dies in etwa die gleiche Wirkung.

Nachteile für den Verkäufer: Wenn der Kunde sich weigert, die Dokumente einzulösen, entstehen Kosten für einen Rücktransport bzw. Kosten für Zollformalitäten, Kosten für die Suche eines Ersatzkäufers usw.

2.2.3 Kasse gegen Ware

(cash on delivery = cod, Zahlung gegen Nachnahme des Kaufpreises)

Diese Zahlungsform trifft man üblicherweise beim Export über die trockene Grenze an. Im internationalen Bahnverkehr kann (soweit die Vorschriften dies zulassen) auf dem CIM-Frachtbrief ein entsprechender Nachnahmebetrag eingetragen werden.

Natürlich kann auch ein Spediteur, der den Transport abwickelt, für die Einlösung eines entsprechenden Nachnahmebetrages zuständig sein.

---

1 zum FCR und FCT siehe S. 478 f.

Die Einlösung des Kaufpreises durch Nachnahme ist dann üblich, wenn der Verkäufer noch keine längeren Geschäftsbeziehungen mit seinem Kunden pflegt und diese erst anbahnt.

Vorteile für den Verkäufer: Er erhält sofort bei Auslieferung der Ware sein Geld. Die Kosten sind relativ niedrig.

Nachteile für den Verkäufer: Wenn der Kunde sich weigert, die Nachnahme einzulösen, entstehen Kosten für einen Rücktransport, evtl. Kosten für Zollformalitäten oder Kosten für die Suche eines Ersatzkäufers.

Zusammenfassung

> ➤ Die Incoterms regeln die Rechte und Pflichten des Käufers und des Verkäufers in internationalen Handelsgeschäften (Kaufverträgen). Insbesondere wird genau festgelegt, welche Leistungen der Verkäufer für den vereinbarten Rechnungspreis zu erbringen hat (Kostenübergang) und ab welchem Punkt die Gefahr des Verlustes oder der Beschädigung der Ware auf den Käufer übergeht (Gefahrenübergang).

> ➤ Durch klare international anerkannte Regelungen werden unterschiedliche Vertragsauslegungen und Streitigkeiten vermieden. Durch Verwendung von Abkürzungen werden auch umfangreiche Vertragsinhalte präzise formuliert.

> ➤ Bei den Klauseln CFR, CIF, CPT und CIP stimmen Kosten- und Gefahrenübergang nicht überein.

> ➤ Zahlungsbedingungen sind in den Incoterms nicht geregelt. Im Kaufvertrag sind diese zwischen Käufer und Verkäufer gesondert zu vereinbaren. Der Verkäufer geht ein geringes Risiko ein, wenn die Zahlung von der Aushändigung der Ware oder der Vorlage bestimmter Versanddokumente abhängig gemacht wird.

> ➤ Das Akkreditiv ist eine allgemein gebräuchliche Form der Zahlungssicherung bei Außenhandelsgeschäften. Die Akkreditivbank (Bank des Importeurs) garantiert im Akkreditiv dem Exporteur die Auszahlung des festgesetzten Kaufpreises, wenn die Akkreditivbedingungen erfüllt sind. Der Käufer kann erst über die Ware verfügen, wenn der Kaufpreis von seiner Bank bezahlt wurde.

> ➤ Weitere Formen der Zahlungssicherung sind die Lieferung der Ware gegen Nachnahme (Kasse gegen Ware) oder die Aushändigung der Versanddokumente gegen Bezahlung des Kaufpreises.

3 Begleitpapiere in der Exportspedition erstellen

3.1 Spediteurdokumente ausfertigen

Die Spediteurdokumente wurden von der FIATA geschaffen und sind in der ganzen Welt als Traditions- und Vertrauensdokumente anerkannt. Folgende Standarddokumente, jeweils in einer bestimmten Kennfarbe, werden bei Außenhandelsgeschäften eingesetzt:

● das FIATA FCR – Forwarders Certificat of Receipt (grün)

● das FIATA FCT – Forwarders Certificat of Transport (gelb)

● das FBL – FIATA Negotiable Multimodal Transport Bill of Lading (blau)

Diese Dokumente dürfen nur von Mitgliederorganisationen der FIATA herausgegeben werden, also vom Deutschen Speditions- und Logistikverband e. V., DSLV, (früher: Bundesverband Spedition und Logistik, BSL) und den ihm angeschlossenen Landesverbänden.

3.1.1　FCR – Forwarding Agents Certificate of Receipt

Das FCR ist eine **internationale Spediteurübernahmebescheinigung.** Es ist ein dem Frachtbriefdoppel der Bahn vergleichbares **Sperrpapier** und gibt dem Spediteur die Möglichkeit, dem Absender ein spediteureigenes Empfangsdokument auszuhändigen.

Der Spediteur bestätigt dem Auftraggeber mit diesem Dokument, dass er eine **genau bezeichnete Sendung** mit dem **unwiderruflichen Auftrag übernommen** hat, diese an den im Dokument **genannten Empfänger weiterzuleiten** oder zu dessen Verfügung zu halten.

Der Auftrag kann nur rückgängig gemacht oder abgeändert werden, wenn das Originaldokument dem ausstellenden Spediteur zurückgegeben wird, und auch nur dann, wenn der Spediteur noch ein Verfügungsrecht über die Sendung besitzt, das es ihm ermöglicht, die Annullierung des Auftrages oder die Umdisposition auszuführen.

Das FCR ist vor allem dann gebräuchlich, wenn der Verkäufer die Ware ab Werk verkauft und den Nachweis der Erfüllung seiner Lieferverpflichtung gegenüber dem Käufer durch die Vorlage eines FCR führen will. Im Akkreditivgeschäft kann der Verkäufer gegenüber den Banken den Nachweis erbringen, dass er seine Verpflichtungen erfüllt hat. Er kann den bereitgestellten Akkreditivbetrag einlösen, da der Verkäufer nicht mehr über die dem Spediteur übergebenen Waren verfügen kann, wenn das FCR-Dokument dem Käufer (bzw. dessen Bank) übergeben wurde.

Da die Auslieferung des Gutes an den Empfänger aber nicht von der Rückgabe des FCR abhängig ist, ist das **FIATA FCR nicht begebbar.** Das FCR wird nur als Original ausgestellt; werden Kopien benötigt, müssen sie mit dem Aufdruck „Copy not negotiable" versehen werden.

3.1.2　FCT – Forwarding Agents Certificate of Transport

Das FCT ist eine **Spediteurtransportbescheinigung.** Dieses mit einem Konnossement vergleichbare Spediteurdokument, mit dem der Spediteur die **Übernahme** der genau bezeichneten **Sendung bestätigt** und in dem sich der Spediteur **verpflichtet,** die Sendung nur an den Empfänger oder an den Besitzer des ordnungsgemäß indossierten FCT **auszuliefern,** d. h., das Verfügungsrecht und damit das Recht auf Auslieferung ist mit dem Papier verbunden.

Der Versandspediteur ist für die Auslieferung der Ware durch den von ihm gewählten Empfangsspediteur am Bestimmungsort verantwortlich.

Das FIATA-FCT hat eine **Sperrfunktion,** da sich der Versandspediteur nur zur Verladung und zur Auslieferung gegen Vorlage des FCT-Dokuments verpflichtet. Deshalb wird es verwendet, wenn das Transportrisiko bis zur Auslieferung an den Empfänger beim Verkäufer liegt. Der Verkäufer kann das FCT über seine Bank zur Einlösung des Kaufpreises dem Empfänger vorlegen lassen – „Kasse gegen Dokumente".

Das FCT ist begebbar (negotiable), wenn es an Order gestellt ist, da die Auslieferung nur gegen Vorlage des rechtsgültig indossierten Originaldokumentes erfolgt.

Da es sich bei diesem Dokument um ein Wertpapier handelt, wird es nummeriert und registriert. Von diesem handelbaren Wertpapier können ebenso wie beim Konnossement mehrere Originale ausgestellt werden, wenn dies ausdrücklich gewünscht wird.

3.1.3 FBL – Negotiable FIATA Multimodal Transport Bill of Lading (Kennfarbe blau)

Das FBL ist ein **Spediteurdurchkonnossement** für den kombinierten Transport mit mehreren Verkehrsträgern. Es ist **begebbar** (negotiable), außer das Dokument trägt ausdrücklich den Vermerk „not negotiable".

Consignor		FBL		DE
			NEGOTIABLE FIATA MULTIMODAL TRANSPORT BILL OF LADING issued subject to UNCTAD/ICC Rules for Multimodal Transport Documents (ICC Publication 481).	

Consigned to order of

Notify address

Place of receipt

Ocean vessel	Port of loading
Port of discharge	Place of delivery

Marks and numbers	Number and kind of packages	Description of goods	Gross weight	Measurement

26663

according to the declaration of the consignor

Declaration of Interest of the consignor in timely delivery (Clause 6.2)	Declared value for ad valorem rate according to the declaration of the consignor (Clauses 7 and 8).

The goods and instructions are accepted and dealt with subject to the Standard Conditions printed overleaf.

Taken in charge in apparent good order and condition, unless otherwise noted herein, at the place of receipt for transport and delivery as mentioned above.

One of these Mulitmodal Transport Bills of Lading must be surrendered duly endorsed in exchange for the goods. In Witness whereof the original Multimodal Transport Bills of Lading all of this tenor and date have been signed in the number stated below, one of which being accomplished the other(s) to be void.

Freight amount	Freight payable at	Place and date of issue
Cargo Insurance through the undersigned ☐ not covered ☐ Covered according to attached Policy	Number of Original FBL's	Stamp and signature
For delivery of goods please apply to:		

Der **Spediteur** als Combined Transport Operator (CTO/MTO) **trägt** bei der Ausstellung des FBL die **Verantwortung für die Güter und für die Durchführung des Transportes.** Der Spediteur übernimmt also nicht nur die Verantwortung für die Herausgabe des Gutes am Bestimmungsort, sondern auch für die von ihm zur Durchführung des Transportes eingesetzten Frachtführer und Drittbeteiligte.

Der Aussteller übernimmt die **Haftung** bei Verlust oder Beschädigung mit **zwei Sonderziehungsrechten je kg brutto.** Die Haftung ist durch eine Versicherung zu decken. Kann bewiesen werden, wo der Schaden eingetreten ist, dann richtet sich die Haftung nach den Haftungsbedingungen dieses Frachtführers.

Das FBL wird als akkreditivfähiges Dokument anerkannt. Deshalb trägt das FBL neben dem Emblem des nationalen Spediteurverbandes auch das Symbol der internationalen Handelskammer ICC.

Die FBL-Originale sind mit einer fortlaufenden Registriernummer versehen, um jederzeit den Verbleib nachprüfen zu können. Sie dürfen ausschließlich nur von dem Spediteur ausgestellt werden, an den sie ausgehändigt wurden und der die Versicherung abgeschlossen hat.

3.1.4 Ausfuhrbescheinigungen für Umsatzsteuerzwecke ausstellen

Grundsätzlich gilt, dass sowohl Ausfuhrlieferungen in die Europäische Gemeinschaft als auch nach Drittländern umsatzsteuerfrei sind. Mit dem Wegfall der EU-Binnengrenzen zum 1. Januar 1993 gibt es aber Unterschiede in der Erfassung des Warenverkehrs und dem Nachweis der umsatzsteuerfreien Ausfuhr.

3.1.4.1 Ausfuhrlieferungen nach Drittländern

Ausfuhrlieferungen nach Drittländern sind umsatzsteuerfrei. Damit der Exporteur den **Nachweis gegenüber dem Finanzamt** erbringen kann, dass die Sendung **tatsächlich exportiert** wurde, stellt ihm der Spediteur die Ausfuhrbescheinigung für Umsatzsteuerzwecke aus.

Die „weiße Spediteurbescheinigung" ist frei gestaltbar; der Inhalt muss aber den im Umsatzsteuergesetz vorgeschriebenen Anforderungen entsprechen. Sie wird meist als zusätzliche Ausfertigung des Exportauftrages erstellt.

3.1.4.2 Verbringungsnachweis der innergemeinschaftlichen Lieferungen

Innerhalb der Gemeinschaft gilt, dass Lieferungen in Gemeinschaftsländer im Abgangsland steuerfrei durchgeführt werden, sofern ein Nachweis des Importeurs über dessen Recht zum Vorsteuerabzug und über die Verwendung der Ware für steuerpflichtige Zwecke vorliegt. Erforderlich ist insbesondere die Umsatzsteuer-Identifikationsnummer (USt-Id-Nr.)[1] des Erwerbers.

---

[1] vgl. S. 494

Ausfuhrbescheinigung für Umsatzsteuerzwecke:

Empfangsspediteur		Absender	
Unionexpress Hamptonroad 87 Boston/USA		MAFA GmbH Kleestraße 4 90461 Nürnberg	

Empfänger		Notify	
Sylvania Ltd. Mainstreet 32 Albany N. Y./USA			

| | | Pos.-Nr.
4567/22 | Datum
..-11-15 |

Verladen am	mit	nach	via
..-11-15	Lkw/Schiff	Boston/USA	Hamburg

Markierung	Anzahl/Art	Inhalt	Bruttogewicht/Volumen
MAFA 342/1-5	10 Kisten	Glühlampen- Herstellungs- maschinen	8750 kg

Besondere Vorschriften/special remarks

Originalfrankatur	Wert
CIF Boston	125.000,00 €

Ausfuhrbescheinigung für Umsatzsteuerzwecke
(weiße Spediteurbescheinigung)

Wir haben vorstehend bezeichnete Sendung **am obigen Verladetag** (Tag der Ausfuhr oder Versendung) nach o. a. Ort im umsatzsteuerlichen Ausland an die Adresse des vorstehend genannten Empfängers/Verfügungsberechtigten versendet/befördert.

Wir versichern, dass wir die vorstehenden Angaben nach bestem Wissen und Gewissen aufgrund der im Bundesgebiet nachprüfbaren Geschäftsunterlagen gemacht haben und dass der Transport über die umsatzsteuerliche Grenze nicht mit werkseigenen Fahrzeugen des Auftraggebers durchgeführt wurde.

INTERSPED GmbH · 90461 Nürnberg

Die Steuerbefreiung wird aber nur gewährt, wenn der Exporteur die Verbringung der Waren aus dem Erhebungsgebiet tatsächlich nachweist und der Käufer ein Unternehmer ist, der die gelieferten Waren für sein Unternehmen bezieht. Die Buch- und Belegnachweise sind also weiterhin notwendig.

Der Versendungsnachweis wird ähnlich wie durch die „weiße Spediteurbescheinigung" nach Drittländern durch einen **„Verbringungsnachweis"** (§ 6 a Abs. 1 UStG, § 17 a UStDV) bei innergemeinschaftlichen Lieferungen nach anderen EU-Ländern erbracht.

Diese Bescheinigung muss folgende Mindestangaben enthalten:

EU-Verbringungsnachweis

– genaue Sendungsbezeichnung

– Absender

– Empfänger

– Frankatur

„Wir bestätigen hiermit, dass die uns am ..-02-26 übergebenen vorstehend bezeichne-ten Gegenstände in Ihrem Auftrag zur Verfügung des o. a. Empfängers ins Ausland befördert wurden.

Wir versichern, dass wir die vorstehenden Angaben, nach bestem Wissen und Gewissen aufgrund der im Bundesgebiet aufbewahrten Geschäftsunterlagen gemacht haben und dass der Transport über die Grenze nicht mit werkseigenen Fahrzeugen des Auftraggebers durchgeführt wurde."

3.2 Sonstige Dokumente beifügen

3.2.1 Ursprungszeugnisse

Bei Im- und Exporten ist der Warenursprung, also das Herstellungsland der Ware, von entscheidender Bedeutung. Zum Beispiel, wenn der Import aus einem Land oder der Export nach einem bestimmten Land genehmigungsbedürftig ist. Auch bei Verboten und Beschränkungen kann die Einfuhr vom Ursprungsland der Ware abhängig sein. Als Nachweis für den Ursprung einer Ware wird ein Ursprungszeugnis verlangt.

Den Nachweis über den Ursprung einer Ware kann nur der Hersteller erbringen. Der Spediteur muss aber darauf achten, dass sowohl beim Export als auch beim Import die entsprechenden Dokumente die Ware begleiten, damit die Ware überhaupt exportiert bzw. importiert werden kann.

Viele Länder verlangen für alle Importe Ursprungszeugnisse. Sie dienen dem jeweiligen Importeur als Nachweis dafür, dass die Sendungen ihren Warenursprung in der EU haben. Es gibt also keinen Warenursprung in Deutschland oder in Italien, sondern nur noch einen gemeinsamen Warenursprung der EU. **Ursprungszeugnisse** werden vom Hersteller ausgestellt und von der **zuständigen Industrie- und Handelskammer (IHK) beglaubigt.**

Die EU verlangt bei der Wareneinfuhr Ursprungszeugnisse Formblatt A nur für Waren, die im Zolltarif mit U bzw. mit UE (Ursprungserklärung des Herstellers auf der Handelsrechnung) gekennzeichnet sind.

3.2.2 Konsulatsfakturen und Zollfakturen

Konsulatsfakturen werden nur noch von wenigen Staaten Mittel- und Südamerikas verlangt. Sie dienen als Beleg für Devisen- und Importkontrollen und müssen deshalb meist in der Landessprache ausgefüllt werden, und zwar auf den von den einzelnen Ländern vorgeschriebenen Formularen. Diese sind von den Konsulatsvertretungen zu beglaubigen.

Zollfakturen werden von einigen Ländern verlangt, die zu den Commonwealthstaaten gehörten. So verlangt u. a. Ghana eine Zollfaktura in englischer Sprache auf einem vorgeschriebenen Formblatt. Für die einzelnen Länder werden oft ganz unterschiedliche Bestimmungen hinsichtlich der Rechnungsaufmachung vorgeschrieben.

Die genauen Importbestimmungen und die vorgeschriebenen Dokumente für die einzelnen Länder können in den Konsulats- und Mustervorschriften (KuM), herausgegeben von der Handelskammer, Hamburg, nachgeschlagen werden.

Zusammenfassung

➤ Die Spediteurübernahmebescheinigung (FCR) dient als Nachweis, dass der Verkäufer die Sendung zur unwiderruflichen Weiterleitung an den Empfänger einem Spediteur übergeben hat. Es hat die Funktion eines Sperrpapiers.

➤ Neben dem FCR hat auch das FCT, das Frachtbriefdoppel des CIM-Frachtbriefes und das Original 3 des AWB die Funktion eines Sperrpapieres. Werden diese Dokumente weitergegeben, kann der Absender nicht mehr nachträglich über die Sendung verfügen.

➤ Mit der Ausfuhrbescheinigung für Umsatzsteuerzwecke (weiße Spediteurbescheinigung) bestätigt der Spediteur dem Ausführer, dass eine bestimmte Sendung in ein Drittland exportiert wurde, wenn der Nachweis nicht anders geführt werden kann.

Als Dokument für Versendungen innerhalb der EU wird ein Verbringungsnachweis erstellt. Beide Bescheinigungen dienen als Beleg für das Finanzamt, dass die Lieferungen ins Ausland gingen und deshalb von der Umsatzsteuer befreit sind.

➤ Ursprungszeugnisse sind von der zuständigen Industrie- und Handelskammer zu beglaubigen. Sie ermöglichen u. U. erst den Export einer Ware in ein bestimmtes Land.

➤ Konsulatsfakturen werden nur von ganz wenigen Ländern verlangt. Sie sind meist in der Landessprache auszustellen und müssen von den Konsulaten beglaubigt werden.

4 Besonderheiten des innergemeinschaftlichen Warenverkehrs beachten

Innerhalb der Gemeinschaft entfällt seit dem 1. Jan. 1993 die zollamtliche Überwachung des Warenverkehrs, die gleichzeitig die Funktion hatte, statistische Daten über den Warenfluss zu liefern. Zuverlässige statistische Daten über die Warenströme zwischen den einzelnen Mitgliedsstaaten sind aber aus volkswirtschaftlichen Gründen unbedingt erforderlich.

Am 1. Jan. 1993 trat das Verbrauchsteuer-Binnenmarktgesetz in Kraft. Dadurch wurden die nationalen Vorschriften für die Verbrauchsteuern den in EU-Richtlinien vorgesehenen Verbrauchsteuerstrukturen und -sätzen angeglichen sowie Regelungen für Steuerläger und für die Beförderung verbrauchsteuerpflichtiger Waren zwischen den Steuerlägern getroffen.

4.1 Warenverkehr zwischen den Mitgliedstaaten der EU statistisch erfassen – INTRASTAT

Zur Erstellung der Statistik des Handels zwischen den Mitgliedsstaaten (INTRASTAT) – gem. Verordnung (EWG) Nr. 3330/91 und den erlassenen Durchführungsvorschriften – erfolgt die Erhebung der Basisdaten für die INTRASTAT deshalb in einem besonderen Verfahren.

Ein wesentliches Merkmal dieses Erhebungsverfahrens besteht darin, dass die Informationen direkt bei den Außenhandelsunternehmen erfasst werden. Deshalb sind im Intrastat-System alle Warenverkehre mit Gemeinschaftswaren innerhalb der EU anzumelden. **Gemeinschaftswaren** sind Waren, die in der **Gemeinschaft gewonnen oder hergestellt wurden** oder sich im **zollrechtlich freien Verkehr der Gemeinschaft** befinden. Alle anderen Waren gelten als Nichtgemeinschaftswaren.

Verantwortlich für die statistischen Anmeldungen ist jede natürliche oder juristische Person, die eine vom Finanzamt zugewiesene deutsche Umsatzsteuernummer hat und einen Vertrag schließt, der zur Versendung bzw. Lieferung der Waren innerhalb der EU führt.

Im Versendungsfall ist dies derjenige, der eine innergemeinschaftliche Lieferung im Sinne des Umsatzsteuergesetzes ausführt; im Eingangsfall derjenige, der einen innergemeinschaftlichen Erwerb im Sinne des Umsatzsteuergesetzes tätigt.

Der Auskunftspflichtige kann einen Dritten (z. B. einen Spediteur) mit der Erstellung der statistischen Meldung beauftragen. Für die Richtigkeit der gelieferten Daten ist aber immer der Auskunftspflichtige, also der Versender bzw. der Empfänger verantwortlich.

Der Berichtszeitraum für die Statistik ist der Kalendermonat. Die Intrastatmeldungen sollen möglichst in Teilmeldungen – wöchentlich oder dekadenweise (also alle 10 Tage) – erfolgen. Bei einer monatlichen Gesamtmeldung, muss diese spätestens am 10. Arbeitstag nach Ablauf des Berichtsmonats an das Statistische Bundesamt abgegeben werden.

Für die Anmeldungen sind grundsätzlich die Intrastat-Vordrucke N zu verwenden. Diese sind dem Statistischen Bundesamt direkt zuzusenden. Die Anmeldung kann auch auf magnetischen Datenträgern erfolgen oder via Internet übermittelt werden.

4.1.1 Befreiungen

Zurzeit gelten folgende Regelungen:

- Privatpersonen sind grundsätzlich von der Auskunftspflicht befreit;

- Unternehmen sind von der Abgabe einer statistischen Meldung befreit, wenn der statistische Wert des Intrahandels im Vorjahr unter 200.000,00 € lag.
Wird die vorgenannte Wertgrenze im laufenden Kalenderjahr erreicht und überschritten, entfällt die Befreiung von der Anmeldung zur Intrahandelsstatistik, und ab dem folgenden Monat ist eine statistische Meldung abzugeben.

- befreit von der Anmeldung sind auch alle Waren, die in der Befreiungsliste gemäß Art. 20 der Verordnung (EWG) Nr. 3046/92 aufgeführt sind, z. B.
  - gesetzliche Zahlungsmittel, Wertpapiere;
  - Waren zur Verwendung in Katastrophenfällen;
  - Waren, die für diplomatische Zwecke bestimmt sind;
  - wenn der Warenverkehr nur vorübergehenden Charakters ist (Messe- und Ausstellungsgut);
  - wenn die Waren nicht Gegenstand eines Handelsgeschäftes sind.

4.1.2 Statistische Anmeldung auf dem Vordruck N vornehmen

EUROPÄISCHE GEMEINSCHAFT   **VORDRUCK N**

1 Steuernummer aus der USt.-Voranmeldung	Zusatz	Bundesl. FA
1 4 5 2 3 3 5 6 2 3 0		0 9

Versendung [X]

INTRASTAT

Auskunftspflichtiger (Name und Anschrift)

Elektrohandel GmbH
Kleestraße 4

90461 Nürnberg

2 Monat   **3**
0 1
Jahr
0 .

4 Drittanmelder (Name und Anschrift)

INTERSPED GmbH
Rotterdamer Straße 33

90451 Nürnberg

5

– Statistische Meldung –

**An das Statistische Bundesamt
Außenhandelsstatistik
D-65180 Wiesbaden**

6 Warenbezeichnung	7 Pos.-Nr.	8 Best.-Land	Urspr.-Reg.	9	10 Art d. Gesch.	11	12
Waschvollautomat mit einem Fassungsvermögen von 5 kg (Frontlader)	0 1	a F R	b 0 9		1 1		

13 Warennummer	14	15
8 4 5 0 1 1 1 1		

16 Eigenmasse in vollen kg	17 Menge in der Besonderen Maßeinheit
1 0 0 0	1 0

18 Rechnungsbetrag in vollen Euro	19 Statistischer Wert in vollen Euro
6 0 0 0	

6 Warenbezeichnung	7 Pos.-Nr.	8 Best.-Land	Urspr.-Reg.	9	10 Art d. Gesch.	11	12
		a	b				

13 Warennummer	14	15

16 Eigenmasse in vollen kg	17 Menge in der Besonderen Maßeinheit

18 Rechnungsbetrag in vollen Euro	19 Statistischer Wert in vollen Euro

6 Warenbezeichnung	7 Pos.-Nr.	8 Best.-Land	Urspr.-Reg.	9	10 Art d. Gesch.	11	12
		a	b				

13 Warennummer	14	15

16 Eigenmasse in vollen kg	17 Menge in der Besonderen Maßeinheit

18 Rechnungsbetrag in vollen Euro	19 Statistischer Wert in vollen Euro

6 Warenbezeichnung	7 Pos.-Nr.	8 Best.-Land	Urspr.-Reg.	9	10 Art d. Gesch.	11	12
		a	b				

13 Warennummer	14	15

16 Eigenmasse in vollen kg	17 Menge in der Besonderen Maßeinheit

18 Rechnungsbetrag in vollen Euro	19 Statistischer Wert in vollen Euro

Erläuterungen:
Feld 8a : Bestimmungsmitgliedstaat
      8b : Ursprungsregion (Bundesland)
     10 : Art des Geschäfts

NV 2002

20 Ort/Datum/Unterschrift des Auskunftspflichtigen/Drittanmelders
Nürnberg, 0.-02-01   *i. A. K. Winter*
i. A. Klaus Winter
Abteilungsleiter Export
INTERSPED GmbH

EUROPÄISCHE GEMEINSCHAFT   VORDRUCK N

1 Steuernummer aus der USt.-Voranmeldung		Zusatz	Bundesl. FA

3 4 2 4 4 8 1 0 2 1 3   4 8 4   0 9

Eingang [X]

INTRASTAT ✶✶✶✶

Auskunftspflichtiger (Name und Anschrift)

Import GmbH
Sandstraße 11

90443 Nürnberg

2 Monat
0 1

3

Jahr
0 .

4 Drittanmelder (Name und Anschrift)

INTERSPED GmbH
Rotterdamer Straße 33

90451 Nürnberg

5

– Statistische Meldung –

An das Statistische Bundesamt
Außenhandelsstatistik
D-65180 Wiesbaden

---

6 Warenbezeichnung

Kleinbus mit 14 Sitz-
plätzen und Dieselmotor
mit einem Hubraum von
2 500 cm^3

7 Pos.-Nr.	8 Vers.-Land		Best.-Reg.	9	10 Art d. Gesch.	11	12
0 1	a P T	b	0 9		1 1		

13 Warennummer	14 Urspr.-Land	15
8 7 0 2 1 0 9 1	P T	

16 Eigenmasse in vollen kg	17 Menge in der Besonderen Maßeinheit
1 7 5 0	1

18 Rechnungsbetrag in vollen Euro	19 Statistischer Wert in vollen Euro
2 2 0 0 0	

---

6 Warenbezeichnung

7 Pos.-Nr.	8 Vers.-Land		Best.-Reg.	9	10 Art d. Gesch.	11	12
	a	b					

13 Warennummer	14 Urspr.-Land	15

16 Eigenmasse in vollen kg	17 Menge in der Besonderen Maßeinheit

18 Rechnungsbetrag in vollen Euro	19 Statistischer Wert in vollen Euro

---

6 Warenbezeichnung

7 Pos.-Nr.	8 Vers.-Land		Best.-Reg.	9	10 Art d. Gesch.	11	12
	a	b					

13 Warennummer	14 Urspr.-Land	15

16 Eigenmasse in vollen kg	17 Menge in der Besonderen Maßeinheit

18 Rechnungsbetrag in vollen Euro	19 Statistischer Wert in vollen Euro

---

6 Warenbezeichnung

7 Pos.-Nr.	8 Vers.-Land		Best.-Reg.	9	10 Art d. Gesch.	11	12
	a	b					

13 Warennummer	14 Urspr.-Land	15

16 Eigenmasse in vollen kg	17 Menge in der Besonderen Maßeinheit

18 Rechnungsbetrag in vollen Euro	19 Statistischer Wert in vollen Euro

---

Erläuterungen:
Feld 8a : Versendungsmitgliedstaat
        8b : Bestimmungsregion (Bundesland)
        10 : Art des Geschäfts
        14 : Ursprungsland

NE 2002

20 Ort/Datum/Unterschrift des Auskunftspflichtigen/Drittanmelders

Nürnberg, 0.-02-01
i. A. Hans Huber   *i. A. H. Huber*
Abteilungsleiter Import
INTERSPED GmbH

Erläuterungen

zu den Codes der **Vordrucke N „Versendung"** und **„Eingang"**:

Feld 1 (Umsatzsteuernummer/Auskunftspflichtiger)

1. Unterfeld/

1. Teilfeld (Umsatzst.-Nr.)

Anzugeben ist die Umsatzsteuernummer des Auskunftspflichtigen, die dieser im Rahmen seiner Umsatzsteuer-Voranmeldung mitzuteilen hat. Die Anzahl der Ziffer einer Umsatzsteuernummer ist in den einzelnen Bundesländern unterschiedlich. In Bayern ist sie elfstellig. Bei der Umsatzsteuernummer handelt es sich aber nicht um die Umsatzsteuer-Identifikationsnummer, die vom Bundesamt für Finanzen zugeteilt wird und bei innergemeinschaftlichen Lieferungen auf den Rechnungen anzugeben ist.

2. Teilfeld

Anzugeben ist die vom Statistischen Bundesamt zugeteilte dreistellige Nummer zur Unterscheidung von getrennt zur Statistik meldenden Unternehmen innerhalb einer Organschaft. Ist keine Nummer zugeteilt worden, bleibt dieses Feld leer.

3. Teilfeld

Anzugeben ist unter Benutzung der Schlüsselnummern das Bundesland, in dem das für die Veranlagung zuständige Finanzamt seinen Sitz hat.

Schleswig-Holstein	01	Bayern	09
Hamburg	02	Saarland	10
Niedersachsen	03	Berlin	11
Bremen	04	Bandenburg	12
Nordrhein-Westfalen	05	Mecklenburg-Vorpommern	13
Hessen	06	Sachsen	14
Rheinland-Pfalz	07	Sachsen-Anhalt	15
Baden-Württemberg	08	Thüringen	16

2. Unterfeld

Anzugeben sind Name und Vorname bzw. Firma und vollständige Anschrift des Auskunftspflichtigen

In unserem Beispiel ist

a) bei der Versendung
die Elektrohandel GmbH & Co. KG in Bayern ansässig und lässt sich bei der Anmeldung seiner Daten durch die
INTERSPED GmbH, Nürnberg, vertreten (vgl. Feld 4).

b) beim Eingang
die Import GmbH in Bayern ansässig und lässt sich bei der Anmeldung der Daten ebenfalls durch die
INTERSPED GmbH vertreten.

Feld 2 (Monat/Jahr)
Die Ziffer 01 steht für den Monat Januar, die Ziffer 0. für das Jahr (z. B. 04 für 2004).

Feld 3 ist nicht auszufüllen.

Feld 4
wird ausgefüllt, wenn der Auskunftspflichtige einen Drittanmelder, hier die Spedition INTERSPED GmbH, beauftragt hat, die statistische Meldung zu erstellen.

Feld 5

enthält die Anschrift des Statistischen Bundesamtes.

Feld 6

enthält die übliche Handelsbezeichnung der Ware, die aber so genau sein muss, dass die eindeutige Identifizierung der Ware nach der Außenhandelsstatistik möglich ist. In unserem Fall bei der Versendung:

Waschvollautomat mit einem Fassungsvermögen von 5 kg

beim Eingang:

neuer Kleinbus mit 14 Sitzplätzen und maximal mit einem Hubraum von 2 500 cm^3

84.50 | XVI

Warenbezeichnung	Warennummer	Besondere Maßeinheit
Maschinen zum Waschen von Wäsche, auch mit Trockenvorrichtung:		
– Maschinen mit einem Fassungsvermögen an Trockenwäsche von 10 kg oder weniger:		
– – Waschvollautomaten:		
– – – mit einem Fassungsvermögen an Trockenwäsche von 6 kg oder weniger		
– – – – Frontlader	8450 11 11	St
– – – – Toplader	8450 11 19	St
– – – mit einem Fassungsvermögen an Trockenwäsche von mehr als 6 kg bis 10 kg	8450 11 90	St
– – andere Waschmaschinen, mit eingebautem Zentrifugaltrockner	8450 12 00	St
– – andere	8450 19 00	St
– Maschinen mit einem Fassungsvermögen an Trockenwäsche von mehr als 10 kg	8450 20 00	St
– Teile	8450 90 00	—

87.02 | XVII

Kraftfahrzeuge zum Befördern von zehn oder mehr Personen, einschließlich Fahrer:		
– mit Kolbenverbrennungsmotor mit Selbstzündung (Diesel- oder Halbdieselmotor):		
– – mit einem Hubraum von mehr als 2 500 cm^3:		
– – – neu	8702 10 11	St
– – – gebraucht	8702 10 19	St
– – mit einem Hubraum von 2 500 cm^3 oder weniger:		
– – – neu	8702 10 91	St
– – – gebraucht	8702 10 99	St
– andere:		
– – mit Kolbenverbrennungsmotor mit Fremdzündung:		
– – mit einem Hubraum von mehr als 2 800 cm^3:		
– – – neu	8702 90 11	St
– – – gebraucht	8702 90 19	St
– – mit einem Hubraum von 2 800 cm^3 oder weniger:		
– – – neu	8702 90 31	St
– – – gebraucht	8702 90 39	St
– andere	8702 90 90	St

Feld 7

Anzugeben ist die laufende Nummer; bei der Abgabe von mehreren Vordrucken wird fortlaufend durchnummeriert.

Feld 8 a (Bestimmungsmitgliedsstaat)

Bei der Versendung ist der Mitgliedsstaat anzugeben, in dem die Waren gebraucht oder verbraucht, bearbeitet oder verarbeitet werden sollen. In unserem Fall gehen die Waren bei der Versendung nach Frankreich (FR).

Beim Eingang ist der Mitgliedsstaat anzugeben, in dem die ihn verlassenden Waren Gegenstand einer Versendung mit Bestimmungsmitgliedsstaat Deutschland geworden sind.

PT weist als Herkunftsland des Kleinbusses Portugal aus.

Anzugeben ist der 2-stellige ISO-Alpha-Code.

Feld 8 b (Ursprungsregion/Bestimmungsregion)

Anzugeben ist bei der Versendung für Waren mit Ursprung in Deutschland die zutreffende Ländernummer des Bundeslandes, in dem die Ware ihren Ursprung hat (vgl. Feld 1, 3. Teilfeld).

Anzugeben ist beim Eingang die Schlüsselnummer des Bundeslandes, in dem die eingehenden Waren verbleiben sollen.

In unseren Fällen ist die Ursprungsregion bzw. die Bestimmungsregion Bayern.

Feld 9

ist nicht auszufüllen.

Feld 10 (Art des Geschäftes)

Schlüssel-Nr. 11 ist endgültiger Verkauf bzw. Kauf.

Feld 11

ist nicht auszufüllen.

Feld 12

ist nicht auszufüllen.

Feld 13 (Warennummer)

Anzugeben ist die achtstellige Warennummer des Warenverzeichnisses für die Außenhandelsstatistik.

Feld 14 (Ursprungsland)

Dieses Feld ist bei der Versendung nicht auszufüllen.

Beim Eingang ist das Land anzugeben, in dem die Waren vollständig gewonnen oder hergestellt worden sind. PT gibt als Ursprungsland Portugal an.

Feld 15

ist nicht auszufüllen.

Feld 16 (Eigenmasse)

Anzugeben ist die Eigenmasse der Ware ohne alle Umschließungen in vollen Kilogramm (kg). Es ist auf volle Kilogramm zu runden, d h., bis 499 g wird abgerundet und ab 500 g auf volle Kilogramm aufgerundet.

Feld 17 (Besondere Maßeinheit)

Anzugeben ist die Menge in der besonderen Maßeinheit, wenn im Warenverzeichnis der Außenhandelsstatistik eine zusätzliche Maßeinheit (z. B. Stück, Liter, Meter) gefordert wird.

Feld 18 (Rechnungsbetrag in vollen Euro)

Der Rechnungsbetrag ist in vollen Euro anzugeben; ausländische Währungen sind umzurechnen.

Beispiel Eingang: Wert gemäß Handelsrechnung 22.000,25 €

Rechnungsbetrag: 22.000,00 €

Feld 19 (Statistischer Wert in vollen Euro)

Dieses Feld braucht nicht ausgefüllt zu werden, wenn es sich bei der Warentransaktion um einen Verkauf bzw. Kauf (Schlüssel 11 in Feld 10) handelt.

Feld 20 (Ort/Datum/Unterschrift)

Die Anmeldung ist vom Auskunftspflichtigen bzw. Drittanmelder handschriftlich zu unterzeichnen. Neben seiner Unterschrift hat der Auskunftspflichtige bzw. Drittanmelder seinen Namen und Vornamen anzugeben.

4.2 Verbrauchsteuerpflichtige Waren behandeln

Im gewerblichen Warenverkehr zwischen den Mitgliedsstaaten gilt als Grundlage das **„Bestimmungslandprinzip"** für verbrauchsteuerpflichtige Waren, d. h., die Verbrauchsteuern sollen in dem Mitgliedsstaat erhoben werden, in dem die verbrauchsteuerpflichtigen Erzeugnisse ihre endgültige Bestimmung zum Verbrauch erhalten. Ausgenommen bleibt der Erwerb durch private Verbraucher im Reiseverkehr. In diesen Fällen bleibt es bei der Versteuerung im Einkaufs-Mitgliedsstaat (= Ursprungslandprinzip).

Dem Bestimmungslandprinzip entsprechend, werden die verbrauchsteuerpflichtigen Waren in den Produktionsbetrieben und in besonderen Steuerlagern unversteuert (d. h. unter Steueraussetzung) gehalten.

4.2.1 Innergemeinschaftlicher Versand verbrauchsteuerpflichtiger Waren

Der Versand im innergemeinschaftlichen Warenverkehr erfolgt mit einem Begleitdokument (Verwaltungs- oder Handelsdokument) zwischen den Steuerlagern oder an Empfänger, die zum unversteuerten Empfang berechtigt sind. Dabei ist zu beachten, dass im innergemeinschaftlichen Versandhandel der Versandhändler im Steuergebiet Steuerschuldner wird.

Im innergemeinschaftlichen Warenverkehr ist für Beförderungen unter Steueraussetzung vom Versender eine Sicherheit zu leisten, die gemeinschaftsweit gilt. Dabei entspricht die Höhe der Sicherheit im Allgemeinen der Steuer, die bei der Entnahme der steuerpflichtigen Ware in den freien Verkehr im Steuergebiet entstehen würde. Versender ist der Inhaber des abgebenden Steuerlagers. Inhalt und Form des innergemeinschaftlichen Steuerversandverfahrens sind in der Verordnung (EWG Nr. 2719/92 vom 11. Sept. 92) festgelegt worden.

Der Empfänger der verbrauchsteuerpflichtigen Waren hat auf dem Begleitdokument den Eingang der Ware zu bescheinigen und die 3. und 4. Ausfertigung des Dokuments der zuständigen Lagerzollstelle vorzulegen, damit diese die Empfangsbescheinigung des Lagerinhabers bestätigen kann. Der Empfänger hat die bestätigte 3. Ausfertigung dem Versender zurückzusenden, der erst dadurch entlastet wird.

Die Kaffeesteuer ist innerhalb der Gemeinschaft nicht harmonisiert. Die Steuer entsteht mit der Übergabe des Kaffees an den gewerblichen Empfänger im Steuergebiet.

Für die Steuerentlastung von Kaffee, der aus dem Steuergebiet in ein anderes Mitgliedsland verbracht wird, ist künftig der Nachweis vom Versender anhand eigener Geschäftsunterlagen zu erbringen (z. B. wie durch die Umsatzsteuerbefreiung durch Beleg- oder Buchnachweis).

EUROPÄISCHE GEMEINSCHAFT
VERBRAUCHSTEUERPFLICHTIGE WAREN　　　　**BEGLEITENDES VERWALTUNGSDOKUMENT**

1 Versender　　MwSt-Nummer　1234567890	**2** Verbrauchsteuernummer des Versenders　　**3** Bezugsnummer
Branntweingroßhandlung	4477　　　　721
Gerda Sommer	**4** Verbrauchsteuernummer des Empfängers　　**5** Rechnungsnummer
Tucholskystraße 222	8443　　　　2 245
	6 Rechnungsdatum
D-90471 Nürnberg	..-02-26

Ausfertigung für den Versender

7 Empfänger　　MwSt-Nummer	**8** Zuständige Behörde am Abgangsort
Raimond Duvallier	Hauptzollamt Nürnberg-Fürth
Rue de Lyon	Hansastraße 33
B-1040 Brüssel	
7a Ort der Lieferung	D-90441 Nürnberg
	10 Sicherheitsleistung
	Beförderer
9 Beförderer	
Spedition Rasch & Schnell	
Duisburger Str. 77	**12** Abgangsland　　**13** Bestimmungsland
D-90451 Nürnberg	DE　　　　BE
11 Sonstige Angaben zur Beförderung	**14** Steuerlicher Beauftragter
LKW N-NN 444	
100 Zollplomben	

1

15 Abgangsort	**16** Versanddatum	**17** Beförderungsdauer
Nürnberg	..-02-26	11 Stunden

18a Zeichen, Anzahl und Art der Packstücke, Warenbeschreibung		**19a** Warenkode (KN-Kode)　2207 1000
100 Fässer GS 999/1 - 100		**20a** Menge　　**21a** Rohgewicht (kg)　13 000
Aethylalkohol, 93, 2 % Vol., unvergällt		
	9 320 Liter	**22a** Eigengewicht (kg)　9 320
18b Zeichen, Anzahl und Art der Packstücke, Warenbeschreibung		**19b** Warenkode (KN-Kode)
		20b Menge　　**21b** Rohgewicht (kg)
		22b Eigengewicht (kg)
18c Zeichen, Anzahl und Art der Packstücke, Warenbeschreibung		**19c** Warenkode (KN-Kode)
		20c Menge　　**21c** Rohgewicht (kg)
		22c Eigengewicht (kg)

23 Bescheinigungen (bestimmte Weine und Spirituosen, kleine Brauereien und Brennereien)

A Kontrollvermerk der zuständigen Behörde	**24** Für die Richtigkeit der Angaben in Feld 1-22
	Firma des Unterzeichners (mit Telefonnummer)
	Branntweingroßhandlung
	Gerda Sommer
	Tucholskystraße 222
	D-90471 Nürnberg
	Tel. (09 11) 81 11 88
	Name des Unterzeichners
	Gerda Sommer
	Ort, Datum
	Nürnberg, ..-02-26
	Unterschrift
	Gerda Sommer
Fortsetzung auf der Rückseite (Ausfertigungen 2, 3 und 4)	

4.2.2 Steuerlager

Die Steuerlager entsprechen dem Zollager bei Drittlandswaren (vgl. Seite 548 ff.). Sie haben also den Zweck, verbrauchsteuerpflichtige Waren zu lagern. Die Verbrauchsteuern werden erst bei der Entnahme aus dem Steuerlager fällig.

Steuerlager sind neben den Herstellungsbetrieben die Tabakwaren-, Bier-, Branntwein-, Schaumwein-, Wein-, Mineralöl- und Kaffeelager, in denen die verbrauchsteuerpflichtigen Waren unter Steueraussetzung durch Hersteller, Händler oder gewerbliche Lagerhalter gelagert werden dürfen.

Die Lagerung bedarf der Erlaubnis. Diese wird auf Antrag im Allgemeinen nur solchen Personen erteilt,

● die ordnungsgemäß kaufmännische Bücher führen,
● die rechtzeitig Jahresabschlüsse aufstellen und gegen deren steuerliche Zuverlässigkeit keine Bedenken bestehen.

Das bedeutet, dass auch Spediteure Steuerlagerhalter sein können.

Dies gilt nicht für Tabakwarenlager. Diese werden nur Herstellern oder Einführern bewilligt, die allein zum Bezug von Steuerzeichen berechtigt sind, oder Personen, die ausschließlich mit unversteuerten Tabakwaren handeln.

Die Erlaubnis zur Führung eines Steuerlagers kann von einer Sicherheitsleistung, von einer Mindestlagerdauer und von Mindestlagermengen abhängig gemacht werden. Für ein Branntwein- oder Schaumweinlager ist vor der Erlaubniserteilung Sicherheit zu leisten. Die Höhe der Sicherheitsleistung bestimmt sich nach dem Steuerwert des im Jahresdurchschnitt in 1,5 Monaten entnommenen Branntweins oder Schaumweins.

Bei anderen Steuerlagern ist die Erteilung der Erlaubnis nur dann von der Sicherheitsleistung abhängig, wenn Anzeichen für eine Gefährdung der Steuerschuld erkennbar sind.

Die Lagererlaubnis wird von dem Hauptzollamt erteilt, das für den Ort des Lagerhalters zuständig ist.

Zum unversteuerten Empfang Berechtigte im Steueraussetzungsverfahren sind alle Personen, denen eine entsprechende Zulassung erteilt worden ist. Dies gilt auch für Spediteure. Mit der Aufnahme der verbrauchsteuerpflichtigen Ware in den Betrieb des berechtigten Empfängers entsteht regelmäßig die Verbrauchsteuer. Der berechtigte Empfänger wird Steuerschuldner.

Auf Antrag des Inhabers eines Steuerlagers in einem anderen Mitgliedsstaat kann bei der Belieferung eines berechtigten Empfängers eine im Steuergebiet ansässige Person als Beauftragter widerruflich zugelassen werden, der seinerseits Steuerschuldner wird. Dies kann auch ein Spediteur sein.

4.3 Grundzüge der steuerlichen Behandlung für mehrwertsteuerpflichtige Warenversendungen in der Gemeinschaft

Aufgrund der 6. Mehrwertsteuerrichtlinie des Rates Nr. 91/680 EWG und des UStG wird die Mehrwertsteuererhebung seit dem 1. Januar 1993 wie folgt gehandhabt:

● Der Steuertatbestand „Einfuhr" wird durch den Steuertatbestand „Erwerb" ersetzt. Daraus folgt, dass die Lieferung im Abgangsland steuerfrei ausgeführt wird, wenn ein Nachweis des Erwerbers über dessen Recht zum Vorsteuerabzug und über die Verwendung der Ware für steuerpflichtige Zwecke vorliegt.

- Voraussetzung für die Steuerbefreiung ist, **dass die Güter aus dem Erhebungs-gebiet verbracht werden. Der Nachweis ist durch Buch- oder Belegnachweise zu führen.**

- Der Verkäufer/Versender muss periodisch (i. Allg. quartalsweise) Daten an seine Verwaltung über die steuerfreien Lieferungen übermitteln. Dadurch soll sicherge-stellt werden, dass das Bestimmungsland über diejenigen Fälle des Warenverkehrs informiert wird, in denen ein „Erwerb" vorliegt.

- Im Bestimmungsland ist der Erwerb nach den dort geltenden steuerlichen Bestim-mungen zu besteuern. Für den Erwerb gilt der gleiche Steuersatz wie für die EUSt. Die Erwerbsteuer kann wie die EUSt als Vorsteuer abgezogen werden.

4.3.1 Umsatzsteuer-Identifikationsnummer

Alle Unternehmer, die am innergemeinschaftlichen Handel beteiligt sind, erhalten eine Umsatzsteuer-Identifikationsnummer („USt-IdNr."). Diese Nummer dient als Nachweis für die Unternehmereigenschaft des Erwerbers und ist somit Voraussetzung für steuer-befreite Lieferungen.

Die USt-IdNr. wird von den Mitgliedsstaaten zugeteilt. In der Bundesrepublik Deutsch-land handelt es sich um eine 11-stellige alphanumerische Nummer, wobei die ersten zwei Stellen durch die Buchstabenkombination „DE" ein Unternehmen in Deutschland kennzeichnen. Diese Nummer ist mit der Steuernummer nicht identisch. Die USt-IdNr. kann, wie z. B. in den Niederlanden, bis zu 14 Stellen umfassen.

In Deutschland wird die USt-IdNr. vom Bundesamt für Finanzen, Außenstelle Saarlouis, erteilt. Dieses Amt bestätigt auch auf Anfrage die Richtigkeit der USt-IdNr. eines ande-ren Unternehmens in der Gemeinschaft.

Die USt-IdNr. wird zwar nur in Rechnungen und in den vierteljährlichen Meldungen (Zusammenfassende Meldungen) gefordert, sollte aber zweckmäßigerweise in allen Geschäftspapieren angebracht werden. Desgleichen sollten die den Geschäftspart-nern in der EU zugeteilten USt-IdNr. ebenfalls erfasst und gespeichert werden.

4.3.2 Zusammenfassende Meldung über steuerbefreite innergemeinschaftliche Lieferungen

Gemäß Art. 18 a UStG ist jeder Steuerpflichtige verpflichtet einmal im Quartal eine Auf-stellung über seine Lieferungen an Erwerber in anderen EU-Mitgliedsstaaten auf einem amtlich vorgeschriebenen Vordruck abzugeben. In dieser Aufstellung müssen folgende Angaben enthalten sein:

- USt-IdNr. des Lieferers im Inland
- USt-IdNr. aller Erwerber, an die geliefert wurde
- Gesamtbetrag der Lieferungen pro Erwerber und
- die jeweilige Anmeldeperiode

Die Mitgliedsstaaten können aber weitere Angaben verlangen und bestimmen, dass die Liste monatlich abzugeben ist.

Die zusammenfassende Meldung muss bis zum 10. Tag nach Ablauf des Kalendervier-teljahres abgegeben werden, in dem die gemeinschaftlichen Lieferungen vorgenom-men wurden. Maßgebend für die Aufnahme einer Lieferung ist das Datum der Rech-nung für diese Lieferung.

Auf der Grundlage der Quartalsmeldungen der Lieferer im Abgangsland werden alle Daten über Lieferungen nach dem neuen Steuersystem erfasst. Dadurch wird es möglich, allen Mitgliedstaaten Mindestangaben über innergemeinschaftliche Lieferungen zu Kontroll- und Prüfungszwecken zur Verfügung zu stellen.

Werden Unstimmigkeiten zwischen den Angaben der Lieferer in der Quartalsmeldung und den Angaben der Erwerber in der periodischen Steuermeldung festgestellt, erfolgen Überprüfungen der jeweiligen nationalen Verwaltung in den Betrieben.

4.4 Innergemeinschaftliche speditionelle Dienstleistungen umsatzsteuerrechtlich richtig abrechnen

Grundsätzlich gilt, dass innergemeinschaftliche Dienstleistungen der Spediteure steuerpflichtig abzurechnen sind. Die steuerliche Belastung richtet sich entweder nach den Vorschriften des Landes, in dem die Beförderung beginnt, oder des Landes, in dem der Rechnungsempfänger seine USt-IdNr. erhalten hat.

Gemäß § 3b Abs. 3 UStG gilt:

- als innergemeinschaftliche Güterbeförderung jede Beförderung von Gütern, bei der der **Abgangsort und Ankunftsort in zwei verschiedenen Mitgliedsstaaten liegen**
- Als **Abgangsort** gilt derjenige Ort, an dem die Beförderung der Güter tatsächlich beginnt.
- Als **Ankunftsort** gilt derjenige Ort, an dem die Beförderung der Güter tatsächlich endet.

Bei einer innergemeinschaftlichen Güterbeförderung bestimmt sich der Ort der Leistung nach dem Abgangsort. Verwendet der Leistungsempfänger aber gegenüber dem Beförderungsunternehmer eine USt-IdNr. eines anderen EU-Mitgliedsstaates, so gilt die Beförderungsleistung als im Gebiet dieses EU-Mitgliedsstaates ausgeführt und nicht im Abgangsland. Daraus folgt, dass sich die Besteuerung der Dienstleistung durch den Leistungserbringer nach den Regeln und Sätzen des Umsatzsteuerrechtes dieses Landes richtet. Der leistende Unternehmer hat dann das Umsatzsteuerrecht eines anderen EU-Mitgliedsstaates anzuwenden.

Dies bedeutet:

- Berechnet eine Spedition im EU-Mitgliedsstaat Deutschland eine steuerpflichtige Beförderung an einen Rechnungsempfänger in Deutschland, so richtet sich die Besteuerung der Leistung nach dem Umsatzsteuerrecht in der Bundesrepublik Deutschland.
- Hat der Rechnungsempfänger aber eine USt-IdNr. nicht in Deutschland, sondern in Frankreich erhalten und diese dem Speditionsunternehmen in Deutschland mitgeteilt, dann richtet sich die Besteuerung der Leistung nach dem Umsatzsteuerrecht in Frankreich.

Wir gehen davon aus, dass eine in Deutschland ansässige Spedition den Auftrag erhält, eine Ware von Deutschland nach Portugal bzw. von Portugal nach Deutschland zu befördern und mit den Kosten eine Firma in Deutschland, Spanien bzw. Portugal belastet. Die Speditionsfirma muss nun anhand der EU-Regelung feststellen, in welchem EU-Land der Ort der Leistung liegt und nach welchem Umsatzsteuerrecht die Steuer auf die Leistung zu ermitteln und abzuführen ist.

Folgende Übersicht soll die Bestimmung des für die Besteuerung einer Dienstleistung maßgebenden Ortes verdeutlichen:

Fall	Leistungsempfänger mit USt-IdNr. in	Dienstleister in	Beförderung von ... nach ...	Ort der Leistung in
1.	D	D	D > P	D
2.	D	D	P > D	D
3.	P	D	D > P	P
4.	P	D	P > D	P
5.	ES	D	D > P	ES
6.	ES	D	P > D	ES

Bei der richtigen Abrechnung muss festgestellt werden, ob der Ort der Leistung

● im Abgangsland liegt oder

● in einem anderen Land (weil der Leistungsempfänger dort seine USt-IdNr. erhalten hat).

Fall 1: Der Ort der Leistung liegt in Deutschland. Dem in Deutschland ansässigen Rechnungsempfänger wird die deutsche MWSt in Rechnung gestellt. Beide Unternehmen verfahren wie bei innerstaatlichen Leistungen.

Fall 2: Der Ort der Leistung liegt ebenfalls in Deutschland. Der Leistungsempfänger hat seine USt-IdNr. in einem anderen Land als dem Abgangsland Portugal, nämlich in Deutschland. Also ist die Beförderung von Portugal nach Deutschland in Deutschland zu versteuern.

Fall 3: Der Leistungsempfänger hat seine USt-IdNr. in Portugal, also in einem anderen Land als dem Abgangsland Deutschland. Somit liegt der Ort der Leistung in Portugal, die Besteuerung richtet sich nach portugiesischem Recht.

Fall 4: Der Ort der Leistung liegt im Abgangsland, also in Portugal. Somit richtet sich die Besteuerung nach portugiesischem Recht.

Fall 5: Der Ort der Leistung liegt nicht im Abgangsland Deutschland, aber auch nicht im Bestimmungsland Portugal. Da der Leistungsempfänger seine USt-IdNr. in Spanien hat, ist die Leistung nach spanischem Umsatzsteuerrecht zu versteuern und die Steuer in Spanien zu entrichten.

Fall 6: Da der Leistungsempfänger wie im Fall 5 seine USt-IdNr. in Spanien hat, ist die Leistung nach spanischem Umsatzsteuerrecht zu versteuern und die Steuer in Spanien zu entrichten.

4.5 Steuerschuldnerschaft des inländischen Auftraggebers

Gemäß dem im Jahre 2002 neu eingefügten § 13 b UStG hat der inländische Auftraggeber die Umsatzsteuerschuld des ausländischen Dienstleisters als seine eigene zu übernehmen.

Ähnlich der Steuerschuld des inländischen Erwerbes für den (steuerfreien) „Warenbezug" aus anderen EU-Mitgliedstaaten handelt es sich hier um eine Umkehrung der Steuerschuldnerschaft und die Besteuerung der Eingangsleistung, die von der regulären Systematik der Umsatzsteuer erheblich abweicht. Damit wird das deutsche Umsatzsteuerrecht den in den anderen EU-Mitgliedstaaten gebräuchlichen Besteuerungsverfahren für Umsätze ausländischer Unternehmen angepasst.

Auftraggeber von im Inland steuerbaren innergemeinschaftlichen Güterbeförderungen, die von ausländischen Auftragnehmern durchgeführt werden, sind wie folgt zu behandeln:

Die Rechnung des ausländischen Unternehmens enthält keine Umsatzsteuer, muss aber folgende Angaben enthalten:

● den Namen und die Anschrift des leistenden Unternehmers,

● den Namen und die Anschrift des Leistungsempfängers,

● die Art und den Umfang der erbrachten Leistung,

● das Entgelt und

● einen Hinweis auf die Steuerschuld des Rechnungsempfängers.

Beispiel: *Ein dänisches Gütertransportunternehmen fährt im Auftrag und auf Rechnung eines deutschen Spediteurs die Strecke Nürnberg – Kopenhagen und rechnet für den Transport der beförderten Güter 1.000,00 € ab. Beide Unternehmen verwenden die Ust-IdNrn. ihrer Ansässigkeitsstaaten. Leistungsort gemäß § 3 b Abs. 3 Satz 2 UStG für die Leistung des dänischen Frachtführers ist Deutschland, weil der deutsche Spediteur seine deutsche IdNr. verwendet. Da der dänische Frachtführer in Deutschland nicht ansässig ist, geht die Steuerschuld auf den deutschen Auftraggeber über. In der Rechnung darf keine Umsatzsteuer ausgewiesen sein. Der Nettorechnungsbetrag ist an den dänischen Frachtführer zu überweisen.*

Zu verbuchen sind bei dem deutschen Spediteur:

	Soll	Haben
Speditionskosten	1.000,00	
Verbindlichkeiten aus Lieferungen und Leistungen ausländischer Dienstleister		1.000,00
Steuerschuld gem. § 13 b UStG		160,00
Vorsteuer aus Steuerschuld gem. § 13 b UStG	160,00	

Zusammenfassung

➤ **Die statistische Erfassung des Warenverkehrs zwischen den EU-Mitgliedsstaaten (INTRASTAT) erfolgt auf dem Vordruck N, und zwar getrennt nach Versendung und Eingang.**

➤ **Verantwortlich für die statistische Anmeldung ist der Auskunftspflichtige, das heißt der Versender bzw. der Empfänger.**

➤ **Der Auskunftspflichtige kann einen Dritten (z. B. einen Spediteur) mit der Erstellung der statistischen Anmeldung beauftragen.**

➤ **Gemäß dem Bestimmungslandprinzip werden Verbrauchsteuern in dem Mitgliedsland erhoben, in dem die verbrauchsteuerpflichtigen Produkte ihre endgültige Bestimmung zum Verbrauch erhalten.**

➤ **Der innergemeinschaftliche Versand erfolgt mit einem Verwaltungs- oder Handelsdokument nach vorgeschriebenem Muster.**

➤ **Für den innergemeinschaftlichen Warenversand werden Steuerlager für verbrauchsteuerpflichtige Waren zugelassen. Dadurch wird es auch im innergemeinschaftlichen Warenverkehr ermöglicht, dass Verbrauchsteuern erst bei der Entnahme aus dem Steuerlager fällig werden.**

➤ Im innergemeinschaftlichen Warenverkehr wird der Steuertatbestand „Einfuhr" durch den Steuertatbestand „Erwerb" ersetzt.

➤ Im Abgangsland sind Lieferungen steuerfrei auszuführen, wenn die entsprechenden Voraussetzungen beim Erwerber vorliegen. Dieser hat den Erwerb im Bestimmungsland der dort geltenden Mehrwertsteuer zu unterwerfen.

➤ Die Umsatzsteueridentifikationsnummer (USt-IdNr.) erhalten alle Unternehmer, die am innergemeinschaftlichen Handel beteiligt sind. Diese Nummer dient als Nachweis für die Unternehmenseigenschaft des Erwerbers und ist somit Voraussetzung für steuerbefreite Lieferungen.

➤ Die USt-IdNr. ermöglicht den Steuerbehörden die Kontrolle aller steuerpflichtigen Umsätze innerhalb der Gemeinschaft, da jeder Steuerpflichtige verpflichtet ist, einmal im Vierteljahr eine „Zusammenfassende Meldung" über steuerbefreite innergemeinschaftliche Lieferungen abzugeben. Dabei kann er sich durch einen Spediteur vertreten lassen.

➤ Der Verbringungsnachweis für innergemeinschaftliche Lieferungen wird ähnlich wie beim Export nach Drittländern erbracht.

➤ Innergemeinschaftliche Dienstleistungen von Speditionsunternehmen sind steuerpflichtig abzurechnen.

➤ Grundsätzlich ist die Dienstleistung nach den im Abgangsland geltenden Bestimmungen zu versteuern und die Steuern sind im Abgangsland zu entrichten.

➤ Hat der Leistungsempfänger aber eine USt-IdNr. in einem anderen Land als in dem Land des Abgangsortes, dann richtet sich die Besteuerung nach den Regeln und Sätzen des Umsatzsteuerrechtes dieses Landes und nicht nach den Bestimmungen des Abgangslandes.

➤ Inländische Auftraggeber haben die Umsatzsteuerschuld eines ausländischen Dienstleisters als ihre eigene Umsatzsteuerschuld zu übernehmen und an das Finanzamt abzuführen.

5 Außenhandel mit Drittländern unter Beachtung nationaler und internationaler Rechtsvorschriften abwickeln

Der Warenverkehr über die Grenzen der Europäischen Union wird zollamtlich überwacht, um die Einhaltung des Zollrechts, von Verboten und Beschränkungen (VuB) und der sonstigen für Waren unter zollamtlicher Überwachung geltenden Vorschriften zu gewährleisten.

5.1 Rechtliche Grundlagen

Seit dem 1. Januar 1994 gilt in der Europäischen Union ein einheitliches Zollrecht. Diese Bestimmungen sind im Wesentlichen im

- **Zollkodex (ZK)** – Verordnung (EWG) Nr. 2913/92 des Rates zur Festlegung des Zollkodex der Gemeinschaften und der
- **Zollkodex-DVO (ZK-DVO)** – Verordnung EWG Nr. 2454/93 der Kommission mit Durchführungsvorschriften zu der Verordnung (EWG) Nr. 2913/92 des Rates zur Festlegung des Zollkodex der Gemeinschaften

enthalten.

Auf nationaler Ebene werden diese Regelungen – wo notwendig – durch das

- **Zollverwaltungsgesetz (ZollVG)** und die
- **Zollverordnung (ZollV)**

ergänzt.

5.2 Zollgebiet der Gemeinschaft

Gemäß ZK Art. 3 Nr. 1 umfasst das Zollgebiet der EU:

- das Gebiet des Königreichs **Belgien;**
- das Gebiet des Königreichs **Dänemark** mit Ausnahme der Färöer und Grönlands;
- das Gebiet der **Bundesrepublik Deutschland** mit Ausnahme der Insel Helgoland sowie des Gebietes von Büsingen;
- das Gebiet der Republik **Finnland;**
- das Gebiet der Republik **Griechenland;**
- das Gebiet des Königreichs **Spanien** mit Ausnahme von Ceuta und Melilla;
- das Gebiet der **Französischen Republik** mit Ausnahme der überseeischen Gebiete und der Gebietskörperschaften;
- das Gebiet **Irlands;**
- das Gebiet der **Italienischen Republik** mit Ausnahme der Gemeinden Livigno und Campione d'Italia sowie des zum italienischen Hoheitsgebiet gehörenden Teils des Luganer Sees zwischen dem Ufer und der politischen Grenze der zwischen Ponte Tresa und Porto Ceresio gelegenen Zone;

- das Gebiet des Großherzogtums **Luxemburg;**
- das Gebiet des Königreichs der **Niederlande** in Europa;
- das Gebiet der **Republik Österreich;**
- das Gebiet der **Portugiesischen Republik;**
- das Gebiet des Königreichs **Schweden;**
- das Gebiet des Vereinigten Königreichs **Großbritannien und Nordirland** sowie die Kanalinseln und die Insel Man;
- das Gebiet der Republiken **Estland, Lettland, Litauen, Polen, Ungarn, Slowenien, Zypern, Malta sowie der Tschechischen** und **Slowakischen** Republik.

Mit Rücksicht auf das entsprechende Abkommen gilt trotz seiner Lage außerhalb des Gebietes der Französischen Republik als zum Zollgebiet der Gemeinschaft gehörend das **Gebiet des Fürstentums Monaco.**

Zum Zollgebiet der Gemeinschaft gehören die Küstenmeere, die innerhalb der Küstenlinie gelegenen Meeresgewässer und der Luftraum der Mitgliedsstaaten.

Gemäß Art. 166 ZK sind **Freizonen** und **Freilager Teile des Zollgebiets** der Gemeinschaft oder in diesem Zollgebiet gelegene Räumlichkeiten, **die vom übrigen Zollgebiet getrennt sind** und in denen

a) **Nichtgemeinschaftswaren** für die Erhebung der Einfuhrabgaben und Anwendung der handelspolitischen Maßnahmen bei der Einfuhr **als nicht im Zollgebiet der Gemeinschaft befindlich angesehen werden,** sofern sie nicht in den zollrechtlich freien Verkehr oder ein anderes Zollverfahren übergeführt oder unter anderen als den im Zollrecht vorgesehenen Voraussetzungen verwendet oder verbraucht werden.

b) für bestimmte Gemeinschaftswaren aufgrund des Verbringens in die Freizone oder das Freilager Maßnahmen anwendbar werden, die grundsätzlich an die Ausfuhr der betreffenden Waren anknüpfen, sofern dies in einer besonderen Gemeinschaftsregelung vorgesehen ist.

Freizonen im Sinne dieser Regelung sind in Deutschland die Freihäfen, die es in Bremen, Bremerhaven, Cuxhaven, Deggendorf, Duisburg, Emden, Hamburg und Kiel gibt.

5.3 Zollverwaltung

Zollbehörden (Art. 4 Nr. 3 ZK) sind die unter anderem für die Anwendung des Zollrechts zuständigen Behörden.

Zollstellen sind Dienststellen, bei der die im Zollrecht vorgesehenen Förmlichkeiten erfüllt werden können.

In der **Bundesrepublik Deutschland** ist die **Oberste Bundesbehörde das Bundesministerium der Finanzen** (BMF), ihm unterstellt sind die **Oberfinanzdirektionen.**

Der Spediteur hat es hauptsächlich mit der unteren Ebene, den **Hauptzollämtern** (HZA) und den **Zollämtern** (ZA) zu tun.

5.4   Einheitspapier

Zur Vereinheitlichung unterschiedlichster Formulare, die sowohl nationalen Vorschriften als auch EU-Erfordernissen Rechnung tragen sollen, wurde von der EU das Einheitspapier geschaffen. Dieses findet beim Export als Ausfuhranmeldung, als Zollbegleitpapier für die grenzüberschreitende Zollabwicklung und bei der Einfuhr als Zollantrag und Zollanmeldung Verwendung.

Übersicht über die Funktion der acht Exemplare des Einheitspapiers

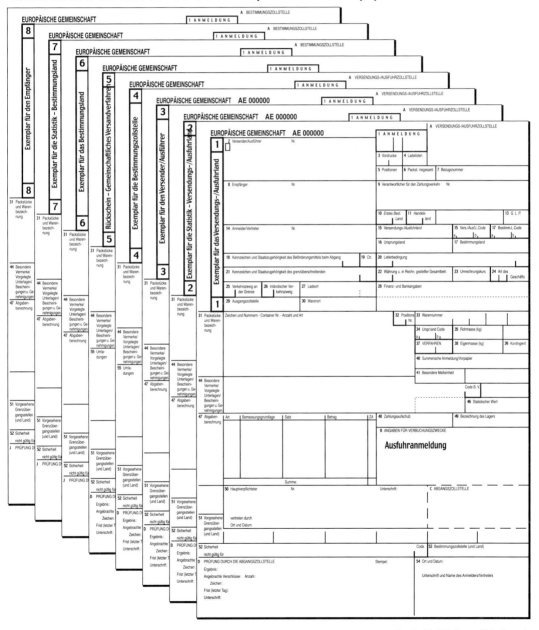

Quelle: Merkblatt zum Einheitspapier

Das Einheitspapier besteht bei einem vollständigen Satz aus 8 Exemplaren (Vordruck 0731, Ergänzung 0732).

Nr. 1   wird von den Behörden des Versendungs-/Ausfuhrmitgliedsstaates aufbewahrt

Nr. 2   für die Statistik des Versendungs-/Ausfuhrmitgliedsstaates

Nr. 3   wird nach Bescheinigung durch die Ausgangszollstelle dem Anmelder zurückgegeben

Nr. 4   wird von der Bestimmungszollstelle aufbewahrt

Nr. 5   wird als Rückschein im gemeinschaftlichen Versandverfahren (gVV) verwendet

Nr. 6   für die Behörden des Bestimmungsmitgliedsstaates

Nr. 7   für die Statistik des Bestimmungsmitgliedsstaates

Nr. 8   wird nach Bescheinigung durch die Zollstelle dem Empfänger zurückgegeben.

Die ersten drei Exemplare bleiben also im Ausfuhrland, die übrigen fünf begleiten die Ware.

Es gibt auch entsprechende Teilsätze, sodass einzelne Formularexemplare als AA, als T-Papier oder als Zollantrag verwendet werden können.

Für Sendungen über die Schweiz nach Italien ist ein zusätzliches Exemplar Nr. 4 erforderlich.

In der Praxis werden meist Teilsätze verwendet.

Durch die **Eintragung im Feld Nr. 1**

– erstes Unterfeld (COM, EU, EX, INT oder IM) bzw.

– drittes Unterfeld (T1, T2, T2F, T2L oder T2LF)

entscheidet der Anmelder, welchem Zweck seine Anmeldung oder dieses Papier dient.

Die Bedeutung der Abkürzungen wird im Folgenden kurz erläutert.

Der Vordruck **COM** wird im **Warenverkehr zwischen den Mitgliedsstaaten der Gemeinschaft** verwendet, und zwar für

● die Anmeldung zur Versendung von Gemeinschaftswaren

● die Überführung von Gemeinschaftswaren in den steuerrechtlich freien Verkehr oder in eine andere zollrechtliche Bestimmung im Bestimmungsmitgliedsstaat.

Der Vordruck **EU** wird im **Warenverkehr zwischen der Gemeinschaft und den EFTA-Ländern** als Anmeldung für die

● Ausfuhr von Waren (Gemeinschafts- oder Nichtgemeinschaftswaren) aus dem Zollgebiet der Gemeinschaft nach einem EFTA-Land,

● Überführung von aus einem EFTA-Land in das Zollgebiet eingeführten Waren (Gemeinschafts- oder Nichtgemeinschaftswaren) in den zollrechtlich oder zoll- und steuerrechtlich freien Verkehr oder in eine andere zollrechtliche Bestimmung verwendet.

Der Vordruck **EX** wird

● im **Warenverkehr zwischen der Gemeinschaft und anderen Drittländern** (nicht EFTA-Staaten) als Anmeldung für die Ausfuhr von Waren aus dem Zollgebiet der EU nach einem Drittland und

● im **Warenverkehr zwischen** den **Mitgliedsstaaten als Anmeldung für die Versendung von Nichtgemeinschaftswaren**
verwendet.

Der Vordruck **IM** wird

● im **Warenverkehr zwischen der Gemeinschaft und Drittländern** (nicht EFTA-Staaten) als Anmeldung für die Überführung der aus Drittländern eingeführten Waren in den zollrechtlich oder zoll- und steuerrechtlich freien Verkehr oder in eine andere zollrechtliche Bestimmung im Bestimmungsland bzw.

● im **Warenverkehr zwischen den Mitgliedsstaaten der EU** für die **Überführung von Nichtgemeinschaftswaren** in den zollrechtlich oder steuerrechtlich freien Verkehr oder in eine andere zollrechtliche Bestimmung im Bestimmungsmitgliedsland

verwendet.

Der Vordruck **INT** dient im Warenverkehr mit anderen Mitgliedsstaaten der Gemeinschaft für eine Meldung

● zur Versendung bzw.

● zum Eingang von

Gemeinschaftswaren im Rahmen der Intrahandelsstatistik (Intrastat).

Im dritten Unterfeld finden folgende Kurzbezeichnungen Verwendung:

T 1 für Waren, die im externen gemeinschaftlichen Versandverfahren befördert werden sollen,

T 2 für Waren, die im internen gemeinschaftlichen Versandverfahren befördert werden sollen,

T 2 L Dokument zum Nachweis des Gemeinschaftscharakters von Waren im Rahmen des gemeinschaftlichen/gemeinsamen Versandverfahren.

T 2 F wird im Warenverkehr zwischen Teilen des Zollgebiets der Gemeinschaft, in denen die Richtlinie 77/388/EWG (6. Mehrwertsteuerrichtlinie) Anwendung findet und den Teilen des Zollgebiets der Gemeinschaft, in denen diese Richtlinie nicht gilt (Kanarische Inseln, französische überseeische Departements, Kanalinseln, Aland und Berg Athos) als Versandanmeldung T2F zur Durchführung eines internen gemeinschaftlichen Versandverfahrens im **Linienseeverkehr** verwendet.

T2LF wird als Versandpapier entsprechend im **Nichtlinienseeverkehr** verwendet. (Vgl. S. 539 f.)

5.5 Zollrechtliche Bestimmung und Zollverfahren anwenden

Nach Art. 4 Nr. 15 und 16 ZK sind folgende Zollverfahren vorgesehen:

Zollrechtliche Bestimmung einer Ware (Art. 4 Nr. 15 ZK)	Zollverfahren (Art. 4 Nr. 16 ZK)
– Überführung in ein Zollverfahren	– Ausfuhrverfahren
– Verbringung in eine Freizone oder ein Freilager	– Überführung in den zollrechtlich freien Verkehr
– Wiederausfuhr aus dem Zollgebiet oder Gemeinschaft	– Versandverfahren
– Vernichtung oder Zerstörung	– Zolllagerverfahren
– Aufgabe zugunsten der Staatskasse	– aktive Veredlung
	– Umwandlungsverfahren
	– vorübergehende Verwendung
	– passive Veredlung

Die **Zollverfahren** werden im Folgenden ausführlich dargestellt.

5.6 Allgemeine Vorschriften über zollrechtliche Bestimmungen und Überführung von Waren in ein Zollverfahren beachten

Gemäß Art. 37 ZK unterliegen Waren vom Zeitpunkt des Verbringens in das Zollgebiet der Gemeinschaft an der zollamtlichen Überwachung. Sie können nach dem geltenden Recht zollamtlich geprüft werden.

Die **Überwachung** erfolgt, damit gesichert wird, dass

- evtl. entstehende **Einfuhrabgaben erhoben** werden,
- der Einfuhr **keine Verbote oder Beschränkungen** (VuB) entgegenstehen,
- der Warenverkehr für **statistische Zwecke** erfasst wird.

Die Waren bleiben so lange unter zollamtlicher Überwachung, wie es für die Ermittlung ihres zollrechtlichen Status erforderlich ist; im Fall von Nichtgemeinschaftswaren so lange, bis sie ihren zollrechtlichen Status wechseln, in eine Freizone oder ein Freilager verbracht werden bzw. wiederausgeführt, vernichtet oder zerstört werden.

Gemäß Art. 38 ZK sind die in das Zollgebiet der Gemeinschaft verbrachten Waren vom Verbringer unverzüglich und gegebenenfalls unter Benutzung des von den Zollbehörden bezeichneten Verkehrsweges nach Maßgabe der von diesen Behörden festgelegten Einzelheiten zu befördern:

a) zu der von den Zollbehörden bezeichneten Zollstelle oder einem anderen von diesen Behörden bezeichneten oder zugelassenen Ort

oder

b) in eine Freizone, wenn das Verbringen der Waren in diese Freizone unmittelbar erfolgen soll:
 – auf dem See- oder Luftweg;
 – auf dem Landweg ohne Berührung eines anderen Teils des Zollgebiets der Gemeinschaft, wenn die betreffende Freizone unmittelbar an die Landesgrenze zwischen einem Mitgliedsstaat und einem Drittland stößt.

Können die aufgeführten Verpflichtungen infolge eines unvorhersehbaren Ereignisses oder höherer Gewalt nicht erfüllt werden, so sind die Zollbehörden unverzüglich zu benachrichtigen unter Angabe des Ortes, an dem sich die Waren befinden. Die Zollbehörden bestimmen, welche Maßnahmen zu treffen sind, und entscheiden, wo diese Waren zu einem späteren Zeitpunkt zu einer Zollstelle oder einem anderen zugelassenen Ort befördert werden müssen (Art. 39 ZK).

5.6.1 Gestellung

Gestellung (Art. 4 Nr. 19 ZK) ist die **Mitteilung** an die Zollbehörden in der vorgeschriebenen Form, dass sich die **Waren bei der Zollstelle** oder an **einem anderen von den Zollstellen bezeichneten oder zugelassenen Ort** befinden. Waren, die in ein Zollverfahren übergeführt werden sollen, müssen grundsätzlich gestellt und angemeldet werden (Art. 59 ZK), es sei denn, die Waren können gem. Art. 41 ZK ohne Gestellung in ein Zollverfahren übergeführt werden. Zur Gestellung ist die Person verpflichtet, welche die Ware in das Zollgebiet der Gemeinschaft verbracht hat oder die die Beförderung der Ware nach dem Verbringen übernimmt (Art. 40 ZK).

In der Regel ist dies der Lkw-Fahrer, der Flugzeugführer, der Kapitän usw. Vom Zeitpunkt der Gestellung an – also vor Abgabe der Zollanmeldung – können die Waren im

Hinblick auf die zollrechtliche Bestimmung, die sie erhalten sollen, mit Zustimmung der Zollbehörden geprüft und Muster und Proben entnommen werden (Art. 42 ZK). Die gestellten Nichtgemeinschaftswaren müssen eine zollrechtliche Bestimmung erhalten. Vom Zeitpunkt der Gestellung bis zum Erhalt einer zollrechtlichen Bestimmung sind die Waren in der Rechtsstellung der **„vorübergehenden Verwahrung"**.

5.6.2 Summarische Anmeldung

Zur ordnungsgemäßen Gestellung gehört die Mitteilung an die Zollstelle über das Eintreffen der Sendungen. Im Allgemeinen genügt eine summarische Anmeldung (Art. 43 ZK). Die Anmeldung ist auf einem vorgeschriebenen Vordruck abzugeben. Die Zollbehörden können jedoch zulassen, dass als summarische Anmeldung jedes Handels- oder Verwaltungspapier verwendet wird, das die für die Erfassung der Waren erforderlichen Angaben enthält.

Nach der Gestellung von Nichtgemeinschaftswaren in einem Versandverfahren stellt das für die Bestimmungszollstelle bestimmte Exemplar des Versandscheins die summarische Anmeldung dar.

Ist für Waren eine summarische Zollanmeldung abgegeben worden, müssen diese Waren gemäß Art. 49 ZK innerhalb der folgenden Fristen einer zollrechtlichen Bestimmung zugeführt werden:

- innerhalb von **45 Tagen** für auf dem Seeweg beförderte Waren
- innerhalb von **20 Tagen** für auf andere Weise beförderte Waren

In der Regel wird der **Antrag schriftlich** auf dem Formblatt des Einheitspapieres oder mittels des IT-Verfahrens ATLAS gestellt. Er kann z. B. gemäß Art. 225 ZKDVO für bestimmte Sendungen:

- **Waren zu nichtkommerziellen Zwecken,** die an Privatpersonen gesandt werden, oder für
- **Waren zu kommerziellen Zwecken,** wenn der Gesamtwert je Sendung und Anmelder die in den geltenden Gemeinschaftsvorschriften vorgesehene statistische Wertschwelle nicht übersteigt,

mündlich abgegeben werden; dies ist im Geschäftsleben aber unüblich.

Die Zollanmeldungen müssen alle Angaben enthalten, die zur Anwendung der Vorschriften über das Zollverfahren, zu dem die Waren angemeldet werden, erforderlich sind, und sie müssen vom Anmelder unterzeichnet werden.

5.6.3 Nämlichkeitssicherung

Waren werden zollamtlich überwacht. Wenn die Waren vom Eingangszollamt zu einer Zollstelle in der Gemeinschaft weiterbefördert werden, muss sichergestellt sein, dass an der Zollstelle tatsächlich **dieselbe Ware** angeliefert und abgefertigt wird, die in das Zollgebiet der Gemeinschaft eingeführt wurde. Die Gesamtheit dieser Maßnahmen bezeichnen wir als **Nämlichkeitssicherung** (Art. 72 ZK, § 8 ZollVG).

Die **Nämlichkeitssicherung** kann z. B. erfolgen durch:

- **Raumverschluss** (Zollschlösser oder Zollplomben)
- **Packstückverschluss** (Zollplomben, Zollsiegel oder Zollstempel)
- **Beschreibung, Muster, Abbildung oder buchmäßige Überwachung**
- **zollamtliche Bewachung und Begleitung**
- **angestempelte Handelsrechnung**
- **selbst klebende Plaketten**

Die Verwendung selbst klebender Plaketten kommt dann in Betracht, wenn die Anwendung von Schlössern, Zollplomben und dgl. nicht möglich und eine Warenbeschreibung schwierig und zeitaufwendig ist, z. B. bei Glas- und Porzellanwaren.

Voraussetzung für die Anlegung von Zollschlössern oder -plomben ist jedoch, dass **Räume, Beförderungsmittel und Behältnisse zollsicher** sind, d. h., sie müssen so gebaut sein, dass

- die Zollverschlüsse einfach angebracht werden können,
- Waren aus dem verschlossenen Teil nicht entnommen werden können, ohne den Zollverschluss zu verletzen,
- sie keine Verstecke enthalten, in denen Waren verborgen werden können,
- alle zur Aufnahme von Waren vorgesehenen Stellen leicht zugänglich sind.

Für **Beförderungsmittel,** die die genannten Voraussetzungen erfüllen und die zollamtlich geprüft worden sind, wird auf Antrag eine **Zollverschlussanerkenntnis** erteilt.

5.6.4   Stellvertretung

Der Anmelder kann sich z. B. durch einen Dritten (Spediteur) vertreten lassen.

- **direkt,** wenn der Vertreter im Namen und für Rechnung des Anmelders handelt (Art. 5 Abs. 2 ZK)

Zollanmelder	Vertreter des Zollanmelders	Vertreter des Vertreters des Zollanmelders
G. Weber Textilgroßhandel Lübener Straße 27 90471 Nürnberg	i. A. u. i. V. INTERSPEED GmbH Rotterdamer Straße 33 90461 Nürnberg	i. A. L. Bauer

- oder **indirekt**, wenn der Vertreter im eigenen Namen, aber für Rechnung des Anmelders handelt (Art. 5 Abs. 2 ZK).

Der Vertreter muss erklären, für die vertretene Person zu handeln; er muss ferner angeben, ob es sich um eine direkte oder indirekte Vertretung handelt und ob er Vertretungsvollmacht besitzt. Personen, die **nicht** erklären im Namen und für Rechnung eines anderen zu handeln, oder die erklären im Namen oder für Rechnung eines anderen zu handeln, **aber keine Vertretungsvollmacht besitzen, gelten als im eigenen Namen und für eigene Rechnung handelnd.**

Dies bedeutet für den **Spediteur,** wenn er für den Anmelder die direkte Vertretung vornehmen will, dass er **in Vertretung und in Vollmacht** des Auftraggebers handelt. Diese Vollmacht muss vorliegen, schriftlich, mündlich oder durch schlüssige Handlung.

Bei einer indirekten Vertretung würde der Spediteur in eigenem Namen auftreten, wäre selbst Anmelder und damit auch Zollschuldner. Zollschuldner wird indessen auch der Vertretene (Art. 201 Abs. 3 ZK), wobei beide gesamtschuldnerisch zur Erfüllung der Zollschuld verpflichtet sind.

Das Vertretungsverhältnis muss angezeigt werden. Wer das Vertretungsverhältnis nicht angibt, gilt als in eigenem Namen und bei indirekter Vertretung für eigene Rechnung handelnd (Art. 5 Abs. 4 ZK).

5.6.5 Zollanmeldung

Die Zollanmeldung ist die Handlung, mit der eine Person

– in der vorgeschriebenen Form und

– nach den vorgeschriebenen Bestimmungen

die Absicht bekundet, eine Ware in ein bestimmtes Zollverfahren überführen zu lassen (Art. 4 Nr. 17 ZK, Art 59 Abs 1 ZK).

Nach Art. 61 können Zollanmeldungen

- schriftlich (Einheitspapier) Art. 62 ZK,
- mit Mitteln der **Datenverarbeitung** (direkte Teilnehmereingabe – mit dem IT-Verfahren ATLAS = **A**utomatisiertes **T**arif- und **L**okales Zoll-**A**bwicklungs**s**ystem) und
- mündlich oder durch eine Handlung, mit der der Wareninhaber den Willen bekundet, die Waren in ein Zollverfahren überführen zu lassen,

abgegeben werden.

5.7 Warenverkehrsbescheinigungen beifügen

Länder bzw. die EU räumen sich gegenseitig oder einseitig Zollpräferenzen, d. h. Zollvergünstigungen, ein. Deshalb sind Präferenznachweise nur im Warenverkehr mit denjenigen Staaten erforderlich, mit denen die EU Freihandels-, Präferenz- bzw. Kooperationsabkommen abgeschlossen hat, sowie mit Staaten und Gebieten, die mit der EU assoziiert sind.

Mit **Warenverkehrsbescheinigungen (WVB),** auch **Präferenznachweise genannt,** kann man einen **niedrigeren Zollsatz oder Zollfreiheit** erzielen. Wird die Ware von einer WVB begleitet, ist ein Ursprungszeugnis nicht mehr erforderlich.

Den Antrag auf Ausstellung eines Präferenznachweises muss der Ausführer bei der für ihn zuständigen Ausfuhrzollstelle abgeben. Er muss der Zollstelle beweisen, z. B. durch Lieferantenrechnung, dass die exportierte Ware ihren Ursprung in der EU hat.

Bei Ausfuhren nach der **Türkei** und Importen aus der Türkei ist das Formular **A.TR.** vorzulegen.

Im Verkehr mit den **EFTA-Staaten** ist eine **EUR 1** ab einem Warenwert von 6.000,00 € zu verwenden; bei Sendungen mit einem geringeren Wert **ist im Verkehr mit den EFTA-Staaten** eine **Erklärung auf der Handelsrechnung** erforderlich. Sowohl die EUR 1 als auch die Erklärung auf der Handelsrechnung bewirken Zollfreiheit im Warenverkehr mit den EFTA-Staaten.

Den EFTA-Staaten gleichgestellt sind Bulgarien, Rumänien und Mazedonien.

Für die **AKP-Staaten**, die **ÜLG** sowie eine Reihe **nordafrikanischer Staaten** dient als **Warenverkehrsbescheinigung die EUR 1**. Die EUR 2 wird nur im Warenverkehr innerhalb zulässiger Wertgrenzen mit bestimmten Mittelmeeranrainerstaaten verlangt. Dabei handelt es sich z. T. um einseitige Präferenzgewährung durch die EU. Deshalb werden bei einem Teil dieser Staaten bei der Ausfuhr keine entsprechenden Bescheinigungen gebraucht.

Die EUR 2 wird ohne Mitwirkung der Zolldienststellen nur vom Exporteur ausgefüllt. Für beide Papiere (EUR 1 und EUR 2) kann jedoch die Behörde des Importlandes eine Überprüfung der gemachten Angaben durch die deutschen Zolldienststellen verlangen.

Beispiele:

Sendungen	erforderlicher Präferenznachweis
Warensendung aus Norwegen mit Warenursprung in Norwegen. Warenwert: 5.000,00 €	Erklärung auf der Handelsrechnung
Warenwert: 15.000,00 €	EUR 1
Warensendung aus dem freien Verkehr der Türkei	A.TR.
Warensendung aus Israel, Warenwert: 15.000,00 €	EUR 1
Warensendung von Nürnberg nach Oslo (Norwegen): Gemeinschaftsware, Wert: 20.000,00 €	EUR 1
Warensendung von Nürnberg nach Genf (Schweiz): Gemeinschaftsware, Wert: 3.000,00 €	Erklärung auf der Handelsrechnung
Warensendung von Schwabach nach Sofia (Bulgarien): Gemeinschaftsware, Wert: 17.000,00 €	EUR 1

Zusammenfassung

➤ **Zollkodex und die Zollkodexdurchführungsverordnung sind die rechtlichen Grundlagen für den Außenhandel mit Drittländern und der zollamtlichen Überwachung des Warenverkehrs in der Gemeinschaft. Nur wo unbedingt notwendig, gibt es noch nationale Regelungen z. B. das Zollverwaltungsgesetz und die Zollverordnung in der Bundesrepublik Deutschland.**

➤ **Das Einheitspapier findet sowohl beim Export als Ausfuhranmeldung als auch bei der grenzüberschreitenden Zollabwicklung (als Zollbegleitpapier beim Versandverfahren und als Zollanmeldung bei der Einfuhr) Verwendung. Der vollständige Satz besteht aus acht Exemplaren. Meist werden getrennte Teilsätze für Versendung/Ausfuhr und für Bestimmung eingesetzt.**

➤ **Waren, die in das Gebiet der Gemeinschaft eingeführt werden, unterliegen der zollamtlichen Überwachung und müssen zu einer zollrechtlichen Bestimmung bzw. einem Zollverfahren angemeldet werden.**

➤ **Gestellung bedeutet, dass die eingeführten Waren der zuständigen Zollbehörde gemeldet werden müssen, um so die zollamtliche Überwachung zu ermöglichen. Zur ordnungsgemäßen Gestellung gehört die summarische Anmeldung.**

➤ **Die Frist, in der die Waren einer zollrechtlichen Bestimmung zugeführt werden müssen, beträgt**
   – 45 Tage für auf dem Seeweg beförderte Waren und
   – 20 Tage für auf andere Weise beförderte Waren.

➤ **Durch die Nämlichkeitssicherung (Raumverschluss, Packstückverschluss, Beschreibung, angestempelte Rechnung usw.) wird sichergestellt, dass tatsächlich dieselbe Ware zollamtlich abgefertigt wird, die in das Zollgebiet der EU eingeführt wurde.**

➤ **Bei der Anmeldung zu einem Zollverfahren kann sich der Anmelder durch einen Dritten (z. B. Spediteur) vertreten lassen. Die Vertretung kann direkt oder indirekt erfolgen.**

➤ **Üblich ist, dass der Spediteur im Namen und für Rechnung des Auftraggebers handelt**
   – direkte Vertretung (i. A. u. i. V. INTERSPED GmbH).

➤ **Mit Warenverkehrsbescheinigungen (Präferenznachweise) kann man einen niedrigeren Zollsatz oder Zollfreiheit erzielen.**

6 Ausfuhrverfahren abwickeln

Im Ausfuhrverfahren (Art. 161 ZK; Art. 788 ff. ZKDVO) können Gemeinschaftswaren aus dem Zollgebiet der Gemeinschaft verbracht werden. Im Rahmen dieses Zollverfahrens erfolgt auch die Prüfung gemäß AWG und AWV, ob die Voraussetzungen für die Ausfuhr der Waren (z. B. handelspolitische wie nichttarifäre Maßnahmen, mengenmäßige Beschränkungen und Ausfuhrverbote sowie Überwachungs- und Schutzmaßnahmen) vorliegen. Liegt z. B. eine erforderliche Ausfuhrgenehmigung nicht vor, kann die Ausfuhr nicht erfolgen.

Das System **KOBRA** (Kontrolle bei der Ausfuhr) erlaubt die

- zentrale Erfassung,
- die schnelle Bearbeitung und
- systematische und umfassende Auswertung der Ausfuhrdaten.

Damit soll verhindert werden, dass nicht erlaubte Ausfuhrlieferungen erfolgen.

Diese Prüfung wird in Zukunft durch das Segment Ausfuhrüberwachung des Elektronischen Zolltarifs (EZT) vorgenommen (vgl. S. 553).

Bei der Ausfuhr von Nichtgemeinschaftswaren spricht der Zollkodex von „Wiederausfuhr"; diese ist eine zollrechtliche Bestimmung, aber im Gegensatz zum Ausfuhrverfahren kein Zollverfahren. Die Bestimmungen des Ausfuhrverfahrens sind auf die Wiederausfuhr entsprechend anzuwenden.

Der Ausführer hat für jede Exportsendung (bei gewerblichen Erzeugnissen) **ab einem Warenwert von 1.000,00 €** den Vordruck „Ausfuhranmeldung" (AA) auszufüllen und die Ausfuhr bei der für den Ausführer zuständigen Zollstelle – der Ausfuhrzollstelle – anzumelden. Als Ausführer im Sinne des Art. 161 Abs. 5 ZK gilt die Person, für deren Rechnung die Ausfuhranmeldung abgegeben wird und die zum Zeitpunkt der Annahme dieser Anmeldung Eigentümer der Waren ist oder eine ähnliche Verfügungsberechtigung besitzt (Art. 788 ZKDVO). Der Ausführer kann sich aber durch einen Spediteur vertreten lassen. Der Spediteur ist dann verpflichtet, die Sendung bei der Zollstelle des Ausführers zu gestellen und anzumelden. Der Vertreter wird aber nicht Ausführer.

Der Ausführer ist verpflichtet die Ware in dem Zustand aus dem Zollgebiet der Gemeinschaft zu bringen, in dem sie sich im Zeitpunkt der Annahme der Anmeldung befand (Art. 162 ZK).

Das Exemplar Nr. 3 des Einheitspapieres ist der Ausgangszollstelle (Zollstelle an der Grenze der Gemeinschaft) vorzulegen und die zur Ausfuhr überlassenen Waren sind dieser Zollstelle zu gestellen. Die Ausgangszollstelle vergewissert sich, ob die gestellten Waren den angemeldeten Waren entsprechen und überwacht den körperlichen Ausgang der Waren aus dem Zollgebiet. **Hat der Anmelder in Feld Nr. 44 „RET-EXP" vermerkt oder auf andere Weise bekundet, dass er die Rückgabe des Exemplars Nr. 3 wünscht, so bescheinigt die Ausgangszollstelle** den körperlichen Ausgang der Waren durch einen entsprechenden Vermerk auf der Rückseite des Exemplars Nr. 3. Der Vermerk erfolgt durch einen Dienststempelabdruck, der den Namen der Zollstelle und das Datum enthält. Die Ausgangszollstelle gibt das Exemplar Nr. 3 der Person, die es ihr vorgelegt hat, zurück, damit diese es an den Anmelder weiterleitet (Art. 793 ZKDVO).

Fehlt die Angabe „RET-EXP" in der Ausfuhranmeldung, gibt die Ausgangszollstelle das Blatt 3 nicht sofort zurück.

6.1 Ausfuhranmeldung erstellen

Die vollständig und richtig ausgefüllte Ausfuhranmeldung[1] ist bei der Zollstelle abzugeben, die für den Ort zuständig ist, an dem der Ausführer ansässig ist oder die Waren zur Ausfuhr verpackt oder verladen werden.

Die Ausfuhrzollstelle prüft, ob die AA richtig ausgefüllt ist, ob Original und Durchschrift übereinstimmen und ermittelt aufgrund der statistischen Warennummer, ob es sich um eine genehmigungspflichtige Ausfuhr handelt. Ist alles in Ordnung, versieht die Ausfuhrzollstelle Feld A mit ihrem Stempelabdruck und füllt gegebenenfalls Feld D aus. Wenn sie die Waren überlässt, behält sie Exemplar Nr. 1, sendet Exemplar Nr. 2 an das statistische Amt des Mitgliedsstaates, in dem die Ausfuhrzollstelle liegt und händigt Exemplar Nr. 3 dem Beteiligten aus (Art. 792 ZKDVO). Dieses Exemplar ist der Ausgangszollstelle vorzulegen.

Normales Ausfuhrverfahren bei einem Warenwert von über 3.000,00 €:

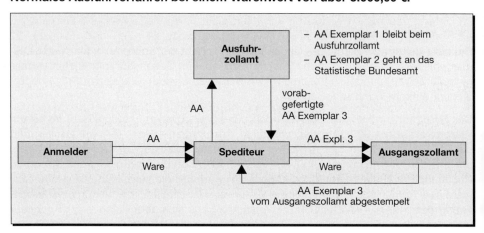

Bei Sendungen bis 3.000,00 €, die keinen Verboten und Beschränkungen unterliegen, ist eine Anmeldung und Gestellung bei der Ausfuhrzollstelle **nicht erforderlich**, d. h. die Vorabfertigung bei der Ausfuhrzollstelle entfällt. Alle 3 Exemplare der Ausfuhranmeldung begleiten die Sendung bis zur Ausgangszollstelle. Dort erfolgt die Anmeldung und Abfertigung der Sendung (Art. 794 ZKDVO).

Ausfuhrverfahren bei einem Warenwert von 1.000,00 bis 3.000,00 €:

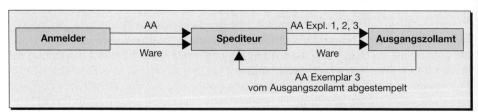

Bei Versand per Post oder per Bahn ist für Sendungen ab einem Wert von 1.000,00 € die Behandlung der Ausfuhranmeldung durch die Ausfuhrzollstelle erforderlich.

---

1   vgl. S. 513

6.2 Vereinfachungen bei der Ausfuhranmeldung verwenden

Die im Folgenden beschriebenen Anmeldeverfahren gelten in ähnlicher Weise auch für die anderen Zollverfahren. Bei der Ausfuhr ist der Teilsatz 0761 Unvollständige/Vereinfachte Ausfuhranmeldung zu verwenden.

6.2.1 Unvollständige Ausfuhranmeldung

Unterscheiden sich Ausführer und Lieferant (Subunternehmer gemäß ZK), so kann durch den Subunternehmer (evtl. den Spediteur) eine unvollständige Ausfuhranmeldung an die Zollstelle eingereicht werden, die für den Ort zuständig ist, an dem der Subunternehmer seinen Sitz hat. Die zollamtliche Behandlung der Sendung kann also am Ort des Verpackens oder Verladens vorgenommen werden und nicht am Sitz des Ausführers. Die unvollständige Ausfuhranmeldung ist ein vorläufiges Ausfuhrpapier. Das Exemplar Nr. 3 ist vor Versand der Ware durch die Ausfuhrzollstelle abzustempeln.

Im Unterschied zur AA müssen bei der unvollständigen Zollanmeldung die Felder 8 (Empfänger), 11 (Handelsland), 17 (Bestimmungsland), 20 (Lieferbedingungen), 22 (Rechnungsbetrag), 24 (Art des Geschäftes) und 46 (Statistischer Wert) nicht ausgefüllt werden.

Vorteile

- Durch dieses Verfahren wird gewährleistet, dass dem Subunternehmer Geschäftsgeheimnisse wie Preise, Lieferbedingungen usw. nicht bekannt werden.
- Die Lieferung von Teilsendungen wird vereinfacht, da mehrere Teilsendungen auf einer endgültigen Ausfuhranmeldung zusammengefasst werden können.
- Die unvollständige Ausfuhranmeldung muss innerhalb von **zehn Werktagen** nach Aufgabe der Waren zum Versand durch eine vollständige Ausfuhranmeldung ersetzt werden.

6.2.2 Vereinfachte Ausfuhranmeldung

Das „vereinfachte Anmeldeverfahren" nach Art. 253 Abs. 2 ZKDVO besteht darin, dass zunächst eine vereinfachte Anmeldung mit den Blättern 1, 2 und 3 des Einheitspapieres abgegeben wird, die später durch eine globale, periodische oder zusammenfassende Anmeldung ergänzt werden muss. Das Verfahren bedarf der Bewilligung durch das HZA. In der Praxis findet dieses Verfahren kaum Anwendung.

6.2.3 Anschreibeverfahren

Beim **Anschreibeverfahren** (Art. 253 Abs. 3 ZKDVO) können entweder die Ausfuhranmeldungen beim Zollamt im Voraus abgestempelt werden oder auf dem Blatt 3 der AA ist bereits ein **Sonderstempel** angebracht.

Der Ausführer, dem die Bewilligung vom HZA erteilt wurde, kann die für ihn notwendigen **Ausfuhranmeldungen vom Ausfuhrzollamt vorabstempeln** lassen.

Vor Abgang der **Waren** sind diese in der **Buchführung anzuschreiben**. Die Anschreibung muss das Anschreibedatum und die zur Feststellung der Warenbeschaffenheit notwendigen Angaben enthalten.

Im Feld 44 der Ausfuhranmeldung ist die Genehmigungsnummer zu vermerken.

Beim **Sonderstempelverfahren** ist ebenfalls die Genehmigung des HZA erforderlich. Ein Sonderstempel ist auf Blatt 3 des Einheitspapiers bereits eingedruckt. Die Ausfuhranmeldungen sind ebenfalls in der Buchhaltung anzuschreiben.

Ausführer, denen die Vorabfertigung bewilligt wurde, werden als **zugelassene Ausführer** bezeichnet.

Ort und Zeitpunkt des Verpackens oder Verladens sind dem Ausfuhrzollamt innerhalb eines Kalendervierteljahres, spätestens am letzten Arbeitstag vor Beginn dieses Zeitraums schriftlich anzuzeigen (Globalmitteilung).

Die Bedeutung dieses Verfahrens liegt darin, dass auf die im Regelverfahren erforderliche Abgabe der Ausfuhranmeldung vor der Beförderung und die Gestellung bei der Ausfuhrzollstelle verzichtet wird.

6.2.4 Ausfuhrkontrollmeldung (AKM)

Gemäß § 13 AWV können Oberfinanzdirektionen vertrauenswürdigen Ausführern, die ständig zahlreiche Sendungen ausführen, gestatten, im Verfahren der Vorausanmeldung anstelle der AA eine AKM zu verwenden. Voraussetzung ist, dass der Ausführer die fortlaufende, vollständige und richtige Erfassung der Ausfuhrsendungen, insbesondere mithilfe einer elektronischen Datenverarbeitungsanlage gewährleistet.

Seit dem 1. Jan. 94 kann die AKM nur für Ausfuhrvorgänge über die deutsche Grenze, die gleichzeitig EU-Zollgrenze ist, verwendet werden, da die AKM ausschließlich ein Ausfuhrdokument nach deutschem Recht ist. Sie kann also z. B. bei Ausfuhren nach der Schweiz sowie bei Ausfuhr über deutsche See- und Flughäfen ausgestellt werden. Erfolgt die Ausfuhr nicht über eine deutsche Ausgangszollstelle, sondern über eine Ausgangszollstelle, die in einem anderen Mitgliedsstaat der Gemeinschaft liegt, also z. B. über Antwerpen (Belgien) oder über einen ausländischen Flughafen (Luxemburg), darf die AKM nicht verwendet werden.

Kurze Erläuterungen zu den Codes der Ausfuhranmeldung (S. 513):

Feld 1 (Anmeldung):

1. Unterfeld:	EX	Anmeldung zur Ausfuhr von Waren aus dem Zollgebiet der Gemeinschaft nach einem Drittland (nicht EFTA-Land)
	EU	würde verwendet für die Anmeldung zur Ausfuhr von Waren aus dem Zollgebiet der Gemeinschaft nach einem EFTA-Land und den der EFTA gleichgestellten Visegrád-Ländern: Polen, Tschechische Republik, Slowakische Republik und Ungarn.
2. Unterfeld:	1	Endgültige Versendung/Ausfuhr

Feld 11 (Handelsland) und

Feld 17 (Bestimmungsland/Bestimmungscode):
Hier ist der ISO-alpha-2-Code des Landes gemäß Länderverzeichnis anzugeben, in das die Ware verbracht wird. Die USA haben den Code „US".

Feld 19
Bei Versand im Container 1, sonst wird 0 eingetragen.

Feld 20 (Lieferbedingungen):
Anzugeben ist die Lieferbedingung bei Sendungen über 2.500,00 € Warenwert; hier gemäß Incoterms CIF = Cost, Insurance, Freight Boston, d. h., Kosten, Versicherung und Fracht bis Boston/USA trägt der Versender. (Fortsetzung siehe S. 514)

| EUROPÄISCHE GEMEINSCHAFT | Nr. UU 004656 | A VERSENDUNGS-/AUSFUHRZOLLSTELLE |

1 2 Versender/Ausführer Nr.
☐ M A F A GmbH
Kleestraße 4
D-90461 Nürnberg

Exemplar für das Versendungs-/Ausfuhrland

1 ANMELDUNG

EX 1 ×××××

3 Vordrucke | 4 Ladelisten
××××

5 Positionen | 6 Packst. insgesamt | 7 Bezugsnummer
-01- | ××××××

8 Empfänger Nr.
Sylvania Ltd.
Mainstreet 32
Albany N.Y. / USA

9 Verantwortlicher für den Zahlungsverkehr Nr.
××××××××××××××××××××××××××××××××××

10 Erstes Best. | 11 Handels-
×××| Land | US |land | 13 G.L.P. ×××××

14 Anmelder/Vertreter Nr.
Versender/Ausführer

15 Versendungs-/Ausfuhrland | 15 Vers./Ausf.L.Code | 17 Bestimm.L.Code
×××××××××××××××× | a| b| ×× | a| US |b| ××

16 Ursprungsland | 17 Bestimmungsland
USA

18 Kennzeichen und Staatszugehörigkeit des Beförderungsmittels beim Abgang | 19 Ctr.
Lkw | 0

20 Lieferbedingung
CIF | Boston/USA | ××

21 Kennzeichen und Staatszugehörigkeit des grenzüberschreitenden aktiven Beförderungsmittels
Schiff | DE

22 Währung u. in Rechn. gestellter Gesamtbetr. | 23 Umrechnungskurs | 24 Art des
EUR | 125.000,00 | ×××××××× | 1| 1 | Geschäfts

25 Verkehrszweig an der Grenze | 26 Inländischer Verkehrszweig | 27 Ladeort
1 | | Hamburg

28 Finanz- und Bankangaben

1 29 Ausgangszollstelle
4851

30 Warenort
×××××××××××××××××

31 Packstücke und Warenbezeichnung
Zeichen und Nummern - Container Nr. - Anzahl und Art
MAFA 342/1-5 5 Kisten
Maschinen zum Zusammenbau von mit
Glaskolben oder Glasröhren
ausgestatteten elektrischen Lampen,
Elektronenröhren oder Blitzlampen

32 Positions Nr. | 33 Warennummer
84751000 | ××××

34 Urspr.land Code | 35 Rohmasse (kg)
a| b|09 | 8750

37 VERFAHREN | 38 Eigenmasse (kg) | 39 Kontingent
1000 |0 | 7250 | ×××××

40 Summarische Anmeldung/Vorpapier
×××××××××××××××××××××××××××

41 Besondere Maßeinheit

44 Besondere Vermerke/ Vorgelegte Unterlagen/ Bescheinigungen u. Genehmigungen
Ausgeführt mit unvollständiger/vereinfachter Ausfuhranmeldung Nr. vom
Ausfuhrgenehmigung vom Nr. Gültig bis
☐ Ich habe keine Kenntnis von einer rüstungstechnischen Verwendung im Sinne von § 5 c AWV (Zutreffendes ankreuzen)
Code B. V. ×××

46 Statistischer Wert
120 000

47 Abgabenberechnung
Art | Bemessungsgrundlage | Satz | Betrag | ZA
×××

48 Zahlungsaufschub
×××××××××××××××××

49 Bezeichnung des Lagers

B ANGABEN FÜR VERBUCHUNGSZWECKE

Ausfuhranmeldung

Zollstelle des Ausführers
Bezeichnung:
Anschrift:

Summe:

50 Hauptverpflichteter Nr.
×××

Unterschrift: | C ABGANGSZOLLSTELLE

51 Vorgesehene Grenzübergangsstellen (und Land)
vertreten durch
Ort und Datum:
××××××××× | ××××××××× | ××××××××× | ××××××××× | ×××××××××× | ××××××××××

52 Sicherheit
nicht gültig für ××× | Code ××

53 Bestimmungszollstelle (und Land)
×××××××××××××××

D PRÜFUNG DURCH DIE ABGANGSZOLLSTELLE
Ergebnis:
Angebrachte Verschlüsse: Anzahl:
Zeichen:
Frist (letzter Tag):
Unterschrift:

Stempel:

54 Ort und Datum:
Nürnberg, 0.-11-15
Unterschrift und Name des Anmelders/Vertreters

0733 Einheitspapier (Versendung/Ausfuhr) + - III B 3 - **(1993)**

Feld 21 (Beförderungsmittel):
Eingetragen wird das Beförderungsmittel und der ISO-alpha-2-Code für die Staatsangehörigkeit. Hier ist es ein **deutsches Schiff, deshalb DE.**

Feld 22 (Währung):
Anzugeben ist die Währung unter Benutzung des ISO-alpha-3-Codes.

Feld 24 (Art des Geschäftes):
Schlüssel-Nr. 11 steht für Verkauf.

Feld 25 (Verkehrszweig an der Grenze):
1 = Seeverkehr

Feld 29 (Ausgangszollstelle):
Alle Ausgangszollstellen haben eine Kenn-Nummer.
4851 steht für Hamburg – Waltershof.

Feld 33 (Warennummer):
Hier wird die Warencodenummer des Warenverzeichnisses der Außenhandelsstatistik eingetragen.

Feld 37 (Verfahren):
Die Code-Nr. 1000 0 steht für endgültige Versendung/Ausfuhr.

Feld 44

Feld 46 (Statistischer Wert):
Der statistische Wert (120.000,00 €) ist niedriger als die in Rechnung gestellte Gesamtsumme (Feld 22 – 125.000,00 €).

Als Grenzübergangswert wird der fob-Wert der Lieferung eingetragen. Dieser muss niedriger sein als der Rechnungswert, da die Lieferbedingung cif Boston lautet und deshalb im Rechnungswert die Fracht- und Versicherungskosten Hamburg – Boston mit enthalten sein müssen.

Zusammenfassung

➤ Durch die Abgabe einer Ausfuhranmeldung durch den Ausführer für jede Exportsendung ab 1.000,00 € wird es der Zollbehörde ermöglicht, die Zulässigkeit von Exporten zu kontrollieren und die statistische Erfassung der Ausfuhren durch das Statistische Bundesamt zu gewährleisten.

➤ Die Vorabfertigung durch die Ausfuhrzollstelle muss bei allen Sendungen mit einem Warenwert über 3.000,00 € erfolgen. Bei Sendungen mit einem geringeren Wert erfolgt die Anmeldung und Abfertigung der Sendungen an der Ausgangszollstelle. Diese überwacht den körperlichen Ausgang der Waren aus dem Zollgebiet.

Durch das System KOBRA werden die Ausfuhrsendungen systematisch erfasst und ausgewertet. Dadurch sollen unerlaubte Ausfuhrlieferungen verhindert werden.

Die Prüfung wird in Zukunft durch das Segment Ausfuhrüberwachung des EZT vorgenommen.

➤ Eine unvollständige/vereinfachte AA wird dann erstellt, wenn Anmelder Subunternehmer einsetzen, denen bestimmte Geschäftsgeheimnisse, z. B. Preise, nicht bekannt werden sollen. Eine vollständig ausgefüllte AA ist aber in jedem Falle vom Anmelder der Ausfuhrzollstelle innerhalb von 10 Tagen nachzureichen.

7   Waren in den zollrechtlich freien Verkehr überführen

In die Gemeinschaft eingeführte Waren müssen in ein bestimmtes Zollverfahren überführt werden. Dazu müssen die Waren durch den Zollanmelder beim Zollamt angemeldet werden. Nach Art. 61 ZK kann dies wie folgt geschehen:

- **mündlich** (z. B. im Reiseverkehr nach Art. 77 ZK; Art 225 – 238 ZKDVO)
- mit Mitteln der **Datenverarbeitung** (Art. 77 ZK; Art 222 – 224 ZKDVO)
  durch das IT-Verfahren **ATLAS**[1] = **A**utomatisiertes **T**arif- und **L**okales Zoll**a**bwicklungs**s**ystem
- **schriftlich**
  - a) **konventionelles Verfahren** (Art. 62 – 75 ZK; Art. 198 – 221 ZKDVO)
    (Die Anmeldung erfolgt auf dem Einheitspapier; diese Daten werden dann durch die Zollstelle in das System ATLAS eingegeben)
  - b) **vereinfachtes Verfahren** (Sammelzollverfahren Art. 76 ZK; Art. 253 – 289 ZKDVO)

  (werden in Zukunft ggf. nicht mehr benötigt, da die Zollabfertigung durch ATLAS bereits an der Grenze erfolgt und durch ATLAS eine vorzeitige Abgabe von Zollmeldungen möglich ist.)

Die schriftlichen Zollanmeldungen sind auf dem Vordruck 0747, d. h. den Exemplaren 6, 7 und 8 des Einheitspapieres, abzugeben.

Den **Anmeldungen** sind alle **Unterlagen beizufügen**, deren Vorlage zur Anwendung der Vorschriften über das Zollverfahren, zu dem die Waren angemeldet werden, erforderlich ist. Zum Beispiel die:

- Zollwertanmeldung (Art. 178 und 179 ZKDVO)
- Verbrauchsteueranmeldung
- Handelsrechnungen (2fach)
- Beförderungspapiere
- Präferenzpapiere (z. B. EUR 1)
- Ursprungszeugnisse (z. B. UZ Form A)
- außenwirtschaftlichen Dokumente (z. B. Einfuhrgenehmigungen)
- Geschäftsunterlagen (z. B. Kaufverträge, Zahlungsnachweise)
- technische Unterlagen (z. B. Beschreibungen, Laborbefunde)

Wie eine ausgefüllte Zollanmeldung zum freien Verkehr aussieht, ist dem Vordruck auf Seite 516 zu entnehmen.

Folgende Sendung soll abgefertigt werden:	
100 Kartons lange Herrenhosen aus 100 % Baumwolle, aus Denim, gewebt,	
Markierung:	G. Weber 2556/1-100
Gewicht:	brutto 500 kg, netto 460 kg
Versender:	China Clothing Ltd., Hongkong
Empfänger:	G. Weber, Textilgroßhandlung, Lübener Straße 27, 90471 Nürnberg
Lieferbedingung:	cif, Hamburg
Wert der Sendung:	80.000,00 Hongkong-Dollar; Kurs: 1,00 € = 6,9552 HKD
Beförderungskosten:	Hamburg – Nürnberg 250,00 €

---

1   vgl. S. 552 f.

EUROPÄISCHE GEMEINSCHAFT

6

Exemplar für das Bestimmungsland

A BESTIMMUNGSZOLLSTELLE

1 ANMELDUNG: IM | 4 | XXXXX

2 Versender/*Ausführer* Nr.
China Clothing Ltd.
122 Park Street
Hongkong

3 Vordrucke: 1 | 1
4 Ladelisten: XXXXX
5 Positionen: 1
6 Packst. insgesamt: XXXXXXX
7 Bezugsnummer: GW 8788

8 Empfänger Nr.
G. Weber
Textilgroßhandlung
Lübener Straße 27

90471 Nürnberg

9 Verantwortlicher für den Zahlungsverkehr Nr.
XXXXXXXXXXXXXXXXXXXXXXXXXXXXXXXXX

10 *Letztes Herkunftsland*: XXX
11 *Hand./Erz.-Land*: HK
12 *Angaben zum Wert*
13 *G. L. P.*: XXXXX

14 Anmelder/Vertreter Nr.
G. Weber
Lübener Str. 2
90471 Nürnberg
vertreten durch
INTERSPED GmbH
Rotterdamer Str. 33
90461 Nürnberg

15 Versendungs-/*Ausfuhrland*: Hongkong
15 Vers./*Ausf.L.Code*: a HK | b XX
17 Bestimm.L.Code: a | b 09
16 Ursprungsland: Hongkong
17 Bestimmungsland: XXXXXXXXXXXXXXXX

18 Kennzeichen und Staatszugehörigkeit des Beförderungsmittels beim Abgang: Lkw
19 Ctr.: 0
20 Lieferbedingung: CIF | Hamburg

21 Kennzeichen und Staatszugehörigkeit des grenzüberschreitenden aktiven Beförderungsmittels: MS Poseidon | JP
22 Währung u. in Rechn. gestellter Gesamtbetr.: HK | 80.000,00
23 Umrechnungskurs: 6,9552
24 Art des Geschäfts: 1 | 1

25 Verkehrszweig an der Grenze: 1
26 Inländischer Verkehrszweig
27 Entladeort: Hamburg
28 Finanz- und Bankangaben: XXXXXXXXXXXXXXXXXXXXXXXXXXXXXXXXXX

6

29 Eingangszollstelle: 4532
30 Warenort

31 Packstücke und Warenbezeichnung
Zeichen und Nummern - Container Nr. - Anzahl und Art
G. Weber
2556/1-100 100 Karton
lange Herrenhosen
aus Denim, gewebt

32 Positions Nr.: 1
33 Warennummer: 6203423100 0
34 Urspr.land Code: a HK | b XX
35 Rohmasse (kg): 500
36 Präferenz: 100
37 VERFAHREN: 4000 | 0
38 Eigenmasse (kg): 460
39 *Kontingent*
40 Summarische Anmeldung/Vorpapier: T1 Nr. 264 v.
41 Besondere Maßeinheit: Stück
42 **Artikelpreis**: XXXXXXXXX
43 B.M. Code: X

44 Besondere Vermerke/Vorgelegte Unterlagen/Bescheinigungen u. Genehmigungen
[X] **Hinsichtlich aller angemeldeten Waren zum vollen Vorsteuerabzug berechtigt.**
Handelsrechnung
Packliste, Einfuhrgenehmigung
Ursprungszeugnis Form A
Konossement, Frachtbrief

Code B. V.: XXX
45 **Berichtigung**: XXXXXXXXX
46 Statistischer Wert: 11502

47 Abgabenberechnung

Art	Bemessungsgrundlage	Satz	Betrag	ZA
101	11502,19	12,4 %	1.426,27	E
200	13178,46	16,0 %	2.108,55	E
		Summe:		

48 Zahlungsaufschub: ARN-1234 INTERSPED
49 Bezeichnung des Lagers
B ANGABEN FÜR VERBUCHUNGSZWECKE

50 Hauptverpflichteter Nr.
XXXXXXXXXXXXXXXXXXXXXXXXXXXXXXXXXXXXXXXXXX
vertreten durch
Ort und Datum:
Unterschrift:

C ABGANGSZOLLSTELLE

51 Vorgesehene Grenzübergangsstellen (und Land)
XXXXXXXXXXX | XXXXXXXXXXX | XXXXXXXXXXX | XXXXXXXXXXX | XXXXXXXXXXX | XXXXXXXXXXX

52 Sicherheit nicht gültig für XXXXXXXXXXXXXXXXXXXXXXXXXXXXXXXXXXXXXXXXXX
Code: XX
53 Bestimmungszollstelle (und Land): XXXXXXXXXXXXXXXXXXXXXXXXX

D PRÜFUNG DURCH DIE ABGANGSZOLLSTELLE

54 Ort und Datum:
Nürnberg,
Unterschrift und Name des Anmelders/Vertreters
i.A.u.i.V. G. Weber
INTERSPED GmbH
Rotterdamer Straße 33
90461 Nürnberg
Sachbearbeiter L. Bauer
i. A.

0779 Einheitspapier (Bestimmung - Eingang/Einfuhr - mit drei Exemplaren 6) + - III B 8 - **(1996)**

Eine ausführliche Anleitung, wie die Vordrucke ausgefüllt werden müssen und welche Vordrucke es gibt, enthält das „Merkblatt zum Einheitspapier" in der jeweils gültigen Ausgabe.

Im Folgenden soll kurz aufgeführt werden, welche Angaben in den Feldern erfolgen müssen.

Feld 1 (Anmeldung)

Aus diesem Feld kann man entnehmen, zwischen welchen Vertragsstaaten der Warenverkehr abgewickelt wurde und welche Abfertigung beantragt wird. Der Eintrag IM 4 bedeutet eine Anmeldung zur Überführung von Drittlandwaren zum Zoll und steuerrechtlich freien Verkehr.

Feld 2 (Versender/Ausführer) mit genauer Anschrift

Feld 3 (Vordrucke)

Anzugeben ist die Anzahl der verwendeten Vordrucke, wenn mehrere Positionen angemeldet werden. Werden z. B. ein Vordruck IM und zwei Ergänzungsvordrucke IM/c vorgelegt, so ist der Vordruck IM mit 1/3, der erste Vordruck IM/c mit 2/3 und der zweite Vordruck IM/c mit 3/3 zu bezeichnen.

Feld 5 (Positionen)

Anzugeben ist die Gesamtzahl der von den Beteiligten auf allen verwendeten Vordrucken angemeldeten Warenpositionen.

Feld 8 (Empfänger)

Als Empfänger/Einführer ist anzugeben, wer Waren aus dem Ausland in das Erhebungs-/Wirtschaftsgebiet verbringt bzw. verbringen lässt. Wer lediglich als Spediteur tätig wird, ist nicht Einführer.

Feld 11 (Handelsland/Land der Erzeugung)

Dieses Feld wird nur im Warenverkehr mit den EFTA-Ländern und Drittländern ausgefüllt, z. B. HK bei Herkunftsland Hongkong.

Feld 14 (Anmelder/Vertreter)

Anzugeben sind Name, Vorname und vollständige Anschrift des Zollbeteiligten und ggf. des Bevollmächtigten (Vertreter). Sind Anmelder und Empfänger/Einführer identisch, genügt die Angabe Empfänger/Einführer. Hier ist die Spedition INTERSPED GmbH der **direkte** Vertreter der Firma G. Weber.

Feld 15 (Versendungs-/Ausfuhrland)

stimmt meist mit dem Ursprungsland überein.

Feld 15 a (Vers./Ausf.-L.-Code)

Anzugeben ist der ISO-alpha-2-Code für das entsprechende Land.

Feld 16 (Ursprungsland)

ist i. Allg. das Land, in dem die Waren vollständig gewonnen oder hergestellt wurden, bzw. das Land, in dem sie die Eigenschaft von Ursprungswaren erworben haben.

Feld 17 b (Bestimm-L.-Code)

Hier ist das Zielland in der Bundesrepublik Deutschland anzugeben z. B. 09 für Bayern.

Feld 18 (Beförderungsmittel)

Anzugeben ist das Kennzeichen oder der Name des Beförderungsmittels, z. B. Lastkraftwagen.

Feld 19 (Container)

Angabe: 0 – Nicht in Containern beförderte Waren

Angabe: 1 – In Containern beförderte Waren

Feld 20 (Lieferbedingung)

nach Incoterm z. B. CIF, Hamburg. Wurde keine Incotermklausel vereinbart, so ist im ersten Unterfeld xxx einzutragen.

Feld 21 (Beförderungsmittel)

Anzugeben sind der Verkehrszweig und die Nationalität des Beförderungsmittels, z. B. Motorschiff Poseidon, JP für Japan.

Feld 22 (Währung)

Anzugeben sind die Währung und der gesamte Rechnungsbetrag. Bei dieser Zollanmeldung beträgt der Rechnungsbetrag 80.000,00 Hongkong-Dollar.

Feld 23 (Umrechnungskurs)

Einzutragen ist der geltende Wechselkurs. Die amtlichen Umtauschkurse werden vom Zollamt bekannt gegeben (1,00 € = 6,9552 HKD).

Feld 24 (Art des Geschäftes)

Einzutragen ist wieder die Schlüsselnummer, z. B. 11 ist endgültiger Kauf.

Feld 29 (Eingangszollstelle)

z. B. 4532 ist Hamburg-Hafen

Feld 31 (Warenbezeichnung)

Einzutragen sind Zeichen und Nummern, Anzahl und Art der Packstücke sowie die tarifliche Bezeichnung der Ware.

Feld 32 (Positionsnummer)

Anzugeben ist die fortlaufende Nummer der betreffenden Warenposition im Antrag. Bei nur einer Warenposition wird dieses Feld nicht ausgefüllt.

Feld 33 (Warennummer)

Anzugeben ist die Warennummer (11-stellig). Mit der Warenbezeichnung und der Codenummer ist die Ware eindeutig beschrieben (vgl. S. 526 f. – Auszug aus dem EZT).

Feld 34 (ISO-Alpha-2-Code)

für Ursprungsland (HK Hongkong)

Feld 35 (Rohmasse)

Bruttogewicht der Sendung

Feld 36 (Präferenz)

Anzugeben ist mit dem entsprechenden Code die zutreffende Abgabenbegünstigung. Code-Nr. 100: Anwendung des Drittlandszollsatzes.

Feld 37 (Verfahren)

Zu welchem Verfahren soll abgefertigt werden? (Hier 4000/0, d. h. Einfuhr zum freien Verkehr)

Feld 38 (Eigenmasse)

Nettogewicht der Ware

Feld 40 (Summarische Anmeldung/Vorpapier)

Die Sendung wurde mit einem T1 im gVV von Hamburg nach Nürnberg weitergeleitet (vgl. Seite 543 ff.).

Feld 46 (Statistischer Wert)
ist der Grenzübergangswert in vollen Euro. Der Grenzübergangswert stimmt in diesem Fall mit dem Zollwert überein, da EU-Grenze und deutsche Grenze übereinstimmen.

Feld 47 (Abgabenberechnung)
Berechnungsgrundlage der Einfuhrabgaben:
101 = Zoll; 200 = Einfuhrumsatzsteuer,
E steht für Zahlungsaufschub.
Zur Berechnung der Einfuhrabgaben vgl. S. 530 ff.

Feld 48 (Zahlungsaufschub)
Nummer des Zahlungsaufschubkontos

Feld 54 (Zollanmelder)
Unterschrift und Name des Anmelders, „im Auftrag und in Vertretung"
Zollbeteiligter ist die Firma G. Weber, INTERSPED GmbH ist der **direkte Vertreter.**

7.1 Zollantrag am Zollamt einreichen

Die Zollanmeldung wird beim zuständigen Zollamt eingereicht. Danach kann die Abfertigung wie folgt durchgeführt werden:

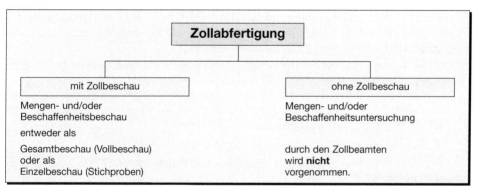

Zollbeschau bedeutet, dass die Ware vom Zollbeamten in Augenschein genommen und mit der Zollanmeldung verglichen wird. Dabei kann es sich um eine Mengen- und/oder Beschaffenheitsbeschau handeln, die entweder als Gesamtbeschau oder Einzelbeschau (Stichproben) durchgeführt wird. Sind die Stichproben ohne Beanstandung, dann wird vermutet, dass die gesamte Sendung in Ordnung ist.

Das Ergebnis der Beschau wird im Zollbefund festgehalten. Sind die Angaben in der Zollanmeldung vollständig und schlüssig und bestehen keine Bedenken wegen anderer Vorschriften über die Einfuhr von Waren (z. B. Außenwirtschaftsrecht, VuB), dann wird die Zollstelle auf eine Beschau verzichten, d. h., es wird vermutet, dass Menge und Beschaffenheit mit der Zollanmeldung übereinstimmen. In diesen Fällen wird die Verzollung rein papiermäßig durchgeführt.

7.2 Zollwert ermitteln (Art. 28 – 36 ZK; Art. 141 – 181 ZKDVO)

Grundsätzlich gilt, dass der Zollwert für eingeführte Waren der

1. **Transaktionswert** (Art. 29 Abs. 1 bzw. 2 ZK) ist.

   Das ist der für die eingeführte Ware **tatsächlich gezahlte** oder **zu zahlende Preis,** wenn

   a) Käufer und Verkäufer **nicht** miteinander **verbunden** sind und keine weiteren Einschränkungen vorliegen (Art. 29 Abs. 1 ZK).

   b) Käufer und Verkäufer miteinander **verbunden** sind, aber durch diese Verbundenheit der **Preis der Waren nicht beeinflusst** wurde (Art. 29 Abs. 2 ZK).

Kommt der Transaktionswert aufgrund der aufgeführten Einschränkungen nicht zur Anwendung, dann ist auf der Grundlage des Art. 30 ZK einer der folgenden Werte heranzuziehen:

2. **Transaktionswert gleicher Waren** (Art. 30 Abs. 2 a ZK; Art. 150 ZKDVO)

   Zur Bewertung soll ein Kaufgeschäft über gleiche Waren (die Waren müssen in jeder Hinsicht gleich sein, d. h. Qualität, Beschaffenheit, Aussehen, Marke, Herkunftsland) und auf der gleichen Handelsstufe (z. B. Großhandel) und über gleiche Mengen herangezogen werden. Die Einfuhr dieser Waren darf noch nicht lange zurückliegen (ca. zwei Monate).

3. **Transaktionswert gleichartiger Waren** (Art. 30 Abs. 2 b ZK; Art. 151 ZKDVO)

   Diese Methode wird ähnlich gehandhabt wie Methode 2. Der Begriff gleichartige Waren ist so zu verstehen, dass ein nahezu baugleiches Produkt zum Vergleich herangezogen wird. Sonst gilt das Gleiche wie bei Methode 2.

4. **Deduktionsmethode, d. h., der Wert auf der Grundlage des Verkaufspreises** (Preis je Einheit), zu dem die eingeführten Waren in der größten Menge insgesamt in der Gemeinschaft an Personen verkauft wurden, die mit dem Verkäufer nicht verbunden sind (Art. 30 Abs. 2 c ZK; Art. 152 ZKDVO).

   Bei dieser Methode werden die eingeführten Waren (bzw. gleiche oder gleichartige Waren) in unverändertem Zustand in der Gemeinschaft verkauft. Von dem erzielten Verkaufspreis werden dann die Einfuhrabgaben, die üblichen Beförderungs- und Versicherungskosten sowie die Gemeinkosten und der Gewinn abgezogen. Es wird also vom Verkaufspreis auf den Zollwert zurückgerechnet.

5. **der errechnete Wert** (Art. 30 Abs. 2 d ZK; Art. 153 ZKDVO), d. h.,

   diese Art der Zollwertfeststellung beruht auf den Angaben des Herstellers. Aus seinen Angaben über

   – Material- und Herstellungskosten für die Be- und Verarbeitung,

   – übliche Gewinne und Gemeinkosten des Herstellers,

   – Beförderungs-, Versicherungs- und Ladekosten bis zum Ort des Verbringens in die EU

   wird der Zollwert errechnet. Voraussetzung dafür ist, dass der Hersteller diese Daten offen legt und dagegen keine Einwände seitens seiner Regierung erhoben werden. Das ist in der Praxis wenig wahrscheinlich.

6. Kann der Zollwert der eingeführten Waren nicht nach den Artikeln 29 und 30 ZK ermittelt werden, so ist er auf der Grundlage von in der Gemeinschaft verfügbaren Daten durch **zweckmäßige Methoden** zu ermitteln, die mit den Regeln des Art. 31 ZK übereinstimmen.

Wird der **Zollwert** aufgrund des **Art. 31 ZK** ermittelt, darf als Grundlage **nicht** herangezogen werden:

– der Verkaufspreis von Waren, die in der Gemeinschaft hergestellt wurden
– ein Verfahren, nach dem jeweils der höhere von zwei Alternativwerten für die Zollbewertung heranzuziehen ist
– der Inlandspreis von Waren im Ausfuhrland
– andere Herstellungskosten als jene, die bei dem errechneten Wert für gleiche oder gleichartige Waren ermittelt worden sind
– Preise zur Ausfuhr in ein Land, das nicht zum Zollgebiet der Gemeinschaft gehört
– Mindestzollwerte
– willkürliche oder fiktive Werte

Die **Reihenfolge der Methoden zur Feststellung des Zollwertes ist zwingend** einzuhalten; lediglich die Deduktionsmethode und der errechnete Wert können auf Antrag des Anmelders vertauscht werden.

Da bei dem überwiegenden Teil aller abzuwickelnden Importfälle der Zollwert nach der Methode 1a (Transaktionswert) ermittelt wird, soll nur diese Methode ausführlich dargestellt werden.

Methode 1a Transaktionswert nach Art. 29 Abs. 1 ZK

ZOLLWERT ist der „**Transaktionswert**"

d. h. der für diese Ware bei einem Verkauf zur Ausfuhr in das Zollgebiet der Gemeinschaft tatsächlich gezahlte oder zu zahlende Preis (Rechnungspreis).

Dabei wird immer von einer Lieferungsbedingung „**CIF EU-Grenze**" ausgegangen und angenommen, dass der in der Rechnung angegebene Preis den im ZK genannten Bedingungen entspricht.

Gemäß Art. 29 ZK müssen folgende **Voraussetzungen** erfüllt sein:

a) keine Einschränkungen bzgl. Verwendung und Gebrauch, die sich auf den Preis wesentlich auswirken
b) keine Bedingungen und Leistungen, deren Wert nicht bestimmt werden kann
c) kein Teil des Erlöses aus späteren Weiterverkäufen kommt dem Verkäufer zugute, es sei denn, **eine angemessene Berichtigung ist möglich**
d) keine Verbundenheit mit preisbeeinflussender Auswirkung zwischen Käufer und Verkäufer

Gegebenenfalls muss der **Rechnungsbetrag** noch nach **Art. 32 ZK berichtigt** werden. Dabei sind **Plus- und Minusfaktoren zu berücksichtigen.**

Berichtigung gemäß Art. 32 ZK: **Plusfaktoren**
(sind noch nicht im Rechnungspreis enthalten)

a) Kosten   – für Provisionen (ohne Einkaufsprovision)
                  – für Maklerlöhne
                  – für Umschließungen
                  – für die Verpackung

b) aufgeteilte Werte – für Material usw.

– für Werkzeuge, Formen usw.

– für Verbrauchsmaterial

– für Pläne, die außerhalb der EU erarbeitet wurden

c) für Lizenzgebühren nach Kaufvertrag

d) Erlöse aus späteren Wiederverkäufen

e) **Beförderungs-** und **Versicherungskosten usw. bis zum Verbringungsort in das Zollgebiet der Gemeinschaft**

ggf. Berichtigung (**Minusfaktoren** sind bereits im Rechnungspreis enthalten. Sie sind nach Art. 33 ZK vom Rechnungspreis abzuziehen und werden nicht in den Zollwert einbezogen.)

a) Beförderungskosten für die Waren nach deren Ankunft am Verbringungsort in das Zollgebiet der EU;

b) Zahlungen für den Bau, die Errichtung, die Montage ... sofern diese Tätigkeiten an den eingeführten Waren nach der Einfuhr vorgenommen wurden;

c) Zinsen, die vom Käufer im Rahmen einer Finanzierungsvereinbarung zu zahlen sind;

d) Kosten für das Recht auf Vervielfältigung der eingeführten Waren in der EU;

e) Einkaufsprovisionen;

f) Einfuhrabgaben und andere in der Gemeinschaft aufgrund der Einfuhr oder des Verkaufs der Waren zu zahlende Abgaben.

Schwierig wird die Berechnung des Frachtanteils bei „frei Haus-" oder „frei Bestimmungsort"-Sendungen, wenn sich der EU-Anteil nicht eindeutig bestimmen lässt. Hier gilt grundsätzlich Folgendes gemäß Art. 164 ZKVDO:

Lkw: EU-Anteil muss gesondert ausgewiesen werden.

Ist dies nicht der Fall, so werden die Beförderungskosten im Verhältnis der außerhalb und innerhalb des Zollgebietes der EU zurückgelegten Beförderungsstrecken aufgeteilt.

Bahn: Im CIM-Frachtbrief sind die Frachtkosten je Land aufgeteilt, EU-Kosten sind deshalb eindeutig zu bestimmen.

Luft: Da der Verbringungsort nicht genau feststellbar ist, werden die Luftfrachtkosten gemäß Anhang 25 ZKDVO „In den Zollwert einzubeziehende Luftfrachtkosten" entsprechend der abgedruckten Listen aufgeteilt. Nach Abgangs- und Empfangsflughafen werden folgende %-Sätze ermittelt:

z. B. Japan (sämtliche)

	– München	86 %
	– Frankfurt	84 %
New York	– Nürnberg	65 %

Methode 1 b Zollwertermittlung nach Art. 3 Abs. 2 ZWVO

Wenn Käufer und Verkäufer miteinander verbunden sind (Mutter- und Tochtergesellschaft), wird vom Zoll geprüft, ob dies Auswirkungen auf den Preis hat. Ist der Preis davon nicht beeinflusst worden, ist der Transaktionswert (Methode 1 a) anzuerkennen.

Die Anmeldung des Zollwertes muss bei einem Betrag ab 10.000,00 € auf dem Formular Anmeldung der Angaben über den Zollwert D.V.1 erfolgen. Ist der Wert der Waren niedriger, kann das Zollamt die Abgabe der Anmeldung verlangen.

Dem Zollantrag für die Abfertigung von 100 Kartons Hosen (vgl. Seite 516) ist das auf den Seiten 524 und 525 abgebildete Formular D.V.1 beizufügen.

Da die Lieferung CIF-Hamburg erfolgte, stimmen Rechnungspreis in nationaler Währung und Zollwert überein.

Die Bemessungsgrundlage für den Zoll (= Zollwert) errechnet sich bei unserem Beispiel wie folgt:

Rechnungspreis in Hongkong-Dollar:

  80.000,00 : 6,9552 (Umrechnungskurs)

ergibt einen Rechnungspreis von 11.502,19 €

Bei anderen Lieferkonditionen ergibt sich ein anderer Zollwert.

Beispiel: *Bei der Lieferkondition FOB-Hongkong (gleicher Rechnungspreis) würde sich der Zollwert wie folgt ändern:*

Rechnungspreis in nationaler Währung	11.502,19 €
+ Beförderungskosten Hongkong bis Hamburg	325,00 €
+ Versicherungskosten	30,00 €
Zollwert	11.857,19 €

Beispiel: *Bei der Lieferkondition CFR-Hamburg (gleicher Rechnungspreis) errechnet sich folgender Zollwert:*

Rechnungspreis in nationaler Währung	11.502,19 €
Versicherungskosten	30,00 €
Zollwert	11.532,19 €

Es ist also jeweils aufgrund der Lieferbedingungen im Einzelnen zu prüfen, ob bestimmte Kosten im Rechnungspreis enthalten sind bzw. noch dazu gerechnet werden müssen.

Beispiel: *Der Rechnungspreis einer Ware beträgt 90.000,00 US-$; Kurs 1,00 € = 0,9000 US-$; Lieferbedingungen FCA Chicago; Bestimmungsflughafen Nürnberg. Bei Zahlung innerhalb von 10 Tagen werden 2 % Skonto gewährt. Im AWB sind Luftfrachtkosten von 4.835,00 € sowie Nebengebühren in Nürnberg von 175,00 € ausgewiesen. Gemäß Anhang 25 ZKDVO sind 65 % der Luftfrachtkosten in den Zollwert einzubeziehen.*

Der Zollwert wird wie folgt ermittelt:

Rechnungspreis 90.000 USD : 0,9000	100.000,00 €
– 2 % Skonto	2.000,00 €
= tatsächlich gezahlter Preis	98.000,00 €
+ 65 % Luftfrachtkosten	3.142,75 €
Zollwert	101.142,75 €

EUROPÄISCHE GEMEINSCHAFT   ANMELDUNG DER ANGABEN ÜBER DEN ZOLLWERT **D. V. 1**

1 Verkäufer (Name oder Firma, Anschrift)

China Clothing Ltd.
122 Park Street

Hongkong

FÜR AMTLICHE ZWECKE

2 (a) Käufer (Name oder Firma, Anschrift)

G. Weber GmbH
Textilgroßhandlung
Lübener Straße 27

90471 Nürnberg

2 (b) Zollwertanmelder (Name oder Firma, Anschrift)

G. Weber GmbH   vertreten durch
Lübener Straße 27   INTERSPED GmbH
                       Rotterdamer Str.33
90471 Nürnberg   90461 Nürnberg

3 Lieferungsbedingung (z. B. FOB New York)

CIF Hamburg

WICHTIGER HINWEIS

Mit Unterzeichnung und Vorlage dieser Anmeldung übernimmt der Zollwertanmelder die Verantwortung bezüglich der Richtigkeit und Vollständigkeit der auf diesem Vordruck und sämtlichen mit ihm zusammen vorgelegten Ergänzungsblättern gemachten Angaben und bezüglich der Echtheit aller als Nachweis vorgelegten Unterlagen. Der Zollwertanmelder verpflichtet sich auch zur Erteilung aller zusätzlichen Informationen und zur Vorlage aller weiteren Unterlagen, die für die Ermittlung des Zollwerts der Waren erforderlich sind.

4 Nummer und Datum der Rechnung

A4/98/HKG/188-A/B vom 0.-02-11

5 Nummer und Datum des Vertrags

387 vom 0.-01-07

6 Nummer und Datum der früheren Zollentscheidungen zu den Feldern 7 bis 9

7 (a) Sind Käufer und Verkäufer VERBUNDEN im Sinne von Artikel 143 der Verordnung (EWG) Nr. 2454/93 ?*) – Falls NEIN, weiter zu Feld 8

Zutreffendes ankreuzen ☒

☐ JA   ☒ NEIN

(b) Hat die Verbundenheit den Preis der eingeführten Waren BEEINFLUSST?

☐ JA   ☐ NEIN

(c) (Antwort freigestellt) Kommt der Transaktionswert der eingeführten Waren einem der Werte in Artikel 29 Abs. 2b der Verordnung (EWG) 2913/92 SEHR NAHE? Falls JA, Einzelheiten angeben

☐ JA   ☐ NEIN

8 (a) Bestehen EINSCHRÄNKUNGEN bezüglich der Verwendung und des Gebrauchs der Waren durch den Käufer, ausgenommen solche, die
– durch das Gesetz oder von den Behörden in der Gemeinschaft auferlegt oder gefordert werden,
– das Gebiet abgrenzen, innerhalb dessen die Waren weiterverkauft werden können,
– sich auf den Wert der Waren nicht wesentlich auswirken?

☐ JA   ☒ NEIN

(b) Ist der Kaufgeschäfts oder des Preises BEDINGUNGEN vor oder sind LEISTUNGEN zu erbringen, deren Wert im Hinblick auf die zu bewertenden Waren nicht bestimmt werden kann?
Art der Einschränkungen, Bedingungen oder Leistungen angeben.
Falls der Wert im Hinblick auf die zu bewertenden Waren bestimmt werden kann, Betrag im Feld 11 b angeben.

☐ JA   ☒ NEIN

9 (a) Hat der Käufer unmittelbar oder mittelbar LIZENZGEBÜHREN für die eingeführten Waren nach den Bedingungen des Kaufgeschäfts zu zahlen?

☐ JA   ☒ NEIN

(b) Ist das Kaufgeschäft mit einer Vereinbarung verbunden, nach der ein Teil der Erlöse aus späteren WEITERVERKÄUFEN, sonstigen ÜBERLASSUNGEN oder VERWENDUNGEN unmittelbar oder mittelbar dem Verkäufer zugute kommt?

☐ JA   ☒ NEIN

Falls JA zu (a) oder auch (b): Die Umstände angeben und, wenn möglich, die Beträge in den Feldern 15 und 16 angeben.

*) PERSONEN GELTEN NUR DANN ALS VERBUNDEN, WENN
(a) sie der Leitung des Geschäftsbetriebs der jeweils anderen Person angehören;
(b) sie Teilhaber oder Gesellschafter von Personengesellschaften sind;
(c) sie sich in einem Arbeitgeber-/Arbeitnehmerverhältnis zueinander befinden;
(d) eine beliebige Person unmittelbar oder mittelbar 5% oder mehr der im Umlauf befindlichen stimmberechtigten Anteile oder Aktien beider Personen besitzt oder kontrolliert;
(e) eine von ihnen unmittelbar oder mittelbar die andere kontrolliert;
(f) beide von ihnen unmittelbar oder mittelbar von einer dritten Person kontrolliert werden;
(g) sie zusammen unmittelbar oder mittelbar eine dritte Person kontrollieren oder
(h) sie Mitglieder derselben Familie sind.
Die Tatsache, daß ein Käufer und ein Verkäufer miteinander verbunden sind, schließt die Anwendung des Transaktionswerts nicht unbedingt aus (siehe Artikel 29 Abs. 2 der Verordnung (EWG) 2913/92 und Anhang 23 zu VO (EWG) Nr. 2454/93).
Auf das Merkblatt „Zollwert" (Vordruck 0466) wird hingewiesen.
Hinweis nach § 9 Abs. 2 Bundesdatenschutzgesetz
Zu den Angaben in diesem Vordruck sind Sie nach Artikel 178 der Verordnung (EWG) Nr. 2454/93 und nach § 11 Abs. 1 Umsatzsteuergesetz verpflichtet.

10 (a) Anzahl der beigefügten Ergänzungsblätter D. V. 1 BIS

10 (b) Ort, Datum, Unterschrift

Nürnberg,
i.A.u.i.V. G. Weber GmbH
INTERSPED GmbH
Rotterdamer Straße 33
90461 Nürnberg
Sachbearbeiter L. Bauer
i.A.

		Ware (Pos.)	Ware (Pos.)	Vermerke der Zollstelle
A. Grundlage der Berechnung	**11** (a) Nettopreis in der RECHNUNGSWÄHRUNG (Tatsächlich gezahlter Preis oder Preis im maßgebenden Bewertungszeitpunkt)	80.000,00		
	Nettopreis in NATIONALER WÄHRUNG (Umrechnungskurs 6,9552)	11.502,19		
	(b) Mittelbare Zahlungen (siehe Feld 8b) (Umrechnungskurs)			
	12 Summe A in NATIONALER WÄHRUNG			
B. HINZU-RECH-NUNGEN Kosten in NATIO-NALER WÄH-RUNG, die NICHT in A enthalten sind*) Gegebenenfalls NACH-STEHEND frühere Zollentscheidungen hierzu angeben	**13** Kosten, die für den Käufer entstanden sind (a) Provisionen (ausgenommen Einkaufsprovisionen)			
	(b) Maklerlöhne			
	(c) Umschließungen und Verpackung			
	14 Gegenstände und Leistungen, die vom Käufer unentgeltlich oder zu ermäßigten Preisen für die Verwendung im Zusammenhang mit der Herstellung und dem Verkauf zur Ausfuhr der eingeführten Waren geliefert werden Die aufgeführten Werte sind ggf. entsprechend aufgeteilt (a) In den eingeführten Waren enthaltene Materialien, Bestandteile und dergleichen			
	(b) Bei der Herstellung der eingeführten Waren verwendete Werkzeuge, Gußformen und dergleichen			
	(c) Bei der Herstellung der eingeführten Waren verbrauchte Materialien			
	(d) Für die Herstellung der eingeführten Waren notwendige Techniken, Entwicklungen, Entwürfe, Pläne und Skizzen, die außerhalb der Gemeinschaft erarbeitet wurden			
	15 Lizenzgebühren (siehe Feld 9a)			
	16 Erlöse aus Weiterverkäufen, sonstigen Überlassungen oder Verwendungen, die dem Verkäufer zugute kommen (siehe Feld 9 b)			
	17 Lieferungskosten bis (Ort des Verbringens)			
	(a) Beförderung			
	(b) Ladekosten und Behandlungskosten			
	(c) Versicherung			
	18 Summe B			
C. ABZÜGE: Kosten in NATIO-NALER WÄH-RUNG, die in A ENT-HALTEN sind*)	**19** Beförderungskosten nach Ankunft am Ort des Verbringens			
	20 Zahlungen für den Bau, die Errichtung, Montage, Instandhaltung oder technische Unterstützung nach der Einfuhr			
	21 Andere Zahlungen (Art)			
	22 Zölle und Steuern, die in der Gemeinschaft wegen der Einfuhr oder des Verkaufs der Waren zu zahlen sind			
	23 Summe C			
24 ANGEMELDETER WERT (A + B – C)		11.502,19		

*) Wenn Beträge in AUSLÄNDISCHER WÄHRUNG zu zahlen sind, hier den Betrag in ausländischer Währung und den Umrechnungskurs unter Bezug auf jede Ware und Zeile angeben.

Bezug	Betrag	Umrechnungskurs

Zusätzliche Angaben

Zollwert ermitteln **525**

7.3   Zolltarif anwenden

Der Zolltarif ist ein Verzeichnis, in dem alle Waren nach einem bestimmten System erfasst werden und der jeder Ware einen bestimmten Zollsatz zuordnet. Die Zollsätze sind Gemeinschaftsrecht und somit zwingend anzuwenden.

Kern des Elektronischen Zolltarifs ist die TARIC2-Datenbank der Europäischen Union, ergänzt um nationale Unterpositionen und Maßnahmen (Einfuhrumsatzsteuer und Verbrauchssteuersätze), die Einfuhrliste und Hinweise (z. B. Verbote und Beschränkungen).

7.3.1   Aufbau der Code-Nummer im Elektronischen Zolltarif (EZT)

Eine einheitliche Zollbehandlung lässt sich nur erreichen, wenn alle Waren gleich eingeordnet werden. Dazu wurde das **„Harmonisierte System zur Bezeichnung und Codierung der Waren"** (HS) des „Rates für die Zusammenarbeit auf dem Gebiet des Zollwesens" (RZZ) geschaffen. Nicht nur für die EU, sondern weltweit wurde damit eine Grundlage gelegt für einheitliche Warenbezeichnungen und Codenummern. Alle Waren der Welt, auch solche, die noch gar nicht existieren, lassen sich durch diese Systematik erfassen. Das HS gliedert die Waren in 21 Abschnitte, die in Kapitel, Positionen und Unterpositionen unterteilt sind. Die Kapitel unterscheiden zwischen Agrarwaren (Kapitel 0 – 24) und Industriewaren (Kapitel 25 – 97); es enthält ferner 2 Kapitel für Warenzusammensetzungen.

Den Warenbezeichnungen sind sechs Codenummern zugeordnet. Diese wurden aus bestimmten statistischen und zolltariflichen Anforderungen durch die EU auf 8 Stellen erweitert (**K**ombinierte **N**omenklatur = KN).

Die Nummern 9 und 10 sind für den TARIC (Tarif douanier intégré des Communantés européennes = Integrierter Zolltarif der Europäischen Gemeinschaft) vorgesehen.

Für nationale Zwecke ist die elfte Stelle reserviert.

Zusammensetzung der Codenummer im Elektronischen Zolltarif:

Stelle	1	2	3	4	5	6	7	8	9	10	11
Code-Nr.:	6	2	0	3	4	2	3	1	0	0	0

Harmonisiertes System (HS)
Stelle   Bezeichnung
1 und 2   Kapitel (HS)
3 und 4   Position (HS)
5 und 6   Unterposition (HS)

Kombinierte Nomenklatur
7 und 8   Unterposition Kombinierte Nomenklatur

TARIC   (Integrierter Zolltarif der EU)
9 und 10   TARIC-Unterpositionen für gemeinschaftliche Bedürfnisse

11   **Codenummer des Elektronischen Zolltarifs**
              (Unterposition für nationale Belange)

7.3.2 Elektronischer Zolltarif (EZT)

Der EZT ermöglicht bei der Einfuhr

● eine umfassende Einreihungsunterstützung durch Nomenklaturtext, Anmerkungen zu Abschnitten und Kapiteln, Einführende Vorschriften, Anhänge, Erläuterungen, Stichwortverzeichnis und den Zugriff auf verbindliche Zolltarifauskünfte,

● zusammen mit den Daten aus der elektronischen Zollanmeldung die automatisierte Auswahl der anzuwendenden Maßnahmen und die Berechnung zu erhebender Einfuhrabgaben.

Aktualisierungen des TARIC2 gehen einmal täglich von der Europäischen Kommission ein. Nach Übernahme in den EZT für die Einfuhr werden die Aktualisierungen vom Rechenzentrum Karlsruhe täglich zeitgleich an die Zollstellen und die Bundesanzeiger Verlagsgesellschaft mbH, als Vertriebspartner gegenüber der Wirtschaft weitergegeben, sodass eine zeitnahe Übermittlung an die Wirtschaft möglich ist.

Je nach Anbieter der Software des EZT kann die Bildschirmanzeige unterschiedlich gestaltet sein. Im Prinzip werden aber immer folgende Angaben angezeigt:

① Die Codenummer und die Warenbezeichnung

Unser Beispiel „lange Herrenhosen aus Denim" führt uns zur Codenummer 6203 423 100.

(T6) weist auf die Textilkategorie 6 hin

② Wiederholung der Codenummer.

③ Angezeigt wird der Einfuhrumsatzsteuersatz

R steht für „Regelsteuersatz", d. h. 16 % Einfuhrumsatzsteuer (EUST)

④ Angezeigt wird der Drittlandszollsatz für Hongkong

⑤ APS steht für allgemeine Zollpräferenzen

(SPGC) frei gibt an, dass für Importe aus den am wenigsten entwickelten Ländern, die in der Länderliste J aufgeführt werden, keine Zölle zu entrichten sind.

⑥ Zuständig für die Einfuhrlizenz bzw. Einfuhrgenehmigung ist das Bundesamt für Wirtschaft (BAW). Neue Bezeichnung: Bundesamt für Wirtschaft und Ausfuhrkontrolle.

⑦ Es besteht für diese Waren Genehmigungspflicht. Erforderlich ist eine Einfuhrlizenz (EL).

⑧ Die Nummer 052 führt uns zu den Fußnoten, die Hinweise für einzelne Länder enthalten. Für Hongkong finden wir hier nochmals den Hinweis, dass die Einfuhr genehmigungspflichtig ist, wenn das Ursprungsland Hongkong ist.

⑨ Erforderlich ist ebenfalls die Vorlage eines Ursprungszeugnisses.

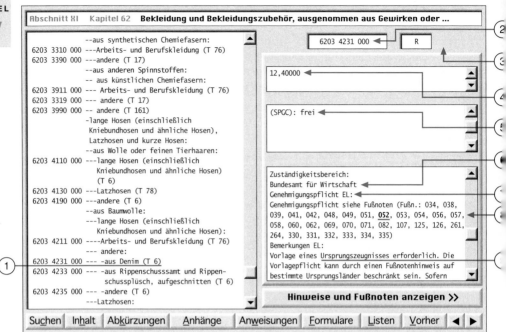

```
                    --aus synthetischen Chemiefasern:
6203 3310 000 ---Arbeits- und Berufskleidung (T 76)
6203 3390 000 ---andere (T 17)
                    --aus anderen Spinnstoffen:
                    -- aus künstlichen Chemiefasern:
6203 3911 000 --- Arbeits- und Berufskleidung (T 76)
6203 3319 000 --- andere (T 17)
6203 3990 000 -- andere (T 161)
                    -lange Hosen (einschließlich
                     Kniebundhosen und ähnliche Hosen),
                     Latzhosen und kurze Hosen:
                    --aus Wolle oder feinen Tierhaaren:
6203 4110 000 ---lange Hosen (einschließlich
                     Kniebundhosen und ähnliche Hosen)
                     (T 6)
6203 4130 000 ---Latzhosen (T 78)
6203 4190 000 ---andere (T 6)
                    --aus Baumwolle:
                    ---lange Hosen (einschließlich
                     Kniebundhosen und ähnliche Hosen):
6203 4211 000 ----Arbeits- und Berufskleidung (T 76)
                    --- andere:
6203 4231 000 --- -aus Denim (T 6)
6203 4233 000 --- -aus Rippenschusssamt und Rippen-
                     schussplüsch, aufgeschnitten (T 6)
6203 4235 000 --- -andere (T 6)
                    ---Latzhosen:
```

6203 4231 000   R

12,40000

(SPGC): frei

Zuständigkeitsbereich:
Bundesamt für Wirtschaft
Genehmigungspflicht EL:
Genehmigungspflicht siehe Fußnoten (Fußn.: 034, 038,
039, 041, 042, 048, 049, 051, **052**, 053, 054, 056, 057,
058, 060, 062, 069, 070, 071, 082, 107, 125, 126, 261,
264, 330, 331, 332, 333, 334, 335)
Bemerkungen EL:
Vorlage eines Ursprungszeugnisses erforderlich. Die
Vorlagepflicht kann durch einen Fußnotenhinweis auf
bestimmte Ursprungsländer beschränkt sein. Sofern

Hinweise und Fußnoten anzeigen »

Su<u>c</u>hen | <u>I</u>nhalt | Ab<u>k</u>ürzungen | A<u>n</u>hänge | An<u>w</u>eisungen | <u>F</u>ormulare | <u>L</u>isten | <u>V</u>orher | ◄ | ►

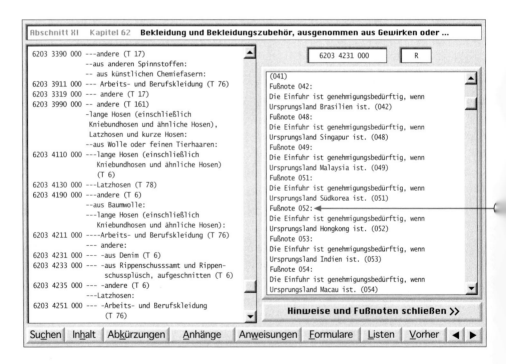

```
6203 3390 000 ---andere (T 17)
                    --aus anderen Spinnstoffen:
                    -- aus künstlichen Chemiefasern:
6203 3911 000 --- Arbeits- und Berufskleidung (T 76)
6203 3319 000 --- andere (T 17)
6203 3990 000 -- andere (T 161)
                    -lange Hosen (einschließlich
                     Kniebundhosen und ähnliche Hosen),
                     Latzhosen und kurze Hosen:
                    --aus Wolle oder feinen Tierhaaren:
6203 4110 000 ---lange Hosen (einschließlich
                     Kniebundhosen und ähnliche Hosen)
                     (T 6)
6203 4130 000 ---Latzhosen (T 78)
6203 4190 000 ---andere (T 6)
                    --aus Baumwolle:
                    ---lange Hosen (einschließlich
                     Kniebundhosen und ähnliche Hosen):
6203 4211 000 ----Arbeits- und Berufskleidung (T 76)
                    --- andere:
6203 4231 000 --- -aus Denim (T 6)
6203 4233 000 --- -aus Rippenschusssamt und Rippen-
                     schussplüsch, aufgeschnitten (T 6)
6203 4235 000 --- -andere (T 6)
                    ---Latzhosen:
6203 4251 000 --- -Arbeits- und Berufskleidung
                     (T 76)
```

6203 4231 000   R

(041)
Fußnote 042:
Die Einfuhr ist genehmigungsbedürftig, wenn
Ursprungsland Brasilien ist. (042)
Fußnote 048:
Die Einfuhr ist genehmigungsbedürftig, wenn
Ursprungsland Singapur ist. (048)
Fußnote 049:
Die Einfuhr ist genehmigungsbedürftig, wenn
Ursprungsland Malaysia ist. (049)
Fußnote 051:
Die Einfuhr ist genehmigungsbedürftig, wenn
Ursprungsland Südkorea ist. (051)
Fußnote 052:
Die Einfuhr ist genehmigungsbedürftig, wenn
Ursprungsland Hongkong ist. (052)
Fußnote 053:
Die Einfuhr ist genehmigungsbedürftig, wenn
Ursprungsland Indien ist. (053)
Fußnote 054:
Die Einfuhr ist genehmigungsbedürftig, wenn
Ursprungsland Macau ist. (054)

Hinweise und Fußnoten schließen »

Su<u>c</u>hen | <u>I</u>nhalt | Ab<u>k</u>ürzungen | A<u>n</u>hänge | An<u>w</u>eisungen | <u>F</u>ormulare | <u>L</u>isten | <u>V</u>orher | ◄ | ►

7.4 Einfuhrabgaben berechnen

Wir müssen die Einfuhrabgaben nach EU-Recht (Art. 4 Nr. 10 ZK) und die nationalen Einfuhrabgaben (§ 1 Abs. 1 ZollVG) unterscheiden.

7.4.1 Einfuhrabgaben nach EU-Recht

Einfuhrabgaben nach EU-Recht sind:

- Zölle
- Abgaben mit gleicher Wirkung
- bewegliche Zölle
- sonstige bei der Einfuhr erhobene Abgaben, die im Rahmen der gemeinsamen Agrarpolitik oder aufgrund für bestimmte landwirtschaftliche Verarbeitungserzeugnisse geltenden Sonderregelungen vorgesehen sind

Zölle

Zölle sind Abgaben, die sich nach dem

- Wert,
- Gewicht,
- Volumen oder der
- Stückzahl

der Ware richten können.

Die häufigste bei uns vorkommende Form ist der Wertzoll, d. h., dass von dem angemeldeten Zollwert ein bestimmter Prozentsatz zu erheben ist. Dieser **Prozentsatz** kann aber **je nach Herkunftsland der Ware unterschiedlich hoch sein.** Die höchsten Zollsätze gelten für Drittlandwaren. Wer einen ermäßigten Zollsatz zahlen will, braucht einen Präferenznachweis (Warenverkehrsbescheinigung).

Für bestimmte Waren, an deren Einführung ein spezifisches Interesse besteht, kann der **Zoll vorübergehend ausgesetzt** werden.

Zollkontingente werden ebenfalls für ganz bestimmte Waren ausgeschrieben. Eine bestimmte Menge dieser Waren kann dann zollfrei oder mit ermäßigten Zollsätzen eingeführt werden. Unterschieden werden zwei Verfahren:

Beim **Kontingentscheinverfahren** werden auf Antrag von der bei der betreffenden Tarifstelle angegebenen Zollstelle dem Einführer auf dessen Namen laufende zeit- und/oder mengenmäßig beschränkte Kontingentscheine ausgestellt. Nur dieser Einführer profitiert dann von den ermäßigten Zollsätzen.

Das **Windhundverfahren** ist jedem Antragsteller zugänglich. Die ermäßigten Zollsätze werden jedem Antragsteller so lange gewährt, bis das Gesamtkontingent erschöpft ist. Die Überwachung erfolgt zentral von der OFD Düsseldorf (Zentralstelle Zollkontingente).

Bewegliche Zölle

Bewegliche Zölle sollen die Preisdifferenz zwischen Weltmarktpreisen und den in der EU garantierten Preisen für landwirtschaftliche Produkte ausgleichen. Da der Weltmarktpreis in der Regel niedriger liegt, werden bei Importen diese Zölle erhoben.

7.4.2 Nationale Einfuhrabgaben

In der Bundesrepublik Deutschland wird auf alle aus Drittländern eingeführten Waren

- die Einfuhrumsatzsteuer (EUSt) sowie

- zusätzliche Verbrauchsteuern auf Lebens- und Genussmittel sowie sonstige Verbrauchsgüter erhoben:
  - Alkohol und alkoholische Getränke   - Tabakwaren
    (Branntwein, Bier, Schaumwein)   - Kaffee
  - Mineralöle

Während die Verbrauchsteuern auf Mineralöl, Tabakwaren, Alkohol und alkoholische Getränke einer gemeinsamen EU-Regelung unterliegen, ist die Kaffeesteuer eine rein nationale Steuer der Bundesrepublik Deutschland.

Die **Einfuhrumsatzsteuer** belastet ausländische Produkte mit den gleichen Umsatzsteuersätzen wie inländische Produkte, damit keine Wettbewerbsverzerrungen erfolgen. Genau wie im Inland beträgt der Steuersatz bei der EUSt grundsätzlich 16 %, für bestimmte im Gesetz genau aufgeführte Waren gilt der ermäßigte Steuersatz von 7 %. Die EUSt wird auf den inländischen Wert der Ware erhoben. Wird die Verzollung an der Grenze vorgenommen, berechnet sich die EUSt wie folgt:

	Zollwert (Transaktionswert CIF EU-Grenze)
+	Zoll
+	andere Einfuhrabgaben (z. B. Mineralölsteuer)
=	EUSt-Wert

EUSt-Wert · 16% (7%) = EUSt-Betrag

Um den inländischen **Wert der Ware** zu ermitteln, müssen zum Zollwert noch der Zoll und die anderen Einfuhrabgaben hinzugerechnet werden. Erfolgt die Verzollung im Binnenland, berechnet sich der EUSt-Wert (vgl. Beispiel Einfuhr aus Hongkong via Hamburg nach Nürnberg) wie folgt:

	Zollwert	11.502,19 €
+	Zoll (12,4 %)	1.426,27 €
+	andere Einfuhrabgaben	0,00 €
+	EU-Beförderungskosten bis zum 1. inländischen Bestimmungsort	250,00 €
=	EUSt-Wert	13.178,46 €
	EUSt-Betrag = 16 % v. 13.178,46 € = ...	2.108,55 €

Die Einfuhrumsatzsteuer kann von den Betrieben beim Finanzamt wieder als Vorsteuer geltend gemacht werden.

Die Einfuhrumsatzsteuer wird grundsätzlich wie folgt berechnet:

	Zollwert (= Transaktionswert CIF EU-Grenze = u. U. berichtigter Rechnungspreis)
+	andere Einfuhrabgaben (Zölle, bewegliche Zölle und Verbrauchsteuerbeträge)
+	Beförderungskosten bis zum ersten inländischen Bestimmungsort (soweit nicht im Entgelt enthalten)
=	Einfuhrumsatzsteuerwert (Bemessungsgrundlage)

EUSt-Betrag = EUSt-Wert · 16 % bzw. · 7 %

Beispiel: *Der Rechnungspreis einer Ware beträgt 90.000,00 USD; Kurs 1,00 € = 0,9000 USD; Lieferbedingungen FCA Chicago; Bestimmungsflughafen Nürnberg. Bei Zahlung innerhalb von 10 Tagen werden 2 % Skonto gewährt. Im AWB sind Luftfrachtkosten von 4.835,00 € sowie Nebengebühren in Nürnberg von 175,00 € ausgewiesen. Gemäß VO (EWG) Nr. 3579/85 sind 65 % der Luftfrachtkosten in den Zollwert einzubeziehen. Der Zollsatz beträgt 7 %. Wie hoch ist die zu entrichtende Einfuhrumsatzsteuer, wenn der Steuersatz 16 % beträgt?*

|---|---|---:|
	Zollwert (vgl. S. 523)	101.142,75 €
+	Zoll 7 %	7.079,99 €
+	Beförderungskosten bis zum ersten inländischen Bestimmungsort (35 % von 4.835,00 € anteilige Luftfrachtkosten)	1.692,25 €
+	Nebengebühren in Nürnberg[1]	175,00 €
+	Verbrauchsteuern	3.500,00 €
	Einfuhrumsatzsteuerwert	113.589,99 €
	EUSt-Betrag: 113.589,99 · 16 %	18.174,40 €

7.5 Erhebungsverfahren beachten

---

1 Anmerkung: Diese Nebengebühren wurden dem Kunden umsatzsteuerfrei in Rechnung gestellt.

Die **Bezahlung** der **Einfuhrabgaben** ist wie folgt möglich:

● Die Zollstelle errechnet den Abgabenbetrag, der, wenn keine Zahlungserleichterung eingeräumt wurde, spätestens innerhalb von 10 Tagen nach Mitteilung des Abgabenbetrages zu entrichten ist. Die **Zahlung** ist bar oder mit jedem anderen gültigen Zahlungsmittel zu leisten.

● **Zollaufschubverfahren**

Hier handelt es sich um ein vereinfachtes Verfahren, das jedem Antragsteller Zahlungsaufschub gewährt, der Sicherheiten (z. B. Bankbürgschaft) geleistet hat.

Jeder **Antragsteller**, der einen formlosen schriftlichen Antrag beim zuständigen Hauptzollamt einreicht, hat darauf einen Rechtsanspruch. Mit dem Antrag soll ein Verzeichnis aller Personen vorgelegt werden, die berechtigt sind, namens des Auftraggebers Aufschubanmeldungen und Anrechnungsanträge zu stellen.

Der Aufschubnehmer erhält einen Aufschubnehmerausweis (auf Antrag werden auch mehrere Aufschubnehmerausweise ausgestellt), zur Vorlage bei der Abfertigung. Dieser Ausweis berechtigt den Spediteur, bei allen Zollstellen Zahlungsaufschub in Anspruch zu nehmen.

Einfuhrabgaben, d. h., Zölle, EUSt und bewegliche Zölle **sind bis zum 16. des auf die Entstehung folgenden Monats zu entrichten.** Für Verbrauchsteuern gelten besondere Regelungen. Die Zahlungen sind auf ein spezielles Konto bei der Bundeskasse Koblenz – Außenstelle Trier – zu leisten. Die Aufschubsumme ist durch den Kontoinhaber selbstständig zu überwachen. Auf Antrag werden dem Aufschubnehmer Kontoauszüge zur Verfügung gestellt. Die Aufschubzahlungen sollten möglichst im Lastschriftverfahren geleistet werden.

● **Anrechnung fremder Abgabenschulden im Vertretungsverfahren**

Auf Antrag des Spediteurs (also des Aufschubnehmers) können fremde Abgabenschulden, für die Zahlungsaufschub zulässig ist, im Rahmen des bewilligten Zahlungsaufschubs auf sein Aufschubkonto angeschrieben werden.

Voraussetzung ist jedoch auch hier, dass die für den laufenden Zahlungsaufschub geleistete Sicherheit ausreicht, auch die fremden Abgabenschulden zu sichern.

Der Spediteur verpflichtet sich dann, bei Fälligkeit für den Abgabenschuldner die Einfuhrabgaben abzuführen.

Für die aufgeschobenen Abgaben wird eine Aufschubbescheinigung ausgestellt und der Abgabenbescheid bekannt gegeben.

7.6 Waren überlassen

Nach Begleichung der Zollschuld – durch Bezahlung oder durch Zollaufschub – überlässt (gem. Art. 72 – 74 ZK) die Zollstelle dem Anmelder die Ware, d. h. der Anmelder kann nun über die Ware verfügen (umpacken, weiterverarbeiten, verkaufen u.s.w.).

Wenn die Waren keinen Verboten und Beschränkungen unterliegen, werden die Waren dem Anmelder von den Zollbehörden bereits dann überlassen, sobald die Angaben in der Anmeldung entweder überprüft oder diese ohne Überprüfung angenommen wurde.

Durch die **Überführung in den zollrechtlich freien Verkehr** erhält eine **Nichtgemeinschaftsware** den zollrechtlichen Status einer **Gemeinschaftsware** (Art. 79 ZK).

7.7 Waren in den freien Verkehr mit Zweckbindung überführen

Nichtgemeinschaftswaren, die aufgrund ihrer Verwendung zu besonderen Zwecken zu einem ermäßigten Einfuhrabgabensatz oder abgabenfrei in den zollrechtlich freien Verkehr überführt werden, bleiben unter zollamtlicher Überwachung (Art. 79 – 83 ZK; Art 290 – 308 ZKDVO)

Die zollamtliche Überwachung endet, wenn

● die für die Gewährung des ermäßigten Abgabensatzes oder der Abgabenbefreiung festgelegten Voraussetzungen nicht mehr anwendbar sind,

● die Waren ausgeführt oder vernichtet bzw. zerstört worden sind oder

● die Verwendung der Waren zu anderen Zwecken, als sie für die Anwendung des ermäßigten Einfuhrabgabensatzes vorgeschrieben ist, gegen Entrichtung der fälligen Abgaben bewilligt wird.

Beispiel: *Gegenstände erzieherischen, wissenschaftlichen oder kulturellen Charakters*
Diese Gegenstände sind in 4 Warengruppen aufgeführt:
Die Warengruppe 1 enthält die Waren, die im Anhang I der Zollbefreiungsverordnung erfasst sind, insbesondere Mikrofilme und andere Mikrowiedergaben von Büchern jeder Art, einschließlich Alben, Übungs- und Kreuzworträtselheften, Zeitungen, Zeitschriften und Dokumenten usw. nichtkommerziellen Charakters usw.
Bei der Warengruppe 2 kommt eine Zollbefreiung nur in Betracht, sofern die Waren von der Organisation der Vereinten Nationen oder einer ihrer Sonderorganisationen hergestellt wurden. Erfasst werden hiervon z. B. Bild- oder Tonmaterialien erzieherischen, wissenschaftlichen oder kulturellen Charakters, Hologramme mit Lasern, Multimedia-Spiele und bestimmte Materialien für programmierten Unterricht.
Die Warengruppe 3 ist den stärksten Reglementierungen unterworfen. So schränkt die ZollbefreiungsVO nicht nur den Waren- und Verwenderkreis ein, sondern macht die Zollbefreiung abhängig von der Art der Verwendung. Dazu gehören Instrumente oder Apparate, die ausschließlich den Charakter eines wissenschaftlichen Gerätes besitzen.
Von der Warengruppe 4 werden Instrumente, Apparate und Maschinen erfasst, die in der wissenschaftlichen Forschung verwendet werden. Begünstigt sind Forschungseinrichtungen oder -anstalten mit Sitz außerhalb der Gemeinschaft.

7.8 Zollbescheide abändern

In Art. 243 Abs. 2 ZK ist für den Rechtsschutz ein zweistufiges Verfahren vorgesehen, und zwar:

● auf der ersten Stufe ein **außergerichtlicher** und

● auf der zweiten Stufe ein **gerichtlicher Rechtsbehelf**

Die Mitgliedstaaten regeln die Einzelheiten des Verfahrens. Deshalb gelten bei uns die nationalen Bestimmungen der Abgabenordnung weiter.

Rechtsbehelf: Gegen jeden Zollbescheid kann ein Rechtsbehelf (Widerspruch) eingelegt werden. Die **Rechtsbehelfsfrist** beträgt laut Abgabenordnung (AO) **einen Monat.**

Verjährungsfrist: Die **Verjährungsfrist** für zu viel oder zu wenig gezahlte Zölle beträgt **drei Jahre** ab Entstehen der Zollschuld.

Zollerlass/ Zollerstattung: Werden bereits verzollte Waren wieder ausgeführt, so kann der Zoll auf Antrag erlassen oder erstattet werden, vorausgesetzt, dass

– sie bei der Einfuhr ins Zollgebiet verzollt worden sind;

– sie im Zollgebiet nicht verwendet oder gebraucht worden sind;

– sie aus dem Zollgebiet der Gemeinschaft ausgeführt werden.

7.9 Vereinfachte Verfahren anwenden

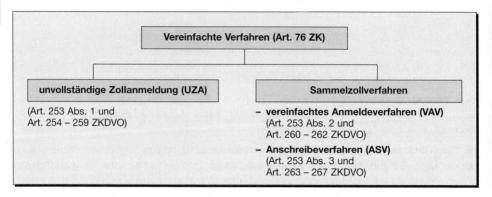

Bei der **UZA** handelt es sich um eine **Vereinfachung im Einzelfall**. Sie bedarf keiner vorherigen Genehmigung.

Bei dem **VAV** und dem **ASV** handelt es sich um **Vereinfachungen für eine Mehrzahl von Zollanmeldungen;** diese Vereinfachungen bedürfen der vorherigen Bewilligung.

Die vereinfachten Verfahren betreffen lediglich Vereinfachungen bei der Zollanmeldung. Umfang und Intensität der zollamtlichen Prüfung, insbesondere Beschau und Probenentnahmen werden durch die Vereinfachung grundsätzlich nicht eingeschränkt.

Es ist darauf zu achten, dass Unterlagen, von deren Vorlage die Überführung in den zollrechtlich freien Verkehr abhängig ist (z. B. Einfuhrgenehmigungen, Einfuhrlizenzen, bestimmte VuB-Unterlagen), mit der unvollständigen Zollanmeldung oder der vereinfachten Zollanmeldung vorzulegen sind.

Als **Ergänzende Zollanmeldung** kommt bei der UZA nur eine auf den Einzelfall bezogene ergänzende Zollanmeldung in Betracht. Beim VAV und beim ASV ist als ergänzende Zollanmeldung nur eine globale, periodische und zusammenfassende – vollständige – Anmeldung für die Einfuhren eines von der Zollstelle zu bestimmenden Zeitraums zugelassen.

Vorteil der Sammelzollanmeldungen ist, dass nicht mehr für jedes Einfuhrgeschäft ein einzelner Zollantrag mit dem Einheitspapier, Zollwertanmeldung usw. erstellt werden muss, sondern dass die in einem bestimmten Zeitraum eingeführten Waren in einer Sammelzollanmeldung zusammengefasst angemeldet werden. Die Einfuhrabgaben werden in einer Summe entrichtet.

Allerdings werden an die Antragsteller für Sammelzollverfahren strenge Anforderungen gestellt:

Die Bewilligung wird nur erteilt, sofern eine wirksame Überwachung der Beachtung der Einfuhrverbote oder -beschränkungen und sonstiger Vorschriften bezüglich der Überführung in den zollrechtlich freien Verkehr gewährleistet werden kann.

Bei der Zulassung sichergestellt ist, dass alle Vorschriften über die Einfuhr von Waren (Zolltarif, Zollwert, Umsatzsteuerrecht, Außenwirtschaftsrecht usw.) sowie die Belange der Außenhandelsstatistik berücksichtigt werden.

Die Zulassung zum **VAV** und dem **ASV** kann auch **Spediteuren** erteilt werden, die regelmäßig als Vertreter für Dritte Zollanmeldungen abgeben, unter der Voraussetzung, dass Waren häufig eingeführt werden oder nach Gestellung in einem besonderen Zollverkehr abgefertigt werden müssen. Die Bewilligung darf dem Antragsteller erst zugestellt werden, wenn – soweit verlangt – die Sicherheit geleistet ist.

7.9.1 Vereinfachtes Anmeldeverfahren (VAV)

Das **VAV kann bewilligt werden für Waren,** die – auch in einem Versandverfahren oder in einem Zollverfahren mit wirtschaftlicher Bedeutung – **bei der Zollstelle gestellt werden.**

Für die vereinfachte Zollanmeldung ist das Einheitspapier mit Ergänzungsvordruck zu verwenden. Als vereinfachte Zollanmeldungen können Handels- oder Verwaltungspapiere (Rechnungen, Lieferscheine und ähnliche Unterlagen) zugelassen werden, wenn diese alle Angaben enthalten, die in einer vereinfachten Zollanmeldung auf dem Einheitspapier vorgesehen sind. Auf der Vorderseite des Handelspapiers müssen die Bewilligungsnummer und der Inhaber der Bewilligung angegeben werden.

Als Zeitraum, für den die ergänzende Zollanmeldung abzugeben ist, ist der Kalendermonat zu bestimmen. Mit dem Antrag auf Zulassung zum VAV kann der Antrag auf Überführung der Waren in den freien Verkehr unbefristet im Voraus gestellt werden.

Getrennte ergänzende Zollanmeldungen sind abzugeben für Waren,

* die nur der Einfuhrumsatzsteuer unterliegen,
* die nicht demselben Einfuhrumsatzsteuersatz unterliegen, soweit nicht der Steuerbetrag für jede Position in der ergänzenden Zollanmeldung gesondert angegeben wird.
* für die eine Einfuhrkontrollmeldung erforderlich ist,
* für die ein Überwachungsdokument, eine Einfuhrgenehmigung, eine Einfuhrlizenz, ein Ursprungszeugnis oder eine Ursprungserklärung erforderlich ist,
* deren Einfuhr nach der Anweisung C (AÜV) des EZT zu überwachen ist, und zwar jeweils getrennt für
  – Zollkontingentswaren nach dem Windhundverfahren,
  – Zollkontingentswaren nach dem Lizenzverfahren,
  – andere Präferenzwaren und Plafonds,
  – sonstige Überwachungswaren (z. B. Waren, die einem vorläufigen Antidumpingszollsatz unterliegen),
* deren Einfuhr nach Anweisung D (ATÜV) des EZT zu überwachen ist,
* bei denen von der vereinfachten Zollanmeldung abweichende zollamtliche Feststellungen getroffen worden sind.

Bei Zollanmeldungen in fremdem Namen sind getrennte Zollanmeldungen für jeden Anmelder, bei Zollanmeldung im eigenen Namen, aber für fremde Rechnung grundsätzlich für jede vertretene Person abzugeben.

Die Frist für die Abgabe der ergänzenden Zollanmeldung ist grundsätzlich der 3. Arbeitstag nach Ablauf des Abrechnungszeitraums.

Als Zollstelle, bei der die ergänzenden Zollanmeldungen abzugeben sind (Abrechnungszollstelle) ist grundsätzlich das Bewilligungshauptzollamt, bei zentralisierter Abrechnung die zuständige Zentralstelle zu bestimmen. Wird Zahlungsaufschub gewährt, ist bei monatlicher Abrechnung das Ende der Zahlungsfrist der 16. des auf den Abrechnungszeitraum folgenden Kalendermonats.

Für die im Rahmen des vereinfachten Anmeldeverfahrens entstehenden Einfuhrabgaben ist die **Leistung einer Sicherheit** in Höhe der Einfuhrabgaben zu verlangen, die durchschnittlich im Zeitraum von $1\frac{1}{2}$ Monaten entstehen.

Bei den Anmeldern werden regelmäßig, mindestens alle zwei Jahre, Prüfungen durchgeführt, die, wenn sie im fremden Namen abgegeben worden sind, auch auf die Vertreter der Anmelder ausgedehnt werden können.

7.9.2 Anschreibeverfahren (ASV)

Das **ASV** kann für die Überführung von **Waren,** die an einem **anderen Ort als bei der Zollstelle gestellt** werden, z. B. **nach einem vorausgegangenen Versandverfahren,** zugelassen werden.

Das ASV kann auch für Waren, die unter Befreiung von der Gestellung eingeführt werden, unter folgenden Voraussetzungen bewilligt werden:

● der Kreis der eingeführten Waren kann genau festgelegt werden

● die Waren müssen so eindeutig bezeichnet werden, dass sie weder für die Einreihung in den Zolltarif noch zur Feststellung etwaiger Besonderheiten (z. B. Präferenzregelungen) regelmäßig beschaut werden müssen.

Für die Bewilligung des ASV ist ein Antrag mit einer Warenaufstellung beim zuständigen Hauptzollamt einzureichen. Mit dem Antrag können Zusatzanträge auf Zulassung weiterer Erleichterungen (z. B. Umrechnung fremder Währung bei der Ermittlung des Zollwerts, den Abschluss bestimmter Vereinbarungen, Gewährung von Zahlungsaufschub oder Zahlung im Lastschriftverfahren) verbunden werden. Werden Waren im fremden Namen aufgezeichnet, muss eine Zustimmungserklärung des Anmelders (einschließlich Warenaufstellung) mit Prüfvermerk des für ihn zuständigen Hauptzollamts vorliegen.

Die Waren sind in der Bewilligung so genau zu bezeichnen, wie es für die zollamtliche Behandlung erforderlich ist (z. B. Einreihung in den Zolltarif, VuB, Marktordnungen) Außerdem sind anzugeben

● die nach dem Warenerfassungssystem des Anmelders vorgesehenen Merkmale (z. B. Artikel-Nr.) und

● die Codenummer des EZT

Die Anschreibungen müssen in der betrieblichen Buchführung (= Zollanmeldung) am Ort der Gestellung oder im Falle der Gestellungsbefreiung an dem von der Zollstelle bestimmten Ort vorgenommen werden. Sie müssen das Datum der Anschreibung sowie mindestes die Angaben enthalten, die in einer vereinfachten Zollanmeldung zu machen wären.

Bei Anschreibung im fremden Namen, sind die Aufzeichnungen für jeden Anmelder, bei Anschreibung im eigenen Namen, aber für fremde Rechnung grundsätzlich für jede vertretene Person getrennt zu führen. Die Anschreibung der Waren ist unverzüglich der Abfertigungszollstelle auf dem Vordruck Anschreibungsmitteilung, ggf. mit Telefax mitzuteilen. Ist ein Versandverfahren vorausgegangen, so kann die Aufzeichnung auch durch einen Vermerk im Versandschein angezeigt werden.

Ferner wird festgelegt, dass die Waren, durch Erklärung der Abfertigungszollstelle im Einzelfall ggf. nach Zollbeschau oder sonstiger Überprüfung der Zollanmeldung, zum „freien Verkehr" überlassen werden.

Es kann ferner festgelegt werden, dass

● im Fall der Übermittlung der Anschreibungsmitteilung im Postwege die Abfertigungszollstelle die Erklärung telefonisch oder durch Telefaxmitteilung abgibt, sofern keine Überprüfung der Zollanmeldung erfolgt,

● in anderen Fällen der Übermittlung der Anschreibungsmitteilung die Waren nach Ablauf einer Frist von 3 Stunden nach Eingang der Anschreibungsmitteilung während der Öffnungszeiten der Abfertigungszollstelle als überlassen gelten, sofern keine Überprüfung der Zollanmeldung angeordnet wird oder die Abfertigungszollstelle nichts Gegenteiliges bestimmt.

Weitere Vereinfachungen:

Es kann bewilligt werden, dass

● die Anschreibung bereits unmittelbar vor dem Eintreffen der Waren an dem dazu bezeichneten Ort vorgenommen und der Abfertigungszollstelle mitgeteilt wird (vorzeitige Anschreibung)

● die Anschreibungsmitteilung erst nach der Überlassung der Waren übermittelt wird (nachträgliche Übermittlung der Anschreibungsmitteilung)

● die Anschreibung der Waren der Abfertigungszollstelle nicht mitgeteilt wird (Verzicht auf die Anschreibungsmitteilung)
  Kommt nur bei genau definierten Voraussetzungen und in bestimmten Fällen in Betracht, z. B. bei Massenwaren, die außerhalb einer Zollstelle eingeführt werden, weil deren Benutzung zu einem unzumutbaren Umweg führen würde, und bei in Rohrleitungen beförderter Ware. In diesen Fällen sind die Waren von der Gestellung zu befreien.

Die Anmeldung und Abrechnung erfolgt analog dem VAV.

Zusammenfassung

➤ Werden Waren in die Gemeinschaft eingeführt, unterliegen sie der zollamtlichen Überwachung. Sie müssen in ein bestimmtes Zollverfahren überführt werden. Dies geschieht z. B., wenn der Anmelder die Zollabfertigung zum freien Verkehr beantragt.

➤ Die Zollanmeldung kann mit Mitteln der Datenverarbeitung, schriftlich oder mündlich gestellt werden.

➤ Der Zollanmeldung sind alle Unterlagen beizufügen, die für eine ordnungsgemäße Bearbeitung erforderlich sind. Dies können z. B. die Zollwertanmeldung, Handelsrechnungen, Beförderungspapiere, Präferenzpapiere und außenwirtschaftliche Dokumente sein.

➤ Die Zollabfertigung kann mit oder ohne Zollbeschau durchgeführt werden.

➤ Als Zollwert wird in den allermeisten Fällen der Transaktionswert, d. h. der für diese Ware bei einem Verkauf tatsächlich gezahlte Preis (Rechnungspreis) zugrunde gelegt. Dabei wird von der Lieferbedingung „CIF EU-Grenze" ausgegangen. Dieser Preis muss u. U. noch berichtigt werden.

➤ Der Elektronische Zolltarif (EZT) enthält nicht nur ein Verzeichnis aller Waren, denen ein bestimmter Zollsatz zugeordnet ist, sondern auch alle für die Zollabfertigung wichtigen Rechtsvorschriften und Verwaltungsanordnungen. Die Zollsätze sind Gemeinschaftsrecht und damit zwingend anzuwenden.

➤ Bei den Einfuhrabgaben müssen wir in Abgaben nach dem Gemeinschaftsrecht und nach nationalem Recht unterscheiden. Abgaben nach Gemeinschaftsrecht sind die Zölle, Abgaben mit gleichen Wirkungen, bewegliche Zölle und sonstige bei der Einfuhr erhobene Abgaben. Nationale Einfuhrabgaben sind die Verbrauchsteuern (auf Alkohol, Mineralöle, Tabakwaren und Kaffee) und die Einfuhrumsatzsteuer (EUSt).

➤ Zölle sind spätestens innerhalb von 10 Tagen nach Bekanntgabe des Abgabenbetrages zu entrichten. Jedem Antragsteller, der Sicherheit geleistet hat, kann auf Antrag Zahlungsaufschub (bis zum 16. des auf die Entstehung der Zollschuld folgenden Monats) gewährt werden. Beim Anrechnungsverfahren können auch fremde Abgabenschulden auf das Aufschubkonto des Spediteurs angeschrieben werden.

➤ Mit der Überlassung der Ware und der Überführung in den zollrechtlich freien Verkehr erhält eine Nichtgemeinschaftsware den zollrechtlichen Status einer Gemeinschaftsware.

➤ Rechtsbehelf gegen jeden Zollbescheid ist der Widerspruch. Er muss spätestens innerhalb eines Monats erfolgen. Die Verjährungsfrist für Zölle beträgt drei Jahre ab Entstehung der Zollschuld.

➤ Sammelzollverfahren (Vereinfachtes Anmeldeverfahren – VAV und Anschreibeverfahren – ASV) sind vereinfachte Zollverfahren. Es genügt für die in einem bestimmten Zeitraum eingeführten Waren, eine Sammelzollanmeldung zu erstellen. Die Eingangsabgaben können in einer Summe entrichtet werden.

➤ Die Frist für die Abgabe der Sammelzollanmeldungen ist grundsätzlich der 3. Werktag nach Ablauf des Abrechnungszeitraums. Sammelzollanmeldungen können auch dv-unterstützt abgegeben werden.

8 Waren als Zollgut versenden

Werden Waren über Zollgrenzen befördert, werden sie im Allgemeinen zweimal vom Zoll kontrolliert – vom Ausfuhrland und von dem jeweiligen Einfuhrland. Es wird überprüft, ob

● die Außenwirtschaftsbestimmungen eingehalten werden,
● Verbote und Beschränkungen vorliegen und
● Zölle zu erheben sind.

Ferner wird der Warenverkehr statistisch erfasst.

Diese Verfahren an der Grenze sind aufwendig und können sehr lange dauern. Um die Abfertigung an der Grenze zu beschleunigen bzw sie auf eine Binnenzollstelle zu verlagern, wurden die Versandverfahren geschaffen. Sie dienen der Beförderung von Nicht-gemeinschaftswaren

● von der Grenze zu einer Binnenzollstelle
  (Verlagerung der Einfuhrabfertigung),

● von einer Binnenzollstelle zu einer anderen Binnenzollstelle
  (wenn die Ware zollamtlich überwacht wird und an einer anderen Stelle zu einem anderen Zollverfahren angemeldet werden soll),

● von der Binnenzollstelle zur Grenze
  (Ausfuhrüberwachung),

● zum Zwecke der Durchfuhr durch das Zollgebiet der Gemeinschaft
  (Transitwaren).

Es ist zwischen dem externen und dem internen Versandverfahren zu unterscheiden.

Gemäß Art. 91 ZK fallen unter das **externe Versandverfahren** Beförderungen

● im externen gemeinschaftlichen Versandverfahren,

● mit Carnet-TIR (TIR-Übereinkommen),

● mit Carnet-ATA (ATA-Übereinkommen),

● aufgrund des Rheinmanifests,

● Beförderungen mit Vordruck 302 gemäß des Abkommens über das Statut der Streitkräfte,

● durch die Post.

Gemäß Art. 163 ZK gehört zu den **internen Versandverfahren** insbesondere die Beförderung von Gütern

● im internen gemeinschaftlichen Versandverfahren,
wenn der Transport zwischen zwei innerhalb des Zollgebiets der Gemeinschaft gelegenen Orten – ohne Änderung ihres zollrechtlichen Status – über das Gebiet eines Drittlandes durchgeführt werden soll.

8.1   Gemeinschaftliches/gemeinsames Versandverfahren – NCTS (New Computerised Transit System[1])

Die Vorschriften für das gemeinschaftliche Versandverfahren gelten analog für das Versandverfahren mit den EFTA-Ländern. Im Verkehr mit den **EFTA-Ländern** wird das Verfahren als **gemeinsames Versandverfahren** bezeichnet.

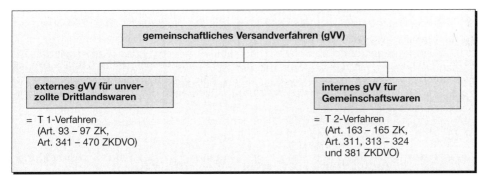

Das **NCTS** – ein in das System ATLAS integriertes elektronisches Versandverfahren – wird in einer Übergangsphase neben dem papiergestützten System gleichwertig bestehen und dieses allmählich ablösen, wenn die Abgangsstelle auf EDV umgestellt ist.

---

1   Die folgenden Ausführungen wurden teilweise aus der Broschüre „Neue Systeme des Zollversands für Europa" entnommen.

8.1.1 Gemeinschaftliches/gemeinsames Versandverfahren

Durch eine Verordnung der EU wurden die Regeln für das gemeinschaftliche und das gemeinsame Versandverfahren nach einheitlichen Prinzipien neu gefasst.

Mit den neuen Bestimmungen wird eine klare Unterscheidung zwischen dem Regel- oder Standardversandverfahren und den Vereinfachungen getroffen. Das Regelversandverfahren muss von den Beteiligten verwendet werden, die nicht die Voraussetzungen für eine Vereinfachung erfüllen und die das Versandverfahren nur gelegentlich anwenden.

Das **Regelverfahren** umfasst:

- Die Gestellung der Waren beim Zoll zur Prüfung der Abgabe der Versandmeldung;
- Die Gestellung der Waren und der Begleitpapiere bei allen Durchgangszollstellen sowie der Bestimmungsstelle;
- Die Leistung der Sicherheit für jedes einzelne Versandverfahren in Höhe des gesamten Betrages der Zölle und anderer Abgaben (Einzelsicherheit);
- Die Verpflichtung zum Anbringen eines Zollverschlusses am Beförderungsmittel oder am Behälter zur Nämlichkeitssicherung;
- Die Verpflichtung zur Einhaltung einer wirtschaftlich gerechtfertigten Beförderungsroute;
- Die Frist, innerhalb der die Waren bei der Bestimmungsstelle gestellt werden müssen.

Das **externe gVV** (T1) dient der Beförderung von Waren (in der Regel **Nichtgemeinschaftswaren)**, die der zollamtlichen Überwachung unterliegen und zwischen zwei Orten der Gemeinschaft befördert werden sollen.

Werden z. B. Waren aus Nichtgemeinschaftsländern in die EU eingeführt, die vom Verbringungsort zu einer Binnenzollstelle befördert werden sollen (Verbringungsort Hamburg, Verzollung in Nürnberg), dann erfolgt die Weiterleitung von Hamburg nach Nürnberg unter zollamtlicher Überwachung mit T1.

Das **interne gVV** (T2) darf nur dann angewendet werden, wenn es durch Gemeinschaftsrecht ausdrücklich vorgeschrieben ist. Bis auf Weiteres ist das T2-Versandverfahren im Warenverkehr mit Gemeinschaftswaren über einen Mitgliedsstaat der EFTA (z. B. Beförderungen über die Schweiz nach Italien) zu verwenden. Ferner gilt das T2-Versandverfahren im Warenverkehr mit den Kanarischen Inseln, den französischen überseeischen Departements, den britischen Kanalinseln und dem Berg Athos in Griechenland.

Abfertigungsgrundlage für das gVV ist wieder das Einheitspapier, und zwar der Teilsatz (Vordruck 0735) mit den Exemplar-Nr. 1, 4, 5 und 7.

Die **Art des Verfahrens** wird durch die Eintragung in das **Feld 1 „Anmeldung"
3. Unterfeld bestimmt,** wobei folgende Kurzbezeichnungen Verwendung finden:

T1 – für das externe gemeinschaftliche Versandverfahren

T2 – für das interne gemeinschaftliche Versandverfahren

T – für gemischte Sendungen aus T1- und T2-Waren.

Blatt 1 erhält die Abgangszollstelle,

Blatt 4, 5 und 7 begleiten die Ware zur Bestimmungsstelle,

1 Kopie des Blattes 4 erhält das Grenzzollamt des Durchfuhrstaates, z. B. Schweiz.

Wer selbst oder mittels eines bevollmächtigten Vertreters durch Abgabe einer entsprechenden Anmeldung seinen Willen bekundet, ein gemeinschaftliches Versandverfahren durchzuführen, ist **Hauptverpflichteter**. Der Hauptverpflichtete ist **Inhaber des gemeinschaftlichen Versandverfahrens.** Hauptverpflichteter ist also der Spediteur, der das gVV beantragt.

Er **übernimmt** damit gegenüber den zuständigen Behörden die **Haftung für die ordnungsgemäße Durchführung des Verfahrens.**

Der Hauptverpflichtete hat die Waren

- innerhalb der **vorgeschriebenen Frist,**
- **unverändert** der Bestimmungsstelle zu **gestellen** und
- die **Vorschriften** über das gemeinschaftliche Versandverfahren **einzuhalten**.

Diese Pflichten haben allerdings auch die Frachtführer, die die Waren im gVV befördern, und die Warenempfänger, wenn sie davon Kenntnis hatten, dass die Waren im gVV befördert wurden.

Der Hauptverpflichtete ist zur Sicherheitsleistung verpflichtet, damit die ordnungsgemäße Begleichung der Zölle und anderer Abgaben sichergestellt wird.

Die **Sicherheitsleistung** wird im Regelverfahren in Form einer **Einzelsicherheit** erbracht. Die Einzelsicherheit kann als Barsicherheit, durch Stellen eines Bürgen oder mit Sicherheitstiteln geleistet werden, wobei jeder Titel einem festgesetzten Betrag von 7.000,00 € entspricht.

Die eingesetzten Beförderungsmittel müssen verschlusssicher sein. Zum Nachweis, dass die zollsichere Herrichtung des Beförderungmittels geprüft wurde, dient das Verschlussanerkenntnis.

Die **Nämlichkeitssicherung** erfolgt meist durch **Raumverschluss.** Ansonsten sind alle anderen Möglichkeiten der Nämlichkeitssicherung zugelassen (vgl. S. 505 f.).

Die Zollstelle, bei der das gemeinschaftliche Versandverfahren beginnt, heißt **Abgangsstelle**. Ihr wird das ausgefüllte T-Papier zur Abfertigung vorgelegt und die Ware gestellt.

Die Abgangsstelle

- sichert die Nämlichkeit der Ware,
- legt die Frist fest, innerhalb der die Waren der Bestimmungsstelle zu gestellen sind,
- kann die Beförderung der Ware auf einer bestimmten Route vorschreiben.

Durchgangszollstelle ist entweder

- die Ausgangszollstelle des Zollgebiets der Gemeinschaft, wenn eine Sendung dieses Zollgebiet anlässlich des gemeinschaftlichen Versandverfahrens über eine Grenze zwischen einem Mitgliedsstaat und einem Drittland verlässt oder
- die Eingangszollstelle des Zollgebiets der Gemeinschaft, wenn die Waren anlässlich eines gemeinschaftlichen Versandverfahrens durch ein Gebiet eines Drittlandes kommen.

Bestimmungsstelle ist die Stelle der zuständigen Zollbehörde, der die im gVV beförderten Waren zur Beendigung des gVV zu gestellen sind. Die ordnungsgemäße Durchführung des Versandverfahrens wird von der Bestimmungsstelle auf Blatt 5 des Einheitspapiers bestätigt. Dieses Blatt wird an das Abgangsland zurückgesandt (in Deutschland an die Zentralstelle-Zollversand, Hamm).

Vereinfachungen des Regelverfahrens:

- die Verwendung einer Gesamtbürgschaft oder die Befreiung von der Sicherheitsleistung;
- die Verwendung besonderer Ladelisten;
- die Verwendung besonderer Verschlüsse;
- die Befreiung von der verbindlichen Beförderungsroute bei Waren mit erhöhtem Betrugsrisiko;
- den Status eines zugelassenen Versenders und/oder zugelassenen Empfängers u.s.w.

Die **Gesamtbürgschaft** deckt eine Vielzahl von Versandvorgängen ab. Mit der Gesamtbürgschaft wird der Höchstbetrag an Zöllen und anderen Abgaben abgedeckt, die nach früheren Vorgängen sowie der anzunehmenden weiteren Geschäftsentwicklung innerhalb eines Zeitraums von mindestens einer Woche entstehen können. Dieser Höchstbetrag wird als „Referenzbetrag" bezeichnet, den der Beteiligte nicht überschreiten darf, ohne eine zusätzliche Sicherheit zu leisten. Die tatsächliche Höhe der Gesamtbürgschaft kann vom Zoll auf 100 %, 50 % oder 30 % des Referenzbetrages festgesetzt werden.

In bestimmten Fällen ist eine Befreiung von der Sicherheitsleistung möglich.

Zugelassene Versender bekommen die T-Papiere im Voraus blanko von ihrem Zollamt abgefertigt. Die vorabgefertigten Papiere sind für einen bestimmten Zeitraum gültig. Zugelassene Versender sind auch davon befreit, die Waren der Abgangsstelle zu gestellen. Sie dürfen die Nämlichkeitssicherung der Waren selbst vornehmen. Dazu sind entweder **Tyden Seals** oder die **Mini-Break-Away-Seals** als Verschlüsse zu benutzen.

Voraussetzung:

Die Bewilligung als **zugelassener Versender** wird z.B. nur Spediteuren erteilt,

- die laufend Waren versenden,
- deren Aufzeichnungen es den Zollbehörden ermöglichen, die Warenbewegungen zu kontrollieren,
- die eine Gesamtbürgschaft geleistet haben,
- die keine schweren oder wiederholten Zuwiderhandlungen gegen die Zoll- und Steuervorschriften begangen haben und
- die am JT-Verfahren ATLAS teilnehmen.

Die Bewilligung kann widerrufen werden, wenn die Voraussetzungen nicht mehr erfüllt werden.

Zugelassener Empfänger:

Zugelassene Empfänger sind berechtigt Sendungen im gVV direkt zu empfangen, ohne die Waren bei der Bestimmungsstelle zu gestellen. Sie dürfen ohne Mitwirkung der beteiligten Behörde vorhandene Plomben entfernen und das T-Formular selbst abfertigen.

Die Voraussetzungen für die Bewilligung entsprechen sinngemäß denen des zugelassenen Versenders.

Der zugelassene Empfänger hat die Zollbehörden unverzüglich über etwaige Unregelmäßigkeiten bei dem Versandverfahren (Fehlmengen, Vertauschungen, verletzte Verschlüsse) zu informieren und der Bestimmungsstelle unverzüglich die Exemplare des gemeinschaftlichen Versandpapiers, welche die Sendung begleiteten, zuzusenden.

EUROPÄISCHE GEMEINSCHAFT

1 Exemplar für das Versendungs-/Ausfuhrland	**A** VERSENDUNGS-/AUSFUHRZOLLSTELLE

1

2 Versender/Ausführer　　　　　Nr.
☐ China Clothing Ltd.
122 Park Street

Hongkong

8 Empfänger　　　　　Nr.
C. Weber
Textilgroßhandlung
Lübener Straße 27

90471 Nürnberg

14 Anmelder/Vertreter　　　　　Nr.

18 Kennzeichen und Staatszugehörigkeit des Beförderungsmittels beim Abgang
Lkw N-DK 504 ⎮ 004 ⎮ **19** Ctr. 0

21 Kennzeichen und Staatszugehörigkeit des grenzüberschreitenden aktiven Beförderungsmittels

25 Verkehrszweig an der Grenze	26 Inländischer Verkehrszweig	27 Ladeort	28 Finanz- und Bankangaben

29 Ausgangszollstelle | 30 Warenort

1 ANMELDUNG — T 1

3 Vordrucke: 1 ⎮ 1 　4 Ladelisten

5 Positionen　6 Packst. insgesamt　7 Bezugsnummer

9 Verantwortlicher für den Zahlungsverkehr　Nr.

10 Erstes Best. Land　11 Handels- land　13 G.L.P.

15 Versendungs-/Ausfuhrland
Hongkong　15 Vers./Ausf.L.Code a⎮ b⎮　17 Bestimm.L.Code a⎮ b⎮

16 Ursprungsland　17 Bestimmungsland
Deutschland

20 Lieferbedingung

22 Währung u. in Rechn. gestellter Gesamtbetr.　23 Umrechnungskurs　24 Art des Geschäfts

---

31 Packstücke und Warenbezeichnung　Zeichen und Nummern - Container Nr. - Anzahl und Art

G. Weber 2556/1-100　　100 Kartons

Lange Hosen für Herren
aus 100 % Baumwolle
aus Denim, gewebt

32 Positions Nr.　**33** Warennummer

34 Urspr.land Code a⎮ b⎮　**35** Rohmasse (kg) 250

37 VERFAHREN　**38** Eigenmasse (kg)　**39** Kontingent

40 Summarische Anmeldung/Vorpapier

41 Besondere Maßeinheit

44 Besondere Vermerke/ Vorgelegte Unterlagen/ Bescheinigungen u. Genehmigungen

Anlage: Handelsrechnung 3fach

Code B. V.

46 Statistischer Wert

47 Abgabenberechnung　Art | Bemessungsgrundlage | Satz | Betrag | ZA

48 Zahlungsaufschub　49 Bezeichnung des Lagers

B ANGABEN FÜR VERBUCHUNGSZWECKE

Versandanmeldung

Summe:

50 Hauptverpflichteter　　Nr.
Spedition Rasch & Schnell
Holstenstraße 15, 22767 Hamburg

Unterschrift:　*H. Clasen*

C ABGANGSZOLLSTELLE

51 Vorgesehene Grenzübergangsstellen (und Land)
vertreten durch　Herbert Clasen
Ort und Datum: Hamburg, ..-11-05

52 Sicherheit　nicht gültig für　Bürgschaftsbesch. Nr. 333/1995 HZA Hamburg-Ericus　Code 1
53 Bestimmungszollstelle (und Land)
ZA Nürnberg/Deutschland

D PRÜFUNG DURCH DIE ABGANGSZOLLSTELLE　vereinfachtes Verfahren　Stempel:
Ergebnis:
Angebrachte Verschlüsse: Anzahl:
Zeichen:
Frist (letzter Tag): ..-11-12
Unterschrift:

Nämlichkeitssicherung durch
Handelsrechnung

54 Ort und Datum:

Unterschrift und Name des Anmelders/Vertreters

0735 Einheitspapier (gemeinschaftliches/gemeinsames Versandverfahren - gVV -) + - III B 3 - (1993)

Die abgebildete Versandanmeldung zeigt die Weiterleitung von Nichtgemeinschaftswaren (vom Verbringungsort Hamburg – EU-Grenze –) zum ersten inländischen Bestimmungsort Nürnberg. Die Waren bleiben von Hamburg nach Nürnberg unter zollamtlicher Überwachung und müssen in Nürnberg zu einem anderen Zollverfahren (z. B. Abfertigung zum freien Verkehr – vgl. S 516 f.) angemeldet werden.

Nach Einführung des NCTS müssen „zugelassener Versender" und „zugelassener Empfänger" zwingend an diesem System teilnehmen.

Besonderheiten:

Im **Bahnversand gilt der CIM-Frachtbrief als Zoll-Versandschein,** und zwar im externen gVV als Versandschein T1 und im internen gVV als Versandschein T2.

Die Eisenbahngesellschaft, die die Waren zur Beförderung annimmt, wird Hauptverpflichteter.

Die für den Versandbahnhof zuständige Abgangsstelle bestätigt bereits bei der Auflieferung die Ausfuhr aus der EU.

Bei der Beförderung von Großbehältern gilt der Übergabeschein TR als T-Papier, und zwar im externen gVV als Versandschein T1 und im internen gVV als Versandschein T2.

8.1.2   Elektronisches Versandverfahren – NCTS (New Computerised Transit System)

Das NCTS wird während einer Übergangszeit eingeführt, wobei das papiergestützte System und das NCTS gleichwertig nebeneinander bestehen. Sobald die Umstellung abgeschlossen ist, werden die „Papiervorschriften" außer Kraft gesetzt und nur noch die „neuen Rechtsvorschriften" gelten.

Grundsätzlich sollen im NCTS sowohl externe als auch interne gemeinsame sowie gemeinschaftliche Versandverfahren abgewickelt werden, in denen zurzeit das Einheitspapier als „T1" oder „T2" verwendet wird.

Hauptziele sind:

- Steigerung der Leistungsfähigkeit und Effizienz der Versandverfahren
- wirksamere Betrugsverhütung und Betrugsaufdeckung
- Beschleunigung und bessere Absicherung der im Rahmen eines Versandverfahrens abgewickelten Vorgänge

Mit der Reform ist die Unterscheidung zwischen der „Beendigung" und der „Erledigung" eines Versandverfahrens eingeführt worden. Damit werden Umfang und Grenzen der Verpflichtung des Hauptverpflichteten klar festgelegt und insbesondere gewährleistet, dass seine Haftung auf diejenigen Ereignisse beschränkt ist, die bis zum Ende des Verfahrens, nicht mehr jedoch im Anschluss daran eintreten.

Die Beendigung eines Versandvorganges ist definiert als der Zeitpunkt, in dem die Waren der Bestimmungsstelle mit allen Begleitpapieren ordnungsgemäß gestellt werden. Obwohl der Beförderungsvorgang zu diesem Zeitpunkt als beendet gilt, ist das Verfahren nicht automatisch erledigt. Dies geschieht erst, wenn die Zollbehörden des Abgangslands die der Abgangsstelle vorliegenden Angaben mit jenen vergleichen, die von der Bestimmungsstelle zurückgeschickt werden, und feststellen können, dass das Verfahren tatsächlich ordnungsgemäß beendet wurde.

Überblick über die wichtigsten Elemente und Nachrichten bei einem elektronischen Versandverfahren:

- Die Versandanmeldung erfolgt auf Papier oder in elektronischer Form.
- Die Versandbezugsnummer (MRN9, eine einmalige Registriernummer, die das System der Versandanmeldung zur Identifizierung des Vorgangs zuweist).
- Das Versandbegleitdokument, das die Waren von der Abgangs- bis zur Bestimmungsstelle begleitet; die „Vorabankunftsanzeige", mit der die Abgangsstelle der in der Anmeldung angegebenen Bestimmungsstelle den Vorgang anzeigt.
- Die „Vorabdurchgangsanzeige", die die Abgangsstelle an die in der Anmeldung angegebenen Durchgangszollstelle schickt, um den vorgesehenen Grenzübergang einer Warensendung anzukündigen.
- Die „Grenzübergangsanzeige", die die tatsächlich passierte Durchgangszollstelle nach Prüfung der betreffenden Warensendung versendet.
- Die „Eingangsbestätigung", die die tatsächliche Bestimmungsstelle der Abgangsstelle übermittelt, sobald die Waren eingetroffen sind.
- Die „Kontrollergebnisnachricht", die von der tatsächlichen Bestimmungsstelle nach Prüfung der Waren an die Abgangsstelle geschickt wird.

8.2   Carnet-TIR-Verfahren

Das Carnet-TIR-Verfahren[1] ist ein vereinfachtes Zollverfahren, das für fast alle europäischen Länder sowie Afghanistan, Chile, Iran, Israel, Japan, Jordanien, Kanada, Korea, Kuwait, Marokko, Tunesien, einige GUS-Staaten, Uruguay und USA Gültigkeit hat.

Es ermöglicht die Zollabfertigung eines Lkws über eine oder mehrere Grenzen hinweg, ohne dass an den Durchgangszollstellen von den Zollbehörden eine Zollbeschau vorgenommen wird. Die Zollabfertigung erfolgt nur papiermäßig.

Nicht anwendbar ist das TIR-Verfahren innerhalb der EU.

Voraussetzungen:

- die **Fahrzeuge und Behälter müssen zollsicher** hergerichtet und zur Beförderung von Waren unter Zollverschluss zugelassen sein (Zollverschlussanerkenntnis)
- Einzelfahrzeuge oder Lastzüge müssen vorn und hinten durch je eine **TIR-Tafel gekennzeichnet** sein, die folgenden Anforderungen entspricht:
  – die Tafel muss 25 x 40 cm groß sein;
  – die Buchstaben TIR in großer lateinischer Schrift müssen 20 cm hoch und ihre Striche mindestens 2 cm breit sein (weiß auf blauem Grund);
  – die Tafel muss gut sichtbar angebracht und abnehmbar sein;
  – ihre Befestigung am Fahrzeug muss durch Zollverschluss gesichert werden können.

Das Carnet TIR ist ein Zollbegleitscheinheft, dessen Ausgabe durch

- den Bundesverband Güterkraftverkehr Logistik und Entsorgung (BGL) e. V., Frankfurt/Main und
- die Arbeitsgemeinschaft zur Förderung und Entwicklung des Internationalen Straßenverkehrs (AIST) e. V., Berlin und

die ihnen angeschlossenen Ausgabestellen erfolgt. Für jedes Fahrzeug bzw. für jeden Behälter wird ein gesondertes Carnet erstellt, das nur für eine Fahrt gilt und in der

---

1   TIR = **T**ransport **I**nternational de Marchandises par la **R**oute

Regel einen Monat Gültigkeit hat. Für Lastzüge ist die Verwendung nur eines Carnets erlaubt.

Der BGL und die AIST haben auch die Sicherheitsleistung (Bürgschaft) für dieses Verfahren übernommen und sich dazu verpflichtet, die fälligen Einfuhrabgaben zu entrichten, wenn im Rahmen der Abwicklung des Verfahrens gegen geltende Zollbestimmungen eines Landes verstoßen wird.

Das Carnet besteht im Wesentlichen aus den beiden Umschlagblättern und den mit fortlaufender Seitenzahl versehenen Einlegeblättern, und zwar

● solche mit ungerader Nummer (weiß) bei der Annahme,

● solche mit gerader Nummer (grün) bei der Erledigung.

Eine Beschau wird bei den Durchgangszollstellen grundsätzlich nicht vorgenommen. Bei Verdacht auf Missbrauch können die Zollbehörden in Ausnahmefällen eine Beschau anordnen. Ein gelöschtes (erledigtes) Carnet TIR muss an die Ausgabestelle zurückgegeben werden.

Das Stammblatt bleibt im Carnet (Bestätigung durch die Zolldienststellen), der Trennabschnitt (weiß bzw. grün) ist für die jeweilige Zollstelle bestimmt. Durch den Rückschein wird die ordnungsgemäße Erledigung des Verfahrens bestätigt.

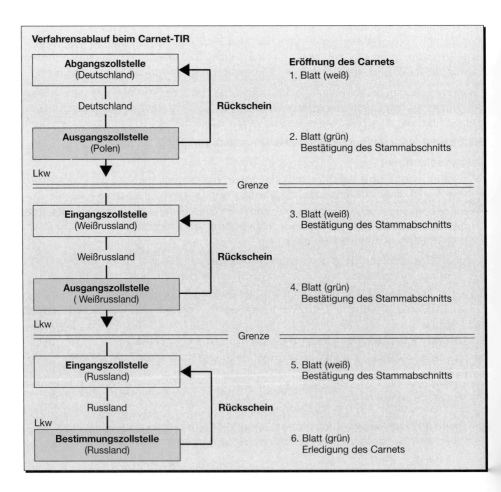

Verfahrensablauf beim Carnet-TIR

Abgangszollstelle (Deutschland)	**Eröffnung des Carnets** 1. Blatt (weiß)
Deutschland — Rückschein	
Ausgangszollstelle (Polen)	2. Blatt (grün) Bestätigung des Stammabschnitts
Lkw	
Grenze	
Eingangszollstelle (Weißrussland)	3. Blatt (weiß) Bestätigung des Stammabschnitts
Weißrussland — Rückschein	
Ausgangszollstelle (Weißrussland)	4. Blatt (grün) Bestätigung des Stammabschnitts
Lkw	
Grenze	
Eingangszollstelle (Russland)	5. Blatt (weiß) Bestätigung des Stammabschnitts
Russland — Rückschein	
Lkw	
Bestimmungszollstelle (Russland)	6. Blatt (grün) Erledigung des Carnets

8.3 Carnet-ATA-Verfahren

Das Carnet ATA[1] (Art. 137 – 144 ZK; Art. 670 – 747 ZKDVO) ist ein internationales Zollpassierscheinheft (= Zollantrag auf Abfertigung zur vorübergehender Zollgutverwendung). Es erleichtert das vorübergehende Verbringen von Waren in Nichtgemeinschaftsländer. Bei seiner Benutzung entfällt die Zahlung von Zöllen und sonstigen Einfuhrabgaben.

Mit dem Carnet ATA werden Waren, die auf Messen und Ausstellungen gezeigt werden, Berufsausrüstungen für Presse, Rundfunk, Fernsehen und Monteure sowie Warenmuster zur vorübergehenden Verwendung ausgeführt bzw. Nichtgemeinschaftswaren zur vorübergehenden Verwendung in das Zollgebiet der Gemeinschaft eingeführt. Es gilt als Versandschein im externen Versandverfahren bzw. als Nämlichkeitsnachweis bei der Wiedereinfuhr.

Die nummerierten Carnets werden von den Industrie- und Handelskammern gegen eine Gebühr ausgegeben, die sich nach dem Warenwert richtet. Eine Versicherung ist in dieser Gebühr eingeschlossen. Diese deckt die Risiken, die sich daraus ergeben, dass die Industrie- und Handelskammern und ihre Spitzenorganisationen für eine missbräuchliche Verwendung des Carnets eine Bürgschaft übernommen haben.

Jede Einfuhr, Wiederausfuhr und Wiedergestellung ist in den Einlegeblättern des Carnet ATA an jeder Zollstelle zu bescheinigen. Bleiben Waren im Einfuhrland, müssen die Einfuhrabgaben entrichtet werden.

Das Carnet ATA hat in der Regel eine Gültigkeitsdauer von einem Jahr. Nach vollständiger Erledigung ist das Carnet an die zuständige IHK zurückzugeben.

Dem Carnet ATA sind die Länder angeschlossen, die der internationalen Handelskammer (ICC = International Chamber of Commerce) angehören (d. h. fast alle europäischen Länder einschließlich Russland sowie Algerien, Australien, China, Elfenbeinküste, Hongkong, Indien, Iran, Israel, Japan, Kanada, Republik Korea, Malaysia, Mauritius, Neuseeland, Senegal, Sri Lanka, Südafrika, Türkei, USA und Zypern).

Zusammenfassung

➤ **Im Zollkodex wird zwischen externen und internen Versandverfahren unterschieden. Zu den externen Versandverfahren gehören das externe gemeinschaftliche Versandverfahren, das Carnet-TIR-Verfahren und das Carnet-ATA-Verfahren. Innerhalb der EU findet das interne gemeinschaftliche Versandverfahren Anwendung.**

➤ **Der Vorteil der Versandverfahren liegt darin, dass die Waren erst an der vorgesehenen Bestimmungszollstelle behandelt werden, und dass an den Grenzzollstellen die Verfahren beschleunigt und vereinfacht werden.**

➤ **Das externe gemeinschaftliche Versandverfahren dient der Beförderung von Nichtgemeinschaftswaren innerhalb der Gemeinschaft (T1-Verfahren).**

Das interne gVV darf nur dann angewendet werden, wenn es ausdrücklich vorgeschrieben ist.

Im Verkehr mit den EFTA-Staaten wird dieses Versandverfahren als gemeinsames Versandverfahren bezeichnet.

➤ **Wer das Versandverfahren beantragt, ist Hauptverpflichteter und zur Sicherheitsleistung verpflichtet. Diese wird in der Regel in Form einer Einzelsicherheit geleistet.**

---

1 Admission Temporaire/Temporary Admission

➤ Zugelassene Versender bekommen die T-Papiere im Voraus blanko vom Zollamt abgefertigt und sind davon befreit, die Waren der Abgangsstelle zu gestellen. Ihnen ist auch gestattet, die Nämlichkeitssicherung der Waren durch Anbringung von Zollverschlüssen (Tyden Seals bzw. Mini-Break-Away-Seals) selbst vorzunehmen.

➤ Zugelassene Empfänger dürfen Sendungen im gVV direkt empfangen, ohne dass die Waren bei der Bestimmungsstelle gestellt werden müssen. Sie dürfen ohne Mitwirkung der Zollbehörde die Zollverschlüsse entfernen und das T-Formular selbst abfertigen.

➤ Das NCTS ist ein elektronisches Versandverfahren, das die Effizienz der Versandverfahren steigern und eine wirksamere Betrugsverhütung und Betrugsaufdeckung gewährleisten soll.

➤ Das Carnet-TIR-Verfahren ist ebenfalls ein vereinfachtes Zollverfahren, das aber innerhalb der Gemeinschaft nicht angewandt werden darf.

➤ Das Carnet TIR ist ein Zollbegleitscheinheft, das in der Bundesrepublik Deutschland vom BGL und der AIST herausgegeben wird. Es ermöglicht die Zollabfertigung eines Lkw über mehrere Grenzen hinweg, ohne dass an den Durchgangszollstellen eine Zollbeschau vorgenommen wird. Die Lastzüge müssen mit einer TIR-Tafel gekennzeichnet und zollsicher hergerichtet sein.

➤ Das Carnet ATA dient der vorübergehenden Ausfuhr von Messegut, Berufsausrüstungen von Fernseh- und Rundfunkreportern usw. Bei seinem Gebrauch entfällt die Zahlung von Zöllen und sonstigen Einfuhrabgaben in dem Land der vorübergehenden Verwendung. Die Ausgabe erfolgt durch die IHK.

9 Waren in weitere Zollverfahren überführen
9.1 Zolllagerverfahren

Zolllager (Art. 98 – 113 ZK; Art. 503 – 548 ZKDVO) dienen der Lagerung von **Nichtgemeinschaftswaren**. Sie unterliegen der zollamtlichen Überwachung. Der Hauptzweck der Zolllager besteht darin, dass für die importierten Waren Zölle und andere Einfuhrabgaben erst dann entstehen, wenn die Waren zum freien Verkehr abgefertigt werden. So trägt das Zolllagerverfahren zur Förderung außenhandelsbezogener Tätigkeiten bei, insbesondere zur Warenumverteilung innerhalb und außerhalb der Gemeinschaft.

Als Zolllager gilt jeder von den Zollbehörden zugelassene und unter zollamtlicher Überwachung stehende Ort, an dem Waren unter den festgelegten Voraussetzungen gelagert werden können.

Gemäß Zollkodex wird unterschieden in:

● **Öffentliche Zolllager** (das sind Zolllager, die von jedermann zur Lagerung von Waren benutzt werden können) und

● **Private Zolllager** (das sind Zolllager, die auf die Lagerung von Waren durch den Lagerhalter beschränkt sind).

Eine weitere Unterscheidung trifft Art. 504 ZKDVO

● **Lager des Typs A**

sind öffentliche Zolllager, die von jedermann zur Lagerung von Waren benutzt werden können. Die Verantwortung für die Waren übernimmt der Lagerhalter.

Lagerhalter ist jede zum Betrieb eines Zolllagers befugte Person.

● **Lager des Typs B**
(Öffentliche Zolllager mit Verantwortlichkeit des Einlagerers)

sind öffentliche Zolllager, die von jedermann zur Lagerung von Waren benutzt werden können. Die Verantwortung für die Waren übernimmt der Einlagerer.

Einlagerer ist die Person, die durch die Anmeldung zur Überführung von Waren in das Zolllagerverfahren gebunden ist, oder eine Person, der die Rechte und Pflichten des Einlagerers übertragen wurden; dies kann z. B. auch ein Spediteur sein.

● **Lager des Typs C** sind private Zolllager, die auf der Lagerung von Waren durch den Einlagerer beschränkt sind, d. h., Lagerhalter und Einlagerer sind dieselbe Person; jedoch nicht zwangsläufig Eigentümer der Ware.

● **Lager des Typs D** sind private Zolllager wie Typ C. Bei der Überführung der Waren in das Zolllagerverfahren sind aber Beschaffenheit, Zollwert und Menge der Waren festzustellen.

● **Lager des Typs E** sind private Zolllager wie Typ C; die Waren werden jedoch nicht in einem Zolllager gelagert. Lagerhalter und Einlagerer sind ein und dieselbe Person, müssen aber nicht zwangsläufig Eigentümer der Waren sein.

● **Lager des Typs F** sind öffentliche Zolllager, die von jedermann für die Lagerung von Zollwaren benutzt werden können. Sie werden von den Zollbehörden verwaltet.

Für den Spediteur ist besonders das Zolllager des Typs D von Bedeutung, weil das Zollgut ohne zollamtliche Mitwirkung in den freien Verkehr übernommen werden kann.

Wer ein **Zolllager betreiben** will, bedarf der **Bewilligung durch eine Zollbehörde.** In einem schriftlichen Antrag muss der Antragsteller insbesondere glaubhaft nachweisen, dass ein wirtschaftliches Bedürfnis für die Lagerung besteht.

Beispiel: *Ein deutscher Importeur führt große Mengen Textilien aus China ein. Diese werden zu einem großen Teil in Drittländer weitergeleitet. Werden diese Waren in ein Zolllager überführt, fallen keine Eingangsabgaben an und bei einer Weiterveräußerung z. B. nach Kanada wird durch den deutschen Zoll die Ursprungseigenschaft (Herstellungsland China) bestätigt. Dies kann im Bestimmungsland wieder Zollermäßigungen oder Zollfreiheit zur Folge haben.*

Die Bewilligung wird nur Personen erteilt, die in der Gemeinschaft ansässig sind und die die Gewähr dafür bieten, dass alle Vorschriften zuverlässig eingehalten werden. Die Zollbehörde kann eine Sicherheit verlangen. In der Bewilligung werden alle besonderen Bedingungen genannt, unter denen das Lager betrieben werden darf. Bei privaten Zolllagern kann z. B. angegeben werden, welche Warenarten in dem Zolllager aufbewahrt werden dürfen.

Der Lagerhalter ist dafür verantwortlich, dass

● die Waren während ihres Verbleibs im Zolllager nicht der zollamtlichen Überwachung entzogen werden,

● die Pflichten, die sich aus der Lagerung der Waren im Zollverfahren ergeben, erfüllt werden und

● die in der Bewilligung festgelegten besonderen Bedingungen eingehalten werden.

Die Einlagerung in ein Zolllager erfolgt im Allgemeinen unter Verwendung des Einheitspapiers. Der Anmelder beantragt im Feld 1 (2. Unterfeld) die Abfertigung zu einem Lagerverfahren (einschließlich der Abfertigung zum Verbringen in sonstige Räumlichkeiten unter Zoll- und Verwaltungskontrolle) durch Eintragung der Kennziffer 7. Unter bestimmten Voraussetzungen sind Vereinfachungen vorgesehen.

Der Lagerhalter bzw. der Einlagerer muss die Waren, die in das Zolllagerverfahren überführt werden, in Bestandsaufzeichnungen in einer von der Zollbehörde zugelassenen Form erfassen.

Übliche Behandlungen der eingelagerten Waren (z. B. Bestandsaufnahmen, Umpacken, Lüften, Kühlen) dürfen durchgeführt werden.

Das vorübergehende Entfernen der Waren aus einem Zolllager (z. B. für Ausstellungen) kann auf Antrag ebenfalls bewilligt werden. Einfuhrabgaben sind in diesem Fall nicht zu entrichten.

Der Verbleib von Waren im Zolllager ist zeitlich nicht begrenzt!

Für Nichtgemeinschaftswaren wird das Zolllagerverfahren beendet, wenn die Waren

- in den zollrechtlich freien Verkehr oder ein anderes Zollverfahren übergeführt,
- in eine Freizone verbracht oder
- ausgeführt werden.

Die Überführung in den zollrechtlich freien Verkehr erfolgt auf dem vorgeschriebenen Formblatt (Einheitspapier). Vereinfachungen sind unter bestimmten Voraussetzungen je nach Lagertyp möglich. Es kann z. B. zugelassen werden, dass Zollgut durch buchmäßige Anschreibung ohne Gestellung der Waren bei der Überwachungszollstelle in den freien Verkehr entnommen wird.

Mit der Entnahme von Zollgut in den freien Verkehr werden die Zoll- und Steuervorschriften (Abgabesätze) angewendet, die im **Zeitpunkt der Entnahme der Waren** gegolten haben.

Maßgebend für die **Menge, die Beschaffenheit und den Zollwert** ist jedoch der **Zeitpunkt des ersten Antrags auf Abfertigung der Waren** zur Zolllagerung.

Waren, die während des Kalendermonats entnommen werden, sind am **Monatsende** der überwachenden Zollstelle anzuzeigen. Die in einer Anmeldung errechneten **Einfuhrabgaben** sind **spätestens bis zum 16. Tag** des auf ihre Entstehung folgenden Kalendermonats zu zahlen.

9.2 Veredelungsverkehr

Unter Veredelung versteht man das Be- und Verarbeiten sowie das Ausbessern von Waren.

9.2.1 Aktive Veredelung

Bei der aktiven Veredelung (Art. 114 – 129 ZK; Art. 549 – 649 ZKDVO) werden Nichtgemeinschaftswaren aus einem Drittland in das Zollgebiet eingeführt, im Zollgebiet veredelt und anschließend wieder ausgeführt. Die aktive Veredelung wird bewilligt, wenn so die günstigsten Voraussetzungen für die Ausfuhr der veredelten Waren geschaffen werden können.

Wird innerhalb einer bestimmten Frist eine der eingeführten Waren entsprechende Menge veredelter Waren wieder ausgeführt, entsteht keine Einfuhrabgabenschuld **(Nichterhebungsverfahren)**.

Wurden die eingeführten Waren in den zollrechtlich freien Verkehr übergeführt, können im **Rückerstattungsverfahren** bereits erhobene Einfuhrabgaben erstattet werden, wenn Waren in Form von Veredelungserzeugnissen aus dem Zollgebiet der Gemeinschaft ausgeführt werden.

Beispiel: *Ein Nürnberger Gerätewerk stellt spezielle Messinstrumente her. Ein ausländischer Kunde besteht darauf, dass bestimmte Stecker und elektronische Bauteile eingebaut werden. Diese Teile werden von dem Nürnberger Unternehmen eingeführt, in die speziellen Messinstrumente eingebaut und die kompletten Apparate werden dann wieder ausgeführt.*

9.2.2 Passive Veredelung

Bei der passiven Veredelung (Art. 145 – 160 ZK; Art. 748 – 787 ZKDVO) werden Gemeinschaftswaren in ein Drittland ausgeführt, dort be- oder verarbeitet und anschließend wieder eingeführt. Nach der Wiedereinfuhr erfolgt eine Überführung in den freien Verkehr. Der passive Veredelungsverkehr muss ebenfalls vom Zollamt bewilligt werden.

Beispiel: *Kunststoff wird von Deutschland nach Moldawien gebracht. Dort werden daraus Teile von Spielwaren gefertigt. Die Formen für die Produktion der Spielwarenteile werden in Deutschland hergestellt. Die Spielwarenteile werden in Moldawien zusammengesetzt und die fertigen Spielzeugfiguren kommen in die Bundesrepublik Deutschland zurück und werden von hier aus vertrieben.*

Da die Löhne in Moldawien wesentlich niedriger sind als in der Bundesrepublik Deutschland, ergibt sich eine kostengünstigere Fertigung. Der Vorteil der passiven Veredelung besteht darin, dass bei der Wiedereinführung der fertigen Ware der Zoll für die veredelten Waren um den Betrag gemindert wird, der als Zoll für die unveredelten Waren zu erheben wäre **(Differenzverzollung)**.

9.3 Zollgutumwandlung

Bei der Zollgutumwandlung (Art. 130 – 136 ZK; Art. 650 – 669 ZKDVO) wird Nichtgemeinschaftsware ebenfalls be- oder verarbeitet, aber im Gegensatz zu einer aktiven Veredlung nicht zu einer höherwertigen, sondern zu einer minderwertigen Ware (z. B. in Abfälle und Reste, Zerstörung, Denaturierung). Der **ursprüngliche Zustand der Ware** darf sich wirtschaftlich sinnvoll **nicht wiederherstellen** lassen. Nach der Umwandlung erhält die Ware eine neue zollrechtliche Bestimmung (z. B. Überführung in den freien Verkehr – aber mit einer neuen Bemessungsgrundlage). Die Umwandlung wird nur unter bestimmten Voraussetzungen bewilligt.

Beispiel: *Wein wurde mit Glykol versetzt, damit er süßer schmeckt. Dieser Wein wurde aus dem Verkehr gezogen, indem er z. B. zu Industriealkohol verarbeitet wird.*

9.4 Vorübergehende Verwendung

Bei der **vorübergehenden Verwendung** (Art. 137 – 144 ZK; Art. 670 – 747 ZKDVO) dürfen Nichtgemeinschaftswaren vorübergehend im Zollgebiet der Gemeinschaft verwendet werden, ohne dass Einfuhrabgaben anfallen. Sie müssen aber anschließend unverändert, also unverbraucht wieder ausgeführt werden.

Beispiel: *Messegut wird mit einem Carnet ATA eingeführt und nach Beendigung der Messe unverändert wieder ausgeführt. Turnierpferde, die an einer bestimmten Veranstaltung teilnehmen, werden ein- und wieder ausgeführt.*

Zusammenfassung

➤ Der Hauptzweck der Zolllager besteht darin, dass für importierte Waren Zölle und ande-re Einfuhrabgaben erst dann entstehen, wenn die Waren aus dem Zolllager in den freien Verkehr abgefertigt werden.

➤ Zolllager des Typs D haben den Vorteil, dass Zollgut ohne zollamtliche Mitwirkung in den freien Verkehr entnommen werden kann.

➤ Bei der aktiven Veredelung werden Waren aus einem Drittland in die Bundesrepublik eingeführt, hier veredelt und anschließend wieder ausgeführt.

➤ Bei der passiven Veredelung werden Waren in ein Drittland ausgeführt, dort be- oder verarbeitet und anschließend wieder eingeführt (Differenzverzollung).

➤ Bei der Zollgutumwandlung wird die Ware zu einer minderwertigen Ware umgewandelt.

10   Umstellung auf das IT-Verfahren ATLAS (Automa-tisiertes Tarif- und Lokales Zoll-Abwicklungs-System[1])

Die deutsche Zollverwaltung schafft derzeit auf der Grundlage von Artikel 4 a Abs. 1 ZK-DVO die Voraussetzungen dafür, den kommerziellen Warenverkehr mit Drittländern weit-gehend automatisiert mithilfe von Informationstechnologie (= IT-Verfahren) abzuwickeln.

10.1   Ziele

Folgende Ziele werden angestrebt bzw. sind bereits verwirklicht worden

● Ersatz des Deutschen Gebrauchszolltarifs durch den Elektronischen Zolltarif,

● automatisierte Zollabfertigung und Zollsachbearbeitung,

● Ausstattung aller Zollstellen mit einheitlicher Informationstechnologie,

● dezentrale Verarbeitung der Anmeldedaten,

● zentrale Software- und Stammdatenpflege,

● zentrale Archivierung der Anmeldedaten,

● Minimierung der Verwendung von Papier,

● Steigerung der Arbeitsqualität und Schnelligkeit in der Zusammenarbeit mit der Wirtschaft,

● Berücksichtigung internationaler IT-Projekte,

● Offenheit für die Zusammenarbeit mit den Zollverwaltungen anderer EU-Mitglied-staaten und

● einheitlicher und zeitgemäßer Informationsaustausch mit der am Außenhandel teil-nehmenden Wirtschaft (Kommunikation mit den Anmeldern nach Protokoll X.400, Austausch standardisierter EDIFACT-Nachrichten).

Die Funktionalitäten der zurzeit als Insellösungen bestehenden IT-Verfahren (z. B. KOBRA) sollen in das IT-Verfahren ATLAS integriert und im Rahmen eines Gesamtkon-zepts nach mehrjähriger Übergangszeit von diesem abgelöst werden.

Schriftliche Zollanmeldungen und Verwaltungsakte (einschließlich der Bescheide über Einfuhrabgaben) sollen durch einen elektronischen Austausch von Standardnachrich-

---

1   Englisch: Automated custums tariff and local processing application system
     Französisch: Système automatisé de tarif et de mise en oeuvre locale des procédures douanières

ten (EDIFACT) ersetzt und so der Papieranfall bei Zollstellen und am IT-Verfahren ATLAS teilnehmenden Wirtschaftsbeteiligten (künftig: Teilnehmer) erheblich verringert werden. Die elektronisch empfangenen Abgabebescheide kann der Teilnehmer in beliebiger Weise weiterverarbeiten (z. B. Anzeige am Bildschirm, Weiterverarbeitung auf Datenträgern oder als Ausdruck, auch in Form von Listen).

Lässt sich der Einführer bei der Erfüllung der Zollförmlichkeiten von einem Teilnehmer vertreten, bestimmt er den Vertreter (z. B. Spediteur oder Interessengemeinschaft) auch als Zustellungsbevollmächtigten, der ihm dann die elektronisch empfangenen Abgabenbescheide im Wege der Datenfernübertragung, auf Datenträgern oder als Ausdrucke zuleitet.

Die Informationen über den Warenverkehr werden in einer zentralen Datenbank historisch archiviert und stehen autorisierten Dieststellen, z. B. den Hauptzollämtern für Prüfungen oder den Zollfahndungsämtern, zur Auswertung zur Verfügung. Außerdem werden Kommunikations- und Archivierungskonzepte sowie ein Risikoanalysekonzept entwickelt.

10.2 Systemaufbau

Das System IT-Verfahren ATLAS gliedert sich in zahlreiche Subsysteme, die ihrerseits wiederum in Teilsubsysteme und Segmente verfeinert werden.

Beispiel:

System	*IT-Verfahren ATLAS*
Subsystem	*Zolllager*
Teilsubsystem	*Lagerung von Nichtgemeinschaftswaren*
Segment	*Überführung ins Lagerverfahren*

Im Folgenden werden die aus zollfachlicher Sicht wichtigsten Subsysteme und Teilsubsysteme des IT-Verfahren ATLAS beschrieben.

10.2.1 Subsystem Elektronischer Zolltarif (EZT)[1]

Kern des Elektronischen Zolltarifs, der für die Einfuhr den Deutschen Gebrauchszolltarif (auf Papier) ab 1. Januar 1999 abgelöst hat, ist die TARIC2-Datenbank der Europäischen Union, ergänzt um nationale Unterpositionen und Maßnahmen (Einfuhrumsatzsteuer und Verbrauchssteuersätze), die Einfuhrliste und Hinweise (z. B. Verbote und Beschränkungen).

Der EZT ermöglicht bei der Einfuhr:

- eine umfassende Einreihungsunterstützung durch Nomenklaturtext, Anmerkungen zu Abschnitten und Kapiteln, Einführende Vorschriften, Anhänge, Erläuterungen, Stichwortverzeichnis und künftig den Zugriff auf verbindliche Zolltarifauskünfte,
- zusammen mit den Daten aus der elektronischen Zollanmeldung die automatisierte Auswahl der anzuwendenden Maßnahmen und die Berechnung zu erhebender Einfuhrabgaben.

Aktualisierungen des TARIC2 gehen einmal täglich von der Europäischen Kommission ein. Nach Übernahme in den EZT für die Einfuhr werden die Aktualisierungen vom Rechenzentrum Karlsruhe täglich zeitgleich an die Zollstellen und die Bundesanzeiger Verlagsgesellschaft mbH, als Vertriebspartner gegenüber der Wirtschaft weitergegeben, sodass eine zeitnahe Übermittlung an die Wirtschaft möglich ist.

---

1 Vgl. S. 527 f.

Durch die Erweiterung des EZT um die für die Ausfuhr benötigten Komponenten soll erstmals ein anwenderfreundliches und aktuelles Hilfsmittel zur Prüfung von Warenausfuhren geschaffen werden.

Das Subsystem EZT umfasst folgende Funktionalitäten für die Ausfuhr:

● Segment „Ausfuhrüberwachung":
  – Ausfuhrverbote-, -beschränkungen und -genehmigungen,
  – die Übernahme der Funktionen der Programme ALEX (PC-Expertensystem Ausfuhrliste) und IGEL (IT-gestützte Exportliste) sowie
  – die Integration der Warenliste Ausfuhr.

● Segment „Ausfuhrerstattung":
  – Die Übergabe von Ausfuhrerstattungsnomenklatur und -sätzen aus der EZT-Datenbank an das IT-Verfahren AIDA (= Ausfuhrvergünstigung als integrierte Dialoganwendung) über eine Schnittstelle EZT an die Ausfuhr/AIDA sowie
  – Integration der MO-Warenliste (Marktordnungswaren)

10.2.2 Subsystem Ausfuhr

Das Subsystem Ausfuhr umfasst die Teilsubsysteme
● Normalverfahren,
● Vereinfachte Verfahren und
● Ausfuhr von Marktordnungswaren.

Das Subsystem Ausfuhr unterstützt die Überführung von Gemeinschafts- wie Nichtgemeinschaftswaren (Wiederausfuhr) in das Ausfuhrverfahren, in den nach dem Zollrecht zulässigen Verfahrensarten (Normal- und vereinfachte Verfahren). Die Ausfuhr von Waren, die besonderen Überwachungsmaßnahmen nach dem Marktordnungsrecht unterliegen (z. B. bei Gewährung von Ausfuhrerstattung), wird ebenfalls berücksichtigt. Funktionalitäten zur Überwachung und Beendigung des Zollverfahrens runden das Subsystem ab.

10.2.3 Subsystem Summarische Anmeldung

Das Subsystem Summarische Anmeldung umfasst die Teilsubsysteme
● Luftfrachtverkehr und   ● andere Verkehrsarten.

Durch diese Teilsubsysteme wird die zollamtliche Erfassung eingeführter Nichtgemeinschaftswaren unterstützt.
Dieses Subsystem ist bereits realisiert.

10.2.4 Subsystem freier Verkehr

Das Subsystem freier Verkehr umfasst die Teilsubsysteme
● Globale Komponenten freier Verkehr,
● Normalverfahren,
● vereinfachte Verfahren,
● zur besonderen Verwendung und
● Nacherhebung/Erlass/Erstattung.

Durch diese Teilsubsysteme wird die Überführung eingeführter Nichtgemeinschaftswaren in den zollrechtlich freien Verkehr (ggf. mit Abgabenerhebung) im Normalverfahren oder im vereinfachten Verfahren (einschließlich Abrechnung) unterstützt.
Dieses Subsystem wurde zum 01.12.01 realisiert.

10.2.5 Subsystem Versand

Das Subsystem Versand umfasst die Teilsubsysteme

● Normalverfahren und
● Vereinfachte Verfahren (Zugelassener Versender/Empfänger)

Unterstützt wird die Überführung in, Überwachung, Beendigung/Erledigung von gemeinschaftlichen/gemeinsamen Versandverfahren.

Dieses Subsystem ist bereits realisiert.

10.2.6 Subsystem Zolllagerverfahren

Das Subsystem Zolllagerverfahren umfasst die Teilsubsysteme

● Lagerung von Nichtgemeinschaftswaren und
● Erstattungs-Lagerung.

Das Subsystem Zolllagerverfahren unterstützt die Überführung, Überwachung und Beendigung dieses Zollverfahrens mit wirtschaftlicher Bedeutung. Die Lagerung von Waren, die besonderen Überwachungsmaßnahmen nach dem Marktordnungsrecht unterliegen (z. B. bei Gewährung von Ausfuhrerstattung), wird ebenfalls berücksichtigt.

10.2.7 Subsysteme auf Basis weiterer Zollverfahren, zollrechtlicher Bestimmungen oder Verfahren

Die Subsysteme

● Aktive Veredelung (einschließlich Verfahren der Erstattungs-Veredelung),
● Passive Veredelung,
● Umwandlungsverfahren,
● Vorübergehende Verwendung,
● Freizonen und
● Vernichtung/Zerstörung

werden zu einem späteren Zeitpunkt realisiert.

10.2.8 Subsysteme mit horizontaler Funktion

Neben den bisher genannten vertikalen Subsystemen, die ausschließlich der Umsetzung zollrechtlicher Bestimmungen oder Zollverfahren dienen, umfasst das IT-Verfahren ATLAS weitere Subsysteme mit horizontaler Funktion. Die Subsysteme Archiv, Globale Komponenten und Stammdaten dienen neben anderen der aus zollfachlicher Sicht notwendigen Interaktion zwischen am IT-Verfahren ATLAS beteiligen Einheiten der Zollverwaltung, externen Einheiten (z. B. Statistisches Bundesamt, Bundesausfuhramt oder Bundesamt für Naturschutz) und den Teilnehmern, wie auch der Vorhaltung und Reproduzierbarkeit von Daten. Der Zugriff auf erteilte Genehmigungen und Lizenzen auf dem Gebiet des Außenwirtschaftsrechts, Marktordnungsrechts und der Verbote und Beschränkungen (z. B. Artenschutz) wird automatisiert. Das Subsystem Stammdaten schafft die Voraussetzungen für eine automatisierte Zulässigkeitsprüfung der angemeldeten zollrechtlichen Bestimmung, insbesondere im Hinblick auf Bewilligungen.

10.3 Auswirkungen von ATLAS auf die Zollabwicklung

Es ist auch weiterhin möglich Zollanmeldungen mittels Einheitspapier vorzunehmen. Dabei sind alle erforderlichen Abfertigungsunterlagen (Handelsrechnung, Präferenznachweis u. s. w.) vorzulegen. Die Daten werden durch die Zollstelle in das System ATLAS eingegeben. Dies ist zeitaufwendig und verzögert die Abfertigung zusätzlich.

Um den Bedürfnissen kleinerer und mittlerer Wirtschaftsbetriebe gerecht zu werden, hat das Bundesministerium der Finanzen ergänzend zu den bisherigen Nutzungsmöglichkeiten von ATLAS die Abgabe von Zollanmeldungen per Internet entwickelt. Damit können alle Bürgerinnen und Bürger, Betriebe und Unternehmen per Internet, d. h. von jedem beliebigen Ort aus, das Portal für Internetzollanmeldungen aufrufen, am PC ausfüllen und per Internet an die zuständige Zollstelle senden. Die Internetzollanmeldung zur Überführung von Waren in den zollrechtlich freien Verkehr im Normalverfahren ist realisiert.

Vorteile für die Nutzer von ATLAS:

● Zeitersparnis bei der Abgabe von Zollanmeldungen zum freien Verkehr
● Es entfallen die Gänge zum Zollamt
● Wettbewerbsvorteil für Dienstleister
● Konkurrenzfähigkeit wird gewährleistet
● Vorzeitige Abgabe von Zollanmeldungen ist möglich
● Zollabfertigung kann bereits an der Grenze vorgenommen werden
● Es müssen nicht alle Unterlagen beim Zollamt vorgelegt werden (z. B. Präferenznachweis, Zollwertanmeldung, Handelsrechnung)
● Minimierung von Papier auch beim Anmelder
● Steigerung der Arbeitsqualität durch Plausibilitätsprüfungen
● Schnellere Verfügbarkeit über Steuerbescheide
● Vereinfachte Verfahren werden ggf. nicht mehr benötigt, da die Abfertigungen bereits an der Grenze erfolgen
● ATLAS ist Voraussetzung für zugelassene Empfänger und Versender

Fragen und Aufgaben zur Lernkontrolle:

1. Welche Formen des Außenhandels gibt es? Erläutern Sie kurz diese Formen.
2. Welche Waren bzw. Warengruppen werden von der Bundesrepublik Deutschland exportiert bzw. importiert? Nennen Sie auch die Gründe für die Außenhandelsaktivitäten.
3. Nennen Sie wichtige nationale Regelungen des Außenhandels.
4. Aus welchen Gründen können Einschränkungen der Außenhandelsbeziehungen erfolgen?
5. Wer ist für die Überwachung des Außenhandels zuständig?
6. Welche Staaten gehören zur EFTA?
7. Welche Ziele strebt die WTO an und durch welche Maßnahmen sollen diese Ziele erreicht werden?
8. Was verstehen Sie unter „nichttarifären Handelshindernissen"?
9. Große regionale wirtschaftliche Zusammenschlüsse sind die ASEAN und die NAFTA. In welchen Erdteilen liegen diese Zusammenschlüsse? Nennen Sie auch einige der beteiligten Mitgliedsstaaten.

10. Welche Vorteile hat die Vereinbarung der Incotermsklauseln für die Vertragspartner bei Außenhandelsverträgen?
11. Bei welcher Vertragsklausel geht der Verkäufer nur eine Mindestverpflichtung, bei welcher eine Maximalverpflichtung ein?

12. Welche der Incotermsklauseln eignen sich besonders
a) für Lufttransporte,　　　　　　　c) Eisenbahntransporte,
b) Binnen- und Seeschiffstransporte,　d) für alle Transportarten?

13. Eine Sendung wird von Nürnberg via Hamburg/New York nach Albany N.Y. geliefert. Gemäß Incoterms wurde die Lieferklausel „cif" vereinbart.
Wo geht die Gefahr für Verlust und Beschädigung auf den Käufer über?
Welche Kosten hat der Verkäufer in Nürnberg zu tragen?

---

14. Sie erhalten von Ihrem Kunden der Firma ASTRO GmbH Nürnberg, folgendes TELEX:

> tlx 27772888 bkbk th
>
> test 7777 for EUR 127.067,00 with your frankfurt dd. 03-07-16
>
> from bangkok bank plc, bangkok, thailand
> to commerzbank ag nuernberg
>
> we open with you our irrevocable letter of credit no. 0011L3469 amounting to EUR 127.067,00 in favour of
>
> astro gmbh, postfach 1140, 90471 nuernberg/germany
> by order of
>
> m.r.x. engineering co. ltd., 68 palace road, bangkok, thailand
>
> available with commerzbank nuernberg by sight payment against presentation of the following documents:
> 1. full set of three clean on board ocean bills of lading and two non negotiable copies, made out to order of bangkok bank public company limited, bangkok, marked freight collect and notify applicant and indicating this l/c number
> 2. commercial invoice in 4 copies indicating fob value, all of which must be manually signed
> 3. packing list in 5 copies, all of which must be manually signed
> 4. certificate of origin issued by chamber of commerce
>
> loading on board at any european seaport on 30th november, 2000 at the latest for transportation to bangkok
>
> documents to be presented within 21 days after shipment
> partial shipments and transshipment not allowed.
>
> merchandise:　1 set consisting of 7 tables electronic instrumentation laboratory (measuring techniques of non-electrical values) as per proforma invoice no A3/60/THAI/002-E dd. 15/06/97
>
> fob european seaport
> this lc expires on 21st december, 2003 at nuernberg
>
> charges are for applicant's account. A descrepancy fee of EUR 75,00 will be imposed on each discrepant set of documents presented for negotiation und this l/c.
>
> this telex is operative credit instrument and subject to uniform customs for documentary credits (icc paris) publ. 500.
>
> please advise this credit to beneficiary adding your confirmation.
> rgds
>
> bangkok bank plc., bangkok
>
> tlx 27772888 bkbk th

Erläutern Sie der Firma ASTRO den Inhalt des Telex und die Abwicklung des Akkreditivs.

15. Welche Aufgaben hat der Spediteur zu erfüllen?

16. Welche Transportdokumente sind akkreditivfähig?

17. Bei welchen anderen Zahlungsbedingungen hilft der Spediteur ebenfalls bei der Zahlungsabwicklung?

3 18. Wie unterscheiden sich das FCR- und FBL-Dokument?

19. Das FCR ist ein Sperrpapier. Erläutern Sie diesen Begriff und nennen Sie weitere Transportdokumente, die ebenfalls die Funktion eines Sperrpapiers haben.

20. Welche Funktion hat die Ausfuhrbescheinigung für Umsatzsteuerzwecke bzw. der Verbringungsnachweis?

21. Von welcher Stelle werden

a) Ursprungszeugnisse   b) Konsulatsfakturen

beglaubigt?

4 22. Wie ist die statistische Erfassung des Warenverkehrs innerhalb der EU geregelt?

23. Auf welche Formularen erfolgt die statistische Erfassung des Warenverkehrs zwischen den Mitgliedsstaaten der Gemeinschaft?

24. Wer ist für die statistische Anmeldung verantwortlich?

25. Können auch Spediteure diese statistische Anmeldungen für ihre Kunden vornehmen?

26. Welche juristischen und natürlichen Personen sind von der Abgabe der statistischen Meldung befreit?

27. Warum richtet man Steuerlager ein?

28. Wie ist die umsatzsteuerliche Behandlung beim innergemeinschaftlichen Warenversand geregelt?

29. Wer erhält eine USt-IdNr. und was wird durch diese Nummer nachgewiesen?

30. Welche Bedeutung hat die „zusammenfassende Meldung" und welche Angaben hat der Steuerpflichtige anzumelden?

31. Wie erfolgt die Besteuerung von innergemeinschaftlichen Dienstleistungen?

32. In welchem Land und durch wen ist in den folgenden Fällen die Umsatzsteuer zu entrichten?

a) Die Privatperson P aus Deutschland beauftragt den spanischen Frachtführer F, Güter von Portugal nach Deutschland zu befördern.

b) Der in Deutschland ansässige Unternehmer U beauftragt den in Spanien ansässigen Frachtführer F, Güter von Portugal nach Deutschland zu befördern. U verwendet gegenüber F seine deutsche USt-IdNr.

c) Der in Portugal ansässige Unternehmer U beauftragt den in Deutschland ansässigen Frachtführer F, Güter von Portugal nach Deutschland zu befördern. U verwendet gegenüber F seine portugiesische USt-IdNr.

33. Ein deutscher Spediteur beauftragt einen niederländischen Frachtführer mit der Durchführung eines Transports innerhalb der EU. Wer ist Steuerschuldner für die Umsatzsteuer?

5 34. Welche rechtlichen Grundlagen für den grenzüberschreitenden Warenverkehr kennen Sie?

35. Beschreiben Sie das Zollgebiet der Gemeinschaft.

36. Welche Freizonen kennen Sie?

37. Welcher obersten Bundesbehörde sind die Zollämter unterstellt?

38. Aus welchem Feld des Einheitspapieres kann man ersehen, welchem Zweck dieses Papier dient?

39. Warum wird der Warenverkehr über die Grenze zollamtlich überwacht?

40. Innerhalb welcher Frist muss eine Ware einer zollrechtlichen Bestimmung zugeführt werden?

41. Was verstehen Sie unter Gestellung und wer ist für sie verantwortlich?

42. Welche Möglichkeiten der Nämlichkeitssicherung gibt es?

43. Erläutern Sie, welche Folgen es für den Spediteur hat,

a) wenn er den Anmelder direkt,

b) wenn er ihn indirekt vertritt.

44. Welche Dokumente dienen als Nachweis, dass Waren ihren Ursprung in der Gemeinschaft haben (Präferenznachweise)?

a) im Verkehr mit den EFTA-Staaten

b) im Verkehr mit der Türkei

c) im Verkehr mit den AKP-Staaten, Israel und einer Reihe von nordafrikanischen Staaten, mit denen Präferenzabkommen geschlossen wurden?

d) im Verkehr mit Bulgarien und Rumänien?

45. Welcher Unterschied besteht zwischen einer Warenverkehrsbescheinigung EUR.1 und einem Ursprungszeugnis der IHK?

6 46. Ab welchem Wert muss eine AA beim Zollamt vorabgefertigt werden?

47. Ist bei jeder Exportsendung eine AA erforderlich und muss diese in jedem Fall vorabgefertigt werden?

48. Unter welcher Bedingung kann das Zollamt auf Anmeldung und Gestellung der Ware auch bei einem Warenwert über 3.000,00 € verzichten?

49. In welchem Fall ist es zweckmäßig, eine Ausfuhrsendung mit einer unvollständigen/vereinfachten AA abzufertigen?

7 50. Mit welchem Dokument erfolgt die Anmeldung einer Sendung zum freien Verkehr und welche Unterlagen sind der Anmeldung beizufügen?

51. Aus welchem Tarif kann man die Codenummer (Feld 33) des Zollantrages sowie den Zollsatz und den EUSt-Satz entnehmen?

52. Was verstehen Sie unter Zollbeschau und wie kann diese erfolgen?

53. Welcher Wert wird üblicherweise als Zollwert zugrunde gelegt?

54. Welche Einfuhrabgaben werden bei der Einfuhr erhoben und wie unterscheiden sich diese hinsichtlich ihrer rechtlichen Grundlage?

55. Erklären Sie die Begriffe „Kontingentscheinverfahren" und „Windhundverfahren".

56. Bis zu welchem Termin sind aufgeschobene Einfuhrabgaben zu begleichen?

57. Wie unterscheiden sich das Zollaufschubverfahren und das Anrechnungsverfahren?

58. Welchen Status haben eingeführte Waren nach der Überführung in den zollrechtlich freien Verkehr?

59. Was versteht man unter Überlassung?

60. Innerhalb welcher Frist kann gegen einen Zollbescheid Widerspruch eingelegt werden?

61. Nennen Sie die vereinfachten Verfahren der Zollanmeldung und beschreiben Sie die Vorteile der Sammelzollverfahren.

62. Welche Voraussetzungen müssen für das Anschreibeverfahren (ASV) gegeben sein?

---

8 **63.** Für welche Waren gilt das T1-Verfahren?

64. Wer ist im gVV der Hauptverpflichtete und welche Pflichten hat er?

65. In welcher Form ist eine Sicherheitsleistung beim gVV möglich?

66. Welche Vorteile hat

a) ein zugelassener Versender

b) ein zugelassener Empfänger?

67. Wie heißt das Versandverfahren zwischen der EU und den EFTA-Staaten?

68. Welches Papier übernimmt im Bahnversand die Funktion des T-Formulars?

69. Von welchen Verbänden wird das Carnet TIR ausgegeben und welche Vorteile bringt dieses Verfahren?

70. Wer gibt das Carnet ATA aus und in welchen Fällen wird es eingesetzt?

71. Welche Vorteile hat das Carnet ATA?

---

9 **72.** Welcher Zolllagertyp ist für den Spediteur am besten geeignet?

73. Welche Voraussetzungen müssen erfüllt sein, wenn ein Zolllager bewilligt werden soll?

74. Welche Vorteile hat ein Zolllager?

75. Was verstehen Sie unter

a) aktiver Veredelung,

b) passiver Veredelung,

c) Zollgutumwandlung?

KAPITEL XVI

Kunden

gewinnen und betreuen (Marketing)

Durch die Liberalisierung des Verkehrsmarktes ist der Wettbewerb härter geworden. Die Unternehmen der Branche müssen mehr Anstrengungen unternehmen ihre Dienstleistung zu verkaufen. Sie müssen mehr als bisher Marketing (to market a product) betreiben, um Kunden zu gewinnen und auch zu betreuen.

Marketing ist „die **marktorientierte Führung** des gesamten Unternehmens". Alle Unternehmensaktivitäten werden geplant, koordiniert und kontrolliert im Hinblick auf aktuelle und potenzielle Märkte.

Betriebswirtschaftler gliedern normalerweise Marketingaktivitäten in

● Produktpolitik (Qualität, Aussehen usw.)

● Kontrahierungspolitik (Preisgestaltung, Liefer- und Zahlungsbedingungen usw.)

● Distributionspolitik (Absatzwege, Niederlassungsnetz usw.)

● Kommunikationspolitik (Werbung, direkte Kommunikation mit Kunden, Imagebildung usw.)

Wegen der Besonderheiten des Logistikmarktes sollen hier etwas andere Schwerpunkte gewählt werden.

1 Informationen über den Markt beschaffen

1.1 Marktforschung

Die Basis für die Marketingaktivitäten ist die Marktforschung. Sie besteht aus Marktanalyse, Marktbeobachtung und Marktprognose.

Die Marktanalyse ist auf klar definierte Teilmärkte zu begrenzen.

Beispiele für Teilmärkte:

– Relationen der Sammelladungsspedition

– Wagenladungen nach Spanien

– Lagerung von tiefgekühltem Fleisch

– Finishing (Bügeln u. Ä.) von Textilien.

Untersucht werden dabei in erster Linie

● Güterstruktur

● Relationen

● Anbieter (Zahl, Marktanteile)

● Nachfrager (Zahl der Versender, eigene Kunden)

● Preisbildung

● Kooperationsbedingungen.

1.2 Erhebungsarten

Die Informationsbeschaffung kann grundsätzlich mit zwei Erhebungsarten erfolgen:

1. Sekundärerhebungen
2. Primärerhebungen

1. Sekundärerhebungen

Hier werden bereits vorhandene Daten ausgewertet, die in der Regel für andere Zwecke erhoben wurden. Die Kosten für solche Auswertungen sind wesentlich niedriger als bei Primärerhebungen. Genutzt werden

● **betriebsinterne Quellen**

Beispiele:
– Umsatzstatistik (je Kunde, je Außendienstmitarbeiter usw.)
– Kostenrechnung (z. B. Umschlagkosten je t, Lagerkosten je 100 kg)
– Auftragseingangsstatistik
– Fehlleitungsstatistik
– Schadenstatistik

● **externe Quellen**

Beispiele:
– Marktbeobachtung Güterverkehr des Bundesamtes für Güterverkehr (BAG)
– Marktanalysen der Verbände (BSL, BGL)
– Statistisches Jahrbuch
– Analysen der IHK
– Bundesbankbericht
– Preislisten
– Kataloge
– Adressbücher
– Auskunfteien
– Datenbanken (z. B. Messedatenbank „Fair Base", CD-ROM-Messekataloge; AZ Direct Marketing)
– „Gelbe Seiten"

2. Primärerhebungen

Dies sind Befragungen oder Beobachtungen von potenziellen Kunden, Mitbewerbern und anderen Teilnehmern des zu analysierenden Teilmarktes. Meist werden teuere Vollerhebungen vermieden und nur **Teilerhebungen** durchgeführt. Die Befragten werden nach bestimmten statistischen Kriterien ausgesucht. Die Befragung erfolgt mit Fragebögen oder im persönlichen bzw. telefonischen Interview. Solche Erhebungen sind sehr zeitaufwendig und kostenintensiv.

Aus den gewonnenen Daten ist eine **Prognose** abzuleiten, die die Basis für weitere absatzpolitische Maßnahmen bildet.

Zusammenfassung

➤ **Marktforschung besteht aus Marktanalyse, -beobachtung und -prognose.**
➤ **Sekundärerhebungen ist die Auswertung bereits vorhandener Daten.**
➤ **Primärerhebungen sind Beobachtungen und Befragungen von Marktteilnehmern (z. B. Kunden, Konkurrenten).**
➤ **Primärerhebungen sind teuer und vom Spediteur kaum selbst durchzuführen.**

2 Logistische Dienstleistungen marktgerecht gestalten (Produktpolitik)

Im Marketing versteht man unter der Produktpolitik die Auswahl der Leistungsarten, die entsprechend der Marktanalyse auf dem (Teil-)Markt angeboten werden sollen. Neben der Neueinführung von Produkten geht es auch um die Verbesserung eingeführter Produkte.

2.1 Standardleistungen

Bei Standardleistungen des Logistikmarktes, die vielen Nachfragern angeboten werden, wie

- Kleinguttransporten
- Wageladungstransport von A nach B
- Luftfrachttransporten von Flughafen X nach Flughafen Y
- Ausfuhrabfertigung
- Einfuhrabfertigung
- einfache Lagerung

sind die aktiven Produktgestaltungsmöglichkeiten für ein Unternehmen gering. Der Markt gibt die Eckdaten z. B. für den Kleingutverkehr vor. In der Regel ist heute die Lieferung innerhalb 24 Stunden die Normalleistung, die Auslieferung über Nacht bis 8:00 oder 10:00 mit und ohne Gewährleistung/Garantie wird ebenfalls von vielen Unternehmen angeboten. Das Logistikunternehmen muss sich weitgehend nach den erforschten Marktdaten richten, wenn es konkurrenzfähig bleiben will.

Lediglich auf Teilmärkten, wie zum Beispiel dem Transport von Gemüse und Obst aus südlichen europäischen Ländern, bestehen noch weitergehende Innovationsmöglichkeiten. Der Ausbau des Trailerzugsystem auf bestimmten Relationen ist auch ein Beispiel dafür.

Bei diesen Standardleistungen werden Absatz- und Gewinnmöglichkeiten in erster Linie über andere Marketingmaßnahmen wie Preisgestaltung, Werbung und Imagebildung gewonnen.

2.2 Spezielle logistische Dienstleistungen

Bei speziellen logistischen Dienstleistungen für einen oder wenige Kunden ist die **individuelle Gestaltung** der Dienstleistung ein sehr wichtiger Faktor für den Verkauf.

Beispiel: *Für den Transport einer Chemikalie, die nicht unter 62° Celsius abkühlen darf, in mehrere europäische Länder sind besondere logistische Leistungen erforderlich. Neben dem Versand in Thermosattelzügen kann auch der Transport in speziellen Tankcontainern angeboten werden. Die Heizleistung (bei anderen Gütern natürlich auch Kühlleistung) kann mithilfe von Solarzellen kostengünstig und umweltfreundlich gestaltet werden. Für solche Leistungen müssen unter Umständen große Investitionen (Lagermöglichkeiten, Fahrzeuge, Behälter) getätigt werden. Diese rentieren sich nur bei entsprechendem Auftragsvolumen, regelmäßiger Frequenz und langer Vertragsdauer.*

Entscheidend für diese Art von Produktgestaltung ist die Erforschung des **Kundenbedarfs**. Das Produkt wird speziell für einen oder wenige Kunden erstellt.

2.3 Flächendeckende Allroundangebote durch Niederlassungssystem oder Kooperationen

Im Güterverkehrsbereich gibt es viele Auftraggeber, die nicht nur eine Leistung nachfragen, sondern eine Vielzahl von Dienstleistungen haben wollen. Neben Kleinguttransporten sollen Lagerungen und Ladungstransporte durchgeführt werden. Wichtig ist vor allem, dass Leerfahrten vermieden werden, dass man also paarige Verkehre sicherstellen kann.

Dies erfordert ein Netz von Niederlassungen, also einer gewissen Unternehmensgröße und/oder einer Vielzahl von Kooperationsfirmen. Die Standorte müssen so gewählt werden, dass eine marktangepasste Lieferung (z. B. innerhalb 24/48 Stunden in Deutschland/Europa) möglich ist. Wegen der häufig geforderten Zusatzleistungen wie Abholung, Verzollung u. Ä. und der ständig notwendigen Kundenbetreuung ist Kundennähe eine wichtige Produkteigenschaft.

Bei der Gestaltung des Leistungssortimentes muss neben der Rendite die **Komplementärfunktion** sich gegenseitig ergänzender Leistungen berücksichtigt werden. Man erhält Aufträge zum Transport von Wagenladungen oder zur Ausfuhrabfertigung von vielen Firmen nur deshalb, weil man auch die Kleinguttransporte im leistungsfähigen Sammelverkehr oder Lagerung durchführt.

Allroundangebote für alle Verkehrsträger und wichtigen Standardleistungen wie Verzollungen, Lagern, Verpacken und Markieren erfordern große Unternehmen mit mehreren Abteilungen. Breit gestreutes Fachwissen und damit viel geschultes Personal ist notwendig, damit in allen Fachbereichen gleich hohe Qualität angeboten werden kann. Jedes Unternehmen wird nach seiner **schlechtesten Leistung beurteilt.**

2.4 Logistikkonzepte

Das am schnellsten wachsende Marktsegment für Logistikunternehmen ist der Markt für Logistikkonzepte, also das Angebot **integrierter logistischer Verbundleistungen.** Dabei übernehmen Unternehmen der Verkehrswirtschaft, in erster Linie Speditionen, immer mehr logistische Leistungen von Industrie- und Handelsunternehmen.

Aus verschiedenen unternehmenspolitischen Gründen verschlanken diese Unternehmen ihre Produktion. Durch Outsourcing ihrer Logistikbereiche hoffen diese Unternehmen kostengünstiger produzieren zu können und durch kleinere Unternehmenseinheiten (weniger Mitarbeiter, weniger Kapitalbindungskosten) flexibler auf das Marktgeschehen reagieren zu können.

Die Speditionen gewinnen dadurch zunehmend Marktsegmente, wenn sie in der Lage sind, kundenangepasste Logistikkonzepte zu erarbeiten, überzeugend zu präsentieren und zu realisieren.

Logistikkonzepte müssen individuell entwickelt werden. Nach der Ermittlung des Kundenbedarfs muss ein Konzept zusammen mit den Kunden entwickelt werden.

Wichtige Punkte sind:

- einzelne Leistungen festlegen (Transporte, Lagerung, Kommissionieren, Neutralisieren, andere Aufbereitungen wie Finishing (Bügeln u. a.) im Textilbereich, Markieren mit Strichcode, Qualitätskontrollen, Avisieren, Bestandskontrollen, Inkasso, Retourenbearbeitung)
- Investitionsbedarf
- Gütermengen
- Frequenzen

- Vertragsgestaltung (Gewährleistung/Garantien, Haftung)
- Datenübertragung (Kompatibilität der DV-Systeme)
- Kalkulation
- Preise
- Rechnungsstellung und Zahlungsbedingungen

2.5 Qualitätsmanagement

Im schärferen europäischen Wettbewerb ist ein hoher **Qualitätsstandard** der Dienstleistung zu einer der wichtigsten Produkteigenschaften geworden.

Die Logistikdienstleister entwickeln deshalb zunehmend Qualitätssicherungssysteme. Sehr rasch wurde das **QM-Zertifikat** nach DIN ISO 9001 bzw. 9002 zu einem wichtigen Marketingbestandteil der Dienstleister.

Bestandteile eines hohen Qualitätsstandards sind z. B.:
- integrierte logistische Ablaufplanung
- integrierte Informations- und Kommunikationssysteme
- Verfügbarkeit von Sendungs-, Zustands- und Bestandsdaten
- Sendungsverfolgung
- automatisierter Datenaustausch und Datensicherung
- Schnittstellenkontrollen mit Strichcode und (mobilen) Scannern
- produktgerechte Spezialtransport- und Umschlageinrichtungen
- Nullfehlerstrategie und Qualitätsgarantien
- höchste Zuverlässigkeit, Sicherheit und Pünktlichkeit
- Controllingsystem
- Umweltverträglichkeit

Wichtige **Maßnahmen** des Qualitätsmanagements sind:
- Schnittstellenanalyse und -dokumentation
- Schwachstellenanalyse (Fehleranalyse)
- Einsetzen eines Qualitätsbeauftragten
- Einführung eines Pflichtenheftes
- Mitarbeiterschulungen
- Mitarbeitermotivation (z. B. durch Prämiensysteme)
- Einrichtung von Qualitätszirkeln

Zusammenfassung

- ➤ **Die Produktgestaltungsmöglichkeiten bei Standardleistungen, wie z. B. Kleinguttransporten, sind für das einzelne Speditionsunternehmen gering.**
- ➤ **Bei speziellen logistischen Dienstleistungen ist die Ausrichtung auf den Kundenbedarf entscheidend.**
- ➤ **Bei der Gestaltung des Leistungssortimentes muss neben der Rendite die ergänzende Funktion berücksichtigt werden.**
- ➤ **Jedes Unternehmen wird vor allem nach seiner schlechtesten Leistung beurteilt.**
- ➤ **Logistikkonzeptionen müssen individuell und kundenangepasst entwickelt werden.**
- ➤ **Qualitätsmanagement und Zertifikat sind heute ein wichtiger Marketingbestandteil.**

3 Preise richtig gestalten (Preispolitik)

Gegenstand der Preisgestaltung ist die Gesamtheit der vertraglichen Vereinbarungen zwischen Verlader und Logistikunternehmen, die sich auf den Preis beziehen. Wichtige Bestandteile sind also der Verkaufspreis, die Rabatte und Skonti sowie die Zahlungsfristen.

3.1 Freie Preisbildung

Im Güterverkehrsmarkt werden heute fast überall die Preise ohne staatliche Einflussnahme gebildet. Nach dem Wegfall verbindlicher Tarife und der Öffnung des Ostens sind die Preise auf allen Sektoren gesunken. Für vergleichbare Standardleistungen lässt sich leicht ein Marktpreis ermitteln. Viele Anbieter stehen vielen Nachfragern gegenüber (Polypol). Die Markttransparenz ist durch die modernen Kommunikationsmittel sehr groß, sodass die Marktteilnehmer schnell auf Preisveränderungen reagieren.

Der Verkauf wird sehr stark vom Preis beeinflusst. Allerdings werden Preisstrategien allein nicht ausreichen, um Marktanteile gegen Konkurrenz aus der EU oder osteuropäischen Ländern zu gewinnen oder auch nur zu erhalten.

Für manche Transporte gibt es Kalkulationshilfen oder Tarife der Verbände, die die Preisvereinbarungen erleichtern und den Markt überschaubarer machen.

Preisbildungen der einzelnen Dienstleister werden unter diesen Marktbedingungen häufig auf **Teilkostenbasis** vorgenommen. Dabei akzeptiert man den Marktpreis und prüft, welchen Deckungsbeitrag man mit diesem Preis erzielen kann. Bei einer bestimmten erwarteten Absatzmenge muss dann der Break-even-Point, also die Gewinnschwelle, überschritten werden. Kurzfristige Preisuntergrenze ist die Summe der variablen Kosten für den einzelnen Auftrag. Langfristig führt eine Preisbildung an dieser Grenze zu ruinösem Wettbewerb.

Preisdifferenzierungen werden häufig bei entsprechend hohen und dauerhaften **Gütermengen** vorgenommen, zum Teil auch über Rabatte.

Weil die Güteraufkommen **zeitlich** (nach Wochentagen und saisonal) unterschiedlich sind, werden die Preise auch zeitlich differenziert. So steigen die Preise für die Beförderung von Wagenladungen am Donnerstag spürbar an, weil an diesem Tag mehr Güter mit gleichbleibendem Frachtraumangebot versendet werden. Vor Weihnachten ist der Preisanstieg noch deutlicher.

3.2 Kalkulieren

Auch die Unternehmen, die sich am Marktpreis orientieren, müssen unbedingt ihre variablen und fixen Kosten kalkulieren, damit sie entscheiden können, ob sie überhaupt bei einem solchen Preisniveau Leistungen anbieten sollen.

Für Unternehmen, die individuell auf den einzelnen Kunden zugeschnittene logistische Verbundleistungen anbieten, ist die Preisfestsetzung nur über die Kalkulation möglich. Die Höhe des Gewinnzuschlages ist aber auch dabei von der Konkurrenz abhängig. Erstens vergeben viele Industrie- und Handelsunternehmen Logistikpakete nur nach Ausschreibungen und zweitens überprüfen solche Partner natürlich langfristig immer wieder, ob diese Leistungen nicht zu günstigeren Preisen einzukaufen sind. Je nachdem wie zufrieden sie sind, werden sie bei kleineren oder größeren Preisveränderungen vom bisherigen Logistikunternehmen abspringen. Man spricht davon, dass die **Preiselastizität** (Preisspielraum) umso größer ist, je höher die Produkt-(Dienstleistungs-)Qualität, je besser das Image des Dienstleisters ist.

Skontogewährung ist auf dem Güterverkehrsmarkt nicht üblich. Wohl aber spielt die durchschnittliche Zahlungsdauer des Kunden bei der Kalkulation eine Rolle, weil kalkulatorische Zinskosten entstehen.

Zusammenfassung

➤ **Auf dem Logistikmarkt herrscht das Prinzip der freien Preisbildung.**
➤ **Viele Kalkulationshilfen und Tarifempfehlungen erleichtern die Preisbildung.**
➤ **Preisbildungen auf Teilkostenbasis können leicht zu ruinösem Wettbewerb führen.**
➤ **Der Preisspielraum ist um so größer, je besser das Image des Dienstleisters ist.**

4 Werbung zur Verkaufsförderung einsetzen

Werbung sind alle durch das Unternehmen gezielt eingesetzten **Kommunikationsmaßnahmen**, um die avisierte Zielgruppe zu einem dem Unternehmens- bzw. Werbeziel unterstützenden Verhalten zu veranlassen. Werbung soll also Versandleiter, Unternehmensleitungen und Privatkunden veranlassen einen bestimmten Spediteur oder Logistikdienstleister zu beauftragen.

Auf die Vielzahl der möglichen **Werbeträger** (= Medium) – d. h. Fernsehen, Hauswand, Zeitungen, Lkw-Planen – soll hier nicht umfassend eingegangen werden. Sie sind im Wesentlichen durch unmittelbare persönliche Erfahrung bekannt.

Behandelt werden sollen in diesem Zusammenhang nur die am häufigsten verwendeten Werbeträger und Maßnahmen der Speditions- und sonstigen Logistikunternehmen.

Auch die **Werbemittel** (= Plakate, Inserate, Rundfunksendung, Verkaufsgespräch, Feuerzeug, Schreibgeräte usw.) sollen hier nur schwerpunktmäßig entsprechend der Eignung für Dienstleistungsunternehmen erörtert werden.

Bei allen Maßnahmen sollte das **AIDA-Konzept berücksichtigt werden:**

A	= Aufmerksamkeit wecken
I	= Interesse schaffen
D	= Drang zum Kauf wecken
A	= Abschluss herbeiführen

4.1 Kunden direkt anschreiben (Mailing)

Eigene Kunden werden in **Werbebriefen** von vielen Logistikunternehmen regelmäßig angeschrieben. Solche **Mailingaktionen** finden vor allem vor wichtigen Festen (Weihnachten, 50-Jahr-Feiern u. Ä.) oder bei der Einführung neuer Leistungen oder Relationen statt.

Neukunden können ebenfalls mit Mailingaktionen gewonnen werden. Neben der Festlegung des Werbeziels (z. B. Gewinnen von Neukunden im Kühlgutbereich) und des Werbebudgets ist die **Selektion der Zielgruppe**, die angeschrieben wird, wichtig. Entsprechende Adressendateien können selbst aus Telefonbüchern, Adressbüchern, Anzeigen usw. erarbeitet oder gekauft werden. Quellen sind z. B. das Spediteuradressbuch der Industrie- und Handelskammer, Verbände, Wirtschaftsdatenbanken im Internet usw.

Neben diesen Aufwendungen sind die Kosten für die Gestaltung des Layouts und der Texte sowie die Portokosten zu kalkulieren.

Beispiel: *Eine kleinere Spedition hat sich auf Transporte nach Spanien und Portugal spezialisiert. Um neue Kunden zu gewinnen, kauft sie sich 8 000 Adressen der Industrie- und Handelskammer von Firmen, die in diese Länder exportieren bzw. Waren von der iberischen Halbinsel beziehen. Eine Werbeagentur wird beauftragt, einen kleinen Prospekt zu entwerfen. Zwei Botschaften sollen Auftraggeber werben:*

- *Die Spedition organisiert schnelle und zuverlässige Transporte in und von diesen Ländern.*
- *Mit Versendern wird ein freundschaftliches Verhältnis gepflegt.*

Kosten für die gesamte Mailingaktion (Adressen, Gestaltung und Druck, Porto) 15.000,00 €.

Ergebnis: Sieben Interessenten haben sich gemeldet oder haben sich beim telefonischen Nachfassen interessiert gezeigt. Drei Auftraggeber konnten gewonnen werden mit einem Auftragsvolumen von jährlich zusammen 500.000,00 €. Bei einem Ertrag von 2,5 % vom Umsatz sind dies 12.500,00 €. Die Kosten des Mailing sind bereits im zweiten Jahr eingebracht obwohl die Anzahl der Neukunden recht gering ist.

4.2 Anzeigen in Printmedien

Anzeigen in Printmedien (Tageszeitungen, Deutsche Verkehrszeitung, Fachzeitschriften, Verbandsorganen usw.) sind ein viel genutztes Mittel, um Kunden zu gewinnen. Die Lesergruppe ist zwar wesentlich größer, dafür aber keine ausgewählte Zielgruppe. Die Kosten sind sehr hoch und der Werbeerfolg kaum kontrollierbar.

Beispiele für Inseratskosten:

Anzeigen der auflagenstärksten Tageszeitung in Süddeutschland:	
3-spaltig, 20 cm hoch, schwarzweiß	*13.000,00 €*
ganzseitig, schwarzweiß	*36.000,00 €*
ganzseitig, 4-farbig	*52.000,00 €*
Anzeigen in der Deutschen Verkehrszeitung (ca.):	
15 cm hoch, 2-spaltig (11 cm breit), 4-farbig	*1.800,00 €*
ganzseitig, 4-farbig	*12.500,00 €*

4.3 Werbung in audiovisuellen Medien

Werbung in Fernsehen und Rundfunk betreiben nur wenige Logistikunternehmen. Bisher haben sich meist nur Paketdienste dieser Werbeträger bedient. Sie verursacht die höchsten Kosten, aber es können viele Seher und Hörer erreicht werden.

Für alle diese Werbemaßnahmen ist die **Hinzuziehung von Fachleuten** dringend anzuraten. Werbung kann ihr Ziel nur erreichen, wenn eine klare Konzeption besteht, die mit der notwendigen Methodik und Technik realisiert wird. Selbstgestaltete Werbemittel und Layouts haben allzuhäufig nicht den erwarteten Erfolg.

Das Werbebudget sollte **nicht am Umsatz orientiert** sein. In Zeiten hoher Nachfrage würde dann mehr Werbung betrieben werden, obwohl in diesen Zeiten die Auslastung der Kapazitäten recht hoch ist. Die Summe sollte eher nach Umfang der Zielgruppe und der Zielsetzung fallweise festgelegt werden.

Für Güterverkehrsunternehmen werden durchschnittlich 3 – 5 % der Gesamtkosten für Werbung aufgewendet.

Zusammenfassung

➤ **Werbung sind alle eingesetzten Kommunikationsmaßnahmen, die eine bestimmte Zielgruppe zum Vertragsabschluss veranlassen.**

➤ **Wichtige Werbeträger sind Zeitungen, Rundfunk und Fernsehen, Lkw-Planen.**

➤ **Werbemittel sind Plakate, Inserate, Feuerzeuge, Schreibgeräte.**

➤ **AIDA-Konzept sollte immer berücksichtigt werden.**

➤ **Mailingaktionen sind Anschreiben eines bestimmten Kundenkreises.**

➤ **Werbebudget sollte nicht am Umsatz orientiert sein.**

5 Akquisition

Unter Akquisition soll hier der direkte Verkauf von Dienstleistungen sowie die Betreuung von Kunden (Kundenbindung) durch persönliche Gespräche und über Telefon verstanden werden.

5.1 Kunden nach Bedeutung einteilen

Für die Planung von Kundenbesuchen und die Budgetkontrolle ist es sehr wichtig, dass die Kunden entsprechend ihrer Bedeutung in A-, B- oder C-Kunden eingeteilt werden.

Ziel ist es, die Kunden vor allem hinsichtlich ihres Beitrages zum Unternehmenserfolg (Gewinn) in bestimmte Kategorien einzuteilen. Entsprechend dieser Klassifizierung wird der Betreuungsaufwand (persönliche Beratung in längeren oder kürzeren Abständen, telefonische Betreuung usw.) gestaltet.

Meistens wird eine so genannte ABC-Analyse nach folgenden Kriterien durchgeführt:

- Ertragsanteil (Deckungsbeitrag) entsprechend einer Kosten-Erlös-Analyse
- Umsatz (Auftragsvolumen) in €
- Gesamtkapazität des Kunden
- Finanzsituation
- Image des Kunden

5.2 Kundenkontakte vorbereiten

Ein Kundenbesuch kostet in der Logistikbranche im Durchschnitt zwischen 150,00 und 350,00 € (nach Gebietsgröße, Unternehmensgröße der Kunden und Stellung des Verkäufers). Deshalb ist es wichtig, jeden Besuch gut vorzubereiten.

Folgende vier Arbeitsschritte sind zu planen:

1. Informationsbeschaffung
2. Termin
3. Zielsetzungen
4. Verkaufshilfsmittel

Wegen der hohen Kosten für persönliche Besuche wird von vielen Logistikunternehmen der kostengünstigere **Telefonverkauf** intensiviert. Auch Telefongespräche müssen gut vorbereitet werden.

1. Informationsbeschaffung

Bei Neukunden ergeben sich die Kundendaten aus der Marktforschung. Man kann sie aber auch von Fahrern oder von Altkunden erhalten. Den richtigen Ansprechpartner zu kennen, ist sehr wichtig, damit keine Zeit für Gespräche mit Partnern verloren geht, die keine Kompetenz besitzen, und damit sich nicht wichtige Entscheidungsträger übergangen fühlen.

Die Daten über Altkunden liefern die Betriebsstatistik (zuletzt erteilte Aufträge, Umsatzentwicklung) und die Disponenten und Sachbearbeiter des eigenen Unternehmens. Auch die Schadenabteilung kann wertvolle Informationen liefern. Gerade nach Schadensfällen kann ein Besuch beim Kunden große Bedeutung erlangen. Vertrauen muss wiederhergestellt werden oder Maßnahmen zur Schadenverhinderung besprochen werden.

2. Termine vereinbaren

Um Absagen und lange Wartezeiten zu vermeiden, muss jeder Besuch – am besten telefonisch – angekündigt werden. Spontanbesuche sollten nur versucht werden, wenn sich in Zusammenhang mit einem anderen Termin ohne großen Zeitaufwand eine Gelegenheit ergibt.

Termine sollten so geplant werden, dass sich optimale Fahrzeiten ergeben. Selbstverständlich müssen Termine regional eingeteilt werden. Für lange Fahrstrecken sollten verkehrschwache Zeiten gewählt werden. Zeitpuffer (20 % der verplanten Zeit) müssen eingebaut werden, damit Verspätungen vermieden werden.

3. Zielsetzungen

Ziele sollten nicht zu hoch gesteckt werden. Verkäufer und Kunde könnten sonst überfordert werden. Mögliche Schritte sind:

- persönlichen Kontakt herstellen
- Unternehmen kennen lernen
- Detailinformationen sammeln (Relationen, Güterstruktur und -umfang, Frequenzen)
- Vertrauen gewinnen
- Beraten
- Schäden vermeiden
- individuelle Lösungen präsentieren
- Offerten unterbreiten
- erste Aufträge bekommen
- Termine für Präsentationen von Gesamtlösungen erhalten

4. Auswahl der Verkaufshilfsmittel

Neben allgemeinen Prospekten, Salesfolders oder Videos empfiehlt es sich, gezielt Veranschauungsmaterial zusammenzustellen, damit Erklärungen visualisiert werden können. Kleine Geschenke mit Firmenaufdruck können Gesprächsbereitschaft schaffen und halten den Namen der Spedition in Erinnerung. Die Wirkung ist allerdings umstritten.

5.3 Verkaufsgespräche führen (Personal Selling)

5.3.1 Kontaktphase

Ziel der Kontaktphase ist es, eine positive Ausgangsbasis für das weitere Gespräch herbeizuführen. Gespräche über Sport, aktuelle Ereignisse, Wetter, Hobbys des Kunden (nach Gespräch notieren) u. Ä. sind dafür geeignet. Die Länge hängt vom Kunden und dessen Termindruck ab. Manche Verkäufer halten diese Phase für die wichtigste, weil hier die Vertrauensbasis und der **„persönliche Draht"** geschaffen werden können.

Bei Telefongesprächen sind folgende Punkte zu beachten:

1. Entspannen und positiv auf den Gesprächspartner einstimmen
2. Langsam und deutlich sprechen
3. Firmennamen sowie den eigenen Namen und Vornamen sowie die Funktion im Unternehmen langsam und deutlich nennen
4. Begrüßen

Ideal im Sinne der Corporate Identity ist eine innerbetrieblich **einheitliche Regelung** zur Grußformel.

5.3.2 Kundenwünsche ermitteln (Informationsphase)

Hier muss der/die Verkäufer/in nach den individuellen Anforderungen des Kunden fragen. **Offene W-Fragen** (wie, wer, was, wo?) veranlassen den Kunden am besten seine Probleme und Wünsche zu erörtern.

Geschlossene Fragen, bei denen der Kunde nur mit „ja" oder „nein" antworten kann, eignen sich eher dazu, Verständigungsschwierigkeiten zu beseitigen. Es gilt die Regel: „Wer fragt, der führt!"

Sehr wichtig in dieser Phase ist **Zuhören.** Ein guter Zuhörer muss auch gut beobachten. Die **nonverbale Kommunikation** durch Gestik und Mimik ergänzt das Gesagte oder sagt oft mehr über Ängste, Wahrheit und Vertrauen aus. Auch die Kunden registrieren bewusst oder unbewusst die Körpersprache des Verkäufers.

5.3.3 Eigene Leistung präsentieren (Argumentationsphase)

Selbstverständlich muss ein Verkäufer die Leistungspalette seines Unternehmens darstellen und visualisieren können.

Alles was der Verkäufer an Dienstleistungen anbieten möchte, muss für den Kunden einen Nutzen haben. Die Nutzenargumentation muss streng **kundenbezogen** sein. Die logistischen Lösungen, die angeboten werden, müssen immer ein Problem des Kunden lösen.

Einwände des Kunden müssen akzeptiert und verstanden werden. Jedoch gilt es Gegenargumente zu finden.

Über Preise sollte nicht an zentraler Stelle gesprochen werden. Der Kunde sollte zuerst von der Leistungsfähigkeit überzeugt sein. Preisnachlässe sollten eine sachliche Begründung haben (z. B. „Wenn die höhere Auslastung unserer Fahrzeuge langfristig gesichert ist, sind wir in der Lage, je tkm 5 % günstiger zu liefern"; nicht aber: „weil Sie es sind").

Gestiegene Kosten müssen mit **Preisanpassungen** aufgefangen werden. Die überprüfbaren Nachweise des Kostenanstiegs erhöht ihre Durchsetzbarkeit, insbesondere wenn Sie mit gut vorbereiteten Darstellungen (Diagrammen, Charts) erläutert werden. Wichtig sind außerdem folgende Regeln:

● vorher den Verhandlungsspielraum klären
● negative Formulierungen vermeiden
● für Einwände des Einkäufers, (des „Partners"!) Verständnis zeigen
● keine Rechthaberei (weniger widerlegen, mehr antworten)
● mögliche Einwände vorher überlegen und Gegenargumente finden
● viele Beispiele und anschauliche Vergleiche
● Argumente visualisieren (Tabellen, Grafiken, Diagramme, Bilder z. B. der mobilen Strichcodescanner)
● das beste Argument zum Schluss bringen
● wenn möglich zwei aber nicht mehr Alternativen anbieten

5.3.4 Verträge abschließen (Abschlussphase)

Hier bietet sich an, die wichtigsten Ergebnisse des Gesprächs zusammenzufassen, schriftlich zu fixieren und zur Unterschrift vorzubereiten.

Sollte der Kunde die Entscheidung aufschieben müssen, z. B. wegen notwendiger Abstimmungen in seinem Unternehmen, kann ein Probeauftrag oder mindestens ein nächster Besuch vereinbart werden. Der Verkäufer sollte hier die aktive Rolle behalten.

5.3.5 Nachfassen

Nach Durchführung des ersten Auftrags und dann in regelmäßigen Abständen sollte unbedingt beim Kunden nachgefragt werden, wie dieser mit dem Auftrag zufrieden war. Dieses Nachfassen wird von den Speditionsunternehmen noch nicht so häufig durchgeführt wie in anderen Branchen. Bei zunehmendem Konkurrenzkampf wird die Chance, den Kunden zu kontaktieren und gleich weitere Leistungen anzubieten aber in zunehmendem Maße genutzt.

Zusammenfassung

➤ Akquisition ist der direkte Verkauf von Dienstleistungen durch persönliche Gespräche oder über Telefon.

➤ Für die Planung und kostensparende Akquisition ist es vorteilhaft, die Kunden ihrer Bedeutung nach (Umsatz, Ertragsanteil, Image) in A-, B- oder C-Kunden einzuteilen (A/B/C-Analyse).

➤ Kundenkontakte müssen sorgfältig vorbereitet werden.

➤ Verkaufsgespräche lassen sich in vier Phasen einteilen:
1. Kontaktphase ➤ Aufbau einer persönlichen Beziehung
2. Informationsphase ➤ mit offenen Fragen Kundenwünsche ermitteln
3. Argumentationsphase ➤ kundenbezogene Nutzenargumentation
4. Abschlussphase ➤ Ergebnisse zusammenfassen und schriftlich fixieren

➤ Nach durchgeführtem ersten Auftrag und in regelmäßigen Abständen „nachfassen".

6 Firmenimage verbessern (Image- und Präferenzpolitik)

Für die meisten logistischen Dienstleistungen gibt es am Markt viele Anbieter mit annähernd gleichen Leistungsmerkmalen und Preisen. Deshalb beziehen die Kunden in ihre Entscheidungen zunehmend andere – nicht unmittelbar auf das Produkt bezogene Kriterien mit ein. Das **Ansehen der Firma**, Seriosität, Zuverlässigkeit, Bekanntheitsgrad, Wettbewerbsverhalten (Fair Play, Kooperationsfähigkeit), Referenzen sind einige wichtige Kriterien.

Ein positives Firmenimage wird geschaffen durch
● ein unverwechselbares Unternehmensprofil
● Corporate Identity
● Publicrelations (Öffentlichkeitsarbeit)

Das einheitliche und saubere **Erscheinungsbild** des Unternehmens vom Briefkopf mit dem einheitlichen Firmenlogo und -motto über die Gebäude, Fahrzeuge, Werbegeschenke bis hin zur (einheitlichen?, sauberen?) Kleidung der Mitarbeiter soll dem potenziellen Kunden vermitteln, dass sich ein leistungsfähiges, gut organisiertes Unternehmen um seinen Auftrag bemüht.

Corporate Idendity ist die nach innen und außen wirkende Identifikation aller Mitarbeiter mit dem eigenen Unternehmen. Das „Wir-Gefühl" der Mitarbeiter soll die Motivation steigern und so Kreativität und Engagement fördern. Zugleich sollen die Auftraggeber das Gefühl haben, dass ihre Sendungen „in guten Händen" sind.

Publicrelations umfasst eine breite Palette von Aktionsmöglichkeiten. Sponsoring von Vereinen, Spenden für wohltätige Zwecke (Schulen, Rotes Kreuz), kostenlose Hilfstransporte, Tage der offenen Türe, Teilnahme an Diskussionsveranstaltungen, öffentliche Ehrung verdienter Mitarbeiter sind einige Möglichkeiten, um die öffentliche Meinung über das Unternehmen positiv zu beeinflussen.

Zusammenfassung

➤ Image ist das Ansehen, der Ruf der Firma in der Öffentlichkeit.

➤ Corporate Identity ist das „Wir-Gefühl" aller Mitarbeiter, das geschlossene, einheitliche Auftreten nach außen.

➤ Publicrelations ist die positive Beeinflussung der öffentlichen Meinung.

7 Mehrere marketingpolitische Instrumente (Marketingmix) anwenden

Den optimalen Verkaufserfolg erreicht ein Unternehmen nur mit einer sinnvollen Kombination aller marketingpolitischen Instrumente. Je nach Zielsetzung und Budget sind Produkt, Preise, Werbung und Absatzmethode gemeinsam zu gestalten.

8 Rechtliche Rahmenbedingungen

Das **UWG = Gesetz gegen den unlauteren Wettbewerb** gilt als „Grundgesetz der Werbung". Kernstück ist die so genannte Generalklausel des § 1:

> „Wer im geschäftlichen Verkehr zu Zwecken des Wettbewerbs Handlungen vornimmt, die gegen die guten Sitten verstoßen, kann auf Unterlassung und Schadenersatz in Anspruch genommen werden."

Das UWG will den Konsumenten vor irreführenden Angaben schützen und gleichzeitig den fairen Wettbewerb stützen.

Wichtige Verbote führt die folgende Tabelle auf:

Verbotene Werbung	Erläuterung/Beispiel
Irreführende Werbung	unrichtige Angaben über die Unternehmung, die Lieferzeit, Beschaffenheit (Qualitätszertifikat), Herstellungsart (Selbsteintritt), Preisbemessung, Bezugsart, Bezugsquellen
vergleichende Werbung	Konkurrenzvergleich ist nicht erlaubt, sondern nur Hervorhebung der eigenen Leistung
anreißerische Werbung	unerbetene Anrufe (Blindakquise), Ansprechen von Straßenpassanten, Kundenbesuch statt angefordertes Infomaterial
übertriebenes Anlocken	für einen Tag der offenen Tür bietet eine Spedition jedem Besucher eine Tankfüllung für den Pkw und einen goldenen Füller

Zusammenfassung

➤ **Marketingmix ist die sinnvolle Kombination aller marketingpolitischen Instrumente**

➤ **Das Gesetz gegen den unlauteren Wettbewerb (UWG) regelt den Einsatz der Werbung und anderer Marketingmaßnahmen**

➤ **Verboten sind u. a.**
  - **Irreführende Werbung**
  - **Vergleichende Werbung**
  - **Anreißerische Werbung**
  - **Übertriebenes Anlocken**

Fragen und Aufgaben zur Lernkontrolle:

1
1. Was versteht man unter Marketing?

2. Was ist Gegenstand der Marktforschung der Speditionsunternehmen?

3. Wie kann man einen Marktpreis auf dem Logistikmarkt ermitteln?

4. Welche Nachteile haben Primär- gegenüber Sekundärerhebungen?

2
5. Bei welchen Dienstleistungsangeboten sind die Produktgestaltungsmöglichkeiten für Speditionen am größten?

6. Welche Rolle spielt das Qualitätsmanagement im Marketing?

3
7. Welche Vor- und Nachteile hat die Preisgestaltung auf der Basis von Teilkosten (Deckungsbeiträgen)?

4
8. Was versteht man unter AIDA-Konzept?

9. Was versteht man unter Mailing?

10. Wie beurteilen Sie den Wert von Anzeigen in Printmedien für Logistikunternehmen?

11. Welche Nachteile hat die Orientierung des Werbeetats am Umsatz?

5
12. Warum wird bei den Kunden eine ABC-Analyse vorgenommen?

13. Was ist beim Vorbereiten eines Kundenbesuches zu beachten?

14. Welche Vor- und Nachteile hat ein persönlicher Kundenbesuch durch einen Akquisiteur gegenüber dem Telefonverkauf?

15. Welche Fragen eignen sich in der Informationsphase am besten?

16. Welche Vorteilsmerkmale könnte ein Verkäufer nennen, wenn er das Leistungsangebot seines Speditionsunternehmens erläutern möchte?

17. Sammeln Sie Argumente für Ihre Preisgestaltung.

18. Mit welchen Formulierungen kann der Verkäufer rasch zu einem Abschluss kommen?

6
19. Mit welchen Maßnahmen kann man das Firmenimage verbessern?

20. Unterscheiden Sie Publicrelations und Corporate Identity.

7
21. Was versteht man unter Marketingmix?

+
22. Welches Gesetz regelt den Einsatz marketingpolitischer Instrumente?

8
23. Welche Arten der Werbung sind verboten?

Abkürzungen und Fachausdrücke

a meta (ital.)	wörtlich: zur Hälfte; Abrechnungsvereinbarung zwischen in- und ausländischem Spediteur
A.TR.	Präferenznachweis (Türkei)
AA	Ausfuhranmeldung (s. a. AM)
ABB-EDV	Allgemeine Bedingungen der deutschen Möbelspediteure für Beförderungen von EDV-Anlagen, medizintechnischen Geräten und ähnlichen transportempfindlichen Gütern
ABBH	Allgemeine Bedingungen der deutschen Möbelspediteure für Beförderungen von Handelsmöbeln
ABC-Analyse	Rangfolge der Kunden, Ermittlung z. B. nach Umsatz oder Ertrag
AB-Kunst	Allgemeine Bedingungen der deutschen Kunstspediteure
Ablader	Dienstleister, der die Seefrachtsendung im Verschiffungshafen dem Verfrachter übergibt (deutsches Seerecht)
ADB	Allgemeine Deutsche Binnentransport-Versicherungsbedingungen
ADN	Europäisches Übereinkommen über die internationale Beförderung von gefährlichen Gütern auf Binnenwasserstraßen
ADNR	Verordnung über die Beförderung gefährlicher Güter auf dem Rhein
ADR	Europäisches Übereinkommen über die internationale Beförderung gefährlicher Güter auf der Straße (seit 01.01.2003 auch national gültig)
ADSp	Allgemeine Deutsche Spediteurbedingungen
AETR	Europäisches Übereinkommen über die Arbeit des im internationalen Straßenverkehr beschäftigten Fahrpersonals
AGB	Allgemeine Geschäftsbedingungen
AGL	Allgemeine Geschäftsbedingungen für den Güterkraftverkehrs- und Logistikunternehmer (wurden durch VBGL ersetzt)
AHStatDV	Außenhandelsstatistik-Durchführungsverordnung
AHStatGes	Gesetz über die Statistik des grenzüberschreitenden Warenverkehrs
AIDA	Ausfuhrvergünstigung als integrierte Dialoganwendung
AIDA-Konzept	Formel für erfolgreiche Werbung, um den Umworbenen zum Abschluss zu veranlassen
Akkreditiv	Auftrag an eine Bank zur Bereitstellung eines Geldbetrages für einen Begünstigten; dieser kann, wenn er die Akkreditiv-Bedingungen erfüllt, über den bereitgestellten Betrag verfügen
AKP-Staaten	Länder Afrikas, der Karibik und des pazifischen Raumes, die ein Präferenzabkommen mit der EWG abgeschlossen haben
Akquisition	Kundenwerbung
AL	Ausfuhrliste
ALB	Allgemeine Leistungsbedingungen der Stinnes AG
Albatros Express	Transportsystem der DB AG für den Überseecontainerverkehr von und nach Bremerhaven und Hamburg
AM	Ausfuhranmeldung (s. a. AA)
AMÖ	Bundesverband Möbelspedition (AMÖ) e.V.
AO	Abgabenordnung
APL	Allgemeine Preisliste der Stinnes AG
ARA-Häfen	Antwerpen, Rotterdam, Amsterdam
ArbStoffV	Verordnung über gefährliche Arbeitsstoffe
ASEAN	Association of South East Asian Nations (Vereinigung südostasiatischer Staaten)
Assoziierungsabkommen	Verbindung von Staaten mit der EG zur Erlangung von (Zoll-) Präferenzen

ASV	Anschreibeverfahren
ATA	Admission Temporaire/Temporary Admission (Zollpassierscheinheft für die vorübergehende Einfuhr bzw. Ausfuhr von Waren)
ATLAS	Automatisiertes Tarifierungs- und lokales Abfertigungssystem
ATP	Übereinkommen über internationale Beförderungen leicht verderblicher Lebensmittel und über die besonderen Beförderungsmittel, die für diese Beförderungen zu verwenden sind
Ausflaggung	Beispiel: Das Schiff einer deutschen Reederei fährt unter ausländischer Flagge
Avis	Benachrichtigung des Warenempfängers über die Ankunft oder den Versand des Gutes
AWB	Air Waybill = Luftfrachtbrief
AWG	Außenwirtschaftsgesetz
AWV	Außenwirtschaftsverordnung
AZO	Arbeitszeitordnung
B/L	Bill of Lading; Konnossement; Schiffsfrachtbrief
BAB	Betriebsabrechnungsbogen; Bundesautobahn
BAFA	Bundesamt für Wirtschaft und Ausfuhrkontrolle
BAG	Bundesamt für Güterverkehr
Barge	Lastkahn, Leichter
BDI	Bundesverband der Deutschen Industrie
Befrachter	Absender einer Seefrachtsendung; Partner des Verfrachters im Seefrachtvertrag
BFH	Bundesfinanzhof
BGB	Bürgerliches Gesetzbuch
BGH	Bundesgerichtshof
BGL	Bundesverband Güterkraftverkehr Logistik und Entsorgung (BGL) e.V.
bilateral	zweiseitig (zweiseitige Verträge bzw. Abkommen)
BinSchLV	Verordnung über den Lade- und Löschtag sowie die Lade- und Löschzeiten in der Binnenschifffahrt
BLE	Bundesanstalt für Landwirtschaft und Ernährung
BMF	Bundesministerium für Finanzen
Bordero	Liste des Versandspediteurs, mit der er dem Empfangsspediteur alle erforderlichen Einzelheiten über jede in der Sammelladung enthaltene Einzelsendung mitteilt
BRZ	Bruttoraumzahl (2,83 cbm) = Maßeinheit für den gesamten umbauten Schiffsraum (früher: BRT)
BSL	Bundesverband Spedition und Logistik e.V. (s. a. DSLV)
BTS	Kombiwaggon Service GmbH
BTZ	Bayerische Trailerzug Gesellschaft für bimodalen Güterverkehr mbH
Bulk Carrier	Schiff zur Beförderung von Massengut in loser Schüttung (z. B. Erz, Getreide usw.)
c.a.d.	cash against documents – Kasse gegen Dokumente
c.o.d. (COD)	cash on delivery – Zahlung bei Auslieferung oder Empfang (Nachnahme)
Carnet-ATA	Carnet für die Einfuhr zur vorübergehenden Verwendung
Carnet-TIR	Internationales Zollgutversandverfahren im Straßengüterverkehr
Carrier	Frachtführer, Transporteur
Carrier's Haulage	Vor- und/oder Nachlauf eines Seecontainers werden in der Verantwortung der Reederei durchgeführt

CEMT	Konferenz der europäischen Verkehrsminister
CFR	Incoterms-Klausel: Cost and Freight – Kosten und Fracht
CFS	Container Freight Station; Betrieb, der im Seehafen Container packt oder entlädt
Charter	Schiffsmiete; Flugzeugmiete: Frachtvertrag
Charter-Party	Vertragsurkunde über den Frachtvertrag zwischen Reeder und Verfrachter in der Trampfahrt
CIF	Incoterms-Klausel: Cost, Insurance and Freight – Kosten, Versicherung, Fracht
CIM	Vertrag über die internationale Eisenbahnbeförderung von Gütern
CIP	Incoterms-Klausel: Carriage and Insurance Paid to… – Frachtfrei, versichert bis …
City-Logistik	Bündelung des innerstädtischen Güterverkehrs
CLECAT (C.L.E.C.A.T.)	Verbindungskomitee der EU-Spediteure in Brüssel zur EU-Kommission
CMR	Übereinkommen über den Beförderungsvertrag im internationalen Straßengüterverkehr
Collico	Zusammenlegbare Mehrwegbehälter aus Aluminium oder Polypropylen
Congestion Surcharge	Frachtzuschlag wegen Hafenverstopfung
Consignee	Warenempfänger
Corporate Identity	Unverwechselbares äußeres Erscheinungsbild eines Unternehmens, gepaart mit einer charakteristischen Unternehmensphilosophie
COTIF	Übereinkommen über den internationalen Eisenbahnverkehr
CPT	Incoterms-Klausel: Carriage Paid to – Frachtfrei
d/p	documents against payment – Dokumente gegen Zahlung
DAF	Incoterms-Klausel: Delivered At Frontier – Geliefert Grenze
DB AG (DB)	Deutsche Bahn AG
DDP	Incoterms-Klausel: Delivered Duty Paid – Geliefert verzollt
DDU	Incoterms-Klausel: Delivered Duty Unpaid – Geliefert unverzollt
Dekade	Zeitraum von zehn Tagen
deklarieren	angeben (z. B. beim Zoll); bezeichnen
Delivery order	Auslieferungsanweisung
DEQ	Incoterms-Klausel: Delivered Ex Quay – Geliefert ab Kai (verzollt)
DES	Incoterms-Klausel: Delivered Ex Ship – Geliefert ab Schiff
Devisen	ausländische Zahlungsmittel
DFÜ	Datenfernübertragung
DGR	Dangerous Goods Regulations. Weltweit verbindliche Vorschriften über die nur bedingt zur Luftbeförderung zugelassenen Gefahrengüter
DIGT	Deutsch-Italienischer Eisenbahngütertarif
DIHK	Deutscher Industrie- und Handelskammertag
DIN	Deutsche Industrie-Norm
Dispache	Kostenaufstellung und Schadensverteilungsrechnung bei einer Havarie grosse
Dispacheur	(Engl.: Dispatcher). Sachverständiger für die Abwicklung einer Havarie grosse
Dispositives Recht	Nachgiebiges Recht (kann durch Vertragsgestaltung geändert werden)
Distribution	Verteilung
DNWT	Deutsch-Niederländischer Wagenladungstarif
DÖGT	Deutsch-Österreichischer Eisenbahngütertarif
DSLV	Deutscher Speditions- und Logistikverband (Gemeinsame BSL / VKS-Organisation, gegründet 2003)

DTV	Deutscher Transportversicherungsverband
Dual-use-products	Güter mit zweiseitigem Verwendungszweck, d. h. Güter, die sowohl für zivile als auch für militärische Zwecke benutzt werden können
Durchkonnossement	Konnossement, das den Transport durch mehrere, hintereinander geschaltete Transporteure abdeckt
DUSS	Deutsche Umschlagsgesellschaft Schiene – Straße
DVB AG	DVB Bank AG (fr. Deutsche VerkehrsBank AG)
DVO	Durchführungsverordnung
DVZ	Deutsche Verkehrs-Zeitung – Deutsche Logistik-Zeitung
ECR	Efficient Consumer Response. Frei übersetzt: Effiziente Reaktion auf die Kundennachfrage
EDI	Electronic Data Interchange. Allgemein: Automatisierter Austausch von Handelsdaten zwischen Geschäftspartnern
EDIFACT	Electronic Data Interchange for Administration, Commerce and Transport; Geschäftsnachrichten vorwiegend auch zur Unterstützung von Verkehrsbetrieben.
EDV	Elektronische Datenverarbeitung
EE	Einfuhrerklärung
EEG	Einfuhrerklärung aufgrund von Vorschriften der EU
EFTA	Europäische Freihandelszone
EG	Europäische Gemeinschaft; Einfuhr-Genehmigung
EGKS	Europäische Gemeinschaft für Kohle und Stahl
EKM	Einfuhrkontrollmeldung
EL	Einfuhrlizenz
Embargo	Verbot der Freizügigkeit (Sperre)
ER/CIM	(vgl. CIM) Einheitliche Rechtsvorschriften für den Vertrag über die internationale Eisenbahnbeförderung von Gütern
EU	Europäische Union
EUR	Amtliche Bezeichnung für die Europäische Währungseinheit EURO; €
EUR 1 bzw. EUR 2	Präferenznachweis
EUSt	Einfuhrumsatzsteuer
EWG	Europäische Wirtschaftsgemeinschaft
EWR	Europäischer Wirtschaftsraum
EWS	Europäisches Währungssystem
EXW	Incoterms-Klausel: Ex Works – Ab Werk
EZT	Elektronischer Zolltarif
FAS	Incoterms-Klausel: Free Alongside Ship – Frei Längsseite Seeschiff
Fautfracht	Fehlfracht, die der Befrachter zahlen muss, wenn er vor Antritt der Reise vom Vertrag zurücktritt
FBL	Spediteur-Durchkonnossement. (Negotiable FIATA Multimodal Transport Bill of Lading)
FCA	Incoterms-Klausel: Free Carrier – Frei Frachtführer
FCL	Full Container Load
FCR	FIATA Forwarders Certificate of Receipt (Internationale Spediteurbescheinigung)
FCT	FIATA Forwarders Certificate of Transport (Spediteurtransportbescheinigung)
Feeder-Service	Zubringer-Dienst
FIATA	Internationale Föderation der Spediteurorganisationen
FIFO	first-in-first-out. Die zuerst angeschafften, hergestellten oder gelagerten Einheiten einer Materialart werden zuerst verbraucht bzw. ausgelagert.

Flaggenprotektionismus	Schifffahrtspolitik eines Staates, die die eigene Flotte begünstigt (z. B. bei Auftragsvergabe)
Flat	Plattform in Containergröße mit festen Stirnwänden als Untersatz für Transportgut
FOB	Incoterms-Klausel: Free on Board – Frei an Bord
Franchise	Betrag der Selbstbeteiligung des Versicherungsnehmers im Schadensfall; Selbstbehalt
Frankatur	Frachtzahlungsvermerk
FTB	Frachten- und Tarifanzeiger der Binnenschifffahrt
FWR	FIATA Warehouse Receipt
GbV	Gefahrgutbeauftragtenverordnung
GBzugV	Berufszugangsverordnung für den Güterkraftverkehr
GefStoffV	Gefahrstoffverordnung
Generalpolice	Rahmenpolice für mehrere Einzelversicherungsverträge
GGVBinSch	Verordnung über die Beförderung gefährlicher Güter mit dem Binnenschiff
GGVE	Gefahrgutverordnung Eisenbahn
GGVS	Gefahrgutverordnung Straße
GGVSE	Verordnung über die innerstaatliche und grenzüberschreitende Beförderung gefährlicher Güter auf der Straße und mit Eisenbahnen
GüKBillBG	Gesetz zur Bekämpfung der illegalen Beschäftigung im gewerblichen Güterkraftverkehr (Güterkraftverkehrsgesetz § 7 b)
GüKG	Güterkraftverkehrsgesetz
gVV	gemeinschaftliches bzw. gemeinsames Versandverfahren
GVZ	Güterverkehrszentrum
Haager Regeln	International vereinheitlichte Regeln für Konnossemente z. B. in Bezug auf die Haftung; meist wurden sie von den Staaten in die nationale Gesetzgebung übernommen
Haulage	Vor- und Nachlauf
Havarie	See-Unfall, unfallbedingter Schaden in der Seeschifffahrt; Unfallschaden an einem Transportmittel bzw. dessen Ladung
Havarie grosse	Schäden bzw. Kosten in der Seeschifffahrt, die von den Ladungsbeteiligten und dem Schiffseigner gemeinsam getragen werden
Havariekommissar	Schadensachverständiger, der bei größeren Güterschäden (vorwiegend im Lkw-Verkehr) beigezogen werden muss
HGB	Handelsgesetzbuch
HS	Harmonisiertes System; Bezeichnung und Codierung der Waren des internationalen Handels
HUB	Übersetzt: HUB = Nabe; **H**aupt**u**mschlag**b**asis (in Verkehrsnetzen bei Paketdiensten und im Sammelgutverkehr);
Hub-and-Spoke-System	Nabe- und Speiche-System. Mehrstufiges Logistiksystem
HZA	Hauptzollamt
IATA	Internationale Luftverkehrsvereinigung
IBC	Intermediate Bulk Container; Großpackmittel
IC	Intercity (schnelle Züge der DB AG im Linienverkehr)
ICAO	International Civil Aviation Organization
ICC	Internationale Handelskammer; Institute Cargo Clauses (Engl. Seeversicherungsbedingungen)
ICF	Intercontainer – Interfrigo

Iglu (Igloo)	Lademittel im Luftfrachtverkehr
IHK	Industrie- und Handelskammer
IMCO	Inter-Governmental Maritime Consultative Organization = beratende zwischenstaatliche Schifffahrts-Organisation der UN
IMDG-Code	Internationaler Code für die Beförderung gefährlicher Güter auf See (International Maritime Organization Goods Code)
IMO	Sonderorganisation der UN für die Seeschifffahrt (International Maritime Organization)
Incoterms	Internationale Regeln für die Auslegung der handelsüblichen Vertragsformeln (International Commercial Terms)
Indossament	Weitergabevermerk, Übertragungsvermerk (bei Orderpapieren)
Infrastruktur	Wirtschaftlich-organisatorisches Gefüge einer Volkswirtschaft; Sammelbezeichnung für Verkehrswege, Verkehrszentren, Behördenaufbau usw.
Inkonnexes Pfandrecht	Pfandrecht, das wegen aller Forderungen gegen einen Schuldner aus (Verkehrs-) Verträgen geltend gemacht werden kann, sofern die Forderung unbestritten ist.
Integrator	Frachtführer, der Haus-Haus-Lieferung mit speditioneller Abwicklung anbietet
Interline Abkommen	Zwischen Luftverkehrgesellschaften getroffene Vereinbarungen zur gegenseitigen Anerkennung der Transportdokumente und zur Vereinfachung der gegenseitigen Buchungen
INTRASTAT	Intrahandelsstatistik. Statistik über den innergemeinschaftlichen Warenhandel
IRU	International Road Transport Union. Internationale Union für den Straßentransport
ISO	Internationale Organisation für Normung
IWF	Internationaler Währungsfonds
JIT	Just-in-time. „Einsatzsynchrone Anlieferung" zur Produktion. Das Material geht vom ankommenden Transportmittel direkt zu den Produktionsstellen.
Kabotage	Binnenverkehr in einem fremden Land betreiben
Kaskoversicherung	Versicherung des Transportmittels
KEP-Dienste	**K**urier-, **E**xpress- und **P**aketdienste
KGS	Unverbindliche **K**ostensätze **G**ütertransport **S**traße für eine kostenorientierte Angebotspreisbildung
Kickback	Nachträglich vom Luftfrachtführer gewährter Rabatt
KIS	**K**osten**i**nformations**s**ystem für die leistungsorientierte Kalkulation von Straßengütertransporten
Klarierung	Disponierende Tätigkeiten, die mit dem Einlaufen, dem Auslaufen und dem Liegen eines Schiffes im Hafen verbunden sind
KN	Kombinierte Nomenklatur
KOBRA	Kontrolle bei der Ausfuhr
Kommissionierung	Zusammenstellen von Kommissionen (= Aufträgen, Lieferungen, Sendungen)
Konditionelle Buchung	Vorläufige, unverbindliche Reservierung von Frachtraum auf einem Schiff
Konnexes Pfandrecht	Pfandrecht, das nur an einem Gut ausgeübt werden kann, das die Forderung verursacht hat
Konnossement	Seefrachtbrief mit dem Charakter eines Wertpapiers (auch: bill of lading –B/L)
Konsortium	Vertraglich vereinbarte Kooperation zwischen Linienreedereien zur Regulierung des Wettbewerbs
Kontingentierung	Zahlenmäßige Beschränkung
Kontrahierungszwang	Verpflichtung, einen Vertrag abzuschließen

Korridorlösung	Haftungsvereinbarung zwischen 2 und 40 SZR nach HGB
Kriterium	Prüfstein, Auswahlgesichtspunkt
KrW-/AbfG	Kreislaufwirtschafts- und Abfallgesetz
KSE	**K**unden**s**atz**e**ntgelte (Tarif für den Spediteursammelgutverkehr)
KuM	Konsulats- und Mustervorschriften
KÜMO	Küstenmotorschiff
KWZ	Kleinwasserzuschlag (Binnenschifffahrt)
L/C	Letter of credit; Akkreditiv; Kreditbrief
Label	Anhänger, Etikett, Aufkleber. Im Luftfrachtverkehr müssen alle Packstücke mit AWB-Nummer, Bestimmungsflughafen, Markierung und Empfänger durch Labels gekennzeichnet werden.
LASH-Schiff	„Lighter aboard ship"; Transportsystem im Seeverkehr; Trägerschiff, das schwimmfähige Container an Bord nehmen kann
LCL	von: less than (full) container. Das Ladungsvolumen eines Absenders (oder für einen Empfänger) ergibt keine volle Container-Ladung
Lenzen	auspumpen
Liftvan	Fahrzeug, das Container im Container-Terminal bewegt
Liner Terms	Transportbedingungen einer Linienreederei
LMTV	Lebensmitteltransportbehälterverordnung
Loco-Gut	Im Sammelgutverkehr. Der Endempfänger hat seinen Sitz im Gemeindebereich des Empfangsspediteurs; das Gut muss also nicht über den Ort (lat.: locus) hinausbefördert werden
Make-or-buy-Entscheidung	Im Zusammenhang mit Verkehrs- oder Logistikdienstleistungen entscheiden, ob diese durch das eigene Unternehmen erbracht oder durch fremde Unternehmen ausgeführt werden
Manifest	Ladungsverzeichnis. Genaue Aufstellung der im Schiff/Flugzeug verladenen einzelnen Partien
Manipulation	Vornahme bestimmter Handlungen, Tätigkeiten (z. B. am Transport- oder am Lagergut)
Marge	Abstand, Spielraum, Spanne, Bandbreite
Marketingmix	Sinnvolle Kombination aller marktpolitischen Instrumente
Markierung	Kennzeichnung einer Sendung bzw. eines Packstückes
Master Air Waybill	Luftfrachtbrief für Sammelsendungen
Merchant's Haulage	Vor- und/oder Nachlauf eines Seecontainers werden in der Verantwortung eines Ladungsbeteiligten durchgeführt
MOE-Staaten	Mittel- und osteuropäische Staaten: Tschechische Republik, Slowakische Republik, Ungarn, Polen, Bulgarien, Rumänien, Slowenien, Mazedonien
MTO	Multimodal Transport Operator. Spediteur, der die Gesamtverantwortung und Steuerung eines mehrstufigen Transports durch mehrere Frachtführer übernimmt
MÜ	Montrealer Übereinkommen. Übereinkommen zur Vereinheitlichung bestimmter Vorschriften über die Beförderung im internationalen Luftverkehr
multilateral	mehrseitig (Verträge bzw. Abkommen zwischen mehreren Vertragsstaaten)
Multimodaler Transport	Mehrstufiger Transport durch mehrere Frachtführer. Kombinierter internationaler Verkehr
MWSt	Mehrwertsteuer
NAFTA	North American Free Trade Agreement; Nordamerikanisches Freihandelsabkommen (USA, Kanada, Mexico)
Nautisches Verschulden	Schuldhafter Fehler in der Schiffsführung
NCTS	Neues computerisiertes Transit-System, 2002 zur Sicherung eines erleichterten Versandes gegen Betrug in der EU, den EFTA- und Visegradstaaten eingeführt

negotiable	übertragbar; handelbar
Neutralisieren	Entfernen von Herkunftszeichen
Notify-Adresse	Meldeadresse; im Orderkonnossement eingesetzte Adresse, an die sich die Reedereivertretung wegen der Ankunftsmeldung des Schiffes wendet; auch im AWB eingesetzte Adresse des Käufers (Endempfängers) bei Akkreditiv-Abwicklungen
NS	Niederländische Bahn
NVOCC	Non Vessel Operating Common Carrier. Bezeichnung für Unternehmen, die sich als Consolidator weltweit betätigen und im Verkehr mit den USA Übernahmesätze quotieren. Sie haben keine eigenen Schiffe. In Europa sind NVOCC meist aus dem speditionellen Bereich des Sammelverkehrs hervorgegangen
OAG Flight Finder	„Weltluftkursbuch" mit Flugplänen der meisten Luftverkehrsgesellschaften
OFD	Oberfinanzdirektion
Ökologie	Lehre von den Beziehungen der Lebewesen zur Umwelt
OLG	Oberlandesgericht
Open top container	Container ohne Dach
Orderkonnossement	Konnossement, das mit einem Übertragungsvermerk (Indossament) weitergegeben werden kann
Outsider	Reeder, der eine Linie befährt, ohne sich einer Konferenz anzuschließen
Outsourcing	Ausgliederung von betrieblichen Funktionen insbesondere auch von Serviceleistungen im Sinne einer Reduzierung der Leistungstiefe
Physical Distribution	Warenverteilung
Police	Versicherungsschein
Pool Abkommen	Zusammenschluss von Firmen zum Zwecke der Verteilung der Erträgnisse aus gemeinschaftlicher (gepoolter) Tätigkeit nach einem vereinbarten Schlüssel. In der Schifffahrt: Frachtenpools; im Luftfrachtverkehr: gemeinsame Bedienung verschiedener Relationen
Port of destination	Bestimmungshafen
Prosperität	Wirtschaftlicher Wohlstand
Provision	Vergütung
QM	Qualitätsmanagement
QM-System	Qualitätsmanagement-System
Qualitäts-management (QM)	Gesamtheit aller Bemühungen eines Unternehmens zur Stärkung und Sicherung höchster Qualität seiner Produkte und Arbeitsweisen
Quarantäne	Vorübergehende Isolierung von Personen oder Tieren, die eine ansteckende Krankheit haben (können)
Railship-System	Fährverbindung zwischen Deutschland und Finnland mit Umstellung der Waggonachsen
RE	Rechnungseinheit. Sonderziehungsrecht des Internationalen Währungsfonds (vgl. auch SZR)
Reedehafen	Hafen, bei dem am Ufer keine ausreichende Wassertiefe vorhanden ist, sodass die Schiffe in einiger Entfernung vom Ufer („auf der Reede") zum Abladen und Löschen ankern müssen. Die Ladevorgänge werden mit Leichtern oder über Rohrleitungen abgewickelt
Reedereiagentur	Reederei-Vertretung
RID	Internationale Regelung für den Transport gefährlicher Güter auf der Eisenbahn
RIV	Internationales Übereinkommen über die gegenseitige Benutzung von Güterwagen
Ro/Ro-Schiff	Fährschiff für beladene Lastzüge über größere Seestrecken
RZZ	Rat für Zusammenarbeit auf dem Gebiet des Zollwesens

Sanierung	Ein Versicherungsverhältnis, das aufgrund hoher und/oder zahlreicher Schäden im Verantwortungsbereich eines Versicherungsnehmers für den Versicherer nicht nur vorübergehend unrentabel geworden ist, wird durch Änderungen in den betrieblichen Abläufen, Prämienerhöhungen usw. wieder auf eine „gesunde" Basis gestellt
Schifffahrts-konferenz	Kartellartige Zusammenarbeit von Reedereien, die dieselbe Route bedienen, zur Festlegung einheitlicher Raten und zur Abstimmung der Fahrpläne
Schiffsregister	Beim Amtsgericht eines Hafens geführtes Verzeichnis über die in diesem Hafen beheimateten Schiffe
SLVS	Speditions-, Logistik- und Lagerversicherungsschein, der den Anforderungen der SpV entspricht
SLVS-Plus	Speditions-, Logistik- und Lager-Versicherungs-Schein-Plus enthält zwei getrennte Versicherungsverträge: Haftungsversicherung des Spediteurs und Waren-Transportversicherung des Wareninteressenten
SMGS	Abkommen über den internationalen Eisenbahngüterverkehr in verschiedenen osteuropäischen und asiatischen Staaten
Split-Charter	Charter, bei der die ercharterte Kapazität für die Nutzung durch mehrere Kunden aufgeteilt wird
SpV	Speditionsversicherung
SST	Seehafen-Speditionstarif
Stripping	Entladen eines Containers
Stuffing	Beladen, Packen eines Containers
StVG	Straßenverkehrsgesetz
StVO	Straßenverkehrsordnung
StVZO	Straßenverkehrs-Zulassungs-Ordnung
Surcharge	Berechnung eines Zuschlages für Mehrkosten in der Seeschifffahrt
SVG	Straßenverkehrsgenossenschaft
SZR	Sonderziehungsrecht beim IWF. Kunstgeld, das als Berechnungsgrundlage gilt, z. B. für die Haftungshöchstgrenze nach der CMR oder nach dem HGB (vgl. auch RE = Rechnungseinheit)
T2L	Nachweis für Gemeinschaftswaren, die nicht im gemeinschaftlichen Versandverfahren in die EG gebracht werden
TACT	The Air Cargo Tariff; Luftfrachttarif
Tally-Firma	Unternehmen, das die Ladungskontrolle in der Seeschifffahrt durchführt und Sendungsvermessungen vornimmt
TARIC	Tarif Integre Communautaire – Integrierter Zolltarif der EG
TC	Verkehrskonferenz der IATA
TCU	Einkaufsgenossenschaft der Spediteure für Schienenleistungen
TEU	Twenty feet equivalent unit; 20 Fuß-Container
TFG	Transfracht Internationale Transport GmbH
Three-Letter-Code	3-Buchstaben-Code zur Bezeichnung von Flughäfen
Tidehafen	Hafen, dessen Befahrbarkeit von Ebbe und Flut abhängt
TIR	Transport International des Marchandises par la Route (Zollübereinkommen über den internationalen Warentransport mit CARNET-TIR)
tkm	Tonnenkilometer; Messgröße für Güterverkehrsleistungen
TOPICS	Preis-, Informations- und Kalkulationssystem der Transfracht International für den Übersee-Containerverkehr
Tracing	„Lebenslauf" des gesamten Paketflusses; er wird nach Abschluss des körperlichen Transportes für jedes Paket erstellt und archiviert.
Tracking	Auffinden eines Paketes während des Transports
Trailer	Anhänger; Auflieger

Trailerzug	Sattelauflieger werden mithilfe von Schienendrehgestellen zu einem Güterzug gekoppelt
Trajekt-Verbindung	Eisenbahn-Fährverbindung
Trampschifffahrt	Handelsschiffe verkehren nicht auf festgelegten Routen, sondern entsprechend dem Ladungsangebot kreuz und quer über die Ozeane
Transaktionswert	Rechnungspreis zur Ermittlung des Zollwertes
Transfesa	Gesellschaft, die Waggons mit auswechselbaren Achsen für den Eisenbahnverkehr mit Spanien und Portugal zur Verfügung stellt
Transit	Durchfuhr
Transshipment	Umladung
Trassenpreise	Preissystem für die Benutzung des Streckennetzes der DB AG
TRAXON	Weltweites Kommunikationssystem für Informationen im Luftverkehr
TRG	Transportrechtsreformgesetz; Gesetz zur Regelung des Fracht-, Speditions- und Lagerrechts (Änderung des HGB)
TSR	Trans-Sibirien-Route für Container von/nach Fernost
ÜD	Überwachungsdokument
UE	Ursprungserklärung
UIC	Internationale Eisenbahn Union
UIRR	Internationale Vereinigung der Kombiverkehrsgesellschaften
ULD-Raten	Behälter-Raten im Luftfrachtverkehr
ÜLG	Überseeische Länder und Gebiete
UN-Nummer	Stoff- oder Kennzeichnungsnummer für Gefahrgüter
Unterversicherung	Die Versicherungssumme ist im Hinblick auf den Versicherungswert zu niedrig
UStG	Umsatzsteuergesetz
USt-IdNr.	Umsatzsteuer-Identifikationsnummer
UWG	Gesetz gegen den unlauteren Wettbewerb
UZ	Ursprungszeugnis
UZA	Unvollständige Zollanmeldung
Valoren-Versicherung	Versicherung wertvoller Gegenstände
VAV	Vereinfachtes Anmeldeverfahren
VBGL	Vertragsbedingungen für den Güterkraftverkehrs- und Logistikunternehmer
Verfrachter	Unternehmer, der Transporte über See durchführt; Partner im Seefrachtvertrag (in der Regel Reeder oder Reederei)
Visby Rules	Internationales Übereinkommen über den Seefrachtvertrag u. a. mit Haftungsregeln
VKS	Vereinigung Deutscher Kraftwagenspediteure eG (s. a. DSLV)
VO	Verordnung
VTB	Verlade- und Transportbedingungen der Binnenschifffahrt
VuB	Verbote und Beschränkungen (aus dem Zolltarif)
VVG	Versicherungsvertragsgesetz
WA (auch WAK)	Warschauer Abkommen zur Vereinheitlichung von Regeln über die Beförderung im internationalen Luftverkehr
WAB	Wechselaufbau (Wechselbehälter)
Windhundverfahren	Ermäßigte Zollsätze werden jedem Antragsteller so lange gewährt, bis das Gesamtkontingent erschöpft ist
World Cover	Weltweite Versicherungsdeckung
WTO	World Trade Organisation; Welthandelsorganisation

WVB	Warenverkehrsbescheinigung
York-Antwerp-Rules	Internationale Bestimmungen über Havarie grosse
ZA	Zollamt
Zertifizierung	Bestätigung der Einhaltung bestimmter Qualitätsstandards in einem Zeugnis (Zertifikat) eines unabhängigen Gutachters
Zession	Abtretung
ZK	Zollkodex der Gemeinschaft
ZKDVO	Zollkodex-Durchführungsverordnung
ZollV	Zollverordnung
ZollVG	Zollverwaltungsgesetz
ZUB	Zentrale Umschlagbasis (in Paketdiensten und Sammelgutverkehr)
Zweitregister	Zusätzliches Schiffsregister in deutschen Häfen, in das Schiffe deutscher Eigner eingetragen werden, auf denen ausländische Besatzungsmitglieder nicht nach deutschen Heuertarifen bezahlt werden, sondern nach denen ihrer Heimatländer.

Sachwortverzeichnis

A

A.TR. 507
ABC-Analyse 570, 573
Abfälle 407
Abgangsort 495
Abgangsstelle 541
Abgangszollstelle 546
Abholfrist 326
Abholung 335, 337, 341
Ablader 246
Ablieferung 301
Ablieferungshindernisse 64, 151, 193, 222
Abmessungen und Gewichte (Last-Kraftfahrzeuge) 84 ff.
Abrechnung (Bahn) 196 f., 205
Abrechnung (Huckepackverkehr) 327
Abrechnung (Spediteursammel-gutverkehr) 345 ff.
Abschlussphase 572
Abschreibepolice 432
Absenderhaftung 63
Abzugsverfahren 496 f.
ADN 218
ADNR 218
ADR 109, 111 ff., 120
ADR-Bescheinigung 116, 121
AETR 105
AGB (Paketdienste) 362 f.
AGB-fest 58
Agent der Reederei 247
AIDA 554
AIDA-Konzept 567
Air Waybill (AWB) 294 ff.
Akkreditiv 253, 472 ff.
Akkreditivbank 474
AKP-Staaten 458, 507
Akquisition 569
Aktive Veredelung 550
Albatros Express 316 f.
All-Gefahren-Versicherung (All-Risk-Deckung) 54
Allgemeine Deutsche Binnentrans-portversicherungsbedingungen (ADB) 429, 433
Allgemeine Deutsche See-versicherungsbedingungen (ADS) 433 ff.
Allgemeine Deutsche Spediteurbe-dingungen (ADSp) 41 ff., 436
Allgemeine Geschäftsbedingungen (AGB) 39 f., 57 f.
Allgemeine Geschäftsbedingungen für den Güterkraftverkehrs- und

Logistikunternehmer (AGL)
– s. a. VBGL 135
Allgemeine Leistungsbedingungen (ALB) der Stinnes AG 191
Allgemeine Preislisten (der Stinnes AG) 196 f.
Allgemeine Raten 290
AMÖ s. Bundesverband Möbel-spedition (AMÖ) e. V. 160, 163, 170
Angebote über Beförderungs-leistungen (Lkw) 132 f.
Ankunftsort 495
Anmeldeschluss 326
Annahmeverweigerung 149
Anschreibeverfahren 511 f.
Anschriftenbild (Bahnwaggon) 184
ARA-Häfen 272
Arbeits- und Lenkzeitnachweise 106
Arbeitsteilung, international 227
Arbeitszeitvorschriften 104 ff.
Argumentationsphase 572
ASEAN-Staaten 460
Assoziierungsabkommen 458
ATLAS 507, 515 ff., 553 ff.
ATP 118, 121
Audit 31
Aufbauten (Lastfahrzeuge) 82 f., 89
Ausflaggung 229
Ausfuhr 454, 554
Ausfuhranmeldung (AA) 510 ff.
Ausfuhrbescheinigung 480 f.
Ausfuhrkontrollmeldung 512
Ausfuhrliste 455 f.
Ausfuhrverfahren 509 ff.
Ausfuhrzollamt 510
Ausgangszollamt 510
Ausgangszollstelle 509, 546
Auslagerung 389
Auslieferungslager 376
Außenhandel 451 ff.
Außenhandelsstatistikgesetz (AHStatG) 457
Außenwirtschaftsgesetz (AWG) 455
Außenwirtschaftsverordnung (AWV) 455 f.
Autobahnbenutzungsgebühren-gesetz 103
Autobahnen 89

Avis 302, 347
Avisbank 474

B

Bahnsammelgutverkehr 334
Beförderungshindernisse 65, 151, 153, 193
Beförderungspreise (Bahn) 195 ff.
Beförderungspreise (Möbel-spedition) 163 ff.
Beförderungspreise (Lkw) 121 ff.
Beförderungssicherheit (Lkw) 62, 147 f., 152
Befrachter 246
Begasung (Lagergut) 396
Begleitendes Verwaltungsdoku-ment 492
Begleitpapiere (Lkw) 114, 121, 145 ff.
Belly-Fracht 275
Beilader 332, 334, 343, 346
Berufszugangsverordnung (Güter-kraftverkehr) 99 f.
Beschaffungslogistik 403, 415 ff.
Besondere Lagerbedingungen 383
Bestimmungslandprinzip 491
Bestimmungsstelle 541
Beteiligte an der Beförderungs-kette (Gefahrgut) 110 f.
Betriebsbeschreibung 51, 394, 437
Betriebssicherheit (Lkw) 62, 148, 152
Beweislast (ADSp) 43, 48
BGL (s. Bundesverband Güter-kraftverkehr Logistik …) 122, 134 f., 139, 545
Bilaterale Genehmigung 97, 119
Bill of Lading (B/L) 248, 252 ff.
Binnencontainer 241, 315
Binnenhäfen 213 ff.
Binnenschiffe 214 ff.
Binnenschifffahrt 209 ff.
Binnenwasserstraßen 211 ff.
Bordero 340
Boxcarrier 245
Branchenspezialisten (Logistik) 411
Briefspediteur 344
Bruttonutzen 350
Bruttoraumzahl 236
BSL, Bundesverband Spedition und Logistik 33
BSL-Hausfrachten 347

BSL-Kundensatz-Empfehlungen 348

BTS Kombiwaggon Service GmbH 187

Buchung (Seeschifffahrt) 251

Bulk Carrier 236

Bundesamt für Güterverkehr (BAG) 98, 102, 120

Bundesamt für Landwirtschaft und Ernährung (BLE) 456

Bundesamt für Wirtschaft und Ausfuhrkontrolle (BAFA) 456

Bundesstraßen 90

Bundesverband Güterkraftverkehr Logistik und Entsorgung (BGL) e. V. 122, 134 f., 139, 545

Bundesverband Spedition und Logistik (BSL) 33

Bunkerlager 378

Bürgschaft 432, 542

C

cad (Kasse gegen Dokumente) 476

CAF (Währungszuschlag) 267

Cargoversicherung 432

Carnet A.T.A. 547

Carnet-TIR 545 f.

CEMT-Genehmigung 98, 119

Chaotische Lagerplatzordnung 388

Chartercarrier 250, 284

Chartervertrag 250, 259

CIM 200 f.

City-Logistik 421

CMR 140 ff., 153

cod (Kasse gegen Ware – Nachnahme) 476

Codenummer 526

Codesharing 285

Consignee 246

Container 241 ff., 315

Container Freight Station (CFS) 244

Containerhäfen 235

Containerraten (ULD) 290

Containerschiffe 216, 235 f.

Containerterminal 243

Corporate Identity 31, 573

COTIF 200

D

Dauerlager 377

Deckungsbeitragsrechnung (Lkw) 130

Deckverladung 252

DELVAG (Deutsche Luftversicherungs-Aktiengesellschaft) 298

Depots (Paketdienste) 357 f.

Deutsche Bahn AG (DB AG; DB) 177 ff.

Devisen 228

DGR (Dangerous Goods Regulations) 304 ff.

Dispache 266

Distanzfracht 66

Distributionslogistik 404 ff., 417

Dockhafen 231

Dokumente im Lagergeschäft 391 f.

DOUANE 507, 515

Drittländer 457, 480

DTV (Deutscher Transportversicherungsverband) 436

DTV-Klauseln 436

DTV-Verkehrshaftungsversicherungs-Bedingungen 436

Dual-use-products 455

Durchfuhr 454

Durchgangszollstelle 541

Durchkonnossement 257, 479

Durchlaufende Deckung 437

DVB Bank AG 197, 327

E

Edifact 294, 410

EFTA 458, 460

EG-Lizenz (auch: Gemeinschaftslizenz; EU-Lizenz) 96 ff., 119

EG-Sozialvorschriften 104 ff., 119

EG-Verordnung (s. EU-Verordnung) 457

Einfuhr 454, 456

Einfuhrabgaben 529 ff.

Einfuhrgenehmigung 456

Einfuhrliste 456

Einfuhrumsatzsteuer 530 f.

Eingang 454

Eingangsabgaben (s. Einfuhrabgaben) 529 ff.

Einheitspapier 501

Einlagerer 375, 385

Einlagerung 387

Eisenbahnpolitik 177

Elektronischer Zolltarif (EZT) 526 ff., 553

Empfangsbescheinigung 44 f.

Empfangsspediteur 332, 334, 342, 346

Endempfänger 343

Entgelte (Lagerei) 389 f.

Entladebericht 336, 441

Entladeliste 339 f.

Entladen und Verteilen (E + V) 346, 350

Entladung (Lkw) 148

Entsorgungslogistik 407

ER/CIM 200

Erlaubnis (Güterkraftverkehr) 99 ff., 119 f., 146

Ersatzleistung 444

Erstspediteur 342

Etagenlager 377

EU-Lizenz (auch: EG-Lizenz; Gemeinschaftslizenz) 96 ff., 119, 146

EUR 1 507

EU-Richtlinie 457

Europadeckung (SpV) 438 f.

Europäische Union (EU) 451 f.

Europäischer Paletten Pool 184

Europakahn 211

Europastraßen 92 f.

EU-Verordnung 457

Export 453

Expressdienste 354

Externe Logistik 403

EXTRA-Handel 453 f.

F

Fachliche Eignung (Güterkraftverkehr) 99 f., 119

Fahrpersonalvorschriften (Lkw-Verkehr) 104 ff., 119

Fahrzeugarten (Güterkraftverkehr) 80 f., 89

Fahrzeugdisposition 143 f., 146

Fahrzeugkostenrechnung 128 ff., 134

Fälligkeit 47, 166

Fautfracht (Fehlfracht) 221, 252, 263

FBL 244, 257, 479 f.

FCL 243

FCR 478

FCT 478

Feeder-Service 237

Fehlfracht (Fautfracht) 221, 252, 263

Ferienreiseverordnung 103

FIATA 33

FIATA-Lagerschein (FWR) 392

Fifo-Prinzip 388

Finanzielle Leistungsfähigkeit 100, 119

Fixe Kosten (Lkw) 128 ff., 134

Fixkostenspedition 38 f.

Flachlager 377

Flachpalette 185 f.

Flachwagen 181

Flaggenprotektionismus 228

Fluggesellschaften 284

Flughäfen 280 ff.

Flughafengesellschaften 281

Flugzeuge 275 ff.
FOB-Spediteur 246, 268
Fördergeräte 379 ff.
Formkaufmann 27
Frachtausgleichsverfahren 197
Frachtbrief 60, 140, 142 f., 192, 204, 219, 294
Frachten- und Tarifanzeiger Binnenschifffahrt (FTB) 222 f.
Frachtpreise (Güterkraftverkehr) 121 ff., 134
Frachtvertrag (Bahn) 190
Frachtvertrag (Binnenschifffahrt) 221 ff.
Frachtvertrag (HGB) 60
Frachtvertrag (Luftfracht) 294 f.
Frachtvertrag (nationaler und internationaler Güterkraftverkehr) 135 ff., 141 f.
Frachtvertrag (Seeschifffahrt) 246 ff.
Frachtzahlung 65, 197
Frankaturen 196, 204
Freihafen 231, 500
Freilager 378, 500
Freizonen 500
Fremdunternehmerpolice 428

G
Ganzzugverkehre 189, 313, 317, 326
Gatt 458
Gefährdungshaftung (s. a. Obhutshaftung) 39, 48 f., 69, 155 f.
Gefahrenübergang 463 ff., 471
Gefahrgutbeauftragter 117, 121, 397
Gefahrgutfahrerschulung 116 ff.
Gefahrgutklassen 111
Gefahrgutverordnung (Bahn) 194, 204 f.
Gefahrgutverordnung (Binnenschifffahrt) 218
Gefährliche Güter 62, 110, 121
Gefahrzettel 112 f.
Gemeinsames Versandverfahren 539
Gemeinschaftliches Versandverfahren 539 ff.
Gemeinschaftslizenz (auch: EG-Lizenz; EU-Lizenz) 96 ff., 119, 146
Generalpolice 431
Gesamtbürgschaft 542
Geschäftsbedingungen (s. Allgemeine Geschäftsbedingungen) 39 f., 57 f.

Gesetz gegen den unlauteren Wettbewerb 574
Gesetzliches Pfandrecht (Konnexes Pfandrecht) 47
Gestellung 504 f.
Gewerbeaufsichtsamt 397
Gewinnpoolung 239
GGVSE 109, 120, 138, 146
Gitterboxpalette 186 f.
Grenzkostenrechnung 131
Grenzübergänge 93 f.
Grenzüberschreitender Güterkraftverkehr 140 ff., 146, 156
Güterfolgeschaden 51 ff., 69, 154, 167, 170
Güterkraftverkehr (gewerblicher) 77 f., 88, 120
Güterkraftverkehrsgesetz (GüKG) 99 ff., 119
Güterschaden 39, 48, 52, 55, 68 f., 154, 167, 170, 309, 352, 394, 438, 441
Güterschaden-Haftpflichtversicherung 101, 427 f.
Güterwagen 181 ff.

H
Haager Regeln 248
Häfen 231 ff.
Haftpflichtversicherung (Güterkraftverkehr) 101, 120, 156
Haftung (ADSp) 48 f.
Haftung (Bahn) 198 ff.
Haftung (Binnenschifffahrt) 224
Haftung (Güterkraftverkehr) 137, 139, 153 ff., 158
Haftung (Kombinierter Verkehr) 317, 327 f.
Haftung (Lagerhalter) 385, 394
Haftung (Luftverkehr) 298, 309 f.
Haftung (Möbelspedition) 162, 167 ff.
Haftung (Paketdienste) 362 f.
Haftung (Sammelladungsverkehr) 351 f.
Haftung (Seeschifffahrt) 260 ff.
Haftung (Spediteur, HGB) 39 f.
Haftungsausschluss 70, 155 f., 168, 170
Haftungsgrundsatz (Haftungsprinzip) 48, 68, 155 f., 168, 170
Haftungshöchstbetrag 48, 70, 155 f., 168, 170
Haftungsversicherung (SpV) 51 f., 55, 394 f., 437
Hamburger Regeln 248
Handelsgewerbe 27
Handelshemmnisse 459

Handelsmöbelspedition 160, 169 f.
Handelsrechnung 442
Harmonisiertes System 526
Haulage 244
Hauptlauf 333, 336, 342, 345
Hauptverpflichteter 541
Havarie, besondere 264
Havarie grosse 265 ff.
Havarie, kleine 267
Havariebond 267
Havarieeinschuss 267
Havariekommissar 442
Haverei (Binnenschifffahrt) 224
Hochregallager 378
Höhere Landesverkehrsbehörde 96
HUB 365 f.
Hub-and-Spoke-System 365 f.
Huckepackverkehr 318 ff.

I
IATA (International Air Transport Association) 285
IATA-Agent 285
IATA-Beförderungsbedingungen 293
IBC (Großpackmittel) 111
ICAO (International Civil Aviation Organization) 304, 307
ICC (Institute Cargo Clauses) 429
Identifikationsnummer (Id-Nr) 494
Iglu 279
Image- und Präferenzpolitik 573
Imaginärer Gewinn 435
IMDG-Code 251
Import 453
Incoterms 462 ff.
Indossament 254
Informations- und Kommunikationssystem 367
Informationsphase 571
Intercontainer – Interfrigo 314
International Maritime Organisation (IMO) 251
Internationale Handelskammer (ICC) 461
Internationale Tarife (Bahn) 205 f.
INTRA-Handel 453 f.
INTRASTAT 483 ff.
Inventurdifferenzen (Lager) 151, 386
Inventurschäden 394 f.
Istkaufmann 27

J

Jahresaggregat 52
Jumbo 83
Just-in-time 24, 404, 415

K

Kabotage 96 f., 119
Kaiannahmeschein 251
Kannkaufmann 27
Kapitalbindungskosten 282
Kaskoversicherung 432
Kaufmannseigenschaft 27
Kennzeichnung (Gefahrgut-
   fahrzeuge) 113, 121
KEP-Dienste 353 ff.
KGS /(s. Kostensätze Gütertrans-
   port Straße) 122, 126 ff., 134
Kickback 291
KIS (s. Kosteninformationssystem)
   122 ff., 134
Klarierung 270
Klassenzertifikat (Seeschifffahrt)
   249
Kleinwasserzuschlag 213
KOBRA 509
Kombifrachtsätze 327
Kombinierte Nomenklatur 526
Kombinierter Ladungsverkehr
   313
Kombisendung 322, 327
Kombiverkehr 319, 325, 327
Kombiwaggon Service GmbH
   (BTS) 315
Kommerzielles Verschulden 261
Kommissionierung 24, 418 f.
Komplementärfunktion 564
Komponentenanbieter
   (Logistik) 411
Konditionelle Buchung
   (Seeschifffahrt) 251
Konnexes Pfandrecht
   (Gesetzliches Pfandrecht) 47
Konnossement (Seeschifffahrt)
   252 ff.
Konnossement/Ladeschein
   (Binnenschifffahrt) 220
Konnossementsbedingungen
   (Seeschifffahrt) 248, 262
Konsensualvertrag 59 f., 137,
   141, 143
Konsignationslager 376
Konsulatsfaktura 482
Kontaktphase 571
Kontingentierung 18
Kontingentscheinverfahren 529
Kontraktraten 291
Konzentration 17

Korridorlösung 58, 352
Kosteninformationssystem (KIS)
   122 ff., 134
Kostensätze Gütertransport Straße
   (KGS) 122, 126 ff., 134
Kostenübergang 463 ff., 471
KSE (s. Kunden-Satz-Entgelte)
   347, 350
Kundensatz 331, 347 f.
Kunden-Satz-Entgelte (KSE)
   347, 350
Kündigung (Frachtverträge) 63
Kündigungsfristen (Lager) 385
Kunstspedition 161
Kurierdienste 353
Küstenmotorschiff (KÜMO) 236

L

Ladefristen (Bahn) 196, 204
Ladefristen (Lkw) 149, 152 f.
Ladegeräte 87, 89
Ladeliste 339
Lademaß 184, 202
Lademittel 87, 89, 279
Ladeschein/Konnossement
   (Binnenschifffahrt) 220
Ladezeiten 62
Lagerarten 376
Lagereinrichtungen 379, 382
Lagergeld 390
Lagerhalter 375, 384
Lagerscheine 391 f.
Lagerung 387
Lagerung gefährlicher
   Güter 396 ff.
Lagerversicherung 45, 385,
   394 f., 440
Lagervertrag 383 ff., 386
Länderliste 456
LASH-Schiff 236
Lastgrenzen 184
Laufende Versicherung 431
LCL 244
Leistungsbedingungen (Bahn)
   192
Leistungsmerkmale/Leistungsda-
   ten (Lkw) 78
Letter of credit (L/C) 472 ff.
Lieferfristen 45, 49, 64, 151,
   155 f., 168, 170, 204
Lieferwert (Luftverkehr) 298
Liegegeld 221
Linienagent 270
Linienschifffahrt 237 f.
Lizenzbehörde 96, 100
Logistik 24, 401 ff.
Logistikarten 402
Logistikbegriff 401

Logistikkette 413
Logistikkonzepte 413 ff., 420 f.,
   564
Logistikverträge 422 f.
Logistikziele 402
Logistische Dienstleistungen
   409 ff.
Luftfrachtbrief (AWB) 294 ff.
Luftfrachtnebengebührentarif
   (LNGT) 290 f.

M

Mailingaktionen 567
Make or Buy 77, 130, 412
Manifest (Seeschifffahrt) 252
Manipulationsfunktion 24
Mannheimer Akte 218
Marketing 561
Marketingmix 574
Marktbeobachtung 102
Marktforschung 561
Marktordnung/Marktzugang 95,
   217
Massengutschiff 236
Master Air Waybill 295
Mautsystem 103
Megafahrzeuge 83
Meistbegünstigungsklausel 458 f.
Mittelstandsempfehlung
   (für Umzugs- und Handels-
   möbelverkehr) 163, 170
Möbelspedition 160, 163
Montrealer Übereinkommen (MÜ)
   293
Multimodal Transport Bill of Lading
   (FBL) 23, 479
Multimodal Transport Operator
   (MTO) 23
Multimodaler Verkehr 329

N

Nachfassen 572
Nachlauf 308, 336, 341, 343
Nachnahmen 67, 138, 302, 476 f.
Nachträgliche Weisungen 64,
   192, 221, 301
NAFTA-Staaten 460
Nämlichkeitssicherung 505 f.,
   541
Nautisches Verschulden 261
NCTS 539 ff., 544
Neutralisieren 24
Nichtgemeinschaftswaren 500,
   532
Nord-Ostsee-Kanal 211 f.
Notify-Adresse 247
Nullregelung 496 f.

O

OAG Flight Finder 284, 286
Obhutshaftung (s. a. Gefährdungs-
haftung) 39, 49, 155, 168, 170
Ökologie 21, 405
Organisation des Speditionsge-
werbes 33 ff.
Organisationsleistung 37
Organisationsverschulden 44
Outsider 239
Outsourcing 411 f.

P

Paketdienste 333, 353, 355 ff.
Paketlebenslauf 370
Paletten 84, 87, 138, 185
Partikulier 217
Passive Veredelung 551
Pegel 213
Pfandrecht nach HGB, VBGL 66,
153
Pfandrecht (ADSp) 47
Pfandrecht (Spediteur/Lagerhalter)
390
Pfandrecht des Spediteurs (HGB)
47
Physical Distribution 401
Pier-Pier-Verkehr 244
Pipeline 16
Police 431
Präferenznachweis 507 f.
Prämien (Speditionsversicherung)
52 ff., 395
Preisbildungselemente (Bahn)
197
Preispolitik 566
Preissystem (Bahn) 195, 197
Primärerhebungen 562
Produktionslogistik 404
Produktpolitik 563
Prognose 562
Projektspedition 25
Prosperität 22
Provision 190, 270
Publicrelations 573

Q

QM-System 30
QM-Zertifikat 565
Qualitätsmanagement 29, 565

R

Railion 179, 200
Railport 188
Railship 203
Rastersystem 365
Ratenbildung (Seeschifffahrt) 238
Rechnungseinheit (Sonder-

ziehungsrecht); RE (SZR) 58,
70, 155 f., 263
Rechtsbehelf 533
Rechtsgrundlagen Logistik/Lager
383/422
Reedehäfen 231
Regale (Lager) 379
Regionalverkehr 92
Reisecharter 250
Reklamationsfristen 71 ff., 152,
168, 170
Rhein 211 f.
RID 204
Risikoanalyse 437
RIV-Abkommen 201
Ro/Ro-Schiffe 236
Rohrleitungsverkehr 15 f.
Rollende Landstraße 322 f.
Rollkarte 340
Routenplanung 144 ff.
Rückrechnung 346, 350

S

Sammelladung 39
Sammellagerung 385 f.
Sammelzollverfahren 534 ff.
Sanierungsmaßnahmen (SpV)
447
Sattelauflieger 80, 322
Schadenarten 51 ff., 154, 167,
170, 438
Schadenarten (Lager) 394
Schadenbericht 443
Schadenbeteiligung (Selbstbehalt)
51, 447
Schadensfälle (Lager) 393 f.
Schadensfälle bearbeiten (Güter-
kraftverkehr) 157 ff.
Schadensfälle bearbeiten (Möbel-
spedition) 166 ff.
Schadensmeldefristen 156 f.,
166, 168, 200, 439, 441
Schadensrechnung 442
Schienennetz 180
Schifffahrtskonferenz 238 f.
Schiffsmakler 247
Schiffstypen 236
Schiffszettel 251
Schleppverband 214
Schnittstelle 44, 61, 342, 371
Schriftliche Weisungen (s. a. Un-
fallmerkblatt) 114 f., 121
Schubleichter 215 f.
Schubschifffahrt 211
Schubverband 214
Schulung (Gefahrgutfahrer) 116,
121
Schutzausrüstung (ADR) 113 f.

Seehafenspediteur 268
Seehafen-Speditionstarif (SST)
268
Seemäßige Verpackung 251
Seeschifffahrt 227 ff.
Segelliste 238, 251, 270
Sekundärerhebungen 562
Selbstabholung 336
Selbsteintritt des Spediteurs 28,
38 f., 77, 88
Sendungsverfolgung 367 ff.
Sendungsverlust 67
Sensible (Speditions-) Güter 53 ff.
Shipper's Declaration for Dange-
rous Goods 306
Silo (Lager) 378
SLVS-Plus (s. Speditions-, Logis-
tik- und Lager-Versicherungs-
Schein-Plus) 50 ff., 394
Sonderstempelverfahren 524
Sonderziehungsrecht (des IWF)
40, 48, 58, 70, 205
Sorgfaltspflicht 44
Sozialvorschriften (Straßengüter-
verkehr) 104 ff., 119
Spediteur/Lagerhalter 375, 383,
386, 389, 392 f.
Spediteurbegriff (nach HGB und
wirtschaftlich) 27 f.
Spediteurdokumente (internationa-
ler Verkehr) 477 ff.
Spediteursammelgutverkehr
331 f.
Speditionsauftrag 43, 338
Speditionsbetrieb 26
Speditions-Logistik- und Lager-
Versicherungs-Schein-Plus
(SLVS-Plus) 50 ff., 394
Speditionsnutzen 348, 350
Speditionsversicherung (SpV)
50, 436 ff.
Speditionsvertrag 27 f., 41
Sperrpapier 64
Spesensätze (Lager) 389 f.
Speziallager 379
Spezialraten 290
Sponsoring 573
Spurweite 180, 202 f.
Stab-Linien-System 25
Standort 20
Stapler 87, 380
Statistischer Wert 514, 519
Statusbericht 370
Stauung 252
Stellvertretung 506
Steuerlager 493
Stinnes AG 179 ff.
Strandungsfalldeckung 434

Straßennetz (Deutschland) 89 f., 94
Straßennetz (Europa) 92 f., 95
Straßenverkehrsrechtsvorschriften 102 ff.
Stripping 244
Stuffing 244
StVO 103
StVZO 103
Subunternehmer 335 f., 343
Summarische Anmeldung 505, 554
Systemanbieter (Logistik) 410

T

T2L 503
TACT (The Air Cargo Tariff = Luft-frachttarif) 281, 289
Tally-Firma 251
Tanklager 378
TARIC 526
Tarifverhandlungen 35
Tätigkeitsbereiche des Spediteurs 24 f., 42
Teilauslieferung (Lager) 392
Telefonverkauf 570
TEU (20'-ISO-Containereinheit) 216, 241
Three-Letter-Code 281
Tidehäfen 231
Tonnenkilometer 79, 88
TOPICS 317
Tourenplanung 144 f.
Tracking- und Tracingsystem 369 ff.
Tragwagen 182, 323
Trailerzug 324
Trampschifffahrt 237
Transaktionswert 520 ff.
Transfesa 202
Transfracht International 314
Transportrecht (Übersicht) 59
Transportrechtsreformgesetz (TRG) 57
Transportrisiken 427
Transportversicherung 45, 429 ff.
Transsibirische Eisenbahn 21
Trassenpreissystem 178
TRAXON 294
Two-Letter-Code 284
Typische Lagerrisiken 395, 440

U

Übereinkommen über die interna-tionale Beförderung gefährlicher Güter auf Binnenwasserstraßen (ADN) 218

Übergabeschein (Transfracht Inter-national 315
Übersee-Container 315
Überseezentrum Hamburg 234
ÜLG-Staaten 458, 507
Umsatzsteuer-Identifikationsnum-mer 494
Umschlag 335, 341
Umschlaglager 376
Umzugsgutliste 165
Umzugsspedition 160
Umzugsvertrag 161 ff.
Unfallmerkblatt (s. a. Schriftliche Weisungen) 114 f., 121
UN-Nummer 112 f.
Untere Verkehrsbehörde 96
Unternehmenslogistik 402
Unterversicherung 446 f.
Unvollständige Zollanmeldung 511, 534
Ursprungszeugnis 482
Uruguay-Runde 459
Urversender 341, 344
USL (s. Unternehmensberatung Spedition und Logistik GmbH) 34

V

Valorenversicherung 432
Variable Kosten (Lkw) 128 ff., 134
VBGL (s. Vertragsbedingungen für den Güterkraftverkehrs- und Logistikunternehmer (VBGL) 135 ff., 140, 147 ff., 150, 152 f., 428
Verbände des Speditionsgewerbes 34
Verbandstarife (Bahn) 205
Verbrauchsteuerpflichtige Waren 491 ff.
Verbrauchsteuern 530
Verbringungsnachweis 480 ff.
Veredelungsverkehr 551 f.
Vereinfachte Anmeldung 511 ff., 534 ff.
Vereinfachtes Anmeldeverfahren (VAV) 534 ff.
Verfrachter 246 f.
Verfügte Lagerung 151, 394
Vergütung (Spediteur) 38
Verjährung 71, 152 f., 155 f., 391, 533
Verkehrsbetriebe 15 ff.
Verkehrsentwicklung 14 ff.
Verkehrsleistungen 15, 78, 88
Verkehrsmittel 19, 80

Verkehrsträger 19, 79, 88
Verkehrswege 19
Verklarung 266
Verladetechniken (Kombiverkehr) 322
Vermögensschaden 39, 49, 51, 55, 69, 309, 352
Vermutungsregelung 51, 53, 151, 342, 394
Verordnung über den Lade- und Löschtag in der Binnenschiff-fahrt (BinSchLV) 221
Verordnung über die Beförderung gefährlicher Güter auf dem Rhein (ADNR) 218
Verpackung gefährlicher Güter 397
Versandanmeldung 543 f.
Versandspediteur/Versandspedi-tion 332, 334 f., 342, 345
Versandverfahren 539 ff., 555
Verschiffungsspediteur 246, 268
Verschulden 39, 41, 48, 154
Versender 29
Versendung 77, 88, 454
Versendungsbesorgungsvertrag 37
Versicherung bei verfügter Lagerung 394
Versicherung (Luftverkehr) 298
Versicherung (Möbelspedition) 169 f.
Versicherung (Paketdienste) 364
Versicherung (Straßengüterver-kehr) 101, 152, 156
Versicherungsausschlüsse (Spedi-tionsversicherung) 51, 439
Versicherungserklärung 442
Versicherungsnehmer 430, 438
Versicherungsprämien (Spedi-tionsversicherung) 51, 53 f., 437
Versicherungsschutz (SpV) 51, 53 f., 438
Versicherungssumme (Speditions-versicherung) 439
Verteilerlager 376
Vertragsbedingungen für den Güterkraftverkehrs- und Logis-tikunternehmer (VBGL) 135 ff., 140, 147 ff., 150, 152 f., 428
Visby Rules 248
Volumenzüge 83
Vordruck N 485 ff.
Vorlauf 335, 341
Vorsorgeversicherung 51 f.